DOVER LANGUAGE GUIDES

501 Essential French VERBS

Heather McCoy, Ph.D.

DOVER PUBLICATIONS, INC.
Mineola, New York

Bibliographical Note

501 Essential French Verbs is a new work,
first published by Dover Publications, Inc., in 2011.

Library of Congress Cataloging-in-Publication Data

McCoy, Heather.
501 essential French verbs / Heather McCoy.
p. cm. — (Dover language guides)
ISBN-13: 978-0-486-47618-6
ISBN-10: 0-486-47618-9
1. French language—Verb. 2. French language—Grammar. 3. French language—Textbooks for foreign speakers—English. I. Title. II. Title: Five hundred one essential French verbs.

PC2272.M54 2010
448.2'421—dc22

2010047351

Manufactured in the United States by Courier Corporation
47618901
www.doverpublications.com

CONTENTS

PREFACE

Beginning and intermediate learners of French often find the appropriate usage of French verbs to be one of the more daunting tasks facing them. However, once this challenging proposition is seen as a regular system that can be understood according to tense, mood, and aspect—expressed through forms that generally follow patterns—the task becomes more manageable. This book is a handy reference guide for learners of French who wish to have quick access to the full conjugations of 501 of the most commonly used French verbs. Each verb conjugation includes the verb in the *infinitif;* the *participe présent* and *participe passé;* the *indicatif, subjonctif, conditionnel,* and *impératif* moods, including the seven simple tenses (*présent de l'indicatif, imparfait de l'indicatif, futur simple, passé simple, présent du subjonctif, imparfait du subjonctif,* and *présent conditionnel*); seven compound tenses (*passé composé, plus-que-parfait de l'indicatif, futur antérieur, passé antérieur, passé du subjonctif, plus-que-parfait du subjonctif,* and *conditionnel passé*); and the imperative (*impératif*) forms. Sample sentences are given for contextual reference.

The Introduction offers a simple presentation of French verbs and discussions of the infinitive form, subject pronouns, subject-verb agreement, tense, aspect, mood, and voice, a brief overview and explanation of the various verb tenses, and a description of negation. To test comprehension there is a brief verb-practice section. The verbs themselves are followed by a series of quick verb reference charts.

I would like to thank Sandrine Siméon for her assistance in the preparation of this book.

This book is dedicated to Nora and Sophia Lemtouni,
two special girls who, like the verbs in this book,
are the personification of movement and thus life itself.

INTRODUCTION

As you probably know, verbs are the action words of sentences. When you study verbs, you will first learn their infinitive form and then learn the various finite forms, or conjugations. Which conjugation you choose will depend on the subject pronoun you want to use—first, second or third; singular or plural; tense, meaning what time frame you are wishing to speak about —past, present or future; aspect—that is, whether the event you are describing is continuous or non-continuous; and, finally, mood, whether you are talking about fact or opinion, a hypothetical situation, or giving a command.

Luckily, verb charts, or paradigms, offer a helpful scheme. These paradigms represent verbs that are regular, meaning that they can be grouped with many other verbs that follow the same conjugation, as well as irregular verbs—those that are not easily grouped with other verbs but follow their own systematized pattern.

The verb in its non-finite state is called the **infinitive** (*l'infinitif*). The infinitive is, in a sense, the verb in its purest form, as it carries with it no indication about tense, mood, or aspect. For example, the verb *danser* means "to dance" or "dancing" and isn't bound by any of the constraints that the finite forms carry. We don't know who is dancing, when the dancing took place, or whether or not it ever ended. For such indications, we must see the various conjugations, such as "j'ai dansé" (I danced), "nous aurions dansé" (we would have danced) and "on danse" (one dances).

There are a variety of choices that go into determining which finite form of the verb you will use. First, you will need to know which **subject pronoun** to use:

	Singular	**Plural**
First Person	je (I)	nous (we)
Second Person	tu (you)	vous (you)
Third Person	il, ille, on (he, she, one*)	ils, elles (they)

* the third-person singular pronoun "on" is quite commonly used to denote the first person plural "nous," which is reserved for more formal discourse. Note that when "on" takes on this value, it is treated as a plural subject and any agreement of adjectives or past participles must follow.

You will need to be mindful of **subject-verb agreement** when conjugating French verbs. This means that the form of the verb you choose must agree with the subject pronoun. Note that the forms of the verb *danser* in the present indicative in these two sentences are different:

Je danse avec mes amis.	*Ils dansent ensemble.*
I dance with my friends.	They dance together.

The subject pronouns *je* and *ils* are different and thus require different verb conjugations.

Another determining factor in verb conjugation is **tense**, or the time frame that the verb is describing. Did the action occur in the past, present, or future? Note the differences in these two sentences:

Hier *j'ai dansé* jusqu'à minuit.	Demain *on dansera* avec Julie.
Yesterday I danced until midnight.	Tomorrow we will dance with Julie.

Tense is a quality that indicates a temporal reference. In the above cases, "yesterday" and "tomorrow" refer to different time frames and thus impact the form of the verb.

Another quality that determines verb conjugation is **aspect**—that is, whether or not the event being described is a specific, completed action or continuous, without a clear beginning or end. The two following sentences represent events that are being portrayed differently from the point of view of the speaker:

Hier soir ils *ont dansé* ensemble et puis *ont pris* un verre au bar.

Last night they danced together and then had a drink at the bar .

Note that from the point of view of the speaker, the actions—*dancing* and *having a drink*—are being represented as completed actions in the past through the use of the *passé composé.* However, in the following sentence, the point of view being expressed is quite different:

Quand j'*étais* enfant, je *dansais* beaucoup.

When I was little, I used to dance a lot.

Here the emphasis is not on completion, as the action is not described as finished, nor is a beginning or end point being assigned to the action. Instead the focus is placed on the continuous *(j'étais)*, as well as the habitual nature of the action—"I used to dance." This is conveyed through the choice of the verb in the imperfect, or *imparfait*.

A final quality that will determine the form of the verb you chose is **mood**. Mood is a grammatical category, not limited to a specific verb tense, that helps you express a point of view. The indicative (*l'indicatif*), subjunctive (*le subjonctif*), conditional (*le conditionnel*), and imperative (*l'imperatif*) moods all relate to the type of information you are trying to convey.

The **indicative *(indicatif)* mood** is used for factual, objective statements:

Mes amis *dansent* le week-end.

My friends dance on the weekends.

(present tense of the indicative mood)

The **subjunctive *(subjonctif)* mood** is used to express a personal judgment or one's feelings:

Je suis content que vous *dansiez* avec vos amis.

I am happy that you are dancing with your friends.

(present tense of the subjunctive mood)

The **conditional *(conditionnel)* mood** expresses hypothetical events.

Si elle était allée avec toi, elle *aurait dansé.*

If she had gone with you, she would have danced.

(past tense of the conditional mood)

And, finally, the **imperative *(impératif)* mood** is used to give commands.

Dansez autant que vous voulez!

Dance as much as you want!

Note that another grammatical choice that determines the form of the verb is **voice.** Voice refers to whether or not the actions being described are active or passive. If the action of the sentence is being performed by the subject, the **active voice** is used:

Paul et Mina *dansent* le tango.

Paul and Mina dance the tango.

However when the subject receives the action of the verb, the construction of the sentence changes and the **passive voice** is employed:

Le tango a *été dansé* par Paul et Mina.

The tango was danced by Paul and Mina.

The passive voice is used much more frequently in English than it is in French.

L'INDICATIF

Le présent (present tense): The present tense indicates an action that is either taking place in the present or is a general truth. In French, the present tense actually can be understood to mean three different things, depending on the context; thus, the sentence "Paul regarde la télé" can mean:

Paul watches TV. Paul is watching TV. or Paul does watch TV.

The present tense is generally formed by taking the present-tense stem (the infinitive minus the last two letters) and combining it with the present-tense endings.

Le passé composé (present perfect): The *passé composé* expresses actions that have been completed in the past. The strong emphasis here is on the word *completion:*

"Paul a regardé la télé" conveys the meaning that Paul watched television and that he has finished doing so. It is helpful to think of the *passé composé* as describing action that moves a story forward. The *passé composé* is a compound tense that is formed by combining the present-tense conjugation of the auxiliary verb *être* or *avoir* and the past participle. Remember that verbs conjugated with *être* must show agreement in gender and number in the past participle. "Il est allé" and "Elle est allée" have different past-participle endings due to the difference in gender between the subject pronouns *Il* and *Elle.*

L'imparfait (imperfect): The *imparfait* is a past tense that is used to describe on-going actions and states of being in the past, as well as habitual actions in the past. The sentence "Quand elle était petite, elle adorait les fleurs" describes an on-going condition in the past that has no clear-cut beginning or ending. The sentence "Je faisais du vélo tous les jours" indicates that the speaker habitually performed the action of riding his or her bike in past, but no further indication as to the number of times, etc., is given. It is helpful to think of the imperfect as background information to a main action that is usually presented in the *passé composé*. For all verbs except *être,* the imperfect is formed by using the stem obtained from taking the first-person plural form of the present tense, minus the *-ons,* and adding the imperfect endings.

Le passé simple (simple past): The *passé simple* is a literary tense normally reserved for written discourse and corresponds to the *passé composé* in meaning. "Paul regarda la télé" is thus a more literary way of saying "Paul a regardé la télé." The simple past is formed by removing the last two letters of the infinitive and combining this stem with the appropriate endings.

Le plus-que-parfait (pluperfect): The *plus-que-parfait* describes an action that was completed prior to another action in the past. The sentence "Quand je suis arrivé le train était déjà parti" describes an action that was completed (*le train était déjà parti*) before a more recent action (*je suis arrivé*), both of which are in the past. Note that this compound tense is formed by combining the imperfect form of the auxiliary verb *être* or *avoir* along with the past participle. Like the passé composé, verbs conjugated with *être* must agree in both gender and number with their subject.

Le futur simple (simple future): The *futur simple* refers to an event that may take place in the future. "Elles iront en Espagne l'année prochaine" refers to an event that is projected to occur in the future. For regular verbs, this tense is formed either by adding the appropriate endings to -er and -ir infinitives, or by adding these same endings to the infinitive form of -re verbs, minus the final *e*. Irregular verbs use the same endings but have stems that must be memorized.

Le futur antérieur (past future): This verb tense is used to talk about an action that will be completed before another action in the future. "Je n'aurai pas fait le ménage avant l'arrivée des invités" indicates that a future action—"Je n'aurai pas fait le ménage"—will not be completed before "l'arrivée des invites" occurs. This tense is formed by combining the auxiliary *être* or *avoir* conjugated in the future tense with the past participle. Again, verbs that use *être* must agree in gender and number with the subject,

Le passé antérieur (past perfect) [the past perfect]: Similar to the *passé simple*, the *passé antérieur* is another literary tense found in very formal written discourse and corresponds to the pluperfect. Thus "Quand il rentra son père eut déjà fait le ménage" corresponds to "Quand il est rentré son père avait déjà fait le ménage." The passé anterieur is conjugated by using the simple-past conjugation of the auxiliary *être* or *avoir* with the past participle. Verbs conjugated with *être* must agree in gender and number with the subject.

LE SUBJONCTIF

Le présent (present): The *présent du subjonctif* is used to express will, doubt, judgment, opinion, or emotion in a main clause. "Je suis furieuse qu'il vienne" expresses an emotion on the part of the speaker. We know how the speaker feels—*furieuse*—as this is reflected in the use of the subjunctive in the dependent clause. Most present-subjunctive conjugations are formed by taking the stem that is created by dropping the *-ent* ending from the third person plural of the present indicative and adding the subjunctive endings. Many irregular verbs are actually regular in the subjunctive, but some irregular verbs have stems that must be memorized.

Le passé (past): The *passé du subjonctif* expresses will, doubt, judgment, opinion, or emotion in a dependent clause that describes an event or action that occurred prior to the events of the main clause. In the sentence "Je suis contente que tu sois venue", the act of the dependent clause, *tu sois venue*, has occurred before the idea that is expressed in the main clause, *Je suis contente*. The past subjunctive is formed by combining the present-subjunctive conjugation of the auxiliary *être* or *avoir* with the past participle. Verbs conjugated with *être* must agree in gender and number with the subject.

l'imparfait (imperfect): Another literary tense, *l'imparfait du subjonctif*, is the equivalent of the present subjunctive. "On voulait que tu mangeasses avec nous" corresponds to "On voulait que tu manges avec nous." Unlike some of the other literary tenses, this is one that you won't likely have to conjugate on your own—only recognize.

le plus-que-parfait (pluperfect) [the past perfect]: This strictly literary tense corresponds to the past subjunctive and is one that you will never need to conjugate. It is formed by combining the imperfect subjunctive of the auxiliary *être* or *avoir* with the past participle.

LE CONDITIONNEL

le présent (present): The conditional mood is used to speak about hypothetical situations and to make polite requests. It normally corresponds to the English "would": *Je voudrais du thé-* → I would like some tea. *J'irais avec toi si tu voulais* → I would go with you if you wanted. The stem used to form the *conditionnel présent* is the same as the future stem and is combined with the conditional endings, which are the same as the imperfect endings.

le passé (past): The *conditionnel passé* is used to express a hypothetical situation occurring in the past. The sentence "Juliette aurait fait la même chose" indicates that the event has taken place, but that Juliette *would have* done the same thing. This tense is formed by combining the auxiliary *être* or *avoir* conjugated in the conditional with the past participle.

L'IMPÉRATIF

The imperative mood is used to give commands. The *impératif* is formed in regular verbs by taking the indicative form of the verb in the *tu, vous* and *nous* forms and dropping the subject pronoun. Note that the *tu* form of -er verbs—"Regarde-moi!"—drops the *s.*

Something else to keep in mind is that verbs are either **transitive** or **intransitive**, meaning that they do or do not take an object. Transitive verbs can take a direct object, as in the sentence "je les aime bien," or an indirect object, as in the sentence "elles leur telephone." Intrasitive verbs never take an object.

When a direct object comes before a transitive verb conjugated in a compound tense, the past participle must show agreement in gender and number with the direct object:

Pierre a vu Jean → Paul l'a vu (agreement in number/gender)

Pierre a vu Christine → Paul l'a vu**e** (the e on the end of 'vu' refers to the feminine singular direct object)

Pierre a vu Christine et Jeans → Paul les a vu**s** (the s on the end of 'vu' refers to the masculine plural direct object)

Remember that agreement is not shown when an indirect object precedes the compound verb in the past:

Pierre leur avait téléphoné mais personne ne lui a répondu.

Negation

Making an affirmative sentence negative in French usually is achieved by inserting a pair of words. Below you will find the most commonly used negations in French:

Ne . . . pas	**not** Elles n'aiment pas le poisson. They don't like fish. Je n'écoute pas! I'm not listening! [N.B.: *ne* in front of a vowel becomes *n'*]
Ne . . . plus	**any more/any longer** Je n'ai plus de questions. I don't have any more questions. Tu ne travailles plus? You're no longer working?
Ne . . . jamais	**never** Elles ne lui écrivent jamais. They never write her. Sandrine n'a jamais vu ce film. Sandrine has never seen this film.
Ne . . . aucun(e)	**not any/no** Elle n'a aucune idée. She has no idea. Il n'y a aucun problème. There's no problem.
Ne . . . personne	**no one** On n'a vu personne hier soir. We didn't see anyone last night. Personne ne veut te voir. No one wants to see you.
Ne . . . ni . . . ni . . .	**neither . . . nor . . .** Je n'ai ni frères ni sœurs. I have neither brothers nor sisters.

You will most often hear the "ne" dropped in spoken French:

Je veux pas le faire.
I don't want to do it.

Fais pas cela!
Don't do that!

VERB PRACTICE

Here are some exercises for you to practice the various verb forms.

A. Fill in the blanks with the present tense of the indicative.

1. Je ____________ le ménage et mes copines ____________ la vaisselle. (faire)
2. Ils ____________ beaucoup d'argent. (avoir)
3. Anne-Lise et Julien ____________ le grec mais leur ami ____________ le latin. (étudier)
4. Nous ____________ notre maison parce que nous ____________ un studio. (vendre/acheter)

B. Fill in the blanks with the passé composé of the verbs given.

1. Ils ____________ un film hier soir. (voir)
2. Michel ____________ à la plage où il ____________. (aller/nager)
3. Elles ____________ à midi. (rentrer)
4. Les étudiants ____________ un roman pour leur cours. (lire)

C. Fill in the blank with the present conditional.

1. A ta place, je ____________ la même chose. (faire)
2. Si j'étais en France, je ____________ Rennes. (visiter)
3. Qui ____________ avec vous? (venir)
4. Pourquoi est-ce qu'elles ____________ avec vous? (ne . . . pas venir)

D. Fill in the blank with the present subjunctive.

1. Il faut que nous ____________ quelque chose pour elle. (faire)
2. Elles sont contentes que vous ____________ ici. (être)
3. Il est bon que tu ____________ (pouvoir) travailler. (pouvoir)
4. Je ne pense pas que tu ____________ la vérité. (dire)

E. Fill in the blank with the imperative.

1. ____________ -moi! (regarder/vous)
2. ____________ ton travail! (faire/tu)
3. ____________ justes! (être/nous)

ANSWERS

A. 1. fais/font
   2. ont
   3. étudient/étudie
   4. vendons/achetons

B. 1. ont vu
   2. est allé/a nagé
   3. sont rentrées
   4. ont lu

C. 1. ferais
   2. visiterais
   3. viendrait
   4. ne viendraient pas

D. 1. fassions
   2. soyez
   3. puisses
   4. dises

E. 1. Regardez
   2. Fais
   3. Soyons

ABAISSER *to lower, to bring down*

Inf. abaisser *Part. prés.* abaissant *Part. passé* abaissé

INDICATIF

Présent

j'abaisse	nous abaissons
tu abaisses	vous abaissez
il/elle/on abaisse	ils/elles abaissent

Passé composé

j'ai abaissé	nous avons abaissé
tu as abaissé	vous avez abaissé
il/elle/on a abaissé	ils/elles ont abaissé

Futur simple

j'abaisserai	nous abaisserons
tu abaisseras	vous abaisserez
il/elle/on abaissera	ils/elles abaisseront

Futur antérieur

j'aurai abaissé	nous aurons abaissé
tu auras abaissé	vous aurez abaissé
il/elle/on aura abaissé	ils/elles auront abaissé

Imparfait

j'abaissais	nous abaissions
tu abaissais	vous abaissiez
il/elle/on abaissait	ils/elles abaissaient

Plus-que-parfait

j'avais abaissé	nous avions abaissé
tu avais abaissé	vous aviez abaissé
il/elle/on avait abaissé	ils/elles avaient abaissé

Passé simple

j'abaissai	nous abaissâmes
tu abaissas	vous abaissâtes
il/elle/on abaissa	ils/elles abaissèrent

Passé antérieur

j'eus abaissé	nous eûmes abaissé
tu eus abaissé	vous eûtes abaissé
il/elle/on eut abaissé	ils/elles eurent abaissé

SUBJONCTIF

Présent

que j'abaisse	que nous abaissions
que tu abaisses	que vous abaissiez
qu'il/elle/on abaisse	qu'ils/elles abaissent

Imparfait

que j'abaissasse	que nous abaissassions
que tu abaissasses	que vous abaissassiez
qu'il/elle/on abaissât	qu'ils/elles abaissassent

Passé

que j'aie abaissé	que nous ayons abaissé
que tu aies abaissé	que vous ayez abaissé
qu'il/elle/on ait abaissé	qu'ils/elles aient abaissé

Plus-que-parfait

que j'eusse abaissé	que nous eussions abaissé
que tu eusses abaissé	que vous eussiez abaissé
qu'il/elle/on eût abaissé	qu'ils/elles eussent abaissé

CONDITIONNEL

Présent

j'abaisserais	nous abaisserions
tu abaisserais	vous abaisseriez
il/elle/on abaisserait	ils/elles abaisseraient

Passé

j'aurais abaissé	nous aurions abaissé
tu aurais abaissé	vous auriez abaissé
il/elle/on aurait abaissé	ils/elles auraient abaissé

IMPERATIF

abaisse abaissons abaissez

Abaissons le prix de cette voiture pour la vendre le plus vite possible.
Let's lower the price of this car to sell it as quickly as possible.

J'espère que le vent va abaisser la température.
I hope the wind is going to bring down the temperature.

Ce medicament fait abaisser la température rapidement.
This medication quickly lowers the temperature.

ABASOURDIR *to astound, to stun, to be dumbstruck*

Inf. abasourdir *Part. prés.* abasourdissant *Part. passé* abasourdi

INDICATIF

Présent

j'abasourdis	nous abasourdissons
tu abasourdis	vous abasourdissez
il/elle/on abasourdit	ils/elles abasourdissent

Passé composé

j'ai abasourdi	nous avons abasourdi
tu as abasourdi	vous avez abasourdi
il/elle/on a abasourdi	ils/elles ont abasourdi

Futur simple

j'abasourdirai	nous abasourdirons
tu abasourdiras	vous abasourdirez
il/elle/on abasourdira	ils/elles abasourdiront

Futur antérieur

j'aurai abasourdi	nous aurons abasourdi
tu auras abasourdi	vous aurez abasourdi
il/elle/on aura abasourdi	ils/elles auront abasourdi

Imparfait

j'abasourdissais	nous abasourdissions
tu abasourdissais	vous abasourdissiez
il/elle/on abasourdissait	ils/elles abasourdissaient

Plus-que-parfait

j'avais abasourdi	nous avions abasourdi
tu avais abasourdi	vous aviez abasourdi
il/elle/on avait abasourdi	ils/elles avaient abasourdi

Passé simple

j'abasourdis	nous abasourdîmes
tu abasourdis	vous abasourdîtes
il/elle/on abasourdit	ils/elles abasourdirent

Passé antérieur

j'eus abasourdi	nous eûmes abasourdi
tu eus abasourdi	vous eûtes abasourdi
il/elle/on eut abasourdi	ils/elles eurent abasourdi

SUBJONCTIF

Présent

que j'abasourdisse	que nous abasourdissions
que tu abasourdisses	que vous abasourdissiez
qu'il/elle/on abasourdisse	qu'ils/elles abasourdissent

Imparfait

que j'abasourdisse	que nous abasourdissions
que tu abasourdisses	que vous abasourdissiez
qu'il/elle/on abasourdît	qu'ils/elles abasourdissent

Passé

que j'aie abasourdi	que nous ayons abasourdi
que tu aies abasourdi	que vous ayez abasourdi
qu'il/elle/on ait abasourdi	qu'ils/elles aient abasourdi

Plus-que-parfait

que j'eusse abasourdi	que nous eussions abasourdi
que tu eusses abasourdi	que vous eussiez abasourdi
qu'il/elle/on eût abasourdi	qu'ils/elles eussent abasourdi

CONDITIONNEL

Présent

j'abasourdirais	nous abasourdirions
tu abasourdirais	vous abasourdiriez
il/elle/on abasourdirait	ils/elles abasourdiraient

Passé

j'aurais abasourdi	nous aurions abasourdi
tu aurais abasourdi	vous auriez abasourdi
il/elle/on aurait abasourdi	ils/elles auraient abasourdi

IMPÉRATIF

abasourdis abasourdissons abasourdissez

Hélène nous abasourdit avec sa musique.
Helen is astounding us with her music.

Tu abasourdiras les invités avec ces tours de magie.
You will flabbergast the guests with these magic tricks.

Nous voilà absolument abasourdis par cette nouvelle inattendue.
And here we are absolutely dumbstruck by this unexpected news.

ABATTRE *to knock down, to slaughter, to demoralize*

Inf. abattre *Part. prés.* abattant *Part. passé* abattu

INDICATIF

Présent

j'abats	nous abattons
tu abats	vous abattez
il/elle/on abat	ils/elles abattent

Passé composé

j'ai abattu	nous avons abattu
tu as abattu	vous avez abattu
il/elle/on a abattu	ils/elles ont abattu

Futur simple

j'abattrai	nous abattrons
tu abattras	vous abattrez
il/elle/on abattra	ils/elles abattront

Futur antérieur

j'aurai abattu	nous aurons abattu
tu auras abattu	vous aurez abattu
il/elle/on aura abattu	ils/elles auront abattu

Imparfait

j'abattais	nous abattions
tu abattais	vous abattiez
il/elle/on abattait	ils/elles abattaient

Plus-que-parfait

j'avais abattu	nous avions abattu
tu avais abattu	vous aviez abattu
il/elle/on avait abattu	ils/elles avaient abattu

Passé simple

j'abattis	nous abattîmes
tu abattis	vous abattîtes
il/elle/on abattit	ils/elles abattirent

Passé antérieur

j'eus abattu	nous eûmes abattu
tu eus abattu	vous eûtes abattu
il/elle/on eut abattu	ils/elles eurent abattu

SUBJONCTIF

Présent

que j'abatte	que nous abattions
que tu abattes	que vous abattiez
qu'il/elle/on abatte	qu'ils/elles abattent

Imparfait

que j'abattisse	que nous abattissions
que tu abattisses	que vous abattissiez
qu'il/elle/on abattît	qu'ils/elles abattissent

Passé

que j'aie abattu	que nous ayons abattu
que tu aies abattu	que vous ayez abattu
qu'il/elle/on ait abattu	qu'ils/elles aient abattu

Plus-que-parfait

que j'eusse abattu	que nous eussions abattu
que tu eusses abattu	que vous eussiez abattu
qu'il/elle/on eût abattu	qu'ils/elles eussent abattu

CONDITIONNEL

Présent

j'abattrais	nous abattrions
tu abattrais	vous abattriez
il/elle/on abattrait	ils/elles abattraient

Passé

j'aurais abattu	nous aurions abattu
tu aurais abattu	vous auriez abattu
il/elle/on aurait abattu	ils/elles auraient abattu

IMPÉRATIF

abats abattons abattez

De nombreux arbres ont été abattus par la tempête.
Many trees were knocked down by the storm.

Tu nous abats avec tes idées pessimistes.
You're demoralizing us with your pessimistic ideas.

Si le boucher avait vu le mouton, il l'aurait abattu.
If the butcher had seen the lamb, he would have slaughtered it.

ABOLIR *to abolish*

Inf. abolir *Part. prés.* abolissant *Part. passé* aboli

INDICATIF

Présent

j'abolis	nous abolissons
tu abolis	vous abolissez
il/elle/on abolit	ils/elles abolissent

Passé composé

j'ai aboli	nous avons aboli
tu as aboli	vous avez aboli
il/elle/on a aboli	ils/elles ont aboli

Futur simple

j'abolirai	nous abolirons
tu aboliras	vous abolirez
il/elle/on abolira	ils/elles aboliront

Futur antérieur

j'aurai aboli	nous aurons aboli
tu auras aboli	vous aurez aboli
il/elle/on aura aboli	ils/elles auront aboli

Imparfait

j'abolissais	nous abolissions
tu abolissais	vous abolissiez
il/elle/on abolissait	ils/elles abolissaient

Plus-que-parfait

j'avais aboli	nous avions aboli
tu avais aboli	vous aviez aboli
il/elle/on avait aboli	ils/elles avaient aboli

Passé simple

j'abolis	nous abolîmes
tu abolis	vous abolîtes
il/elle/on abolit	ils/elles abolirent

Passé antérieur

j'eus aboli	nous eûmes aboli
tu eus aboli	vous eûtes aboli
il/elle/on eut aboli	ils/elles eurent aboli

SUBJONCTIF

Présent

que j'abolisse	que nous abolissions
que tu abolisses	que vous abolissiez
qu'il/elle/on abolisse	qu'ils/elles abolissent

Imparfait

que j'abolisse	que nous abolissions
que tu abolisses	que vous abolissiez
qu'il/elle/on abolît	qu'ils/elles abolissent

Passé

que j'aie aboli	que nous ayons aboli
que tu aies aboli	que vous ayez aboli
qu'il/elle/on ait aboli	qu'ils/elles aient aboli

Plus-que-parfait

que j'eusse aboli	que nous eussions aboli
que tu eusses aboli	que vous eussiez aboli
qu'il/elle/on eût aboli	qu'ils/elles eussent aboli

CONDITIONNEL

Présent

j'abolirais	nous abolirions
tu abolirais	vous aboliriez
il/elle/on abolirait	ils/elles aboliraient

Passé

j'aurais aboli	nous aurions aboli
tu aurais aboli	vous auriez aboli
il/elle/on aurait aboli	ils/elles auraient aboli

IMPÉRATIF

abolis abolissons abolissez

La Révolution française abolit l'esclavage en 1794.
The French Revolution abolished slavery in 1794.

Cette loi abolirait certains droits humains.
This law would abolish certain human rights.

Notre gouvernement a aboli cette pratique il y a presque cent ans.
Our governments abolished this practice almost one hundred years ago.

ABSOUDRE *to absolve*

Inf. absoudre *Part. prés.* absolvant *Part. passé* absous

INDICATIF

Présent

j'absous	nous absolvons
tu absous	vous absolvez
il/elle/on absout	ils/elles absolvent

Imparfait

j'absolvais	nous absolvions
tu absolvais	vous absolviez
il/elle/on absolvait	ils/elles absolvaient

Passé composé

j'ai absous	nous avons absous
tu as absous	vous avez absous
il/elle/on a absous	ils/elles ont absous

Plus-que-parfait

j'avais absous	nous avions absous
tu avais absous	vous aviez absous
il/elle/on avait absous	ils/elles avaient absous

Futur simple

j'absoudrai	nous absoudrons
tu absoudras	vous absoudrez
il/elle/on absoudra	ils/elles absoudront

Passé simple

j'absolus	nous absolûmes
tu absolus	vous absolûtes
il/elle/on absolut	ils/elles absolurent

Futur antérieur

j'aurai absous	nous aurons absous
tu auras absous	vous aurez absous
il/elle/on aura absous	ils/elles auront absous

Passé antérieur

j'eus absous	nous eûmes absous
tu eus absous	vous eûtes absous
il/elle/on eut absous	ils/elles eurent absous

SUBJONCTIF

Présent

que j'absolve	que nous absolvions
que tu absolves	que vous absolviez
qu'il/elle/on absolve	qu'ils/elles absolvent

Passé

que j'aie absous	que nous ayons absous
que tu aies absous	que vous ayez absous
qu'il/elle/on ait absous	qu'ils/elles aient absous

Imparfait

que j'absolusse	que nous absolussions
que tu absolusses	que vous absolussiez
qu'il/elle/on absolût	qu'ils/elles absolussent

Plus-que-parfait

que j'eusse absous	que nous eussions absous
que tu eusses absous	que vous eussiez absous
qu'il/elle/on eût absous	qu'ils/elles eussent absous

CONDITIONNEL

Présent

j'absoudrais	nous absoudrions
tu absoudrais	vous absoudriez
il/elle/on absoudrait	ils/elles absoudraient

Passé

j'aurais absous	nous aurions absous
tu aurais absous	vous auriez absous
il/elle/on aurait absous	ils/elles auraient absous

IMPÉRATIF

absous absolvons absolvez

Elle demande à Dieu d'absoudre ses péchés.
She's asking God to absolver her of her sins.

Ceci m'absout de toute responsabilité.
This is absolving me of all responsibility.

Si notre société absolvait les criminels, qu'est-ce qui se passerait?
If our society absolved criminals, what would happen?

A S'ABSTENIR *to abstain, to refrain*

Inf. s'abstenir *Part. prés.* s'abstenant *Part. passé* abstenu(e)(s)

INDICATIF

Présent

je m'abstiens	nous nous abstenons
tu t'abstiens	vous vous abstenez
il/elle/on s'abstient	ils/elles s'abstiennent

Imparfait

je m'abstenais	nous nous abstenions
tu t'abstenais	vous vous absteniez
il/elle/on s'abstenait	ils/elles s'abstenaient

Passé composé

je me suis abstenu(e)	nous nous sommes abstenu(e)s
tu t'es abstenu(e)	vous vous êtes abstenu(e)(s)
il/elle/on s'est abstenu(e)	ils/elles se sont abstenu(e)s

Plus-que-parfait

je m'étais abstenu(e)	nous nous étions abstenu(e)s
tu t'étais abstenu(e)	vous vous étiez abstenu(e)(s)
il/elle/on s'était abstenu(e)	ils/elles s'étaient abstenu(e)s

Futur simple

je m'abstiendrai	nous nous abstiendrons
tu t'abstiendras	vous vous abstiendrez
il/elle/on s'abstiendra	ils/elles s'abstiendront

Passé simple

je m'abstins	nous nous abstînmes
tu te abstins	vous vous abstîntes
il/elle/on s'abstint	ils/elles s'abstinrent

Futur antérieur

je me serai abstenu(e)	nous nous serons abstenu(e)s
tu te seras abstenu(e)	vous vous serez abstenu(e)(s)
il/elle/on se sera abstenu(e)	ils/elles se seront abstenu(e)s

Passé antérieur

je me fus abstenu(e)	nous nous fûmes abstenu(e)s
tu te fus abstenu(e)	vous vous fûtes abstenu(e)(s)
il/elle/on se fut abstenu(e)	ils/elles se furent abstenu(e)s

SUBJONCTIF

Présent

que je m'abstienne	que nous nous abstenions
que tu t'abstiennes	que vous vous absteniez
qu'il/elle/on s'abstienne	qu'ils/elles s'abstiennent

Passé

que je me sois abstenu(e)	que nous nous soyons abstenu(e)s
que tu te sois abstenu(e)	que vous vous soyez abstenu(e)(s)
qu'il/elle/on se soit abstenu(e)	qu'ils/elles se soient abstenu(e)s

Imparfait

que je m'abstinsse	que nous nous abstinssions
que tu t'abstinsses	que vous vous abstinssiez
qu'il/elle/on s'abstînt	qu'ils/elles s'abstinssent

Plus-que-parfait

que je me fusse abstenu(e)	que nous nous fussions abstenu(e)s
que tu te fusses abstenu(e)	que vous vous fussiez abstenu(e)(s)
qu'il/elle/on se fût abstenu(e)	qu'ils/elles se fussent abstenu(e)s

CONDITIONNEL

Présent

je m'abstiendrais	nous nous abstiendrions
tu t'abstiendrais	vous vous abstiendriez
il/elle/on s'abstiendrait	ils/elles s' abstiendraient

Passé

je me serais abstenu(e)	nous nous serions abstenu(e)s
tu te serais abstenu(e)	vous vous seriez abstenu(e)(s)
il/elle/on se serait abstenu(e)	ils/elles se seraient abstenu(e)s

IMPÉRATIF

abstiens-toi abstenons-nous abstenez-vous

Abstenons-nous de la critiquer.
Let's refrain from criticizing her.

Je m'abstiens de voter.
I'm refraining from voting.

Il faut qu'elles s'abstiennent de faire ce genre de commentaire..
It's necessary that they abstain from making this type of comment.

ACCEPTER *to accept*

Inf. accepter *Part. prés.* acceptant *Part. passé* accepté

INDICATIF

Présent

j'accepte	nous acceptons
tu acceptes	vous acceptez
il/elle/on accepte	ils/elles acceptent

Passé composé

j'ai accepté	nous avons accepté
tu as accepté	vous avez accepté
il/elle/on a accepté	ils/elles ont accepté

Futur simple

j'accepterai	nous accepterons
tu accepteras	vous accepterez
il/elle/on acceptera	ils/elles accepteront

Futur antérieur

j'aurai accepté	nous aurons accepté
tu auras accepté	vous aurez accepté
il/elle/on aura accepté	ils/elles auront accepté

Imparfait

j'acceptais	nous acceptions
tu acceptais	vous acceptiez
il/elle/on acceptait	ils/elles acceptaient

Plus-que-parfait

j'avais accepté	nous avions accepté
tu avais accepté	vous aviez accepté
il/elle/on avait accepté	ils/elles avaient accepté

Passé simple

j'acceptai	nous acceptâmes
tu acceptas	vous acceptâtes
il/elle/on accepta	ils/elles acceptèrent

Passé antérieur

j'eus accepté	nous eûmes accepté
tu eus accepté	vous eûtes accepté
il/elle/on eut accepté	ils/elles eurent accepté

SUBJONCTIF

Présent

que j'accepte	que nous acceptions
que tu acceptes	que vous acceptiez
qu'il/elle/on accepte	qu'ils/elles acceptent

Imparfait

que j'acceptasse	que nous acceptassions
que tu acceptasses	que vous acceptassiez
qu'il/elle/on acceptât	qu'ils/elles acceptassent

Passé

que j'aie accepté	que nous ayons accepté
que tu aies accepté	que vous ayez accepté
qu'il/elle/on ait accepté	qu'ils/elles aient accepté

Plus-que-parfait

que j'eusse accepté	que nous eussions accepté
que tu eusses accepté	que vous eussiez accepté
qu'il/elle/on eût accepté	qu'ils/elles eussent accepté

CONDITIONNEL

Présent

j'accepterais	nous accepterions
tu accepterais	vous accepteriez
il/elle/on accepterait	ils/elles accepteraient

Passé

j'aurais accepté	nous aurions accepté
tu aurais accepté	vous auriez accepté
il/elle/on aurait accepté	ils/elles auraient accepté

IMPÉRATIF

accepte acceptons acceptez

Les Dupont ont accepté notre invitation.
The Duponts accepted our invitation.

A sa place, je n'accepterais jamais cette décision.
In her place, I would never accept this decision.

Il est bon que vous acceptiez de participer dans notre projet.
It is good that you accept to participate in our project.

ACCLAMER *to cheer, to acclaim, to hail*

Inf. acclamer *Part. prés.* acclamant *Part. passé* acclamé

INDICATIF

Présent

j'acclame	nous acclamons
tu acclames	vous acclamez
il/elle/on acclame	ils/elles acclament

Imparfait

j'acclamais	nous acclamions
tu acclamais	vous acclamiez
il/elle/on acclamait	ils/elles acclamaient

Passé composé

j'ai acclamé	nous avons acclamé
tu as acclamé	vous avez acclamé
il/elle/on a acclamé	ils/elles ont acclamé

Plus-que-parfait

j'avais acclamé	nous avions acclamé
tu avais acclamé	vous aviez acclamé
il/elle/on avait acclamé	ils/elles avaient acclamé

Futur simple

j'acclamerai	nous acclamerons
tu acclameras	vous acclamerez
il/elle/on acclamera	ils/elles acclameront

Passé simple

j'acclamai	nous acclamâmes
tu acclamas	vous acclamâtes
il/elle/on acclama	ils/elles acclamèrent

Futur antérieur

j'aurai acclamé	nous aurons acclamé
tu auras acclamé	vous aurez acclamé
il/elle/on aura acclamé	ils/elles auront acclamé

Passé antérieur

j'eus acclamé	nous eûmes acclamé
tu eus acclamé	vous eûtes acclamé
il/elle/on eut acclamé	ils/elles eurent acclamé

SUBJONCTIF

Présent

que j'acclame	que nous acclamions
que tu acclames	que vous acclamiez
qu'il/elle/on acclame	qu'ils/elles acclament

Passé

que j'aie acclamé	que nous ayons acclamé
que tu aies acclamé	que vous ayez acclamé
qu'il/elle/on ait acclamé	qu'ils/elles aient acclamé

Imparfait

que j'acclamasse	que nous acclamassions
que tu acclamasses	que vous acclamassiez
qu'il/elle/on acclamât	qu'ils/elles acclamassent

Plus-que-parfait

que j'eusse acclamé	que nous eussions acclamé
que tu eusses acclamé	que vous eussiez acclamé
qu'il/elle/on eût acclamé	qu'ils/elles eussent acclamé

CONDITIONNEL

Présent

j'acclamerais	nous acclamerions
tu acclamerais	vous acclameriez
il/elle/on acclamerait	ils/elles acclameraient

Passé

j'aurais acclamé	nous aurions acclamé
tu aurais acclamé	vous auriez acclamé
il/elle/on aurait acclamé	ils/elles auraient acclamé

IMPÉRATIF

acclame acclamons acclamez

Tout le monde acclame ce candidat.
Everyone is hailing this candidate.

Il est important que nous acclamions ce jeune joueur qui a si bien joué.
It's important that we cheer on this young player who played so well.

On a tous acclamé celui qui a inventé cet appareil.
We all acclaimed the person who invented this devise.

ACCOMPAGNER *to accompany, to go with*

Inf. accompagner *Part. prés.* accompagnant *Part. passé* accompagné

INDICATIF

Présent

j'accompagne	nous accompagnons
tu accompagnes	vous accompagnez
il/elle/on accompagne	ils/elles accompagnent

Passé composé

j'ai accompagné	nous avons accompagné
tu as accompagné	vous avez accompagné
il/elle/on a accompagné	ils/elles ont accompagné

Futur simple

j'accompagnerai	nous accompagnerons
tu accompagneras	vous accompagnerez
il/elle/on accompagnera	ils/elles accompagneront

Futur antérieur

j'aurai accompagné	nous aurons accompagné
tu auras accompagné	vous aurez accompagné
il/elle/on aura accompagné	ils/elles auront accompagné

Imparfait

j'accompagnais	nous accompagnions
tu accompagnais	vous accompagniez
il/elle/on accompagnait	ils/elles accompagnaient

Plus-que-parfait

j'avais accompagné	nous avions accompagné
tu avais accompagné	vous aviez accompagné
il/elle/on avait accompagné	ils/elles avaient accompagné

Passé simple

j'accompagnai	nous accompagnâmes
tu accompagnas	vous accompagnâtes
il/elle/on accompagna	il/elle/on s accompagnèrent

Passé antérieur

j'eus accompagné	nous eûmes accompagné
tu eus accompagné	vous eûtes accompagné
il/elle/on eut accompagné	ils/elles eurent accompagné

SUBJONCTIF

Présent

que j'accompagne	que nous accompagnions
que tu accompagnes	que vous accompagniez
qu'il/elle/on accompagne	qu'ils/elles accompagnent

Imparfait

que j'accompagnasse	que nous accompagnassions
que tu accompagnasses	que vous accompagnassiez
qu'il/elle/on accompagnât	qu'ils/elles accompagnassent

Passé

que j'aie accompagné	que nous ayons accompagné
que tu aies accompagné	que vous ayez accompagné
qu'il/elle/on ait accompagné	qu'ils/elles aient accompagné

Plus-que-parfait

que j'eusse accompagné	que nous eussions accompagné
que tu eusses accompagné	que vous eussiez accompagné
qu'il/elle/on eût accompagné	qu'ils/elles eussent accompagné

CONDITIONNEL

Présent

j'accompagnerais	nous accompagnerions
tu accompagnerais	vous accompagneriez
il/elle/on accompagnerait	ils/elles accompagneraient

Passé

j'aurais accompagné	nous aurions accompagné
tu aurais accompagné	vous auriez accompagné
il/elle/on aurait accompagné	ils/elles auraient accompagné

IMPÉRATIF

accompagne accompagnons accompagnez

Qui m'accompagne demain?
Who is going with me tomorrow?

Je t'aurais accompagné si tu m'avais téléphoné.
I would have accompanied you if you had called me.

Un bon merlot accompagnerait bien ce plat.
A nice merlot would go well with this dish.

ACCORDER *to grant, to attach [value], to tune [an instrument]*

Inf. accorder *Part. prés.* accordant *Part. passé* accordé

INDICATIF

Présent		Imparfait	
j'accorde	nous accordons	j'accordais	nous accordions
tu accordes	vous accordez	tu accordais	vous accordiez
il/elle/on accorde	ils/elles accordent	il/elle/on accordait	ils/elles accordaient
Passé composé		**Plus-que-parfait**	
j'ai accordé	nous avons accordé	j'avais accordé	nous avions accordé
tu as accordé	vous avez accordé	tu avais accordé	vous aviez accordé
il/elle/on a accordé	ils/elles ont accordé	il/elle/on avait accordé	ils/elles avaient accordé
Futur simple		**Passé simple**	
j'accorderai	nous accorderons	j'accordai	nous accordâmes
tu accorderas	vous accorderez	tu accordas	vous accordâtes ils/elles
il/elle/on accordera	ils/elles accorderont	il/elle/on accorda	accordèrent
Futur antérieur		**Passé antérieur**	
j'aurai accordé	nous aurons accordé	j'eus accordé	nous eûmes accordé
tu auras accordé	vous aurez accordé	tu eus accordé	vous eûtesaccordé
il/elle/on aura accordé	ils/elles auront accordé	il/elle/on eut accordé	ils/elles eurent accordé

SUBJONCTIF

Présent		Passé	
que j'accorde	que nous accordions	j'aie accordé	nous ayons accordé
que tu accordes	que vous accordiez	tu aies accordé	vous ayez accordé
qu'il/elle/on accorde	qu'ils/elles accordent	il/elle/on ait accordé	ils/elles aient accordé
Imparfait		**Plus-que-parfait**	
que j'accordasse	que nous accordassions	que j'eusse accordé	que nous eussions accordé
que tu accordasses	que vous accordassiez	que tu eusses accordé	que vous eussiez accordé
qu'il/elle/on accordât	qu'ils/elles accordassent	qu'il/elle/on eût accordé	qu'ils/elles eussent accordé

CONDITIONNEL

Présent		Passé	
j'accorderais	nous accorderions	j'aurais accordé	nous aurions accordé
tu accorderais	vous accorderiez	tu aurais accordé	vous auriez accordé
il/elle/on accorderait	ils/elles accorderaient	il/elle/on aurait accordé	ils/elles auraient accordé

IMPÉRATIF

accorde accordons accordez

Le PDG vous accorde un entretien de 15 minutes.
The CEO is granting you a 15-minute interview.

Elle a accordé beaucoup d'importance à cette decision.
She attached a lot of importance to this decision.

Accordez vos instruments, s'il vous plaît.
Tune your instruments, please.

ACCROCHER *to hang, to hook, to catch, to fasten*

Inf. accrocher *Part. prés.* accrochant *Part. passé* accroché

INDICATIF

Présent

j'accroche	nous accrochons
tu accroches	vous accrochez
il/elle/on accroche	ils/elles accrochent

Imparfait

j'accrochais	nous accrochions
tu accrochais	vous accrochiez
il/elle/on accrochait	ils/elles accrochaient

Passé composé

j'ai accroché	nous avons accroché
tu as accroché	vous avez accroché
il/elle/on a accroché	ils/elles ont accroché

Plus-que-parfait

j'avais accroché	nous avions accroché
tu avais accroché	vous aviez accroché
il/elle/on avait accroché	ils/elles avaient accroché

Futur simple

j'accrocherai	nous accrocherons
tu accrocheras	vous accrocherez
il/elle/on accrochera	ils/elles accrocheront

Passé simple

j'accrochai	nous accrochâmes
tu accrochas	vous accrochâtes
il/elle/on accrocha	ils/elles accrochèrent

Futur antérieur

j'aurai accroché	nous aurons accroché
tu auras accroché	vous aurez accroché
il/elle/on aura accroché	ils/elles auront accroché

Passé antérieur

j'eus accroché	nous eûmes accroché
tu eus accroché	vous eûtes accroché
il/elle/on eut accroché	ils/elles eurent accroché

SUBJONCTIF

Présent

que j'accroche	que nous accrochions
que tu accroches	que vous accrochiez
qu'il/elle/on accroche	qu'ils/elles accrochent

Passé

que j'aie accroché	que nous ayons accroché
que tu aies accroché	que vous ayez accroché
qu'il/elle/on ait accroché	qu'ils/elles aient accroché

Imparfait

que j'accrochasse	que nous accrochassions
que tu accrochasses	que vous accrochassiez
qu'il/elle/on accrochât	qu'ils/elles accrochassent

Plus-que-parfait

que j'eusse accroché	que nous eussions accroché
que tu eusses accroché	que vous eussiez accroché
qu'il/elle/on eût accroché	qu'ils/elles eussent accroché

CONDITIONNEL

Présent

j'accrocherais	nous accrocherions
tu accrocherais	vous accrocheriez
il/elle/on accrocherait	ils/elles accrocheraient

Passé

j'aurais accroché	nous aurions accroché
tu aurais accroché	vous auriez accroché
il/elle/on aurait accroché	ils/elles auraient accroché

IMPÉRATIF

accroche accrochons accrochez

Elle s'est fait grondée par ses parents parce qu'elle n'avait pas accroché sa ceinture de sécurité.
She was scolded by her parents because she hadn't fastened her seatbelt.

Mon fils accrochera cet écran LCD au mur.
My son will attach this LCD screen to the wall.

Accrochons cette pendule ici.
Let's hang this wall clock here.

ACCUEILLIR *to welcome, to receive, to greet*

Inf. accueillir *Part. prés.* accueillant *Part. passé* accueilli

INDICATIF

Présent

j'accueille	nous accueillons
tu accueilles	vous accueillez
il/elle/on accueille	ils/elles accueillent

Imparfait

j'accueillais	nous accueillions
tu accueillais	vous accueilliez
il/elle/on accueillait	ils/elles accueillaient

Passé composé

j'ai accueilli	nous avons accueilli
tu as accueilli	vous avez accueilli
il/elle/on a accueilli	ils/elles ont accueilli

Plus-que-parfait

j'avais accueilli	nous avions accueilli
tu avais accueilli	vous aviez accueilli
il/elle/on avait accueilli	ils/elles avaient accueilli

Futur simple

j'accueillerai	nous accueillerons
tu accueilleras	vous accueillerez
il/elle/on accueillera	ils/elles accueilleront

Passé simple

j'accueillis	nous accueillîmes
tu accueillis	vous accueillîtes
il/elle/on accueillit	ils/elles accueillirent

Futur antérieur

j'aurai accueilli	nous aurons accueilli
tu auras accueilli	vous aurez accueilli
il/elle/on aura accueilli	ils/elles auront accueilli

Passé antérieur

j'eus accueilli	nous eûmes accueilli
tu eus accueilli	vous eûtes accueilli
il/elle/on eut accueilli	ils/elles eurent accueilli

SUBJONCTIF

Présent

que j'accueille	que nous accueillions
que tu accueilles	que vous accueilliez
qu'il/elle/on accueille	qu'ils/elles accueillent

Passé

que j'aie accueilli	que nous ayons accueilli
que tu aies accueilli	que vous ayez accueilli
qu'il/elle/on ait accueilli	qu'ils/elles aient accueilli

Imparfait

que j'accueillisse	que nous accueillissions
que tu accueillisses	que vous accueillissiez
qu'il/elle/on accueillît	qu'ils/elles accueillissent

Plus-que-parfait

que j'eusse accueilli	que nous eussions accueilli
que tu eusses accueilli	que vous eussiez accueilli
qu'il/elle/on eût accueilli	qu'ils/elles eussent accueilli

CONDITIONNEL

Présent

j'accueillerais	nous accueillerions
tu accueillerais	vous accueilleriez
il/elle/on accueillerait	ils/elles accueilleraient

Passé

j'aurais accueilli	nous aurions accueilli
tu aurais accueilli	vous auriez accueilli
il/elle/on aurait accueilli	ils/elles auraient accueilli

IMPÉRATIF

accueille accueillons accueillez

Si elle était venue avec vous, nous l'aurions accueillie.
If she had come with you, we would have welcomed her.

J'accueillerai les invités ce soir.
I will greet the guests tonight.

On nous a très bien accueillis chez elle.
We were really nicely received at her house.

ACCUSER *to accuse, to blame; to show, to acknowledge [receipt of]*

Inf. accuser *Part. prés.* accusant *Part. passé* accusé

INDICATIF

Présent		**Imparfait**	
j'accuse	nous accusons	j'accusais	nous accusions
tu accuses	vous accusez	tu accusais	vous accusiez
il/elle/on accuse	ils/elles accusent	il/elle/on accusait	ils/elles accusaient
Passé composé		**Plus-que-parfait**	
j'ai accusé	nous avons accusé	j'avais accusé	nous avions accusé
tu as accusé	vous avez accusé	tu avais accusé	vous aviez accusé
il/elle/on a accusé	ils/elles ont accusé	il/elle/on avait accusé	ils/elles avaient accusé
Futur simple		**Passé simple**	
j'accuserai	nous accuserons	j'accusai	nous accusâmes
tu accuseras	vous accuserez	tu accusas	vous accusâtes
il/elle/on accusera	ils/elles accuseront	il/elle/on accusa	ils/elles accusèrent
Futur antérieur		**Passé antérieur**	
j'aurai accusé	nous aurons accusé	j'eus accusé	nous eûmes accusé
tu auras accusé	vous aurez accusé	tu eus accusé	vous eûtes accusé
il/elle/on aura accusé	ils/elles auront accusé	il/elle/on eut accusé	ils/elles eurent accusé

SUBJONCTIF

Présent		**Passé**	
que j'accuse	que nous accusions	que j'aie accusé	que nous ayons accusé
que tu accuses	que vous accusiez	que tu aies accuse	que vous ayez accusé
qu'il/elle/on accuse	qu'ils/elles accusent	qu'il/elle/on ait accusé	qu'ils/elles aient accusé
Imparfait		**Plus-que-parfait**	
que j'accusasse	que nous accusassions	que j'eusse accusé	que nous eussions accusé
que tu accusasses	que vous accusassiez	que tu eusses accusé	que vous eussiez accusé
qu'il/elle/on accusât	qu'ils/elles accusassent	qu'il/elle/on eût accusé	qu'ils/elles eussent accusé

CONDITIONNEL

Présent		**Passé**	
j'accuserais	nous accuserions	j'aurais accusé	nous aurions accusé
tu accuserais	vous accuseriez	tu aurais accusé	vous auriez accusé
il/elle/on accuserait	ils/elles accuseraient	il/elle/on aurait accusé	ils/elles auraient accusé

IMPÉRATIF

accuse accusons accusez

Elle nous accuse mais elle n'a pas de preuve.
She's accusing us but she doesn't have any proof.

Accusez-moi si vous voulez, mais je n'ai rien fait!
Blame me if you want, but I didn't do anything.

Le secrétaire a accusé réception de notre lettre.
The secretary acknowledged receipt of our letter.

ACHETER *to buy, to purchase*

Inf. acheter *Part. prés.* achetant *Part. passé* acheté

INDICATIF

Présent

j'achète	nous achetons
tu achètes	vous achetez
il/elle/on achète	ils/elles achètent

Imparfait

j'achetais	nous achetions
tu achetais	vous achetiez
il/elle/on achetait	ils/elles achetaient

Passé composé

j'ai acheté	nous avons acheté
tu as acheté	vous avez acheté
il/elle/on a acheté	ils/elles ont acheté

Plus-que-parfait

j'avais acheté	nous avions acheté
tu avais acheté	vous aviez acheté
il/elle/on avait acheté	ils/elles avaient acheté

Futur simple

j'achèterai	nous achèterons
tu achèteras	vous achèterez
il/elle/on achètera	ils/elles achèteront

Passé simple

j'achetai	nous achetâmes
tu achetas	vous achetâtes
il/elle/on acheta	ils/elles achetèrent

Futur antérieur

j'aurai acheté	nous aurons acheté
tu auras acheté	vous aurez acheté
il/elle/on aura acheté	ils/elles auront acheté

Passé antérieur

j'eus acheté	nous eûmes acheté
tu eus acheté	vous eûtes acheté
il/elle/on eut acheté	ils/elles eurent acheté

SUBJONCTIF

Présent

que j'achète	que nous achetions
que tu achètes	que vous achetiez
qu'il/elle/on achète	qu'ils/elles achètent

Passé

que j'aie acheté	que nous ayons acheté
que tu aies acheté	que vous ayez acheté
qu'il/elle/on ait acheté	qu'ils/elles aient acheté

Imparfait

que j'achetasse	que nous achetassions
que tu achetasses	que vous achetassiez
qu'il/elle/on achetât	qu'ils/elles achetassent

Plus-que-parfait

que j'eusse acheté	que nous eussions acheté
que tu eusses acheté	que vous eussiez acheté
qu'il/elle/on eût acheté	qu'ils/elles eussent acheté

CONDITIONNEL

Présent

j'achèterais	nous achèterions
tu achèterais	vous achèteriez
il/elle/on achèterait	ils/elles achèteraient

Passé

j'aurais acheté	nous aurions acheté
tu aurais acheté	vous auriez acheté
il/elle/on aurait acheté	ils/elles auraient acheté

IMPÉRATIF

achète achetons achetez

Je suis heureux que tu aies acheté quelque chose pour toi.
I am happy that you bought something for yourself.

Caroline et Nicolas ont acheté un nouvel ordinateur.
Caroline and Nicolas bought a new computer.

Achetez-les, si vous voulez.
Buy them if you want.

ACHEVER *to finish, to conclude, to end [life]*

Inf. achever *Part. prés.* achevant *Part. passé* achevé

INDICATIF

Présent

j'achève — nous achevons
tu achèves — vous achevez
il/elle/on achève — ils/elles achèvent

Passé composé

j'ai achevé — nous avons achevé
tu as achevé — vous avez achevé
il/elle/on a achevé — ils/elles ont achevé

Futur simple

j'achèverai — nous achèverons
tu achèveras — vous achèverez
il/elle/on achèvera — ils/elles achèveront

Futur antérieur

j'aurai achevé — nous aurons achevé
tu auras achevé — vous aurez achevé
il/elle/on aura achevé — ils/elles auront achevé

Imparfait

j'achevais — nous achevions
tu achevais — vous acheviez
il/elle/on achevait — ils/elles achevaient

Plus-que-parfait

j'avais achevé — nous avions achevé
tu avais achevé — vous aviez achevé
il/elle/on avait achevé — ils/elles avaient achevé

Passé simple

j'achevai — nous achevâmes
tu achevas — vous achevâtes
il/elle/on acheva — ils/elles achevèrent

Passé antérieur

j'eus achevé — nous eûmes achevé
tu eus achevé — vous eûtes achevé
il/elle/on eut achevé — ils/elles eurent achevé

SUBJONCTIF

Présent

que j'achève — que nous achevions
que tu achèves — que vous acheviez
qu'il/elle/on achève — qu'ils/elles achèvent

Imparfait

que j'achevasse — que nous achevassions
que tu achevasses — que vous achevassiez
qu'il/elle/on achevât — qu'ils/elles achevassent

Passé

que j'aie achevé — que nous ayons achevé
que tu aies achevé — que vous ayez achevé
qu'il/elle/on ait achevé — qu'ils/elles aient achevé

Plus-que-parfait

que j'eusse achevé — que nous eussions achevé
que tu eusses achevé — que vous eussiez achevé
qu'il/elle/on eût achevé — qu'ils/elles eussent achevé

CONDITIONNEL

Présent

j'achèverais — nous achèverions
tu achèverais — vous achèveriez
il/elle/on achèverait — ils/elles achèveraient

Passé

j'aurais achevé — nous aurions achevé
tu aurais achevé — vous auriez achevé
il/elle/on aurait achevé — ils/elles auraient achevé

IMPÉRATIF

achève achevons achevez

On achève les discussions sans avoir rien décidé.
We are concluding the discussions without having decided anything.

Elle achèvera sa lecture du Coran ce soir.
She will finish her reading of the Koran tonight.

On dit qu'il a achevé son père.
People say that he ended his dad's life.

ACQUÉRIR *to acquire*

Inf. acquérir *Part. prés.* acquérant *Part. passé* acquis

INDICATIF

Présent

j'acquiers	nous acquérons
tu acquiers	vous acquérez
il/elle/on acquiert	ils/elles acquièrent

Imparfait

j'acquérais	nous acquérions
tu acquérais	vous acquériez
il/elle/on acquérait	ils/elles acquéraient

Passé composé

j'ai acquis	nous avons acquis
tu as acquis	vous avez acquis
il/elle/on a acquis	ils/elles ont acquis

Plus-que-parfait

j'avais acquis	nous avions acquis
tu avais acquis	vous aviez acquis
il/elle/on avait acquis	ils/elles avaient acquis

Futur simple

j'acquerrai	nous acquerrons
tu acquerras	vous acquerrez
il/elle/on acquerra	ils/elles acquerront

Passé simple

j'acquis	nous acquîmes
tu acquis	vous acquîtes
il/elle/on acquit	ils/elles acquirent

Futur antérieur

j'aurai acquis	nous aurons acquis
tu auras acquis	vous aurez acquis
il/elle/on aura acquis	ils/elles auront acquis

Passé antérieur

j'eus acquis	nous eûmes acquis
tu eus acquis	vous eûtes acquis
il/elle/on eut acquis	ils/elles eurent acquis

SUBJONCTIF

Présent

que j'acquière	que nous acquérions
que tu acquières	que vous acquériez
qu' il/elle/on acquière	qu'ils/elles acquièrent

Passé

que j'aie acquis	que nous ayons acquis
que tu aies acquis	que vous ayez acquis
qu' il/elle/on ait acquis	qu'ils/elles aient acquis

Imparfait

que j'acquisse	que nous acquissions
que tu acquisses	que vous acquissiez
qu'il/elle/on acquît	qu'ils/elles acquissent

Plus-que-parfait

que j'eusse acquis	que nous eussions acquis
que tu eusses acquis	que vous eussiez acquis
qu' il/elle/on eût acquis	qu'ils/elles eussent acquis

CONDITIONNEL

Présent

j'acquerrais	nous acquerrions
tu acquerrais	vous acquerriez
il/elle/on acquerrait	ils/elles acquerraient

Passé

j'aurais acquis	nous aurions acquis
tu aurais acquis	vous auriez acquis
il/elle/on aurait acquis	ils/elles auraient acquis

IMPÉRATIF

acquiers acquérons acquérez

C'est dommage que notre enterprise ait acquis cette marque douteuse.
It's too bad that our company purchased this dubious brand.

Elle acquiert de plus en plus d'argent.
Shes acquiring more and more money.

En acquérant ces biens on paiera moins d'impôts.
In purchasing this property, we will pay fewer taxes.

ADMETTRE *to admit, to accept, to concede*

Inf. admettre *Part. prés.* admettant *Part. passé* admis

INDICATIF

Présent

j'admets	nous admettons
tu admets	vous admettez
il/elle/on admet	ils/elles admettent

Imparfait

j'admettais	nous admettions
tu admettais	vous admettiez
il/elle/on admettait	ils/elles admettaient

Passé composé

j'ai admis	nous avons admis
tu as admis	vous avez admis
il/elle/on a admis	ils/elles ont admis

Plus-que-parfait

j'avais admis	nous avions admis
tu avais admis	vous aviez admis
il/elle/on avait admis	ils/elles avaient admis

Futur simple

j'admettrai	nous admettrons
tu admettras	vous admettrez
il/elle/on admettra	ils/elles admettront

Passé simple

j'admis	nous admîmes
tu admis	vous admîtes
il/elle/on admit	ils/elles admirent

Futur antérieur

j'aurai admis	nous aurons admis
tu auras admis	vous aurez admis
il/elle/on aura admis	ils/elles auront admis

Passé antérieur

j'eus admis	nous eûmes admis
tu eus admis	vous eûtes admis
il/elle/on eut admis	ils/elles eurent admis

SUBJONCTIF

Présent

que j'admette	que nous admettions
que tu admettes	que vous admettiez
qu'il/elle/on admette	qu'ils/elles admettent

Passé

que j'aie admis	que nous ayons admis
que tu aies admis	que vous ayez admis
qu'il/elle/on ait admis	qu'ils/elles aient admis

Imparfait

que j'admisse	que nous admissions
que tu admisses	que vous admissiez
qu'il/elle/on admît	qu'ils/elles admissent

Plus-que-parfait

que j'eusse admis	que nous eussions admis
que tu eusses admis	que vous eussiez admis
qu'il/elle/on eût admis	qu'ils/elles eussent admis

CONDITIONNEL

Présent

j'admettrais	nous admettrions
tu admettrais	vous admettriez
il/elle/on admettrait	ils/elles admettraient

Passé

j'aurais admis	nous aurions admis
tu aurais admis	vous auriez admis
il/elle/on aurait admis	ils/elles auraient admis

IMPÉRATIF

admets admettons admettez

Ils ont admis que leur conduite était regrettable.
They admitted that their behavior was unfortunate.

Cette faculté admet très peu d'étudiants.
This university admits very few students.

Il est ridicule que tu admettes cela.
It's ridiculous that you concede this.

ADMIRER *to admire*

Inf. admirer *Part. prés.* admirant *Part. passé* admiré

INDICATIF

Présent

j'admire	nous admirons
tu admires	vous admirez
il/elle/on admire	ils/elles admirent

Imparfait

j'admirais	nous admirions
tu admirais	vous admiriez
il/elle/on admirait	ils/elles admiraient

Passé composé

j'ai admiré	nous avons admiré
tu as admiré	vous avez admiré
il/elle/on a admiré	ils/elles ont admiré

Plus-que-parfait

j'avais admiré	nous avions admiré
tu avais admiré	vous aviez admiré
il/elle/on avait admiré	ils/elles avaient admiré

Futur simple

j'admirerai	nous admirerons
tu admireras	vous admirerez
il/elle/on admirera	ils/elles admireront

Passé simple

j'admirai	nous admirâmes
tu admiras	vous admirâtes
il/elle/on admira	ils/elles admirèrent

Futur antérieur

j'aurai admiré	nous aurons admiré
tu auras admiré	vous aurez admiré
il/elle/on aura admiré	ils/elles auront admiré

Passé antérieur

j'eus admiré	nous eûmes admiré
tu eus admiré	vous eûtes admiré
il/elle/on eut admiré	ils/elles eurent admiré

SUBJONCTIF

Présent

que j'admire	que nous admirions
que tu admires	que vous admiriez
qu'il/elle/on admire	qu'ils/elles admirent

Passé

que j'aie admiré	que nous ayons admiré
que tu aies admiré	que vous ayez admiré
qu'il/elle/on ait admiré	qu'ils/elles aient admiré

Imparfait

que j'admirasse	que nous admirassions
que tu admirasses	que vous admirassiez
qu'il/elle/on admirât	qu'ils/elles admirassent

Plus-que-parfait

que j'eusse admiré	que nous eussions admiré
que tu eusses admiré	que vous eussiez admiré
qu'il/elle/on eût admiré	qu'ils/elles eussent admiré

CONDITIONNEL

Présent

j'admirerais	nous admirerions
tu admirerais	vous admireriez
il/elle/on admirerait	ils/elles admireraient

Passé

j'aurais admiré	nous aurions admiré
tu aurais admiré	vous auriez admiré
il/elle/on aurait admiré	ils/elles auraient admiré

IMPÉRATIF

admire admirons admirez

On admire votre courage.
We admire your courage.

Je suis content que vous admiriez ce tableau.
I am happy that you admire this painting.

Elle l'a vue et l'a admirée.
She saw it and admired it.

ADORER *to adore, to love*

Inf. adorer *Part. prés.* adorant *Part. passé* adoré

INDICATIF

Présent

j'adore	nous adorons
tu adores	vous adorez
il/elle/on adore	ils/elles adorent

Imparfait

j'adorais	nous adorions
tu adorais	vous adoriez
il/elle/on adorait	ils/elles adoraient

Passé composé

j'ai adoré	nous avons adoré
tu as adoré	vous avez adoré
il/elle/on a adoré	ils/elles ont adoré

Plus-que-parfait

j'avais adoré	nous avions adoré
tu avais adoré	vous aviez adoré
il/elle/on avait adoré	ils/elles avaient adoré

Futur simple

j'adorerai	nous adorerons
tu adoreras	vous adorerez
il/elle/on adorera	ils/elles adoreront

Passé simple

j'adorai	nous adorâmes
tu adoras	vous adorâtes
il/elle/on adora	ils/elles adorèrent

Futur antérieur

j'aurai adoré	nous aurons adoré
tu auras adoré	vous aurez adoré
il/elle/on aura adoré	ils/elles auront adoré

Passé antérieur

j'eus adoré	nous eûmes adoré
tu eus adoré	vous eûtes adoré
il/elle/on eut adoré	ils/elles eurent adoré

SUBJONCTIF

Présent

que j'adore	que nous adorions
que tu adores	que vous adoriez
qu'il/elle/on adore	qu'ils/elles adorent

Passé

que j'aie adoré	que nous ayons adoré
que tu aies adoré	que vous ayez adoré
qu'il/elle/on ait adoré	qu'ils/elles aient adoré

Imparfait

que j'adorasse	que nous adorassions
que tu adorasses	que vous adorassiez
qu'il/elle/on adorât	qu'ils/elles adorassent

Plus-que-parfait

que j'eusse adoré	que nous eussions adoré
que tu eusses adoré	que vous eussiez adoré
qu'il/elle/on eût adoré	qu'ils/elles eussent adoré

CONDITIONNEL

Présent

j'adorerais	nous adorerions
tu adorerais	vous adoreriez
il/elle/on adorerait	ils/elles adoreraient

Passé

j'aurais adoré	nous aurions adoré
tu aurais adoré	vous auriez adoré
il/elle/on aurait adoré	ils/elles auraient adoré

IMPÉRATIF

adore adorons adorez

Ils ont adoré leur séjour au Mexique.
They loved their stay in Mexico.

Je sais que tu adoreras ce film.
I know that you will adore this movie.

Ils adorent le foot.
They adore soccer.

ADRESSER *to address, to direct, to send*

Inf. adresser *Part. prés.* adressant *Part. passé* adressé

INDICATIF

Présent		Imparfait	
j'adresse	nous adressons	j'adressais	nous adressions
tu adresses	vous adressez	tu adressais	vous adressiez
il/elle/on adresse	ils/elles adressent	il/elle/on adressait	ils/elles adressaient
Passé composé		**Plus-que-parfait**	
j'ai adressé	nous avons adressé	j'avais adressé	nous avions adressé
tu as adressé	vous avez adressé	tu avais adressé	vous aviez adressé
il/elle/on a adressé	ils/elles ont adressé	il/elle/on avait adressé	ils/elles avaient adressé
Futur simple		**Passé simple**	
j'adresserai	nous adresserons	j'adressai	nous adressâmes
tu adresseras	vous adresserez	tu adressas	vous adressâtes
il/elle/on adressera	ils/elles adresseront	il/elle/on adressa	ils/elles adressèrent
Futur antérieur		**Passé antérieur**	
j'aurai adressé	nous aurons adressé	j'eus adressé	nous eûmes adressé
tu auras adressé	vous aurez adressé	tu eus adressé	vous eûtes adressé
il/elle/on aura adressé	ils/elles auront adressé	il/elle/on eut adressé	ils/elles eurent adressé

SUBJONCTIF

Présent		Passé	
que j'adresse	que nous adressions	que j'aie adressé	que nous ayons adressé
que tu adresses	que vous adressiez	que tu aies adressé	que vous ayez adressé
qu'il/elle/on adresse	ils/elles adressent	qu'il/elle/on ait adressé	ils/elles aient adressé
Imparfait		**Plus-que-parfait**	
que j'adressasse	que nous adressassions	que j'eusse adressé	que nous eussions adressé
que tu adressasses	que vous adressassiez	que tu eusses adressé	que vous eussiez adressé
qu'il/elle/on adressât	ils/elles adressassent	qu'il/elle/on eût adressé	ils/elles eussent adressé

CONDITIONNEL

Présent		Passé	
j'adresserais	nous adresserions	j'aurais adressé	nous aurions adressé
tu adresserais	vous adresseriez	tu aurais adressé	vous auriez adressé
il/elle/on adresserait	ils/elles adresseraient	il/elle/on aurait adressé	ils/elles auraient adressé

IMPÉRATIF

adresse adressons adressez

A qui a-t-il adressé cette lettre?
To whom did he send this letter?

Je n'adresserais jamais de telles insultes à mes profs.
I would never direct such insults to my professors.

Il nous adresse la parole.
He's talking to us.

ADVENIR *to happen, to befall*

Inf. advenir *Part. prés.* advenant *Part. passé* advenu

INDICATIF

Présent		**Imparfait**	
—	—	—	—
—	—	—	—
il advient	—	il advenait	—
Passé composé		**Plus-que-parfait**	
—	—	—	—
—	—	—	—
il est advenu	—	il était advenu	—
Futur simple		**Passé simple**	
—	—	—	—
—	—	—	—
il adviendra		il advint	—
Futur antérieur		**Passé antérieur**	
—	—	—	—
—	—	—	—
il sera advenu	—	il fut advenu	—

SUBJONCTIF

Présent		**Passé**	
—	—	—	—
—	—	—	—
qu'il advienne	—	qu'il soit advenu	—
Imparfait		**Plus-que-parfait**	
—	—	—	—
—	—	—	—
qu'il advînt	—	qu'il fût advenu	—

CONDITIONNEL

Présent		**Passé**	
—	—	—	—
—	—	—	—
il adviendrait	—	il serait advenu	—

Quoi qu'il advienne, je resterai ici.
Whatever happens, I will stay here.

Qu'est-ce-qui adviendra?
What will happen?

Les maux de tête adviennent assez souvent.
Headaches happen fairly often.

AFFAIBLIR *to weaken*

Inf. affaiblir *Part. prés.* affaiblissant *Part. passé* affaibli

INDICATIF

Présent

j'affaiblis	nous affaiblissons
tu affaiblis	vous affaiblissez
il/elle/on affaiblit	ils/elles affaiblissent

Imparfait

j'affaiblissais	nous affaiblissions
tu affaiblissais	vous affaiblissiez
il/elle/on affaiblissait	ils/elles affaiblissaient

Passé composé

j'ai affaibli	nous avons affaibli
tu as affaibli	vous avez affaibli
il/elle/on a affaibli	ils/elles ont affaibli

Plus-que-parfait

j'avais affaibli	nous avions affaibli
tu avais affaibli	vous aviez affaibli
il/elle/on avait affaibli	ils/elles avaient affaibli

Futur simple

j'affaiblirai	nous affaiblirons
tu affaibliras	vous affaiblirez
il/elle/on affaiblira	ils/elles affaibliront

Passé simple

j'affaiblis	nous affaiblîmes
tu affaiblis	vous affaiblîtes
il/elle/on affaiblit	ils/elles affaiblirent

Futur antérieur

j'aurai affaibli	nous aurons affaibli
tu auras affaibli	vous aurez affaibli
il/elle/on aura affaibli	ils/elles auront affaibli

Passé antérieur

j'eus affaibli	nous eûmes affaibli
tu eus affaibli	vous eûtes affaibli
il/elle/on eut affaibli	ils/elles eurent affaibli

SUBJONCTIF

Présent

que j'affaiblisse	que nous affaiblissions
que tu affaiblisses	que vous affaiblissiez
qu'il/elle/on affaiblisse	qu'ils/elles affaiblissent

Passé

que j'aie affaibli	que nous ayons affaibli
que tu aies affaibli	que vous ayez affaibli
qu'il/elle/on ait affaibli	qu'ils/elles aient affaibli

Imparfait

que j'affaiblisse	que nous affaiblissions
que tu affaiblisses	que vous affaiblissiez
qu'il/elle/on affaiblît	qu'ils/elles affaiblissent

Plus-que-parfait

que j'eusse affaibli	que nous eussions affaibli
que tu eusses affaibli	que vous eussiez affaibli
qu'il/elle/on eût affaibli	qu'ils/elles eussent affaibli

CONDITIONNEL

Présent

j'affaiblirais	nous affaiblirions
tu affaiblirais	vous affaibliriez
il/elle/on affaiblirait	ils/elles affaibliraient

Passé

j'aurais affaibli	nous aurions affaibli
tu aurais affaibli	vous auriez affaibli
il/elle/on aurait affaibli	ils/elles auraient affaibli

IMPÉRATIF

affaiblis affaiblissons affaiblissez

Cette maladie l'a affaiblie.
This illness has weakened her.

Ces crises affaiblissent notre pays.
These crises are weakening our country.

A cette époque-là les problèmes économiques affaiblissaient le pouvoir du roi.
At that time, the economic problems were weakening the power of the king.

AGACER *to annoy, to irritate, to bother*

Inf. agacer *Part. prés.* agaçant *Part. passé* agacé

INDICATIF

Présent

j'agace	nous agaçons
tu agaces	vous agacez
il/elle/on agace	ils/elles agacent

Passé composé

j'ai agacé	nous avons agacé
tu as agacé	vous avez agacé
il/elle/on a agacé	ils/elles ont agacé

Futur simple

j'agacerai	nous agacerons
tu agaceras	vous agacerez
il/elle/on agacera	ils/elles agaceront

Futur antérieur

j'aurai agacé	nous aurons agacé
tu auras agacé	vous aurez agacé
il/elle/on aura agacé	ils/elles auront agacé

Imparfait

j'agaçais	nous agacions
tu agaçais	vous agaciez
il/elle/on agaçait	ils/elles agaçaient

Plus-que-parfait

j'avais agacé	nous avions agacé
tu avais agacé	vous aviez agacé
il/elle/on avait agacé	ils/elles avaient agacé

Passé simple

j'agaçai	nous agaçâmes
tu agaças	vous agaçâtes
il/elle/on agaça	ils/elles agacèrent

Passé antérieur

j'eus agacé	nous eûmes agacé
tu eus agacé	vous eûtes agacé
il/elle/on eut agacé	ils/elles eurent agacé

SUBJONCTIF

Présent

que j'agace	que nous agacions
que tu agaces	que vous agaciez
qu'il/elle/on agace	qu'ils/elles agacent

Imparfait

que j'agaçasse	que nous agaçassions
que tu agaçasses	que vous agaçassiez
qu'il/elle/on agaçât	qu'ils/elles agaçassent

Passé

que j'aie agacé	que nous ayons agacé
que tu aies agacé	que vous ayez agacé
qu'il/elle/on ait agacé	qu'ils/elles aient agacé

Plus-que-parfait

que j'eusse agacé	que nous eussions agacé
que tu eusses agacé	que vous eussiez agacé
qu'il/elle/on eût agacé	qu'ils/elles eussent agacé

CONDITIONNEL

Présent

j'agacerais	nous agacerions
tu agacerais	vous agaceriez
il/elle/on agacerait	ils/elles agaceraient

Passé

j'aurais agacé	nous aurions agacé
tu aurais agacé	vous auriez agacé
il/elle/on aurait agacé	ils/elles auraient agacé

IMPÉRATIF

agace agaçons agacez

Qu'est-ce qu'il m'agace avec ses questions débiles!
How he irritates me with his stupid questions!

Je n'ai pas aimé son discours, il m'a agacé.
I didn't like his speech; it annoyed me.

C'est une personne qui nous agaça.
It's a person who bothered us.

A **AGIR** *to act, to behave, to take effect [medecine]*

Inf. agir *Part. prés.* agissant *Part. passé* agi

INDICATIF

Présent

j'agis	nous agissons
tu agis	vous agissez
il/elle/on agit	ils/elles agissent

Passé composé

j'ai agi	nous avons agi
tu as agi	vous avez agi
il/elle/on a agi	ils/elles ont agi

Futur simple

j'agirai	nous agirons
tu agiras	vous agirez
il/elle/on agira	ils/elles agiront

Futur antérieur

j'aurai agi	nous aurons agi
tu auras agi	vous aurez agi
il/elle/on aura agi	ils/elles auront agi

Imparfait

j'agissais	nous agissions
tu agissais	vous agissiez
il/elle/on agissait	ils/elles agissaient

Plus-que-parfait

j'avais agi	nous avions agi
tu avais agi	vous aviez agi
il/elle/on avait agi	ils/elles avaient agi

Passé simple

j'agis	nous agîmes
tu agis	vous agîtes
il/elle/on agit	ils/elles agirent

Passé antérieur

j'eus agi	nous eûmes agi
tu eus agi	vous eûtes agi
il/elle/on eut agi	ils/elles eurent agi

SUBJONCTIF

Présent

que j'agisse	que nous agissions
que tu agisses	que vous agissiez
qu'il/elle/on agisse	qu'ils/elles agissent

Imparfait

que j'agisse	que nous agissions
que tu agisses	que vous agissiez
qu'il/elle/on agît	qu'ils/elles agissent

Passé

que j'aie agi	que nous ayons agi
que tu aies agi	que vous ayez agi
qu'il/elle/on ait agi	qu'ils/elles aient agi

Plus-que-parfait

que j'eusse agi	que nous eussions agi
que tu eusses agi	que vous eussiez agi
qu'il/elle/on eût agi	qu'ils/elles eussent agi

CONDITIONNEL

Présent

j'agirais	nous agirions
tu agirais	vous agiriez
il/elle/on agirait	ils/elles agiraient

Passé

j'aurais agi	nous aurions agi
tu aurais agi	vous auriez agi
il/elle/on aurait agi	ils/elles auraient agi

IMPÉRATIF

agis agissons agissez

Ce médicament agira tout de suite.
This medication will take effect immediately.

Je suis triste que tu agisses en lâche.
I am sad that you're acting like a coward.

Il aurait fallu que tu eusses agi vite pour en profiter.
You would have had to act quickly to take advantage of it.

S'AGIR *to be a question of, to be about*

Inf. s'agir *Part. prés.* s'agissant *Part. passé* agi

INDICATIF

Présent		Imparfait	
—	—	—	—
—	—	—	—
il s'agit	—	il s'agissait	—
Passé composé		**Plus-que-parfait**	
—	—	—	—
—	—	—	—
il s'est agi	—	il s'était agi	—
Futur simple		**Passé simple**	
—	—	—	—
—	—	—	—
il s'agira	—	il s'agit	—
Futur antérieur		**Passé antérieur**	
—	—	—	—
—	—	—	—
il se sera agi	—	il se fut agi	—

SUBJONCTIF

Présent		Passé	
—	—	—	—
—	—	—	—
qu'il s'agisse	—	qu'il se soit agi	—
Imparfait		**Plus-que-parfait**	
—	—	—	—
—	—	—	—
qu'il s'agît	—	qu'il se fût agi	—

CONDITIONNEL

Présent		Passé	
—	—	—	—
il s'agirait	—	il se serait agi	—
—	—	—	—

De quoi s'agisissait-il?
What was it about?

Qu'il s'agisse de cela ou non, je refuse d'y participer.
Whether it is about that or not, I refuse to participate.

Le ministre indique que, dans cette affaire, il s'agit bien d'une crise politique.
The minister indicates that, in this affair, it is indeed a matter of a political crisis.

AIDER *to help, to aid*

Inf. aider *Part. prés.* aidant *Part. passé* aidé

INDICATIF

Présent

j'aide	nous aidons
tu aides	vous aidez
il/elle/on aide	ils/elles aident

Passé composé

j'ai aidé	nous avons aidé
tu as aidé	vous avez aidé
il/elle/on a aidé	ils/elles ont aidé

Futur simple

j'aiderai	nous aiderons
tu aideras	vous aiderez
il/elle/on aidera	ils/elles aideront

Futur antérieur

j'aurai aidé	nous aurons aidé
tu auras aidé	vous aurez aidé
il/elle/on aura aidé	ils/elles auront aidé

Imparfait

j'aidais	nous aidions
tu aidais	vous aidiez
il/elle/on aidait	ils/elles aidaient

Plus-que-parfait

j'avais aidé	nous avions aidé
tu avais aidé	vous aviez aidé
il/elle/on avait aidé	ils/elles avaient aidé

Passé simple

j'aidai	nous aidâmes
tu aidas	vous aidâtes
il/elle/on aida	ils/elles aidèrent

Passé antérieur

j'eus aidé	nous eûmes aidé
tu eus aidé	vous eûtes aidé
il/elle/on eut aidé	ils/elles eurent aidé

SUBJONCTIF

Présent

que j'aide	que nous aidions
que tu aides	que vous aidiez
qu'il/elle/on aide	qu'ils/elles aident

Imparfait

que j'aidasse	que nous aidassions
que tu aidasses	que vous aidassiez
qu'il/elle/on aidât	qu'ils/elles aidassent

Passé

que j'aie aidé	que nous ayons aidé
que tu aies aidé	que vous ayez aidé
qu'il/elle/on ait aidé	qu'ils/elles aient aidé

Plus-que-parfait

que j'eusse aidé	que nous eussions aidé
que tu eusses aidé	que vous eussiez aidé
qu'il/elle/on eût aidé	qu'ils/elles eussent aidé

CONDITIONNEL

Présent

j'aiderais	nous aiderions
tu aiderais	vous aideriez
il/elle/on aiderait	ils/elles aideraient

Passé

j'aurais aidé	nous aurions aidé
tu aurais aidé	vous auriez aidé
il/elle/on aurait aidé	ils/elles auraient aidé

IMPÉRATIF

aide aidons aidez

Ils auraient aidé s'ils avaient été au courant.
They would have helped if they'd been aware.

Est-ce que vous m'aiderez?
Will you help me?

Votre contribution à la discussion nous aide à décider.
Your contribution to the discussion is helping us decide.

AIMER *to like, to love*

Inf. aimer *Part. prés.* aimant *Part. passé* aimé

INDICATIF

Présent

j'aime	nous aimons
tu aimes	vous aimez
il/elle/on aime	ils/elles aiment

Passé composé

j'ai aimé	nous avons aimé
tu as aimé	vous avez aimé
il/elle/on a aimé	ils/elles ont aimé

Futur simple

j'aimerai	nous aimerons
tu aimeras	vous aimerez
il/elle/on aimera	ils/elles aimeront

Futur antérieur

j'aurai aimé	nous aurons aimé
tu auras aimé	vous aurez aimé
il/elle/on aura aimé	ils/elles auront aimé

Imparfait

j'aimais	nous aimions
tu aimais	vous aimiez
il/elle/on aimait	ils/elles aimaient

Plus-que-parfait

j'avais aimé	nous avions aimé
tu avais aimé	vous aviez aimé
il/elle/on avait aimé	ils/elles avaient aimé

Passé simple

j'aimai	nous aimâmes
tu aimas	vous aimâtes
il/elle/on aima	ils/elles aimèrent

Passé antérieur

j'eus aimé	nous eûmes aimé
tu eus aimé	vous eûtes aimé
il/elle/on eut aimé	ils/elles eurent aimé

SUBJONCTIF

Présent

que j'aime	que nous aimions
que tu aimes	que vous aimiez
qu'il/elle/on aime	qu'ils/elles aiment

Imparfait

que j'aimasse	que nous aimassions
que tu aimasses	que vous aimassiez
qu'il/elle/on aimât	qu'ils/elles aimassent

Passé

que j'aie aimé	que nous ayons aimé
que tu aies aimé	que vous ayez aimé
qu'il/elle/on ait aimé	qu'ils/elles aient aimé

Plus-que-parfait

que j'eusse aimé	que nous eussions aimé
que tu eusses aimé	que vous eussiez aimé
qu'il/elle/on eût aimé	qu'ils/elles eussent aimé

CONDITIONNEL

Présent

j'aimerais	nous aimerions
tu aimerais	vous aimeriez
il/elle/on aimerait	ils/elles aimeraient

Passé

j'aurais aimé	nous aurions aimé
tu aurais aimé	vous auriez aimé
il/elle/on aurait aimé	ils/elles auraient aimé

IMPÉRATIF

aime aimons aimez

Il est bon que tu aimes ton travail.
It's good that you like your work.

Si j'avais un copain comme Charles, je l'aimerais aussi.
If I had a boyfriend like Charles, I would love him, too.

Elle les aime à la folie.
She adores them.

AJOUTER *to add*

Inf. ajouter *Part. prés.* ajoutant *Part. passé* ajouté

INDICATIF

Présent

j'ajoute	nous ajoutons
tu ajoutes	vous ajoutez
il/elle/on ajoute	ils/elles ajoutent

Imparfait

j'ajoutais	nous ajoutions
tu ajoutais	vous ajoutiez
il/elle/on ajoutait	ils/elles ajoutaient

Passé composé

j'ai ajouté	nous avons ajouté
tu as ajouté	vous avez ajouté
il/elle/on a ajouté	ils/elles ont ajouté

Plus-que-parfait

j'avais ajouté	nous avions ajouté
tu avais ajouté	vous aviez ajouté
il/elle/on avait ajouté	ils/elles avaient ajouté

Futur simple

j'ajouterai	nous ajouterons
tu ajouteras	vous ajouterez
il/elle/on ajoutera	ils/elles ajouteront

Passé simple

j'ajoutai	nous ajoutâmes
tu ajoutas	vous ajoutâtes
il/elle/on ajouta	ils/elles ajoutèrent

Futur antérieur

j'aurai ajouté	nous aurons ajouté
tu auras ajouté	vous aurez ajouté
il/elle/on aura ajouté	ils/elles auront ajouté

Passé antérieur

j'eus ajouté	nous eûmes ajouté
tu eus ajouté	vous eûtes ajouté
il/elle/on eut ajouté	ils/elles eurent ajouté

SUBJONCTIF

Présent

que j'ajoute	que nous ajoutions
que tu ajoutes	que vous ajoutiez
qu'il/elle/on ajoute	qu'ils/elles ajoutent

Passé

que j'aie ajouté	que nous ayons ajouté
que tu aies ajouté	que vous ayez ajouté
qu'il/elle/on ait ajouté	qu'ils/elles aient ajouté

Imparfait

que j'ajoutasse	que nous ajoutassions
que tu ajoutasses	que vous ajoutassiez
qu'il/elle/on ajoutât	qu'ils/elles ajoutassent

Plus-que-parfait

que j'eusse ajouté	que nous eussions ajouté
que tu eusses ajouté	que vous eussiez ajouté
qu'il/elle/on eût ajouté	qu'ils/elles eussent ajouté

CONDITIONNEL

Présent

j'ajouterais	nous ajouterions
tu ajouterais	vous ajouteriez
il/elle/on ajouterait	ils/elles ajouteraient

Passé

j'aurais ajouté	nous aurions ajouté
tu aurais ajouté	vous auriez ajouté
il/elle/on aurait ajouté	ils/elles auraient ajouté

IMPÉRATIF

ajoute ajoutons ajoutez

J'aurais ajouté plus de piment pour que la sauce soit moins fade.
I would have added more hot pepper so that the sauce would be less bland.

Nous ajouterons votre nom sur la liste.
We will add your name to the list.

Elle n'a rien ajouté à notre conversation.
She added nothing to out conversation.

ALLER *to go*

Inf. aller *Part. prés.* allant *Part. passé* allé(e)(s)

INDICATIF

Présent

je vais	nous allons
tu vas	vous allez
il/elle/on va	ils/elles vont

Imparfait

j'allais	nous allions
tu allais	vous alliez
il/elle/on allait	ils/elles allaient

Passé composé

je suis allé(e)	nous sommes allé(e)s
tu es allé(e)	vous êtes allé(e)(s)
il/elle/on est allé(e)	ils/elles sont allé(e)s

Plus-que-parfait

j'étais allé(e)	nous étions allé(e)s
tu étais allé(e)	vous étiez allé(e)(s)
il/elle/on était allé(e)	ils/elles étaient allé(e)s

Futur simple

j'irai	nous irons
tu iras	vous irez
il/elle/on ira	ils/elles iront

Passé simple

j'allai	nous allâmes
tu allas	vous allâtes
il/elle/on alla	ils/elles allèrent

Futur antérieur

je serai allé(e)	nous serons allé(e)s
tu seras allé(e)	vous serez allé(e)(s)
il/elle/on sera allé(e)	ils/elles seront allé(e)s

Passé antérieur

je fus allé(e)	nous fûmes allé(e)s
tu fus allé(e)	vous fûtes allé(e)(s)
il/elle/on fut allé(e)	ils/elles furent allé(e)s

SUBJONCTIF

Présent

que j'aille	que nous allions
que tu ailles	que vous alliez
qu'il/elle/on aille	qu'ils/elles aillent

Passé

que je sois allé(e)	que nous soyons allé(e)s
que tu sois allé(e)	que vous soyez allé(e)(s)
qu'il/elle/on soit allé(e)	qu'ils/elles soient allé(e)s

Imparfait

que j'allasse	que nous allassions
que tu allasses	que vous allassiez
qu'il/elle/on allât	qu'ils/elles allassent

Plus-que-parfait

que je fusse allé(e)	que nous fussions allé(e)s
que tu fusses allé(e)	que vous fussiez allé(e)(s)
qu'il/elle/on fût allé(e)	qu'ils/elles fussent allé(e)s

CONDITIONNEL

Présent

j'irais	nous irions
tu irais	vous iriez
il/elle/on irait	ils/elles iraient

Passé

je serais allé(e)	nous serions allé(e)s
tu serais allé(e)	vous seriez allé(e)(s)
il/elle/on serait allé(e)	ils/elles seraient allé(e)s

IMPÉRATIF

va allons allez

On va rentrer chez nous.
We are going to go back home.

J'irais au café avec toi, si tu voulais.
I would go to the café with you, if you wanted.

Il est bon que tu ailles chez eux.
It's good that you are going to their house.

S'EN ALLER *to leave, to go away*

Inf. s'en aller *Part. prés.* s'en allant *Part. passé* allé(e)(s)

INDICATIF

Présent

Je m'en vais	nous nous en allons
tu t'en vas	vous vous en allez
il/elle/on s'en va	ils/elles s'en vont

Imparfait

je m'en allais	nous nous en allions
tu t'en allais	vous vous en alliez
il/elle/on s'en allait	ils/elles s'en allaient

Passé composé

je m'en suis allé(e)	nous nous en sommes allé(e)s
tu t'en es allé(e)	vous vous en êtes allé(e)(s)
il/elle/on s'en est allé(e)	ils/elles s'en sont allé(e)s

Plus-que-parfait

je m'en étais allé(e)	nous nous en étions allé(e)s
tu t'en étais allé(e)	vous vous en étiez allé(e)(s)
il/elle/on s'en était allé(e)	ils/elles s'en étaient allé(e)s

Futur simple

je m'en irai	nous nous en irons
tu t'en iras	vous vous en irez
il/elle/on s'en ira	ils/elles s'en iront

Passé simple

je m'en allai	nous nous en allâmes
tu t'en allas	vous vous en allâtes
il/elle/on s'en alla	ils/elles s'en allèrent

Futur antérieur

je m'en serai allé(e)	nous nous en serons allé(e)s
tu t'en seras allé(e)	vous vous en serez allé(e)(s)
il/elle/on s'en sera allé(e)	ils/elles s'en seront allé(e)s

Passé antérieur

je m'en fus allé(e)	nous nous en fûmes allé(e)s
tu t'en fus allé(e)	vous vous en fûtes allé(e)(s)
il/elle/on s'en fut allé(e)	ils/elles s'en furent allé(e)s

SUBJONCTIF

Présent

que je m'en aille	que nous nous en allions
que tu t'en ailles	que vous vous en alliez
qu'il/elle/on s'en aille	qu'ils/elles s'en aillent

Passé

que je m'en sois allé(e)	que nous nous en soyons allé(e)s
que tu t'en sois allé(e)	que vous vous en soyez allé(e)(s)
qu'il/elle/on s'en soit allé(e)	qu'ils/elles s'en soient allé(e)s

Imparfait

que je m'en allasse	que nous nous en allassions
que tu t'en allasses	que vous vous en allassiez
qu'il/elle/on s'en allât	qu'ils/elles s'en allassent

Plus-que-parfait

que je m'en fusse allé(e)	que nous nous en fussions allé(e)s
que tu t'en fusse allé(e)	que vous vous en fussiez allé(e)(s)
qu'il/elle/on s'en fût allé(e)	qu'ils/elles s'en fussent allé(e)s

CONDITIONNEL

Présent

je m'en irais	nous nous en irions
tu t'en irais	vous vous en iriez
il/elle/on s'en irait	ils/elles s'en iraient

Passé

je m'en serais allé(e)	nous nous en serions allé(e)s
tu t'en serais allé(e)	vous vous en seriez allé(e)(s)
il/elle/on s'en serait allé(e)	ils/elles s'en seraient allé(e)s

IMPÉRATIF

va-t'en allons-nous-en allez-vous-en

Je m'en irai dès que vous aurez fini vos devoirs.
I will leave once you have finished your homework.

Simon s'en est allé vers midi.
Simon left around noon.

Va-t'en!
Beat it!

AMÉNAGER *to convert, to equip, to develop [a region]*

Inf. aménager *Part. prés.* aménageant *Part. passé* aménagé

INDICATIF

Présent

j'aménage	nous aménageons
tu aménages	vous aménagez
il/elle/on aménage	ils/elles aménagent

Passé composé

j'ai aménagé	nous avons aménagé
tu as aménagé	vous avez aménagé
il/elle/on a aménagé	ils/elles ont aménagé

Futur simple

j'aménagerai	nous aménagerons
tu aménageras	vous aménagerez
il/elle/on aménagera	ils/elles aménageront

Futur antérieur

j'aurai aménagé	nous aurons aménagé
tu auras aménagé	vous aurez aménagé
il/elle/on aura aménagé	ils/elles auront aménagé

Imparfait

j'aménageais	nous aménagions
tu aménageais	vous aménagiez
il/elle/on aménageait	ils/elles aménageaient

Plus-que-parfait

j'avais aménagé	nous avions aménagé
tu avais aménagé	vous aviez aménagé
il/elle/on avait aménagé	ils/elles avaient aménagé

Passé simple

j'aménageai	nous aménageâmes
tu aménageas	vous aménageâtes
il/elle/on aménagea	ils/elles aménagèrent

Passé antérieur

j'eus aménagé	nous eûmes aménagé
tu eus aménagé	vous eûtes aménagé
il/elle/on eut aménagé	ils/elles eurent aménagé

SUBJONCTIF

Présent

que j'aménage	que nous aménagions
que tu aménages	que vous aménagiez
qu'il/elle/on aménage	qu'ils/elles aménagent

Imparfait

que j'aménageasse	que nous aménageassions
que tu aménageasses	que vous aménageassiez
qu'il/elle/on aménageât	qu'ils/elles aménageassent

Passé

que j'aie aménagé	que nous ayons aménagé
que tu aies aménagé	que vous ayez aménagé
qu'il/elle/on ait aménagé	qu'ils/elles aient aménagé

Plus-que-parfait

que j'eusse aménagé	que nous eussions aménagé
que tu eusses aménagé	que vous eussiez aménagé
qu'il/elle/on eût aménagé	qu'ils/elles eussent aménagé

CONDITIONNEL

Présent

j'aménagerais	nous aménagerions
tu aménagerais	vous aménageriez
il/elle/on aménagerait	ils/elles aménageraient

Passé

j'aurais aménagé	nous aurions aménagé
tu aurais aménagé	vous auriez aménagé
il/elle/on aurait aménagé	ils/elles auraient aménagé

IMPÉRATIF

aménage aménageons aménagez

Ils ont aménagé leur grenier.
They redid their attic.

Ils ont aménagé la cuisine de leur appartement.
They redid their apartment's kitchen.

Le conseil régional aménagera cette région l'année prochaine.
The regional council will develop this region next year.

AMENER *to bring someone, to accompany someone; to bring (a person)*

Inf. amener *Part. prés.* amenant *Part. passé* amené

INDICATIF

Présent		**Imparfait**	
j'amène	nous amenons	j'amenais	nous amenions
tu amènes	vous amenez	tu amenais	vous ameniez
il/elle/on amène	ils/elles amènent	il/elle/on amenait	ils/elles amenaient
Passé composé		**Plus-que-parfait**	
j'ai amené	nous avons amené	j'avais amené	nous avions amené
tu as amené	vous avez amené	tu avais amené	vous aviez amené
il/elle/on a amené	ils/elles ont amené	il/elle/on avait amené	ils/elles avaient amené
Futur simple		**Passé simple**	
j'amènerai	nous amènerons	j'amenai	nous amenâmes
tu amèneras	vous amènerez	tu amenas	vous amenâtes
il/elle/on amènera	ils/elles amèneront	il/elle/on amena	ils/elles amenèrent
Futur antérieur		**Passé antérieur**	
j'aurai amené	nous aurons amené	j'eus amené	nous eûmes amené
tu auras amené	vous aurez amené	tu eus amené	vous eûtes amené
il/elle/on aura amené	ils/elles auront amené	il/elle/on eut amené	ils/elles eurent amené

SUBJONCTIF

Présent		**Passé**	
que j'amène	que nous amenions	que j'aie amené	que nous ayons amené
que tu amènes	que vous ameniez	que tu aies amené	que vous ayez amené
qu'il/elle/on amène	qu'ils/elles amènent	qu'il/elle/on ait amené	qu'ils/elles aient amené
Imparfait		**Plus-que-parfait**	
que j'amenasse	que nous amenassions	que j'eusse amené	que nous eussions amené
que tu amenasses	que vous amenassiez	que tu eusses amené	que vous eussiez amené
qu'il/elle/on amenât	qu'ils/elles amenassent	qu'il/elle/on eût amené	qu'ils/elles eussent amené

CONDITIONNEL

Présent		**Passé**	
j'amènerais	nous amènerions	j'aurais amené	nous aurions amené
tu amènerais	vous amèneriez	tu aurais amené	vous auriez amené
il/elle/on amènerait	ils/elles amèneraient	il/elle/on aurait amené	ils/elles auraient amené

IMPÉRATIF

amène amenons amenez

Paul amène ta nouvelle petite amie chez nous ce soir.
Paul is bringing over his new little friend tonight.

Qui a amené cet homme aux cheveux roux?
Who brought that redheaded man?

Amenez n'importe qui!
It doesn't matter whom you bring!

AMUSER *to amuse*

Inf. amuser *Part. prés.* amusant *Part. passé* amusé

INDICATIF

Présent

j'amuse	nous amusons
tu amuses	vous amusez
il/elle/on amuse	ils/elles amusent

Passé composé

j'ai amusé	nous avons amusé
tu as amusé	vous avez amusé
il/elle/on a amusé	ils/elles ont amusé

Futur simple

j'amuserai	nous amuserons
tu amuseras	vous amuserez
il/elle/on amusera	ils/elles amuseront

Futur antérieur

j'aurai amusé	nous aurons amusé
tu auras amusé	vous aurez amusé
il/elle/on aura amusé	ils/elles auront amusé

Imparfait

j'amusais	nous amusions
tu amusais	vous amusiez
il/elle/on amusait	ils/elles amusaient

Plus-que-parfait

j'avais amusé	nous avions amusé
tu avais amusé	vous aviez amusé
il/elle/on avait amusé	ils/elles avaient amusé

Passé simple

j'amusai	nous amusâmes
tu amusas	vous amusâtes
il/elle/on amusa	ils/elles amusèrent

Passé antérieur

j'eus amusé	nous eûmes amusé
tu eus amusé	vous eûtes amusé
il/elle/on eut amusé	ils/elles eurent amusé

SUBJONCTIF

Présent

que j'amuse	que nous amusions
que tu amuses	que vous amusiez
qu'il/elle/on amuse	qu'ils/elles amusent

Imparfait

que j'amusasse	que nous amusassions
que tu amusasses	que vous amusassiez
qu'il/elle/on amusât	qu'ils/elles amusassent

Passé

que j'aie amusé	que nous ayons amusé
que tu aies amusé	que vous ayez amusé
qu'il/elle/on ait amusé	qu'ils/elles aient amusé

Plus-que-parfait

que j'eusse amusé	que nous eussions amusé
que tu eusses amusé	que vous eussiez amusé
qu'il/elle/on eût amusé	qu'ils/elles eussent amusé

CONDITIONNEL

Présent

j'amuserais	nous amuserions
tu amuserais	vous amuseriez
il/elle/on amuserait	ils/elles amuseraient

Passé

j'aurais amusé	nous aurions amusé
tu aurais amusé	vous auriez amusé
il/elle/on aurait amusé	ils/elles auraient amusé

IMPÉRATIF

amuse amusons amusez

Les clowns ont amusé l'auditoire avant le spectacle.
The clowns amused the audience before the show.

Tu n'amuserais personne avec ces blagues stupides.
You wouldn't amuse anyone with those stupid jokes.

C'est un enfant qui nous amuse beaucoup.
That kid amuses us a lot.

S'AMUSER *to have fun, to have a good time*

Inf. s'amuser *Part. prés.* s'amusant *Part. passé* amusé(e)(s)

INDICATIF

Présent

je m'amuse	nous nous amusons
tu t'amuses	vous vous amusez
il/elle/on s'amuse	ils/elles s'amusent

Imparfait

je m'amusais	nous nous amusions
tu t'amusais	vous vous amusiez
il/elle/on s'amusait	ils/elles s'amusaient

Passé composé

je me suis amusé(e)	nous nous sommes amusé(e)s
tu t'es amusé(e)	vous vous êtes amusé(e)(s)
il/elle/on s'est amusé(e)	ils/elles se sont amusé(e)s

Plus-que-parfait

je m'étais amusé(e)	nous nous étions amusé(e)s
tu t'étais amusé(e)	vous vous étiez amusé(e)(s)
il/elle/on s'était amusé(e)	ils/elles s'étaient amusé(e)s

Futur simple

je m'amuserai	nous nous amuserons
tu t'amuseras	vous vous amuserez
il/elle/on s'amusera	ils/elles s'amuseront

Passé simple

je m'amusai	nous nous amusâmes
tu t'amusas	vous vous amusâtes
il/elle/on s'amusa	ils/elles s'amusèrent

Futur antérieur

je me serai amusé(e)	nous nous serons amus(e)s
tu te seras amusé(e)	vous vous serez amusé(e)(s)
il/elle/on se sera amusé(e)	ils/elles se seront amusé(e)s

Passé antérieur

je me fus amusé(e)	nous nous fûmes amusé(e)s
tu te fus amusé(e)	vous vous fûtes amusé(e)(s)
il/elle/on se fut amusé(e)	ils/elles se furent amusé(e)s

SUBJONCTIF

Présent

que je m'amuse	que nous nous amusions
que tu t'amuses	que vous vous amusiez
qu'il/elle/on s'amuse	qu'ils/elles s'amusent

Passé

que je me sois amusé(e)	que nous nous soyons amus(e)s
que tu te sois amusé(e)	que vous vous soyez amusé(e)(s)
qu'il/elle/on se soit amusé(e)	qu'ils/elles se soient amusé(e)s

Imparfait

que je m'amusasse	que nous nous amusassions
que tu t'amusasses	que vous vous amusassiez
qu'il/elle/on s'amusât	qu'ils/elles s'amusassent

Plus-que-parfait

que je me fusse amusé(e)	que nous nous fussions amusé(e)s
que tu te fusses amusé(e)	que vous vous fussiez amusé(e)(s)
qu'il/elle/on se fût amusé(e)	qu'ils/elles se fussent amusé(e)s

CONDITIONNEL

Présent

je m'amuserais	nous nous amuserions
tu t'amuserais	vous vous amuseriez
il/elle/on s'amuserait	ils/elles s'amuseraient

Passé

je me serais amusé(e)	nous nous serions amusé(e)s
tu te serais amusé(e)	vous vous seriez amusé(e)(s)
il/elle/on se serait amusé(e)	ils/elles se seraient amusé(e)s

IMPÉRATIF

amuse-toi amusons-nous amusez-vous

Richard et Pierre se sont bien amusés hier à la foire.
Richard and Pierre had a good time yesterday at the fair.

Amusez-vous bien!
Have a good time!

Il est néccessaire que vous vous amusiez davantage.
You have to have more fun.

ANIMER *to lead [discussion/group], to run [show], to enliven*

Inf. animer *Part. prés.* animant *Part. passé* animé

INDICATIF

Présent

j'anime	nous animons
tu animes	vous animez
il/elle/on anime	ils/elles animent

Imparfait

j'animais	nous animions
tu animais	vous animiez
il/elle/on animait	ils/elles animaient

Passé composé

j'ai animé	nous avons animé
tu as animé	vous avez animé
il/elle/on a animé	ils/elles ont animé

Plus-que-parfait

j'avais animé	nous avions animé
tu avais animé	vous aviez animé
il/elle/on avait animé	ils/elles avaient animé

Futur simple

j'animerai	nous animerons
tu animeras	vous animerez
il/elle/on animera	ils/elles animeront

Passé simple

j'animai	nous animâmes
tu animas	vous animâtes
il/elle/on anima	ils/elles animèrent

Futur antérieur

j'aurai animé	nous aurons animé
tu auras animé	vous aurez animé
il/elle/on aura animé	ils/elles auront animé

Passé antérieur

j'eus animé	nous eûmes animé
tu eus animé	vous eûtes animé
il/elle/on eut animé	ils/elles eurent animé

SUBJONCTIF

Présent

que j'anime	que nous animions
que tu animes	que vous animiez
qu'il/elle/on anime	qu'ils/elles animent

Passé

que j'aie animé	que nous ayons animé
que tu aies animé	que vous ayez animé
qu'il/elle/on ait animé	qu'ils/elles aient animé

Imparfait

que j'animasse	que nous animassions
que tu animasses	que vous animassiez
qu'il/elle/on animât	qu'ils/elles animassent

Plus-que-parfait

que j'eusse animé	que nous eussions animé
que tu eusses animé	que vous eussiez animé
qu'il/elle/on eût animé	qu'ils/elles eussent animé

CONDITIONNEL

Présent

j'animerais	nous animerions
tu animerais	vous animeriez
il/elle/on animerait	ils/elles animeraient

Passé

j'aurais animé	nous aurions animé
tu aurais animé	vous auriez animé
il/elle/on aurait animé	ils/elles auraient animé

IMPÉRATIF

anime animons animez

Le prof a animé une discussion très vive.
The professor led a very heated discussion.

On a besoin d'idées pour animer notre soirée.
We need some ideas to liven up our party.

Philippe anime ce programme depuis 1999.
Philippe has led this program since 1999.

ANNONCER *to announce, to forecast, to tell*

Inf. annoncer *Part. prés.* annonçant *Part. passé* annoncé

INDICATIF

Présent		**Imparfait**	
j'annonce	nous annonçons	j'annonçais	nous annoncions
tu annonces	vous annoncez	tu annonçais	vous annonciez
il/elle/on annonce	ils/elles annoncent	il/elle/on annonçait	ils/elles annonçaient
Passé composé		**Plus-que-parfait**	
j'ai annoncé	nous avons annoncé	j'avais annoncé	nous avions annoncé
tu as annoncé	vous avez annoncé	tu avais annoncé	vous aviez annoncé
il/elle/on a annoncé	ils/elles ont annoncé	il/elle/on avait annoncé	ils/elles avaient annoncé
Futur simple		**Passé simple**	
j'annoncerai	nous annoncerons	j'annonçai	nous annonçâmes
tu annonceras	vous annoncerez	tu annonças	vous annonçâtes
il/elle/on annoncera	ils/elles annonceront	il/elle/on annonça	ils/elles annoncèrent
Futur antérieur		**Passé antérieur**	
j'aurai annoncé	nous aurons annoncé	j'eus annoncé	nous eûmes annoncé
tu auras annoncé	vous aurez annoncé	tu eus annoncé	vous eûtes annoncé
il/elle/on aura annoncé	ils/elles auront annoncé	il/elle/on eut annoncé	ils/elles eurent annoncé

SUBJONCTIF

Présent		**Passé**	
que j'annonce	que nous annoncions	que j'aie annoncé	que nous ayons annoncé
que tu annonces	que vous annonciez	que tu aies annoncé	que vous ayez annoncé
qu'il/elle/on annonce	qu'ils/elles annoncent	qu'il/elle/on ait annoncé	qu'ils/elles aient annoncé
Imparfait		**Plus-que-parfait**	
que j'annonçasse	que nous annonçassions	que j'eusse annoncé	que nous eussions annoncé
que tu annonçasses	que vous annonçassiez	que tu eusses annoncé	que vous eussiez annoncé
qu'il/elle/on annonçât	qu'ils/elles annonçassent	qu'il/elle/on eût annoncé	qu'ils/elles eussent annoncé

CONDITIONNEL

Présent		**Passé**	
que j'annoncerais	que nous annoncerions	que j'aurais annoncé	que nous aurions annoncé
que tu annoncerais	que vous annonceriez	que tu aurais annoncé	que vous auriez annoncé
qu'il/elle/on annoncerait	qu'ils/elles annonceraient	qu'il/elle/on aurait annoncé	qu'ils/elles auraientannoncé

IMPÉRATIF

annonce annoncez annonçons

Elle a annoncé sa grossesse à son mari et ce dernier s'est évanoui.
She told her husband of her pregnancy and he fainted.

Est-ce qu'on annoncera des orages pour la semaine prochaine?
Will storms be forecast for next week?

Facebook annonce de nombreuses modifications.
Facebook is announcing a number of changes.

APERCEVOIR *to catch sight of, to make out, to see*

Inf. apercevoir *Part. prés.* apercevant *Part. passé* aperçu

INDICATIF

Présent		Imparfait	
j'aperçois	nous apercevons	j'apercevais	nous apercevions
tu aperçois	vous apercevez	tu apercevais	vous aperceviez
il/elle/on aperçoit	ils/elles aperçoivent	il/elle/on apercevait	ils/elles apercevaient
Passé composé		**Plus-que-parfait**	
j'ai aperçu	nous avons aperçu	j'avais aperçu	nous avions aperçu
tu as aperçu	vous avez aperçu	tu avais aperçu	vous aviez aperçu
il/elle/on a aperçu	ils/elles ont aperçu	il/elle/on avait aperçu	ils/elles avaient aperçu
Futur simple		**Passé simple**	
j'apercevrai	nous apercevrons	j'aperçus	nous aperçûmes
tu apercevras	vous apercevrez	tu aperçus	vous aperçûtes
il/elle/on apercevra	ils/elles apercevront	il/elle/on aperçut	ils/elles aperçurent
Futur antérieur		**Passé antérieur**	
j'aurai aperçu	nous aurons aperçu	j'eus aperçu	nous eûmes aperçu
tu auras aperçu	vous aurez aperçu	tu eus aperçu	vous eûtes aperçu
il/elle/on aura aperçu	ils/elles auront aperçu	il/elle/on eut aperçu	ils/elles eurent aperçu

SUBJONCTIF

Présent		Passé	
que j'aperçoive	que nous apercevions	que j'aie aperçu	que nous ayons aperçu
que tu aperçoives	que vous aperceviez	que tu aies aperçu	que vous ayez aperçu
qu'il/elle/on aperçoive	qu'ils/elles aperçoivent	qu'il/elle/on ait aperçu	qu'ils/elles aient aperçu
Imparfait		**Plus-que-parfait**	
que j'aperçusse	que nous aperçussions	que j'eusse aperçu	que nous eussions aperçu
que tu aperçusses	que vous aperçussiez	que tu eusses aperçu	que vous eussiez aperçu
qu'il/elle/on aperçût	qu'ils/elles aperçussent	qu'il/elle/on eût aperçu	qu'ils/elles eussent aperçu

CONDITIONNEL

Présent		Passé	
j'apercevrais	nous apercevrions	j'aurais aperçu	nous aurions aperçu
tu apercevrais	vous apercevriez	tu aurais aperçu	vous auriez aperçu
il/elle/on apercevrait	ils/elles apercevraient	il/elle/on aurait aperçu	ils/elles auraient aperçu

IMPÉRATIF

aperçois apercevons apercevez

Il a apercu une silhouette au loin.
He made out a silhouette in the distance.

On aperçoit un cerf dans notre jardin!
We are catching a glimpse of a deer in our garden!

Le camionneur a apercu un corps dans la route.
The truck driver saw a body in the road.

S'APERCEVOIR *to realize, to notice*

Inf. s'apercevoir *Part. prés.* s'apercevant *Part. passé* aperçu(e)(s)

INDICATIF

Présent

je m'aperçois	nous nous apercevons
tu t'aperçois	vous vous apercevez
il/elle/on s'aperçoit	ils/elles s'aperçoivent

Imparfait

je m'apercevais	nous nous apercevions
tu t'apercevais	vous vous aperceviez
il/elle/on s'apercevait	ils/elles s'apercevaient

Passé composé

je me suis aperçu(e)	nous nous sommes aperçu(e)s
tu t'es aperçu(e)	vous vous êtes aperçu(e)(s)
il/elle/on s'est aperçu(e)	ils/elles se sont aperçu(e)s

Plus-que-parfait

je m'étais aperçu(e)	nous nous étions aperçu(e)s
tu t'étais aperçu(e)	vous vous étiez aperçu(e)(s)
il/elle/on s'était aperçu(e)	ils/elles s'étaient aperçu(e)s

Futur simple

je m'apercevrai	nous nous apercevrons
tu t'apercevras	vous vous apercevrez
il/elle/on s'apercevra	ils/elles s'apercevront

Passé simple

je m'aperçus	nous nous aperçûmes
tu t'aperçus	vous vous aperçûtes
il/elle/on s'aperçut	ils/elles se aperçurent

Futur antérieur

je me serai aperçu(e)	nous nous serons aperçu(e)s
tu te seras aperçu(e)	vous vous serez aperçu(e)(s)
il/elle/on se sera aperçu(e)	ils/elles se seront aperçu(e)s

Passé antérieur

je me fus aperçu(e)	nous nous fûmes aperçu(e)s
tu te fus aperçu(e)	vous vous fûtes aperçu(e)(s)
il/elle/on se fut aperçu(e)	ils/elles se furent aperçu(e)s

SUBJONCTIF

Présent

que je m'aperçoive	que nous nous apercevions
que tu t'aperçoives	que vous vous aperceviez
qu'il/elle/on s'aperçoive	qu'ils/elles s'aperçoivent

Passé

que je me sois aperçu(e)	que nous nous soyons aperçu(e)s
que tu te sois aperçu(e)	que vous vous soyez aperçu(e)(s)
qu'il/elle/on se soit aperçu(e)	qu'ils/elles se soient aperçu(e)s

Imparfait

que je m'aperçusse	que nous nous aperçussions
que tu t'aperçusses	que vous vous aperçussiez
qu'il/elle/on s'aperçût	qu'ils/elles s'aperçussent

Plus-que-parfait

que je me fusse aperçu(e)	que nous nous fussions aperçu(e)s
que tu te fusses aperçu(e)	que vous vous fussiez aperçu(e)(s)
qu'il/elle/on se fût aperçu(e)	qu'ils/elles se fussent aperçu(e)s

CONDITIONNEL

Présent

je m'apercevrais	nous nous apercevrions
tu t'apercevrais	vous vous apercevriez
il/elle/on s'apercevrait	ils/elles s'apercevraient

Passé

je me serais aperçu(e)	nous nous serions aperçu(e)s
tu te serais aperçu(e)	vous vous seriez aperçu(e)(s)
il/elle/on se serait aperçu(e)	ils/elles se seraient aperçu(e)s

IMPÉRATIF

aperçois-toi apercevons-nous apercevez-vous

On vient de s'apercevoir d'une grande différence entre ces deux textes.
We just noticed a big difference between these two texts.

Je ne m'apercevais de rien.
I didn't notice anything.

Je me suis aperçu que ce n'était pas le même homme.
I realized that it wasn't the same man.

APPARAÎTRE *to appear, to come out [into sight]*

Inf. apparaître *Part. prés.* apparaissant *Part. passé* apparu

INDICATIF

Présent

j'apparais	nous apparaissons
tu apparais	vous apparaissez
il/elle/on apparaît	ils/elles apparaissent

Passé composé

j'ai apparu	nous avons apparu
tu as apparu	vous avez apparu
il/elle/on a apparu	ils/elles ont apparu

Futur simple

j'apparaîtrai	nous apparaîtrons
tu apparaîtras	vous apparaîtrez
il/elle/on apparaîtra	ils/elles apparaîtront

Futur antérieur

j'aurai apparu	nous aurons apparu
tu auras apparu	vous aurez apparu
il/elle/on aura apparu	ils/elles auront apparu

Imparfait

j'apparaissais	nous apparaissions
tu apparaissais	vous apparaissiez
il/elle/on apparaissait	ils/elles apparaissaient

Plus-que-parfait

j'avais apparu	nous avions apparu
tu avais apparu	vous aviez apparu
il/elle/on avait apparu	ils/elles avaient apparu

Passé simple

j'apparus	nous apparûmes
tu apparus	vous apparûtes
il/elle/on apparut	ils/elles apparurent

Passé antérieur

j'eus apparu	nous eûmes apparu
tu eus apparu	vous eûtes apparu
il/elle/on eut apparu	ils/elles eurent apparu

SUBJONCTIF

Présent

que j'apparaisse	que nous apparaissions
que tu apparaisses	que vous apparaissiez
qu'il/elle/on apparaisse	qu'ils/elles apparaissent

Imparfait

que j'apparusse	que nous apparussions
que tu apparusses	que vous apparussiez
qu'il/elle/on apparût	qu'ils/elles apparussent

Passé

que j'aie apparu	que nous ayons apparu
que tu aies apparu	que vous ayez apparu
qu'il/elle/on ait apparu	qu'ils/elles aient apparu

Plus-que-parfait

que j'eusse apparu	que nous eussions apparu
que tu eusses apparu	que vous eussiez apparu
qu'il/elle/on eût apparu	qu'ils/elles eussent apparu

CONDITIONNEL

Présent

j'apparaîtrais	nous apparaîtrions
tu apparaîtrais	vous apparaîtriez
il/elle/on apparaîtrait	ils/elles apparaîtraient

Passé

j'aurais apparu	nous aurions apparu
tu aurais apparu	vous auriez apparu
il/elle/on aurait apparu	ils/elles auraient apparu

IMPÉRATIF

apparais apparaissons apparaissez

Le soleil a apparu après l'orage.
The sun came out after the storm.

Les symptomes apparaîtront bientôt.
The symptoms will appear shortly.

Quelqu'un a apparu, mais qui?
Someone appeared, but who?

APPARTENIR *to belong to, to be a member of*

Inf. appartenir *Part. prés.* appartenant *Part. passé* appartenu

INDICATIF

Présent

j'appartiens	nous appartenons
tu appartiens	vous appartenez
il/elle/on appartient	ils/elles appartiennent

Imparfait

j'appartenais	nous appartenions
tu appartenais	vous apparteniez
il/elle/on appartenait	ils/elles appartenaient

Passé composé

j'ai appartenu	nous avons appartenu
tu as appartenu	vous avez appartenu
il/elle/on a appartenu	ils/elles ont appartenu

Plus-que-parfait

j'avais appartenu	nous avions appartenu
tu avais appartenu	vous aviez appartenu
il/elle/on avait appartenu	ils/elles avaient appartenu

Futur simple

j'appartiendrai	nous appartiendrons
tu appartiendras	vous appartiendrez
il/elle/on appartiendra	ils/elles appartiendront

Passé simple

j'appartins	nous appartînmes
tu appartins	vous appartîntes
il/elle/on appartint	ils/elles appartinrent

Futur antérieur

j'aurai appartenu	nous aurons appartenu
tu auras appartenu	vous aurez appartenu
il/elle/on aura appartenu	ils/elles auront appartenu

Passé antérieur

j'eus appartenu	nous eûmes appartenu
tu eus appartenu	vous eûtes appartenu
il/elle/on eut appartenu	ils/elles eurent appartenu

SUBJONCTIF

Présent

que j'appartienne	que nous appartenions
que tu appartiennes	que vous apparteniez
qu'il/elle/on appartienne	qu'ils/elles appartiennent

Passé

que j'aie appartenu	que nous ayons appartenu
que tu aies appartenu	que vous ayez appartenu
qu'il/elle/on ait appartenu	qu'ils/elles aient appartenu

Imparfait

que j'appartinsse	que nous appartinssions
que tu appartinsses	que vous appartinssiez
qu'il/elle/on appartînt	qu'ils/elles appartinssent

Plus-que-parfait

que j'eusse appartenu	que nous eussions appartenu
que tu eusses appartenu	que vous eussiez appartenu
qu'il/elle/on eût appartenu	qu'ils/elles eussent appartenu

CONDITIONNEL

Présent

j'appartiendrais	nous appartiendrions
tu appartiendrais	vous appartiendriez
il/elle/on appartiendrait	ils/elles appartiendraient

Passé

j'aurais appartenu	nous aurions appartenu
tu aurais appartenu	vous auriez appartenu
il/elle/on aurait appartenu	ils/elles auraient appartenu

IMPÉRATIF

appartiens appartenons appartenez

Ce portable appartient à qui?
Who does this cellphone belong to?

Je viens de retrouver un objet ayant appartenu à mon grand-père.
I just found an object that belonged to my grandfather.

J'aimerais appartenir à ce groupe.
I would like to belong to this group.

APPELER *to call, to name*

Inf. appeler *Part. prés.* appelant *Part. passé* appelé

INDICATIF

Présent

j'appelle	nous appelons
tu appelles	vous appelez
il/elle/on appelle	ils/elles appellent

Imparfait

j'appelais	nous appelions
tu appelais	vous appeliez
il/elle/on appelait	ils/elles appelaient

Passé composé

j'ai appelé	nous avons appelé
tu as appelé	vous avez appelé
il/elle/on a appelé	ils/elles ont appelé

Plus-que-parfait

j'avais appelé	nous avions appelé
tu avais appelé	vous aviez appelé
il/elle/on avait appelé	ils/elles avaient appelé

Futur simple

j'appellerai	nous appellerons
tu appelleras	vous appellerez
il/elle/on appellera	ils/elles appelleront

Passé simple

j'appelai	nous appelâmes
tu appelas	vous appelâtes
il/elle/on appela	ils/elles appelèrent

Futur antérieur

j'aurai appelé	nous aurons appelé
tu auras appelé	vous aurez appelé
il/elle/on aura appelé	ils/elles auront appelé

Passé antérieur

j'eus appelé	nous eûmes appelé
tu eus appelé	vous eûtes appelé
il/elle/on eut appelé	ils/elles eurent appelé

SUBJONCTIF

Présent

que j'appelle	que nous appelions
que tu appelles	que vous appeliez
qu'il/elle/on appelle	qu'ils/elles appellent

Passé

que j'aie appelé	que nous ayons appelé
que tu aies appelé	que vous ayez appelé
qu'il/elle/on ait appelé	qu'ils/elles aient appelé

Imparfait

que j'appelasse	que nous appelassions
que tu appelasses	que vous appelassiez
qu'il/elle/on appelât	qu'ils/elles appelassent

Plus-que-parfait

que j'eusse appelé	que nous eussions appelé
que tu eusses appelé	que vous eussiez appelé
qu'il/elle/on eût appelé	qu'ils/elles eussent appelé

CONDITIONNEL

Présent

j'appellerais	nous appellerions
tu appellerais	vous appelleriez
il/elle/on appellerait	ils/elles appelleraient

Passé

j'aurais appelé	nous aurions appelé
tu aurais appelé	vous auriez appelé
il/elle/on aurait appelé	ils/elles auraient appelé

IMPÉRATIF

appelle appelons appelez

Comment appellerez-vous votre nouveau-né?
What are you going to name your newborn?

Quand je suis arrivé chez mes parents mon oncle avait déjà appelé.
When I arrived at my parents' house, my uncle had already called.

Appelons un chat un chat!
Let's call a spade a spade.

S'APPELER *to be named, to call oneself*

Inf. s'appeler *Part. prés.* s'appelant *Part. passé* appelé(e)(s)

INDICATIF

Présent

je m'appelle	nous nous appelons
tu te appelles	vous vous appelez
il/elle/on s'appelle	ils/elles s'appellent

Passé composé

je me suis appelé(e)	nous nous sommes appelé(e)s
tu t'es appelé(e)	vous vous êtes appelé(e)(s)
il/elle/on s'est appelé(e)	ils/elles se sont appelé(e)s

Futur simple

je m'appellerai	nous nous appellerons
tu t'appelleras	vous vous appellerez
il/elle/on s'appellera	ils/elles s'appelleront

Futur antérieur

je me serai appelé(e)	nous nous serons appelé(e)s
tu te seras appelé(e)	vous vous serez appelé(e)(s)
il/elle/on se sera appelé(e)	ils/elles se seront appelé(e)s

Imparfait

je m'appelais	nous nous appelions
tu t'appelais	vous vous appeliez
il/elle/on s'appelait	ils/elles s'appelaient

Plus-que-parfait

je m'étais appelé(e)	nous nous étions appelé(e)s
tu t'étais appelé(e)	vous vous étiez appelé(e)(s)
il/elle/on s'était appelé(e)	ils/elles s'étaient appelé(e)s

Passé simple

je m'appelai	nous nous appelâmes
tu t'appelas	vous vous appelâtes
il/elle/on s'appela	ils/elles s'appelèrent

Passé antérieur

je me fus appelé(e)	nous nous fûmes appelé(e)s
tu te fus appelé(e)	vous vous fûtes appelé(e)(s)
il/elle/on se fut appelé(e)	ils/elles se furent appelé(e)s

SUBJONCTIF

Présent

que je m'appelle	que nous nous appelions
que tu t'appelles	que vous vous appeliez
qu'il/elle/on s'appelle	qu'ils/elles s'appellent

Imparfait

que je m'appelasse	que nous nous appelassions
que tu t'appelasses	que vous vous appelassiez
qu'il/elle/on s'appelât	qu'ils/elles s'appelassent

Passé

que je me sois appelé(e)	que nous nous soyons appelé(e)s
que tu te sois appelé(e)	que vous vous soyez appelé(e)(s)
qu'il/elle/on se soit appelé(e)	qu'ils/elles se soient appelé(e)s

Plus-que-parfait

que je me fusse appelé(e)	que nous nous fussions appelé(e)s
que tu te fusses appelé(e)	que vous vous fussiez appelé(e)(s)
qu'il/elle/on se fût appelé(e)	qu'ils/elles se fussent appelé(e)s

CONDITIONNEL

Présent

je me appellerais	nous nous appellerions
tu te appellerais	vous vous appelleriez
il/elle/on s'appellerait	ils/elles s'appelleraient

Passé

je me serais appelé(e)	nous nous serions appelé(e)s
tu te serais appelé(e)	vous vous seriez appelé(e)(s)
il/elle/on se serait appelé(e)	ils/elles se seraient appelé(e)s

IMPÉRATIF

appelle-toi appelons-nous appelez-vous

Pendant les années 1960 elle s'appelait Morning Star, mais mainenant elle s'appelle Marie.
During the sixties she called herself Morning Star, but now she is called Marie.

Ma fille s'appellera Donatienne. C'est un joli prénom, n'est-ce pas?
My daughter's name will be Donatienne. It's a pretty first name, isn't it?

Je m'appelle Mel, et vous?
My name is Mel, and you are?

APPORTER *to bring*

Inf. apporter *Part. prés.* apportant *Part. passé* apporté

INDICATIF

Présent

j'apporte	nous apportons
tu apportes	vous apportez
il/elle/on apporte	ils/elles apportent

Passé composé

j'ai apporté	nous avons apporté
tu as apporté	vous avez apporté
il/elle/on a apporté	ils/elles ont apporté

Futur simple

j'apporterai	nous apporterons
tu apporteras	vous apporterez
il/elle/on apportera	ils/elles apporteront

Futur antérieur

j'aurai apporté	nous aurons apporté
tu auras apporté	vous aurez apporté
il/elle/on aura apporté	ils/elles auront apporté

Imparfait

j'apportais	nous apportions
tu apportais	vous apportiez
il/elle/on apportait	ils/elles apportaient

Plus-que-parfait

j'avais apporté	nous avions apporté
tu avais apporté	vous aviez apporté
il/elle/on avait apporté	ils/elles avaient apporté

Passé simple

j'apportai	nous apportâmes
tu apportas	vous apportâtes
il/elle/on apporta	ils/elles apportèrent

Passé antérieur

j'eus apporté	nous eûmes apporté
tu eus apporté	vous eûtes apporté
il/elle/on eut apporté	ils/elles eurent apporté

SUBJONCTIF

Présent

que j'apporte	que nous apportions
que tu apportes	que vous apportiez
qu'il/elle/on apporte	qu'ils/elles apportent

Imparfait

que j'apportasse	que nous apportassions
que tu apportasses	que vous apportassiez
qu'il/elle/on apportât	qu'ils/elles apportassent

Passé

que j'aie apporté	que nous ayons apporté
que tu aies apporté	que vous ayez apporté
qu'il/elle/on ait apporté	qu'ils/elles aient apporté

Plus-que-parfait

que j'eusse apporté	que nous eussions apporté
que tu eusses apporté	que vous eussiez apporté
qu'il/elle/on eût apporté	qu'ils/elles eussent apporté

CONDITIONNEL

Présent

j'apporterais	nous apporterions
tu apporterais	vous apporteriez
il/elle/on apporterait	ils/elles apporteraient

Passé

j'aurais apporté	nous aurions apporté
tu aurais apporté	vous auriez apporté
il/elle/on aurait apporté	ils/elles auraient apporté

IMPÉRATIF

apporte apportons apportez

Ils n'ont rien apporté à la fête.
They didn't bring anything to the party.

Si tu m'avais demandé, j'aurais apporté du vin.
If you had asked me, I would have brought wine.

Qu'apportez-vous?
What are you bringing?

APPRÉCIER *to appreciate, to value*

Inf. apprécier *Part. prés.* appréciant *Part. passé* apprécié

INDICATIF

Présent

j'apprécie	nous apprécions
tu apprécies	vous appréciez
il/elle/on apprécie	ils/elles apprécient

Passé composé

j'ai apprécié	nous avons apprécié
tu as apprécié	vous avez apprécié
il/elle/on a apprécié	ils/elles ont apprécié

Futur simple

j'apprécierai	nous apprécierons
tu apprécieras	vous apprécierez
il/elle/on appréciera	ils/elles apprécieront

Futur antérieur

j'aurai apprécié	nous aurons apprécié
tu auras apprécié	vous aurez apprécié
il/elle/on aura apprécié	ils/elles auront apprécié

Imparfait

j'appréciais	nous appréciions
tu appréciais	vous appréciiez
il/elle/on appréciait	ils/elles appréciaient

Plus-que-parfait

j'avais apprécié	nous avions apprécié
tu avais apprécié	vous aviez apprécié
il/elle/on avait apprécié	ils/elles avaient apprécié

Passé simple

j'appréciai	nous appréciâmes
tu apprécias	vous appréciâtes
il/elle/on apprécia	ils/elles apprécièrent

Passé antérieur

j'eus apprécié	nous eûmes apprécié
tu eus apprécié	vous eûtes apprécié
il/elle/on eut apprécié	ils/elles eurent apprécié

SUBJONCTIF

Présent

que j'apprécie	que nous appréciions
que tu apprécies	que vous appréciiez
qu'il/elle/on apprécie	qu'ils/elles apprécient

Imparfait

que j'appréciasse	que nous appréciassions
que tu appréciasses	que vous appréciassiez
qu'il/elle/on appréciât	qu'ils/elles appréciassent

Passé

que j'aie apprécié	que nous ayons apprécié
que tu aies apprécié	que vous ayez apprécié
qu'il/elle/on ait apprécié	qu'ils/elles aient apprécié

Plus-que-parfait

que j'eusse apprécié	que nous eussions apprécié
que tu eusses apprécié	que vous eussiez apprécié
qu'il/elle/on eût apprécié	qu'ils/elles eussent apprécié

CONDITIONNEL

Présent

j'apprécierais	nous apprécierions
tu apprécierais	vous apprécieriez
il/elle/on apprécierait	ils/elles apprécieraient

Passé

j'aurais apprécié	nous aurions apprécié
tu aurais apprécié	vous auriez apprécié
il/elle/on aurait apprécié	ils/elles auraient apprécié

IMPÉRATIF

apprécie apprécions appréciez

Tout le monde apprécie votre contribution.
Everyone appreciates your contribution.

Que feriez-vous si votre famille ne vous appréciait pas?
What would you do if your family didn't appreciate you?

Personne n'apprécie vos répliques sarcastiques.
No one appreciates your sarcastic answers.

APPRENDRE *to learn; to teach*

Inf. apprendre *Part. prés.* apprenant *Part. passé* appris

INDICATIF

Présent

j'apprends	nous apprenons
tu apprends	vous apprenez
il/elle/on apprend	ils/elles apprennent

Imparfait

j'apprenais	nous apprenions
tu apprenais	vous appreniez
il/elle/on apprenait	ils/elles apprenaient

Passé composé

j'ai appris	nous avons appris
tu as appris	vous avez appris
il/elle/on a appris	ils/elles ont appris

Plus-que-parfait

j'avais appris	nous avions appris
tu avais appris	vous aviez appris
il/elle/on avait appris	ils/elles avaient appris

Futur simple

j'apprendrai	nous apprendrons
tu apprendras	vous apprendrez
il/elle/on apprendra	ils/elles apprendront

Passé simple

j'appris	nous apprîmes
tu appris	vous apprîtes
il/elle/on apprit	ils/elles apprirent

Futur antérieur

j'aurai appris	nous aurons appris
tu auras appris	vous aurez appris
il/elle/on aura appris	ils/elles auront appris

Passé antérieur

j'eus appris	nous eûmes appris
tu eus appris	vous eûtes appris
il/elle/on eut appris	ils/elles eurent appris

SUBJONCTIF

Présent

que j'apprenne	que nous apprenions
que tu apprennes	que vous appreniez
qu'il/elle/on apprenne	qu'ils/elles apprennent

Passé

que j'aie appris	que nous ayons appris
que tu aies appris	que vous ayez appris
qu'il/elle/on ait appris	qu'ils/elles aient appris

Imparfait

que j'apprisse	que nous apprissions
que tu apprisses	que vous apprissiez
qu'il/elle/on apprît	qu'ils/elles apprissent

Plus-que-parfait

que j'eusse appris	que nous eussions appris
que tu eusses appris	que vous eussiez appris
qu'il/elle/on eût appris	qu'ils/elles eussent appris

CONDITIONNEL

Présent

j'apprendrais	nous apprendrions
tu apprendrais	vous apprendriez
il/elle/on apprendrait	ils/elles apprendraient

Passé

j'aurais appris	nous aurions appris
tu aurais appris	vous auriez appris
il/elle/on aurait appris	ils/elles auraient appris

IMPÉRATIF

apprends apprenons apprenez

Où ont-ils appris l'espagnol?
Where did they learn Spanish?

Elle apprenait à faire du ski quand elle a eu son accident.
She was learning to ski when she had her accident.

C'est ma mère qui m'avait appris à être patient.
My mother was the one who taught me to be patient.

APPROCHER *to approach, to go up to*

Inf. approcher *Part. prés.* approchant *Part. passé* approché

INDICATIF

Présent

j'approche	nous approchons
tu approches	vous approchez
il/elle/on approche	ils/elles approchent

Imparfait

j'approchais	nous approchions
tu approchais	vous approchiez
il/elle/on approchait	ils/elles approchaient

Passé composé

j'ai approché	nous avons approché
tu as approché	vous avez approché
il/elle/on a approché	ils/elles ont approché

Plus-que-parfait

j'avais approché	nous avions approché
tu avais approché	vous aviez approché
il/elle/on avait approché	ils/elles avaient approché

Futur simple

j'approcherai	nous approcherons
tu approcheras	vous approcherez
il/elle/on approchera	ils/elles approcheront

Passé simple

j'approchai	nous approchâmes
tu approchas	vous approchâtes
il/elle/on approcha	ils/elles approchèrent

Futur antérieur

j'aurai approché	nous aurons approché
tu auras approché	vous aurez approché
il/elle/on aura approché	ils/elles auront approché

Passé antérieur

j'eus approché	nous eûmes approché
tu eus approché	vous eûtes approché
il/elle/on eut approché	ils/elles eurent approché

SUBJONCTIF

Présent

que j'approche	que nous approchions
que tu approches	que vous approchiez
qu'il/elle/on approche	qu'ils/elles approchent

Passé

que j'aie approché	que nous ayons approché
que tu aies approché	que vous ayez approché
qu'il/elle/on ait approché	qu'ils/elles aient approché

Imparfait

que j'approchasse	que nous approchassions
que tu approchasses	que vous approchassiez
qu'il/elle/on approchât	qu'ils/elles approchassent

Plus-que-parfait

que j'eusse approché	que nous eussions approché
que tu eusses approché	que vous eussiez approché
qu'il/elle/on eût approché	qu'ils/elles eussent approché

CONDITIONNEL

Présent

j'approcherais	nous approcherions
tu approcherais	vous approcheriez
il/elle/on approcherait	ils/elles approcheraient

Passé

j'aurais approché	nous aurions approché
tu aurais approché	vous auriez approché
il/elle/on aurait approché	ils/elles auraient approché

IMPÉRATIF

approche approchons approchez

Un inconnu s'est approché de moi et m'a demandé de l'argent.
A stranger approached me and asked me for money.

Il veut savoir comment approcher une fille et lui parler.
He wants to know how to go up to a girl and talk to her.

Il sentait que quelqu'un s'approchait.
He sensed that someone was approaching.

APPROUVER *to approve, to approve of*

Inf. approuver *Part. prés.* approuvant *Part. passé* approuvé

INDICATIF

Présent

j'approuve	nous approuvons
tu approuves	vous approuvez
il/elle/on approuve	ils/elles approuvent

Passé composé

j'ai approuvé	nous avons approuvé
tu as approuvé	vous avez approuvé
il/elle/on a approuvé	ils/elles ont approuvé

Futur simple

j'approuverai	nous approuverons
tu approuveras	vous approuverez
il/elle/on approuvera	ils/elles approuveront

Futur antérieur

j'aurai approuvé	nous aurons approuvé
tu auras approuvé	vous aurez approuvé
il/elle/on aura approuvé	ils/elles auront approuvé

Imparfait

j'approuvais	nous approuvions
tu approuvais	vous approuviez
il/elle/on approuvait	ils/elles approuvaient

Plus-que-parfait

j'avais approuvé	nous avions approuvé
tu avais approuvé	vous aviez approuvé
il/elle/on avait approuvé	ils/elles avaient approuvé

Passé simple

j'approuvai	nous approuvâmes
tu approuvas	vous approuvâtes
il/elle/on approuva	ils/elles approuvèrent

Passé antérieur

j'eus approuvé	nous eûmes approuvé
tu eus approuvé	vous eûtes approuvé
il/elle/on eut approuvé	ils/elles eurent approuvé

SUBJONCTIF

Présent

que j'approuve	que nous approuvions
que tu approuves	que vous approuviez
qu'il/elle/on approuve	qu'ils/elles approuvent

Imparfait

que j'approuvasse	que nous approuvassions
que tu approuvasses	que vous approuvassiez
qu'il/elle/on approuvât	qu'ils/elles approuvassent

Passé

que j'aie approuvé	que nous ayons approuvé
que tu aies approuvé	que vous ayez approuvé
qu'il/elle/on ait approuvé	qu'ils/elles aient approuvé

Plus-que-parfait

que j'eusse approuvé	que nous eussions approuvé
que tu eusses approuvé	que vous eussiez approuvé
qu'il/elle/on eût approuvé	qu'ils/elles eussent approuvé

CONDITIONNEL

Présent

j'approuverais	nous approuverions
tu approuverais	vous approuveriez
il/elle/on approuverait	ils/elles approuveraient

Passé

j'aurais approuvé	nous aurions approuvé
tu aurais approuvé	vous auriez approuvé
il/elle/on aurait approuvé	ils/elles auraient approuvé

IMPÉRATIF

approuve approuvons approuvez

Le conseil d'administration approuvera notre budget bientôt.
The board will approve our budget soon.

Ils ont lu et approuvé le règlement.
They read and approved the regulations.

J'approuve notre candidat.
I approve of our candidate.

ARRACHER *to pull out, to tear down, to pull up*

Inf. arracher *Part. prés.* arrachant *Part. passé* arraché

INDICATIF

Présent

j'arrache	nous arrachons
tu arraches	vous arrachez
il/elle/on arrache	ils/elles arrachent

Imparfait

j'arrachais	nous arrachions
tu arrachais	vous arrachiez
il/elle/on arrachait	ils/elles arrachaient

Passé composé

j'ai arraché	nous avons arraché
tu as arraché	vous avez arraché
il/elle/on a arraché	ils/elles ont arraché

Plus-que-parfait

j'avais arraché	nous avions arraché
tu avais arraché	vous aviez arraché
il/elle/on avait arraché	ils/elles avaient arraché

Futur simple

j'arracherai	nous arracherons
tu arracheras	vous arracherez
il/elle/on arrachera	ils/elles arracheront

Passé simple

j'arrachai	nous arrachâmes
tu arrachas	vous arrachâtes
il/elle/on arracha	ils/elles arrachèrent

Futur antérieur

j'aurai arraché	nous aurons arraché
tu auras arraché	vous aurez arraché
il/elle/on aura arraché	ils/elles auront arraché

Passé antérieur

j'eus arraché	nous eûmes arraché
tu eus arraché	vous eûtes arraché
il/elle/on eut arraché	ils/elles eurent arraché

SUBJONCTIF

Présent

que j'arrache	que nous arrachions
que tu arraches	que vous arrachiez
qu'il/elle/on arrache	qu'ils/elles arrachent

Passé

que j'aie arraché	que nous ayons arraché
que tu aies arraché	que vous ayez arraché
qu'il/elle/on ait arraché	qu'ils/elles aient arraché

Imparfait

que j'arrachasse	que nous arrachassions
que tu arrachasses	que vous arrachassiez
qu'il/elle/on arrachât	qu'ils/elles arrachassent

Plus-que-parfait

que j'eusse arraché	que nous eussions arraché
que tu eusses arraché	que vous eussiez arraché
qu'il/elle/on eût arraché	qu'ils/elles eussent arraché

CONDITIONNEL

Présent

j'arracherais	nous arracherions
tu arracherais	vous arracheriez
il/elle/on arracherait	ils/elles arracheraient

Passé

j'aurais arraché	nous aurions arraché
tu aurais arraché	vous auriez arraché
il/elle/on aurait arraché	ils/elles auraient arraché

IMPÉRATIF

arrache arrachons arrachez

Elle arrachait des mauvaises herbes de son jardin quand elle a vu une couleuvre.
She was pulling weeds in her garden when she saw a grass snake.

Si vous alliez chez le dentiste, je suis certaine qu'il arracherait votre dent.
If you went to the dentist, I'm sure he'd pull out your tooth.

Nous avons arraché deux tiques et puis nous nous sommes désinfectés.
We pulled out two ticks and then we disinfected ourselves.

ARRANGER *to arrange, to sort out, to organize*

Inf. arranger *Part. prés.* arrangeant *Part. passé* arrangé

INDICATIF

Présent

j'arrange	nous arrangeons
tu arranges	vous arrangez
il/elle/on arrange	ils/elles arrangent

Imparfait

j'arrangeais	nous arrangions
tu arrangeais	vous arrangiez
il/elle/on arrangeait	ils/elles arrangeaient

Passé composé

j'ai arrangé	nous avons arrangé
tu as arrangé	vous avez arrangé
il/elle/on a arrangé	ils/elles ont arrangé

Plus-que-parfait

j'avais arrangé	nous avions arrangé
tu avais arrangé	vous aviez arrangé
il/elle/on avait arrangé	ils/elles avaient arrangé

Futur simple

j'arrangerai	nous arrangerons
tu arrangeras	vous arrangerez
il/elle/on arrangera	ils/elles arrangeront

Passé simple

j'arrangeai	nous arrangeâmes
tu arrangeas	vous arrangeâtes
il/elle/on arrangea	ils/elles arrangèrent

Futur antérieur

j'aurai arrangé	nous aurons arrangé
tu auras arrangé	vous aurez arrangé
il/elle/on aura arrangé	ils/elles auront arrangé

Passé antérieur

j'eus arrangé	nous eûmes arrangé
tu eus arrangé	vous eûtes arrangé
il/elle/on eut arrangé	ils/elles eurent arrangé

SUBJONCTIF

Présent

que j'arrange	que nous arrangions
que tu arranges	que vous arrangiez
qu'il/elle/on arrange	qu'ils/elles arrangent

Passé

que j'aie arrangé	que nous ayons arrangé
que tu aies arrangé	que vous ayez arrangé
qu'il/elle/on ait arrangé	qu'ils/elles aient arrangé

Imparfait

que j'arrangeasse	que nous arrangeassions
que tu arrangeasses	que vous arrangeassiez
qu'il/elle/on arrangeât	qu'ils/elles arrangeassent

Plus-que-parfait

que j'eusse arrangé	que nous eussions arrangé
que tu eusses arrangé	que vous eussiez arrangé
qu'il/elle/on eût arrangé	qu'ils/elles eussent arrangé

CONDITIONNEL

Présent

j'arrangerais	nous arrangerions
tu arrangerais	vous arrangeriez
il/elle/on arrangerait	ils/elles arrangeraient

Passé

j'aurais arrangé	nous aurions arrangé
tu aurais arrangé	vous auriez arrangé
il/elle/on aurait arrangé	ils/elles auraient arrangé

IMPÉRATIF

arrange arrangeons arrangez

Il est essentiel que vous arrangiez cela tout de suite!
It's essential that you sort that out immediately!

Le musicien aimerait trouver quelqu'un pour arranger sa compostion.
The musician would like to find someone to arrange his composition.

Qui a arrangé notre problème de logiciel?
Who sorted out our software problem?

ARRÊTER *to stop, to arrest*

Inf. arrêter *Part. prés.* arrêtant *Part. passé* arrêté

INDICATIF

Présent

j'arrête	nous arrêtons
tu arrêtes	vous arrêtez
il/elle/on arrête	ils/elles arrêtent

Passé composé

j'ai arrêté	nous avons arrêté
tu as arrêté	vous avez arrêté
il/elle/on a arrêté	ils/elles ont arrêté

Futur simple

j'arrêterai	nous arrêterons
tu arrêteras	vous arrêterez
il/elle/on arrêtera	ils/elles arrêteront

Futur antérieur

j'aurai arrêté	nous aurons arrêté
tu auras arrêté	vous aurez arrêté
il/elle/on aura arrêté	ils/elles auront arrêté

Imparfait

j'arrêtais	nous arrêtions
tu arrêtais	vous arrêtiez
il/elle/on arrêtait	ils/elles arrêtaient

Plus-que-parfait

j'avais arrêté	nous avions arrêté
tu avais arrêté	vous aviez arrêté
il/elle/on avait arrêté	ils/elles avaient arrêté

Passé simple

j'arrêtai	nous arrêtâmes
tu arrêtas	vous arrêtâtes
il/elle/on arrêta	ils/elles arrêtèrent

Passé antérieur

j'eus arrêté	nous eûmes arrêté
tu eus arrêté	vous eûtes arrêté
il/elle/on eut arrêté	ils/elles eurent arrêté

SUBJONCTIF

Présent

que j'arrête	que nous arrêtions
que tu arrêtes	que vous arrêtiez
qu'il/elle/on arrête	qu'ils/elles arrêtent

Imparfait

que j'arrêtasse	que nous arrêtassions
que tu arrêtasses	que vous arrêtassiez
qu'il/elle/on arrêtât	qu'ils/elles arrêtassent

Passé

que j'aie arrêté	que nous ayons arrêté
que tu aies arrêté	que vous ayez arrêté
qu'il/elle/on ait arrêté	qu'ils/elles aient arrêté

Plus-que-parfait

que j'eusse arrêté	que nous eussions arrêté
que tu eusses arrêté	que vous eussiez arrêté
qu'il/elle/on eût arrêté	qu'ils/elles eussent arrêté

CONDITIONNEL

Présent

j'arrêterais	nous arrêterions
tu arrêterais	vous arrêteriez
il/elle/on arrêterait	ils/elles arrêteraient

Passé

j'aurais arrêté	nous aurions arrêté
tu aurais arrêté	vous auriez arrêté
il/elle/on aurait arrêté	ils/elles auraient arrêté

IMPÉRATIF

arrête arrêtons arrêtez

Il est bon que la police ait arrêté les criminels avant qu'ils ne puissent commettre d'autres crimes.
It's good that the police arrested the criminals before they were able to commit other crimes.

A votre place, j'arrêterais de parler ainsi.
If I were you, I would stop talking like that.

Arrête de m'embêter avec tes questions débiles!
Stop bugging me with your stupid questions!

ARRIVER *to arrive, to get to*

Inf. arriver *Part. prés.* arrivant *Part. passé* arrivé

INDICATIF

Présent

j'arrive	nous arrivons
tu arrives	vous arrivez
il/elle/on arrive	ils/elles arrivent

Imparfait

j'arrivais	nous arrivions
tu arrivais	vous arriviez
il/elle/on arrivait	ils/elles arrivaient

Passé composé

je suis arrivé(e)	nous sommes arrivé(e)s
tu es arrivé(e)	vous êtes arrivé(e)(s)
il/elle/on est arrivé(e)	ils/elles sont arrivé(e)s

Plus-que-parfait

j'étais arrivé(e)	nous étions arrivé(e)s
tu étais arrivé(e)	vous étiez arrivé(e)(s)
il/elle/on était arrivé(e)	ils/elles étaient arrivé(e)s

Futur simple

j'arriverai	nous arriverons
tu arriveras	vous arriverez
il/elle/on arrivera	ils/elles arriveront

Passé simple

j'arrivai	nous arrivâmes
tu arrivas	vous arrivâtes
il/elle/on arriva	ils/elles arrivèrent

Futur antérieur

je serai arrivé(e)	nous serons arrivé(e)s
tu seras arrivé(e)	vous serez arrivé(e)(s)
il/elle/on sera arrivé(e)	ils/elles seront arrivé(e)s

Passé antérieur

je fus arrivé(e)	nous fûmes arrivé(e)s
tu fus arrivé(e)	vous fûtes arrivé(e)(s)
il/elle/on fut arrivé(e)	ils/elles furent arrivé(e)s

SUBJONCTIF

Présent

que j'arrive	que nous arrivions
que tu arrives	que vous arriviez
qu'il/elle/on arrive	qu'ils/elles arrivent

Passé

que je sois arrivé(e)	que nous soyons arrivé(e)s
que tu sois arrivé(e)	que vous soyez arrivé(e)(s)
qu'il/elle/on soit arrivé(e)	qu'ils/elles soient arrivé(e)s

Imparfait

que j'arrivasse	que nous arrivassions
que tu arrivasses	que vous arrivassiez
qu'il/elle/on arrivât	qu'ils/elles arrivassent

Plus-que-parfait

que je fusse arrivé(e)	que nous fussions arrivé(e)s
que tu fusses arrivé(e)	que vous fussiez arrivé(e)(s)
qu'il/elle/on fût arrivé(e)	qu'ils/elles fussent arrivé(e)s

CONDITIONNEL

Présent

j'arriverais	nous arriverions
tu arriverais	vous arriveriez
il/elle/on arriverait	ils/elles arriveraient

Passé

je serais arrivé(e)	nous serions arrivé(e)s
tu serais arrivé(e)	vous seriez arrivé(e)(s)
il/elle/on serait arrivé(e)	ils/elles seraient arrivé(e)s

IMPÉRATIF

arrive arrivons arrivez

Les chercheurs n'arrivent pas tous à la même conclusion.
Researchers don't all arrive at the same conclusion.

On arrivera à Honfleur vers midi.
We will arrive at Honfleur around noon.

Elle est arrivée trois heures en retard pour son entretien d'embauche.
She arrived three hours late for her job interview.

ASSAILLIR *to attack, to assail*

Inf. assaillir *Part. prés.* assaillant *Part. passé* assailli

INDICATIF

Présent

j'assaille	nous assaillons
tu assailles	vous assaillez
il/elle/on assaille	ils/elles assaillent

Imparfait

j'assaillais	nous assaillions
tu assaillais	vous assailliez
il/elle/on assaillait	ils/elles assaillaient

Passé composé

j'ai assailli	nous avons assailli
tu as assailli	vous avez assailli
il/elle/on a assailli	ils/elles ont assailli

Plus-que-parfait

j'avais assailli	nous avions assailli
tu avais assailli	vous aviez assailli
il/elle/on avait assailli	ils/elles avaient assailli

Futur simple

j'assaillirai	nous assaillirons
tu assailliras	vous assaillirez
il/elle/on assaillira	ils/elles assailliront

Passé simple

j'assaillis	nous assaillîmes
tu assaillis	vous assaillîtes
il/elle/on assaillit	ils/elles assaillirent

Futur antérieur

j'aurai assailli	nous aurons assailli
tu auras assailli	vous aurez assailli
il/elle/on aura assailli	ils/elles auront assailli

Passé antérieur

j'eus assailli	nous eûmes assailli
tu eus assailli	vous eûtes assailli
il/elle/on eut assailli	ils/elles eurent assailli

SUBJONCTIF

Présent

que j'assaille	que nous assaillions
que tu assailles	que vous assailliez
qu'il/elle/on assaille	qu'ils/elles assaillent

Passé

que j'aie assailli	que nous ayons assailli
que tu aies assailli	que vous ayez assailli
qu'il/elle/on ait assailli	qu'ils/elles aient assailli

Imparfait

que j'assaillisse	que nous assaillissions
que tu assaillisses	que vous assaillissiez
qu'il/elle/on assaillît	qu'ils/elles assaillissent

Plus-que-parfait

que j'eusse assailli	que nous eussions assailli
que tu eusses assailli	que vous eussiez assailli
qu'il/elle/on eût assailli	qu'ils/elles eussent assailli

CONDITIONNEL

Présent

j'assaillirais	nous assaillirions
tu assaillirais	vous assailliriez
il/elle/on assaillirait	ils/elles assailliraient

Passé

j'aurais assailli	nous aurions assailli
tu aurais assailli	vous auriez assailli
il/elle/on aurait assailli	ils/elles auraient assailli

IMPÉRATIF

assaille assaillons assaillez

Je me sens assailli par des doûtes.
I feel plagued with doubt.

Notre armée assaillira les autres combattants vers minuit.
Our army will attack the other combatants around midnight.

Il promet d'assaillir ceux qui mentent.
He promises to attack those who lie.

S'ASSEOIR *to sit down*

Inf. s'asseoir *Part. prés.* s'asseyant / oyant *Part. passé* assis(e)(s)

INDICATIF

Présent

je m'assieds / ois	nous nous asseyons / oyons
tu t'assieds / ois	vous vous asseyez / oyez
il/elle/on s'assied / oit	ils/elles s'asseyent / oient

Imparfait

je m'asseyais / oyais	nous nous asseyions / oyions
tu t'asseyais / oyais	vous vous asseyiez / oyiez
il/elle/on s'asseyait / oyait	ils/elles se asseyaient / oyaient

Passé composé

je me suis assis(e)	nous nous sommes assis(e)(s)
tu t'es assis(e)	vous vous êtes assis(e)(s)
il/elle/on s'est assis(e)	ils/elles se sont assis(e)(s)

Plus-que-parfait

je m'étais assis(e)	nous nous étions assis(e)(s)
tu t'étais assis(e)	vous vous étiez assis(e)(s)
il/elle/on s'était assis(e)	ils/elles s'étaient assis(e)(s)

Futur simple

je m'assiérai / oirai	nous nous assiérons / oirons
tu t'assiéras / oiras	vous vous assiérez / oirez
il/elle/on s'assiéra / oira	ils/elles s'assiéront / oiront

Passé simple

je m'assis	nous nous assîmes
tu t'assis	vous vous assîtes
il/elle/on s'assit	ils/elles s'assirent

Futur antérieur

je me serai assis(e)	nous nous serons assis(e)(s)
tu te seras assis(e)	vous vous serez assis(e)(s)
il/elle/on se sera assis(e)	ils/elles se seront assis(e)(s)

Passé antérieur

je me fus assis(e)	nous nous fûmes assis(e)(s)
tu te fus assis(e)	vous vous fûtes assis(e)(s)
il/elle/on se fut assis(e)	ils/elles se furent assis(e)(s)

SUBJONCTIF

Présent

que je m'asseye / oie	que nous nous asseyions / oyions
que tu t'asseyes / oies	que vous vous asseyiez / oyiez
qu'il/elle/on s'asseye / oie	qu'ils/elles s'asseyent / oient

Passé

que je me sois assis(e)	que nous nous soyons assis(e)(s)
que tu te sois assis(e)	que vous vous soyez assis(e)(s)
qu'il/elle/on se soit assis(e)	qu'ils/elles se soient assis(e)(s)

Imparfait

que je m'assisse	que nous nous assissions
que tu t'assisses	que vous vous assissiez
qu'il/elle/on s'assît	qu'ils/elles s'assissent

Plus-que-parfait

que je me fusse assis(e)	que nous nous fussions assis(e)(s)
que tu te fusses assis(e)	que vous vous fussiez assis(e)(s)
qu'il/elle/on se fût assis(e)	qu'ils/elles se fussent assis(e)(s)

CONDITIONNEL

Présent

je m'assiérais / oirais	nous nous assiérions / oirions
tu t'assiérais / irais	vous vous assiériez / oiriez
il/elle/on s'assiérait / oirait	ils/elles s'assiéraient / oiraient

Passé

je me serais assis(e)	nous nous serions assis(e)(s)
tu te serais assis(e)	vous vous seriez assis(e)(s)
il/elle/on se serait assis(e)	ils/elles se seraient assis(e)(s)

IMPÉRATIF

assieds-toi / ois asseyons-nous / oyons asseyez-vous / oyez

Asseyons-nous près de la fênetre.
Let's sit near the window.

Ils se sont assis et se sont mis à parler.
They sat down and started talking.

Je m'assiérai avec mes amis.
I will sit with my friends.

ASSISTER *to attend, to go to, to witness*

Inf. assister *Part. prés.* assistant *Part. passé* assisté

INDICATIF

Présent

j'assiste	nous assistons
tu assistes	vous assistez
il/elle/on assiste	ils/elles assistent

Passé composé

j'ai assisté	nous avons assisté
tu as assisté	vous avez assisté
il/elle/on a assisté	ils/elles ont assisté

Futur simple

j'assisterai	nous assisterons
tu assisteras	vous assisterez
il/elle/on assistera	ils/elles assisteront

Futur antérieur

j'aurai assisté	nous aurons assisté
tu auras assisté	vous aurez assisté
il/elle/on aura assisté	ils/elles auront assisté

Imparfait

j'assistais	nous assistions
tu assistais	vous assistiez
il/elle/on assistait	ils/elles assistaient

Plus-que-parfait

j'avais assisté	nous avions assisté
tu avais assisté	vous aviez assisté
il/elle/on avait assisté	ils/elles avaient assisté

Passé simple

j'assistai	nous assistâmes
tu assistas	vous assistâtes
il/elle/on assista	ils/elles assistèrent

Passé antérieur

j'eus assisté	nous eûmes assisté
tu eus assisté	vous eûtes assisté
il/elle/on eut assisté	ils/elles eurent assisté

SUBJONCTIF

Présent

que j'assiste	que nous assistions
que tu assistes	que vous assistiez
qu'il/elle/on assiste	qu'ils/elles assistent

Imparfait

que j'assistasse	que nous assistassions
que tu assistasses	que vous assistassiez
qu'il/elle/on assistât	qu'ils/elles assistassent

Passé

que j'aie assisté	que nous ayons assisté
que tu aies assisté	que vous ayez assisté
qu'il/elle/on ait assisté	qu'ils/elles aient assisté

Plus-que-parfait

que j'eusse assisté	que nous eussions assisté
que tu eusses assisté	que vous eussiez assisté
qu'il/elle/on eût assisté	qu'ils/elles eussent assisté

CONDITIONNEL

Présent

j'assisterais	nous assisterions
tu assisterais	vous assisteriez
il/elle/on assisterait	ils/elles assisteraient

Passé

j'aurais assisté	nous aurions assisté
tu aurais assisté	vous auriez assisté
il/elle/on aurait assisté	ils/elles auraient assisté

IMPÉRATIF

assiste assistons assistez

Mes parents veulent que nous assistions à la conférence de mon oncle.
My parents want us to attend my uncle's lecture.

Elle rêve d'assister un jour au lancement d'une navette spatiale.
She dreams of witnessing one day a space-shuttle launch.

Personne n'a assisté au cours de chimie hier.
Noboday went to chemistry class yesterday.

ASSURER *to assure, to insure, to provide [service]*

Inf. assurer *Part. prés.* assurant *Part. passé* assuré

INDICATIF

Présent

j'assure	nous assurons
tu assures	vous assurez
il/elle/on assure	ils/elles assurent

Passé composé

j'ai assuré	nous avons assuré
tu as assuré	vous avez assuré
il/elle/on a assuré	ils/elles ont assuré

Futur simple

j'assurerai	nous assurerons
tu assureras	vous assurerez
il/elle/on assurera	ils/elles assureront

Futur antérieur

j'aurai assuré	nous aurons assuré
tu auras assuré	vous aurez assuré
il/elle/on aura assuré	ils/elles auront assuré

Imparfait

j'assurais	nous assurions
tu assurais	vous assuriez
il/elle/on assurait	ils/elles assuraient

Plus-que-parfait

j'avais assuré	nous avions assuré
tu avais assuré	vous aviez assuré
il/elle/on avait assuré	ils/elles avaient assuré

Passé simple

j'assurai	nous assurâmes
tu assuras	vous assurâtes
il/elle/on assura	ils/elles assurèrent

Passé antérieur

j'eus assuré	nous eûmes assuré
tu eus assuré	vous eûtes assuré
il/elle/on eut assuré	ils/elles eurent assuré

SUBJONCTIF

Présent

que j'assure	que nous assurions
que tu assures	que vous assuriez
qu'il/elle/on assure	qu'ils/elles assurent

Imparfait

que j'assurasse	que nous assurassions
que tu assurasses	que vous assurassiez
qu'il/elle/on assurât	qu'ils/elles assurassent

Passé

que j'aie assuré	que nous ayons assuré
que tu aies assuré	que vous ayez assuré
qu'il/elle/on ait assuré	qu'ils/elles aient assuré

Plus-que-parfait

que j'eusse assuré	que nous eussions assuré
que tu eusses assuré	que vous eussiez assuré
qu'il/elle/on eût assuré	qu'ils/elles eussent assuré

CONDITIONNEL

Présent

j'assurerais	nous assurerions
tu assurerais	vous assureriez
il/elle/on assurerait	ils/elles assureraient

Passé

j'aurais assuré	nous aurions assuré
tu aurais assuré	vous auriez assuré
il/elle/on aurait assuré	ils/elles auraient assuré

IMPÉRATIF

assure assurons assurez

Elle nous a assurés que le projet continuerait sans anicroche.
She assured us that the project would continue without a hitch.

L'employé nous a dit que l'hôtel assurait de nombreuses prestations.
The employee told us that the hotel provided a number of services.

Elle avait oublié d'assurer sa voiture, ce qui lui a causé des ennuis.
She had forgotten to insure her car, which caused her problems.

ASTREINDRE *to force, to bind, to compel*

Inf. astreindre *Part. prés.* astreignant *Part. passé* astreint

INDICATIF

Présent

j'astreins	nous astreignons
tu astreins	vous astreignez
il/elle/on astreint	ils/elles astreignent

Imparfait

j'astreignais	nous astreignions
tu astreignais	vous astreigniez
il/elle/on astreignait	ils/elles astreignaient

Passé composé

j'ai astreint	nous avons astreint
tu as astreint	vous avez astreint
il/elle/on a astreint	ils/elles ont astreint

Plus-que-parfait

j'avais astreint	nous avions astreint
tu avais astreint	vous aviez astreint
il/elle/on avait astreint	ils/elles avaient astreint

Futur simple

j'astreindrai	nous astreindrons
tu astreindras	vous astreindrez
il/elle/on astreindra	ils/elles astreindront

Passé simple

j'astreignis	nous astreignîmes
tu astreignis	vous astreignîtes
il/elle/on astreignit	ils/elles astreignirent

Futur antérieur

j'aurai astreint	nous aurons astreint
tu auras astreint	vous aurez astreint
il/elle/on aura astreint	ils/elles auront astreint

Passé antérieur

j'eus astreint	nous eûmes astreint
tu eus astreint	vous eûtes astreint
il/elle/on eut astreint	ils/elles eurent astreint

SUBJONCTIF

Présent

que j'astreigne	que nous astreignions
que tu astreignes	que vous astreigniez
qu'il/elle/on astreigne	qu'ils/elles astreignent

Passé

que j'aie astreint	que nous ayons astreint
que tu aies astreint	que vous ayez astreint
qu'il/elle/on ait astreint	qu'ils/elles aient astreint

Imparfait

que j'astreignisse	que nous astreignissions
que tu astreignisses	que vous astreignissiez
qu'il/elle/on astreignît	qu'ils/elles astreignissent

Plus-que-parfait

que j'eusse astreint	que nous eussions astreint
que tu eusses astreint	que vous eussiez astreint
qu'il/elle/on eût astreint	qu'ils/elles eussent astreint

CONDITIONNEL

Présent

j'astreindrais	nous astreindrions
tu astreindrais	vous astreindriez
il/elle/on astreindrait	ils/elles astreindraient

Passé

j'aurais astreint	nous aurions astreint
tu aurais astreint	vous auriez astreint
il/elle/on aurait astreint	ils/elles auraient astreint

IMPÉRATIF

astreins astreignons astreignez

Le juge nous asteint à repayer cette dette.
The judge is forcing us to repay this debt.

Dans ce cas-là, vous nous astreindriez à vous poursuivre en justice.
In that case, you would compel us to take legal action against you.

C'est ridicule d'astreindre cette méthode pédagogique à nos élèves.
It is ridiculous to force this pedagogical method on our students.

ATTAQUER *to attack, to tackle*

Inf. attaquer *Part. prés.* attaquant *Part. passé* attaqué

INDICATIF

Présent

j'attaque	nous attaquons
tu attaques	vous attaquez
il/elle/on attaque	ils/elles attaquent

Passé composé

j'ai attaqué	nous avons attaqué
tu as attaqué	vous avez attaqué
il/elle/on a attaqué	ils/elles ont attaqué

Futur simple

j'attaquerai	nous attaquerons
tu attaqueras	vous attaquerez
il/elle/on attaquera	ils/elles attaqueront

Futur antérieur

j'aurai attaqué	nous aurons attaqué
tu auras attaqué	vous aurez attaqué
il/elle/on aura attaqué	ils/elles auront attaqué

Imparfait

j'attaquais	nous attaquions
tu attaquais	vous attaquiez
il/elle/on attaquait	ils/elles attaquaient

Plus-que-parfait

j'avais attaqué	nous avions attaqué
tu avais attaqué	vous aviez attaqué
il/elle/on avait attaqué	ils/elles avaient attaqué

Passé simple

j'attaquai	nous attaquâmes
tu attaquas	vous attaquâtes
il/elle/on attaqua	ils/elles attaquèrent

Passé antérieur

j'eus attaqué	nous eûmes attaqué
tu eus attaqué	vous eûtes attaqué
il/elle/on eut attaqué	ils/elles eurent attaqué

SUBJONCTIF

Présent

que j'attaque	que nous attaquions
que tu attaques	que vous attaquiez
qu'il/elle/on attaque	qu'ils/elles attaquent

Imparfait

que j'attaquasse	que nous attaquassions
que tu attaquasses	que vous attaquassiez
qu'il/elle/on attaquât	qu'ils/elles attaquassent

Passé

que j'aie attaqué	que nous ayons attaqué
que tu aies attaqué	que vous ayez attaqué
qu'il/elle/on ait attaqué	qu'ils/elles aient attaqué

Plus-que-parfait

que j'eusse attaqué	que nous eussions attaqué
que tu eusses attaqué	que vous eussiez attaqué
qu'il/elle/on eût attaqué	qu'ils/elles eussent attaqué

CONDITIONNEL

Présent

j'attaquerais	nous attaquerions
tu attaquerais	vous attaqueriez
il/elle/on attaquerait	ils/elles attaqueraient

Passé

j'aurais attaqué	nous aurions attaqué
tu aurais attaqué	vous auriez attaqué
il/elle/on aurait attaqué	ils/elles auraient attaqué

IMPÉRATIF

attaque attaquons attaquez

Attaquons ce problème ensemble.
Let's tackle this problem together.

Il est ridicule qu'il attaque les croyances des autres.
It's ridiculous that he attacks other people's beliefs.

L'armée a attaqué le convoi humanitaire sans la permission du gouvernement.
The army attacked the humanitarian convoy without the government's permission.

ATTEINDRE *to reach [a place, age, target], to attain*

Inf. atteindre *Part. prés.* atteignant *Part. passé* atteint

INDICATIF

Présent

j'atteins	nous atteignons
tu atteins	vous atteignez
il/elle/on atteint	ils/elles atteignent

Passé composé

j'ai atteint	nous avons atteint
tu as atteint	vous avez atteint
il/elle/on a atteint	ils/elles ont atteint

Futur simple

j'atteindrai	nous atteindrons
tu atteindras	vous atteindrez
il/elle/on atteindra	ils/elles atteindront

Futur antérieur

j'aurai atteint	nous aurons atteint
tu auras atteint	vous aurez atteint
il/elle/on aura atteint	ils/elles auront atteint

Imparfait

j'atteignais	nous atteignions
tu atteignais	vous atteigniez
il/elle/on atteignait	ils/elles atteignaient

Plus-que-parfait

j'avais atteint	nous avions atteint
tu avais atteint	vous aviez atteint
il/elle/on avait atteint	ils/elles avaient atteint

Passé simple

j'atteignis	nous atteignîmes
tu atteignis	vous atteignîtes
il/elle/on atteignit	ils/elles atteignirent

Passé antérieur

j'eus atteint	nous eûmes atteint
tu eus atteint	vous eûtes atteint
il/elle/on eut atteint	ils/elles eurent atteint

SUBJONCTIF

Présent

que j'atteigne	que nous atteignions
que tu atteignes	que vous atteigniez
qu'il/elle/on atteigne	qu'ils/elles atteignent

Imparfait

que j'atteignisse	que nous atteignissions
que tu atteignisses	que vous atteignissiez
qu'il/elle/on atteignît	qu'ils/elles atteignissent

Passé

que j'aie atteint	que nous ayons atteint
que tu aies atteint	que vous ayez atteint
qu'il/elle/on ait atteint	qu'ils/elles aient atteint

Plus-que-parfait

que j'eusse atteint	que nous eussions atteint
que tu eusses atteint	que vous eussiez atteint
qu'il/elle/on eût atteint	qu'ils/elles eussent atteint

CONDITIONNEL

Présent

j'atteindrais	nous atteindrions
tu atteindrais	vous atteindriez
il/elle/on atteindrait	ils/elles atteindraient

Passé

j'aurais atteint	nous aurions atteint
tu aurais atteint	vous auriez atteint
il/elle/on aurait atteint	ils/elles auraient atteint

IMPÉRATIF

atteins atteignons atteignez

Il aura atteint son quota avant la fin du mois.
He will have reached his quota before the end of the month.

Il est important que tu atteignes ton poids idéal.
It's important that you attain your ideal weight.

Cette entreprise atteint les 10.000 clients.
This company has just reached 10,000 customers.

ATTIRER *to attract, to draw [attention]*

Inf. attirer *Part. prés.* attirant *Part. passé* attiré

INDICATIF

Présent

j'attire	nous attirons
tu attires	vous attirez
il/elle/on attire	ils/elles attirent

Imparfait

j'attirais	nous attirions
tu attirais	vous attiriez
il/elle/on attirait	ils/elles attiraient

Passé composé

j'ai attiré	nous avons attiré
tu as attiré	vous avez attiré
il/elle/on a attiré	ils/elles ont attiré

Plus-que-parfait

j'avais attiré	nous avions attiré
tu avais attiré	vous aviez attiré
il/elle/on avait attiré	ils/elles avaient attiré

Futur simple

j'attirerai	nous attirerons
tu attireras	vous attirerez
il/elle/on attirera	ils/elles attireront

Passé simple

j'attirai	nous attirâmes
tu attiras	vous attirâtes
il/elle/on attira	ils/elles attirèrent

Futur antérieur

j'aurai attiré	nous aurons attiré
tu auras attiré	vous aurez attiré
il/elle/on aura attiré	ils/elles auront attiré

Passé antérieur

j'eus attiré	nous eûmes attiré
tu eus attiré	vous eûtes attiré
il/elle/on eut attiré	ils/elles eurent attiré

SUBJONCTIF

Présent

que j'attire	que nous attirions
que tu attires	que vous attiriez
qu'il/elle/on attire	qu'ils/elles attirent

Passé

que j'aie attiré	que nous ayons attiré
que tu aies attiré	que vous ayez attiré
qu'il/elle/on ait attiré	qu'ils/elles aient attiré

Imparfait

que j'attirasse	que nous attirassions
que tu attirasses	que vous attirassiez
qu'il/elle/on attirât	qu'ils/elles attirassent

Plus-que-parfait

que j'eusse attiré	que nous eussions attiré
que tu eusses attiré	que vous eussiez attiré
qu'il/elle/on eût attiré	qu'ils/elles eussent attiré

CONDITIONNEL

Présent

j'attirerais	nous attirerions
tu attirerais	vous attireriez
il/elle/on attirerait	ils/elles attireraient

Passé

j'aurais attiré	nous aurions attiré
tu aurais attiré	vous auriez attiré
il/elle/on aurait attiré	ils/elles auraient attiré

IMPÉRATIF

attire attirons attirez

Il attire l'attention de tout le monde.
He attracts everyone's attention.

Ton blog attirerait plus d'attention avec plus de photos.
Your blog would draw more attention with more photos.

L'accident a attiré une foule de badauds.
The accident attracted a crowd of onlookers.

ATTRAPER *to catch*

Inf. attraper *Part. prés.* attrapant *Part. passé* attrapé

INDICATIF

Présent

j'attrape	nous attrapons
tu attrapes	vous attrapez
il/elle/on attrape	ils/elles attrapent

Passé composé

j'ai attrapé	nous avons attrapé
tu as attrapé	vous avez attrapé
il/elle/on a attrapé	ils/elles ont attrapé

Futur simple

j'attraperai	nous attraperons
tu attraperas	vous attraperez
il/elle/on attrapera	ils/elles attraperont

Futur antérieur

j'aurai attrapé	nous aurons attrapé
tu auras attrapé	vous aurez attrapé
il/elle/on aura attrapé	ils/elles auront attrapé

Imparfait

j'attrapais	nous attrapions
tu attrapais	vous attrapiez
il/elle/on attrapait	ils/elles attrapaient

Plus-que-parfait

j'avais attrapé	nous avions attrapé
tu avais attrapé	vous aviez attrapé
il/elle/on avait attrapé	ils/elles avaient attrapé

Passé simple

j'attrapai	nous attrapâmes
tu attrapas	vous attrapâtes
il/elle/on attrapa	ils/elles attrapèrent

Passé antérieur

j'eus attrapé	nous eûmes attrapé
tu eus attrapé	vous eûtes attrapé
il/elle/on eut attrapé	ils/elles eurent attrapé

SUBJONCTIF

Présent

que j'attrape	que nous attrapions
que tu attrapes	que vous attrapiez
qu'il/elle/on attrape	qu'ils/elles attrapent

Imparfait

que j'attrapasse	que nous attrapassions
que tu attrapasses	que vous attrapassiez
qu'il/elle/on attrapât	qu'ils/elles attrapassent

Passé

que j'aie attrapé	que nous ayons attrapé
que tu aies attrapé	que vous ayez attrapé
qu'il/elle/on ait attrapé	qu'ils/elles aient attrapé

Plus-que-parfait

que j'eusse attrapé	que nous eussions attrapé
que tu eusses attrapé	que vous eussiez attrapé
qu'il/elle/on eût attrapé	qu'ils/elles eussent attrapé

CONDITIONNEL

Présent

j'attraperais	nous attraperions
tu attraperais	vous attraperiez
il/elle/on attraperait	ils/elles attraperaient

Passé

j'aurais attrapé	nous aurions attrapé
tu aurais attrapé	vous auriez attrapé
il/elle/on aurait attrapé	ils/elles auraient attrapé

IMPÉRATIF

attrape attrapons attrapez

Attrape le ballon!
Catch the ball!

Chasse deux lièvres à la fois, et tu n'en attraperas aucun!
If you chase two hares at the same time, you won't catch either one!

Ils ont attrapé une maladie en voyageant.
The caught a disease while traveling.

AUGMENTER *to raise, to increase*

Inf. augmenter *Part. prés.* augmentant *Part. passé* augmenté

INDICATIF

Présent

j'augmente	nous augmentons
tu augmentes	vous augmentez
il/elle/on augmente	ils/elles augmentent

Imparfait

j'augmentais	nous augmentions
tu augmentais	vous augmentiez
il/elle/on augmentait	ils/elles augmentaient

Passé composé

j'ai augmenté	nous avons augmenté
tu as augmenté	vous avez augmenté
il/elle/on a augmenté	ils/elles ont augmenté

Plus-que-parfait

j'avais augmenté	nous avions augmenté
tu avais augmenté	vous aviez augmenté
il/elle/on avait augmenté	ils/elles avaient augmenté

Futur simple

j'augmenterai	nous augmenterons
tu augmenteras	vous augmenterez
il/elle/on augmentera	ils/elles augmenteront

Passé simple

j'augmentai	nous augmentâmes
tu augmentas	vous augmentâtes
il/elle/on augmenta	ils/elles augmentèrent

Futur antérieur

j'aurai augmenté	nous aurons augmenté
tu auras augmenté	vous aurez augmenté
il/elle/on aura augmenté	ils/elles auront augmenté

Passé antérieur

j'eus augmenté	nous eûmes augmenté
tu eus augmenté	vous eûtes augmenté
il/elle/on eut augmenté	ils/elles eurent augmenté

SUBJONCTIF

Présent

que j'augmente	que nous augmentions
que tu augmentes	que vous augmentiez
qu'il/elle/on augmente	qu'ils/elles augmentent

Passé

que j'aie augmenté	que nous ayons augmenté
que tu aies augmenté	que vous ayez augmenté
qu'il/elle/on ait augmenté	qu'ils/elles aient augmenté

Imparfait

que j'augmentasse	que nous augmentassions
que tu augmentasses	que vous augmentassiez
qu'il/elle/on augmentât	qu'ils/elles augmentassent

Plus-que-parfait

que j'eusse augmenté	que nous eussions augmenté
que tu eusses augmenté	que vous eussiez augmenté
qu'il/elle/on eût augmenté	qu'ils/elles eussent augmenté

CONDITIONNEL

Présent

j'augmenterais	nous augmenterions
tu augmenterais	vous augmenteriez
il/elle/on augmenterait	ils/elles augmenteraient

Passé

j'aurais augmenté	nous aurions augmenté
tu aurais augmenté	vous auriez augmenté
il/elle/on aurait augmenté	ils/elles auraient augmenté

IMPÉRATIF

augmente augmentons augmentez

Ce magasin ne cesse d'augmenter les prix.
This store is continually raising prices.

L'année prochaine on augmentera le nombre d'élèves dans chaque cours.
Next year we will raise the number of students in each class.

Il est nécessaire que vous augmentiez vos mesures de sécurité sur votre PC.
It's necessary that you increase the security settings on your PC.

AVALER *to swallow*

Inf. avaler *Part. prés.* avalant *Part. passé* avalé

INDICATIF

Présent

j'avale	nous avalons
tu avales	vous avalez
il/elle/on avale	ils/elles avalent

Passé composé

j'ai avalé	nous avons avalé
tu as avalé	vous avez avalé
il/elle/on a avalé	ils/elles ont avalé

Futur simple

j'avalerai	nous avalerons
tu avaleras	vous avalerez
il/elle/on avalera	ils/elles avaleront

Futur antérieur

j'aurai avalé	nous aurons avalé
tu auras avalé	vous aurez avalé
il/elle/on aura avalé	ils/elles auront avalé

Imparfait

j'avalais	nous avalions
tu avalais	vous avaliez
il/elle/on avalait	ils/elles avalaient

Plus-que-parfait

j'avais avalé	nous avions avalé
tu avais avalé	vous aviez avalé
il/elle/on avait avalé	ils/elles avaient avalé

Passé simple

j'avalai	nous avalâmes
tu avalas	vous avalâtes
il/elle/on avala	ils/elles avalèrent

Passé antérieur

j'eus avalé	nous eûmes avalé
tu eus avalé	vous eûtes avalé
il/elle/on eut avalé	ils/elles eurent avalé

SUBJONCTIF

Présent

que j'avale	que nous avalions
que tu avales	que vous avaliez
qu'il/elle/on avale	qu'ils/elles avalent

Imparfait

que j'avalasse	que nous avalassions
que tu avalasses	que vous avalassiez
qu'il/elle/on avalât	qu'ils/elles avalassent

Passé

que j'aie avalé	que nous ayons avalé
que tu aies avalé	que vous ayez avalé
qu'il/elle/on ait avalé	qu'ils/elles aient avalé

Plus-que-parfait

que j'eusse avalé	que nous eussions avalé
que tu eusses avalé	que vous eussiez avalé
qu' il/elle/on eût avalé	qu'ils/elles eussent avalé

CONDITIONNEL

Présent

j'avalerais	nous avalerions
tu avalerais	vous avaleriez
il/elle/on avalerait	ils/elles avaleraient

Passé

j'aurais avalé	nous aurions avalé
tu aurais avalé	vous auriez avalé
il/elle/on aurait avalé	ils/elles auraient avalé

IMPÉRATIF

avale avalons avalez

Le petit a mal à la gorge et par conséquent ne peut pas avaler.
The little one's throat hurts and consequently he can't swallow.

Tiens, prends ce verre d'eau et avale ton comprimé.
Here, take this glass of water and swallow your pill.

Xavier a tout avalé!
Xavier bought it hook, line and sinker!

AVANCER *to advance, to move or put something forward*

Inf. avancer *Part. prés.* avançant *Part. passé* avancé

INDICATIF

Présent

j'avance	nous avançons
tu avances	vous avancez
il/elle/on avance	ils/elles avancent

Passé composé

j'ai avancé	nous avons avancé
tu as avancé	vous avez avancé
il/elle/on a avancé	ils/elles ont avancé

Futur simple

j'avancerai	nous avancerons
tu avanceras	vous avancerez
il/elle/on avancera	ils/elles avanceront

Futur antérieur

j'aurai avancé	nous aurons avancé
tu auras avancé	vous aurez avancé
il/elle/on aura avancé	ils/elles auront avancé

Imparfait

j'avançais	nous avancions
tu avançais	vous avanciez
il/elle/on avançait	ils/elles avançaient

Plus-que-parfait

j'avais avancé	nous avions avancé
tu avais avancé	vous aviez avancé
il/elle/on avait avancé	ils/elles avaient avancé

Passé simple

j'avançai	nous avançâmes
tu avanças	vous avançâtes
il/elle/on avança	ils/elles avancèrent

Passé antérieur

j'eus avancé	nous eûmes avancé
tu eus avancé	vous eûtes avancé
il/elle/on eut avancé	ils/elles eurent avancé

SUBJONCTIF

Présent

que j'avance	que nous avancions
que tu avances	que vous avanciez
qu'il/elle/on avance	qu'ils/elles avancent

Imparfait

que j'avançasse	que nous avançassions
que tu avançasses	que vous avançassiez
qu'il/elle/on avançât	qu'ils/elles avançassent

Passé

que j'aie avancé	que nous ayons avancé
que tu aies avancé	que vous ayez avancé
qu'il/elle/on ait avancé	qu'ils/elles aient avancé

Plus-que-parfait

que j'eusse avancé	que nous eussions avancé
que tu eusses avancé	que vous eussiez avancé
qu'il/elle/on eût avancé	qu'ils/elles eussent avancé

CONDITIONNEL

Présent

j'avancerais	nous avancerions
tu avancerais	vous avanceriez
il/elle/on avancerait	ils/elles avanceraient

Passé

j'aurais avancé	nous aurions avancé
tu aurais avancé	vous auriez avancé
il/elle/on aurait avancé	ils/elles auraient avancé

IMPÉRATIF

avance avançons avancez

Le gouvernement avancera ses projets avant la fin de l'année.
The government will put forward its projects before the end of the year.

Avance ta montre d'une heure.
Set your watch ahead one hour.

Valérie avance sa carrière en apprenant l'espagnol.
Valérie is advancing her career by learning Spanish.

AVOIR *to have*

Inf. avoir *Part. prés.* ayant *Part. passé* eu

INDICATIF

Présent

j'ai	nous avons
tu as	vous avez
il/elle/on a	ils/elles ont

Imparfait

j'avais	nous avions
tu avais	vous aviez
il/elle/on avait	ils/elles avaient

Passé composé

j'ai eu	nous avons eu
tu as eu	vous avez eu
il/elle/on a eu	ils/elles ont eu

Plus-que-parfait

j'avais eu	nous avions eu
tu avais eu	vous aviez eu
il/elle/on avait eu	ils/elles avaient eu

Futur simple

j'aurai	nous aurons
tu auras	vous aurez
il/elle/on aura	ils/elles auront

Passé simple

j'eus	nous eûmes
tu eus	vous eûtes
il/elle/on eut	ils/elles eurent

Futur antérieur

j'aurai eu	nous aurons eu
tu auras eu	vous aurez eu
il/elle/on aura eu	ils/elles auront eu

Passé antérieur

j'eus eu	nous eûmes eu
tu eus eu	vous eûtes eu
il/elle/on eut eu	ils/elles eurent eu

SUBJONCTIF

Présent

que j'aie	que nous ayons
que tu aies	que vous ayez
qu'il/elle/on ait	qu'ils/elles aient

Passé

que j'aie eu	que nous ayons eu
que tu aies eu	que vous ayez eu
qu'il/elle/on ait eu	qu'ils/elles aient eu

Imparfait

que j'eusse	que nous eussions
que tu eusses	que vous eussiez
qu'il/elle/on eût	qu'ils/elles eussent

Plus-que-parfait

que j'eusse eu	que nous eussions eu
que tu eusses eu	que vous eussiez eu
qu'il/elle/on eût eu	qu'ils/elles eussent eu

CONDITIONNEL

Présent

j'aurais	nous aurions
tu aurais	vous auriez
il/elle/on aurait	ils/elles auraient

Passé

j'aurais eu	nous aurions eu
tu aurais eu	vous auriez eu
il/elle/on aurait eu	ils/elles auraient eu

IMPÉRATIF

aie ayons ayez

Quand j'étais jeune je n'avais pas beaucoup d'amis.
When I was young I didn't have a lot of friends.

A ta place, j'aurais plus de patience.
In your place, I'd have more patience.

Avez-vous du feu?
Do you have a light?

BAISSER *to lower*

Inf. baisser *Part. prés.* baissant *Part. passé* baissé

INDICATIF

Présent

je baisse	nous baissons
tu baisses	vous baissez
il/elle/on baisse	ils/elles baissent

Passé composé

j'ai baissé	nous avons baissé
tu as baissé	vous avez baissé
il/elle/on a baissé	ils/elles ont baissé

Futur simple

je baisserai	nous baisserons
tu baisseras	vous baisserez
il/elle/on baissera	ils/elles baisseront

Futur antérieur

j'aurai baissé	nous aurons baissé
tu auras baissé	vous aurez baissé
il/elle/on aura baissé	ils/elles auront baissé

Imparfait

je baissais	nous baissions
tu baissais	vous baissiez
il/elle/on baissait	ils/elles baissaient

Plus-que-parfait

j'avais baissé	nous avions baissé
tu avais baissé	vous aviez baissé
il/elle/on avait baissé	ils/elles avaient baissé

Passé simple

je baissai	nous baissâmes
tu baissas	vous baissâtes
il/elle/on baissa	ils/elles baissèrent

Passé antérieur

j'eus baissé	nous eûmes baissé
tu eus baissé	vous eûtes baissé
il/elle/on eut baissé	ils/elles eurent baissé

SUBJONCTIF

Présent

que je baisse	que nous baissions
que tu baisses	que vous baissiez
qu'il/elle/on baisse	qu'ils/elles baissent

Imparfait

que je baissasse	que nous baissassions
que tu baissasses	que vous baissassiez
qu'il/elle/on baissât	qu'ils/elles baissassent

Passé

que j'aie baissé	que nous ayons baissé
que tu aies baissé	que vous ayez baissé
qu'il/elle/on ait baissé	qu'ils/elles aient baissé

Plus-que-parfait

que j'eusse baissé	que nous eussions baissé
que tu eusses baissé	que vous eussiez baissé
qu'il/elle/on eût baissé	qu'ils/elles eussent baissé

CONDITIONNEL

Présent

je baisserais	nous baisserions
tu baisserais	vous baisseriez
il/elle/on baisserait	ils/elles baisseraient

Passé

j'aurais baissé	nous aurions baissé
tu aurais baissé	vous auriez baissé
il/elle/on aurait baissé	ils/elles auraient baissé

IMPÉRATIF

baisse baissons baissez

Baisse la lumière pour que le bébé s'endorme.
Lower the light so the baby falls asleep.

Il a baissé sa voix pour que personne ne l'entende.
He lowered his voice so no one could hear him.

J'achèterai un nouveau portable quand le magasin où je travaille baissera le prix.
I'll buy a new cell phone when the store where I work lowers the price.

BALAYER *to sweep, to brush something aside*

Inf. balayer *Part. prés.* balayant *Part. passé* balayé

INDICATIF

Présent

je balaie / ye | nous balayons
tu balaies / yes | vous balayez
il/elle/on balaie / ye | ils/elles balaient / yent

Passé composé

j'ai balayé | nous avons balayé
tu as balayé | vous avez balayé
il/elle/on a balayé | ils/elles ont balayé

Futur simple

je balaierai / yerai | nous balaierons / yerons
tu balaieras / yeras | vous balaierez / yerez
il/elle/on balaiera / yera | ils/elles balaieront / yeront

Futur antérieur

j'aurai balayé | nous aurons balayé
tu auras balayé | vous aurez balayé
il/elle/on aura balayé | ils/elles auront balayé

Imparfait

je balayais | nous balayions
tu balayais | vous balayiez
il/elle/on balayait | ils/elles balayaient

Plus-que-parfait

j'avais balayé | nous avions balayé
tu avais balayé | vous aviez balayé
il/elle/on avait balayé | ils/elles avaient balayé

Passé simple

je balayai | nous balayâmes
tu balayas | vous balayâtes
il/elle/on balaya | ils/elles balayèrent

Passé antérieur

j'eus balayé | nous eûmes balayé
tu eus balayé | vous eûtes balayé
il/elle/on eut balayé | ils/elles eurent balayé

SUBJONCTIF

Présent

que je balaie / ye | que nous balayions
que tu balaies / yes | que vous balayiez
qu'il/elle/on balaie / ye | qu'ils/elles balaient / yent

Imparfait

que je balayasse | que nous balayassions
que tu balayasses | que vous balayassiez
qu'il/elle/on balayât | qu'ils/elles balayassent

Passé

que j'aie balayé | que nous ayons balayé
que tu aies balayé | que vous ayez balayé
qu'il/elle/on ait balayé | qu'ils/elles aient balayé

Plus-que-parfait

que j'eusse balayé | que nous eussions balayé
que tu eusses balayé | que vous eussiez balayé
qu'il/elle/on eût balayé | qu'ils/elles eussent balayé

CONDITIONNEL

Présent

je balaierais / yerais | nous balaierions / yerions
tu balaierais / yerais | vous balaieriez / yeriez
il/elle/on balaierait / yerait | ils/elles balaieraient / yeraient

Passé

j'aurais balayé | nous aurions balayé
tu aurais balayé | vous auriez balayé
il/elle/on aurait balayé | ils/elles auraient balayé

IMPÉRATIF

balaie / ye   balayons   balayez

Il a demandé à ses enfants de balayer la cuisine.
He asked his kids to sweep the kitchen.

Balayons un peu avant que les invités n'arrivent.
Let's sweep up a bit before the guests arrive.

Je balayerai dès que tu trouveras le balai.
I'll sweep as soon as you find the broom.

BÂTIR *to build*

Inf. bâtir *Part. prés.* bâtissant *Part. passé* bâti

INDICATIF

Présent

je bâtis	nous bâtissons
tu bâtis	vous bâtissez
il/elle/on bâtit	ils/elles bâtissent

Imparfait

je bâtissais	nous bâtissions
tu bâtissais	vous bâtissiez
il/elle/on bâtissait	ils/elles bâtissaient

Passé composé

j'ai bâti	nous avons bâti
tu as bâti	vous avez bâti
il/elle/on a bâti	ils/elles ont bâti

Plus-que-parfait

j'avais bâti	nous avions bâti
tu avais bâti	vous aviez bâti
il/elle/on avait bâti	ils/elles avaient bâti

Futur simple

je bâtirai	nous bâtirons
tu bâtiras	vous bâtirez
il/elle/on bâtira	ils/elles bâtiront

Passé simple

je bâtis	nous bâtîmes
tu bâtis	vous bâtîtes
il/elle/on bâtit	ils/elles bâtirent

Futur antérieur

j'aurai bâti	nous aurons bâti
tu auras bâti	vous aurez bâti
il/elle/on aura bâti	ils/elles auront bâti

Passé antérieur

j'eus bâti	nous eûmes bâti
tu eus bâti	vous eûtes bâti
il/elle/on eut bâti	ils/elles eurent bâti

SUBJONCTIF

Présent

que je bâtisse	que nous bâtissions
que tu bâtisses	que vous bâtissiez
qu'il/elle/on bâtisse	qu'ils/elles bâtissent

Passé

que j'aie bâti	que nous ayons bâti
que tu aies bâti	que vous ayez bâti
qu'il/elle/on ait bâti	qu'ils/elles aient bâti

Imparfait

que je bâtisse	que nous bâtissions
que tu bâtisses	que vous bâtissiez
qu'il/elle/on bâtît	qu'ils/elles bâtissent

Plus-que-parfait

que j'eusse bâti	que nous eussions bâti
que tu eusses bâti	que vous eussiez bâti
qu'il/elle/on eût bâti	qu'ils/elles eussent bâti

CONDITIONNEL

Présent

je bâtirais	nous bâtirions
tu bâtirais	vous bâtiriez
il/elle/on bâtirait	ils/elles bâtiraient

Passé

j'aurais bâti	nous aurions bâti
tu aurais bâti	vous auriez bâti
il/elle/on aurait bâti	ils/elles auraient bâti

IMPÉRATIF

bâtis bâtissons bâtissez

Ils ont bâti leur maison en pierre.
They built their house from stone.

Elles bâtissent une nouvelle maison pour leur père.
They are building a new house for their father.

À leur place, j'aurai bâti une maison beaucoup plus solide.
If I were they, I would have built a much more solid house.

BATTRE *to beat, to defeat; to whip [cooking]*

Inf. battre *Part. prés.* battant *Part. passé* battu

INDICATIF

Présent

je bats	nous battons
tu bats	vous battez
il/elle/on bat	ils/elles battent

Passé composé

j'ai battu	nous avons battu
tu as battu	vous avez battu
il/elle/on a battu	ils/elles ont battu

Futur simple

je battrai	nous battrons
tu battras	vous battrez
il/elle/on battra	ils/elles battront

Futur antérieur

j'aurai battu	nous aurons battu
tu auras battu	vous aurez battu
il/elle/on aura battu	ils/elles auront battu

Imparfait

je battais	nous battions
tu battais	vous battiez
il/elle/on battait	ils/elles battaient

Plus-que-parfait

j'avais battu	nous avions battu
tu avais battu	vous aviez battu
il/elle/on avait battu	ils/elles avaient battu

Passé simple

je battis	nous battîmes
tu battis	vous battîtes
il/elle/on battit	ils/elles battirent

Passé antérieur

j'eus battu	nous eûmes battu
tu eus battu	vous eûtes battu
il/elle/on eut battu	ils/elles eurent battu

SUBJONCTIF

Présent

que je batte	que nous battions
que tu battes	que vous battiez
qu'il/elle/on batte	qu'ils/elles battent

Imparfait

que je battisse	que nous battissions
que tu battisses	que vous battissiez
qu'il/elle/on battît	qu'ils/elles battissent

Passé

que j'aie battu	que nous ayons battu
que tu aies battu	que vous ayez battu
qu'il/elle/on ait battu	qu'ils/elles aient battu

Plus-que-parfait

que j'eusse battu	que nous eussions battu
que tu eusses battu	que vous eussiez battu
qu'il/elle/on eût battu	qu'ils/elles eussent battu

CONDITIONNEL

Présent

je battrais	nous battrions
tu battrais	vous battriez
il/elle/on battrait	ils/elles battraient

Passé

j'aurais battu	nous aurions battu
tu aurais battu	vous auriez battu
il/elle/on aurait battu	ils/elles auraient battu

IMPÉRATIF

bats battons battez

On a battu notre record!
Our record was beaten!

Mon cœur bat très fort.
My heart is beating fast.

Bats les œufs pendant cinq minutes avant d'ajouter les autres ingredients.
Beat the eggs for five minutes before adding the other ingredients.

BAVARDER *to chat, to gossip, to talk*

Inf. bavarder *Part. prés.* bavardant *Part. passé* bavardé

INDICATIF

Présent

je bavarde	nous bavardons
tu bavardes	vous bavardez
il/elle/on bavarde	ils/elles bavardent

Passé composé

j'ai bavardé	nous avons bavardé
tu as bavardé	vous avez bavardé
il/elle/on a bavardé	ils/elles ont bavardé

Futur simple

je bavarderai	nous bavarderons
tu bavarderas	vous bavarderez
il/elle/on bavardera	ils/elles bavarderont

Futur antérieur

j'aurai bavardé	nous aurons bavardé
tu auras bavardé	vous aurez bavardé
il/elle/on aura bavardé	ils/elles auront bavardé

Imparfait

je bavardais	nous bavardions
tu bavardais	vous bavardiez
il/elle/on bavardait	ils/elles bavardaient

Plus-que-parfait

j'avais bavardé	nous avions bavardé
tu avais bavardé	vous aviez bavardé
il/elle/on avait bavardé	ils/elles avaient bavardé

Passé simple

je bavardai	nous bavardâmes
tu bavardas	vous bavardâtes
il/elle/on bavarda	ils/elles bavardèrent

Passé antérieur

j'eus bavardé	nous eûmes bavardé
tu eus bavardé	vous eûtes bavardé
il/elle/on eut bavardé	ils/elles eurent bavardé

SUBJONCTIF

Présent

que je bavarde	que nous bavardions
que tu bavardes	que vous bavardiez
qu'il/elle/on bavarde	qu'ils/elles bavardent

Imparfait

que je bavardasse	que nous bavardassions
que tu bavardasses	que vous bavardassiez
qu'il/elle/on bavardât	qu'ils/elles bavardassent

Passé

que j'aie bavardé	que nous ayons bavardé
que tu aies bavardé	que vous ayez bavardé
qu'il/elle/on ait bavardé	qu'ils/elles aient bavardé

Plus-que-parfait

que j'eusse bavardé	que nous eussions bavardé
que tu eusses bavardé	que vous eussiez bavardé
qu'il/elle/on eût bavardé	qu'ils/elles eussent bavardé

CONDITIONNEL

Présent

je bavarderais	nous bavarderions
tu bavarderais	vous bavarderiez
il/elle/on bavarderait	ils/elles bavarderaient

Passé

j'aurais bavardé	nous aurions bavardé
tu aurais bavardé	vous auriez bavardé
il/elle/on aurait bavardé	ils/elles auraient bavardé

IMPÉRATIF

bavarde bavardons bavardez

Elle cherche des amis pour bavarder.
She's looking for friends to gossip with.

On a bavardé pendant des heures hier soir.
We chatted for hours last night.

Bavardons un peu avant notre classe.
Let's talk a bit before our class.

BLAGUER *to joke, to kid*

Inf. blaguer *Part. prés.* blaguant *Part. passé* blagué

INDICATIF

Présent

je blague	nous blaguons
tu blagues	vous blaguez
il/elle/on blague	ils/elles blaguent

Passé composé

j'ai blagué	nous avons blagué
tu as blagué	vous avez blagué
il/elle/on a blagué	ils/elles ont blagué

Futur simple

je blaguerai	nous blaguerons
tu blagueras	vous blaguerez
il/elle/on blaguera	ils/elles blagueront

Futur antérieur

j'aurai blagué	nous aurons blagué
tu auras blagué	vous aurez blagué
il/elle/on aura blagué	ils/elles auront blagué

Imparfait

je blaguais	nous blaguions
tu blaguais	vous blaguiez
il/elle/on blaguait	ils/elles blaguaient

Plus-que-parfait

j'avais blagué	nous avions blagué
tu avais blagué	vous aviez blagué
il/elle/on avait blagué	ils/elles avaient blagué

Passé simple

je blaguai	nous blaguâmes
tu blaguas	vous blaguâtes
il/elle/on blagua	ils/elles blaguèrent

Passé antérieur

je blaguai	nous blaguâmes
tu blaguas	vous blaguâtes
il/elle/on blagua	ils/elles blaguèrent

SUBJONCTIF

Présent

que je blague	que nous blaguions
que tu blagues	que vous blaguiez
qu'il/elle/on blague	qu'ils/elles blaguent

Imparfait

que je blaguasse	que nous blaguassions
que tu blaguasses	que vous blaguassiez
qu'il/elle/on blaguât	qu'ils/elles blaguassent

Passé

que j'aie blagué	que nous ayons blagué
que tu aies blagué	que vous ayez blagué
qu'il/elle/on ait blagué	qu'ils/elles aient blagué

Plus-que-parfait

que j'eusse blagué	que nous eussions blagué
que tu eusses blagué	que vous eussiez blagué
qu'il/elle/on eût blagué	qu'ils/elles eussent blagué

CONDITIONNEL

Présent

je blaguerais	nous blaguerions
tu blaguerais	vous blagueriez
il/elle/on blaguerait	ils/elles blagueraient

Passé

j'aurais blagué	nous aurions blagué
tu aurais blagué	vous auriez blagué
il/elle/on aurait blagué	ils/elles auraient blagué

IMPÉRATIF

blague blaguons blaguez

Il blaguait toujours avec ses amis.
He used to joke all the time with his friends.

Tu dois étudier plus et blaguer moins.
You have to study more and joke less.

Tu blagues? Non, pas du tout.
Are you kidding? No, not at all.

BLÂMER *to blame, to criticize*

Inf. blâmer *Part. prés.* blâmant *Part. passé* blâmé

INDICATIF

Présent

je blâme	nous blâmons
tu blâmes	vous blâmez
il/elle/on blâme	ils/elles blâment

Imparfait

je blâmais	nous blâmions
tu blâmais	vous blâmiez
il/elle/on blâmait	ils/elles blâmaient

Passé composé

j'ai blâmé	nous avons blâmé
tu as blâmé	vous avez blâmé
il/elle/on a blâmé	ils/elles ont blâmé

Plus-que-parfait

j'avais blâmé	nous avions blâmé
tu avais blâmé	vous aviez blâmé
il/elle/on avait blâmé	ils/elles avaient blâmé

Futur simple

je blâmerai	nous blâmerons
tu blâmeras	vous blâmerez
il/elle/on blâmera	ils/elles blâmeront

Passé simple

je blâmai	nous blâmâmes
tu blâmas	vous blâmâtes
il/elle/on blâma	ils/elles blâmèrent

Futur antérieur

j'aurai blâmé	nous aurons blâmé
tu auras blâmé	vous aurez blâmé
il/elle/on aura blâmé	ils/elles auront blâmé

Passé antérieur

j'eus blâmé	nous eûmes blâmé
tu eus blâmé	vous eûtes blâmé
il/elle/on eut blâmé	ils/elles eurent blâmé

SUBJONCTIF

Présent

que je blâme	que nous blâmions
que tu blâmes	que vous blâmiez
qu'il/elle/on blâme	qu'ils/elles blâment

Passé

que j'aie blâmé	que nous ayons blâmé
que tu aies blâmé	que vous ayez blâmé
qu'il/elle/on ait blâmé	qu'ils/elles aient blâmé

Imparfait

que je blâmasse	que nous blâmassions
que tu blâmasses	que vous blâmassiez
qu'il/elle/on blâmât	qu'ils/elles blâmassent

Plus-que-parfait

que j'eusse blâmé	que nous eussions blâmé
que tu eusses blâmé	que vous eussiez blâmé
qu'il/elle/on eût blâmé	qu'ils/elles eussent blâmé

CONDITIONNEL

Présent

je blâmerais	nous blâmerions
tu blâmerais	vous blâmeriez
il/elle/on blâmerait	ils/elles blâmeraient

Passé

j'aurais blâmé	nous aurions blâmé
tu aurais blâmé	vous auriez blâmé
il/elle/on aurait blâmé	ils/elles auraient blâmé

IMPÉRATIF

blâme blâmons blâmez

Si tu nous avais dit ce qui s'était passé, personne ne t'aurait blâmé.
If you had told us what had happened, no one would have blamed you.

Il n'est pas juste que vous nous blâmiez sans examiner votre propre conduite.
It's not right that you criticize us without looking at your own behavior.

Je blâme surtout mes parents.
Above all I blame my parents.

BLESSER *to hurt, to injure*

Inf. blesser *Part. prés.* blessant *Part. passé* blessé

INDICATIF

Présent

je blesse	nous blessons
tu blesses	vous blessez
il/elle/on blesse	ils/elles blessent

Passé composé

j'ai blessé	nous avons blessé
tu as blessé	vous avez blessé
il/elle/on a blessé	ils/elles ont blessé

Futur simple

je blesserai	nous blesserons
tu blesseras	vous blesserez
il/elle/on blessera	ils/elles blesseront

Futur antérieur

j'aurai blessé	nous aurons blessé
tu auras blessé	vous aurez blessé
il/elle/on aura blessé	ils/elles auront blessé

Imparfait

je blessais	nous blessions
tu blessais	vous blessiez
il/elle/on blessait	ils/elles blessaient

Plus-que-parfait

j'avais blessé	nous avions blessé
tu avais blessé	vous aviez blessé
il/elle/on avait blessé	ils/elles avaient blessé

Passé simple

je blessai	nous blessâmes
tu blessas	vous blessâtes
il/elle/on blessa	ils/elles blessèrent

Passé antérieur

j'eus blessé	nous eûmes blessé
tu eus blessé	vous eûtes blessé
il/elle/on eut blessé	ils/elles eurent blessé

SUBJONCTIF

Présent

que je blesse	que nous blessions
que tu blesses	que vous blessiez
qu'il/elle/on blesse	qu'ils/elles blessent

Imparfait

que je blessasse	que nous blessassions
que tu blessasses	que vous blessassiez
qu'il/elle/on blessât	qu'ils/elles blessassent

Passé

que j'aie blessé	que nous ayons blessé
que tu aies blessé	que vous ayez blessé
qu'il/elle/on ait blessé	qu'ils/elles aient blessé

Plus-que-parfait

que j'eusse blessé	que nous eussions blessé
que tu eusses blessé	que vous eussiez blessé
qu'il/elle/on eût blessé	qu'ils/elles eussent blessé

CONDITIONNEL

Présent

je blesserais	nous blesserions
tu blesserais	vous blesseriez
il/elle/on blesserait	ils/elles blesseraient

Passé

j'aurais blessé	nous aurions blessé
tu aurais blessé	vous auriez blessé
il/elle/on aurait blessé	ils/elles auraient blessé

IMPÉRATIF

blesse blessons blessez

Si la bombe devant la gare avait explosé une heure avant, elle aurait blessé beacoup plus de personnes.
If the bomb in front of the train station had exploded one hour earlier, it would have injured many more people.

Tu as blessé toute ta famille avec tes paroles irréfléchies.
You hurt your whole family with your thoughtless words.

Pourquoi aiment-ils blesser leurs amis?
Why do they like to hurt their friends?

SE BLESSER *to hurt oneself*

Inf. se blesser *Part. prés.* se blesser *Part. passé* blessé(e)(s)

INDICATIF

Présent

je me blesse	nous nous blessons
tu te blesses	vous vous blessez
il/elle/on se blesse	ils/elles se blessent

Imparfait

je me blessais	nous nous blessions
tu te blessais	vous vous blessiez
il/elle/on se blessait	ils/elles se blessaient

Passé composé

je me suis blessé(e)	nous nous sommes blessé(e)s
tu t'es blessé(e)	vous vous êtes blessé(e)(s)
il/elle/on s'est blessé(e)	ils/elles se sont blessé(e)s

Plus-que-parfait

je m'étais blessé(e)	nous nous étions blessé(e)s
tu t'étais blessé(e)	vous vous étiez blessé(e)(s)
il/elle/on s'était blessé(e)	ils/elles s'étaient blessé(e)s

Futur simple

je me blesserai	nous nous blesserons
tu te blesseras	vous vous blesserez
il/elle/on se blessera	ils/elles se blesseront

Passé simple

je me blessai	nous nous blessâmes
tu te blessas	vous vous blessâtes
il/elle/on se blessa	ils/elles se blessèrent

Futur antérieur

je me serai blessé(e)	nous nous serons blessé(e)s
tu te seras blessé(e)	vous vous serez blessé(e)(s)
il/elle/on se sera blessé(e)	ils/elles se seront blessé(e)s

Passé antérieur

je me fus blessé(e)	nous nous fûmes blessé(e)s
tu te fus blessé(e)	vous vous fûtes blessé(e)(s)
il/elle/on se fut blessé(e)	ils/elles se furent blessé(e)s

SUBJONCTIF

Présent

que je me blesse	que nous nous blessions
que tu te blesses	que vous vous blessiez
qu' il/elle/on se blesse	qu' ils/elles se blessent

Passé

que je me sois blessé(e)	que nous nous soyons blessé(e)s
que tu te sois blessé(e)	que vous vous soyez blessé(e)(s)
qu' il/elle/on se soit blessé(e)	qu' ils/elles se soient blessé(e)s

Imparfait

que je me blessasse	que nous nous blessassions
que tu te blessasses	que vous vous blessassiez
qu' il/elle/on se blessât	qu' ils/elles se blessassent

Plus-que-parfait

que je me fusse blessé(e)	que nous nous fussions blessé(e)s
que tu te fusses blessé(e)	que vous vous fussiez blessé(e)(s)
qu' il/elle/on se fût blessé(e)	qu' ils/elles se fussent blessé(e)s

CONDITIONNEL

Présent

je me blesserais	nous nous blesserions
tu te blesserais	vous vous blesseriez
il/elle/on se blesserait	ils/elles se blesseraient

Passé

je me serais blessé(e)	nous nous serions blessé(e)s
tu te serais blessé(e)	vous vous seriez blessé(e)(s)
il/elle/on se serait blessé(e)	ils/elles se seraient blessé(e)s

IMPÉRATIF

blesse-toi blessons-nous blessez-vous

Ils se blessent avec ses mensonges.
They are hurting you with their lies.

Arrête de faire des bêtises, tu vas te blesser!
Stop fooling around; you're going to hurt yourself!

Gisèle et Jean se sont blessés en faisant du deltaplane.
Gisele and Jean hurt themselves hang-gliding.

BOIRE *to drink*

Inf. boire *Part. prés.* buvant *Part. passé* bu

INDICATIF

Présent

je bois	nous buvons
tu bois	vous buvez
il/elle/on boit	ils/elles boivent

Passé composé

j'ai bu	nous avons bu
tu as bu	vous avez bu
il/elle/on a bu	ils/elles ont bu

Futur simple

je boirai	nous boirons
tu boiras	vous boirez
il/elle/on boira	ils/elles boiront

Futur antérieur

j'aurai bu	nous aurons bu
tu auras bu	vous aurez bu
il/elle/on aura bu	ils/elles auront bu

Imparfait

je buvais	nous buvions
tu buvais	vous buviez
il/elle/on buvait	ils/elles buvaient

Plus-que-parfait

j'avais bu	nous avions bu
tu avais bu	vous aviez bu
il/elle/on avait bu	ils/elles avaient bu

Passé simple

je bus	nous bûmes
tu bus	vous bûtes
il/elle/on but	ils/elles burent

Passé antérieur

j'eus bu	nous eûmes bu
tu eus bu	vous eûtes bu
il/elle/on eut bu	ils/elles eurent bu

SUBJONCTIF

Présent

que je boive	que nous buvions
que tu boives	que vous buviez
qu'il/elle/on boive	qu'ils/elles boivent

Imparfait

que je busse	que nous bussions
que tu busses	que vous bussiez
qu'il/elle/on bût	qu'ils/elles bussent

Passé

que j'aie bu	que nous ayons bu
que tu aies bu	que vous ayez bu
qu'il/elle/on ait bu	qu'ils/elles aient bu

Plus-que-parfait

que j'eusse bu	que nous eussions bu
que tu eusses bu	que vous eussiez bu
qu'il/elle/on eût bu	qu'ils/elles eussent bu

CONDITIONNEL

Présent

je boirais	nous boirions
tu boirais	vous boiriez
il/elle/on boirait	ils/elles boiraient

Passé

j'aurais bu	nous aurions bu
tu aurais bu	vous auriez bu
il/elle/on aurait bu	ils/elles auraient bu

IMPÉRATIF

bois buvons buvez

Le petit mange des biscuits en buvant du lait.
The little kid eats cookies while he drinks milk.

On devrait boire de l'eau avant notre randonnée.
We should drink water before our hike.

Il n'y a plus de vin; on a tout bu.
There's no more wine; we drank it all.

BOUGER *to move, to be lively*

Inf. bouger *Part. prés.* bougeant *Part. passé* bougé

INDICATIF

Présent

je bouge	nous bougeons
tu bouges	vous bougez
il/elle/on bouge	ils/elles bougent

Passé composé

j'ai bougé	nous avons bougé
tu as bougé	vous avez bougé
il/elle/on a bougé	ils/elles ont bougé

Futur simple

je bougerai	nous bougerons
tu bougeras	vous bougerez
il/elle/on bougera	ils/elles bougeront

Futur antérieur

j'aurai bougé	nous aurons bougé
tu auras bougé	vous aurez bougé
il/elle/on aura bougé	ils/elles auront bougé

Imparfait

je bougeais	nous bougions
tu bougeais	vous bougiez
il/elle/on bougeait	ils/elles bougeaient

Plus-que-parfait

j'avais bougé	nous avions bougé
tu avais bougé	vous aviez bougé
il/elle/on avait bougé	ils/elles avaient bougé

Passé simple

je bougeai	nous bougeâmes
tu bougeas	vous bougeâtes
il/elle/on bougea	ils/elles bougèrent

Passé antérieur

j'eus bougé	nous eûmes bougé
tu eus bougé	vous eûtes bougé
il/elle/on eut bougé	ils/elles eurent bougé

SUBJONCTIF

Présent

que je bouge	que nous bougions
que tu bouges	que vous bougiez
qu'il/elle/on bouge	qu'ils/elles bougent

Imparfait

que je bougeasse	que nous bougeassions
que tu bougeasses	que vous bougeassiez
qu'il/elle/on bougeât	qu'ils/elles bougeassent

Passé

que j'aie bougé	que nous ayons bougé
que tu aies bougé	que vous ayez bougé
qu'il/elle/on ait bougé	qu'ils/elles aient bougé

Plus-que-parfait

que j'eusse bougé	que nous eussions bougé
que tu eusses bougé	que vous eussiez bougé
qu'il/elle/on eût bougé	qu'ils/elles eussent bougé

CONDITIONNEL

Présent

je bougerais	nous bougerions
tu bougerais	vous bougeriez
il/elle/on bougerait	ils/elles bougeraient

Passé

j'aurais bougé	nous aurions bougé
tu aurais bougé	vous auriez bougé
il/elle/on aurait bougé	ils/elles auraient bougé

IMPÉRATIF

bouge bougeons bougez

Ça bouge ici!
It's really lively here!

Calme-toi, tu bouges trop!
Calm down, you move too much!

Je viens de sentir bouger le bébé!
I just felt the baby move!

BRISER *to break, to shatter*

Inf. briser *Part. prés.* brisant *Part. passé* brisé

INDICATIF

Présent

je brise	nous brisons
tu brises	vous brisez
il/elle/on brise	ils/elles brisent

Imparfait

je brisais	nous brisions
tu brisais	vous brisiez
il/elle/on brisait	ils/elles brisaient

Passé composé

j'ai brisé	nous avons brisé
tu as brisé	vous avez brisé
il/elle/on a brisé	ils/elles ont brisé

Plus-que-parfait

j'avais brisé	nous avions brisé
tu avais brisé	vous aviez brisé
il/elle/on avait brisé	ils/elles avaient brisé

Futur simple

je briserai	nous briserons
tu briseras	vous briserez
il/elle/on brisera	ils/elles briseront

Passé simple

je brisai	nous brisâmes
tu brisas	vous brisâtes
il/elle/on brisa	ils/elles brisèrent

Futur antérieur

j'aurai brisé	nous aurons brisé
tu auras brisé	vous aurez brisé
il/elle/on aura brisé	ils/elles auront brisé

Passé antérieur

j'eus brisé	nous eûmes brisé
tu eus brisé	vous eûtes brisé
il/elle/on eut brisé	ils/elles eurent brisé

SUBJONCTIF

Présent

que je brise	que nous brisions
que tu brises	que vous brisiez
qu'il/elle/on brise	qu'ils/elles brisent

Passé

que j'aie brisé	que nous ayons brisé
que tu aies brisé	que vous ayez brisé
qu'il/elle/on ait brisé	qu'ils/elles aient brisé

Imparfait

que je brisasse	que nous brisassions
que tu brisasses	que vous brisassiez
qu'il/elle/on brisât	qu'ils/elles brisassent

Plus-que-parfait

que j'eusse brisé	que nous eussions brisé
que tu eusses brisé	que vous eussiez brisé
qu'il/elle/on eût brisé	qu'ils/elles eussent brisé

CONDITIONNEL

Présent

je briserais	nous briserions
tu briserais	vous briseriez
il/elle/on briserait	ils/elles briseraient

Passé

j'aurais brisé	nous aurions brisé
tu aurais brisé	vous auriez brisé
il/elle/on aurait brisé	ils/elles auraient brisé

IMPÉRATIF

brise brisons brisez

Cette rupture a brisé mon cœur.
This break-up broke my heart.

On ne sait pas si cette politique brisera le blocus.
We don't know if this policy will break the blockade.

Vous avez brisé votre promesse.
You have broken your promise.

BROSSER *to brush, to scrub*

Inf. brosser *Part. prés.* brossant *Part. passé* brossé

INDICATIF

Présent

je brosse	nous brossons
tu brosses	vous brossez
il/elle/on brosse	ils/elles brossent

Passé composé

j'ai brossé	nous avons brossé
tu as brossé	vous avez brossé
il/elle/on a brossé	ils/elles ont brossé

Futur simple

je brosserai	nous brosserons
tu brosseras	vous brosserez
il/elle/on brossera	ils/elles brosseront

Futur antérieur

j'aurai brossé	nous aurons brossé
tu auras brossé	vous aurez brossé
il/elle/on aura brossé	ils/elles auront brossé

Imparfait

je brossais	nous brossions
tu brossais	vous brossiez
il/elle/on brossait	ils/elles brossaient

Plus-que-parfait

j'avais brossé	nous avions brossé
tu avais brossé	vous aviez brossé
il/elle/on avait brossé	ils/elles avaient brossé

Passé simple

je brossai	nous brossâmes
tu brossas	vous brossâtes
il/elle/on brossa	ils/elles brossèrent

Passé antérieur

j'eus brossé	nous eûmes brossé
tu eus brossé	vous eûtes brossé
il/elle/on eut brossé	ils/elles eurent brossé

SUBJONCTIF

Présent

que je brosse	que nous brossions
que tu brosses	que vous brossiez
qu'il/elle/on brosse	qu'ils/elles brossent

Imparfait

que je brossasse	que nous brossassions
que tu brossasses	que vous brossassiez
qu'il/elle/on brossât	qu'ils/elles brossassent

Passé

que j'aie brossé	que nous ayons brossé
que tu aies brossé	que vous ayez brossé
qu'il/elle/on ait brossé	qu'ils/elles aient brossé

Plus-que-parfait

que j'eusse brossé	que nous eussions brossé
que tu eusses brossé	que vous eussiez brossé
qu'il/elle/on eût brossé	qu'ils/elles eussent brossé

CONDITIONNEL

Présent

je brosserais	nous brosserions
tu brosserais	vous brosseriez
il/elle/on brosserait	ils/elles brosseraient

Passé

j'aurais brossé	nous aurions brossé
tu aurais brossé	vous auriez brossé
il/elle/on aurait brossé	ils/elles auraient brossé

IMPÉRATIF

brosse brossons brossez

Il faut que vous brossiez les chiens avant de vous coucher.
You need to brush the dogs before you go to bed.

Si elle avait voulu que la salle de bains soit vraiment propre, elle aurait brossé les murs.
If she had wanted the bathroom to be really clean, she would have scrubbed the walls.

Elle se brosse les dents en écoutant la radio.
She brushes her teeth while she listens to the radio.

B SE BROSSER *to brush [oneself]*

Inf. se brosser *Part. prés.* se brossant *Part. passé* brossé(e)(s)

INDICATIF

Présent

je me brosse
tu te brosses
il/elle/on se brosse
nous nous brossons
vous vous brossez
ils/elles se brossent

Passé composé

je me suis brossé(e)
tu t'es brossé(e)
il/elle/on s'est brossé(e)
nous nous sommes brossé(e)s
vous vous êtes brossé(e)(s)
ils/elles se sont brossé(e)s

Futur simple

je me brosserai
tu te brosseras
il/elle/on se brossera
nous nous brosserons
vous vous brosserez
ils/elles se brosseront

Futur antérieur

je me serai brossé(e)
tu te seras brossé(e)
il/elle/on se sera brossé(e)
nous nous serons brossé(e)s
vous vous serez brossé(e)(s)
ils/elles se seront brossé(e)s

Imparfait

je me brossais
tu te brossais
il/elle/on se brossait
nous nous brossions
vous vous brossiez
ils/elles se brossaient

Plus-que-parfait

je m'étais brossé(e)
tu t'étais brossé(e)
il/elle/on s'était brossé(e)
nous nous étions brossé(e)s
vous vous étiez brossé(e)(s)
ils/elles s'étaient brossé(e)s

Passé simple

je me brossai
tu te brossas
il/elle/on se brossa
nous nous brossâmes
vous vous brossâtes
ils/elles se brossèrent

Passé antérieur

je me fus brossé(e)
tu te fus brossé(e)
il/elle/on se fut brossé(e)
nous nous fûmes brossé(e)s
vous vous fûtes brossé(e)(s)
ils/elles se furent brossé(e)s

SUBJONCTIF

Présent

que je me brosse
que tu te brosses
qu'il/elle/on se brosse
que nous nous brossions
que vous vous brossiez
qu'ils/elles se brossent

Imparfait

que je me brossasse
que tu te brossasses
qu'il/elle/on se brossât
que nous nous brossassions
que vous vous brossassiez
qu'ils/elles se brossassent

Passé

que je me sois brossé(e)
que tu te sois brossé(e)
qu'il/elle/on se soit brossé(e)
que nous nous soyons brossé(e)s
que vous vous soyez brossé(e)(s)
qu'ils/elles se soient brossé(e)s

Plus-que-parfait

que je me fusse brossé(e)
que tu te fusses brossé(e)
qu'il/elle/on se fût brossé(e)
que nous nous fussions brossé(e)s
que vous vous fussiez brossé(e)(s)
qu'ils/elles se fussent brossé(e)s

CONDITIONNEL

Présent

je me brosserais
tu te brosserais
il/elle/on se brosserait
nous nous brosserions
vous vous brosseriez
ils/elles se brosseraient

Passé

je me serais brossé(e)
tu te serais brossé(e)
il/elle/on se serait brossé(e)
nous nous serions brossé(e)s
vous vous seriez brossé(e)(s)
ils/elles se seraient brossé(e)s

IMPÉRATIF

brosse-toi brossons-nous brossez-vous

N'oublie pas de te brosser les dents avant de te coucher.
Don't forget to brush your teeth before going to bed.

Elle s'est brossé* les dents et puis elle s'est couchée.
I brushed my teeth and then I went to bed.

Je me brose les dents tous les soirs.
I brush my teeth every night.

*Because the direct object in this clause is no longer the reflexive pronoun "se" but rather "les dents," there is no past participle agreement, as "les dents" comes after the verb. See the section "Transitive-Intransitive Verbs" for further information regarding past-participle agreement.

BRÛLER *to burn, to be dying (to know)*

Inf. brûler *Part. prés.* brûlant *Part. passé* brûlé

INDICATIF

Présent

je brûle	nous brûlons
tu brûles	vous brûlez
il/elle/on brûle	ils/elles brûlent

Imparfait

je brûlais	nous brûlions
tu brûlais	vous brûliez
il/elle/on brûlait	ils/elles brûlaient

Passé composé

j'ai brûlé	nous avons brûlé
tu as brûlé	vous avez brûlé
il/elle/on a brûlé	ils/elles ont brûlé

Plus-que-parfait

j'avais brûlé	nous avions brûlé
tu avais brûlé	vous aviez brûlé
il/elle/on avait brûlé	ils/elles avaient brûlé

Futur simple

je brûlerai	nous brûlerons
tu brûleras	vous brûlerez
il/elle/on brûlera	ils/elles brûleront

Passé simple

je brûlai	nous brûlâmes
tu brûlas	vous brûlâtes
il/elle/on brûla	ils/elles brûlèrent

Futur antérieur

j'aurai brûlé	nous aurons brûlé
tu auras brûlé	vous aurez brûlé
il/elle/on aura brûlé	ils/elles auront brûlé

Passé antérieur

j'eus brûlé	nous eûmes brûlé
tu eus brûlé	vous eûtes brûlé
il/elle/on eut brûlé	ils/elles eurent brûlé

SUBJONCTIF

Présent

que je brûle	que nous brûlions
que tu brûles	que vous brûliez
qu'il/elle/on brûle	qu'ils/elles brûlent

Passé

que j'aie brûlé	que nous ayons brûlé
que tu aies brûlé	que vous ayez brûlé
qu'il/elle/on ait brûlé	qu'ils/elles aient brûlé

Imparfait

que je brûlasse	que nous brûlassions
que tu brûlasses	que vous brûlassiez
qu'il/elle/on brûlât	qu'ils/elles brûlassent

Plus-que-parfait

que j'eusse brûlé	que nous eussions brûlé
que tu eusses brûlé	que vous eussiez brûlé
qu'il/elle/on eût brûlé	qu'ils/elles eussent brûlé

CONDITIONNEL

Présent

je brûlerais	nous brûlerions
tu brûlerais	vous brûleriez
il/elle/on brûlerait	ils/elles brûleraient

Passé

j'aurais brûlé	nous aurions brûlé
tu aurais brûlé	vous auriez brûlé
il/elle/on aurait brûlé	ils/elles auraient brûlé

IMPÉRATIF

brûle brûlons brûlez

L'agriculteur brûlera des feuilles dans son champ.
The farmer will burn some leaves in his field.

Une foule a brûlé quelques voitures dans la rue pendant la manifestation.
A crowd burned several cars in the street during the protest.

Je brûle de savoir qui t'a dit cela!
I am dying to know who told you that!

CACHER *to hide, to obscure*

Inf. cacher *Part. prés.* cachant *Part. passé* caché

INDICATIF

Présent

je cache	nous cachons
tu caches	vous cachez
il/elle/on cache	ils/elles cachent

Passé composé

j'ai caché	nous avons caché
tu as caché	vous avez caché
il/elle/on a caché	ils/elles ont caché

Futur simple

je cacherai	nous cacherons
tu cacheras	vous cacherez
il/elle/on cachera	ils/elles cacheront

Futur antérieur

j'aurai caché	nous aurons caché
tu auras caché	vous aurez caché
il/elle/on aura caché	ils/elles auront caché

Imparfait

je cachais	nous cachions
tu cachais	vous cachiez
il/elle/on cachait	ils/elles cachaient

Plus-que-parfait

j'avais caché	nous avions caché
tu avais caché	vous aviez caché
il/elle/on avait caché	ils/elles avaient caché

Passé simple

je cachai	nous cachâmes
tu cachas	vous cachâtes
il/elle/on cacha	ils/elles cachèrent

Passé antérieur

j'eus caché	nous eûmes caché
tu eus caché	vous eûtes caché
il/elle/on eut caché	ils/elles eurent caché

SUBJONCTIF

Présent

que je cache	que nous cachions
que tu caches	que vous cachiez
qu'il/elle/on cache	qu'ils/elles cachent

Imparfait

que je cachasse	que nous cachassions
que tu cachasses	que vous cachassiez
qu'il/elle/on cachât	qu'ils/elles cachassent

Passé

que j'aie caché	que nous ayons caché
que tu aies caché	que vous ayez caché
qu'il/elle/on ait caché	qu'ils/elles aient caché

Plus-que-parfait

que j'eusse caché	que nous eussions caché
que tu eusses caché	que vous eussiez caché
qu'il/elle/on eût caché	qu'ils/elles eussent caché

CONDITIONNEL

Présent

je cacherais	nous cacherions
tu cacherais	vous cacheriez
il/elle/on cacherait	ils/elles cacheraient

Passé

j'aurais caché	nous aurions caché
tu aurais caché	vous auriez caché
il/elle/on aurait caché	ils/elles auraient caché

IMPÉRATIF

cache cachons cachez

On ne pouvait pas identifier le criminel parce qu'il cachait son visage.
We couldn't identify the criminal because he was hiding his face.

Notre voisin a planté un arbre qui cache notre vue.
Our neighbor planted a tree that is obscuring our view.

Elle a caché la bouteille derrière la plante dans le salon.
She hid the bottle behind the plant in the living room.

SE CACHER *to hide [oneself]*

Inf. se cacher *Part. prés.* se cachant *Part. passé* cache(e)(s)

INDICATIF

Présent

je me cache	nous nous cachons
tu te caches	vous vous cachez
il/elle/on se cache	ils/elles se cachent

Passé composé

je me suis caché(e)	nous nous sommes caché(e)s
tu t'es caché(e)	vous vous êtes caché(e)(s)
il/elle/on s'est caché(e)	ils/elles se sont caché(e)s

Futur simple

je me cacherai	nous nous cacherons
tu te cacheras	vous vous cacherez
il/elle/on se cachera	ils/elles se cacheront

Futur antérieur

je me serai caché(e)	nous nous serons caché(e)s
tu te seras caché(e)	vous vous serez caché(e)(s)
il/elle/on se sera caché(e)	ils/elles se seront caché(e)s

Imparfait

je me cachais	nous nous cachions
tu te cachais	vous vous cachiez
il/elle/on se cachait	ils/elles se cachaient

Plus-que-parfait

je m'étais caché(e)	nous nous étions caché(e)s
tu t'étais caché(e)	vous vous étiez caché(e)(s)
il/elle/on s'était caché(e)	ils/elles s'étaient caché(e)s

Passé simple

je me cachai	nous nous cachâmes
tu te cachas	vous vous cachâtes
il/elle/on se cacha	ils/elles se cachèrent

Passé antérieur

je me fus caché(e)	nous nous fûmes caché(e)s
tu te fus caché(e)	vous vous fûtes caché(e)(s)
il/elle/on se fut caché(e)	ils/elles se furent caché(e)s

SUBJONCTIF

Présent

que je me cache	que nous nous cachions
que tu te caches	que vous vous cachiez
qu'il/elle/on se cache	qu'ils/elles se cachent

Imparfait

que je me cachasse	que nous nous cachassions
que tu te cachasses	que vous vous cachassiez
qu'il/elle/on se cachât	qu'ils/elles se cachassent

Passé

que je me sois caché(e)	que nous nous soyons caché(e)s
que tu te sois caché(e)	que vous vous soyez caché(e)(s)
qu'il/elle/on se soit caché(e)	qu'ils/elles se soient caché(e)s

Plus-que-parfait

que je me fusse caché(e)	que nous nous fussions caché(e)s
que tu te fusses caché(e)	que vous vous fussiez caché(e)(s)
qu'il/elle/on se fût caché(e)	qu'ils/elles se fussent caché(e)s

CONDITIONNEL

Présent

je me cacherais	nous nous cacherions
tu te cacherais	vous vous cacheriez
il/elle/on se cacherait	ils/elles se cacheraient

Passé

je me serais caché(e)	nous nous serions caché(e)s
tu te serais caché(e)	vous vous seriez caché(e)(s)
il/elle/on se serait caché(e)	ils/elles se seraient caché(e)s

IMPÉRATIF

cache-toi cachons-nous cachez-vous

Pendant la guerre beaucoup de gens se cachaient dans cette ville.
During the war many people hid in this city.

On se cache pour que personne ne nous voie.
We're hiding so no one sees us.

Cache-toi! Je ne veux pas qu'ils nous voient!
Hide yourself! I don't want them to see us!

CASSER *to break*

Inf. casser *Part. prés.* cassant *Part. passé* cassé

INDICATIF

Présent

je casse	nous cassons
tu casses	vous cassez
il/elle/on casse	ils/elles cassent

Imparfait

je cassais	nous cassions
tu cassais	vous cassiez
il/elle/on cassait	ils/elles cassaient

Passé composé

j'ai cassé	nous avons cassé
tu as cassé	vous avez cassé
il/elle/on a cassé	ils/elles ont cassé

Plus-que-parfait

j'avais cassé	nous avions cassé
tu avais cassé	vous aviez cassé
il/elle/on avait cassé	ils/elles avaient cassé

Futur simple

je casserai	nous casserons
tu casseras	vous casserez
il/elle/on cassera	ils/elles casseront

Passé simple

je cassai	nous cassâmes
tu cassas	vous cassâtes
il/elle/on cassa	ils/elles cassèrent

Futur antérieur

j'aurai cassé	nous aurons cassé
tu auras cassé	vous aurez cassé
il/elle/on aura cassé	ils/elles auront cassé

Passé antérieur

j'eus cassé	nous eûmes cassé
tu eus cassé	vous eûtes cassé
il/elle/on eut cassé	ils/elles eurent cassé

SUBJONCTIF

Présent

que je casse	que nous cassions
que tu casses	que vous cassiez
qu'il/elle/on casse	qu'ils/elles cassent

Passé

que j'aie cassé	que nous ayons cassé
que tu aies cassé	que vous ayez cassé
qu'il/elle/on ait cassé	qu'ils/elles aient cassé

Imparfait

que je cassasse	que nous cassassions
que tu cassasses	que vous cassassiez
qu'il/elle/on cassât	qu'ils/elles cassassent

Plus-que-parfait

que j'eusse cassé	que nous eussions cassé
que tu eusses cassé	que vous eussiez cassé
qu'il/elle/on eût cassé	qu'ils/elles eussent cassé

CONDITIONNEL

Présent

je casserais	nous casserions
tu casserais	vous casseriez
il/elle/on casserait	ils/elles casseraient

Passé

j'aurais cassé	nous aurions cassé
tu aurais cassé	vous auriez cassé
il/elle/on aurait cassé	ils/elles auraient cassé

IMPÉRATIF

casse cassons cassez

Les enfants ont cassé un vase très cher.
The children broke a very expensive vase.

Attention! Si tu continues comme ça tu vas casser ce miroir-là!
Careful! If you keep it up like that you're going to break that mirror.

Je lui ai demandé s'il avait cassé le verre, mais il n'a pas voulu me répondre.
I asked him if he broke the glass, but he refused to answer me.

SE CASSER *to break [body part]; to beat it, to leave (colloquial)*

Inf. se casser *Part. prés.* se cassant *Part. passé* cassé(e)(s)

INDICATIF

Présent

je me casse	nous nous cassons
tu te casses	vous vous cassez
il/elle/on se casse	ils/elles se cassent

Imparfait

je me cassais	nous nous cassions
tu te cassais	vous vous cassiez
il/elle/on se cassait	ils/elles se cassaient

Passé composé

je me suis cassé(e)	nous nous sommes cassé(e)s
tu t'es cassé(e)	vous vous êtes cassé(e)(s)
il/elle/on s'est cassé(e)	ils/elles se sont cassé(e)s

Plus-que-parfait

je m'étais cassé(e)	nous nous étions cassé(e)s
tu t'étais cassé(e)	vous vous étiez cassé(e)(s)
il/elle/on s'était cassé(e)	ils/elles s'étaient cassé(e)s

Futur simple

je me casserai	nous nous casserons
tu te casseras	vous vous casserez
il/elle/on se cassera	ils/elles se casseront

Passé simple

je me cassai	nous nous cassâmes
tu te cassas	vous vous cassâtes
il/elle/on se cassa	ils/elles se cassèrent

Futur antérieur

je me serai cassé(e)	nous nous serons cassé(e)s
tu te seras cassé(e)	vous vous serez cassé(e)(s)
il/elle/on se sera cassé(e)	ils/elles se seront cassé(e)s

Passé antérieur

je me fus cassé(e)	nous nous fûmes cassé(e)s
tu te fus cassé(e)	vous vous fûtes cassé(e)(s)
il/elle/on se fut cassé(e)	ils/elles se furent cassé(e)s

SUBJONCTIF

Présent

que je me casse	que nous nous cassions
que tu te casses	que vous vous cassiez
qu'il/elle/on se casse	qu'ils/elles se cassent

Passé

que je me sois cassé(e)	que nous nous soyons cassé(e)s
que tu te sois cassé(e)	que vous vous soyez cassé(e)(s)
qu'il/elle/on se soit cassé(e)	qu'ils/elles se soient cassé(e)s

Imparfait

que je me cassasse	que nous nous cassassions
que tu te cassasses	que vous vous cassassiez
qu'il/elle/on se cassât	qu'ils/elles se cassassent

Plus-que-parfait

que je me fusse cassé(e)	que nous nous fussions cassé(e)s
que tu te fusses cassé(e)	que vous vous fussiez cassé(e)(s)
qu'il/elle/on se fût cassé(e)	qu'ils/elles se fussent cassé(e)s

CONDITIONNEL

Présent

je me casserais	nous nous casserions
tu te casserais	vous vous casseriez
il/elle/on se casserait	ils/elles se casseraient

Passé

je me serais cassé(e)	nous nous serions cassé(e)s
tu te serais cassé(e)	vous vous seriez cassé(e)(s)
il/elle/on se serait cassé(e)	ils/elles se seraient cassé(e)s

IMPÉRATIF

casse-toi cassons-nous cassez-vous

Je me suis cassé la jambe en skiant.
I broke my leg while skiing.

On se casse!
Let's beat it!

Si tu continues comme ça, tu vas te casser la figure!
If you continue like that, you are going to break your neck!

C CAUSER *to cause; to chat*

Inf. causer *Part. prés.* causant *Part. passé* causé

INDICATIF

Présent

je cause — nous causons
tu causes — vous causez
il/elle/on cause — ils/elles causent

Passé composé

j'ai causé — nous avons causé
tu as causé — vous avez causé
il/elle/on a causé — ils/elles ont causé

Futur simple

je causerai — nous causerons
tu causeras — vous causerez
il/elle/on causera — ils/elles causeront

Futur antérieur

j'aurai causé — nous aurons causé
tu auras causé — vous aurez causé
il/elle/on aura causé — ils/elles auront causé

Imparfait

je causais — nous causions
tu causais — vous causiez
il/elle/on causait — ils/elles causaient

Plus-que-parfait

j'avais causé — nous avions causé
tu avais causé — vous aviez causé
il/elle/on avait causé — ils/elles avaient causé

Passé simple

je causai — nous causâmes
tu causas — vous causâtes
il/elle/on causa — ils/elles causèrent

Passé antérieur

j'eus causé — nous eûmes causé
tu eus causé — vous eûtes causé
il/elle/on eut causé — ils/elles eurent causé

SUBJONCTIF

Présent

que je cause — que nous causions
que tu causes — que vous causiez
qu'il/elle/on cause — qu'ils/elles causent

Imparfait

que je causasse — que nous causassions
que tu causasses — que vous causassiez
qu'il/elle/on causât — qu'ils/elles causassent

Passé

que j'aie causé — que nous ayons causé
que tu aies causé — que vous ayez causé
qu'il/elle/on ait causé — qu'ils/elles aient causé

Plus-que-parfait

que j'eusse causé — que nous eussions causé
que tu eusses causé — que vous eussiez causé
qu'il/elle/on eût causé — qu'ils/elles eussent causé

CONDITIONNEL

Présent

je causerais — nous causerions
tu causerais — vous causeriez
il/elle/on causerait — ils/elles causeraient

Passé

j'aurais causé — nous aurions causé
tu aurais causé — vous auriez causé
il/elle/on aurait causé — ils/elles auraient causé

IMPÉRATIF

cause causons causez

J'ai peur que mon discours n'ait causé des problèmes.
I'm afraid my speech caused some problems.

Elle cause avec des amis maintenant.
She's chatting with friends now.

Voilà ce qui a causé l'erreur.
Here's what caused the error.

CÉDER *to give up, to yield*

Inf. céder *Part. prés.* cédant *Part. passé* cédé

INDICATIF

Présent

je cède	nous cédons
tu cèdes	vous cédez
il/elle/on cède	ils/elles cèdent

Passé composé

j'ai cédé	nous avons cédé
tu as cédé	vous avez cédé
il/elle/on a cédé	ils/elles ont cédé

Futur simple

je céderai	nous céderons
tu céderas	vous céderez
il/elle/on cédera	ils/elles céderont

Futur antérieur

j'aurai cédé	nous aurons cédé
tu auras cédé	vous aurez cédé
il/elle/on aura cédé	ils/elles auront cédé

Imparfait

je cédais	nous cédions
tu cédais	vous cédiez
il/elle/on cédait	ils/elles cédaient

Plus-que-parfait

j'avais cédé	nous avions cédé
tu avais cédé	vous aviez cédé
il/elle/on avait cédé	ils/elles avaient cédé

Passé simple

je cédai	nous cédâmes
tu cédas	vous cédâtes
il/elle/on céda	ils/elles cédèrent

Passé antérieur

j'eus cédé	nous eûmes cédé
tu eus cédé	vous eûtes cédé
il/elle/on eut cédé	ils/elles eurent cédé

SUBJONCTIF

Présent

que je cède	que nous cédions
que tu cèdes	que vous cédiez
qu'il/elle/on cède	qu'ils/elles cèdent

Imparfait

que je cédasse	que nous cédassions
que tu cédasses	que vous cédassiez
qu'il/elle/on cédât	qu'ils/elles cédassent

Passé

que j'aie cédé	que nous ayons cédé
que tu aies cédé	que vous ayez cédé
qu'il/elle/on ait cédé	qu'ils/elles aient cédé

Plus-que-parfait

que j'eusse cédé	que nous eussions cédé
que tu eusses cédé	que vous eussiez cédé
qu'il/elle/on eût cédé	qu'ils/elles eussent cédé

CONDITIONNEL

Présent

je céderais	nous céderions
tu céderais	vous céderiez
il/elle/on céderait	ils/elles céderaient

Passé

j'aurais cédé	nous aurions cédé
tu aurais cédé	vous auriez cédé
il/elle/on aurait cédé	ils/elles auraient cédé

IMPÉRATIF

cède cédons cédez

Après de nombreuses discussions, il a finalement cédé.
After numerous discussions, he finally gave in.

Je viens de céder le bail de mon appartement.
I just gave up the lease on my apartment.

Le PDG ne cédera pas aux demandes de ses employés.
The CEO won't yield to his employees' requests.

CÉLÉBRER *to celebrate, to perform*

Inf. célébrer *Part. prés.* célébrant *Part. passé* célébré

INDICATIF

Présent

je célèbre	nous célébrons
tu célèbres	vous célébrez
il/elle/on célèbre	ils/elles célèbrent

Imparfait

je célébrais	nous célébrions
tu célébrais	vous célébriez
il/elle/on célébrait	ils/elles célébraient

Passé composé

j'ai célébré	nous avons célébré
tu as célébré	vous avez célébré
il/elle/on a célébré	ils/elles ont célébré

Plus-que-parfait

j'avais célébré	nous avions célébré
tu avais célébré	vous aviez célébré
il/elle/on avait célébré	ils/elles avaient célébré

Futur simple

je célébrerai	nous célébrerons
tu célébreras	vous célébrerez
il/elle/on célébrera	ils/elles célébreront

Passé simple

je célébrai	nous célébrâmes
tu célébras	vous célébrâtes
il/elle/on célébra	ils/elles célébrèrent

Futur antérieur

j'aurai célébré	nous aurons célébré
tu auras célébré	vous aurez célébré
il/elle/on aura célébré	ils/elles auront célébré

Passé antérieur

j'eus célébré	nous eûmes célébré
tu eus célébré	vous eûtes célébré
il/elle/on eut célébré	ils/elles eurent célébré

SUBJONCTIF

Présent

que je célèbre	que nous célébrions
que tu célèbres	que vous célébriez
qu'il/elle/on célèbre	qu'ils/elles célèbrent

Passé

que j'aie célébré	que nous ayons célébré
que tu aies célébré	que vous ayez célébré
qu'il/elle/on ait célébré	qu'ils/elles aient célébré

Imparfait

que je célébrasse	que nous célébrassions
que tu célébrasses	que vous célébrassiez
qu'il/elle/on célébrât	qu'ils/elles célébrassent

Plus-que-parfait

que j'eusse célébré	que nous eussions célébré
que tu eusses célébré	que vous eussiez célébré
qu'il/elle/on eût célébré	qu'ils/elles eussent célébré

CONDITIONNEL

Présent

je célébrerais	nous célébrerions
tu célébrerais	vous célébreriez
il/elle/on célébrerait	ils/elles célébreraient

Passé

j'aurais célébré	nous aurions célébré
tu aurais célébré	vous auriez célébré
il/elle/on aurait célébré	ils/elles auraient célébré

IMPÉRATIF

célèbre célébrons célébrez

Elle espère célébrer la Saint-Valentin avec sa copine à Paris.
She hopes to celebrate Valentine's Day with her girlfriend in Paris.

On a célébré l'anniversaire de mon oncle hier.
We celebrated my uncle's birthday yesterday.

Le rabbin célébrera notre mariage l'année prochaine.
The rabbi will perform our wedding next year.

CESSER *to stop, to cease*

Inf. cesser *Part. prés.* cessant *Part. passé* cessé

INDICATIF

Présent

je cesse	nous cessons
tu cesses	vous cessez
il/elle/on cesse	ils/elles cessent

Imparfait

je cessais	nous cessions
tu cessais	vous cessiez
il/elle/on cessait	ils/elles cessaient

Passé composé

j'ai cessé	nous avons cessé
tu as cessé	vous avez cessé
il/elle/on a cessé	ils/elles ont cessé

Plus-que-parfait

j'avais cessé	nous avions cessé
tu avais cessé	vous aviez cessé
il/elle/on avait cessé	ils/elles avaient cessé

Futur simple

je cesserai	nous cesserons
tu cesseras	vous cesserez
il/elle/on cessera	ils/elles cesseront

Passé simple

je cessai	nous cessâmes
tu cessas	vous cessâtes
il/elle/on cessa	ils/elles cessèrent

Futur antérieur

j'aurai cessé	nous aurons cessé
tu auras cessé	vous aurez cessé
il/elle/on aura cessé	ils/elles auront cessé

Passé antérieur

j'eus cessé	nous eûmes cessé
tu eus cessé	vous eûtes cessé
il/elle/on eut cessé	ils/elles eurent cessé

SUBJONCTIF

Présent

que je cesse	que nous cessions
que tu cesses	que vous cessiez
qu'il/elle/on cesse	qu'ils/elles cessent

Passé

que j'aie cessé	que nous ayons cessé
que tu aies cessé	que vous ayez cessé
qu'il/elle/on ait cessé	qu'ils/elles aient cessé

Imparfait

que je cessasse	que nous cessassions
que tu cessasses	que vous cessassiez
qu'il/elle/on cessât	qu'ils/elles cessassent

Plus-que-parfait

que j'eusse cessé	que nous eussions cessé
que tu eusses cessé	que vous eussiez cessé
qu'il/elle/on eût cessé	qu'ils/elles eussent cessé

CONDITIONNEL

Présent

je cesserais	nous cesserions
tu cesserais	vous cesseriez
il/elle/on cesserait	ils/elles cesseraient

Passé

j'aurais cessé	nous aurions cessé
tu aurais cessé	vous auriez cessé
il/elle/on aurait cessé	ils/elles auraient cessé

IMPÉRATIF

cesse cessons cessez

Malheureusement la compagnie qui fabrique mon shampooing préféré cessera de le produire.
Unfortunately the company that produces my favorite shampoo will stop making it.

Cessons d'être si pessimistes.
Let's stop being so pessimistic.

Mon ordi a cessé de fonctionner.
My computer has stopped working.

CHANGER *to change, to exchange, to transfer*

Inf. changer *Part. prés.* changeant *Part. passé* changé

INDICATIF

Présent

je change	nous changeons
tu changes	vous changez
il/elle/on change	ils/elles changent

Imparfait

je changeais	nous changions
tu changeais	vous changiez
il/elle/on changeait	ils/elles changeaient

Passé composé

j'ai changé	nous avons changé
tu as changé	vous avez changé
il/elle/on a changé	ils/elles ont changé

Plus-que-parfait

j'avais changé	nous avions changé
tu avais changé	vous aviez changé
il/elle/on avait changé	ils/elles avaient changé

Futur simple

je changerai	nous changerons
tu changeras	vous changerez
il/elle/on changera	ils/elles changeront

Passé simple

je changeai	nous changeâmes
tu changeas	vous changeâtes
il/elle/on changea	ils/elles changèrent

Futur antérieur

j'aurai changé	nous aurons changé
tu auras changé	vous aurez changé
il/elle/on aura changé	ils/elles auront changé

Passé antérieur

j'eus changé	nous eûmes changé
tu eus changé	vous eûtes changé
il/elle/on eut changé	ils/elles eurent changé

SUBJONCTIF

Présent

que je change	que nous changions
que tu changes	que vous changiez
qu'il/elle/on change	qu'ils/elles changent

Passé

que j'aie changé	que nous ayons changé
que tu aies changé	que vous ayez changé
qu'il/elle/on ait changé	qu'ils/elles aient changé

Imparfait

que je changeasse	que nous changeassions
que tu changeasses	que vous changeassiez
qu'il/elle/on changeât	qu'ils/elles changeassent

Plus-que-parfait

que j'eusse changé	que nous eussions changé
que tu eusses changé	que vous eussiez changé
qu'il/elle/on eût changé	qu'ils/elles eussent changé

CONDITIONNEL

Présent

je changerais	nous changerions
tu changerais	vous changeriez
il/elle/on changerait	ils/elles changeraient

Passé

j'aurais changé	nous aurions changé
tu aurais changé	vous auriez changé
il/elle/on aurait changé	ils/elles auraient changé

IMPÉRATIF

change changeons changez

Elle allait rentrer chez elle, mais elle a changé d'avis.
She was going to go home, but she changed her mind.

On change de ligne à la prochaine station.
We're transfering at the next station.

Il est essentiel que vous changiez votre façon de parler à vos profs.
It's essential that you change how you speak to your teachers.

CHANTER *to sing*

Inf. chanter *Part. prés.* chantant *Part. passé* chanté

INDICATIF

Présent

je chante	nous chantons
tu chantes	vous chantez
il/elle/on chante	ils/elles chantent

Imparfait

je chantais	nous chantions
tu chantais	vous chantiez
il/elle/on chantait	ils/elles chantaient

Passé composé

j'ai chanté	nous avons chanté
tu as chanté	vous avez chanté
il/elle/on a chanté	ils/elles ont chanté

Plus-que-parfait

j'avais chanté	nous avions chanté
tu avais chanté	vous aviez chanté
il/elle/on avait chanté	ils/elles avaient chanté

Futur simple

je chanterai	nous chanterons
tu chanteras	vous chanterez
il/elle/on chantera	ils/elles chanteront

Passé simple

je chantai	nous chantâmes
tu chantas	vous chantâtes
il/elle/on chanta	ils/elles chantèrent

Futur antérieur

j'aurai chanté	nous aurons chanté
tu auras chanté	vous aurez chanté
il/elle/on aura chanté	ils/elles auront chanté

Passé antérieur

j'eus chanté	nous eûmes chanté
tu eus chanté	vous eûtes chanté
il/elle/on eut chanté	ils/elles eurent chanté

SUBJONCTIF

Présent

que je chante	que nous chantions
que tu chantes	que vous chantiez
qu'il/elle/on chante	qu'ils/elles chantent

Passé

que j'aie chanté	que nous ayons chanté
que tu aies chanté	que vous ayez chanté
qu'il/elle/on ait chanté	qu'ils/elles aient chanté

Imparfait

que je chantasse	que nous chantassions
que tu chantasses	que vous chantassiez
qu'il/elle/on chantât	qu'ils/elles chantassent

Plus-que-parfait

que j'eusse chanté	que nous eussions chanté
que tu eusses chanté	que vous eussiez chanté
qu'il/elle/on eût chanté	qu'ils/elles eussent chanté

CONDITIONNEL

Présent

je chanterais	nous chanterions
tu chanterais	vous chanteriez
il/elle/on chanterait	ils/elles chanteraient

Passé

j'aurais chanté	nous aurions chanté
tu aurais chanté	vous auriez chanté
il/elle/on aurait chanté	ils/elles auraient chanté

IMPÉRATIF

chante chantons chantez

Quelle est cette petite chanson que tu chantais toute à l'heure?
What's that little song that you were singing a few moments ago?

L'actrice chantera sur scène pour la première fois ce soir.
The actress will sing on stage for the first time tonight.

Je ne chante jamais à haute voix.
I never sing out loud.

CHERCHER *to look for; to pick up [someone from somewhere]*

Inf. chercher *Part. prés.* cherchant *Part. passé* cherché

INDICATIF

Présent

je cherche nous cherchons
tu cherches vous cherchez
il/elle/on cherche ils/elles cherchent

Imparfait

je cherchais nous cherchions
tu cherchais vous cherchiez
il/elle/on cherchait ils/elles cherchaient

Passé composé

j'ai cherché nous avons cherché
tu as cherché vous avez cherché
il/elle/on a cherché ils/elles ont cherché

Plus-que-parfait

j'avais cherché nous avions cherché
tu avais cherché vous aviez cherché
il/elle/on avait cherché ils/elles avaient cherché

Futur simple

je chercherai nous chercherons
tu chercheras vous chercherez
il/elle/on cherchera ils/elles chercheront

Passé simple

je cherchai nous cherchâmes
tu cherchas vous cherchâtes
il/elle/on chercha ils/elles cherchèrent

Futur antérieur

j'aurai cherché nous aurons cherché
tu auras cherché vous aurez cherché
il/elle/on aura cherché ils/elles auront cherché

Passé antérieur

j'eus cherché nous eûmes cherché
tu eus cherché vous eûtes cherché
il/elle/on eut cherché ils/elles eurent cherché

SUBJONCTIF

Présent

que je cherche que nous cherchions
que tu cherches que vous cherchiez
qu'il/elle/on cherche qu'ils/elles cherchent

Passé

que j'aie cherché que nous ayons cherché
que tu aies cherché que vous ayez cherché
qu'il/elle/on ait cherché qu'ils/elles aient cherché

Imparfait

que je cherchasse que nous cherchassions
que tu cherchasses que vous cherchassiez
qu'il/elle/on cherchât qu'ils/elles cherchassent

Plus-que-parfait

que j'eusse cherché que nous eussions cherché
que tu eusses cherché que vous eussiez cherché
qu'il/elle/on eût cherché qu'ils/elles eussent cherché

CONDITIONNEL

Présent

je chercherais nous chercherions
tu chercherais vous chercheriez
il/elle/on chercherait ils/elles chercheraient

Passé

j'aurais cherché nous aurions cherché
tu aurais cherché vous auriez cherché
il/elle/on aurait cherché ils/elles auraient cherché

IMPÉRATIF

cherche cherchons cherchez

Cherche tes clés; on doit partir!
Get your keys; we have to leave!

Notre manager cherche un nouvel assistant qui pourrait travailler à plein temps.
Our manager is looking for a new assistant who could work full-time.

Va chercher les enfants à l'école, s'il te plaît.
Go pick up the kids from school, please.

CHOISIR *to choose*

Inf. choisir *Part. prés.* chosissant *Part. passé* choisi

INDICATIF

Présent

je choisis	nous choisissons
tu choisis	vous choisissez
il/elle/on choisit	ils/elles choisissent

Imparfait

je choisissais	nous choisissions
tu choisissais	vous choisissiez
il/elle/on choisissait	ils/elles choisissaient

Passé composé

j'ai choisi	nous avons choisi
tu as choisi	vous avez choisi
il/elle/on a choisi	ils/elles ont choisi

Plus-que-parfait

j'avais choisi	nous avions choisi
tu avais choisi	vous aviez choisi
il/elle/on avait choisi	ils/elles avaient choisi

Futur simple

je choisirai	nous choisirons
tu choisiras	vous choisirez
il/elle/on choisira	ils/elles choisiront

Passé simple

je choisis	nous choisîmes
tu choisis	vous choisîtes
il/elle/on choisit	ils/elles choisirent

Futur antérieur

j'aurai choisi	nous aurons choisi
tu auras choisi	vous aurez choisi
il/elle/on aura choisi	ils/elles auront choisi

Passé antérieur

j'eus choisi	nous eûmes choisi
tu eus choisi	vous eûtes choisi
il/elle/on eut choisi	ils/elles eurent choisi

SUBJONCTIF

Présent

que je choisisse	que nous choisissions
que tu choisisses	que vous choisissiez
qu'il/elle/on choisisse	qu'ils/elles choisissent

Passé

que j'aie choisi	que nous ayons choisi
que tu aies choisi	que vous ayez choisi
qu'il/elle/on ait choisi	qu'ils/elles aient choisi

Imparfait

que je choisisse	que nous choisissions
que tu choisisses	que vous choisissiez
qu'il/elle/on choisît	qu'ils/elles choisissent

Plus-que-parfait

que j'eusse choisi	que nous eussions choisi
que tu eusses choisi	que vous eussiez choisi
qu'il/elle/on eût choisi	qu'ils/elles eussent choisi

CONDITIONNEL

Présent

je choisirais	nous choisirions
tu choisirais	vous choisiriez
il/elle/on choisirait	ils/elles choisiraient

Passé

j'aurais choisi	nous aurions choisi
tu aurais choisi	vous auriez choisi
il/elle/on aurait choisi	ils/elles auraient choisi

IMPÉRATIF

choisis choisissons choisissez

Demain l'entraineur choisira les meilleurs joueurs pour le tournoi.
Tomorrow the coach will choose the best players for the tournament.

Lisez bien la carte et choisissez vite.
Read the menu carefully and make your selection quickly.

Lequel as-tu choisi?
Which one did you choose?

CHUCHOTER *to whisper*

Inf. chuchoter *Part. prés.* chuchotant *Part. passé* chuchoté

INDICATIF

Présent

je chuchote	nous chuchotons
tu chuchotes	vous chuchotez
il/elle/on chuchote	ils/elles chuchotent

Passé composé

j'ai chuchoté	nous avons chuchoté
tu as chuchoté	vous avez chuchoté
il/elle/on a chuchoté	ils/elles ont chuchoté

Futur simple

je chuchoterai	nous chuchoterons
tu chuchoteras	vous chuchoterez
il/elle/on chuchotera	ils/elles chuchoteront

Futur antérieur

j'aurai chuchoté	nous aurons chuchoté
tu auras chuchoté	vous aurez chuchoté
il/elle/on aura chuchoté	ils/elles auront chuchoté

Imparfait

je chuchotais	nous chuchotions
tu chuchotais	vous chuchotiez
il/elle/on chuchotait	ils/elles chuchotaient

Plus-que-parfait

j'avais chuchoté	nous avions chuchoté
tu avais chuchoté	vous aviez chuchoté
il/elle/on avait chuchoté	ils/elles avaient chuchoté

Passé simple

je chuchotai	nous chuchotâmes
tu chuchotas	vous chuchotâtes
il/elle/on chuchota	ils/elles chuchotèrent

Passé antérieur

j'eus chuchoté	nous eûmes chuchoté
tu eus chuchoté	vous eûtes chuchoté
il/elle/on eut chuchoté	ils/elles eurent chuchoté

SUBJONCTIF

Présent

que je chuchote	que nous chuchotions
que tu chuchotes	que vous chuchotiez
qu'il/elle/on chuchote	qu'ils/elles chuchotent

Imparfait

que je chuchotasse	que nous chuchotassions
que tu chuchotasses	que vous chuchotassiez
qu'il/elle/on chuchotât	qu'ils/elles chuchotassent

Passé

que j'aie chuchoté	que nous ayons chuchoté
que tu aies chuchoté	que vous ayez chuchoté
qu'il/elle/on ait chuchoté	qu'ils/elles aient chuchoté

Plus-que-parfait

que j'eusse chuchoté	que nous eussions chuchoté
que tu eusses chuchoté	que vous eussiez chuchoté
qu'il/elle/on eût chuchoté	qu'ils/elles eussent chuchoté

CONDITIONNEL

Présent

je chuchoterais	nous chuchoterions
tu chuchoterais	vous chuchoteriez
il/elle/on chuchoterait	ils/elles chuchoteraient

Passé

j'aurais chuchoté	nous aurions chuchoté
tu aurais chuchoté	vous auriez chuchoté
il/elle/on aurait chuchoté	ils/elles auraient chuchoté

IMPÉRATIF

chuchote chuchotons chuchotez

Quand je suis entré dans le salon, Pierre avait déjà chuchoté des secrets à ma copine.
When I came into the room, Pierre had already whispered secrets to my girlfriend.

Ne chuchote plus, s'il te plaît.
Don't whisper any more, please.

Je déteste entendre les gens chuchoter autour de moi.
I hate hearing people whisper around me.

COLLER *to stick, to glue*

Inf. coller *Part. prés.* collant *Part. passé* collé

INDICATIF

Présent

je colle	nous collons
tu colles	vous collez
il/elle/on colle	ils/elles collent

Passé composé

j'ai collé	nous avons collé
tu as collé	vous avez collé
il/elle/on a collé	ils/elles ont collé

Futur simple

je collerai	nous collerons
tu colleras	vous collerez
il/elle/on collera	ils/elles colleront

Futur antérieur

j'aurai collé	nous aurons collé
tu auras collé	vous aurez collé
il/elle/on aura collé	ils/elles auront collé

Imparfait

je collais	nous collions
tu collais	vous colliez
il/elle/on collait	ils/elles collaient

Plus-que-parfait

j'avais collé	nous avions collé
tu avais collé	vous aviez collé
il/elle/on avait collé	ils/elles avaient collé

Passé simple

je collai	nous collâmes
tu collas	vous collâtes
il/elle/on colla	ils/elles collèrent

Passé antérieur

j'eus collé	nous eûmes collé
tu eus collé	vous eûtes collé
il/elle/on eut collé	ils/elles eurent collé

SUBJONCTIF

Présent

que je colle	que nous collions
que tu colles	que vous colliez
qu' il/elle/on colle	qu'ils/elles collent

Imparfait

que je collasse	que nous collassions
que tu collasses	que vous collassiez
qu'il/elle/on collât	qu'ils/elles collassent

Passé

que j'aie collé	que nous ayons collé
que tu aies collé	que vous ayez collé
qu' il/elle/on ait collé	qu'ils/elles aient collé

Plus-que-parfait

que j'eusse collé	que nous eussions collé
que tu eusses collé	que vous eussiez collé
qu' il/elle/on eût collé	qu'ils/elles eussent collé

CONDITIONNEL

Présent

je collerais	nous collerions
tu collerais	vous colleriez
il/elle/on collerait	ils/elles colleraient

Passé

j'aurais collé	nous aurions collé
tu aurais collé	vous auriez collé
il/elle/on aurait collé	ils/elles auraient collé

IMPÉRATIF

colle collons collez

Qui a collé cette étiquette ici?
Who stuck this label here?

Une fois le parquet collé au plancher, vous n'avez qu'à attendre 24 heures.
Once the parquet has been glued to the floor, you only have to wait 24 hours.

Colle ce papier au mur.
Stick this piece of paper to the wall.

COMBATTRE *to fight, to combat*

Inf. combattre *Part. prés.* combattant *Part. passé* combattu

INDICATIF

Présent

je combats	nous combattons
tu combats	vous combattez
il/elle/on combat	ils/elles combattent

Imparfait

je combattais	nous combattions
tu combattais	vous combattiez
il/elle/on combattait	ils/elles combattaient

Passé composé

j'ai combattu	nous avons combattu
tu as combattu	vous avez combattu
il/elle/on a combattu	ils/elles ont combattu

Plus-que-parfait

j'avais combattu	nous avions combattu
tu avais combattu	vous aviez combattu
il/elle/on avait combattu	ils/elles avaient combattu

Futur simple

je combattrai	nous combattrons
tu combattras	vous combattrez
il/elle/on combattra	ils/elles combattront

Passé simple

je combattis	nous combattîmes
tu combattis	vous combattîtes
il/elle/on combattit	ils/elles combattirent

Futur antérieur

j'aurai combattu	nous aurons combattu
tu auras combattu	vous aurez combattu
il/elle/on aura combattu	ils/elles auront combattu

Passé antérieur

j'eus combattu	nous eûmes combattu
tu eus combattu	vous eûtes combattu
il/elle/on eut combattu	ils/elles eurent combattu

SUBJONCTIF

Présent

que je combatte	que nous combattions
que tu combattes	que vous combattiez
qu'il/elle/on combatte	qu'ils/elles combattent

Passé

que j'aie combattu	que nous ayons combattu
que tu aies combattu	que vous ayez combattu
qu' il/elle/on ait combattu	qu'ils/elles aient combattu

Imparfait

que je combattisse	que nous combattissions
que tu combattisses	que vous combattissiez
qu' il/elle/on combattît	qu'ils/elles combattissent

Plus-que-parfait

que j'eusse combattu	que nous eussions combattu
que tu eusses combattu	que vous eussiez combattu
qu' il/elle/on eût combattu	qu'ils/elles eussent combattu

CONDITIONNEL

Présent

je combattrais	nous combattrions
tu combattrais	vous combattriez
il/elle/on combattrait	ils/elles combattraient

Passé

j'aurais combattu	nous aurions combattu
tu aurais combattu	vous auriez combattu
il/elle/on aurait combattu	ils/elles auraient combattu

IMPÉRATIF

combats combattons combattez

Ce groupe combat l'intolérance depuis des années.
This group has been fighting intolerance for years.

Mon grand-père a combattu pour la France durant la Deuxième Guerre mondiale.
My grandfather fought for France during WWII.

Je ne sais pas si cela existe, mais je cherche une crème qui combatte la cellulite.
I don't know if it exists, but I'm looking for a cream that fights cellulite.

COMMANDER *to order, to command*

Inf. commander *Part. prés.* commandant *Part. passé* commandé

INDICATIF

Présent

je commande	nous commandons
tu commandes	vous commandez
il/elle/on commande	ils/elles commandent

Passé composé

j'ai commandé	nous avons commandé
tu as commandé	vous avez commandé
il/elle/on a commandé	ils/elles ont commandé

Futur simple

je commanderai	nous commanderons
tu commanderas	vous commanderez
il/elle/on commandera	ils/elles commanderont

Futur antérieur

j'aurai commandé	nous aurons commandé
tu auras commandé	vous aurez commandé
il/elle/on aura commandé	ils/elles auront commandé

Imparfait

je commandais	nous commandions
tu commandais	vous commandiez
il/elle/on commandait	ils/elles commandaient

Plus-que-parfait

j'avais commandé	nous avions commandé
tu avais commandé	vous aviez commandé
il/elle/on avait commandé	ils/elles avaient commandé

Passé simple

je commandai	nous commandâmes
tu commandas	vous commandâtes
il/elle/on commanda	ils/elles commandèrent

Passé antérieur

j'eus commandé	nous eûmes commandé
tu eus commandé	vous eûtes commandé
il/elle/on eut commandé	ils/elles eurent commandé

SUBJONCTIF

Présent

que je commande	que nous commandions
que tu commandes	que vous commandiez
qu'il/elle/on commande	qu'ils/elles commandent

Imparfait

que je commandasse	que nous commandassions
que tu commandasses	que vous commandassiez
qu'il/elle/on commandât	qu'ils/elles commandassent

Passé

que j'aie commandé	que nous ayons commandé
que tu aies commandé	que vous ayez commandé
qu'il/elle/on ait commandé	qu'ils/elles aient commandé

Plus-que-parfait

que j'eusse commandé	que nous eussions commandé
que tu eusses commandé	que vous eussiez commandé
qu'il/elle/on eût commandé	qu'ils/elles eussent commandé

CONDITIONNEL

Présent

je commanderais	nous commanderions
tu commanderais	vous commanderiez
il/elle/on commanderait	ils/elles commanderaient

Passé

j'aurais commandé	nous aurions commandé
tu aurais commandé	vous auriez commandé
il/elle/on aurait commandé	ils/elles auraient commandé

IMPÉRATIF

commande commandons commandez

Elle ne sait pas ce qu'elle va commander.
She doesn't know what she is going to order.

Commandez ce que vous voulez; on vous invite!
Order what you want; we are paying!

Si j'avais su que ce restaurant servait des escargots, j'en aurais commandé.
If I had known that this restaurant served snails, I would have ordered some.

COMMENCER *to start, to begin*

Inf. commencer *Part. prés.* commençant *Part. passé* commencé

INDICATIF

Présent

je commence	nous commençons
tu commences	vous commencez
il/elle/on commence	ils/elles commencent

Passé composé

j'ai commencé	nous avons commencé
tu as commencé	vous avez commencé
il/elle/on a commencé	ils/elles ont commencé

Futur simple

je commencerai	nous commencerons
tu commenceras	vous commencerez
il/elle/on commencera	ils/elles commenceront

Futur antérieur

j'aurai commencé	nous aurons commencé
tu auras commencé	vous aurez commencé
il/elle/on aura commencé	ils/elles auront commencé

Imparfait

je commençais	nous commencions
tu commençais	vous commenciez
il/elle/on commençait	ils/elles commençaient

Plus-que-parfait

j'avais commencé	nous avions commencé
tu avais commencé	vous aviez commencé
il/elle/on avait commencé	ils/elles avaient commencé

Passé simple

je commençai	nous commençâmes
tu commenças	vous commençâtes
il/elle/on commença	ils/elles commencèrent

Passé antérieur

j'eus commencé	nous eûmes commencé
tu eus commencé	vous eûtes commencé
il/elle/on eut commencé	ils/elles eurent commencé

SUBJONCTIF

Présent

que je commence	que nous commencions
que tu commences	que vous commenciez
qu'il/elle/on commence	qu'ils/elles commencent

Imparfait

que je commençasse	que nous commençassions
que tu commençasses	que vous commençassiez
qu'il/elle/on commençât	qu'ils/elles commençassent

Passé

que j'aie commencé	que nous ayons commencé
que tu aies commencé	que vous ayez commencé
qu'il/elle/on ait commencé	qu'ils/elles aient commencé

Plus-que-parfait

que j'eusse commencé	que nous eussions commencé
que tu eusses commencé	que vous eussiez commencé
qu'il/elle/on eût commencé	qu'ils/elles eussent commencé

CONDITIONNEL

Présent

je commencerais	nous commencerions
tu commencerais	vous commenceriez
il/elle/on commencerait	ils/elles commenceraient

Passé

j'aurais commencé	nous aurions commencé
tu aurais commencé	vous auriez commencé
il/elle/on aurait commencé	ils/elles auraient commencé

IMPÉRATIF

commence commençons commencez

Commençons notre leçon à la page 146.
Let's start our lesson on page 146.

Mon père a commencé ce projet en 1995.
My father began this project in 1995.

Tu commences à m'irriter.
You are starting to annoy me.

COMPARER *to compare*

Inf. comparer *Part. prés.* comparant *Part. passé* comparé

INDICATIF

Présent

je compare	nous comparons
tu compares	vous comparez
il/elle/on compare	ils/elles comparent

Imparfait

je comparais	nous comparions
tu comparais	vous compariez
il/elle/on comparait	ils/elles comparaient

Passé composé

j'ai comparé	nous avons comparé
tu as comparé	vous avez comparé
il/elle/on a comparé	ils/elles ont comparé

Plus-que-parfait

j'avais comparé	nous avions comparé
tu avais comparé	vous aviez comparé
il/elle/on avait comparé	ils/elles avaient comparé

Futur simple

je comparerai	nous comparerons
tu compareras	vous comparerez
il/elle/on comparera	ils/elles compareront

Passé simple

je comparai	nous comparâmes
tu comparas	vous comparâtes
il/elle/on compara	ils/elles comparèrent

Futur antérieur

j'aurai comparé	nous aurons comparé
tu auras comparé	vous aurez comparé
il/elle/on aura comparé	ils/elles auront comparé

Passé antérieur

j'eus comparé	nous eûmes comparé
tu eus comparé	vous eûtes comparé
il/elle/on eut comparé	ils/elles eurent comparé

SUBJONCTIF

Présent

que je compare	que nous comparions
que tu compares	que vous compariez
qu'il/elle/on compare	qu'ils/elles comparent

Passé

que j'aie comparé	que nous ayons comparé
que tu aies comparé	que vous ayez comparé
qu'il/elle/on ait comparé	qu'ils/elles aient comparé

Imparfait

que je comparasse	que nous comparassions
que tu comparasses	que vous comparassiez
qu'il/elle/on comparât	qu'ils/elles comparassent

Plus-que-parfait

que j'eusse comparé	que nous eussions comparé
que tu eusses comparé	que vous eussiez comparé
qu'il/elle/on eût comparé	qu'ils/elles eussent comparé

CONDITIONNEL

Présent

je comparerais	nous comparerions
tu comparerais	vous compareriez
il/elle/on comparerait	ils/elles compareraient

Passé

j'aurais comparé	nous aurions comparé
tu aurais comparé	vous auriez comparé
il/elle/on aurait comparé	ils/elles auraient comparé

IMPÉRATIF

compare comparons comparez

Je veux que vous compariez ces deux tableaux.
I want you to compare these two paintings.

Je compare ces voitures et je ne vois aucune différence.
I am comparing these cars and I don't see any difference.

On a comparé et on a choisi celui-là.
We compared and we chose that one.

COMPLÉTER *to finish, to complete*

Inf. compléter *Part. prés.* complétant *Part. passé* complété

INDICATIF

Présent		Imparfait	
je complète	nous complétons	je complétais	nous complétions
tu complètes	vous complétez	tu complétais	vous complétiez
il/elle/on complète	ils/elles complètent	il/elle/on complétait	ils/elles complétaient
Passé composé		**Plus-que-parfait**	
j'ai complété	nous avons complété	j'avais complété	nous avions complété
tu as complété	vous avez complété	tu avais complété	vous aviez complété
il/elle/on a complété	ils/elles ont complété	il/elle/on avait complété	ils/elles avaient complété
Futur simple		**Passé simple**	
je compléterai	nous compléterons	je complétai	nous complétâmes
tu compléteras	vous compléterez	tu complétas	vous complétâtes
il/elle/on complétera	ils/elles compléteront	il/elle/on compléta	ils/elles complétèrent
Futur antérieur		**Passé antérieur**	
j'aurai complété	nous aurons complété	j'eus complété	nous eûmes complété
tu auras complété	vous aurez complété	tu eus complété	vous eûtes complété
il/elle/on aura complété	ils/elles auront complété	il/elle/on eut complété	ils/elles eurent complété

SUBJONCTIF

Présent		Passé	
que je complète	que nous complétions	que j'aie complété	que nous ayons complété
que tu complètes	que vous complétiez	que tu aies complété	que vous ayez complété
qu'il/elle/on complète	qu'ils/elles complètent	qu'il/elle/on ait complété	qu'ils/elles aient complété
Imparfait		**Plus-que-parfait**	
que je complétasse	que nous complétassions	que j'eusse complété	que nous eussions complété
que tu complétasses	que vous complétassiez	que tu eusses complété	que vous eussiez complété
qu'il/elle/on complétât	qu'ils/elles complétassent	qu'il/elle/on eût complété	qu'ils/elles eussent complété

CONDITIONNEL

Présent		Passé	
je compléterais	nous compléterions	j'aurais complété	nous aurions complété
tu compléterais	vous compléteriez	tu aurais complété	vous auriez complété
il/elle/on compléterait	ils/elles compléteraient	il/elle/on aurait complété	ils/elles auraient complété

IMPÉRATIF

complète complétons complétez

Vous avez complété vos recherches?
Have you finished your research?

Cette étude complète notre travail dans ce domaine.
This study completes our work in this area.

Nous compléterons notre repas avec un bon vin déssert.
We will finish our meal with a good dessert wine.

COMPREHENDRE *to understand*

Inf. comprendre *Part. prés.* comprenant *Part. passé* compris

INDICATIF

Présent

je comprends	nous comprenons
tu comprends	vous comprenez
il/elle/on comprend	ils/elles comprennent

Imparfait

je comprenais	nous comprenions
tu comprenais	vous compreniez
il/elle/on comprenait	ils/elles comprenaient

Passé composé

j'ai compris	nous avons compris
tu as compris	vous avez compris
il/elle/on a compris	ils/elles ont compris

Plus-que-parfait

j'avais compris	nous avions compris
tu avais compris	vous aviez compris
il/elle/on avait compris	ils/elles avaient compris

Futur simple

je comprendrai	nous comprendrons
tu comprendras	vous comprendrez
il/elle/on comprendra	ils/elles comprendront

Passé simple

je compris	nous comprîmes
tu compris	vous comprîtes
il/elle/on comprit	ils/elles comprirent

Futur antérieur

j'aurai compris	nous aurons compris
tu auras compris	vous aurez compris
il/elle/on aura compris	ils/elles auront compris

Passé antérieur

j'eus compris	nous eûmes compris
tu eus compris	vous eûtes compris
il/elle/on eut compris	ils/elles eurent compris

SUBJONCTIF

Présent

que je comprenne	que nous comprenions
que tu comprennes	que vous compreniez
qu'il/elle/on comprenne	qu'ils/elles comprennent

Passé

que j'aie compris	que nous ayons compris
que tu aies compris	que vous ayez compris
qu'il/elle/on ait compris	qu'ils/elles aient compris

Imparfait

que je comprisse	que nous comprissions
que tu comprisses	que vous comprissiez
qu'il/elle/on comprît	qu'ils/elles comprissent

Plus-que-parfait

que j'eusse compris	que nous eussions compris
que tu eusses compris	que vous eussiez compris
qu'il/elle/on eût compris	qu'ils/elles eussent compris

CONDITIONNEL

Présent

je comprendrais	nous comprendrions
tu comprendrais	vous comprendriez
il/elle/on comprendrait	ils/elles comprendraient

Passé

j'aurais compris	nous aurions compris
tu aurais compris	vous auriez compris
il/elle/on aurait compris	ils/elles auraient compris

IMPÉRATIF

comprends comprenons comprenez

Il a du mal à comprendre ce que tu dis.
He's having a hard time understanding what you are saying.

Je ne parle pas le grec mais je le comprends.
I don't speak Greek, but I understand it.

Je veux que vous compreniez une chose: je déteste les poivrons verts!
I want you to understand one thing: I hate green peppers!

COMPTER *to count, have a total of*

Inf. compter *Part. prés.* comptant *Part. passé* compté

INDICATIF

Présent

je compte	nous comptons
tu comptes	vous comptez
il/elle/on compte	ils/elles comptent

Passé composé

j'ai compté	nous avons compté
tu as compté	vous avez compté
il/elle/on a compté	ils/elles ont compté

Futur simple

je compterai	nous compterons
tu compteras	vous compterez
il/elle/on comptera	ils/elles compteront

Futur antérieur

j'aurai compté	nous aurons compté
tu auras compté	vous aurez compté
il/elle/on aura compté	ils/elles auront compté

Imparfait

je comptais	nous comptions
tu comptais	vous comptiez
il/elle/on comptait	ils/elles comptaient

Plus-que-parfait

j'avais compté	nous avions compté
tu avais compté	vous aviez compté
il/elle/on avait compté	ils/elles avaient compté

Passé simple

je comptai	nous comptâmes
tu comptas	vous comptâtes
il/elle/on compta	ils/elles comptèrent

Passé antérieur

j'eus compté	nous eûmes compté
tu eus compté	vous eûtes compté
il/elle/on eut compté	ils/elles eurent compté

SUBJONCTIF

Présent

que je compte	que nous comptions
que tu comptes	que vous comptiez
qu'il/elle/on compte	qu'ils/elles comptent

Imparfait

que je comptasse	que nous comptassions
que tu comptasses	que vous comptassiez
qu'il/elle/on comptât	qu'ils/elles comptassent

Passé

que j'aie compté	que nous ayons compté
que tu aies compté	que vous ayez compté
qu'il/elle/on ait compté	qu'ils/elles aient compté

Plus-que-parfait

que j'eusse compté	que nous eussions compté
que tu eusses compté	que vous eussiez compté
qu'il/elle/on eût compté	qu'ils/elles eussent compté

CONDITIONNEL

Présent

je compterais	nous compterions
tu compterais	vous compteriez
il/elle/on compterait	ils/elles compteraient

Passé

j'aurais compté	nous aurions compté
tu aurais compté	vous auriez compté
il/elle/on aurait compté	ils/elles auraient compté

IMPÉRATIF

compte comptons comptez

C'est le geste qui comptait!
It was the thought that counted!

Cet enfant ne sait pas compter.
This child doesn't know how to count.

Ce pays compte trop de SDF.
The country has too many homeless people.

CONDUIRE *to drive*

Inf. conduire *Part. prés.* conduisant *Part. passé* conduit

INDICATIF

Présent

je conduis	nous conduisons
tu conduis	vous conduisez
il/elle/on conduit	ils/elles conduisent

Passé composé

j'ai conduit	nous avons conduit
tu as conduit	vous avez conduit
il/elle/on a conduit	ils/elles ont conduit

Futur simple

je conduirai	nous conduirons
tu conduiras	vous conduirez
il/elle/on conduira	ils/elles conduiront

Futur antérieur

j'aurai conduit	nous aurons conduit
tu auras conduit	vous aurez conduit
il/elle/on aura conduit	ils/elles auront conduit

Imparfait

je conduisais	nous conduisions
tu conduisais	vous conduisiez
il/elle/on conduisait	ils/elles conduisaient

Plus-que-parfait

j'avais conduit	nous avions conduit
tu avais conduit	vous aviez conduit
il/elle/on avait conduit	ils/elles avaient conduit

Passé simple

je conduisis	nous conduisîmes
tu conduisis	vous conduisîtes
il/elle/on conduisit	ils/elles conduisirent

Passé antérieur

j'eus conduit	nous eûmes conduit
tu eus conduit	vous eûtes conduit
il/elle/on eut conduit	ils/elles eurent conduit

SUBJONCTIF

Présent

que je conduise	que nous conduisions
que tu conduises	que vous conduisiez
qu'il/elle/on conduise	qu'ils/elles conduisent

Imparfait

que je conduisisse	que nous conduisissions
que tu conduisisses	que vous conduisissiez
qu'il/elle/on conduisît	qu'ils/elles conduisissent

Passé

que j'aie conduit	que nous ayons conduit
que tu aies conduit	que vous ayez conduit
qu'il/elle/on ait conduit	qu'ils/elles aient conduit

Plus-que-parfait

que j'eusse conduit	que nous eussions conduit
que tu eusses conduit	que vous eussiez conduit
qu'il/elle/on eût conduit	qu'ils/elles eussent conduit

CONDITIONNEL

Présent

je conduirais	nous conduirions
tu conduirais	vous conduiriez
il/elle/on conduirait	ils/elles conduiraient

Passé

j'aurais conduit	nous aurions conduit
tu aurais conduit	vous auriez conduit
il/elle/on aurait conduit	ils/elles auraient conduit

IMPÉRATIF

conduis conduisons conduisez

Je refuse d'aller avec elle; elle conduit trop vite.
I refuse to go with her; she drives too fast.

Mon oncle a conduit de Madrid à Barcelone dans sa nouvelle voiture.
My uncle drove from Madrid to Barcelona in his new car.

Dans notre pays on a le droit de conduire à l'âge de 16 ans.
In our country we have the right to drive at age 16.

C SE CONDURE *to behave, to conduct oneself*

Inf. se conduire *Part. prés.* se conduisant *Part. passé* conduit(e)(s)

INDICATIF

Présent

je me conduis	nous nous conduisons
tu te conduis	vous vous conduisez
il/elle/on se conduit	ils/elles se conduisent

Imparfait

je me conduisais	nous nous conduisions
tu te conduisais	vous vous conduisiez
il/elle/on se conduisait	ils/elles se conduisaient

Passé composé

je me suis conduit(e)	nous nous sommes conduit(e)s
tu t'es conduit(e)	vous vous êtes conduit(e)(s)
il/elle/on s'est conduit(e)	ils/elles se sont conduit(e)s

Plus-que-parfait

je m'étais conduit(e)	nous nous étions conduit(e)s
tu t'étais conduit(e)	vous vous étiez conduit(e)(s)
il/elle/on s'était conduit(e)	ils/elles s'étaient conduit(e)s

Futur simple

je me conduirai	nous nous conduirons
tu te conduiras	vous vous conduirez
il/elle/on se conduira	ils/elles se conduiront

Passé simple

je me conduisis	nous nous conduisîmes
tu te conduisis	vous vous conduisîtes
il/elle/on se conduisit	ils/elles se conduisirent

Futur antérieur

je me serai conduit(e)	nous nous serons conduit(e)s
tu te seras conduit(e)	vous vous serez conduit(e)(s)
il/elle/on se sera conduit(e)	ils/elles se seront conduit(e)s

Passé antérieur

je me fus conduit(e)	nous nous fûmes conduit(e)s
tu te fus conduit(e)	vous vous fûtes conduit(e)(s)
il/elle/on se fut conduit(e)	ils/elles se furent conduit(e)s

SUBJONCTIF

Présent

que je me conduise	que nous nous conduisions
que tu te conduises	que vous vous conduisiez
qu'il/elle/on se conduise	qu'ils/elles se conduisent

Passé

que je me sois conduit(e)	que nous nous soyons conduit(e)s
que tu te sois conduit(e)	que vous vous soyez conduit(e)(s)
qu'il/elle/on se soit conduit(e)	qu'ils/elles se soient conduit(e)s

Imparfait

que je me conduisisse	que nous nous conduisissions
que tu te conduisisses	que vous vous conduisissiez
qu'il/elle/on se conduisît	qu'ils/elles se conduisissent

Plus-que-parfait

que je me fusse conduit(e)	que nous nous fussions conduit(e)s
que tu te fusses conduit(e)	que vous vous fussiez conduit(e)(s)
qu'il/elle/on se fût conduit(e)	qu'ils/elles se fussent conduit(e)s

CONDITIONNEL

Présent

je me conduirais	nous nous conduirions
tu te conduirais	vous vous conduiriez
il/elle/on se conduirait	ils/elles se conduiraient

Passé

je me serais conduit(e)	nous nous serions conduit(e)s
tu te serais conduit(e)	vous vous seriez conduit(e)(s)
il/elle/on se serait conduit(e)	ils/elles se seraient conduit(e)s

IMPÉRATIF

conduis-toi conduisons-nous conduisez-vous

Elle s'est très mal conduite et en est très gênée.
She behaved very badly and is very embarrassed about it.

Je ne sais pas du tout comment me conduire avec l'ex de mon copain.
I don't know at all how to conduct myself with my boyfriend's ex.

Conduis-toi correctement!
Behave correctly!

CONFONDRE *to confuse, to confound, to mix up*

Inf. confondre *Part. prés.* confondant *Part. passé* confondu

INDICATIF

Présent

je confonds	nous confondons
tu confonds	vous confondez
il/elle/on confond	ils/elles confondent

Imparfait

je confondais	nous confondions
tu confondais	vous confondiez
il/elle/on confondait	ils/elles confondaient

Passé composé

j'ai confondu	nous avons confondu
tu as confondu	vous avez confondu
il/elle/on a confondu	ils/elles ont confondu

Plus-que-parfait

j'avais confondu	nous avions confondu
tu avais confondu	vous aviez confondu
il/elle/on avait confondu	ils/elles avaient confondu

Futur simple

je confondrai	nous confondrons
tu confondras	vous confondrez
il/elle/on confondra	ils/elles confondront

Passé simple

je confondis	nous confondîmes
tu confondis	vous confondîtes
il/elle/on confondit	ils/elles confondirent

Futur antérieur

j'aurai confondu	nous aurons confondu
tu auras confondu	vous aurez confondu
il/elle/on aura confondu	ils/elles auront confondu

Passé antérieur

j'eus confondu	nous eûmes confondu
tu eus confondu	vous eûtes confondu
il/elle/on eut confondu	ils/elles eurent confondu

SUBJONCTIF

Présent

que je confonde	que nous confondions
que tu confondes	que vous confondiez
qu'il/elle/on confonde	qu'ils/elles confondent

Passé

que j'aie confondu	que nous ayons confondu
que tu aies confondu	que vous ayez confondu
qu'il/elle/on ait confondu	qu'ils/elles aient confondu

Imparfait

que je confondisse	que nous confondissions
que tu confondisses	que vous confondissiez
qu'il/elle/on confondît	qu'ils/elles confondissent

Plus-que-parfait

que j'eusse confondu	que nous eussions confondu
que tu eusses confondu	que vous eussiez confondu
qu'il/elle/on eût confondu	qu'ils/elles eussent confondu

CONDITIONNEL

Présent

je confondrais	nous confondrions
tu confondrais	vous confondriez
il/elle/on confondrait	ils/elles confondraient

Passé

j'aurais confondu	nous aurions confondu
tu aurais confondu	vous auriez confondu
il/elle/on aurait confondu	ils/elles auraient confondu

IMPÉRATIF

confonds confondons confondez

Ces problèmes de mathématiques ont confondu toute notre classe.
These math problems confounded our entire class.

J'ai l'impression que tu confonds l'amour et la passion.
I get the impression that you're confusing love with passion.

Ne confounds pas ces deux choses!
Don't confuse these two things!

C

CONNAÎTRE *to know, to be familiar with*

Inf. connaître *Part. prés.* connaissant *Part. passé* connu

INDICATIF

Présent

je connais	nous connaissons
tu connais	vous connaissez
il/elle/on connaît / ait	ils/elles connaissent

Passé composé

j'ai connu	nous avons connu
tu as connu	vous avez connu
il/elle/on a connu	ils/elles ont connu

Futur simple

je connaîtrai / aitrai	nous connaîtrons / aitrons
tu connaîtras / aitras	vous connaîtrez / aitrez
il/elle/on connaîtra / aitra	ils/elles connaîtront / aitront

Futur antérieur

j'aurai connu	nous aurons connu
tu auras connu	vous aurez connu
il/elle/on aura connu	ils/elles auront connu

Imparfait

je connaissais	nous connaissions
tu connaissais	vous connaissiez
il/elle/on connaissait	ils/elles connaissaient

Plus-que-parfait

j'avais connu	nous avions connu
tu avais connu	vous aviez connu
il/elle/on avait connu	ils/elles avaient connu

Passé simple

je connus	nous connûmes
tu connus	vous connûtes
il/elle/on connut	ils/elles connurent

Passé antérieur

j'eus connu	nous eûmes connu
tu eus connu	vous eûtes connu
il/elle/on eut connu	ils/elles eurent connu

SUBJONCTIF

Présent

que je connaisse	que nous connaissions
que tu connaisses	que vous connaissiez
qu'il/elle/on connaisse	qu'ils/elles connaissent

Imparfait

que je connusse	que nous connussions
que tu connusses	que vous connussiez
qu'il/elle/on connût	qu'ils/elles connussent

Passé

que j'aie connu	que nous ayons connu
que tu aies connu	que vous ayez connu
qu'il/elle/on ait connu	qu'ils/elles aient connu

Plus-que-parfait

que j'eusse connu	que nous eussions connu
que tu eusses connu	que vous eussiez connu
qu'il/elle/on eût connu	qu'ils/elles eussent connu

CONDITIONNEL

Présent

je connaîtrais / aitrais	nous connaîtrions / aitrions
tu connaîtrais / aitrais	vous connaîtriez / aitriez
il/elle/on connaîtrait / aitrait	ils/elles connaîtraient / aitraient

Passé

j'aurais connu	nous aurions connu
tu aurais connu	vous auriez connu
il/elle/on aurait connu	ils/elles auraient connu

IMPÉRATIF

connais connaissons connaissez

J'ai vraiment envie de connaître mon voisin.
I would really like to know my neighbor.

On se connaît?
Do we know each other?

Je connaissais cet homme-là quand j'étais jeune.
I knew that man when I was young.

CONSIDÉRER *to consider*

Inf. considérer *Part. prés.* considérant *Part. passé* considéré

INDICATIF

Présent

je considère | nous considérons
tu considères | vous considérez
il/elle/on considère | ils/elles considèrent

Imparfait

je considérais | nous considérions
tu considérais | vous considériez
il/elle/on considérait | ils/elles considéraient

Passé composé

j'ai considéré | nous avons considéré
tu as considéré | vous avez considéré
il/elle/on a considéré | ils/elles ont considéré

Plus-que-parfait

j'avais considéré | nous avions considéré
tu avais considéré | vous aviez considéré
il/elle/on avait considéré | ils/elles avaient considéré

Futur simple

je considérerai | nous considérerons
tu considéreras | vous considérerez
il/elle/on considérera | ils/elles considéreront

Passé simple

je considérai | nous considérâmes
tu considéras | vous considérâtes
il/elle/on considéra | ils/elles considérèrent

Futur antérieur

j'aurai considéré | nous aurons considéré
tu auras considéré | vous aurez considéré
il/elle/on aura considéré | ils/elles auront considéré

Passé antérieur

j'eus considéré | nous eûmes considéré
tu eus considéré | vous eûtes considéré
il/elle/on eut considéré | ils/elles eurent considéré

SUBJONCTIF

Présent

que je considère | que nous considérions
que tu considères | que vous considériez
qu'il/elle/on considère | qu'ils/elles considèrent

Passé

que j'aie considéré | que nous ayons considéré
que tu aies considéré | que vous ayez considéré
qu'il/elle/on ait considéré | qu'ils/elles aient considéré

Imparfait

que je considérasse | que nous considérassions
que tu considérasses | que vous considérassiez
qu'il/elle/on considérât | qu'ils/elles considérassent

Plus-que-parfait

que j'eusse considéré | que nous eussions considéré
que tu eusses considéré | que vous eussiez considéré
qu'il/elle/on eût considéré | qu'ils/elles eussent considéré

CONDITIONNEL

Présent

je considérerais | nous considérerions
tu considérerais | vous considéreriez
il/elle/on considérerait | ils/elles considéreraient

Passé

j'aurais considéré | nous aurions considéré
tu aurais considéré | vous auriez considéré
il/elle/on aurait considéré | ils/elles auraient considéré

IMPÉRATIF

considère considérons considérez

Il faut considérer toutes les options.
We must consider all the options.

À ta place, j'aurais considéré d'autres manières de résoudre ce problème.
In your place, I would have considered other ways of resolving this problem.

Tout le monde le considère comme imbécile.
Everyone considered him to be an imbecile.

CONSOMMER *to consume, to eat*

Inf. consommer *Part. prés.* consommant *Part. passé* consommé

INDICATIF

Présent

je consomme	nous consommons
tu consommes	vous consommez
il/elle/on consomme	ils/elles consomment

Imparfait

je consommais	nous consommions
tu consommais	vous consommiez
il/elle/on consommait	ils/elles consommaient

Passé composé

j'ai consommé	nous avons consommé
tu as consommé	vous avez consommé
il/elle/on a consommé	ils/elles ont consommé

Plus-que-parfait

j'avais consommé	nous avions consommé
tu avais consommé	vous aviez consommé
il/elle/on avait consommé	ils/elles avaient consommé

Futur simple

je consommerai	nous consommerons
tu consommeras	vous consommerez
il/elle/on consommera	ils/elles consommeront

Passé simple

je consommai	nous consommâmes
tu consommas	vous consommâtes
il/elle/on consomma	ils/elles consommèrent

Futur antérieur

j'aurai consommé	nous aurons consommé
tu auras consommé	vous aurez consommé
il/elle/on aura consommé	ils/elles auront consommé

Passé antérieur

j'eus consommé	nous eûmes consommé
tu eus consommé	vous eûtes consommé
il/elle/on eut consommé	ils/elles eurent consommé

SUBJONCTIF

Présent

que je consomme	que nous consommions
que tu consommes	que vous consommiez
qu'il/elle/on consomme	qu'ils/elles consomment

Passé

que j'aie consommé	que nous ayons consommé
que tu aies consommé	que vous ayez consommé
qu'il/elle/on ait consommé	qu'ils/elles aient consommé

Imparfait

que je consommasse	que nous consommassions
que tu consommasses	que vous consommassiez
qu'il/elle/on consommât	qu'ils/elles consommassent

Plus-que-parfait

que j'eusse consommé	que nous eussions consommé
que tu eusses consommé	que vous eussiez consommé
qu'il/elle/on eût consommé	qu'ils/elles eussent consommé

CONDITIONNEL

Présent

je consommerais	nous consommerions
tu consommerais	vous consommeriez
il/elle/on consommerait	ils/elles consommeraient

Passé

j'aurais consommé	nous aurions consommé
tu aurais consommé	vous auriez consommé
il/elle/on aurait consommé	ils/elles auraient consommé

IMPÉRATIF

consomme consommons consommez

Peut-on consommer sur place chez ce traiteur?
May we eat in at this deli?

Veuillez noter que ce vin est à consommer avec modération.
Please note that this wine is to be consumed in moderation.

Les végétaliens refusent de consommer des produits animalier.
Vegans refuse to consume animal-based products.

CONSTRUIRE *to build, to construct*

Inf. construire *Part. prés.* construisant *Part. passé* construit

INDICATIF

Présent

je construis	nous construisons
tu construis	vous construisez
il/elle/on construit	ils/elles construisent

Passé composé

j'ai construit	nous avons construit
tu as construit	vous avez construit
il/elle/on a construit	ils/elles ont construit

Futur simple

je construirai	nous construirons
tu construiras	vous construirez
il/elle/on construira	ils/elles construiront

Futur antérieur

j'aurai construit	nous aurons construit
tu auras construit	vous aurez construit
il/elle/on aura construit	ils/elles auront construit

Imparfait

je construisais	nous construisions
tu construisais	vous construisiez
il/elle/on construisait	ils/elles construisaient

Plus-que-parfait

j'avais construit	nous avions construit
tu avais construit	vous aviez construit
il/elle/on avait construit	ils/elles avaient construit

Passé simple

je construisis	nous construisîmes
tu construisis	vous construisîtes
il/elle/on construisit	ils/elles construisirent

Passé antérieur

j'eus construit	nous eûmes construit
tu eus construit	vous eûtes construit
il/elle/on eut construit	ils/elles eurent construit

SUBJONCTIF

Présent

que je construise	que nous construisions
que tu construises	que vous construisiez
qu'il/elle/on construise	qu'ils/elles construisent

Imparfait

que je construisisse	que nous construisissions
que tu construisisses	que vous construisissiez
qu'il/elle/on construisît	qu'ils/elles construisissent

Passé

que j'aie construit	que nous ayons construit
que tu aies construit	que vous ayez construit
qu'il/elle/on ait construit	qu'ils/elles aient construit

Plus-que-parfait

que j'eusse construit	que nous eussions construit
que tu eusses construit	que vous eussiez construit
qu'il/elle/on eût construit	qu'ils/elles eussent construit

CONDITIONNEL

Présent

je construirais	nous construirions
tu construirais	vous construiriez
il/elle/on construirait	ils/elles construiraient

Passé

j'aurais construit	nous aurions construit
tu aurais construit	vous auriez construit
il/elle/on aurait construit	ils/elles auraient construit

IMPÉRATIF

construis construisons construisez

Mes parents font construire une maison à la campagne.
My parents are having a house built in the country.

Les menuisiers construisaient notre terrasse quand l'orage a éclaté.
The carpenters were building our terrace when the storm hit.

Le Brésil construira une navette spaciale.
Brazil will build a space shuttle.

CONTENIR *to contain, to hold*

Inf. contenir *Part. prés.* contenant *Part. passé* contenu

INDICATIF

Présent

je contiens	nous contenons
tu contiens	vous contenez
il/elle/on contient	ils/elles contiennent

Passé composé

j'ai contenu	nous avons contenu
tu as contenu	vous avez contenu
il/elle/on a contenu	ils/elles ont contenu

Futur simple

je contiendrai	nous contiendrons
tu contiendras	vous contiendrez
il/elle/on contiendra	ils/elles contiendront

Futur antérieur

j'aurai contenu	nous aurons contenu
tu auras contenu	vous aurez contenu
il/elle/on aura contenu	ils/elles auront contenu

Imparfait

je contenais	nous contenions
tu contenais	vous conteniez
il/elle/on contenait	ils/elles contenaient

Plus-que-parfait

j'avais contenu	nous avions contenu
tu avais contenu	vous aviez contenu
il/elle/on avait contenu	ils/elles avaient contenu

Passé simple

je contins	nous contînmes
tu contins	vous contîntes
il/elle/on contint	ils/elles continrent

Passé antérieur

j'eus contenu	nous eûmes contenu
tu eus contenu	vous eûtes contenu
il/elle/on eut contenu	ils/elles eurent contenu

SUBJONCTIF

Présent

que je contienne	que nous contenions
que tu contiennes	que vous conteniez
qu'il/elle/on contienne	qu'ils/elles contiennent

Imparfait

que je continsse	que nous continssions
que tu continsses	que vous continssiez
qu'il/elle/on contînt	qu'ils/elles continssent

Passé

que j'aie contenu	que nous ayons contenu
que tu aies contenu	que vous ayez contenu
qu'il/elle/on ait contenu	qu'ils/elles aient contenu

Plus-que-parfait

que j'eusse contenu	que nous eussions contenu
que tu eusses contenu	que vous eussiez contenu
qu'il/elle/on eût contenu	qu'ils/elles eussent contenu

CONDITIONNEL

Présent

je contiendrais	nous contiendrions
tu contiendrais	vous contiendriez
il/elle/on contiendrait	ils/elles contiendraient

Passé

j'aurais contenu	nous aurions contenu
tu aurais contenu	vous auriez contenu
il/elle/on aurait contenu	ils/elles auraient contenu

IMPÉRATIF

contiens contenons contenez

Qu'est-ce que cette boîte contient?
What does this box hold?

Dans le grenier de ma tante on a trouvé une enveloppe qui contenait un collier en or.
In my aunt's attic we found an envelope that contained a gold necklace.

On dit que ce logiciel contient un code endommagé.
They say that this software contains a damaged code.

CONTINUER *to continue*

Inf. continuer *Part. prés.* continuant *Part. passé* continué

INDICATIF

Présent

je continue	nous continuons
tu continues	vous continuez
il/elle/on continue	ils/elles continuent

Imparfait

je continuais	nous continuions
tu continuais	vous continuiez
il/elle/on continuait	ils/elles continuaient

Passé composé

j'ai continué	nous avons continué
tu as continué	vous avez continué
il/elle/on a continué	ils/elles ont continué

Plus-que-parfait

j'avais continué	nous avions continué
tu avais continué	vous aviez continué
il/elle/on avait continué	ils/elles avaient continué

Futur simple

je continuerai	nous continuerons
tu continueras	vous continuerez
il/elle/on continuera	ils/elles continueront

Passé simple

je continuai	nous continuâmes
tu continuas	vous continuâtes
il/elle/on continua	ils/elles continuèrent

Futur antérieur

j'aurai continué	nous aurons continué
tu auras continué	vous aurez continué
il/elle/on aura continué	ils/elles auront continué

Passé antérieur

j'eus continué	nous eûmes continué
tu eus continué	vous eûtes continué
il/elle/on eut continué	ils/elles eurent continué

SUBJONCTIF

Présent

que je continue	que nous continuions
que tu continues	que vous continuiez
qu'il/elle/on continue	qu'ils/elles continuent

Passé

que j'aie continué	que nous ayons continué
que tu aies continué	que vous ayez continué
qu'il/elle/on ait continué	qu'ils/elles aient continué

Imparfait

que je continuasse	que nous continuassions
que tu continuasses	que vous continuassiez
qu'il/elle/on continuât	qu'ils/elles continuassent

Plus-que-parfait

que j'eusse continué	que nous eussions continué
que tu eusses continué	que vous eussiez continué
qu'il/elle/on eût continué	qu'ils/elles eussent continué

CONDITIONNEL

Présent

je continuerais	nous continuerions
tu continuerais	vous continueriez
il/elle/on continuerait	ils/elles continueraient

Passé

j'aurais continué	nous aurions continué
tu aurais continué	vous auriez continué
il/elle/on aurait continué	ils/elles auraient continué

IMPÉRATIF

continue continuons continuez

Elles continuaient à parler même après que le professeur leur a dit d'arrêter.
They continued talking even after the professor told them to stop.

Tournez à gauche et puis continuez tout droit.
Turn left and then continue straight ahead.

Si tu t'inscris dans ce cours d'anglais, tu contineueras à améliorer tes compétences langagières.
If you enroll in this class, you will continue to improve your linguistic abilities.

CONTRÔLER *to check, to control*

Inf. contrôler *Part. prés.* contrôlant *Part. passé* contrôlé

INDICATIF

Présent

je contrôle	nous contrôlons
tu contrôles	vous contrôlez
il/elle/on contrôle	ils/elles contrôlent

Passé composé

j'ai contrôlé	nous avons contrôlé
tu as contrôlé	vous avez contrôlé
il/elle/on a contrôlé	ils/elles ont contrôlé

Futur simple

je contrôlerai	nous contrôlerons
tu contrôleras	vous contrôlerez
il/elle/on contrôlera	ils/elles contrôleront

Futur antérieur

j'aurai contrôlé	nous aurons contrôlé
tu auras contrôlé	vous aurez contrôlé
il/elle/on aura contrôlé	ils/elles auront contrôlé

Imparfait

je contrôlais	nous contrôlions
tu contrôlais	vous contrôliez
il/elle/on contrôlait	ils/elles contrôlaient

Plus-que-parfait

j'avais contrôlé	nous avions contrôlé
tu avais contrôlé	vous aviez contrôlé
il/elle/on avait contrôlé	ils/elles avaient contrôlé

Passé simple

je contrôlai	nous contrôlâmes
tu contrôlas	vous contrôlâtes
il/elle/on contrôla	ils/elles contrôlèrent

Passé antérieur

j'eus contrôlé	nous eûmes contrôlé
tu eus contrôlé	vous eûtes contrôlé
il/elle/on eut contrôlé	ils/elles eurent contrôlé

SUBJONCTIF

Présent

que je contrôle	que nous contrôlions
que tu contrôles	que vous contrôliez
qu'il/elle/on contrôle	qu'ils/elles contrôlent

Imparfait

que je contrôlasse	que nous contrôlassions
que tu contrôlasses	que vous contrôlassiez
qu'il/elle/on contrôlât	qu'ils/elles contrôlassent

Passé

que j'aie contrôlé	que nous ayons contrôlé
que tu aies contrôlé	que vous ayez contrôlé
qu'il/elle/on ait contrôlé	qu'ils/elles aient contrôlé

Plus-que-parfait

que j'eusse contrôlé	que nous eussions contrôlé
que tu eusses contrôlé	que vous eussiez contrôlé
qu'il/elle/on eût contrôlé	qu'ils/elles eussent contrôlé

CONDITIONNEL

Présent

je contrôlerais	nous contrôlerions
tu contrôlerais	vous contrôleriez
il/elle/on contrôlerait	ils/elles contrôleraient

Passé

j'aurais contrôlé	nous aurions contrôlé
tu aurais contrôlé	vous auriez contrôlé
il/elle/on aurait contrôlé	ils/elles auraient contrôlé

IMPÉRATIF

contrôle contrôlons contrôlez

On contrôlera nos passeports à la frontière.
Our passports will be checked at the border.

Qui peut contrôler l'Internet?
Who can control the Internet?

Dans l'usine les chefs contrôlent la production et essaient d'identifier des problèmes.
At the factory the foremen monitor production and try to identify problems.

CONVAINCRE *to convince*

Inf. convaincre *Part. prés.* convainquant *Part. passé* convaincu

INDICATIF

Présent

je convaincs	nous convainquons
tu convaincs	vous convainquez
il/elle/on convainc	ils/elles convainquent

Imparfait

je convainquais	nous convainquions
tu convainquais	vous convainquiez
il/elle/on convainquait	ils/elles convainquaient

Passé composé

j'ai convaincu	nous avons convaincu
tu as convaincu	vous avez convaincu
il/elle/on a convaincu	ils/elles ont convaincu

Plus-que-parfait

j'avais convaincu	nous avions convaincu
tu avais convaincu	vous aviez convaincu
il/elle/on avait convaincu	ils/elles avaient convaincu

Futur simple

je convaincrai	nous convaincrons
tu convaincras	vous convaincrez
il/elle/on convaincra	ils/elles convaincront

Passé simple

je convainquis	nous convainquîmes
tu convainquis	vous convainquîtes
il/elle/on convainquit	ils/elles convainquirent

Futur antérieur

j'aurai convaincu	nous aurons convaincu
tu auras convaincu	vous aurez convaincu
il/elle/on aura convaincu	ils/elles auront convaincu

Passé antérieur

j'eus convaincu	nous eûmes convaincu
tu eus convaincu	vous eûtes convaincu
il/elle/on eut convaincu	ils/elles eurent convaincu

SUBJONCTIF

Présent

que je convainque	que nous convainquions
que tu convainques	que vous convainquiez
qu'il/elle/on convainque	qu'ils/elles convainquent

Passé

que j'aie convaincu	que nous ayons convaincu
que tu aies convaincu	que vous ayez convaincu
qu'il/elle/on ait convaincu	qu'ils/elles aient convaincu

Imparfait

que je convainquisse	que nous convainquissions
que tu convainquisses	que vous convainquissiez
qu'il/elle/on convainquît	qu'ils/elles convainquissent

Plus-que-parfait

que j'eusse convaincu	que nous eussions convaincu
que tu eusses convaincu	que vous eussiez convaincu
qu'il/elle/on eût convaincu	qu'ils/elles eussent convaincu

CONDITIONNEL

Présent

je convaincrais	nous convaincrions
tu convaincrais	vous convaincriez
il/elle/on convaincrait	ils/elles convaincraient

Passé

j'aurais convaincu	nous aurions convaincu
tu aurais convaincu	vous auriez convaincu
il/elle/on aurait convaincu	ils/elles auraient convaincu

IMPÉRATIF

convaincs convainquons convainquez

Monsieur Ducasse essaie de nous convaincre d'acheter son nouveau produit.
Mr. Ducasse is trying to convince us to buy his new product.

J'ai convaincu mon patron de m'acheter une nouvelle imprimante.
I convinced my boss to buy me a new printer.

Il pense convaincre sa femme de déménager à Paris.
He thinks he'll convince his wife to move to Paris.

CORRIGER *to correct, to proofread*

Inf. corriger *Part. prés.* corrigeant *Part. passé* corrigé

INDICATIF

Présent

je corrige	nous corrigeons
tu corriges	vous corrigez
il/elle/on corrige	ils/elles corrigent

Imparfait

je corrigeais	nous corrigions
tu corrigeais	vous corrigiez
il/elle/on corrigeait	ils/elles corrigeaient

Passé composé

j'ai corrigé	nous avons corrigé
tu as corrigé	vous avez corrigé
il/elle/on a corrigé	ils/elles ont corrigé

Plus-que-parfait

j'avais corrigé	nous avions corrigé
tu avais corrigé	vous aviez corrigé
il/elle/on avait corrigé	ils/elles avaient corrigé

Futur simple

je corrigerai	nous corrigerons
tu corrigeras	vous corrigerez
il/elle/on corrigera	ils/elles corrigeront

Passé simple

je corrigeai	nous corrigeâmes
tu corrigeas	vous corrigeâtes
il/elle/on corrigea	ils/elles corrigèrent

Futur antérieur

j'aurai corrigé	nous aurons corrigé
tu auras corrigé	vous aurez corrigé
il/elle/on aura corrigé	ils/elles auront corrigé

Passé antérieur

j'eus corrigé	nous eûmes corrigé
tu eus corrigé	vous eûtes corrigé
il/elle/on eut corrigé	ils/elles eurent corrigé

SUBJONCTIF

Présent

que je corrige	que nous corrigions
que tu corriges	que vous corrigiez
qu'il/elle/on corrige	qu'ils/elles corrigent

Passé

que j'aie corrigé	que nous ayons corrigé
que tu aies corrigé	que vous ayez corrigé
qu'il/elle/on ait corrigé	qu'ils/elles aient corrigé

Imparfait

que je corrigeasse	que nous corrigeassions
que tu corrigeasses	que vous corrigeassiez
qu'il/elle/on corrigeât	qu'ils/elles corrigeassent

Plus-que-parfait

que j'eusse corrigé	que nous eussions corrigé
que tu eusses corrigé	que vous eussiez corrigé
qu'il/elle/on eût corrigé	qu'ils/elles eussent corrigé

CONDITIONNEL

Présent

je corrigerais	nous corrigerions
tu corrigerais	vous corrigeriez
il/elle/on corrigerait	ils/elles corrigeraient

Passé

j'aurais corrigé	nous aurions corrigé
tu aurais corrigé	vous auriez corrigé
il/elle/on aurait corrigé	ils/elles auraient corrigé

IMPÉRATIF

corrige corrigeons corrigez

Le prof passe son temps à corriger des rédactions.
The teacher spends his time correcting essays.

Elle va se faire opérer pour corriger sa myopie.
She's going to have an operation to correct her myopia.

Tu peux corriger ce document pour moi?
Can you proofread this document for me?

COUCHER *to put to bed, to sleep*

Inf. coucher *Part. prés.* couchant *Part. passé* couché

INDICATIF

Présent

je couche	nous couchons
tu couches	vous couchez
il/elle/on couche	ils/elles couchent

Passé composé

j'ai couché	nous avons couché
tu as couché	vous avez couché
il/elle/on a couché	ils/elles ont couché

Futur simple

je coucherai	nous coucherons
tu coucheras	vous coucherez
il/elle/on couchera	ils/elles coucheront

Futur antérieur

j'aurai couché	nous aurons couché
tu auras couché	vous aurez couché
il/elle/on aura couché	ils/elles auront couché

Imparfait

je couchais	nous couchions
tu couchais	vous couchiez
il/elle/on couchait	ils/elles couchaient

Plus-que-parfait

j'avais couché	nous avions couché
tu avais couché	vous aviez couché
il/elle/on avait couché	ils/elles avaient couché

Passé simple

je couchai	nous couchâmes
tu couchas	vous couchâtes
il/elle/on coucha	ils/elles couchèrent

Passé antérieur

j'eus couché	nous eûmes couché
tu eus couché	vous eûtes couché
il/elle/on eut couché	ils/elles eurent couché

SUBJONCTIF

Présent

que je couche	que nous couchions
que tu couches	que vous couchiez
qu'il/elle/on couche	qu'ils/elles couchent

Imparfait

que je couchasse	que nous couchassions
que tu couchasses	que vous couchassiez
qu'il/elle/on couchât	qu'ils/elles couchassent

Passé

que j'aie couché	que nous ayons couché
que tu aies couché	que vous ayez couché
qu'il/elle/on ait couché	qu'ils/elles aient couché

Plus-que-parfait

que j'eusse couché	que nous eussions couché
que tu eusses couché	que vous eussiez couché
qu'il/elle/on eût couché	qu'ils/elles eussent couché

CONDITIONNEL

Présent

je coucherais	nous coucherions
tu coucherais	vous coucheriez
il/elle/on coucherait	ils/elles coucheraient

Passé

j'aurais couché	nous aurions couché
tu aurais couché	vous auriez couché
il/elle/on aurait couché	ils/elles auraient couché

IMPÉRATIF

couche couchons couchez

Couchons les enfants pour que nous puissions regarder un film.
Let's put the kids to bed so we can watch a movie.

Hier soir on a couché à la belle étoile, c'était magnifique!
Last night we slept under the stars; it was magnificent!

Le clochard couche dans la rue.
The tramp sleeps in the street.

SE COUCHER *to go to bed*

Inf. se coucher *Part. prés.* se couchant *Part. passé* couché(e)(s)

INDICATIF

Présent

je me couche	nous nous couchons
tu te couches	vous vous couchez
il/elle/on se couche	ils/elles se couchent

Imparfait

je me couchais	nous nous couchions
tu te couchais	vous vous couchiez
il/elle/on se couchait	ils/elles se couchaient

Passé composé

je me suis couché(e)	nous nous sommes couché(e)s
tu t'es couché(e)	vous vous êtes couché(e)(s)
il/elle/on s'est couché(e)	ils/elles se sont couché(e)s

Plus-que-parfait

je m'étais couché(e)	nous nous étions couché(e)s
tu t'étais couché(e)	vous vous étiez couché(e)(s)
il/elle/on s'était couché(e)	ils/elles s'étaient couché(e)s

Futur simple

je me coucherai	nous nous coucherons
tu te coucheras	vous vous coucherez
il/elle/on se couchera	ils/elles se coucheront

Passé simple

je me couchai	nous nous couchâmes
tu te couchas	vous vous couchâtes
il/elle/on se coucha	ils/elles se couchèrent

Futur antérieur

je me serai couché(e)	nous nous serons couché(e)s
tu te seras couché(e)	vous vous serez couché(e)(s)
il/elle/on se sera couché(e)	ils/elles se seront couché(e)s

Passé antérieur

je me fus couché(e)	nous nous fûmes couché(e)s
tu te fus couché(e)	vous vous fûtes couché(e)(s)
il/elle/on se fut couché(e)	ils/elles se furent couché(e)s

SUBJONCTIF

Présent

que je me couche	que nous nous couchions
que tu te couches	que vous vous couchiez
qu'il/elle/on se couche	qu'ils/elles se couchent

Passé

que je me sois couché(e)	que nous nous soyons couché(e)s
que tu te sois couché(e)	que vous vous soyez couché(e)(s)
qu'il/elle/on se soit couché(e)	qu'ils/elles se soient couché(e)s

Imparfait

que je me couchasse	que nous nous couchassions
que tu te couchasses	que vous vous couchassiez
qu'il/elle/on se couchât	qu'ils/elles se couchassent

Plus-que-parfait

que je me fusse couché(e)	que nous nous fussions couché(e)s
que tu te fusses couché(e)	que vous vous fussiez couché(e)(s)
qu'il/elle/on se fût couché(e)	qu'ils/elles se fussent couché(e)s

CONDITIONNEL

Présent

je me coucherais	nous nous coucherions
tu te coucherais	vous vous coucheriez
il/elle/on se coucherait	ils/elles se coucheraient

Passé

je me serais couché(e)	nous nous serions couché(e)s
tu te serais couché(e)	vous vous seriez couché(e)(s)
il/elle/on se serait couché(e)	ils/elles se seraient couché(e)s

IMPÉRATIF

couche-toi couchons-nous couchez-vous

Sylvie s'est couchée de bonne heure hier soir; je crois qu'elle est malade.
Sylvie went to bed earily last night; I think she's sick.

Couchez-vous tout de suite!
Go to bed immediately!

Comme j'ai un entretien demain à sept heures et demie, je me coucherai avant minuit.
Since I have an interview tomorrow at seven thirty, I will go to bed before midnight.

COUDRE *to sew, to stitch*

Inf. coudre *Part. prés.* cousant *Part. passé* cousu

INDICATIF

Présent		Imparfait	
je couds	nous cousons	je cousais	nous cousions
tu couds	vous cousez	tu cousais	vous cousiez
il/elle/on coud	ils/elles cousent	il/elle/on cousait	ils/elles cousaient
Passé composé		**Plus-que-parfait**	
j'ai cousu	nous avons cousu	j'avais cousu	nous avions cousu
tu as cousu	vous avez cousu	tu avais cousu	vous aviez cousu
il/elle/on a cousu	ils/elles ont cousu	il/elle/on avait cousu	ils/elles avaient cousu
Futur simple		**Passé simple**	
je coudrai	nous coudrons	je cousis	nous cousîmes
tu coudras	vous coudrez	tu coucousis	vous cousîtes
il/elle/on coudra	ils/elles coudront	il/elle/on cousit	ils/elles cousirent
Futur antérieur		**Passé antérieur**	
j'aurai cousu	nous aurons cousu	j'eus cousu	nous eûmes cousu
tu auras cousu	vous aurez cousu	tu eus cousu	vous eûtes cousu
il/elle/on aura cousu	ils/elles auront cousu	il/elle/on eut cousu	ils/elles eurent cousu

SUBJONCTIF

Présent		Passé	
que je couse	que nous cousions	que j'aie cousu	que nous ayons cousu
que tu couses	que vous cousiez	que tu aies cousu	que vous ayez cousu
qu'il/elle/on couse	qu'ils/elles cousent	qu'il/elle/on ait cousu	qu'ils/elles aient cousu
Imparfait		**Plus-que-parfait**	
que je cousisse	que nous cousissions	que j'eusse cousu	que nous eussions cousu
que tu cousisses	que vous cousissiez	que tu eusses cousu	que vous eussiez cousu
qu'il/elle/on cousît	qu'ils/elles cousissent	qu'il/elle/on eût cousu	qu'ils/elles eussent cousu

CONDITIONNEL

Présent		Passé	
je coudrais	nous coudrions	j'aurais cousu	nous aurions cousu
tu coudrais	vous coudriez	tu aurais cousu	vous auriez cousu
il/elle/on coudrait	ils/elles coudraient	il/elle/on aurait cousu	ils/elles auraient cousu

IMPÉRATIF

couds cousons cousez

Je ne sais pas coudre; je préfère tricoter et crocheter.
I don't know how to sew; I prefer knitting and crocheting.

Si je te donnais ce tissu, est-ce que tu coudrais quelque chose pour moi?
If I gave you this fabric, would you sew something for me?

Mon père a cousu une nouvelle robe pour ma sœur.
My dad sewed a new dress for my sister.

COUPER *to cut*

Inf. couper *Part. prés.* coupant *Part. passé* coupé

INDICATIF

Présent

je coupe	nous coupons
tu coupes	vous coupez
il/elle/on coupe	ils/elles coupent

Passé composé

j'ai coupé	nous avons coupé
tu as coupé	vous avez coupé
il/elle/on a coupé	ils/elles ont coupé

Futur simple

je couperai	nous couperons
tu couperas	vous couperez
il/elle/on coupera	ils/elles couperont

Futur antérieur

j'aurai coupé	nous aurons coupé
tu auras coupé	vous aurez coupé
il/elle/on aura coupé	ils/elles auront coupé

Imparfait

je coupais	nous coupions
tu coupais	vous coupiez
il/elle/on coupait	ils/elles coupaient

Plus-que-parfait

j'avais coupé	nous avions coupé
tu avais coupé	vous aviez coupé
il/elle/on avait coupé	ils/elles avaient coupé

Passé simple

je coupai	nous coupâmes
tu coupas	vous coupâtes
il/elle/on coupa	ils/elles coupèrent

Passé antérieur

j'eus coupé	nous eûmes coupé
tu eus coupé	vous eûtes coupé
il/elle/on eut coupé	ils/elles eurent coupé

SUBJONCTIF

Présent

que je coupe	que nous coupions
que tu coupes	que vous coupiez
qu'il/elle/on coupe	qu'ils/elles coupent

Imparfait

que je coupasse	que nous coupassions
que tu coupasses	que vous coupassiez
qu'il/elle/on coupât	qu'ils/elles coupassent

Passé

que j'aie coupé	que nous ayons coupé
que tu aies coupé	que vous ayez coupé
qu'il/elle/on ait coupé	qu'ils/elles aient coupé

Plus-que-parfait

que j'eusse coupé	que nous eussions coupé
que tu eusses coupé	que vous eussiez coupé
qu'il/elle/on eût coupé	qu'ils/elles eussent coupé

CONDITIONNEL

Présent

je couperais	nous couperions
tu couperais	vous couperiez
il/elle/on couperait	ils/elles couperaient

Passé

j'aurais coupé	nous aurions coupé
tu aurais coupé	vous auriez coupé
il/elle/on aurait coupé	ils/elles auraient coupé

IMPÉRATIF

coupe coupons coupez

Quelqu'un a coupé beaucoup d'arbres sur notre terrain.
Someone cut down a lot of trees on our property.

Coupez les légumes et mettez-les dans une casserole.
Cut the vegetables and put them in a saucepan.

Coupez ce fromage en tranches, s'il vous plaît.
Please cut this piece of cheese in slices.

COURIR *to run*

Inf. courir *Part. prés.* courant *Part. passé* couru

INDICATIF

Présent

je cours	nous courons
tu cours	vous courez
il/elle/on court	ils/elles courent

Passé composé

j'ai couru	nous avons couru
tu as couru	vous avez couru
il/elle/on a couru	ils/elles ont couru

Futur simple

je courrai	nous courrons
tu courras	vous courrez
il/elle/on courra	ils/elles courront

Futur antérieur

j'aurai couru	nous aurons couru
tu auras couru	vous aurez couru
il/elle/on aura couru	ils/elles auront couru

Imparfait

je courais	nous courions
tu courais	vous couriez
il/elle/on courait	ils/elles couraient

Plus-que-parfait

j'avais couru	nous avions couru
tu avais couru	vous aviez couru
il/elle/on avait couru	ils/elles avaient couru

Passé simple

je courus	nous courûmes
tu courus	vous courûtes
il/elle/on courut	ils/elles coururent

Passé antérieur

j'eus couru	nous eûmes couru
tu eus couru	vous eûtes couru
il/elle/on eut couru	ils/elles eurent couru

SUBJONCTIF

Présent

que je coure	que nous courions
que tu coures	que vous couriez
qu'il/elle/on coure	qu'ils/elles courent

Imparfait

que je courusse	que nous courussions
que tu courusses	que vous courussiez
qu'il/elle/on courût	qu'ils/elles courussent

Passé

que j'aie couru	que nous ayons couru
que tu aies couru	que vous ayez couru
qu'il/elle/on ait couru	qu'ils/elles aient couru

Plus-que-parfait

que j'eusse couru	que nous eussions couru
que tu eusses couru	que vous eussiez couru
qu'il/elle/on eût couru	qu'ils/elles eussent couru

CONDITIONNEL

Présent

je courrais	nous courrions
tu courrais	vous courriez
il/elle/on courrait	ils/elles courraient

Passé

j'aurais couru	nous aurions couru
tu aurais couru	vous auriez couru
il/elle/on aurait couru	ils/elles auraient couru

IMPÉRATIF

cours courons courez

Les athlètes ont couru toute la matinée.
The athletes ran all morning.

Quand tu étais jeune, tu courais très vite.
When you were young, you used to run really fast.

J'ai besoin de courir cet après-midi.
I need to run this afternoon.

COÛTER *to cost*

Inf. coûter *Part. prés.* coûtant *Part. passé* coûté

INDICATIF

Présent		Imparfait	
je coûte	nous coûtons	je coûtais	nous coûtions
tu coûtes	vous coûtez	tu coûtais	vous coûtiez
il/elle/on coûte	ils/elles coûtent	il/elle/on coûtait	ils/elles coûtaient
Passé composé		**Plus-que-parfait**	
j'ai coûté	nous avons coûté	j'avais coûté	nous avions coûté
tu as coûté	vous avez coûté	tu avais coûté	vous aviez coûté
il/elle/on a coûté	ils/elles ont coûté	il/elle/on avait coûté	ils/elles avaient coûté
Futur simple		**Passé simple**	
je coûterai	nous coûterons	je coûtai	nous coûtâmes
tu coûteras	vous coûterez	tu coûtas	vous coûtâtes
il/elle/on coûtera	ils/elles coûteront	il/elle/on coûta	ils/elles coûtèrent
Futur antérieur		**Passé antérieur**	
j'aurai coûté	nous aurons coûté	j'eus coûté	nous eûmes coûté
tu auras coûté	vous aurez coûté	tu eus coûté	vous eûtes coûté
il/elle/on aura coûté	ils/elles auront coûté	il/elle/on eut coûté	ils/elles eurent coûté

SUBJONCTIF

Présent		Passé	
que je coûte	que nous coûtions	que j'aie coûté	que nous ayons coûté
que tu coûtes	que vous coûtiez	que tu aies coûté	que vous ayez coûté
qu'il/elle/on coûte	qu'ils/elles coûtent	qu'il/elle/on ait coûté	qu'ils/elles aient coûté
Imparfait		**Plus-que-parfait**	
que je coûtasse	que nous coûtassions	que j'eusse coûté	que nous eussions coûté
que tu coûtasses	que vous coûtassiez	que tu eusses coûté	que vous eussiez coûté
qu'il/elle/on coûtât	qu'ils/elles coûtassent	qu'il/elle/on eût coûté	qu'ils/elles eussent coûté

CONDITIONNEL

Présent		Passé	
je coûterais	nous coûterions	j'aurais coûté	nous aurions coûté
tu coûterais	vous coûteriez	tu aurais coûté	vous auriez coûté
il/elle/on coûterait	ils/elles coûteraient	il/elle/on aurait coûté	ils/elles auraient coûté

IMPÉRATIF

coûte coûtons coûtez

Combien coûtent ces chaussettes?
How much do these socks cost?

Cette voiture a coûté très cher.
This car cost a lot.

Tu peux acheter cette maison, mais ça coûtera beaucoup.
You can buy this house, but it will cost a lot.

CRAINDRE *to fear, to be afraid of*

Inf. craindre *Part. prés.* craignant *Part. passé* craint

INDICATIF

Présent

je crains	nous craignons
tu crains	vous craignez
il/elle/on craint	ils/elles craignent

Passé composé

j'ai craint	nous avons craint
tu as craint	vous avez craint
il/elle/on a craint	ils/elles ont craint

Futur simple

je craindrai	nous craindrons
tu craindras	vous craindrez
il/elle/on craindra	ils/elles craindront

Futur antérieur

j'aurai craint	nous aurons craint
tu auras craint	vous aurez craint
il/elle/on aura craint	ils/elles auront craint

Imparfait

je craignais	nous craignions
tu craignais	vous craigniez
il/elle/on craignait	ils/elles craignaient

Plus-que-parfait

j'avais craint	nous avions craint
tu avais craint	vous aviez craint
il/elle/on avait craint	ils/elles avaient craint

Passé simple

je craignis	nous craignîmes
tu craignis	vous craignîtes
il/elle/on craignit	ils/elles craignirent

Passé antérieur

j'eus craint	nous eûmes craint
tu eus craint	vous eûtes craint
il/elle/on eut craint	ils/elles eurent craint

SUBJONCTIF

Présent

que je craigne	que nous craignions
que tu craignes	que vous craigniez
qu'il/elle/on craigne	qu'ils/elles craignent

Imparfait

que je craignisse	que nous craignissions
que tu craignisses	que vous craignissiez
qu'il/elle/on craignît	qu'ils/elles craignissent

Passé

que j'aie craint	que nous ayons craint
que tu aies craint	que vous ayez craint
qu'il/elle/on ait craint	qu'ils/elles aient craint

Plus-que-parfait

que j'eusse craint	que nous eussions craint
que tu eusses craint	que vous eussiez craint
qu'il/elle/on eût craint	qu'ils/elles eussent craint

CONDITIONNEL

Présent

je craindrais	nous craindrions
tu craindrais	vous craindriez
il/elle/on craindrait	ils/elles craindraient

Passé

j'aurais craint	nous aurions craint
tu aurais craint	vous auriez craint
il/elle/on aurait craint	ils/elles auraient craint

IMPÉRATIF

crains craignons craignez

Mes parents craignaient le pire quand ils n'avaient pas de nouvelles de ma sœur.
My parents feared the worst when they hadn't heard from my sister.

Je crains que vous n'ayez pas tout à fait raison.
I'm afraid that you are not completely correct.

Tu n'as rien à craindre; la police n'a rien vu!
You don't have anything to fear; the police didn't see anything!

CRÉER *to create, to develop*

Inf. créer *Part. prés.* créant *Part. passé* créé

INDICATIF

Présent

je crée	nous créons
tu crées	vous créez
il/elle/on crée	ils/elles créent

Passé composé

j'ai créé	nous avons créé
tu as créé	vous avez créé
il/elle/on a créé	ils/elles ont créé

Futur simple

je créerai	nous créerons
tu créeras	vous créerez
il/elle/on créera	ils/elles créeront

Futur antérieur

j'aurai créé	nous aurons créé
tu auras créé	vous aurez créé
il/elle/on aura créé	ils/elles auront créé

Imparfait

je créais	nous créions
tu créais	vous créiez
il/elle/on créait	ils/elles créaient

Plus-que-parfait

j'avais créé	nous avions créé
tu avais créé	vous aviez créé
il/elle/on avait créé	ils/elles avaient créé

Passé simple

je créai	nous créâmes
tu créas	vous créâtes
il/elle/on créa	ils/elles créèrent

Passé antérieur

j'eus créé	nous eûmes créé
tu eus créé	vous eûtes créé
il/elle/on eut créé	ils/elles eurent créé

SUBJONCTIF

Présent

que je crée	que nous créions
que tu crées	que vous créiez
qu'il/elle/on crée	qu'ils/elles créent

Imparfait

que je créasse	que nous créassions
que tu créasses	que vous créassiez
qu'il/elle/on créât	qu'ils/elles créassent

Passé

que j'aie créé	que nous ayons créé
que tu aies créé	que vous ayez créé
qu'il/elle/on ait créé	qu'ils/elles aient créé

Plus-que-parfait

que j'eusse créé	que nous eussions créé
que tu eusses créé	que vous eussiez créé
qu'il/elle/on eût créé	qu'ils/elles eussent créé

CONDITIONNEL

Présent

je créerais	nous créerions
tu créerais	vous créeriez
il/elle/on créerait	ils/elles créeraient

Passé

j'aurais créé	nous aurions créé
tu aurais créé	vous auriez créé
il/elle/on aurait créé	ils/elles auraient créé

IMPÉRATIF

crée créons créez

Les chercheurs ont créé un produit qui luttera contre les rides.
Researchers have developed a product that will fight against wrinkles.

Tes remarques créeront des problèmes pour toi auprès de ton patron.
Your remarks will create problems for you with your boss.

Ma mère crée une nouvelle enterprise.
My mother is creating a new company.

CRIER *to cry out, to shout*

Inf. crier *Part. prés.* criant *Part. passé* crié

INDICATIF

Présent

je crie	nous crions
tu cries	vous criez
il/elle/on crie	ils/elles crient

Imparfait

je criais	nous criions
tu criais	vous criiez
il/elle/on criait	ils/elles criaient

Passé composé

j'ai crié	nous avons crié
tu as crié	vous avez crié
il/elle/on a crié	ils/elles ont crié

Plus-que-parfait

j'avais crié	nous avions crié
tu avais crié	vous aviez crié
il/elle/on avait crié	ils/elles avaient crié

Futur simple

je crierai	nous crierons
tu crieras	vous crierez
il/elle/on criera	ils/elles crieront

Passé simple

je criai	nous criâmes
tu crias	vous criâtes
il/elle/on cria	ils/elles crièrent

Futur antérieur

j'aurai crié	nous aurons crié
tu auras crié	vous aurez crié
il/elle/on aura crié	ils/elles auront crié

Passé antérieur

j'eus crié	nous eûmes crié
tu eus crié	vous eûtes crié
il/elle/on eut crié	ils/elles eurent crié

SUBJONCTIF

Présent

que je crie	que nous criions
que tu cries	que vous criiez
qu'il/elle/on crie	qu'ils/elles crient

Passé

que j'aie crié	que nous ayons crié
que tu aies crié	que vous ayez crié
qu'il/elle/on ait crié	qu'ils/elles aient crié

Imparfait

que je criasse	que nous criassions
que tu criasses	que vous criassiez
qu'il/elle/on criât	qu'ils/elles criassent

Plus-que-parfait

que j'eusse crié	que nous eussions crié
que tu eusses crié	que vous eussiez crié
qu'il/elle/on eût crié	qu'ils/elles eussent crié

CONDITIONNEL

Présent

je crierais	nous crierions
tu crierais	vous crieriez
il/elle/on crierait	ils/elles crieraient

Passé

j'aurais crié	nous aurions crié
tu aurais crié	vous auriez crié
il/elle/on aurait crié	ils/elles auraient crié

IMPÉRATIF

crie crions criez

Ne criez pas si fort!
Don't shout so loud!

Quand nous sommes sortis de la maison, nous avons vu une femme qui criait dans la rue.
When we left the house, we saw a woman who was shouting in the street.

Quand mon frère était petit, il criait quand ma mère lui donnait un bain.
When my brother was little, he used to scream when my mom would give him a bath.

CROIRE *to believe, to think*

Inf. croire *Part. prés.* croyant *Part. passé* cru

INDICATIF

Présent

je crois	nous croyons
tu crois	vous croyez
il/elle/on croit	ils/elles croient

Passé composé

j'ai cru	nous avons cru
tu as cru	vous avez cru
il/elle/on a cru	ils/elles ont cru

Futur simple

je croirai	nous croirons
tu croiras	vous croirez
il/elle/on croira	ils/elles croiront

Futur antérieur

j'aurai cru	nous aurons cru
tu auras cru	vous aurez cru
il/elle/on aura cru	ils/elles auront cru

Imparfait

je croyais	nous croyions
tu croyais	vous croyiez
il/elle/on croyait	ils/elles croyaient

Plus-que-parfait

j'avais cru	nous avions cru
tu avais cru	vous aviez cru
il/elle/on avait cru	ils/elles avaient cru

Passé simple

je crus	nous crûmes
tu crus	vous crûtes
il/elle/on crut	ils/elles crurent

Passé antérieur

j'eus cru	nous eûmes cru
tu eus cru	vous eûtes cru
il/elle/on eut cru	ils/elles eurent cru

SUBJONCTIF

Présent

que je croie	que nous croyions
que tu croies	que vous croyiez
qu'il/elle/on croie	qu'ils/elles croient

Imparfait

que je crusse	que nous crussions
que tu crusses	que vous crussiez
qu'il/elle/on crût	qu'ils/elles crussent

Passé

que j'aie cru	que nous ayons cru
que tu aies cru	que vous ayez cru
qu'il/elle/on ait cru	qu'ils/elles aient cru

Plus-que-parfait

que j'eusse cru	que nous eussions cru
que tu eusses cru	que vous eussiez cru
qu'il/elle/on eût cru	qu'ils/elles eussent cru

CONDITIONNEL

Présent

je croirais	nous croirions
tu croirais	vous croiriez
il/elle/on croirait	ils/elles croiraient

Passé

j'aurais cru	nous aurions cru
tu aurais cru	vous auriez cru
il/elle/on aurait cru	ils/elles auraient cru

IMPÉRATIF

crois croyons croyez

Je croyais que Paul était célibataire, mais je viens de faire la connaissance de sa femme.
I thought that Paul was single, but I just met his wife.

Les athées ne croient pas en Dieu.
Atheists do not believe in God.

Ma grand-mère refusait de croire que mon oncle était un voleur.
My grandmother refused to believe that my uncle was a thief.

CUIRE *to cook*

Inf. cuire *Part. prés.* cuisant *Part. passé* cuit

INDICATIF

Présent

je cuis	nous cuisons
tu cuis	vous cuisez
il/elle/on cuit	ils/elles cuisent

Imparfait

je cuisais	nous cuisions
tu cuisais	vous cuisiez
il/elle/on cuisait	ils/elles cuisaient

Passé composé

j'ai cuit	nous avons cuit
tu as cuit	vous avez cuit
il/elle/on a cuit	ils/elles ont cuit

Plus-que-parfait

j'avais cuit	nous avions cuit
tu avais cuit	vous aviez cuit
il/elle/on avait cuit	ils/elles avaient cuit

Futur simple

je cuirai	nous cuirons
tu cuiras	vous cuirez
il/elle/on cuira	ils/elles cuiront

Passé simple

je cuisis	nous cuisîmes
tu cuisis	vous cuisîtes
il/elle/on cuisit	ils/elles cuisirent

Futur antérieur

j'aurai cuit	nous aurons cuit
tu auras cuit	vous aurez cuit
il/elle/on aura cuit	ils/elles auront cuit

Passé antérieur

j'eus cuit	nous eûmes cuit
tu eus cuit	vous eûtes cuit
il/elle/on eut cuit	ils/elles eurent cuit

SUBJONCTIF

Présent

que je cuise	que nous cuisions
que tu cuises	que vous cuisiez
qu'il/elle/on cuise	qu'ils/elles cuisent

Passé

que j'aie cuit	que nous ayons cuit
que tu aies cuit	que vous ayez cuit
qu'il/elle/on ait cuit	qu'ils/elles aient cuit

Imparfait

que je cuisisse	que nous cuisissions
que tu cuisisses	que vous cuisissiez
qu'il/elle/on cuisît	qu'ils/elles cuisissent

Plus-que-parfait

que j'eusse cuit	que nous eussions cuit
que tu eusses cuit	que vous eussiez cuit
qu'il/elle/on eût cuit	qu'ils/elles eussent cuit

CONDITIONNEL

Présent

je cuirais	nous cuirions
tu cuirais	vous cuiriez
il/elle/on cuirait	ils/elles cuiraient

Passé

j'aurais cuit	nous aurions cuit
tu aurais cuit	vous auriez cuit
il/elle/on aurait cuit	ils/elles auraient cuit

IMPÉRATIF

cuis cuisons cuisez

J'ai cuit ces légumes à la vapeur, ils sont délicieux.
I cooked these vegetables by steaming; they are delicious.

Faire cuire la tarte au four pendant 45 minutes.
Bake the pie for 45 minutes.

On mange au restaurant quand on rend visite à ma tante .
We eat out when we visit my aunt.

DANSER *to dance*

Inf. danser *Part. prés.* dansant *Part. passé* dansé

INDICATIF

Présent

je danse	nous dansons
tu danses	vous dansez
il/elle/on danse	ils/elles dansent

Imparfait

je dansais	nous dansions
tu dansais	vous dansiez
il/elle/on dansait	ils/elles dansaient

Passé composé

j'ai dansé	nous avons dansé
tu as dansé	vous avez dansé
il/elle/on a dansé	ils/elles ont dansé

Plus-que-parfait

j'avais dansé	nous avions dansé
tu avais dansé	vous aviez dansé
il/elle/on avait dansé	ils/elles avaient dansé

Futur simple

je danserai	nous danserons
tu danseras	vous danserez
il/elle/on dansera	ils/elles danseront

Passé simple

je dansai	nous dansâmes
tu dansas	vous dansâtes
il/elle/on dansa	ils/elles dansèrent

Futur antérieur

j'aurai dansé	nous aurons dansé
tu auras dansé	vous aurez dansé
il/elle/on aura dansé	ils/elles auront dansé

Passé antérieur

j'eus dansé	nous eûmes dansé
tu eus dansé	vous eûtes dansé
il/elle/on eut dansé	ils/elles eurent dansé

SUBJONCTIF

Présent

que je danse	que nous dansions
que tu danses	que vous dansiez
qu'il/elle/on danse	qu'ils/elles dansent

Passé

que j'aie dansé	que nous ayons dansé
que tu aies dansé	que vous ayez dansé
qu'il/elle/on ait dansé	qu'ils/elles aient dansé

Imparfait

que je dansasse	que nous dansassions
que tu dansasses	que vous dansassiez
qu'il/elle/on dansât	qu'ils/elles dansassent

Plus-que-parfait

que j'eusse dansé	que nous eussions dansé
que tu eusses dansé	que vous eussiez dansé
qu'il/elle/on eût dansé	qu'ils/elles eussent dansé

CONDITIONNEL

Présent

je danserais	nous danserions
tu danserais	vous danseriez
il/elle/on danserait	ils/elles danseraient

Passé

j'aurais dansé	nous aurions dansé
tu aurais dansé	vous auriez dansé
il/elle/on aurait dansé	ils/elles auraient dansé

IMPÉRATIF

danse dansons dansez

Il faut absolument que vous dansiez avec moi!
You simply must dance with me!

Tu danses bien mais tu chantes très mal.
You dance well but you sing very badly.

Si on avait su qu'il y avait un orchestre à la fête, on aurait dansé.
If we had known that there was an orchestra at the party, we would have danced.

DÉCEVOIR *to disappoint*

Inf. décevoir *Part. prés.* décevant *Part. passé* déçu

INDICATIF

Présent

je déçois	nous décevons
tu déçois	vous décevez
il/elle/on déçoit	ils/elles déçoivent

Passé composé

j'ai déçu	nous avons déçu
tu as déçu	vous avez déçu
il/elle/on a déçu	ils/elles ont déçu

Futur simple

je décevrai	nous décevrons
tu décevras	vous décevrez
i il/elle/on décevra	ils/elles décevront

Futur antérieur

j'aurai déçu	nous aurons déçu
tu auras déçu	vous aurez déçu
il/elle/on aura déçu	ils/elles auront déçu

Imparfait

je décevais	nous décevions
tu décevais	vous déceviez
il/elle/on décevait	ils/elles décevaient

Plus-que-parfait

j'avais déçu	nous avions déçu
tu avais déçu	vous aviez déçu
il/elle/on avait déçu	ils/elles avaient déçu

Passé simple

je déçus	nous déçûmes
tu déçus	vous déçûtes
il/elle/on déçut	ils/elles déçurent

Passé antérieur

j'eus déçu	nous eûmes déçu
tu eus déçu	vous eûtes déçu
il/elle/on eut déçu	ils/elles eurent déçu

SUBJONCTIF

Présent

que je déçoive	que nous décevions
que tu déçoives	que vous déceviez
qu'il/elle/on déçoive	qu'ils/elles déçoivent

Imparfait

que je déçusse	que nous déçussions
que tu déçusses	que vous déçussiez
qu'il/elle/on déçût	qu'ils/elles déçussent

Passé

que j'aie déçu	que nous ayons déçu
que tu aies déçu	que vous ayez déçu
qu'il/elle/on ait déçu	qu'ils/elles aient déçu

Plus-que-parfait

que j'eusse déçu	que nous eussions déçu
que tu eusses déçu	que vous eussiez déçu
qu'il/elle/on eût déçu	qu'ils/elles eussent déçu

CONDITIONNEL

Présent

je décevrais	nous décevrions
tu décevrais	vous décevriez
il/elle/on décevrait	ils/elles décevraient

Passé

j'aurais déçu	nous aurions déçu
tu aurais déçu	vous auriez déçu
il/elle/on aurait déçu	ils/elles auraient déçu

IMPÉRATIF

déçois décevons décevez

Tu me déçois parfois, tu sais.
Sometimes you really disappoint me, you know.

Ce nouveau portable m'a déçu, il est très difficile à utiliser.
This new cellphone has disappointed me; it's very difficult to use.

Cette actrice craint de décevoir ses fans.
This actrice is afraid of disappointing her fans.

DÉCIDER *to decide, to persuade*

Inf. décider *Part. prés.* décidant *Part. passé* décidé

INDICATIF

Présent

je décide	nous décidons
tu décides	vous décidez
il/elle/on décide	ils/elles décident

Imparfait

je décidais	nous décidions
tu décidais	vous décidiez
il/elle/on décidait	ils/elles décidaient

Passé composé

j'ai décidé	nous avons décidé
tu as décidé	vous avez décidé
il/elle/on a décidé	ils/elles ont décidé

Plus-que-parfait

j'avais décidé	nous avions décidé
tu avais décidé	vous aviez décidé
il/elle/on avait décidé	ils/elles avaient décidé

Futur simple

je déciderai	nous déciderons
tu décideras	vous déciderez
il/elle/on décidera	ils/elles décideront

Passé simple

je décidai	nous décidâmes
tu décidas	vous décidâtes
il/elle/on décida	ils/elles décidèrent

Futur antérieur

j'aurai décidé	nous aurons décidé
tu auras décidé	vous aurez décidé
il/elle/on aura décidé	ils/elles auront décidé

Passé antérieur

j'eus décidé	nous eûmes décidé
tu eus décidé	vous eûtes décidé
il/elle/on eut décidé	ils/elles eurent décidé

SUBJONCTIF

Présent

que je décide	que nous décidions
que tu décides	que vous décidiez
qu'il/elle/on décide	qu'ils/elles décident

Passé

que j'aie décidé	que nous ayons décidé
que tu aies décidé	que vous ayez décidé
qu'il/elle/on ait décidé	qu'ils/elles aient décidé

Imparfait

que je décidasse	que nous décidassions
que tu décidasses	que vous décidassiez
qu'il/elle/on décidât	qu'ils/elles décidassent

Plus-que-parfait

que j'eusse décidé	que nous eussions décidé
que tu eusses décidé	que vous eussiez décidé
qu'il/elle/on eût décidé	qu'ils/elles eussent décidé

CONDITIONNEL

Présent

je déciderais	nous déciderions
tu déciderais	vous décideriez
il/elle/on déciderait	ils/elles décideraient

Passé

j'aurais décidé	nous aurions décidé
tu aurais décidé	vous auriez décidé
il/elle/on aurait décidé	ils/elles auraient décidé

IMPÉRATIF

décide décidons décidez

Qu'est-ce que tu as décidé alors?
So what did you decide?

Qu'est-ce qui te décide à prendre cette démarche?
What is persuading you to take this step?

Mon père a dit qu'il décidera demain où on ira en vacances.
My father said that he will decide tomorrow where we will go on vacation.

DÉCOURAGER *to discourage, to dishearten*

Inf. décourager *Part. prés.* décourageant *Part. passé* découragé

INDICATIF

Présent

je décourage	nous décourageons
tu décourages	vous découragez
il/elle/on décourage	ils/elles découragent

Imparfait

je décourageais	nous découragions
tu décourageais	vous découragiez
il/elle/on décourageait	ils/elles décourageaient

Passé composé

j'ai découragé	nous avons découragé
tu as découragé	vous avez découragé
il/elle/on a découragé	ils/elles ont découragé

Plus-que-parfait

j'avais découragé	nous avions découragé
tu avais découragé	vous aviez découragé
il/elle/on avait découragé	ils/elles avaient découragé

Futur simple

je découragerai	nous découragerons
tu décourageras	vous découragerez
il/elle/on découragera	ils/elles décourageront

Passé simple

je décourageai	nous décourageâmes
tu décourageas	vous décourageâtes
il/elle/on découragea	ils/elles découragèrent

Futur antérieur

j'aurai découragé	nous aurons découragé
tu auras découragé	vous aurez découragé
il/elle/on aura découragé	ils/elles auront découragé

Passé antérieur

j'eus découragé	nous eûmes découragé
tu eus découragé	vous eûtes découragé
il/elle/on eut découragé	ils/elles eurent découragé

SUBJONCTIF

Présent

que je décourage	que nous découragions
que tu décourages	que vous découragiez
qu'il/elle/on décourage	qu'ils/elles découragent

Passé

que j'aie découragé	que nous ayons découragé
que tu aies découragé	que vous ayez découragé
qu'il/elle/on ait découragé	qu'ils/elles aient découragé

Imparfait

que je décourageasse	que nous décourageassions
que tu décourageasses	que vous décourageassiez
qu'il/elle/on décourageât	qu'ils/elles décourageassent

Plus-que-parfait

que j'eusse découragé	que nous eussions découragé
que tu eusses découragé	que vous eussiez découragé
qu'il/elle/on eût découragé	qu'ils/elles eussent découragé

CONDITIONNEL

Présent

je découragerais	nous découragerions
tu découragerais	vous décourageriez
il/elle/on découragerait	ils/elles décourageraient

Passé

j'aurais découragé	nous aurions découragé
tu aurais découragé	vous auriez découragé
il/elle/on aurait découragé	ils/elles auraient découragé

IMPÉRATIF

décourage décourageons découragez

Il ne faut pas décourager vos enfants avec vos discours négatifs.
It is important that you don't dishearten your kids with negative talk.

Elle a tout fait pour décourager les prétendents, mais ils continuent à courir après elle.
She's done everything to discourage suitors, but they continue to chase after her.

Avec de telles politiques, le gouvernement risque de décourager les investissements.
With such policies, the government risks discouraging investments.

DÉCOUVRIR *to discover*

Inf. découvrir *Part. prés.* découvrant *Part. passé* découvert

INDICATIF

Présent

je découvre	nous découvrons
tu découvres	vous découvrez
il/elle découvre	ils/elles découvrent

Passé composé

j'ai découvert	nous avons découvert
tu as découvert	vous avez découvert
il/elle/on a découvert	ils/elles ont découvert

Futur simple

je découvrirai	nous découvrirons
tu découvriras	vous découvrirez
il/elle/on découvrira	ils/elles découvriront

Futur antérieur

j'aurai découvert	nous aurons découvert
tu auras découvert	vous aurez découvert
il/elle/on aura découvert	ils/elles auront découvert

Imparfait

je découvrais	nous découvrions
tu découvrais	vous découvriez
il/elle/on découvrait	ils/elles découvraient

Plus-que-parfait

j'avais découvert	nous avions découvert
tu avais découvert	vous aviez découvert
il/elle/on avait découvert	ils/elles avaient découvert

Passé simple

je découvris	nous découvrîmes
tu découvris	vous découvrîtes
il/elle/on découvrit	ils/elles découvrirent

Passé antérieur

j'eus découvert	nous eûmes découvert
tu eus découvert	vous eûtes découvert
il/elle/on eut découvert	ils/elles eurent découvert

SUBJONCTIF

Présent

que je découvre	que nous découvrions
que tu découvres	que vous découvriez
qu'il/elle/on découvre	qu'ils/elles découvrent

Imparfait

que je découvrisse	que nous découvrissions
que tu découvrisses	que vous découvrissiez
qu'il/elle/on découvrît	qu'ils/elles découvrissent

Passé

que j'aie découvert	que nous ayons découvert
que tu aies découvert	que vous ayez découvert
qu'il/elle/on ait découvert	qu'ils/elles aient découvert

Plus-que-parfait

que j'eusse découvert	que nous eussions découvert
que tu eusses découvert	que vous eussiez découvert
qu'il/elle/on eût découvert	qu'ils/elles eussent découvert

CONDITIONNEL

Présent

je découvrirais	nous découvririons
tu découvrirais	vous découvririez
il/elle/on découvrirait	ils/elles découvriraient

Passé

j'aurais découvert	nous aurions découvert
tu aurais découvert	vous auriez découvert
il/elle/on aurait découvert	ils/elles auraient découvert

IMPÉRATIF

découvre découvrons découvrez

Nous avons découvert un petit musée sympa près du parc.
We discovered a charming little museum near the park.

Parfois il est bon de laisser les enfants découvrir leurs talents eux-mêmes.
Sometimes it's good to let children discover their talents on their own.

Les scientifiques n'auraient rien découvert sans l'aide du calcul mathématique.
Scientists wouldn't have discovered anything without the help of calculus.

DÉCRIRE *to describe*

Inf. décrire *Part. prés.* décrivant *Part. passé* décrit

INDICATIF

Présent

je décris	nous décrivons
tu décris	vous décrivez
il/elle/on décrit	ils/elles décrivent

Imparfait

je décrivais	nous décrivions
tu décrivais	vous décriviez
il/elle/on décrivait	ils/elles décrivaient

Passé composé

j'ai décrit	nous avons décrit
tu as décrit	vous avez décrit
il/elle/on a décrit	ils/elles ont décrit

Plus-que-parfait

j'avais décrit	nous avions décrit
tu avais décrit	vous aviez décrit
il/elle/on avait décrit	ils/elles avaient décrit

Futur simple

je décrirai	nous décrirons
tu décriras	vous décrirez
il/elle/on décrira	ils/elles décriront

Passé simple

je décrivis	nous décrivîmes
tu décrivis	vous décrivîtes
il/elle/on décrivit	ils/elles décrivirent

Futur antérieur

j'aurai décrit	nous aurons décrit
tu auras décrit	vous aurez décrit
il/elle/on aura décrit	ils/elles auront décrit

Passé antérieur

j'eus décrit	nous eûmes décrit
tu eus décrit	vous eûtes décrit
il/elle/on eut décrit	ils/elles eurent décrit

SUBJONCTIF

Présent

que je décrive	que nous décrivions
que tu décrives	que vous décriviez
qu'il/elle/on décrive	qu'ils/elles décrivent

Passé

que j'aie décrit	que nous ayons décrit
que tu aies décrit	que vous ayez décrit
qu'il/elle/on ait décrit	qu'ils/elles aient décrit

Imparfait

que je décrivisse	que nous décrivissions
que tu décrivisses	que vous décrivissiez
qu'il/elle/on décrivît	qu'ils/elles décrivissent

Plus-que-parfait

que j'eusse décrit	que nous eussions décrit
que tu eusses décrit	que vous eussiez décrit
qu'il/elle/on eût décrit	qu'ils/elles eussent décrit

CONDITIONNEL

Présent

je décrirais	nous décririons
tu décrirais	vous décririez
il/elle/on décrirait	ils/elles décriraient

Passé

j'aurais décrit	nous aurions décrit
tu aurais décrit	vous auriez décrit
il/elle/on aurait décrit	ils/elles auraient décrit

IMPÉRATIF

décris décrivons décrivez

Personnellement je ne t'aurai pas décrit ainsi.
Personally, I would not have described you this way.

Nous avons du mal à décrire l'effet que cette musique a sur nous.
We have a hard time describing the effect that this music has on us.

Les petits gamins décrivent à leur sœur le grand méchant qui a volé leur ballon.
The little kids are describing to their sister the big mean kid that stole their ball.

D DÉFAIRE *to undo, to unpack*

Inf. défaire *Part. prés.* défaisant *Part. passé* défait

INDICATIF

Présent

je défais	nous défaisons
tu défais	vous défaites
il/elle/on /elle défait	ils/elles /elles défont

Imparfait

je défaisais	nous défaisions
tu défaisais	vous défaisiez
il/elle/on défaisait	ils/elles /elles défaisaient

Passé composé

j'ai défait	nous avons défait
tu as défait	vous avez défait
il/elle/on a défait	ils/elles /elles ont défait

Plus-que-parfait

j'avais défait	nous avions défait
tu avais défait	vous aviez défait
il/elle/on avait défait	ils/elles /elles avaient défait

Futur simple

je déferai	nous déferons
tu déferas	vous déferez
il/elle/on défera	ils/elles déferont

Passé simple

je défis	nous défîmes
tu défis	vous défîtes
il/elle/on défit	ils/elles défirent

Futur antérieur

j'aurai défait	nous aurons défait
tu auras défait	vous aurez défait
il/elle/on aura défait	ils/elles auront défait

Passé antérieur

j'eus défait	nous eûmes défait
tu eus défait	vous eûtes défait
il/elle/on eut défait	ils/elles eurent défait

SUBJONCTIF

Présent

que je défasse	que nous défassions
que tu défasses	que vous défassiez
qu'il/elle/on défasse	qu'ils/elles défassent

Passé

que j'aie défait	que nous ayons défait
que tu aies défait	que vous ayez défait
qu'il/elle/on ait défait	qu'ils/elles aient défait

Imparfait

que je défisse	que nous défissions
que tu défisses	que vous défissiez
qu'il/elle/on défît	qu'ils/elles défissent

Plus-que-parfait

que j'eusse défait	que nous eussions défait
que tu eusses défait	que vous eussiez défait
qu'il/elle/on eût défait	qu'ils/elles eussent défait

CONDITIONNEL

Présent

je déferais	nous déferions
tu déferais	vous déferiez
il/elle/on déferait	ils/elles déferaient

Passé

j'aurais défait	nous aurions défait
tu aurais défait	vous auriez défait
il/elle/on aurait défait	ils/elles auraient défait

IMPÉRATIF

défais défaisons défaites

Comment défaire ce nœud?
How do we undo this knot?

Défaisons nos valises et allons à la plage.
Let's unpack our bags and go to the beach.

Elle a défait ses dreadlocks pace qu'elle ne les aimait plus.
She undid her dreadlocks because she didn't like them any more.

DÉJEUNER *to have lunch*

Inf. déjeuner *Part. prés.* déjeunant *Part. passé* déjeuné

INDICATIF

Présent

je déjeune	nous déjeunons
tu déjeunes	vous déjeunez
il/elle/on déjeune	ils/elles déjeunent

Imparfait

je déjeunais	nous déjeunions
tu déjeunais	vous déjeuniez
il/elle/on déjeunait	ils/elles déjeunaient

Passé composé

j'ai déjeuné	nous avons déjeuné
tu as déjeuné	vous avez déjeuné
il/elle/on a déjeuné	ils/elles ont déjeuné

Plus-que-parfait

j'avais déjeuné	nous avions déjeuné
tu avais déjeuné	vous aviez déjeuné
il/elle/on avait déjeuné	ils/elles avaient déjeuné

Futur simple

je déjeunerai	nous déjeunerons
tu déjeuneras	vous déjeunerez
il/elle/on déjeunera	ils/elles déjeuneront

Passé simple

je déjeunai	nous déjeunâmes
tu déjeunas	vous déjeunâtes
il/elle/on déjeuna	ils/elles déjeunèrent

Futur antérieur

j'aurai déjeuné	nous aurons déjeuné
tu auras déjeuné	vous aurez déjeuné
il/elle/on aura déjeuné	ils/elles auront déjeuné

Passé antérieur

j'eus déjeuné	nous eûmes déjeuné
tu eus déjeuné	vous eûtes déjeuné
il/elle/on eut déjeuné	ils/elles eurent déjeuné

SUBJONCTIF

Présent

que je déjeune	que nous déjeunions
que tu déjeunes	que vous déjeuniez
qu'il/elle/on déjeune	qu'ils/elles déjeunent

Passé

que j'aie déjeuné	que nous ayons déjeuné
que tu aies déjeuné	que vous ayez déjeuné
qu'il/elle/on ait déjeuné	qu'ils/elles aient déjeuné

Imparfait

que je déjeunasse	que nous déjeunassions
que tu déjeunasses	que vous déjeunassiez
qu'il/elle/on déjeunât	qu'ils/elles déjeunassent

Plus-que-parfait

que j'eusse déjeuné	que nous eussions déjeuné
que tu eusses déjeuné	que vous eussiez déjeuné
qu'il/elle/on eût déjeuné	qu'ils/elles eussent déjeuné

CONDITIONNEL

Présent

je déjeunerais	nous déjeunerions
tu déjeunerais	vous déjeuneriez
il/elle/on déjeunerait	ils/elles déjeuneraient

Passé

j'aurais déjeuné	nous aurions déjeuné
tu aurais déjeuné	vous auriez déjeuné
il/elle/on aurait déjeuné	ils/elles auraient déjeuné

IMPÉRATIF

déjeune déjeunons déjeunez

Déjeunons ensemble demain!
Let's have lunch together tomorrow.

Après avoir déjeuné, les jeunes sont descendus en ville.
After having lunch, the young people went into town.

Si ma mère nous rendait visite, elle déjeunerait avec nous au café Jasmin.
If my mother came to visit us, she'd eat lunch with us at the Jasmin Café.

DEMANDER *to ask*

Inf. demander *Part. prés.* demandant *Part. passé* demandé

INDICATIF

Présent

je demande	nous demandons
tu demandes	vous demandez
il/elle/on demande	ils/elles demandent

Imparfait

je demandais	nous demandions
tu demandais	vous demandiez
il/elle/on demandait	ils/elles demandaient

Passé composé

j'ai demandé	nous avons demandé
tu as demandé	vous avez demandé
il/elle/on a demandé	ils/elles ont demandé

Plus-que-parfait

j'avais demandé	nous avions demandé
tu avais demandé	vous aviez demandé
il/elle/on avait demandé	ils/elles avaient demandé

Futur simple

je demanderai	nous demanderons
tu demanderas	vous demanderez
il/elle/on demandera	ils/elles demanderont

Passé simple

je demandai	nous demandâmes
tu demandas	vous demandâtes
il/elle/on demanda	ils/elles demandèrent

Futur antérieur

j'aurai demandé	nous aurons demandé
tu auras demandé	vous aurez demandé
il/elle/on aura demandé	ils/elles auront demandé

Passé antérieur

j'eus demandé	nous eûmes demandé
tu eus demandé	vous eûtes demandé
il/elle/on eut demandé	ils/elles eurent demandé

SUBJONCTIF

Présent

que je demande	que nous demandions
que tu demandes	que vous demandiez
qu'il/elle/on demande	qu'ils/elles demandent

Passé

que j'aie demandé	que nous ayons demandé
que tu aies demandé	que vous ayez demandé
qu'il/elle/on ait demandé	qu'ils/elles aient demandé

Imparfait

que je demandasse	que nous demandassions
que tu demandasses	que vous demandassiez
qu'il/elle/on demandât	qu'ils/elles demandassent

Plus-que-parfait

que j'eusse demandé	que nous eussions demandé
que tu eusses demandé	que vous eussiez demandé
qu'il/elle/on eût demandé	qu'ils/elles eussent demandé

CONDITIONNEL

Présent

je demanderais	nous demanderions
tu demanderais	vous demanderiez
il/elle/on demanderait	ils/elles demanderaient

Passé

j'aurais demandé	nous aurions demandé
tu aurais demandé	vous auriez demandé
il/elle/on aurait demandé	ils/elles auraient demandé

IMPÉRATIF

demande demandons demandez

Claire nous a demandé de tes nouvelles.
Claire asked after you.

Si vous avez un problème, demandez à quelqu'un de vous aider.
If you have a problem, ask someone to help you.

La direction demande d'autres documents pour votre dossier.
Management is asking for other documents for your file.

SE DEMANDER *to wonder**

Inf. se demander *Part. prés.* se demandant *Part. passé* demandé

INDICATIF

Présent

je me demande	nous nous demandons
tu te demandes	vous vous demandez
il/elle/on se demande	ils/elles se demandent

Passé composé

je me suis demandé	nous nous sommes demandé
tu t'es demandé	vous vous êtes demandé
il/elle/on s'est demandé	ils/elles se sont demandé

Futur simple

je me demanderai	nous nous demanderons
tu te demanderas	vous vous demanderez
il/elle/on se demandera	ils/elles se demanderont

Futur antérieur

je me serai demandé	nous nous serons demandé
tu te seras demandé	vous vous serez demandé
il/elle/on se sera demandé	ils/elles se seront demandé

Imparfait

je me demandais	nous nous demandions
tu te demandais	vous vous demandiez
il/elle/on se demandait	ils/elles se demandaient

Plus-que-parfait

je m'étais demandé	nous nous étions demandé
tu t'étais demandé	vous vous étiez demandé
il/elle/on s'était demandé	ils/elles s'étaient demandé

Passé simple

je me demandai	nous nous demandâmes
tu te demandas	vous vous demandâtes
il/elle/on se demanda	ils/elles se demandèrent

Passé antérieur

je me fus demandé	nous nous fûmes demandé
tu te fus demandé	vous vous fûtes demandé
il/elle/on se fut demandé	ils/elles se furent demandé

SUBJONCTIF

Présent

que je me demande	que nous nous demandions
que tu te demandes	que vous vous demandiez
qu'il/elle/on se demande	qu'ils/elles se demandent

Imparfait

que je me demandasse	que nous nous demandassions
que tu te demandasses	que vous vous demandassiez
qu'il/elle/on se demandât	qu'ils/elles se demandassent

Passé

que je me sois demandé	que nous nous soyons demandé
que tu te sois demandé	que vous vous soyez demandé
qu'il/elle/on se soit demandé	qu'ils/elles se soient demandé

Plus-que-parfait

que je me fusse demandé	que nous nous fussions demandé
que tu te fusses demandé	que vous vous fussiez demandé
qu'il/elle/on se fût demandé	qu'ils/elles se fussent demandé

CONDITIONNEL

Présent

je me demanderais	nous nous demanderions
tu te demanderais	vous vous demanderiez
il/elle/on se demanderait	ils/elles se demanderaient

Passé

je me serais demandé	nous nous serions demandé
tu te serais demandé	vous vous seriez demandé
il/elle/on se serait demandé	ils/elles se seraient demandé

IMPÉRATIF

demande-toi demandons-nous demandez-vous

Je me demande parfois comment les gens peuvent être si impolis.
Sometimes I wonder how people can be so rude.

On peut se demander comment on est arrivé à ce point.
We may ask ourselves how we arrived at this point.

Le jeune instituteur se demandait s'il avait choisi le bon métier.
The young teacher wondered if he had chosen the right career.

* Note that "se demander" does not require agreement of the past participle since the pronominal pronoun is an indirect object, rather than a direct object (*demander à quelqu'un*).

DÉMÉNAGER *to move*

Inf. déménager *Part. prés.* démenageant *Part. passé* déménagé

INDICATIF

Présent

je déménage	nous déménageons
tu déménages	vous déménagez
il/elle/on déménage	ils/elles déménagent

Passé composé

j'ai déménagé	nous avons déménagé
tu as déménagé	vous avez déménagé
il/elle/on a déménagé	ils/elles ont déménagé

Futur simple

je déménagerai	nous déménagerons
tu déménageras	vous déménagerez
il/elle/on déménagera	ils/elles déménageront

Futur antérieur

j'aurai déménagé	nous aurons déménagé
tu auras déménagé	vous aurez déménagé
il/elle/on aura déménagé	ils/elles auront déménagé

Imparfait

je déménageais	nous déménagions
tu déménageais	vous déménagiez
il/elle/on déménageait	ils/elles déménageaient

Plus-que-parfait

j'avais déménagé	nous avions déménagé
tu avais déménagé	vous aviez déménagé
il/elle/on avait déménagé	ils/elles avaient déménagé

Passé simple

je déménageai	nous déménageâmes
tu déménageas	vous déménageâtes
il/elle/on déménagea	ils/elles déménagèrent

Passé antérieur

j'eus déménagé	nous eûmes déménagé
tu eus déménagé	vous eûtes déménagé
il/elle/on eut déménagé	ils/elles eurent déménagé

SUBJONCTIF

Présent

que je déménage	que nous déménagions
que tu déménages	que vous déménagiez
qu'il/elle/on déménage	qu'ils/elles déménagent

Imparfait

que je déménageasse	que nous déménageassions
que tu déménageasses	que vous déménageassiez
qu'il/elle/on déménageât	qu'ils/elles déménageassent

Passé

que j'aie déménagé	que nous ayons déménagé
que tu aies déménagé	que vous ayez déménagé
qu'il/elle/on ait déménagé	qu'ils/elles aient déménagé

Plus-que-parfait

que j'eusse déménagé	que nous eussions déménagé
que tu eusses déménagé	que vous eussiez déménagé
qu'il/elle/on eût déménagé	qu'ils/elles eussent déménagé

CONDITIONNEL

Présent

je déménagerais	nous déménagerions
tu déménagerais	vous déménageriez
il/elle/on déménagerait	ils/elles déménageraient

Passé

j'aurais déménagé	nous aurions déménagé
tu aurais déménagé	vous auriez déménagé
il/elle/on aurait déménagé	ils/elles auraient déménagé

IMPÉRATIF

déménage déménageons déménagez

Déménageons de ce taudis!
Let's move out of this dump!

Ma mère n'a jamais déménagé.
My mother has never moved.

Si j'avais vu un rat, moi aussi j'aurais déménagé.
If I had seen a rat, I would have moved too.

DÉNONCER *to denounce, to turn in*

Inf. dénoncer *Part. prés.* dénonçant *Part. passé* dénoncé

INDICATIF

Présent

je dénonce	nous dénonçons
tu dénonces	vous dénoncez
il/elle/on dénonce	ils/elles dénoncent

Imparfait

je dénonçais	nous dénoncions
tu dénonçais	vous dénonciez
il/elle/on dénonçait	ils/elles dénonçaient

Passé composé

j'ai dénoncé	nous avons dénoncé
tu as dénoncé	vous avez dénoncé
il/elle/on a dénoncé	ils/elles ont dénoncé

Plus-que-parfait

j'avais dénoncé	nous avions dénoncé
tu avais dénoncé	vous aviez dénoncé
il/elle/on avait dénoncé	ils/elles avaient dénoncé

Futur simple

je dénoncerai	nous dénoncerons
tu dénonceras	vous dénoncerez
il/elle/on dénoncera	ils/elles dénonceront

Passé simple

je dénonçai	nous dénonçâmes
tu dénonças	vous dénonçâtes
il/elle/on dénonça	ils/elles dénoncèrent

Futur antérieur

j'aurai dénoncé	nous aurons dénoncé
tu auras dénoncé	vous aurez dénoncé
il/elle/on aura dénoncé	ils/elles auront dénoncé

Passé antérieur

j'eus dénoncé	nous eûmes dénoncé
tu eus dénoncé	vous eûtes dénoncé
il/elle/on eut dénoncé	ils/elles eurent dénoncé

SUBJONCTIF

Présent

que je dénonce	que nous dénoncions
que tu dénonces	que vous dénonciez
qu'il/elle/on dénonce	qu'ils/elles dénoncent

Passé

que j'aie dénoncé	que nous ayons dénoncé
que tu aies dénoncé	que vous ayez dénoncé
qu'il/elle/on ait dénoncé	qu'ils/elles aient dénoncé

Imparfait

que je dénonçasse	que nous dénonçassions
que tu dénonçasses	que vous dénonçassiez
qu'il/elle/on dénonçât	qu'ils/elles dénonçassent

Plus-que-parfait

que j'eusse dénoncé	que nous eussions dénoncé
que tu eusses dénoncé	que vous eussiez dénoncé
qu'il/elle/on eût dénoncé	qu'ils/elles eussent dénoncé

CONDITIONNEL

Présent

je dénoncerais	nous dénoncerions
tu dénoncerais	vous dénonceriez
il/elle/on dénoncerait	ils/elles dénonceraient

Passé

j'aurais dénoncé	nous aurions dénoncé
tu aurais dénoncé	vous auriez dénoncé
il/elle/on aurait dénoncé	ils/elles auraient dénoncé

IMPÉRATIF

dénonce dénonçons dénoncez

Quelqu'un te dénoncera.
Someone will turn you in.

Nous demandons à notre candidat de dénoncer les attentats récents.
We are asking our candidate to denounce the recent attacks.

Les membres du groupe politique ne veulent pas être dénoncés par un des leurs.
The members of the politique group don't want to be denounced by one of their own.

DÉRANGER *to bother, to disturb, to upset*

Inf. déranger *Part. prés.* dérangeant *Part. passé* dérangé

INDICATIF

Présent

je dérange	nous dérangeons
tu déranges	vous dérangez
il/elle/on dérange	ils/elles dérangent

Passé composé

j'ai dérangé	nous avons dérangé
tu as dérangé	vous avez dérangé
il/elle/on a dérangé	ils/elles ont dérangé

Futur simple

je dérangerai	nous dérangerons
tu dérangeras	vous dérangerez
il/elle/on dérangera	ils/elles dérangeront

Futur antérieur

j'aurai dérangé	nous aurons dérangé
tu auras dérangé	vous aurez dérangé
il/elle/on aura dérangé	ils/elles auront dérangé

Imparfait

je dérangeais	nous dérangions
tu dérangeais	vous dérangiez
il/elle/on dérangeait	ils/elles dérangeaient

Plus-que-parfait

j'avais dérangé	nous avions dérangé
tu avais dérangé	vous aviez dérangé
il/elle/on avait dérangé	ils/elles avaient dérangé

Passé simple

je dérangeai	nous dérangeâmes
tu dérangeas	vous dérangeâtes
il/elle/on dérangea	ils/elles dérangèrent

Passé antérieur

j'eus dérangé	nous eûmes dérangé
tu eus dérangé	vous eûtes dérangé
il/elle/on eut dérangé	ils/elles eurent dérangé

SUBJONCTIF

Présent

que je dérange	que nous dérangions
que tu déranges	que vous dérangiez
qu'il/elle/on dérange	qu'ils/elles dérangent

Imparfait

que je dérangeasse	que nous dérangeassions
que tu dérangeasses	que vous dérangeassiez
qu'il/elle/on dérangeât	qu'ils/elles dérangeassent

Passé

que j'aie dérangé	que nous ayons dérangé
que tu aies dérangé	que vous ayez dérangé
qu'il/elle/on ait dérangé	qu'ils/elles aient dérangé

Plus-que-parfait

que j'eusse dérangé	que nous eussions dérangé
que tu eusses dérangé	que vous eussiez dérangé
qu'il/elle/on eût dérangé	qu'ils/elles eussent dérangé

CONDITIONNEL

Présent

je dérangerais	nous dérangerions
tu dérangerais	vous dérangeriez
il/elle/on dérangerait	ils/elles dérangeraient

Passé

j'aurais dérangé	nous aurions dérangé
tu aurais dérangé	vous auriez dérangé
il/elle/on aurait dérangé	ils/elles auraient dérangé

IMPÉRATIF

dérange dérangeons dérangez

La jeune employée ne voulait pas déranger son patron, mais elle avait beaucoup de questions.
The young employee didn't want to bother her boss, but she had a lot of questions.

Prière de ne pas déranger le chat.
Please do not disturb the cat.

Ce nouveau changement dérange les projets d'aménagement de la ville.
This new change upset the city construction projects.

DESCENDRE *to take down; to bump off (colloquial)*

Inf. descendre *Part. prés.* descendant *Part. passé* descendu

INDICATIF

Présent

je descends	nous descendons
tu descends	vous descendez
il/elle/on descend	ils/elles descendent

Passé composé

j'ai descendu	nous avons descendu
tu as descendu	vous avez descendu
il/elle/on a descendu	ils/elles /elles ont descendu

Futur simple

je descendrai	nous descendrons
tu descendras	vous descendrez
il/elle/on descendra	ils/elles descendront

Futur antérieur

j'aurai descendu	nous aurons descendu
tu auras descendu	vous aurez descendu
il/elle/on aura descendu	ils/elles auront descendu

Imparfait

je descendais	nous descendions
tu descendais	vous descendiez
il/elle/on descendait	ils/elles descendaient

Plus-que-parfait

j'avais descendu	nous avions descendu
tu avais descendu	vous aviez descendu
il/elle/on avait descendu	ils/elles avaient descendu

Passé simple

je descendis	nous descendîmes
tu descendis	vous descendîtes
il/elle/on descendit	ils/elles descendirent

Passé antérieur

j'eus descendu	nous eûmes descendu
tu eus descendu	vous eûtes descendu
il/elle/on eut descendu	ils/elles eurent descendu

SUBJONCTIF

Présent

que je descende	que nous descendions
que tu descendes	que vous descendiez
qu'il/elle/on descende	qu'ils/elles descendent

Imparfait

que je descendisse	que nous descendissions
que tu descendisses	que vous descendissiez
qu'il/elle/on descendît	qu'ils/elles descendissent

Passé

que j'aie descendu	que nous ayons descendu
que tu aies descendu	que vous ayez descendu
qu'il/elle/on ait descendu	qu'ils/elles aient descendu

Plus-que-parfait

que j'eusse descendu	que nous eussions descendu
que tu eusses descendu	que vous eussiez descendu
qu'il/elle/on eût descendu	qu'ils/elles eussent descendu

CONDITIONNEL

Présent

je descendrais	nous descendrions
tu descendrais	vous descendriez
il/elle/on descendrait	ils/elles descendraient

Passé

j'aurais descendu	nous aurions descendu
tu aurais descendu	vous auriez descendu
il/elle/on aurait descendu	ils/elles auraient descendu

IMPÉRATIF

descends descendons descendez

Descends cette boîte pour moi, s'il te plaît.
Take that box down for me, please.

Ce mec a descendu des centaines d'hommes pendant sa carrière.
That guy bumped off hundreds of men during his career.

Le soleil est trop fort, tu dois descendre les stores.
The sun is too bright, you should lower the blinds.

DESCENDRE *to go down, to come down from, to get out of*

Inf. descendre *Part. prés.* descendant *Part. passé* descendu(e)(s)

INDICATIF

Présent

je descends	nous descendons
tu descends	vous descendez
il/elle/on descend	ils/elles descendent

Imparfait

je descendais	nous descendions
tu descendais	vous descendiez
il/elle/on descendait	ils/elles descendaient

Passé composé

je suis descendu(e)	nous sommes descendu(e)s
tu es descendu(e)	vous êtes descendu(e)(s)
il/elle/on est descendu(e)	ils/elles sont descendu(e)s

Plus-que-parfait

j'étais descendu(e)	nous étions descendu(e)s
tu étais descendu(e)	vous étiez descendu(e)(s)
il/elle/on était descendu(e)	ils/elles étaient descendu(e)s

Futur simple

je descendrai	nous descendrons
tu descendras	vous descendrez
il/elle/on descendra	ils/elles descendront

Passé simple

je descendis	nous descendîmes
tu descendis	vous descendîtes
il/elle/on descendit	ils/elles descendirent

Futur antérieur

je serai descendu(e)	nous serons descendu(e)s
tu seras descendu(e)	vous serez descendu(e)(s)
il/elle/on sera descendu(e)	ils/elles seront descendu(e)s

Passé antérieur

je fus descendu(e)	nous fûmes descendu(e)s
tu fus descendu(e)	vous fûtes descendu(e)(s)
il/elle/on fut descendu(e)	ils/elles furent descendu(e)s

SUBJONCTIF

Présent

que je descende	que nous descendions
que tu descendes	que vous descendiez
qu'il/elle/on descende	qu'ils/elles descendent

Passé

que je sois descendu(e)	que nous soyons descendu(e)s
que tu sois descendu(e)	que vous soyez descendu(e)(s)
qu'il/elle/on soit descendu(e)	qu'ils/elles soient descendu(e)s

Imparfait

que je descendisse	que nous descendissions
que tu descendisses	que vous descendissiez
qu'il/elle/on descendît	qu'ils/elles descendissent

Plus-que-parfait

que je fusse descendu(e)	que nous fussions descendu(e)s
que tu fusses descendu(e)	que vous fussiez descendu(e)(s)
qu'il/elle/on fût descendu(e)	qu'ils/elles fussent descendu(e)s

CONDITIONNEL

Présent

je descendrais	nous descendrions
tu descendrais	vous descendriez
il/elle/on descendrait	ils/elles descendraient

Passé

je serais descendu(e)	nous serions descendu(e)s
tu serais descendu(e)	vous seriez descendu(e)(s)
il/elle/on serait descendu(e)	ils/elles seraient descendu(e)s

IMPÉRATIF

descends descendons descendez

Caro et Samuel sont descendus en ville.
Caro and Samuel went into town.

Descends tout de suite de cette voiture!
Get out of that car right away!

Il faut que tu descendes de cette arbre tout de suite!
You must come down from that tree immediately!

DÉSIRER *to desire, to want*

Inf. désirer *Part. prés.* désirant *Part. passé* désiré

INDICATIF

Présent

je désire	nous désirons
tu désires	vous désirez
il/elle/on désire	ils/elles désirent

Imparfait

je désirais	nous désirions
tu désirais	vous désiriez
il/elle/on désirait	ils/elles désiraient

Passé composé

j'ai désiré	nous avons désiré
tu as désiré	vous avez désiré
il/elle/on a désiré	ils/elles ont désiré

Plus-que-parfait

j'avais désiré	nous avions désiré
tu avais désiré	vous aviez désiré
il/elle/on avait désiré	ils/elles avaient désiré

Futur simple

je désirerai	nous désirerons
tu désireras	vous désirerez
il/elle/on désirera	ils/elles désireront

Passé simple

je désirai	nous désirâmes
tu désiras	vous désirâtes
il/elle/on désira	ils/elles désirèrent

Futur antérieur

j'aurai désiré	nous aurons désiré
tu auras désiré	vous aurez désiré
il/elle/on aura désiré	ils/elles auront désiré

Passé antérieur

j'eus désiré	nous eûmes désiré
tu eus désiré	vous eûtes désiré
il/elle/on eut désiré	ils/elles eurent désiré

SUBJONCTIF

Présent

que je désire	que nous désirions
que tu désires	que vous désiriez
qu'il/elle/on désire	qu'ils/elles désirent

Passé

que j'aie désiré	que nous ayons désiré
que tu aies désiré	que vous ayez désiré
qu'il/elle/on ait désiré	qu'ils/elles aient désiré

Imparfait

que je désirasse	que nous désirassions
que tu désirasses	que vous désirassiez
qu'il/elle/on désirât	qu'ils/elles désirassent

Plus-que-parfait

que j'eusse désiré	que nous eussions désiré
que tu eusses désiré	que vous eussiez désiré
qu'il/elle/on eût désiré	qu'ils/elles eussent désiré

CONDITIONNEL

Présent

je désirerais	nous désirerions
tu désirerais	vous désireriez
il/elle/on désirerait	ils/elles désireraient

Passé

j'aurais désiré	nous aurions désiré
tu aurais désiré	vous auriez désiré
il/elle/on aurait désiré	ils/elles auraient désiré

IMPÉRATIF

désire désirons désirez

Quand elle était petite, elle désirait être physicienne.
When she was little, she wanted to be a physicist.

Il est normal que vous désiriez l'amour de vos proches.
It's normal that you desire the love of those close to you.

Que désirez-vous?
What would you like?

DÉSOBÉIR *to disobey*

Inf. désobéir *Part. prés.* désobéissant *Part. passé* désobéi

INDICATIF

Présent

je désobéis	nous désobéissons
tu désobéis	vous désobéissez
il/elle/on désobéit	ils/elles désobéissent

Passé composé

j'ai désobéi	nous avons désobéi
tu as désobéi	vous avez désobéi
il/elle/on a désobéi	ils/elles ont désobéi

Futur simple

je désobéirai	nous désobéirons
tu désobéiras	vous désobéirez
il/elle/on désobéira	ils/elles désobéiront

Futur antérieur

j'aurai désobéi	nous aurons désobéi
tu auras désobéi	vous aurez désobéi
il/elle/on aura désobéi	ils/elles auront désobéi

Imparfait

je désobéissais	nous désobéissions
tu désobéissais	vous désobéissiez
il/elle/on désobéissait	ils/elles désobéissaient

Plus-que-parfait

j'avais désobéi	nous avions désobéi
tu avais désobéi	vous aviez désobéi
il/elle/on avait désobéi	ils/elles avaient désobéi

Passé simple

je désobéis	nous désobéîmes
tu désobéis	vous désobéîtes
il/elle/on désobéit	ils/elles désobéirent

Passé antérieur

j'eus désobéi	nous eûmes désobéi
tu eus désobéi	vous eûtes désobéi
il/elle/on eut désobéi	ils/elles eurent désobéi

SUBJONCTIF

Présent

que je désobéisse	que nous désobéissions
que tu désobéisses	que vous désobéissiez
qu'il/elle/on désobéisse	qu'ils/elles désobéissent

Imparfait

que je désobéisse	que nous désobéissions
que tu désobéisses	que vous désobéissiez
qu'il/elle/on désobéît	qu'ils/elles désobéissent

Passé

que j'aie désobéi	que nous ayons désobéi
que tu aies désobéi	que vous ayez désobéi
qu'il/elle/on ait désobéi	qu'ils/elles aient désobéi

Plus-que-parfait

que j'eusse désobéi	que nous eussions désobéi
que tu eusses désobéi	que vous eussiez désobéi
qu'il/elle/on eût désobéi	qu'ils/elles eussent désobéi

CONDITIONNEL

Présent

je désobéirais	nous désobéirions
tu désobéirais	vous désobéiriez
il/elle/on désobéirait	ils/elles désobéiraient

Passé

j'aurais désobéi	nous aurions désobéi
tu aurais désobéi	vous auriez désobéi
il/elle/on aurait désobéi	ils/elles auraient désobéi

IMPÉRATIF

désobéis désobéissons désobéissez

Est-ce que vous désobéissez souvent à vos supérieurs?
Do you frequently disobey your superiors?

Dans ce cas-là, moi aussi j'aurai désobéi.
In that case, I too would have disobeyed.

Ne leur désobéis pas; ce sont tes parents!
Don't disobey them; they are your parents!

DESSINER *to draw, to design*

Inf. dessiner *Part. prés.* dessinant *Part. passé* dessiné

INDICATIF

Présent

je dessine	nous dessinons
tu dessines	vous dessinez
il/elle/on dessine	ils/elles dessinent

Imparfait

je dessinais	nous dessinions
tu dessinais	vous dessiniez
il/elle/on dessinait	ils/elles dessinaient

Passé composé

j'ai dessiné	nous avons dessiné
tu as dessiné	vous avez dessiné
il/elle/on a dessiné	ils/elles ont dessiné

Plus-que-parfait

j'avais dessiné	nous avions dessiné
tu avais dessiné	vous aviez dessiné
il/elle/on avait dessiné	ils/elles avaient dessiné

Futur simple

je dessinerai	nous dessinerons
tu dessineras	vous dessinerez
il/elle/on dessinera	ils/elles dessineront

Passé simple

je dessinai	nous dessinâmes
tu dessinas	vous dessinâtes
il/elle/on dessina	ils/elles dessinèrent

Futur antérieur

j'aurai dessiné	nous aurons dessiné
tu auras dessiné	vous aurez dessiné
il/elle/on aura dessiné	ils/elles auront dessiné

Passé antérieur

j'eus dessiné	nous eûmes dessiné
tu eus dessiné	vous eûtes dessiné
il/elle/on eut dessiné	ils/elles eurent dessiné

SUBJONCTIF

Présent

que je dessine	que nous dessinions
que tu dessines	que vous dessiniez
qu'il/elle/on dessine	qu'ils/elles dessinent

Passé

que j'aie dessiné	que nous ayons dessiné
que tu aies dessiné	que vous ayez dessiné
qu'il/elle/on ait dessiné	qu'ils/elles aient dessiné

Imparfait

que je dessinasse	que nous dessinassions
que tu dessinasses	que vous dessinassiez
qu'il/elle/on dessinât	qu'ils/elles dessinassent

Plus-que-parfait

que j'eusse dessiné	que nous eussions dessiné
que tu eusses dessiné	que vous eussiez dessiné
qu'il/elle/on eût dessiné	qu'ils/elles eussent dessiné

CONDITIONNEL

Présent

je dessinerais	nous dessinerions
tu dessinerais	vous dessineriez
il/elle/on dessinerait	ils/elles dessineraient

Passé

j'aurais dessiné	nous aurions dessiné
tu aurais dessiné	vous auriez dessiné
il/elle/on aurait dessiné	ils/elles auraient dessiné

IMPÉRATIF

dessine dessinons dessinez

On voulait que notre architecte dessine quelque chose de plus solide.
We wanted our architect to design something more solid.

Dessinez quelque chose pour moi!
Draw something for me!

Avec plus de crayons, l'enfant aurait dessiné un portrait aux couleurs plus vives.
With more pencils, the child could have drawn a picture with brighter colors.

D DÉTESTER *to dislike, to detest*

Inf. détester *Part. prés.* détestant *Part. passé* détesté

INDICATIF

Présent

je déteste	nous détestons
tu détestes	vous détestez
il/elle/on déteste	ils/elles détestent

Imparfait

je détestais	nous détestions
tu détestais	vous détestiez
il/elle/on détestait	ils/elles détestaient

Passé composé

j'ai détesté	nous avons détesté
tu as détesté	vous avez détesté
il/elle/on a détesté	ils/elles ont détesté

Plus-que-parfait

j'avais détesté	nous avions détesté
tu avais détesté	vous aviez détesté
il/elle/on avait détesté	ils/elles avaient détesté

Futur simple

je détesterai	nous détesterons
tu détesteras	vous détesterez
il/elle/on détestera	ils/elles détesteront

Passé simple

je détestai	nous détestâmes
tu détestas	vous détestâtes
il/elle/on détesta	ils/elles détestèrent

Futur antérieur

j'aurai détesté	nous aurons détesté
tu auras détesté	vous aurez détesté
il/elle/on aura détesté	ils/elles auront détesté

Passé antérieur

j'eus détesté	nous eûmes détesté
tu eus détesté	vous eûtes détesté
il/elle/on eut détesté	ils/elles eurent détesté

SUBJONCTIF

Présent

que je déteste	que nous détestions
que tu détestes	que vous détestiez
qu'il/elle/on déteste	qu'ils/elles détestent

Passé

que j'aie détesté	que nous ayons détesté
que tu aies détesté	que vous ayez détesté
qu'il/elle/on ait détesté	qu'ils/elles aient détesté

Imparfait

que je détestasse	que nous détestassions
que tu détestasses	que vous détestassiez
qu'il/elle/on détestât	qu'ils/elles détestassent

Plus-que-parfait

que j'eusse détesté	que nous eussions détesté
que tu eusses détesté	que vous eussiez détesté
qu'il/elle/on eût détesté	qu'ils/elles eussent détesté

CONDITIONNEL

Présent

je détesterais	nous détesterions
tu détesterais	vous détesteriez
il/elle/on détesterait	ils/elles détesteraient

Passé

j'aurais détesté	nous aurions détesté
tu aurais détesté	vous auriez détesté
il/elle/on aurait détesté	ils/elles auraient détesté

IMPÉRATIF

déteste détestons détestez

Michel détestait les carottes mais maintenant il les aime bien.
Michel used to detest carrots, but now he likes them.

Si je n'avais pas lu le roman, j'aurais détesté le film.
If I hadn't read the novel, I would have hated the film.

Que détestez-vous le plus: la méchanceté ou le mensonge?
What do you despise the most: meanness or lying?

DÉTRUIRE *to destroy, to take down, to get rid of*

Inf. détruire *Part. prés.* détruisant *Part. passé* détruit

INDICATIF

Présent

je détruis	nous détruisons
tu détruis	vous détruisez
il/elle/on détruit	ils/elles détruisent

Imparfait

je détruisais	nous détruisions
tu détruisais	vous détruisiez
il/elle/on détruisait	ils/elles détruisaient

Passé composé

j'ai détruit	nous avons détruit
tu as détruit	vous avez détruit
il/elle/on a détruit	ils/elles ont détruit

Plus-que-parfait

j'avais détruit	nous avions détruit
tu avais détruit	vous aviez détruit
il/elle/on avait détruit	ils/elles avaient détruit

Futur simple

je détruirai	nous détruirons
tu détruiras	vous détruirez
il/elle/on détruira	ils/elles détruiront

Passé simple

je détruisis	nous détruisîmes
tu détruisis	vous détruisîtes
il/elle/on détruisit	ils/elles détruisirent

Futur antérieur

j'aurai détruit	nous aurons détruit
tu auras détruit	vous aurez détruit
il/elle/on aura détruit	ils/elles auront détruit

Passé antérieur

j'eus détruit	nous eûmes détruit
tu eus détruit	vous eûtes détruit
il/elle/on eut détruit	ils/elles eurent détruit

SUBJONCTIF

Présent

que je détruise	que nous détruisions
que tu détruises	que vous détruisiez
qu'il/elle/on détruise	qu'ils/elles détruisent

Passé

que j'aie détruit	que nous ayons détruit
que tu aies détruit	que vous ayez détruit
qu'il/elle/on ait détruit	qu'ils/elles aient détruit

Imparfait

que je détruisisse	que nous détruisissions
que tu détruisisses	que vous détruisissiez
qu'il/elle/on détruisît	qu'ils/elles détruisissent

Plus-que-parfait

que j'eusse détruit	que nous eussions détruit
que tu eusses détruit	que vous eussiez détruit
qu'il/elle/on eût détruit	qu'ils/elles eussent détruit

CONDITIONNEL

Présent

je détruirais	nous détruirions
tu détruirais	vous détruiriez
il/elle/on détruirait	ils/elles détruiraient

Passé

j'aurais détruit	nous aurions détruit
tu aurais détruit	vous auriez détruit
il/elle/on aurait détruit	ils/elles auraient détruit

IMPÉRATIF

détruis détruisons détruisez

Qui a détruit mon jardin?
Who destroyed my garden?

La municipalité détruira ce parking.
The municipality will take down this parking lot.

Je voudrais détruire une fourmilière qui me cause beaucoup de problèmes.
I would like to get rid of an ant colony that is causing me a lot of problems.

DÉVELOPPER *to develop*

Inf. développer *Part. prés.* développant *Part. passé* développé

INDICATIF

Présent

je développe	nous développons
tu développes	vous développez
il/elle/on développe	ils/elles développent

Imparfait

je développais	nous développions
tu développais	vous développiez
il/elle/on développait	ils/elles développaient

Passé composé

j'ai développé	nous avons développé
tu as développé	vous avez développé
il/elle/on a développé	ils/elles ont développé

Plus-que-parfait

j'avais développé	nous avions développé
tu avais développé	vous aviez développé
il/elle/on avait développé	ils/elles avaient développé

Futur simple

je développerai	nous développerons
tu développeras	vous développerez
il/elle/on développera	ils/elles développeront

Passé simple

je développai	nous développâmes
tu développas	vous développâtes
il/elle/on développa	ils/elles développèrent

Futur antérieur

j'aurai développé	nous aurons développé
tu auras développé	vous aurez développé
il/elle/on aura développé	ils/elles auront développé

Passé antérieur

j'eus développé	nous eûmes développé
tu eus développé	vous eûtes développé
il/elle/on eut développé	ils/elles eurent développé

SUBJONCTIF

Présent

que je développe	que nous développions
que tu développes	que vous développiez
qu'il/elle/on développe	qu'ils/elles développent

Passé

que j'aie développé	que nous ayons développé
que tu aies développé	que vous ayez développé
qu'il/elle/on ait développé	qu'ils/elles aient développé

Imparfait

que je développasse	que nous développassions
que tu développasses	que vous développassiez
qu'il/elle/on développât	qu'ils/elles développassent

Plus-que-parfait

que j'eusse développé	que nous eussions développé
que tu eusses développé	que vous eussiez développé
qu'il/elle/on eût développé	qu'ils/elles eussent développé

CONDITIONNEL

Présent

je développerais	nous développerions
tu développerais	vous développeriez
il/elle/on développerait	ils/elles développeraient

Passé

j'aurais développé	nous aurions développé
tu aurais développé	vous auriez développé
il/elle/on aurait développé	ils/elles auraient développé

IMPÉRATIF

développe développons développez

Si notre entreprise avait plus de fonds, elle développerait plus de nouveaux produits.
If our company had more funds, it would develop more new products.

Le gouvernement cherche à développer cette région.
The government is seeking to develop this region.

Karina suit ce cours afin de développer ses compétences en italien.
Karina is taking this course in order to develop her skills in Italian.

DEVENIR *to become*

Inf. devenir *Part. prés.* devenant *Part. passé* devenu

INDICATIF

Présent

je deviens	nous devenons
tu deviens	vous devenez
il/elle/on devient	ils/elles deviennent

Passé composé

je suis devenu(e)	nous sommes devenu(e)s
tu es devenu(e)	vous êtes devenu(e)(s)
il/elle/on est devenu(e)	ils/elles sont devenu(e)s

Futur simple

je deviendrai	nous deviendrons
tu deviendras	vous deviendrez
il/elle/on deviendra	ils/elles deviendront

Futur antérieur

je serai devenu(e)	nous serons devenu(e)s
tu seras devenu(e)	vous serez devenu(e)(s)
il/elle/on sera devenu(e)	ils/elles seront devenu(e)s

Imparfait

je devenais	nous devenions
tu devenais	vous deveniez
il/elle/on devenait	ils/elles devenaient

Plus-que-parfait

j'étais devenu(e)	nous étions devenu(e)s
tu étais devenu(e)	vous étiez devenu(e)(s)
il/elle/on était devenu(e)	ils/elles étaient devenu(e)s

Passé simple

je devins	nous devînmes
tu devins	vous devîntes
il/elle/on devint	ils/elles devinrent

Passé antérieur

je fus devenu(e)	nous fûmes devenu(e)s
tu fus devenu(e)	vous fûtes devenu(e)(s)
il/elle/on fut devenu(e)	ils/elles furent devenu(e)s

SUBJONCTIF

Présent

que je devienne	que nous devenions
que tu deviennes	que vous deveniez
qu'il/elle/on devienne	qu'ils/elles deviennent

Imparfait

que je devinsse	que nous devinssions
que tu devinsses	que vous devinssiez
qu'il/elle/on devînt	qu'ils/elles devinssent

Passé

que je sois devenu(e)	que nous soyons devenu(e)s
que tu sois devenu(e)	que vous soyez devenu(e)(s)
qu'il/elle/on soit devenu(e)	qu'ils/elles soient devenu(e)s

Plus-que-parfait

que je fusse devenu(e)	que nous fussions devenu(e)s
que tu fusses devenu(e)	que vous fussiez devenu(e)(s)
qu'il/elle/on fût devenu(e)	qu'ils/elles fussent devenu(e)s

CONDITIONNEL

Présent

je deviendrais	nous deviendrions
tu deviendrais	vous deviendriez
il/elle/on deviendrait	ils/elles deviendraient

Passé

je serais devenu(e)	nous serions devenu(e)s
tu serais devenu(e)	vous seriez devenu(e)(s)
il/elle/on serait devenu(e)	ils/elles seraient devenu(e)s

IMPÉRATIF

deviens devenons devenez

Avec cette nouvelle chanson, le chanteur inconnu deviendra célèbre.
With this new song, the unknown signer will become famous.

Quand je réfléchis à cette situation, je deviens de plus en plus stressé.
When I think about this situation, I become more and more stressed.

Quand la directrice a annoncé à ses assistants qu'ils étaient licenciés, ils sont devenus furieux.
When the director told her assistants that they were fired, they because furious.

DEVINER *to guess*

Inf. deviner *Part. prés.* devinant *Part. passé* deviné

INDICATIF

Présent

je devine	nous devinons
tu devines	vous devinez
il/elle/on devine	ils/elles devinent

Imparfait

je devinais	nous devinions
tu devinais	vous deviniez
il/elle/on devinait	ils/elles devinaient

Passé composé

j'ai deviné	nous avons deviné
tu as deviné	vous avez deviné
il/elle/on a deviné	ils/elles ont deviné

Plus-que-parfait

j'avais deviné	nous avions deviné
tu avais deviné	vous aviez deviné
il/elle/on avait deviné	ils/elles avaient deviné

Futur simple

je devinerai	nous devinerons
tu devineras	vous devinerez
il/elle/on devinera	ils/elles devineront

Passé simple

je devinai	nous devinâmes
tu devinas	vous devinâtes
il/elle/on devina	ils/elles devinèrent

Futur antérieur

j'aurai deviné	nous aurons deviné
tu auras deviné	vous aurez deviné
il/elle/on aura deviné	ils/elles auront deviné

Passé antérieur

j'eus deviné	nous eûmes deviné
tu eus deviné	vous eûtes deviné
il/elle/on eut deviné	ils/elles eurent deviné

SUBJONCTIF

Présent

que je devine	que nous devinions
que tu devines	que vous deviniez
qu'il/elle/on devine	qu'ils/elles devinent

Passé

que j'aie deviné	que nous ayons deviné
que tu aies deviné	que vous ayez deviné
qu'il/elle/on ait deviné	qu'ils/elles aient deviné

Imparfait

que je devinasse	que nous devinassions
que tu devinasses	que vous devinassiez
qu'il/elle/on devinât	qu'ils/elles devinassent

Plus-que-parfait

que j'eusse deviné	que nous eussions deviné
que tu eusses deviné	que vous eussiez deviné
qu'il/elle/on eût deviné	qu'ils/elles eussent deviné

CONDITIONNEL

Présent

je devinerais	nous devinerions
tu devinerais	vous devineriez
il/elle/on devinerait	ils/elles devineraient

Passé

j'aurais deviné	nous aurions deviné
tu aurais deviné	vous auriez deviné
il/elle/on aurait deviné	ils/elles auraient deviné

IMPÉRATIF

devine devinons devinez

Je suis incapable de deviner les intentions de mon ami.
I am unable to guess my friend's intentions.

Alors, devine qui j'ai vu ce matin à la gare!
So, guess who I saw at the train station this morning.

Les élèves devaient deviner la fin de l'histoire que leur maître leur a racontée.
The pupils had to guess the end of the story that their teacher told them.

DEVOIR *to have to; to owe; to probably [be, have, etc.]; must, should*

Inf. devoir *Part. prés.* devant *Part. passé* dû

INDICATIF

Présent

je dois	nous devons
tu dois	vous devez
il/elle/on doit	ils/elles doivent

Passé composé

j'ai dû	nous avons dû
tu as dû	vous avez dû
il/elle/on a dû	ils/elles ont dû

Futur simple

je devrai	nous devrons
tu devras	vous devrez
il/elle/on devra	ils/elles devront

Futur antérieur

j'aurai dû	nous aurons dû
tu auras dû	vous aurez dû
il/elle/on aura dû	ils/elles auront dû

Imparfait

je devais	nous devions
tu devais	vous deviez
il/elle/on devait	ils/elles devaient

Plus-que-parfait

j'avais dû	nous avions dû
tu avais dû	vous aviez dû
il/elle/on avait dû	ils/elles avaient dû

Passé simple

je dus	nous dûmes
tu dus	vous dûtes
il/elle/on dut	ils/elles durent

Passé antérieur

j'eus dû	nous eûmes dû
tu eus dû	vous eûtes dû
il/elle/on eut dû	ils/elles eurent dû

SUBJONCTIF

Présent

que je doive	que nous devions
que tu doives	que vous deviez
qu'il/elle/on doive	qu'ils/elles doivent

Imparfait

que je dusse	que nous dussions
que tu dusses	que vous dussiez
qu'il/elle/on dût	qu'ils/elles dussent

Passé

que j'aie dû	que nous ayons dû
que tu aies dû	que vous ayez dû
qu'il/elle/on ait dû	qu'ils/elles aient dû

Plus-que-parfait

que j'eusse dû	que nous eussions dû
que tu eusses dû	que vous eussiez dû
qu'il/elle/on eût dû	qu'ils/elles eussent dû

CONDITIONNEL

Présent

je devrais	nous devrions
tu devrais	vous devriez
il/elle/on devrait	ils/elles devraient

Passé

j'aurais dû	nous aurions dû
tu aurais dû	vous auriez dû
il/elle/on aurait dû	ils/elles auraient dû

IMPÉRATIF

dois devons devez

Tu devrais aller chez le médedin afin de soigner cette toux sèche.
You have to go to the doctor to take care of this hacking cough.

Tu me dois de l'argent.
You owe me money.

Elle devra nous téléphoner dès qu'elle arrivera à Londres.
She is to call us as soon as she arrives in London.

DÎNER *to have dinner*

Inf. dîner *Part. prés.* dînant *Part. passé* dîné

INDICATIF

Présent

je dîne | nous dînons
tu dînes | vous dînez
il/elle/on dîne | ils/elles dînent

Passé composé

j'ai dîné | nous avons dîné
tu as dîné | vous avez dîné
il/elle/on a dîné | ils/elles ont dîné

Futur simple

je dînerai | nous dînerons
tu dîneras | vous dînerez
il/elle/on dînera | ils/elles dîneront

Futur antérieur

j'aurai dîné | nous aurons dîné
tu auras dîné | vous aurez dîné
il/elle/on aura dîné | ils/elles auront diné

Imparfait

je dînais | nous dînions
tu dînais | vous dîniez
il/elle/on dînait | ils/elles dînaient

Plus-que-parfait

j'avais dîné | nous avions dîné
tu avais dîné | vous aviez dîné
il/elle/on avait dîné | ils/elles avaient dîné

Passé simple

je dînai | nous dînâmes
tu dînas | vous dînâtes
il/elle/on dîna | ils/elles dînèrent

Passé antérieur

j'eus dîné | nous eûmes dîné
tu eus dîné | vous eûtes dîné
il/elle/on eut dîné | ils/elles eurent dîné

SUBJONCTIF

Présent

que je dîne | que nous dînions
que tu dînes | que vous dîniez
qu'il/elle/on dîne | qu'ils/elles dînent

Imparfait

que je dînasse | que nous dînassions
que tu dînasses | que vous dînassiez
qu'il/elle/on dînât | qu'ils/elles dînassent

Passé

que j'aie dîné | que nous ayons dîné
que tu aies dîné | que vous ayez dîné
qu'il/elle/on ait dîné | qu'ils/elles aient dîné

Plus-que-parfait

que j'eusse dîné | que nous eussions dîné
que tu eusses dîné | que vous eussiez dîné
qu'il/elle/on eût dîné | qu'ils/elles eussent dîné

CONDITIONNEL

Présent

je dînerais | nous dînerions
tu dînerais | vous dîneriez
il/elle/on dînerait | ils/elles dîneraient

Passé

j'aurais dîné | nous aurions dîné
tu aurais dîné | vous auriez dîné
il/elle/on aurait dîné | ils/elles auraient dîné

IMPÉRATIF

dîne dînons dînez

Ce soir on dîne à l'extérieur.
Tonight we're dining al fresco.

Si Jean-Charles avait su que l'on servirait du porc, il aurait dîné avant de venir.
If Jean-Charles had known that they would be serving pork, he would have had dinner before coming.

J'ai diné avec mon frère tous les soirs cette semaine.
I have had dinner with my brother every night this week.

DIRE *to say, to tell*

Inf. dire *Part. prés.* disant *Part. passé* dit

INDICATIF

Présent

je dis	nous disons
tu dis	vous dites
il/elle/on dit	ils/elles disent

Passé composé

j'ai dit	nous avons dit
tu as dit	vous avez dit
il/elle/on a dit	ils/elles ont dit

Futur simple

je dirai	nous dirons
tu diras	vous direz
il/elle/on dira	ils/elles diront

Futur antérieur

j'aurai dit	nous aurons dit
tu auras dit	vous aurez dit
il/elle/on aura dit	ils/elles auront dit

Imparfait

je disais	nous disions
tu disais	vous disiez
il/elle/on disait	ils/elles disaient

Plus-que-parfait

j'avais dit	nous avions dit
tu avais dit	vous aviez dit
il/elle/on avait dit	ils/elles avaient dit

Passé simple

je dis	nous dîmes
tu dis	vous dîtes
il/elle/on dit	ils/elles dirent

Passé antérieur

j'eus dit	nous eûmes dit
tu eus dit	vous eûtes dit
il/elle/on eut dit	ils/elles eurent dit

SUBJONCTIF

Présent

que je dise	que nous disions
que tu dises	que vous disiez
qu'il/elle/on dise	qu'ils/elles disent

Imparfait

que je disse	que nous dissions
que tu disses	que vous dissiez
qu'il/elle/on dît	qu'ils/elles dissent

Passé

que j'aie dit	que nous ayons dit
que tu aies dit	que vous ayez dit
qu'il/elle/on ait dit	qu'ils/elles aient dit

Plus-que-parfait

que j'eusse dit	que nous eussions dit
que tu eusses dit	que vous eussiez dit
qu'il/elle/on eût dit	qu'ils/elles eussent dit

CONDITIONNEL

Présent

je dirais	nous dirions
tu dirais	vous diriez
il/elle/on dirait	ils/elles diraient

Passé

j'aurais dit	nous aurions dit
tu aurais dit	vous auriez dit
il/elle/on aurait dit	ils/elles auraient dit

IMPÉRATIF

dis disons dites

Ce cinéaste ne m'intéresse pas parce qu'il n'a rien à dire.
This filmmaker doesn't interest me because he has nothing to say.

Il est à souhaiter que tu dises la vérité.
It is to be hoped that you will tell the truth.

On dirait qu'elle aime le vin, elle a bu toute la bouteille toute seule!
It looks like she likes wine; she drank the entire bottle all by herself!

DISCUTER *to discuss*

Inf. discuter *Part. prés.* discutant *Part. passé* discuté

INDICATIF

Présent

je discute	nous discutons
tu discutes	vous discutez
il/elle/on discute	ils/elles discutent

Imparfait

je discutais	nous discutions
tu discutais	vous discutiez
il/elle/on discutait	ils/elles discutaient

Passé composé

j'ai discuté	nous avons discuté
tu as discuté	vous avez discuté
il/elle/on a discuté	ils/elles ont discuté

Plus-que-parfait

j'avais discuté	nous avions discuté
tu avais discuté	vous aviez discuté
il/elle/on avait discuté	ils/elles avaient discuté

Futur simple

je discuterai	nous discuterons
tu discuteras	vous discuterez
il/elle/on discutera	ils/elles discuteront

Passé simple

je discutai	nous discutâmes
tu discutas	vous discutâtes
il/elle/on discuta	ils/elles discutèrent

Futur antérieur

j'aurai discuté	nous aurons discuté
tu auras discuté	vous aurez discuté
il/elle/on aura discuté	ils/elles auront discuté

Passé antérieur

j'eus discuté	nous eûmes discuté
tu eus discuté	vous eûtes discuté
il/elle/on eut discuté	ils/elles eurent discuté

SUBJONCTIF

Présent

que je discute	que nous discutions
que tu discutes	que vous discutiez
qu'il/elle/on discute	qu'ils/elles discutent

Passé

que j'aie discuté	que nous ayons discuté
que tu aies discuté	que vous ayez discuté
qu'il/elle/on ait discuté	qu'ils/elles aient discuté

Imparfait

que je discutasse	que nous discutassions
que tu discutasses	que vous discutassiez
qu'il/elle/on discutât	qu'ils/elles discutassent

Plus-que-parfait

que j'eusse discuté	que nous eussions discuté
que tu eusses discuté	que vous eussiez discuté
qu'il/elle/on eût discuté	qu'ils/elles eussent discuté

CONDITIONNEL

Présent

je discuterais	nous discuterions
tu discuterais	vous discuteriez
il/elle/on discuterait	ils/elles discuteraient

Passé

j'aurais discuté	nous aurions discuté
tu aurais discuté	vous auriez discuté
il/elle/on aurait discuté	ils/elles auraient discuté

IMPÉRATIF

discute discutons discutez

Quand je suis arrivé à la réunion, ils avaient déjà discuté des licenciements.
When I got to the meeting, they had already discussed the layoffs.

Je dois lire cet article parce que demain nous en discuterons en classe.
I have to read this article because tomorrow we will discuss it in class.

Amir et ses cousins ont discuté entre eux.
Amir and his friends talked among themselves.

DISPARAÎTRE *to disappear; to die, to die out*

Inf. disparaître *Part. prés.* disparaissant *Part. passé* disparu

INDICATIF

Présent

je disparais	nous disparaissons
tu disparais	vous disparaissez
il/elle/on disparaît	ils/elles disparaissent

Imparfait

je disparaissais	nous disparaissions
tu disparaissais	vous disparaissiez
il/elle/on disparaissait	ils/elles disparaissaient

Passé composé

j'ai disparu	nous avons disparu
tu as disparu	vous avez disparu
il/elle/on a disparu	ils/elles ont disparu

Plus-que-parfait

j'avais disparu	nous avions disparu
tu avais disparu	vous aviez disparu
il/elle/on avait disparu	ils/elles avaient disparu

Futur simple

je disparaîtrai	nous disparaîtrons
tu disparaîtras	vous disparaîtrez
il/elle/on disparaîtra	ils/elles disparaîtront

Passé simple

je disparus	nous disparûmes
tu disparus	vous disparûtes
il/elle/on disparut	ils/elles disparurent

Futur antérieur

j'aurai disparu	nous aurons disparu
tu auras disparu	vous aurez disparu
il/elle/on aura disparu	ils/elles auront disparu

Passé antérieur

j'eus disparu	nous eûmes disparu
tu eus disparu	vous eûtes disparu
il/elle/on eut disparu	ils/elles eurent disparu

SUBJONCTIF

Présent

que je disparaisse	que nous disparaissions
que tu disparaisses	que vous disparaissiez
qu'il/elle/on disparaisse	qu'ils/elles disparaissent

Passé

que j'aie disparu	que nous ayons disparu
que tu aies disparu	que vous ayez disparu
qu'il/elle/on ait disparu	qu'ils/elles aient disparu

Imparfait

que je disparusse	que nous disparussions
que tu disparusses	que vous disparussiez
qu'il/elle/on disparût	qu'ils/elles disparussent

Plus-que-parfait

que j'eusse disparu	que nous eussions disparu
que tu eusses disparu	que vous eussiez disparu
qu'il/elle/on eût disparu	qu'ils/elles eussent disparu

CONDITIONNEL

Présent

je disparaîtrais	nous disparaîtrions
tu disparaîtrais	vous disparaîtriez
il/elle/on disparaîtrait	ils/elles disparaîtraient

Passé

j'aurais disparu	nous aurions disparu
tu aurais disparu	vous auriez disparu
il/elle/on aurait disparu	ils/elles auraient disparu

IMPÉRATIF

disparais disparaissons disparaissez

Mes lunettes ont disparu; où peuvent-elles être?
My glasses have disappeared; where can they be?

Je viens de lire que l'un de nos plus grands auteurs a disparu hier soir.
I just read that one of our greatest authors died yesterday.

A cause du changement climatique, un grand nombre d'espèces disparaissent.
Because of climate change, a great number of species are disappearing.

DIVORCER *to divorce*

Inf. divorcer *Part. prés.* divorçant *Part. passé* divorcé

INDICATIF

Présent

je divorce	nous divorçons
tu divorces	vous divorcez
il/elle/on divorce	ils/elles divorcent

Passé composé

j'ai divorcé	nous avons divorcé
tu as divorcé	vous avez divorcé
il/elle/on a divorcé	ils/elles ont divorcé

Futur simple

je divorcerai	nous divorcerons
tu divorceras	vous divorcerez
il/elle/on divorcera	ils/elles divorceront

Futur antérieur

j'aurai divorcé	nous aurons divorcé
tu auras divorcé	vous aurez divorcé
il/elle/on aura divorcé	ils/elles auront divorcé

Imparfait

je divorçais	nous divorcions
tu divorçais	vous divorciez
il/elle/on divorçait	ils/elles divorçaient

Plus-que-parfait

j'avais divorcé	nous avions divorcé
tu avais divorcé	vous aviez divorcé
il/elle/on avait divorcé	ils/elles avaient divorcé

Passé simple

je divorçai	nous divorçâmes
tu divorças	vous divorçâtes
il/elle/on divorça	ils/elles divorcèrent

Passé antérieur

j'eus divorcé	nous eûmes divorcé
tu eus divorcé	vous eûtes divorcé
il/elle/on eut divorcé	ils/elles eurent divorcé

SUBJONCTIF

Présent

que je divorce	que nous divorcions
que tu divorces	que vous divorciez
qu'il/elle/on divorce	qu'ils/elles divorcent

Imparfait

que je divorçasse	que nous divorçassions
que tu divorçasses	que vous divorçassiez
qu'il/elle/on divorçât	qu'ils/elles divorçassent

Passé

que j'aie divorcé	que nous ayons divorcé
que tu aies divorcé	que vous ayez divorcé
qu'il/elle/on ait divorcé	qu'ils/elles aient divorcé

Plus-que-parfait

que j'eusse divorcé	que nous eussions divorcé
que tu eusses divorcé	que vous eussiez divorcé
qu'il/elle/on eût divorcé	qu'ils/elles eussent divorcé

CONDITIONNEL

Présent

je divorcerais	nous divorcerions
tu divorcerais	vous divorceriez
il/elle/on divorcerait	ils/elles divorceraient

Passé

j'aurais divorcé	nous aurions divorcé
tu aurais divorcé	vous auriez divorcé
il/elle/on aurait divorcé	ils/elles auraient divorcé

IMPÉRATIF

divorce divorçons divorcez

Je viens d'apprendre que mes parents divorceront après 45 ans de mariage.
I just learned that my parents are divorcing after 45 years of marriage.

Si ce couple n'était pas dans une situation financière si précaire, il divorcerait.
If this couple weren't in such a precarious financial situation, they would get divorced.

Ma femme vient de m'annoncer qu'elle voudrait divorcer.
My wife just told me that she wants to get divorced.

DONNER *to give*

Inf. donner *Part. prés.* donnant *Part. passé* donné

INDICATIF

Présent		**Imparfait**	
je donne	nous donnons	je donnais	nous donnions
tu donnes	vous donnez	tu donnais	vous donniez
il/elle/on donne	ils/elles donnent	il/elle/on donnait	ils/elles donnaient
Passé composé		**Plus-que-parfait**	
j'ai donné	nous avons donné	j'avais donné	nous avions donné
tu as donné	vous avez donné	tu avais donné	vous aviez donné
il/elle/on a donné	ils/elles ont donné	il/elle/on avait donné	ils/elles avaient donné
Futur simple		**Passé simple**	
je donnerai	nous donnerons	je donnai	nous donnâmes
tu donneras	vous donnerez	tu donnas	vous donnâtes
il/elle/on donnera	ils/elles donneront	il/elle/on donna	ils/elles donnèrent
Futur antérieur		**Passé antérieur**	
j'aurai donné	nous aurons donné	j'eus donné	nous eûmes donné
tu auras donné	vous aurez donné	tu eus donné	vous eûtes donné
il/elle/on aura donné	ils/elles auront donné	il/elle/on eut donné	ils/elles eurent donné

SUBJONCTIF

Présent		**Passé**	
que je donne	que nous donnions	que j'aie donné	que nous ayons donné
que tu donnes	que vous donniez	que tu aies donné	que vous ayez donné
qu'il/elle/on donne	qu'ils/elles donnent	qu'il/elle/on ait donné	qu'ils/elles aient donné
Imparfait		**Plus-que-parfait**	
que je donnasse	que nous donnassions	que j'eusse donné	que nous eussions donné
que tu donnasses	que vous donnassiez	que tu eusses donné	que vous eussiez donné
qu'il/elle/on donnât	qu'ils/elles donnassent	qu'il/elle/on eût donné	qu'ils/elles eussent donné

CONDITIONNEL

Présent		**Passé**	
je donnerais	nous donnerions	j'aurais donné	nous aurions donné
tu donnerais	vous donneriez	tu aurais donné	vous auriez donné
il/elle/on donnerait	ils/elles donneraient	il/elle/on aurait donné	ils/elles auraient donné

IMPÉRATIF

donne donnons donnez

Donnez-moi votre numéro de téléphone et je vous appellerai ce soir.
Give me your phone number and I will call you tonight.

Jean lui a donné une bague d'or.
Jean gave her a gold ring.

Si vous aviez eu plus d'argent, vous auriez donné plus à cette organisation.
If you had had more money, you would have given more to this organization.

DORMIR *to sleep*

Inf. dormir *Part. prés.* dormant *Part. passé* dormi

INDICATIF

Présent

je dors	nous dormons
tu dors	vous dormez
il/elle/on dort	ils/elles dorment

Imparfait

je dormais	nous dormions
tu dormais	vous dormiez
il/elle/on dormait	ils/elles dormaient

Passé composé

j'ai dormi	nous avons dormi
tu as dormi	vous avez dormi
il/elle/on a dormi	ils/elles ont dormi

Plus-que-parfait

j'avais dormi	nous avions dormi
tu avais dormi	vous aviez dormi
il/elle/on avait dormi	ils/elles avaient dormi

Futur simple

je dormirai	nous dormirons
tu dormiras	vous dormirez
il/elle/on dormira	ils/elles dormiront

Passé simple

je dormis	nous dormîmes
tu dormis	vous dormîtes
il/elle/on dormit	ils/elles dormirent

Futur antérieur

j'aurai dormi	nous aurons dormi
tu auras dormi	vous aurez dormi
il/elle/on aura dormi	ils/elles auront dormi

Passé antérieur

j'eus dormi	nous eûmes dormi
tu eus dormi	vous eûtes dormi
il/elle/on eut dormi	ils/elles eurent dormi

SUBJONCTIF

Présent

que je dorme	que nous dormions
que tu dormes	que vous dormiez
qu'il/elle/on dorme	qu'ils/elles dorment

Passé

que j'aie dormi	que nous ayons dormi
que tu aies dormi	que vous ayez dormi
qu'il/elle/on ait dormi	qu'ils/elles aient dormi

Imparfait

que je dormisse	que nous dormissions
que tu dormisses	que vous dormissiez
qu'il/elle/on dormît	qu'ils/elles dormissent

Plus-que-parfait

que j'eusse dormi	que nous eussions dormi
que tu eusses dormi	que vous eussiez dormi
qu'il/elle/on eût dormi	qu'ils/elles eussent dormi

CONDITIONNEL

Présent

je dormirais	nous dormirions
tu dormirais	vous dormiriez
il/elle/on dormirait	ils/elles dormiraient

Passé

j'aurais dormi	nous aurions dormi
tu aurais dormi	vous auriez dormi
il/elle/on aurait dormi	ils/elles auraient dormi

IMPÉRATIF

dors dormons dormez

Les jumeaux ne dorment pas assez; ils jouent constamment ensemble.
The twins don't sleep enough; they are constantly playing together.

Cette musique très forte venant de la rue m'empêche de dormir.
This loud music coming from the street is keeping me from sleeping.

Julien dormait quand le téléphone a sonné.
Julien was sleeping when the phone rang.

DOUBLER *to pass, to double, to dub*

Inf. doubler *Part. prés.* doublant *Part. passé* doublé

INDICATIF

Présent

je double	nous doublons
tu doubles	vous doublez
il/elle/on double	ils/elles doublent

Passé composé

j'ai doublé	nous avons doublé
tu as doublé	vous avez doublé
il/elle/on a doublé	ils/elles ont doublé

Futur simple

je doublerai	nous doublerons
tu doubleras	vous doublerez
il/elle/on doublera	ils/elles doubleront

Futur antérieur

j'aurai doublé	nous aurons doublé
tu auras doublé	vous aurez doublé
il/elle/on aura doublé	ils/elles auront doublé

Imparfait

je doublais	nous doublions
tu doublais	vous doubliez
il/elle/on doublait	ils/elles doublaient

Plus-que-parfait

j'avais doublé	nous avions doublé
tu avais doublé	vous aviez doublé
il/elle/on avait doublé	ils/elles avaient doublé

Passé simple

je doublai	nous doublâmes
tu doublas	vous doublâtes
il/elle/on doubla	ils/elles doublèrent

Passé antérieur

j'eus doublé	nous eûmes doublé
tu eus doublé	vous eûtes doublé
il/elle/on eut doublé	ils/elles eurent doublé

SUBJONCTIF

Présent

que je double	que nous doublions
que tu doubles	que vous doubliez
qu'il/elle/on double	qu'ils/elles doublent

Imparfait

que je doublasse	que nous doublassions
que tu doublasses	que vous doublassiez
qu'il/elle/on doublât	qu'ils/elles doublassent

Passé

que j'aie doublé	que nous ayons doublé
que tu aies doublé	que vous ayez doublé
qu'il/elle/on ait doublé	qu'ils/elles aient doublé

Plus-que-parfait

que j'eusse doublé	que nous eussions doublé
que tu eusses doublé	que vous eussiez doublé
qu'il/elle/on eût doublé	qu'ils/elles eussent doublé

CONDITIONNEL

Présent

je doublerais	nous doublerions
tu doublerais	vous doubleriez
il/elle/on doublerait	ils/elles doubleraient

Passé

j'aurais doublé	nous aurions doublé
tu aurais doublé	vous auriez doublé
il/elle/on aurait doublé	ils/elles auraient doublé

IMPÉRATIF

double doublons doublez

Notre gare routière municipale doublera ses capacités l'année prochaine.
Our municpal bus station will double its capacities next year.

Ne double pas sur cette route; elle est trop sinueuse!
Don't pass on this road; it's too windy!

On a doublé ce film, mais je préfère la version originale.
This film was dubbed, but I prefer the original version.

DOUTER *to doubt*

Inf. douter *Part. prés.* doutant *Part. passé* douté

INDICATIF

Présent

je doute	nous doutons
tu doutes	vous doutez
il/elle/on doute	ils/elles doutent

Imparfait

je doutais	nous doutions
tu doutais	vous doutiez
il/elle/on doutait	ils/elles doutaient

Passé composé

j'ai douté	nous avons douté
tu as douté	vous avez douté
il/elle/on a douté	ils/elles ont douté

Plus-que-parfait

j'avais douté	nous avions douté
tu avais douté	vous aviez douté
il/elle/on avait douté	ils/elles avaient douté

Futur simple

je douterai	nous douterons
tu douteras	vous douterez
il/elle/on doutera	ils/elles douteront

Passé simple

je doutai	nous doutâmes
tu doutas	vous doutâtes
il/elle/on douta	ils/elles doutèrent

Futur antérieur

j'aurai douté	nous aurons douté
tu auras douté	vous aurez douté
il/elle/on aura douté	ils/elles auront douté

Passé antérieur

j'eus douté	nous eûmes douté
tu eus douté	vous eûtes douté
il/elle/on eut douté	ils/elles eurent douté

SUBJONCTIF

Présent

que je doute	que nous doutions
que tu doutes	que vous doutiez
qu'il/elle/on doute	qu'ils/elles doutent

Passé

que j'aie douté	que nous ayons douté
que tu aies douté	que vous ayez douté
qu'il/elle/on ait douté	qu'ils/elles aient douté

Imparfait

que je doutasse	que nous doutassions
que tu doutasses	que vous doutassiez
qu'il/elle/on doutât	qu'ils/elles doutassent

Plus-que-parfait

que j'eusse douté	que nous eussions douté
que tu eusses douté	que vous eussiez douté
qu'il/elle/on eût douté	qu'ils/elles eussent douté

CONDITIONNEL

Présent

je douterais	nous douterions
tu douterais	vous douteriez
il/elle/on douterait	ils/elles douteraient

Passé

j'aurais douté	nous aurions douté
tu aurais douté	vous auriez douté
il/elle/on aurait douté	ils/elles auraient douté

IMPÉRATIF

doute doutons doutez

On doutait que Michelle nous dise la vérité.
We doubted that Michelle was telling the truth.

Je doute de ses capacités à changer.
I have doubts about his ability to change.

Dans ce cas, j'aurais douté qu'elle soit capable de repayer ses dettes.
In that case, I would have doubted that she was capable of repaying her debts.

ÉCOUTER *to listen*

Inf. écouter *Part. prés.* écoutant *Part. passé* écouté

INDICATIF

Présent

j'écoute	nous écoutons
tu écoutes	vous écoutez
il/elle/on écoute	ils/elles écoutent

Passé composé

j'ai écouté	nous avons écouté
tu as écouté	vous avez écouté
il/elle/on a écouté	ils/elles ont écouté

Futur simple

j'écouterai	nous écouterons
tu écouteras	vous écouterez
il/elle/on écoutera	ils/elles écouteront

Futur antérieur

j'aurai écouté	nous aurons écouté
tu auras écouté	vous aurez écouté
il/elle/on aura écouté	ils/elles auront écouté

Imparfait

j'écoutais	nous écoutions
tu écoutais	vous écoutiez
il/elle/on écoutait	ils/elles écoutaient

Plus-que-parfait

j'avais écouté	nous avions écouté
tu avais écouté	vous aviez écouté
il/elle/on avait écouté	ils/elles avaient écouté

Passé simple

j'écoutai	nous écoutâmes
tu écoutas	vous écoutâtes
il/elle/on écouta	ils/elles écoutèrent

Passé antérieur

j'eus écouté	nous eûmes écouté
tu eus écouté	vous eûtes écouté
il/elle/on eut écouté	ils/elles eurent écouté

SUBJONCTIF

Présent

que j'écoute	que nous écoutions
que tu écoutes	que vous écoutiez
qu'il/elle/on écoute	qu'ils/elles écoutent

Imparfait

que j'écoutasse	que nous écoutassions
que tu écoutasses	que vous écoutassiez
qu'il/elle/on écoutât	qu'ils/elles écoutassent

Passé

que j'aie écouté	que nous ayons écouté
que tu aies écouté	que vous ayez écouté
qu'il/elle/on ait écouté	qu'ils/elles aient écouté

Plus-que-parfait

que j'eusse écouté	que nous eussions écouté
que tu eusses écouté	que vous eussiez écouté
qu'il/elle/on eût écouté	qu'ils/elles eussent écouté

CONDITIONNEL

Présent

j'écouterais	nous écouterions
tu écouterais	vous écouteriez
il/elle/on écouterait	ils/elles écouteraient

Passé

j'aurais écouté	nous aurions écouté
tu aurais écouté	vous auriez écouté
il/elle/on aurait écouté	ils/elles auraient écouté

IMPÉRATIF

écoute écoutons écoutez

Vous ne m'écoutez pas! J'ai dit non, non et non!
You're not listening to me! I said no, no, and no!

Il est essentiel que votre patron vous écoute.
It is essential that your boss listens to you.

J'ai envie d'écouter un peu de Madonna, et toi?
I feel like listening to a little Madonna, and you?

ÉCRIRE *to write*

Inf. écrire *Part. prés.* écrivant *Part. passé* écrit

INDICATIF

Présent

j'écris	nous écrivons
tu écris	vous écrivez
il/elle/on écrit	ils/elles écrivent

Passé composé

j'ai écrit	nous avons écrit
tu as écrit	vous avez écrit
il/elle/on a écrit	ils/elles ont écrit

Futur simple

j'écrirai	nous écrirons
tu écriras	vous écrirez
il/elle/on écrira	ils/elles écriront

Futur antérieur

j'aurai écrit	nous aurons écrit
tu auras écrit	vous aurez écrit
il/elle/on aura écrit	ils/elles auront écrit

Imparfait

j'écrivais	nous écrivions
tu écrivais	vous écriviez
il/elle/on écrivait	ils/elles écrivaient

Plus-que-parfait

j'avais écrit	nous avions écrit
tu avais écrit	vous aviez écrit
il/elle/on avait écrit	ils/elles avaient écrit

Passé simple

j'écrivis	nous écrivîmes
tu écrivis	vous écrivîtes
il/elle/on écrivit	ils/elles écrivirent

Passé antérieur

j'eus écrit	nous eûmes écrit
tu eus écrit	vous eûtes écrit
il/elle/on eut écrit	ils/elles eurent écrit

SUBJONCTIF

Présent

que j'écrive	que nous écrivions
que tu écrives	que vous écriviez
qu'il/elle/on écrive	qu'ils/elles écrivent

Imparfait

que j'écrivisse	que nous écrivissions
que tu écrivisses	que vous écrivissiez
qu'il/elle/on écrivît	qu'ils/elles écrivissent

Passé

que j'aie écrit	que nous ayons écrit
que tu aies écrit	que vous ayez écrit
qu'il/elle/on ait écrit	qu'ils/elles aient écrit

Plus-que-parfait

que j'eusse écrit	que nous eussions écrit
que tu eusses écrit	que vous eussiez écrit
qu'il/elle/on eût écrit	qu'ils/elles eussent écrit

CONDITIONNEL

Présent

j'écrirais	nous écririons
tu écrirais	vous écririez
il/elle/on écrirait	ils/elles écriraient

Passé

j'aurais écrit	nous aurions écrit
tu aurais écrit	vous auriez écrit
il/elle/on aurait écrit	ils/elles auraient écrit

IMPÉRATIF

écris écrivons écrivez

Je t'aurais écrit si tu m'avais donné ton adresse.
I would have written you if you'd given me your address.

Ne m'écris plus!
Don't write to me any more!

Ma grand-mère écrivait beaucoup quand elle était jeune.
My grandmother used to write a lot when she was young.

EFFRAYER *to frighten*

Inf. effrayer *Part. prés.* effrayant *Part. passé* effrayé

INDICATIF

Présent

j'effraie / ye	nous effrayons
tu effraies / yes	vous effrayez
il/elle/on effraie / ye	ils/elles effraient / yent

Imparfait

j'effrayais	nous effrayions
tu effrayais	vous effrayiez
il/elle/on effrayait	ils/elles effrayaient

Passé composé

j'ai effrayé	nous avons effrayé
tu as effrayé	vous avez effrayé
il/elle/on a effrayé	ils/elles ont effrayé

Plus-que-parfait

j'avais effrayé	nous avions effrayé
tu avais effrayé	vous aviez effrayé
il/elle/on avait effrayé	ils/elles avaient effrayé

Futur simple

j'effraierai / yerai	nous effraierons / yerons
tu effraieras / yeras	vous effraierez / yerez
il/elle/on effraiera / yera	ils/elles effraieront / yeront

Passé simple

j'effrayai	nous effrayâmes
tu effrayas	vous effrayâtes
il/elle/on effraya	ils/elles effrayèrent

Futur antérieur

j'aurai effrayé	nous aurons effrayé
tu auras effrayé	vous aurez effrayé
il/elle/on aura effrayé	ils/elles auront effrayé

Passé antérieur

j'eus effrayé	nous eûmes effrayé
tu eus effrayé	vous eûtes effrayé
il/elle/on eut effrayé	ils/elles eurent effrayé

SUBJONCTIF

Présent

que j'effraie / ye	que nous effrayions
que tu effraies / yes	que vous effrayiez
qu'il/elle/on effraie / ye	qu'ils/elles effraient / yent

Passé

que j'aie effrayé	que nous ayons effrayé
que tu aies effrayé	que vous ayez effrayé
qu'il/elle/on ait effrayé	qu'ils/elles aient effrayé

Imparfait

que j'effrayasse	que nous effrayassions
que tu effrayasses	que vous effrayassiez
qu'il/elle/on effrayât	qu'ils/elles effrayassent

Plus-que-parfait

que j'eusse effrayé	que nous eussions effrayé
que tu eusses effrayé	que vous eussiez effrayé
qu'il/elle/on eût effrayé	qu'ils/elles eussent effrayé

CONDITIONNEL

Présent

j'effraierais / yerais	nous effraierions / yerions
tu effraierais / yerais	vous effraieriez / yeriez
il/elle/on effraierait / yerait	ils/elles effraieraient / yeraient

Passé

j'aurais effrayé	nous aurions effrayé
tu aurais effrayé	vous auriez effrayé
il/elle/on aurait effrayé	ils/elles auraient effrayé

IMPÉRATIF

effraie / ye effrayons effrayez

Ne parle pas comme ça à ton chien; tu l'effraieras.
Don't talk to your dog like that; you will frighten him.

Je veux négocier un prix sans effrayer le vendeur.
I want to negotiate a price without frightening off the seller.

Cette idée nous effraie tous.
This idea scares all of us.

S'ÉGAYER *to cheer up, to enjoy oneself*

Inf. s'égayer *Part. prés.* s'égayant *Part. passé* égayé(e)(s)

INDICATIF

Présent

je m'égaie / ye	nous nous égayons
tu t'égaies / yes	vous vous égayez
il/elle/on s'égaie / ye	ils/elles s'égaient / yent

Imparfait

je m'égayais	nous nous égayions
tu t'égayais	vous vous égayiez
il/elle/on s'égayait	ils/elles s'égayaient

Passé composé

je me suis égayé(e)	nous nous sommes égayé(e)s
tu t'es égayé(e)	vous vous êtes égayé(e)(s)
il/elle/on s'est égayé(e)	ils/elles se sont égayé(e)s

Plus-que-parfait

je m'étais égayé(e)	nous nous étions égayé(e)s
tu t'étais égayé(e)	vous vous étiez égayé(e)(s)
il/elle/on s'était égayé(e)	ils/elles s'étaient égayé(e)s

Futur simple

je m'égaierai / yerai	nous nous égaierons / yerons
tu t'égaieras / yeras	vous vous égaierez / yerez
il/elle/on s'égaiera / yera	ils/elles s'égaieront / yeront

Passé simple

je m'égayai	nous nous égayâmes
tu t'égayas	vous vous égayâtes
il/elle/on s'égaya	ils/elles s'égayèrent

Futur antérieur

je me serai égayé(e)	nous nous serons égayé(e)s
tu te seras égayé(e)	vous vous serez égayé(e)(s)
il/elle/on se sera égayé(e)	ils/elles se seront égayé(e)s

Passé antérieur

je me fus égayé(e)	nous nous fûmes égayé(e)s
tu te fus égayé(e)	vous vous fûtes égayé(e)(s)
il/elle/on se fut égayé(e)	ils/elles se furent égayé(e)s

SUBJONCTIF

Présent

que je m'égaie / ye	que nous nous égayions
que tu t'égaies / yes	que vous vous égayiez
qu'il/elle/on s'égaie / ye	qu'ils/elles s'égaient / yent

Passé

que je me sois égayé(e)	que nous nous soyons égayé(e)s
que tu te sois égayé(e)	que vous vous soyez égayé(e)(s)
qu'il/elle/on se soit égayé(e)	qu'ils/elles se soient égayé(e)s

Imparfait

que je m'égayasse	que nous nous égayassions
que tu t'égayasses	que vous vous égayassiez
qu'il/elle/on s'égayât	qu'ils/elles s'égayassent

Plus-que-parfait

que je me fusse égayé(e)	que nous nous fussions égayé(e)s
que tu te fusses égayé(e)	que vous vous fussiez égayé(e)(s)
qu'il/elle/on se fût égayé(e)	qu'ils/elles se fussent égayé(e)s

CONDITIONNEL

Présent

je m'égaierais / yerais	nous nous égaierions / yerions
tu t'égaierais / yerais	vous vous égaieriez / yeriez
il/elle/on s'égaierait / yerait	ils/elles s'égaieraient / yeraient

Passé

je me serais égayé(e)	nous nous serions égayé(e)s
tu te serais égayé(e)	vous vous seriez égayé(e)(s)
il/elle/on se serait égayé(e)	ils/elles se seraient égayé(e)s

IMPÉRATIF

égaie-toi / ye égayons-nous égayez-vous

Et si on s'égayait avec un peu de musique?
How about cheering ourselves up with a little music?

Anne-Sophie s'égaie en faisant du jardinage.
Anne-Sophie cheers herself up by gardening.

Je me suis égayé à la fête.
I enjoyed myself at the party.

ÉLEVER *to raise*

Inf. élever *Part. prés.* élevant *Part. passé* élevé

INDICATIF

Présent

j'élève	nous élevons
tu élèves	vous élevez
il/elle/on élève	ils/elles élèvent

Passé composé

j'ai élevé	nous avons élevé
tu as élevé	vous avez élevé
il/elle/on a élevé	ils/elles ont élevé

Futur simple

j'élèverai	nous élèverons
tu élèveras	vous élèverez
il/elle/on élèvera	ils/elles élèveront

Futur antérieur

j'aurai élevé	nous aurons élevé
tu auras élevé	vous aurez élevé
il/elle/on aura élevé	ils/elles auront élevé

Imparfait

j'élevais	nous élevions
tu élevais	vous éleviez
il/elle/on élevait	ils/elles élevaient

Plus-que-parfait

j'avais élevé	nous avions élevé
tu avais élevé	vous aviez élevé
il/elle/on avait élevé	ils/elles avaient élevé

Passé simple

j'élevai	nous élevâmes
tu élevas	vous élevâtes
il/elle/on éleva	ils/elles élevèrent

Passé antérieur

j'eus élevé	nous eûmes élevé
tu eus élevé	vous eûtes élevé
il/elle/on eut élevé	ils/elles eurent élevé

SUBJONCTIF

Présent

que j'élève	que nous élevions
que tu élèves	que vous éleviez
qu'il/elle/on élève	qu'ils/elles élèvent

Imparfait

que j'élevasse	que nous élevassions
que tu élevasses	que vous élevassiez
qu'il/elle/on élevât	qu'ils/elles élevassent

Passé

que j'aie élevé	que nous ayons élevé
que tu aies élevé	que vous ayez élevé
qu'il/elle/on ait élevé	qu'ils/elles aient élevé

Plus-que-parfait

que j'eusse élevé	que nous eussions élevé
que tu eusses élevé	que vous eussiez élevé
qu'il/elle/on eût élevé	qu'ils/elles eussent élevé

CONDITIONNEL

Présent

j'élèverais	nous élèverions
tu élèverais	vous élèveriez
il/elle/on élèverait	ils/elles élèveraient

Passé

j'aurais élevé	nous aurions élevé
tu aurais élevé	vous auriez élevé
il/elle/on aurait élevé	ils/elles auraient élevé

IMPÉRATIF

élève élevons élevez

Mon ami élevait des moutons mais il a vendu son troupeau.
My friend used to raise sheep, but he sold his flock.

Ces exercices sont trop faciles pour ta classe; il faut que tu élèves le niveau.
These exercises are too easy for your class; you need to raise the level.

Les enfants de Fernand sont impolis parce qu'il les élève mal.
Fernand's kids are impolite because he is raising them poorly.

ÉLOIGNER *to move away, to alienate, to drive away, to keep away*

Inf. éloigner *Part. prés.* éloignant *Part. passé* éloigné

INDICATIF

Présent

j'éloigne	nous éloignons
tu éloignes	vous éloignez
il/elle/on éloigne	ils/elles éloignent

Imparfait

j'éloignais	nous éloignions
tu éloignais	vous éloigniez
il/elle/on éloignait	ils/elles éloignaient

Passé composé

j'ai éloigné	nous avons éloigné
tu as éloigné	vous avez éloigné
il/elle/on a éloigné	ils/elles ont éloigné

Plus-que-parfait

j'avais éloigné	nous avions éloigné
tu avais éloigné	vous aviez éloigné
il/elle/on avait éloigné	ils/elles avaient éloigné

Futur simple

j'éloignerai	nous éloignerons
tu éloigneras	vous éloignerez
il/elle/on éloignera	ils/elles éloigneront

Passé simple

j'éloignai	nous éloignâmes
tu éloignas	vous éloignâtes
il/elle/on éloigna	ils/elles éloignèrent

Futur antérieur

j'aurai éloigné	nous aurons éloigné
tu auras éloigné	vous aurez éloigné
il/elle/on aura éloigné	ils/elles auront éloigné

Passé antérieur

j'eus éloigné	nous eûmes éloigné
tu eus éloigné	vous eûtes éloigné
il/elle/on eut éloigné	ils/elles eurent éloigné

SUBJONCTIF

Présent

que j'éloigne	que nous éloignions
que tu éloignes	que vous éloigniez
qu'il/elle/on éloigne	qu'ils/elles éloignent

Passé

que j'aie éloigné	que nous ayons éloigné
que tu aies éloigné	que vous ayez éloigné
qu'il/elle/on ait éloigné	qu'ils/elles aient éloigné

Imparfait

que j'éloignasse	que nous éloignassions
que tu éloignasses	que vous éloignassiez
qu'il/elle/on éloignât	qu'ils/elles éloignassent

Plus-que-parfait

que j'eusse éloigné	que nous eussions éloigné
que tu eusses éloigné	que vous eussiez éloigné
qu'il/elle/on eût éloigné	qu'ils/elles eussent éloigné

CONDITIONNEL

Présent

j'éloignerais	nous éloignerions
tu éloignerais	vous éloigneriez
il/elle/on éloignerait	ils/elles éloigneraient

Passé

j'aurais éloigné	nous aurions éloigné
tu aurais éloigné	vous auriez éloigné
il/elle/on aurait éloigné	ils/elles auraient éloigné

IMPÉRATIF

éloigne éloignons éloignez

Tu as tout fait pour éloigner mes amis de moi!
You have done everything to drive my friends away from me!

Le comportement bizarre de l'acteur éloigne ses fans.
The bizarre behavior of the actor is alienating his fans.

Mon voisin a acheté un appareil qui éloigne les moustiques.
My neighor bought a device that keeps mosquitos away.

S'ÉLOIGNER *to move away, to keep away from*

Inf. s'éloigner *Part. prés.* s'éloignant *Part. passé* s'est éloigné(e)

INDICATIF

Présent

je m'éloigne	nous nous éloignons
tu t'éloignes	vous vous éloignez
il/elle/on s'éloigne	ils/elles s'éloignent

Imparfait

je m'éloignais	nous nous éloignions
tu t'éloignais	vous vous éloigniez
il/elle/on s'éloignait	ils/elles s'éloignaient

Passé composé

je me suis éloigné(e)	nous nous sommes éloigné(e)s
tu t'es éloigné(e)	vous vous êtes éloigné(e)(s)
il/elle/on s'est éloigné(e)	ils/elles se sont éloigné(e)s

Plus-que-parfait

je m'étais éloigné(e)	nous nous étions éloigné(e)s
tu t'étais éloigné(e)	vous vous étiez éloigné(e)(s)
il/elle/on s'était éloigné(e)	ils/elles s'étaient éloigné(e)s

Futur simple

je m'éloignerai	nous nous éloignerons
tu t'éloigneras	vous vous éloignerez
il/elle/on s'éloignera	ils/elles s'éloigneront

Passé simple

je m'éloignai	nous nous éloignâmes
tu t'éloignas	vous vous éloignâtes
il/elle/on s'éloigna	ils/elles s'éloignèrent

Futur antérieur

je me serai éloigné(e)	nous nous serons éloigné(e)s
tu te seras éloigné(e)	vous vous serez éloigné(e)(s)
il/elle/on se sera éloigné(e)	ils/elles se seront éloigné(e)s

Passé antérieur

je me fus éloigné(e)	nous nous fûmes éloigné(e)s
tu te fus éloigné(e)	vous vous fûtes éloigné(e)(s)
il/elle/on se fut éloigné(e)	ils/elles se furent éloigné(e)s

SUBJONCTIF

Présent

que je m'éloigne	que nous nous éloignions
que tu t'éloignes	que vous vous éloigniez
qu'il/elle/on s'éloigne	qu'ils/elles s'éloignent

Passé

que je me sois éloigné(e)	que nous nous soyons éloigné(e)s
que tu te sois éloigné(e)	que vous vous soyez éloigné(e)(s)
qu'il/elle/on se soit éloigné(e)	qu'ils/elles se soient éloigné(e)s

Imparfait

que je m'éloignasse	que nous nous éloignassions
que tu t'éloignasses	que vous vous éloignassiez
qu'il/elle/on s'éloignât	qu'ils/elles s'éloignassent

Plus-que-parfait

que je me fusse éloigné(e)	que nous nous fussions éloigné(e)s
que tu te fusses éloigné(e)	que vous vous fussiez éloigné(e)(s)
qu'il/elle/on se fût éloigné(e)	qu'ils/elles se fussent éloigné(e)s

CONDITIONNEL

Présent

je m'éloignerais	nous nous éloignerions
tu t'éloignerais	vous vous éloigneriez
il/elle/on s'éloignerait	ils/elles s'éloigneraient

Passé

je me serais éloigné(e)	nous nous serions éloigné(e)s
tu te serais éloigné(e)	vous vous seriez éloigné(e)(s)
il/elle/on se serait éloigné(e)	ils/elles se seraient éloigné(e)s

IMPÉRATIF

éloigne-toi éloignons-nous éloignez-vous

Ne t'éloigne pas trop de nous!
Don't stay away from us for too long!

Je me suis éloigné de Paul après notre bagarre.
I kept my distance from Paul after our fight.

Après l'accident, le coupable s'est éloigné furtivement.
After the accident, the guilty party slunk away.

EMMENER *to take someone [somewhere]*

Inf. emmener *Part. prés.* emmenant *Part. passé* emmené

INDICATIF

Présent

j'emmène	nous emmenons
tu emmènes	vous emmenez
il/elle/on emmène	ils/elles emmènent

Passé composé

j'ai emmené	nous avons emmené
tu as emmené	vous avez emmené
il/elle/on a emmené	ils/elles ont emmené

Futur simple

j'emmènerai	nous emmènerons
tu emmèneras	vous emmènerez
il/elle/on emmènera	ils/elles emmèneront

Futur antérieur

j'aurai emmené	nous aurons emmené
tu auras emmené	vous aurez emmené
il/elle/on aura emmené	ils/elles auront emmené

Imparfait

j'emmenais	nous emmenions
tu emmenais	vous emmeniez
il/elle/on emmenait	ils/elles emmenaient

Plus-que-parfait

j'avais emmené	nous avions emmené
tu avais emmené	vous aviez emmené
il/elle/on avait emmené	ils/elles avaient emmené

Passé simple

j'emmenai	nous emmenâmes
tu emmenas	vous emmenâtes
il/elle/on emmena	ils/elles emmenèrent

Passé antérieur

j'eus emmené	nous eûmes emmené
tu eus emmené	vous eûtes emmené
il/elle/on eut emmené	ils/elles eurent emmené

SUBJONCTIF

Présent

que j'emmène	que nous emmenions
que tu emmènes	que vous emmeniez
qu'il/elle/on emmène	qu'ils/elles emmènent

Imparfait

que j'emmenasse	que nous emmenassions
que tu emmenasses	que vous emmenassiez
qu'il emmenât	qu'ils/elles emmenassent

Passé

que j'aie emmené	que nous ayons emmené
que tu aies emmené	que vous ayez emmené
qu'il/elle/on ait emmené	qu'ils/elles aient emmené

Plus-que-parfait

que j'eusse emmené	que nous eussions emmené
que tu eusses emmené	que vous eussiez emmené
qu'il/elle/on eût emmené	qu'ils/elles eussent emmené

CONDITIONNEL

Présent

j'emmènerais	nous emmènerions
tu emmènerais	vous emmèneriez
il/elle/on emmènerait	ils/elles emmèneraient

Passé

j'aurais emmené	nous aurions emmené
tu aurais emmené	vous auriez emmené
il/elle/on aurait emmené	ils/elles auraient emmené

IMPÉRATIF

emmène emmenons emmenez

Tu m'emmènes jusqu'à la banque?
Can you take me to the bank?

Demain Yves emmènera sa tante à l'opéra.
Tomorrow Yves is taking his aunt to the opera.

Ils sont partis en vacances mais ils n'ont pas emmené leurs enfants.
They went on vacation but they didn't take their kids along.

EMPÊCHER *to prevent, to hinder, to stop*

Inf. empêcher *Part. prés.* empêchant *Part. passé* empêché

INDICATIF

Présent

j'empêche	nous empêchons
tu empêches	vous empêchez
il/elle/on empêche	ils/elles empêchent

Passé composé

j'ai empêché	nous avons empêché
tu as empêché	vous avez empêché
il/elle/on a empêché	ils/elles ont empêché

Futur simple

j'empêcherai	nous empêcherons
tu empêcheras	vous empêcherez
il/elle/on empêchera	ils/elles empêcheront

Futur antérieur

j'aurai empêché	nous aurons empêché
tu auras empêché	vous aurez empêché
il/elle/on aura empêché	ils/elles auront empêché

Imparfait

j'empêchais	nous empêchions
tu empêchais	vous empêchiez
il/elle/on empêchait	ils/elles empêchaient

Plus-que-parfait

j'avais empêché	nous avions empêché
tu avais empêché	vous aviez empêché
il/elle/on avait empêché	ils/elles avaient empêché

Passé simple

j'empêchai	nous empêchâmes
tu empêchas	vous empêchâtes
il/elle/on empêcha	ils/elles empêchèrent

Passé antérieur

j'eus empêché	nous eûmes empêché
tu eus empêché	vous eûtes empêché
il/elle/on eut empêché	ils/elles eurent empêché

SUBJONCTIF

Présent

que j'empêche	que nous empêchions
que tu empêches	que vous empêchiez
qu'il/elle/on empêche	qu'ils/elles empêchent

Imparfait

que j'empêchasse	que nous empêchassions
que tu empêchasses	que vous empêchassiez
qu'il/elle/on empêchât	qu'ils/elles empêchassent

Passé

que j'aie empêché	que nous ayons empêché
que tu aies empêché	que vous ayez empêché
qu'il/elle/on ait empêché	qu'ils/elles aient empêché

Plus-que-parfait

que j'eusse empêché	que nous eussions empêché
que tu eusses empêché	que vous eussiez empêché
qu'il/elle/on eût empêché	qu'ils/elles eussent empêché

CONDITIONNEL

Présent

j'empêcherais	nous empêcherions
tu empêcherais	vous empêcheriez
il/elle/on empêcherait	ils/elles empêcheraient

Passé

j'aurais empêché	nous aurions empêché
tu aurais empêché	vous auriez empêché
il/elle/on aurait empêché	ils/elles auraient empêché

IMPÉRATIF

empêche empêchons empêchez

Ces grandes bottes m'empêchent de marcher.
These big boots keep me from walking.

Je ne veux pas vous empêcher de travailler.
I don't want to stop you from working.

Les arbres que notre voisin voudrait planter nous empêcheraient de voir la ville de notre terrasse.
The trees our neighbor would like to plant would prevent us from seeing the city from our terrace.

EMPRUNTER *to borrow; to take [a road]*

Inf. emprunter *Part. prés.* empruntant *Part. passé* emprunté

INDICATIF

Présent

j'emprunte	nous empruntons
tu empruntes	vous empruntez
il/elle/on emprunte	ils/elles empruntent

Passé composé

j'ai emprunté	nous avons emprunté
tu as emprunté	vous avez emprunté
il/elle/on a emprunté	ils/elles ont emprunté

Futur simple

j'emprunterai	nous emprunterons
tu emprunteras	vous emprunterez
il/elle/on empruntera	ils/elles emprunteront

Futur antérieur

j'aurai emprunté	nous aurons emprunté
tu auras emprunté	vous aurez emprunté
il/elle/on aura emprunté	ils/elles auront emprunté

Imparfait

j'empruntais	nous empruntions
tu empruntais	vous empruntiez
il/elle/on empruntait	ils/elles empruntaient

Plus-que-parfait

j'avais emprunté	nous avions emprunté
tu avais emprunté	vous aviez emprunté
il/elle/on avait emprunté	ils/elles avaient emprunté

Passé simple

j'empruntai	nous empruntâmes
tu empruntas	vous empruntâtes
il/elle/on emprunta	ils/elles empruntèrent

Passé antérieur

j'eus emprunté	nous eûmes emprunté
tu eus emprunté	vous eûtes emprunté
il/elle/on eut emprunté	ils/elles eurent emprunté

SUBJONCTIF

Présent

que j'emprunte	que nous empruntions
que tu empruntes	que vous empruntiez
qu'il/elle/on emprunte	qu'ils/elles empruntent

Imparfait

que j'empruntasse	que nous empruntassions
que tu empruntasses	que vous empruntassiez
qu'il/elle/on empruntât	qu'ils/elles empruntassent

Passé

que j'aie emprunté	que nous ayons emprunté
que tu aies emprunté	que vous ayez emprunté
qu'il/elle/on ait emprunté	qu'ils/elles aient emprunté

Plus-que-parfait

que j'eusse emprunté	que nous eussions emprunté
que tu eusses emprunté	que vous eussiez emprunté
qu'il/elle/on eût emprunté	qu'ils/elles eussent emprunté

CONDITIONNEL

Présent

j'emprunterais	nous emprunterions
tu emprunterais	vous emprunteriez
il/elle/on emprunterait	ils/elles emprunteraient

Passé

j'aurais emprunté	nous aurions emprunté
tu aurais emprunté	vous auriez emprunté
il/elle/on aurait emprunté	ils/elles auraient emprunté

IMPÉRATIF

emprunte empruntons empruntez

L'anglais a emprunté beaucoup du français.
English borrowed a lot from French.

Pour aller chez elle, empruntez la rue de la Croix.
To go to her house, take the rue de la Croix.

Le Louvre a emprunté cette sculpture d'un musée provincial.
The Louvre borrowed this sculpture from a provincial museum.

ENCOURAGER *to encourage*

Inf. encourager *Part. prés.* encourageant *Part. passé* encouragé

INDICATIF

Présent

j'encourage	nous encourageons
tu encourages	vous encouragez
il/elle/on encourage	ils/elles encouragent

Imparfait

j'encourageais	nous encouragions
tu encourageais	vous encouragiez
il/elle/on encourageait	ils/elles encourageaient

Passé composé

j'ai encouragé	nous avons encouragé
tu as encouragé	vous avez encouragé
il/elle/on a encouragé	ils/elles ont encouragé

Plus-que-parfait

j'avais encouragé	nous avions encouragé
tu avais encouragé	vous aviez encouragé
il/elle/on avait encouragé	ils/elles avaient encouragé

Futur simple

j'encouragerai	nous encouragerons
tu encourageras	vous encouragerez
il/elle/on encouragera	ils/elles encourageront

Passé simple

j'encourageai	nous encourageâmes
tu encourageas	vous encourageâtes
il/elle/on encouragea	ils/elles encouragèrent

Futur antérieur

j'aurai encouragé	nous aurons encouragé
tu auras encouragé	vous aurez encouragé
il/elle/on aura encouragé	ils/elles auront encouragé

Passé antérieur

j'eus encouragé	nous eûmes encouragé
tu eus encouragé	vous eûtes encouragé
il/elle/on eut encouragé	ils/elles eurent encouragé

SUBJONCTIF

Présent

que j'encourage	que nous encouragions
que tu encourages	que vous encouragiez
qu'il/elle/on encourage	qu'ils/elles encouragent

Passé

que j'aie encouragé	que nous ayons encouragé
que tu aies encouragé	que vous ayez encouragé
qu'il/elle/on ait encouragé	qu'ils/elles aient encouragé

Imparfait

que j'encourageasse	que nous encourageassions
que tu encourageasses	que vous encourageassiez
qu'il/elle/on encourageât	qu'ils/elles encourageassent

Plus-que-parfait

que j'eusse encouragé	que nous eussions encouragé
que tu eusses encouragé	que vous eussiez encouragé
qu'il/elle/on eût encouragé	qu'ils/elles eussent encouragé

CONDITIONNEL

Présent

j'encouragerais	nous encouragerions
tu encouragerais	vous encourageriez
il/elle/on encouragerait	ils/elles encourageraient

Passé

j'aurais encouragé	nous aurions encouragé
tu aurais encouragé	vous auriez encouragé
il/elle/on aurait encouragé	ils/elles auraient encouragé

IMPÉRATIF

encourage encourageons encouragez

Mes parents ont encouragé ma sœur à terminer ses études.
My parents encouraged my sister to finish her studies.

Encouragez les étudiants à utiliser leur imagination.
Encourage students to use their imagination.

Il est bon que tu encourages ta famille à manger plus sainement.
It is good that you are encouraging your family to eat more healthfully.

S'ENFUIR *to run away, to escape, to flee*

Inf. s'enfuir *Part. prés.* s'enfuyant *Part. passé* enfui(e)(s)

INDICATIF

Présent

je m'enfuis	nous nous enfuyons
tu t'enfuis	vous vous enfuyez
il/elle/on s'enfuit	ils/elles s'enfuient

Passé composé

je me suis enfui(e)	nous nous sommes enfui(e)s
tu t'es enfui(e)	vous vous êtes enfui(e)(s)
il/elle/on s'est enfui(e)	ils/elles se sont enfui(e)s

Futur simple

je m'enfuirai	nous nous enfuirons
tu t'enfuiras	vous vous enfuirez
il/elle/on s'enfuira	ils/elles s'enfuiront

Futur antérieur

je me serai enfui(e)	nous nous serons enfui(e)s
tu te seras enfui(e)	vous vous serez enfui(e)(s)
il/elle/on se sera enfui(e)	ils/elles se seront enfui(e)s

Imparfait

je m'enfuyais	nous nous enfuyions
tu t'enfuyais	vous vous enfuyiez
il/elle/on s'enfuyait	ils/elles s'enfuyaient

Plus-que-parfait

je m'étais enfui(e)	nous nous étions enfui(e)s
tu t'étais enfui(e)	vous vous étiez enfui(e)(s)
il/elle/on s'était enfui(e)	ils/elles s'étaient enfui(e)s

Passé simple

je m'enfuis	nous nous enfuîmes
tu t'enfuis	vous vous enfuîtes
il/elle/on s'enfuit	ils/elles s'enfuirent

Passé antérieur

je me fus enfui(e)	nous nous fûmes enfui(e)s
tu te fus enfui(e)	vous vous fûtes enfui(e)(s)
il/elle/on se fut enfui(e)	ils/elles se furent enfui(e)s

SUBJONCTIF

Présent

que je m'enfuie	que nous nous enfuyions
que tu t'enfuies	que vous vous enfuyiez
qu'il/elle/on s'enfuie	qu'ils/elles s'enfuient

Imparfait

que je m'enfuisse	que nous nous enfuissions
que tu t'enfuisses	que vous vous enfuissiez
qu'il/elle/on s'enfuît	qu'ils/elles s'enfuissent

Passé

que je me sois enfui(e)	que nous nous soyons enfui(e)s
que tu te sois enfui(e)	que vous vous soyez enfui(e)(s)
qu'il/elle/on se soit enfui(e)	qu'ils/elles se soient enfui(e)s

Plus-que-parfait

que je me fusse enfui(e)	que nous nous fussions enfui(e)s
que tu te fusses enfui(e)	que vous vous fussiez enfui(e)(s)
qu'il/elle/on se fût enfui(e)	qu'ils/elles se fussent enfui(e)s

CONDITIONNEL

Présent

je me enfuirais	nous nous enfuirions
tu te enfuirais	vous vous enfuiriez
il/elle/on se enfuirait	ils/elles se enfuiraient

Passé

je me serais enfui(e)	nous nous serions enfui(e)s
tu te serais enfui(e)	vous vous seriez enfui(e)(s)
il/elle/on se serait enfui(e)	ils/elles se seraient enfui(e)s

IMPÉRATIF

enfuis-toi enfuyons-nous enfuyez-vous

Notre oiseau essaie de s'enfuir de sa cage, donc fais attention!
Our bird tries to escape from his cage, so be careful!

J'ai envie de m'enfuir de mon boulot.
I feel like running away from my job.

Quand le jeune voyou a vu l'agent de police, il s'est enfui.
When the young criminal saw the police officer, he fled.

ENNUYER *to bother, to annoy*

Inf. ennuyer *Part. prés.* ennuyant *Part. passé* ennuyé

INDICATIF

Présent

j'ennuie	nous ennuyons
tu ennuies	vous ennuyez
il/elle/on ennuie	ils/elles ennuient

Passé composé

j'ai ennuyé	nous avons ennuyé
tu as ennuyé	vous avez ennuyé
il/elle/on a ennuyé	ils/elles ont ennuyé

Futur simple

j'ennuierai	nous ennuierons
tu ennuieras	vous ennuierez
il/elle/on ennuiera	ils/elles ennuieront

Futur antérieur

j'aurai ennuyé	nous aurons ennuyé
tu auras ennuyé	vous aurez ennuyé
il/elle/on aura ennuyé	ils/elles auront ennuyé

Imparfait

j'ennuyais	nous ennuyions
tu ennuyais	vous ennuyiez
il/elle/on ennuyait	ils/elles ennuyaient

Plus-que-parfait

j'avais ennuyé	nous avions ennuyé
tu avais ennuyé	vous aviez ennuyé
il/elle/on avait ennuyé	ils/elles avaient ennuyé

Passé simple

j'ennuyai	nous ennuyâmes
tu ennuyas	vous ennuyâtes
il/elle/on ennuya	ils/elles ennuyèrent

Passé antérieur

j'eus ennuyé	nous eûmes ennuyé
tu eus ennuyé	vous eûtes ennuyé
il/elle/on eut ennuyé	ils/elles eurent ennuyé

SUBJONCTIF

Présent

que j'ennuie	que nous ennuyions
que tu ennuies	que vous ennuyiez
qu'il/elle/on ennuie	qu'ils/elles ennuient

Imparfait

que j'ennuyasse	que nous ennuyassions
que tu ennuyasses	que vous ennuyassiez
qu'il/elle/on ennuyât	qu'ils/elles ennuyassent

Passé

que j'aie ennuyé	que nous ayons ennuyé
que tu aies ennuyé	que vous ayez ennuyé
qu'il/elle/on ait ennuyé	qu'ils/elles aient ennuyé

Plus-que-parfait

que j'eusse ennuyé	que nous eussions ennuyé
que tu eusses ennuyé	que vous eussiez ennuyé
qu'il/elle/on eût ennuyé	qu'ils/elles eussent ennuyé

CONDITIONNEL

Présent

j'ennuierais	nous ennuierions
tu ennuierais	vous ennuieriez
il/elle/on ennuierait	ils/elles ennuieraient

Passé

j'aurais ennuyé	nous aurions ennuyé
tu aurais ennuyé	vous auriez ennuyé
il/elle/on aurait ennuyé	ils/elles auraient ennuyé

IMPÉRATIF

ennuie ennuyons ennuyez

Claude ennuyait le prof avec ses questions débiles.
Claude used to annoy the teacher with his stupid questions.

Est-ce que ça t'ennuie de tout refaire pour moi?
Does it bother you to redo the whole thing for me?

Ne nous ennuie pas avec tes commentaires fastidieux!
Don't bother us with your bothersome comments!

S'ENNUYER *to get bored, to be bored*

Inf. s'ennuyer *Part. prés.* s'ennuyant *Part. passé* ennuyé(e)(s)

INDICATIF

Présent

je m'ennuie	nous nous ennuyons
tu t'ennuies	vous vous ennuyez
il/elle/on s'ennuie	ils/elles s'ennuient

Imparfait

je m'ennuyais	nous nous ennuyions
tu t'ennuyais	vous vous ennuyiez
il/elle/on s'ennuyait	ils/elles s'ennuyaient

Passé composé

je me suis ennuyé(e)	nous nous sommes ennuyé(e)s
tu t'es ennuyé(e)	vous vous êtes ennuyé(e)(s)
il/elle/on s'est ennuyé(e)	ils/elles se sont ennuyé(e)s

Plus-que-parfait

je m'étais ennuyé(e)	nous nous étions ennuyé(e)s
tu t'étais ennuyé(e)	vous vous étiez ennuyé(e)(s)
il/elle/on s'était ennuyé(e)	ils/elles s'étaient ennuyé(e)s

Futur simple

je m'ennuierai	nous nous ennuierons
tu t'ennuieras	vous vous ennuierez
il/elle/on s'ennuiera	ils/elles s'ennuieront

Passé simple

je m'ennuyai	nous nous ennuyâmes
tu t'ennuyas	vous vous ennuyâtes
il/elle/on s'ennuya	ils/elles s'ennuyèrent

Futur antérieur

je me serai ennuyé(e)	nous nous serons ennuyé(e)s
tu te seras ennuyé(e)	vous vous serez ennuyé(e)(s)
il/elle/on se sera ennuyé(e)	ils/elles se seront ennuyé(e)s

Passé antérieur

je me fus ennuyé(e)	nous nous fûmes ennuyé(e)s
tu te fus ennuyé(e)	vous vous fûtes ennuyé(e)(s)
il/elle/on se fut ennuyé(e)	ils/elles se furent ennuyé(e)s

SUBJONCTIF

Présent

que je m'ennuie	que nous nous ennuyions
que tu t'ennuies	que vous vous ennuyiez
qu'il/elle/on s'ennuie	qu'ils/elles s'ennuient

Passé

que je me sois ennuyé(e)	que nous nous soyons ennuyé(e)s
que tu te sois ennuyé(e)	que vous vous soyez ennuyé(e)(s)
qu'il/elle/on se soit ennuyé(e)	qu'ils/elles se soient ennuyé(e)s

Imparfait

que je m'ennuyasse	que nous nous ennuyassions
que tu t'ennuyasses	que vous vous ennuyassiez
qu'il/elle/on s'ennuyât	qu'ils/elles s'ennuyassent

Plus-que-parfait

que je me fusse ennuyé(e)	que nous nous fussions ennuyé(e)s
que tu te fusses ennuyé(e)	que vous vous fussiez ennuyé(e)(s)
qu'il/elle/on se fût ennuyé(e)	qu'ils/elles se fussent ennuyé(e)s

CONDITIONNEL

Présent

je m'ennuierais	nous nous ennuierions
tu t'ennuierais	vous vous ennuieriez
il/elle/on s'ennuierait	ils/elles s'ennuieraient

Passé

je me serais ennuyé(e)	nous nous serions ennuyé(e)s
tu te serais ennuyé(e)	vous vous seriez ennuyé(e)(s)
il/elle/on se serait ennuyé(e)	ils/elles se seraient ennuyé(e)s

IMPÉRATIF

ennuie-toi ennuyons-nous ennuyez-vous

À ta place, je me serais ennuyé aussi!
In your shoes, I would have been bored, too!

Juliette est partie parce elle s'ennuyait ici à la campagne.
Juliette left because she was getting bored here in the country.

Tous les étudiants s'ennuient dans mon cours, et je n'y peux rien!
All the students get bored in my class, and there's nothing I can do about it!

ENSEIGNER *to teach*

Inf. enseigner *Part. prés.* enseignant *Part. passé* enseigné

INDICATIF

Présent

j'enseigne	nous enseignons
tu enseignes	vous enseignez
il/elle/on enseigne	ils/elles enseignent

Imparfait

j'enseignais	nous enseignions
tu enseignais	vous enseigniez
il/elle/on enseignait	ils/elles enseignaient

Passé composé

j'ai enseigné	nous avons enseigné
tu as enseigné	vous avez enseigné
il/elle/on a enseigné	ils/elles ont enseigné

Plus-que-parfait

j'avais enseigné	nous avions enseigné
tu avais enseigné	vous aviez enseigné
il/elle/on avait enseigné	ils/elles avaient enseigné

Futur simple

j'enseignerai	nous enseignerons
tu enseigneras	vous enseignerez
il/elle/on enseignera	ils/elles enseigneront

Passé simple

j'enseignai	nous enseignâmes
tu enseignas	vous enseignâtes
il/elle/on enseigna	ils/elles enseignèrent

Futur antérieur

j'aurai enseigné	nous aurons enseigné
tu auras enseigné	vous aurez enseigné
il/elle/on aura enseigné	ils/elles auront enseigné

Passé antérieur

j'eus enseigné	nous eûmes enseigné
tu eus enseigné	vous eûtes enseigné
il/elle/on eut enseigné	ils/elles eurent enseigné

SUBJONCTIF

Présent

que j'enseigne	que nous enseignions
que tu enseignes	que vous enseigniez
qu'il/elle/on enseigne	qu'ils/elles enseignent

Passé

que j'aie enseigné	que nous ayons enseigné
que tu aies enseigné	que vous ayez enseigné
qu'il/elle/on ait enseigné	qu'ils/elles aient enseigné

Imparfait

que j'enseignasse	que nous enseignassions
que tu enseignasses	que vous enseignassiez
qu'il/elle/on enseignât	qu'ils/elles enseignassent

Plus-que-parfait

que j'eusse enseigné	que nous eussions enseigné
que tu eusses enseigné	que vous eussiez enseigné
qu'il/elle/on eût enseigné	qu'ils/elles eussent enseigné

CONDITIONNEL

Présent

j'enseignerais	nous enseignerions
tu enseignerais	vous enseigneriez
il/elle/on enseignerait	ils/elles enseigneraient

Passé

j'aurais enseigné	nous aurions enseigné
tu aurais enseigné	vous auriez enseigné
il/elle/on aurait enseigné	ils/elles auraient enseigné

IMPÉRATIF

enseigne enseignons enseignez

Mon ami enseigne le français dans un lycée.
My friend teaches French in a high school.

Quel diplôme faut-il avoir pour enseigner en maternelle?
What degree do you need to teach preschool?

Charlotte n'enseignera que trois cours cette année.
Charlotte will only teach three classes this year.

S'ENSUIVRE *to ensue, to follow*

Inf. s'ensuivre *Part. prés.* s'ensuivant *Part. passé* ensuivi

INDICATIF

Présent		**Imparfait**	
—	—	—	—
—	—	—	—
il s'ensuit	—	il s'ensuivait	—
Passé composé		**Plus-que-parfait**	
—	—	—	—
—	—	—	—
il s'est ensuivi	—	il s'était ensuivi	—
Futur simple		**Passé simple**	
—	—	—	—
—	—	—	—
il s'ensuivra	—	il s'ensuivit	—
Futur antérieur		**Passé antérieur**	
—	—	—	—
—	—	—	—
il se sera ensuivi	—	il se fut ensuivi	—

SUBJONCTIF

Présent		**Passé**	
—	—	—	—
—	—	—	—
qu'il s'ensuive	—	qu'il se soit ensuivi	—
Imparfait		**Plus-que-parfait**	
—	—	—	—
—	—	—	—
qu'il s'ensuivît	—	qu'il se fût ensuivi	—

CONDITIONNEL

Présent		**Passé**	
—	—	—	—
—	—	—	—
il s'ensuivrait	—	il se serait ensuivi	—

IMPÉRATIF

—

Après une intervention chirigicale, il peut s'ensuivre de nombreuses infections.
Many types of infections can follow a surgical procedure.

Après la sortie de ce film, il s'est ensuivi un grand débat.
After the release of this film, a great debate followed.

Après l'invasion des portables, il s'ensuit que beaucoup de jeunes ne peuvent pas fonctionner sans eux.
After the invasion of cell phones, it followed that many young people could not function without them.

ENTENDRE *to hear; to mean*

Inf. entendre *Part. prés.* entendant *Part. passé* entendu

INDICATIF

Présent

j'entends	nous entendons
tu entends	vous entendez
il/elle/on entend	ils/elles entendent

Passé composé

j'ai entendu	nous avons entendu
tu as entendu	vous avez entendu
il/elle/on a entendu	ils/elles ont entendu

Futur simple

j'entendrai	nous entendrons
tu entendras	vous entendrez
il/elle/on entendra	ils/elles entendront

Futur antérieur

j'aurai entendu	nous aurons entendu
tu auras entendu	vous aurez entendu
il/elle/on aura entendu	ils/elles auront entendu

Imparfait

j'entendais	nous entendions
tu entendais	vous entendiez
il/elle/on entendait	ils/elles entendaient

Plus-que-parfait

j'avais entendu	nous avions entendu
tu avais entendu	vous aviez entendu
il/elle/on avait entendu	ils/elles avaient entendu

Passé simple

j'entendis	nous entendîmes
tu entendis	vous entendîtes
il/elle/on entendit	ils/elles entendirent

Passé antérieur

j'eus entendu	nous eûmes entendu
tu eus entendu	vous eûtes entendu
il/elle/on eut entendu	ils/elles eurent entendu

SUBJONCTIF

Présent

que j'entende	que nous entendions
que tu entendes	que vous entendiez
qu'il/elle/on entende	qu'ils/elles entendent

Imparfait

que j'entendisse	que nous entendissions
que tu entendisses	que vous entendissiez
qu'il/elle/on entendît	qu'ils/elles entendissent

Passé

que j'aie entendu	que nous ayons entendu
que tu aies entendu	que vous ayez entendu
qu'il/elle/on ait entendu	qu'ils/elles aient entendu

Plus-que-parfait

que j'eusse entendu	que nous eussions entendu
que tu eusses entendu	que vous eussiez entendu
qu'il/elle/on eût entendu	qu'ils/elles eussent entendu

CONDITIONNEL

Présent

j'entendrais	nous entendrions
tu entendrais	vous entendriez
il/elle/on entendrait	ils/elles entendraient

Passé

j'aurais entendu	nous aurions entendu
tu aurais entendu	vous auriez entendu
il/elle/on aurait entendu	ils/elles auraient entendu

IMPÉRATIF

entends entendons entendez

J'ai entendu un bruit sourd dans le sous-sol et maintenant j'ai peur!
I heard a thud in the cellar and now I'm afraid!

Qu'est-ce que vous entendez par cela?
What do you mean by that?

Avez-vous entendu parler de Dracula?
Have you ever heard of Dracula?

S'ENTENDRE *to get along*

Inf. s'entendre *Part. prés.* s'entendant *Part. passé* entendu(e)(s)

INDICATIF

Présent

je m'entends	nous nous entendons
tu t'entends	vous vous entendez
il/elle/on s'entend	ils/elles s'entendent

Imparfait

je m'entendais	nous nous entendions
tu t'entendais	vous vous entendiez
il/elle/on s'entendait	ils/elles s'entendaient

Passé composé

je me suis entendu(e)	nous nous sommes entendu(e)s
tu t'es entendu(e)	vous vous êtes entendu(e)(s)
il/elle/on s'est entendu(e)	ils/elles se sont entendu(e)s

Plus-que-parfait

je m'étais entendu(e)	nous nous étions entendu(e)s
tu t'étais entendu(e)	vous vous étiez entendu(e)(s)
il/elle/on s'était entendu(e)	ils/elles s'étaient entendu(e)s

Futur simple

je m'entendrai	nous nous entendrons
tu t'entendras	vous vous entendrez
il/elle/on s'entendra	ils/elles s'entendront

Passé simple

je m'entendis	nous nous entendîmes
tu t'entendis	vous vous entendîtes
il/elle/on s'entendit	ils/elles s'entendirent

Futur antérieur

je me serai entendu(e)	nous nous serons entendu(e)s
tu te seras entendu(e)	vous vous serez entendu(e)(s)
il/elle/on se sera entendu(e)	ils/elles se seront entendu(e)s

Passé antérieur

je me fus entendu(e)	nous nous fûmes entendu(e)s
tu te fus entendu(e)	vous vous fûtes entendu(e)(s)
il/elle/on se fut entendu(e)	ils/elles se furent entendu(e)s

SUBJONCTIF

Présent

que je m'entende	que nous nous entendions
que tu t'entendes	que vous vous entendiez
qu'il/elle/on s'entende	qu'ils/elles s'entendent

Passé

que je me sois entendu(e)	que nous nous soyons entendu(e)s
que tu te sois entendu(e)	que vous vous soyez entendu(e)(s)
qu'il/elle/on se soit entendu(e)	qu'ils/elles se soient entendu(e)s

Imparfait

que je m'entendisse	que nous nous entendissions
que tu t'entendisses	que vous vous entendissiez
qu'il/elle/on s'entendît	qu'ils/elles s'entendissent

Plus-que-parfait

que je me fusse entendu(e)	que nous nous fussions entendu(e)s
que tu te fusses entendu(e)	que vous vous fussiez entendu(e)(s)
qu'il/elle/on se fût entendu(e)	qu'ils/elles se fussent entendu(e)s

CONDITIONNEL

Présent

je m'entendrais	nous nous entendrions
tu t'entendrais	vous vous entendriez
il/elle/on s'entendrait	ils/elles s'entendraient

Passé

je me serais entendu(e)	nous nous serions entendu(e)s
tu te serais entendu(e)	vous vous seriez entendu(e)(s)
il/elle/on se serait entendu(e)	ils/elles se seraient entendu(e)s

IMPÉRATIF

entends-toi entendons-nous entendez-vous

Karine est difficile; donc elle s'entend mal avec sa famille.
Karine is difficult; therefore, she gets along poorly with her family.

Les élèves dans notre école primaire s'entendaient bien.
The pupils in our grammar school used to get along well.

Il est essentiel au fonctionnement de cette entreprise que vous deux vous entendiez!
It is essential for the functioning of this company that you two get along!

ENTREPRENDRE *to undertake, to take on*

Inf. entreprendre *Part. prés.* entreprenant *Part. passé* entrepris

INDICATIF

Présent

j'entreprends nous entreprenons
tu entreprends vous entreprenez
il/elle/on entreprend ils/elles entreprennent

Passé composé

j'ai entrepris nous avons entrepris
tu as entrepris vous avez entrepris
il/elle/on a entrepris ils/elles ont entrepris

Futur simple

j'entreprendrai nous entreprendrons
tu entreprendras vous entreprendrez
il/elle/on entreprendra ils/elles entreprendront

Futur antérieur

j'aurai entrepris nous aurons entrepris
tu auras entrepris vous aurez entrepris
il/elle/on aura entrepris ils/elles auront entrepris

Imparfait

j'entreprenais nous entreprenions
tu entreprenais vous entrepreniez
il/elle/on entreprenait ils/elles entreprenaient

Plus-que-parfait

j'avais entrepris nous avions entrepris
tu avais entrepris vous aviez entrepris
il/elle/on avait entrepris ils/elles avaient entrepris

Passé simple

j'entrepris nous entreprîmes
tu entrepris vous entreprîtes
il/elle/on entreprit ils/elles entreprirent

Passé antérieur

j'eus entrepris nous eûmes entrepris
tu eus entrepris vous eûtes entrepris
il/elle/on eut entrepris ils/elles eurent entrepris

SUBJONCTIF

Présent

que j'entreprenne que nous entreprenions
que tu entreprennes que vous entrepreniez
qu'il/elle/on entreprenne qu'ils/elles entreprennent

Imparfait

que j'entreprisse que nous entreprissions
que tu entreprisses que vous entreprissiez
qu'il/elle/on entreprît qu'ils/elles entreprissent

Passé

que j'aie entrepris que nous ayons entrepris
que tu aies entrepris que vous ayez entrepris
qu'il/elle/on ait entrepris qu'ils/elles aient entrepris

Plus-que-parfait

que j'eusse entrepris que nous eussions entrepris
que tu eusses entrepris que vous eussiez entrepris
qu'il/elle/on eût entrepris qu'ils/elles eussent entrepris

CONDITIONNEL

Présent

j'entreprendrais nous entreprendrions
tu entreprendrais vous entreprendriez
il/elle/on entreprendrait ils/elles entreprendraient

Passé

j'aurais entrepris nous aurions entrepris
tu aurais entrepris vous auriez entrepris
il/elle/on aurait entrepris ils/elles auraient entrepris

IMPÉRATIF

entreprends entreprenons entreprenez

Nous avons entrepris un travail de longue haleine.
We have undertaken a lengthy project.

On cherche une opportunité pour entreprendre au Maroc.
We are looking for an opportunity to take on in Morocco.

Tout ce qu'il entreprend marche à merveille; c'est incroyable.
Everything he undertakes works incredibly well; it's amazing.

E ENTRER *to enter*

Inf. entrer *Part. prés.* entrant *Part. passé* entré

INDICATIF

Présent

j'entre	nous entrons
tu entres	vous entrez
il/elle/on entre	ils/elles entrent

Imparfait

j'entrais	nous entrions
tu entrais	vous entriez
il/elle/on entrait	ils/elles entraient

Passé composé

je suis entré(e)	nous sommes entré(e)s
tu es entré(e)	vous êtes entré(e)(s)
il/elle/on est entré(e)	ils/elles sont entré(e)s

Plus-que-parfait

j'étais entré(e)	nous étions entré(e)s
tu étais entré(e)	vous étiez entré(e)(s)
il/elle/on était entré(e)	ils/elles étaient entré(e)s

Futur simple

j'entrerai	nous entrerons
tu entreras	vous entrerez
il/elle/on entrera	ils/elles entreront

Passé simple

j'entrai	nous entrâmes
tu entras	vous entrâtes
il/elle/on entra	ils/elles entrèrent

Futur antérieur

je serai entré(e)	nous serons entré(e)s
tu seras entré(e)	vous serez entré(e)(s)
il/elle/on sera entré(e)	ils/elles seront entré(e)s

Passé antérieur

je fus entré(e)	nous fûmes entré(e)s
tu fus entré(e)	vous fûtes entré(e)(s)
il/elle/on fut entré(e)	ils/elles furent entré(e)s

SUBJONCTIF

Présent

que j'entre	que nous entrions
que tu entres	que vous entriez
qu'il/elle/on entre	qu'ils/elles entrent

Passé

que je sois entré(e)	que nous soyons entré(e)s
que tu sois entré(e)	que vous soyez entré(e)(s)
qu'il/elle/on soit entré(e)	qu'ils/elles soient entré(e)s

Imparfait

que j'entrasse	que nous entrassions
que tu entrasses	que vous entrassiez
qu'il/elle/on entrât	qu'ils/elles entrassent

Plus-que-parfait

que je fusse entré(e)	que nous fussions entré(e)s
que tu fusses entré(e)	que vous fussiez entré(e)(s)
qu'il/elle/on fût entré(e)	qu'ils/elles fussent entré(e)s

CONDITIONNEL

Présent

j'entrerais	nous entrerions
tu entrerais	vous entreriez
il/elle/on entrerait	ils/elles entreraient

Passé

je serais entré(e)	nous serions entré(e)s
tu serais entré(e)	vous seriez entré(e)(s)
il/elle/on serait entré(e)	ils/elles seraient entré(e)s

IMPÉRATIF

entre entrons entrez

On entre par ici?
Is this where we go in?

Quand ils sont entrés, les invités étaient déjà partis.
When they entered, the guests had already left.

Je suis tombé en entrant dans la cuisine.
I fell while coming into the kitchen.

ENVOYER *to send*

Inf. envoyer *Part. prés.* envoyant *Part. passé* envoyé

INDICATIF

Présent

j'envoie	nous envoyons
tu envoies	vous envoyez
il/elle/on envoie	ils/elles envoient

Imparfait

j'envoyais	nous envoyions
tu envoyais	vous envoyiez
il/elle/onenvoyait	ils/elles envoyaient

Passé composé

j'ai envoyé	nous avons envoyé
tu as envoyé	vous avez envoyé
il/elle/on a envoyé	ils/elles ont envoyé

Plus-que-parfait

j'avais envoyé	nous avions envoyé
tu avais envoyé	vous aviez envoyé
il/elle/on avait envoyé	ils/elles avaient envoyé

Futur simple

j'enverrai	nous enverrons
tu enverras	vous enverrez
il/elle/on enverra	ils/elles enverront

Passé simple

j'envoyai	nous envoyâmes
tu envoyas	vous envoyâtes
il/elle/on envoya	ils/elles envoyèrent

Futur antérieur

j'aurai envoyé	nous aurons envoyé
tu auras envoyé	vous aurez envoyé
il/elle/on aura envoyé	ils/elles auront envoyé

Passé antérieur

j'eus envoyé	nous eûmes envoyé
tu eus envoyé	vous eûtes envoyé
il/elle/on eut envoyé	ils/elles eurent envoyé

SUBJONCTIF

Présent

que j'envoie	que nous envoyions
que tu envoies	que vous envoyiez
qu'il/elle/on envoie	qu'ils/elles envoient

Passé

que j'aie envoyé	que nous ayons envoyé
que tu aies envoyé	que vous ayez envoyé
qu'il/elle/on ait envoyé	qu'ils/elles aient envoyé

Imparfait

que j'envoyasse	que nous envoyassions
que tu envoyasses	que vous envoyassiez
qu'il/elle/on envoyât	qu'ils/elles envoyassent

Plus-que-parfait

que j'eusse envoyé	que nous eussions envoyé
que tu eusses envoyé	que vous eussiez envoyé
qu'il/elle/on eût envoyé	qu'ils/elles eussent envoyé

CONDITIONNEL

Présent

j'enverrais	nous enverrions
tu enverrais	vous enverriez
il/elle/on enverrait	ils/elles enverraient

Passé

j'aurais envoyé	nous aurions envoyé
tu aurais envoyé	vous auriez envoyé
il/elle/on aurait envoyé	ils/elles auraient envoyé

IMPÉRATIF

envoie envoyons envoyez

Mes amis à Londres m'ont envoyé un colis.
Mes friends in London sent me a parcel.

Envoie-nous une carte postale une fois arrivée!
Send us a postcard once you arrive!

Je t'enverrai un mail avec tous les détails de notre projet.
I will send you an email with all the details of our project.

ÉPOUSER *to marry*

Inf. épouser *Part. prés.* épousant *Part. passé* épousé

INDICATIF

Présent

j'épouse	nous épousons
tu épouses	vous épousez
il/elle/on épouse	ils/elles épousent

Passé composé

j'ai épousé	nous avons épousé
tu as épousé	vous avez épousé
il/elle/on a épousé	ils/elles ont épousé

Futur simple

j'épouserai	nous épouserons
tu épouseras	vous épouserez
il/elle/on épousera	ils/elles épouseront

Futur antérieur

j'aurai épousé	nous aurons épousé
tu auras épousé	vous aurez épousé
il/elle/on aura épousé	ils/elles auront épousé

Imparfait

j'épousais	nous épousions
tu épousais	vous épousiez
il/elle/on épousait	ils/elles épousaient

Plus-que-parfait

j'avais épousé	nous avions épousé
tu avais épousé	vous aviez épousé
il/elle/on avait épousé	ils/elles avaient épousé

Passé simple

j'épousai	nous épousâmes
tu épousas	vous épousâtes
il/elle/on épousa	ils/elles épousèrent

Passé antérieur

j'eus épousé	nous eûmes épousé
tu eus épousé	vous eûtes épousé
il/elle/on eut épousé	ils/elles eurent épousé

SUBJONCTIF

Présent

que j'épouse	que nous épousions
que tu épouses	que vous épousiez
qu'il/elle/on épouse	qu'ils/elles épousent

Imparfait

que j'épousasse	que nous épousassions
que tu épousasses	que vous épousassiez
qu'il/elle/on épousât	qu'ils/elles épousassent

Passé

que j'aie épousé	que nous ayons épousé
que tu aies épousé	que vous ayez épousé
qu'il/elle/on ait épousé	qu'ils/elles aient épousé

Plus-que-parfait

que j'eusse épousé	que nous eussions épousé
que tu eusses épousé	que vous eussiez épousé
qu'il/elle/on eût épousé	qu'ils/elles eussent épousé

CONDITIONNEL

Présent

j'épouserais	nous épouserions
tu épouserais	vous épouseriez
il/elle/on épouserait	ils/elles épouseraient

Passé

j'aurais épousé	nous aurions épousé
tu aurais épousé	vous auriez épousé
il/elle/on aurait épousé	ils/elles auraient épousé

IMPÉRATIF

épouse épousons épousez

Anne épousera Nicolas en Grèce au mois de mai.
Anne will marry Nicolas in Greece in May.

Elle regrette d'avoir épousé un homme si rude.
She regrets having married such a coarse man.

Geneviève desire épouser un homme intelligent et distingué.
Geneviève would like to marry an intelligent and distinguished man.

ÉPROUVER *to feel, to experience*

Inf. éprouver *Part. prés.* éprouvant *Part. passé* éprouvé

INDICATIF

Présent

j'éprouve	nous éprouvons
tu éprouves	vous éprouvez
il/elle/on éprouve	ils/elles éprouvent

Passé composé

j'ai éprouvé	nous avons éprouvé
tu as éprouvé	vous avez éprouvé
il/elle/on a éprouvé	ils/elles ont éprouvé

Futur simple

j'éprouverai	nous éprouverons
tu éprouveras	vous éprouverez
il/elle/on éprouvera	ils/elles éprouveront

Futur antérieur

j'aurai éprouvé	nous aurons éprouvé
tu auras éprouvé	vous aurez éprouvé
il/elle/on aura éprouvé	ils/elles auront éprouvé

Imparfait

j'éprouvais	nous éprouvions
tu éprouvais	vous éprouviez
il/elle/on éprouvait	ils/elles éprouvaient

Plus-que-parfait

j'avais éprouvé	nous avions éprouvé
tu avais éprouvé	vous aviez éprouvé
il/elle/on avait éprouvé	ils/elles avaient éprouvé

Passé simple

j'éprouvai	nous éprouvâmes
tu éprouvas	vous éprouvâtes
il/elle/on éprouva	ils/elles éprouvèrent

Passé antérieur

j'eus éprouvé	nous eûmes éprouvé
tu eus éprouvé	vous eûtes éprouvé
il/elle/on eut éprouvé	ils/elles eurent éprouvé

SUBJONCTIF

Présent

que j'éprouve	que nous éprouvions
que tu éprouves	que vous éprouviez
qu'il/elle/on éprouve	qu'ils/elles éprouvent

Imparfait

que j'éprouvasse	que nous éprouvassions
que tu éprouvasses	que vous éprouvassiez
qu'il/elle/on éprouvât	qu'ils/elles éprouvassent

Passé

que j'aie éprouvé	que nous ayons éprouvé
que tu aies éprouvé	que vous ayez éprouvé
qu'il/elle/on ait éprouvé	qu'ils/elles aient éprouvé

Plus-que-parfait

que j'eusse éprouvé	que nous eussions éprouvé
que tu eusses éprouvé	que vous eussiez éprouvé
qu'il/elle/on eût éprouvé	qu'ils/elles eussent éprouvé

CONDITIONNEL

Présent

j'éprouverais	nous éprouverions
tu éprouverais	vous éprouveriez
il/elle/on éprouverait	ils/elles éprouveraient

Passé

j'aurais éprouvé	nous aurions éprouvé
tu aurais éprouvé	vous auriez éprouvé
il/elle/on aurait éprouvé	ils/elles auraient éprouvé

IMPÉRATIF

éprouve éprouvons éprouvez

J'éprouve de la joie en voyant mon petit chatton jouer.
I feel joy when I see my little kitten play.

Il éprouvera de la difficulté à respirer à cette altitude.
He will experience trouble breathing at this altitude.

Après avoir vu pour la première fois son ex-mari avec sa nouvelle femme, Odile a éprouvé de l'amertume.
After seeing her husband for the first time with his new wife, Odile experienced a feeling of bitterness.

ESPÉRER *to hope*

Inf. espérer *Part. prés.* espérant *Part. passé* espéré

INDICATIF

Présent

j'espère	nous espérons
tu espères	vous espérez
il/elle/on espère	ils/elles espèrent

Passé composé

j'ai espéré	nous avons espéré
tu as espéré	vous avez espéré
il/elle/on a espéré	ils/elles ont espéré

Futur simple

j'espérerai	nous espérerons
tu espéreras	vous espérerez
il/elle/on espérera	ils/elles espéreront

Futur antérieur

j'aurai espéré	nous aurons espéré
tu auras espéré	vous aurez espéré
il/elle/on aura espéré	ils/elles auront espéré

Imparfait

j'espérais	nous espérions
tu espérais	vous espériez
il/elle/on espérait	ils/elles espéraient

Plus-que-parfait

j'avais espéré	nous avions espéré
tu avais espéré	vous aviez espéré
il/elle/on avait espéré	ils/elles avaient espéré

Passé simple

j'espérai	nous espérâmes
tu espéras	vous espérâtes
il/elle/on espéra	ils/elles espérèrent

Passé antérieur

j'eus espéré	nous eûmes espéré
tu eus espéré	vous eûtes espéré
il/elle/on eut espéré	ils/elles eurent espéré

SUBJONCTIF

Présent

que j'espère	que nous espérions
que tu espères	que vous espériez
qu'il/elle/on espère	qu'ils/elles espèrent

Imparfait

que j'espérasse	que nous espérassions
que tu espérasses	que vous espérassiez
qu'il/elle/on espérât	qu'ils/elles espérassent

Passé

que j'aie espéré	que nous ayons espéré
que tu aies espéré	que vous ayez espéré
qu'il/elle/on ait espéré	qu'ils/elles aient espéré

Plus-que-parfait

que j'eusse espéré	que nous eussions espéré
que tu eusses espéré	que vous eussiez espéré
qu'il/elle/on eût espéré	qu'ils/elles eussent espéré

CONDITIONNEL

Présent

j'espérerais	nous espérerions
tu espérerais	vous espéreriez
il/elle/on espérerait	ils/elles espéreraient

Passé

j'aurais espéré	nous aurions espéré
tu aurais espéré	vous auriez espéré
il/elle/on aurait espéré	ils/elles auraient espéré

IMPÉRATIF

espère espérons espérez

Nous espérons que vous vous amuserez bien à Paris.
We hope that you will have good time in Paris.

Espérons que tout ira comme prévu.
Let's hope that everything will go as planned.

Bruno espérait trouver un boulot pour l'été mais il n'a rien trouvé.
Bruno was hoping to find a job for the summer, but he didn't find anything.

ESSAYER *to try*

Inf. essayer *Part. prés.* essayant *Part. passé* essayé

INDICATIF

Présent

j'essaie / ye	nous essayons
tu essaies / yes	vous essayez
il/elle/on essaie / ye	ils/elles essaient / yent

Imparfait

j'essayais	nous essayions
tu essayais	vous essayiez
il/elle/on essayait	ils/elles essayaient

Passé composé

j'ai essayé	nous avons essayé
tu as essayé	vous avez essayé
il/elle/on a essayé	ils/elles ont essayé

Plus-que-parfait

j'avais essayé	nous avions essayé
tu avais essayé	vous aviez essayé
il/elle/on avait essayé	ils/elles avaient essayé

Futur simple

j'essaierai / yerai	nous essaierons / yerons
tu essaieras / yeras	vous essaierez / yerez
il/elle/on essaiera / yera	ils/elles essaieront / yeront

Passé simple

j'essayai	nous essayâmes
tu essayas	vous essayâtes
il/elle/on essaya	ils/elles essayèrent

Futur antérieur

j'aurai essayé	nous aurons essayé
tu auras essayé	vous aurez essayé
il/elle/on aura essayé	ils/elles auront essayé

Passé antérieur

j'eus essayé	nous eûmes essayé
tu eus essayé	vous eûtes essayé
il/elle/on eut essayé	ils/elles eurent essayé

SUBJONCTIF

Présent

que j'essaie / ye	que nous essayions
que tu essaies / yes	que vous essayiez
qu'il/elle/on essaie / ye	qu'ils/elles essaient / yent

Passé

que j'aie essayé	que nous ayons essayé
que tu aies essayé	que vous ayez essayé
qu'il/elle/on ait essayé	qu'ils/elles aient essayé

Imparfait

que j'essayasse	que nous essayassions
que tu essayasses	que vous essayassiez
qu'il/elle/on essayât	qu'ils/elles essayassent

Plus-que-parfait

que j'eusse essayé	que nous eussions essayé
que tu eusses essayé	que vous eussiez essayé
qu'il/elle/on eût essayé	qu'ils/elles eussent essayé

CONDITIONNEL

Présent

j'essaierais / yerais	nous essaierions / yerions
tu essaierais / yerais	vous essaieriez / yeriez
il/elle/on essaierait / yerait	ils/elles essaieraient / yeraient

Passé

j'aurais essayé	nous aurions essayé
tu aurais essayé	vous auriez essayé
il/elle/on aurait essayé	ils/elles auraient essayé

IMPÉRATIF

essaie / ye   essayons   essayez

Essaie cette couleur, elle est plus vive.
Try this color, it's brighter.

J'essaie d'être plus franc avec mes amis.
I'm trying to be more honest with my friends.

Ce couple a tout essayé pour avoir un bébé, mais rien n'a marché pour eux.
This couple tried everything to have a baby, but nothing has worked for them.

ESTIMER *to hold in high regard, to value; to appraise, to believe*

Inf. estimer *Part. prés.* estimant *Part. passé* estimé

INDICATIF

Présent

j'estime nous estimons
tu estimes vous estimez
il/elle/on estime ils/elles estiment

Imparfait

j'estimais nous estimions
tu estimais vous estimiez
il/elle/on estimait ils/elles estimaient

Passé composé

j'ai estimé nous avons estimé
tu as estimé vous avez estimé
il/elle/on a estimé ils/elles ont estimé

Plus-que-parfait

j'avais estimé nous avions estimé
tu avais estimé vous aviez estimé
il/elle/on avait estimé ils/elles avaient estimé

Futur simple

j'estimerai nous estimerons
tu estimeras vous estimerez
il/elle/on estimera ils/elles estimeront

Passé simple

j'estimai nous estimâmes
tu estimas vous estimâtes
il/elle/on estima ils/elles estimèrent

Futur antérieur

j'aurai estimé nous aurons estimé
tu auras estimé vous aurez estimé
il/elle/on aura estimé ils/elles auront estimé

Passé antérieur

j'eus estimé nous eûmes estimé
tu eus estimé vous eûtes estimé
il/elle/on eut estimé ils/elles eurent estimé

SUBJONCTIF

Présent

que j'estime que nous estimions
que tu estimes que vous estimiez
qu'il/elle/on estime qu'ils/elles estiment

Passé

que j'aie estimé que nous ayons estimé
que tu aies estimé que vous ayez estimé
qu'il/elle/on ait estimé qu'ils/elles aient estimé

Imparfait

que j'estimasse que nous estimassions
que tu estimasses que vous estimassiez
qu'il/elle/on estimât qu'ils/elles estimassent

Plus-que-parfait

que j'eusse estimé que nous eussions estimé
que tu eusses estimé que vous eussiez estimé
qu'il/elle/on eût estimé qu'ils/elles eussent estimé

CONDITIONNEL

Présent

j'estimerais nous estimerions
tu estimerais vous estimeriez
il/elle/on estimerait ils/elles estimeraient

Passé

j'aurais estimé nous aurions estimé
tu aurais estimé vous auriez estimé
il/elle/on aurait estimé ils/elles auraient estimé

IMPÉRATIF

estime estimons estimez

Nous estimons tous notre collègue Paul parce qu'il est serviable et gentil.
We all value our colleague Paul because he is helpful and kind.

La plupart des Français estiment manger sainement.
Most French believe that they eat healthily.

Ils estiment que leur aliment quotidien est très sain.
They believe that their daily eating is very healthy.

ÉTABLIR *to establish, to set up*

Inf. établir *Part. prés.* établissant *Part. passé* établi

INDICATIF

Présent

j'établis	nous établissons
tu établis	vous établissez
il/elle/on établit	ils/elles établissent

Passé composé

j'ai établi	nous avons établi
tu as établi	vous avez établi
il/elle/on a établi	ils/elles ont établi

Futur simple

j'établirai	nous établirons
tu établiras	vous établirez
il/elle/on établira	ils/elles établiront

Futur antérieur

j'aurai établi	nous aurons établi
tu auras établi	vous aurez établi
il/elle/on aura établi	ils/elles auront établi

Imparfait

j'établissais	nous établissions
tu établissais	vous établissiez
il/elle/on établissait	ils/elles établissaient

Plus-que-parfait

j'avais établi	nous avions établi
tu avais établi	vous aviez établi
il/elle/on avait établi	ils/elles avaient établi

Passé simple

j'établis	nous établîmes
tu établis	vous établîtes
il/elle/on établit	ils/elles établirent

Passé antérieur

j'eus établi	nous eûmes établi
tu eus établi	vous eûtes établi
il/elle/on eut établi	ils/elles eurent établi

SUBJONCTIF

Présent

que j'établisse	que nous établissions
que tu établisses	que vous établissiez
qu'il/elle/on établisse	qu'ils/elles établissent

Imparfait

que j'établisse	que nous établissions
que tu établisses	que vous établissiez
qu'il/elle/on établît	qu'ils/elles établissent

Passé

que j'aie établi	que nous ayons établi
que tu aies établi	que vous ayez établi
qu'il/elle/on ait établi	qu'ils/elles aient établi

Plus-que-parfait

que j'eusse établi	que nous eussions établi
que tu eusses établi	que vous eussiez établi
qu'il/elle/on eût établi	qu'ils/elles eussent établi

CONDITIONNEL

Présent

j'établirais	nous établirions
tu établirais	vous établiriez
il/elle/on établirait	ils/elles établiraient

Passé

j'aurais établi	nous aurions établi
tu aurais établi	vous auriez établi
il/elle/on aurait établi	ils/elles auraient établi

IMPÉRATIF

établis établissons établissez

Le médecin établira une clinique pour les gens non assurés.
The doctor will establish a clinic for people without insurance.

Le couple a établi un foyer aux alentours de Paris.
The couple set up house near Paris.

Les chercheurs ont établi un lien entre la consommation de tabac et le cancer.
Researchers have established a link between the consumption of tobacco and cancer.

ÉTONNER *to surprise, to astonish*

Inf. étonner *Part. prés.* étonnant *Part. passé* étonné

INDICATIF

Présent

j'étonne	nous étonnons
tu étonnes	vous étonnez
il/elle/on étonne	ils/elles étonnent

Passé composé

j'ai étonné	nous avons étonné
tu as étonné	vous avez étonné
il/elle/on a étonné	ils/elles ont étonné

Futur simple

j'étonnerai	nous étonnerons
tu étonneras	vous étonnerez
il/elle/on étonnera	ils/elles étonneront

Futur antérieur

j'aurai étonné	nous aurons étonné
tu auras étonné	vous aurez étonné
il/elle/on aura étonné	ils/elles auront étonné

Imparfait

j'étonnais	nous étonnions
tu étonnais	vous étonniez
il/elle/on étonnait	ils/elles étonnaient

Plus-que-parfait

j'avais étonné	nous avions étonné
tu avais étonné	vous aviez étonné
il/elle/on avait étonné	ils/elles avaient étonné

Passé simple

j'étonnai	nous étonnâmes
tu étonnas	vous étonnâtes
il/elle/on étonna	ils/elles étonnèrent

Passé antérieur

j'eus étonné	nous eûmes étonné
tu eus étonné	vous eûtes étonné
il/elle/on eut étonné	ils/elles eurent étonné

SUBJONCTIF

Présent

que j'étonne	que nous étonnions
que tu étonnes	que vous étonniez
qu'il/elle/on étonne	qu'ils/elles étonnent

Imparfait

que j'étonnasse	que nous étonnassions
que tu étonnasses	que vous étonnassiez
qu'il/elle/on étonnât	qu'ils/elles étonnassent

Passé

que j'aie étonné	que nous ayons étonné
que tu aies étonné	que vous ayez étonné
qu'il/elle/on ait étonné	qu'ils/elles aient étonné

Plus-que-parfait

que j'eusse étonné	que nous eussions étonné
que tu eusses étonné	que vous eussiez étonné
qu'il/elle/on eût étonné	qu'ils/elles eussent étonné

CONDITIONNEL

Présent

j'étonnerais	nous étonnerions
tu étonnerais	vous étonneriez
il/elle/on étonnerait	ils/elles étonneraient

Passé

j'aurais étonné	nous aurions étonné
tu aurais étonné	vous auriez étonné
il/elle/on aurait étonné	ils/elles auraient étonné

IMPÉRATIF

étonne étonnons étonnez

Sa franchise a étonné ses clients.
His frankness astonished his clients.

Cela ne nous étonne pas de vous!
That doesn't surprise us coming from you!

Ceci va peut-être vous étonner, mais je viens de démissionner de mon travail!
This is going to surprise you, perhaps, but I just quit my job.

S'ÉTONNER *to be surprised*

Inf. s'étonner *Part. prés.* s'étonnant *Part. passé* étonné(e)(s)

INDICATIF

Présent

je m'étonne	nous nous étonnons
tu t'étonnes	vous vous étonnez
il/elle/on s'étonne	ils/elles s'étonnent

Imparfait

je m'étonnais	nous nous étonnions
tu t'étonnais	vous vous étonniez
il/elle/on s'étonnait	ils/elles s'étonnaient

Passé composé

je me suis étonné(e)	nous nous sommes étonné(e)s
tu t'es étonné(e)	vous vous êtes étonné(e)(s)
il/elle/on s'est étonné(e)	ils/elles se sont étonné(e)s

Plus-que-parfait

je m'étais étonné(e)	nous nous étions étonné(e)s
tu t'étais étonné(e)	vous vous étiez étonné(e)(s)
il/elle/on s'était étonné(e)	ils/elles s'étaient étonné(e)s

Futur simple

je m'étonnerai	nous nous étonnerons
tu t'étonneras	vous vous étonnerez
il/elle/on s'étonnera	ils/elles s'étonneront

Passé simple

je m'étonnai	nous nous étonnâmes
tu t'étonnas	vous vous étonnâtes
il/elle/on s'étonna	ils/elles s'étonnèrent

Futur antérieur

je me serai étonné(e)	nous nous serons étonné(e)s
tu te seras étonné(e)	vous vous serez étonné(e)(s)
il/elle/on se sera étonné(e)	ils/elles se seront étonné(e)s

Passé antérieur

je me fus étonné(e)	nous nous fûmes étonné(e)s
tu te fus étonné(e)	vous vous fûtes étonné(e)(s)
il/elle/on se fut étonné(e)	ils/elles se furent étonné(e)s

SUBJONCTIF

Présent

que je m'étonne	que nous nous étonnions
que tu t'étonnes	que vous vous étonniez
qu'il/elle/on s'étonne	qu'ils/elles s'étonnent

Passé

que je me sois étonné(e)	que nous nous soyons étonné(e)s
que tu te sois étonné(e)	que vous vous soyez étonné(e)(s)
qu'il/elle/on se soit étonné(e)	qu'ils/elles se soient étonné(e)s

Imparfait

que je m'étonnasse	que nous nous étonnassions
que tu t'étonnasses	que vous vous étonnassiez
qu'il/elle/on s'étonnât	qu'ils/elles s'étonnassent

Plus-que-parfait

que je me fusse étonné(e)	que nous nous fussions étonné(e)s
que tu te fusses étonné(e)	que vous vous fussiez étonné(e)(s)
qu'il/elle/on se fût étonné(e)	qu'ils/elles se fussent étonné(e)s

CONDITIONNEL

Présent

je m'étonnerais	nous nous étonnerions
tu t'étonnerais	vous vous étonneriez
il/elle/on s'étonnerait	ils/elles s'étonneraient

Passé

je me serais étonné(e)	nous nous serions étonné(e)s
tu te serais étonné(e)	vous vous seriez étonné(e)(s)
il/elle/on se serait étonné(e)	ils/elles se seraient étonné(e)s

IMPÉRATIF

étonne-toi étonnons-nous étonnez-vous

Je m'étonne que vous soyez si parasseux.
I'm astonished that you are so lazy.

Elle s'est étonnée de se retrouver avec tant d'amis si vite.
She was surprised to find herself with so many friends so quickly.

Madame Franck s'étonnait de voir la maison où elle a grandi.
Madame Franck was surprised to see the house where she grew up.

ÊTRE *to be*

Inf. être *Part. prés.* étant *Part. passé* été

INDICATIF

Présent

je suis	nous sommes
tu es	vous êtes
il/elle/on est	ils/elles sont

Imparfait

j'étais	nous étions
tu étais	vous étiez
il/elle/on était	ils/elles étaient

Passé composé

j'ai été	nous avons été
tu as été	vous avez été
il/elle/on a été	ils/elles ont été

Plus-que-parfait

j'avais été	nous avions été
tu avais été	vous aviez été
il/elle/on avait été	ils/elles avaient été

Futur simple

je serai	nous serons
tu seras	vous serez
il/elle/on sera	ils/elles seront

Passé simple

je fus	nous fûmes
tu fus	vous fûtes
il/elle/on fut	ils/elles furent

Futur antérieur

j'aurai été	nous aurons été
tu auras été	vous aurez été
il/elle/on aura été	ils/elles auront été

Passé antérieur

j'eus été	nous eûmes été
tu eus été	vous eûtes été
il/elle/on eut été	ils/elles eurent été

SUBJONCTIF

Présent

que je sois	que nous soyons
que tu sois	que vous soyez
qu'il/elle/on soit	qu'ils/elles soient

Passé

que j'aie été	que nous ayons été
que tu aies été	que vous ayez été
qu'il/elle/on ait été	qu'ils/elles aient été

Imparfait

que je fusse	que nous fussions
que tu fusses	que vous fussiez
qu'il/elle/on fût	qu'ils/elles fussent

Plus-que-parfait

que j'eusse été	que nous eussions été
que tu eusses été	que vous eussiez été
qu'il/elle/on eût été	qu'ils/elles eussent été

CONDITIONNEL

Présent

je serais	nous serions
tu serais	vous seriez
il/elle/on serait	ils/elles seraient

Passé

j'aurais été	nous aurions été
tu aurais été	vous auriez été
il/elle/on aurait été	ils/elles auraient été

IMPÉRATIF

sois soyons soyez

Il faut que les parents soient compréhensifs avec leurs enfants.
It is necessary that parents be understanding with their kids.

Soyons raisonnables!
Let's be reasonable!

Si j'avais vu ce film, j'aurais été dégoûté.
If I had seen this film, I would have been disgusted.

ÉTUDIER *to study*

Inf. étudier *Part. prés.* étudiant *Part. passé* étudié

INDICATIF

Présent

j'étudie	nous étudions
tu étudies	vous étudiez
il/elle/on étudie	ils/elles étudient

Passé composé

j'ai étudié	nous avons étudié
tu as étudié	vous avez étudié
il/elle/on a étudié	ils/elles ont étudié

Futur simple

j'étudierai	nous étudierons
tu étudieras	vous étudierez
il/elle/on étudiera	ils/elles étudieront

Futur antérieur

j'aurai étudié	nous aurons étudié
tu auras étudié	vous aurez étudié
il/elle/on aura étudié	ils/elles auront étudié

Imparfait

j'étudiais	nous étudiions
tu étudiais	vous étudiiez
il/elle/on étudiait	ils/elles étudiaient

Plus-que-parfait

j'avais étudié	nous avions étudié
tu avais étudié	vous aviez étudié
il/elle/on avait étudié	ils/elles avaient étudié

Passé simple

j'étudiai	nous étudiâmes
tu étudias	vous étudiâtes
il/elle/on étudia	ils/elles étudièrent

Passé antérieur

j'eus étudié	nous eûmes étudié
tu eus étudié	vous eûtes étudié
il/elle/on eut étudié	ils/elles eurent étudié

SUBJONCTIF

Présent

que j'étudie	que nous étudiions
que tu étudies	que vous étudiiez
qu'il/elle/on étudie	qu'ils/elles étudient

Imparfait

que j'étudiasse	que nous étudiassions
que tu étudiasses	que vous étudiassiez
qu'il/elle/on étudiât	qu'ils/elles étudiassent

Passé

que j'aie étudié	que nous ayons étudié
que tu aies étudié	que vous ayez étudié
qu'il/elle/on ait étudié	qu'ils/elles aient étudié

Plus-que-parfait

que j'eusse étudié	que nous eussions étudié
que tu eusses étudié	que vous eussiez étudié
qu'il/elle/on eût étudié	qu'ils/elles eussent étudié

CONDITIONNEL

Présent

j'étudierais	nous étudierions
tu étudierais	vous étudieriez
il/elle/on étudierait	ils/elles étudieraient

Passé

j'aurais étudié	nous aurions étudié
tu aurais étudié	vous auriez étudié
il/elle/on aurait étudié	ils/elles auraient étudié

IMPÉRATIF

étudie étudions étudiez

Cette classe étudie les planètes.
This class is studying the planets.

J'étudierais la photographie si j'avais plus de temps.
I would study photography if I had more time.

Mes parents sont satisfaits que mon frère ait étudié la biologie.
My parents are satisfied that my brother studied biology.

ÉVITER *to avoid*

Inf. éviter *Part. prés.* évitant *Part. passé* évité

INDICATIF

Présent

j'évite	nous évitons
tu évites	vous évitez
il/elle/on évite	ils/elles évitent

Passé composé

j'ai évité	nous avons évité
tu as évité	vous avez évité
il/elle/on a évité	ils/elles ont évité

Futur simple

j'éviterai	nous éviterons
tu éviteras	vous éviterez
il/elle/on évitera	ils/elles éviteront

Futur antérieur

j'aurai évité	nous aurons évité
tu auras évité	vous aurez évité
il/elle/on aura évité	ils/elles auront évité

Imparfait

j'évitais	nous évitions
tu évitais	vous évitiez
il/elle/on évitait	ils/elles évitaient

Plus-que-parfait

j'avais évité	nous avions évité
tu avais évité	vous aviez évité
il/elle/on avait évité	ils/elles avaient évité

Passé simple

j'évitai	nous évitâmes
tu évitas	vous évitâtes
il/elle/on évita	ils/elles évitèrent

Passé antérieur

j'eus évité	nous eûmes évité
tu eus évité	vous eûtes évité
il/elle/on eut évité	ils/elles eurent évité

SUBJONCTIF

Présent

que j'évite	que nous évitions
que tu évites	que vous évitiez
qu'il/elle/on évite	qu'ils/elles evitent

Imparfait

que j'évitasse	que nous évitassions
que tu évitasses	que vous évitassiez
qu'il/elle/on évitât	qu'ils/elles évitassent

Passé

que j'aie évité	que nous ayons évité
que tu aies évité	que vous ayez évité
qu'il/elle/on ait évité	qu'ils/elles aient évité

Plus-que-parfait

que j'eusse évité	que nous eussions évité
que tu eusses évité	que vous eussiez évité
qu'il/elle/on eût évité	qu'ils/elles eussent évité

CONDITIONNEL

Présent

j'éviterais	nous éviterions
tu éviterais	vous éviteriez
il/elle/on éviterait	ils/elles éviteraient

Passé

j'aurais évité	nous aurions évité
tu aurais évité	vous auriez évité
il/elle/on aurait évité	ils/elles auraient évité

IMPÉRATIF

évite évitons évitez

J'évite la viande à tout prix.
I avoid meat at all costs.

La vendeuse a évité de nous dire le vrai prix.
The saleswoman avoided telling us the real price.

Au 19ème siècle, les gens évitaient de sourire sur les photos.
In the nineteenth century, people avoided smiling in pictures.

EXAGÉRER *to exaggerate*

Inf. exagérer *Part. prés.* exagérant *Part. passé* exagéré

INDICATIF

Présent

j'exagère	nous exagérons
tu exagères	vous exagérez
il/elle/on exagère	ils/elles exagèrent

Passé composé

j'ai exagéré	nous avons exagéré
tu as exagéré	vous avez exagéré
il/elle/on a exagéré	ils/elles ont exagéré

Futur simple

j'exagérerai	nous exagérerons
tu exagéreras	vous exagérerez
il/elle/on exagérera	ils/elles exagéreront

Futur antérieur

j'aurai exagéré	nous aurons exagéré
tu auras exagéré	vous aurez exagéré
il/elle/on aura exagéré	ils/elles auront exagéré

Imparfait

j'exagérais	nous exagérions
tu exagérais	vous exagériez
il/elle/on exagérait	ils/elles exagéraient

Plus-que-parfait

j'avais exagéré	nous avions exagéré
tu avais exagéré	vous aviez exagéré
il/elle/on avait exagéré	ils/elles avaient exagéré

Passé simple

j'exagérai	nous exagérâmes
tu exagéras	vous exagérâtes
il/elle/on exagéra	ils/elles exagérèrent

Passé antérieur

j'eus exagéré	nous eûmes exagéré
tu eus exagéré	vous eûtes exagéré
il/elle/on eut exagéré	ils/elles eurent exagéré

SUBJONCTIF

Présent

que j'exagère	que nous exagérions
que tu exagères	que vous exagériez
qu'il/elle/on exagère	qu'ils/elles exagèrent

Imparfait

que j'exagérasse	que nous exagérassions
que tu exagérasses	que vous exagérassiez
qu'il/elle/on exagérât	qu'ils/elles exagérassent

Passé

que j'aie exagéré	que nous ayons exagéré
que tu aies exagéré	que vous ayez exagéré
qu'il/elle/on ait exagéré	qu'ils/elles aient exagéré

Plus-que-parfait

que j'eusse exagéré	que nous eussions exagéré
que tu eusses exagéré	que vous eussiez exagéré
qu'il/elle/on eût exagéré	qu'ils/elles eussent exagéré

CONDITIONNEL

Présent

j'exagérerais	nous exagérerions
tu exagérerais	vous exagéreriez
il/elle/on exagérerait	ils/elles exagéreraient

Passé

j'aurais exagéré	nous aurions exagéré
tu aurais exagéré	vous auriez exagéré
il/elle/on aurait exagéré	ils/elles auraient exagéré

IMPÉRATIF

exagère exagérons exagérez

Qu'est-que tu exagères!
Oh how you're exaggerating!

Vous avez exagéré les faits, je crois.
You have exaggerated the facts, I think.

Il est important que vous n' exagériez pas l'importance de ce phénomène.
It's important that you don't exaggerate the importance of this phenomenon.

EXCLURE *to exclude, to expel*

Inf. exclure *Part. prés.* excluant *Part. passé* exclu

INDICATIF

Présent

j'exclus	nous excluons
tu exclus	vous excluez
il/elle/on exclut	ils/elles excluent

Imparfait

j'excluais	nous excluions
tu excluais	vous excluiez
il/elle/on excluait	ils/elles excluaient

Passé composé

j'ai exclu	nous avons exclu
tu as exclu	vous avez exclu
il/elle/on a exclu	ils/elles ont exclu

Plus-que-parfait

j'avais exclu	nous avions exclu
tu avais exclu	vous aviez exclu
il/elle/on avait exclu	ils/elles avaient exclu

Futur simple

j'exclurai	nous exclurons
tu excluras	vous exclurez
il/elle/on exclura	ils/elles excluront

Passé simple

j'exclus	nous exclûmes
tu exclus	vous exclûtes
il/elle/on exclut	ils/elles exclurent

Futur antérieur

j'aurai exclu	nous aurons exclu
tu auras exclu	vous aurez exclu
il/elle/on aura exclu	ils/elles auront exclu

Passé antérieur

j'eus exclu	nous eûmes exclu
tu eus exclu	vous eûtes exclu
il/elle/on eut exclu	ils/elles eurent exclu

SUBJONCTIF

Présent

que j'exclue	que nous excluions
que tu exclues	que vous excluiez
qu'il/elle/on exclue	qu'ils/elles excluent

Passé

que j'aie exclu	que nous ayons exclu
que tu aies exclu	que vous ayez exclu
qu'il/elle/on ait exclu	qu'ils/elles aient exclu

Imparfait

que j'exclusse	que nous exclussions
que tu exclusses	que vous exclussiez
qu'il/elle/on exclût	qu'ils/elles exclussent

Plus-que-parfait

que j'eusse exclu	que nous eussions exclu
que tu eusses exclu	que vous eussiez exclu
qu'il/elle/on eût exclu	qu'ils/elles eussent exclu

CONDITIONNEL

Présent

j'exclurais	nous exclurions
tu exclurais	vous excluriez
il/elle/on exclurait	ils/elles excluraient

Passé

j'aurais exclu	nous aurions exclu
tu aurais exclu	vous auriez exclu
il/elle/on aurait exclu	ils/elles auraient exclu

IMPÉRATIF

exclus excluons excluez

Le collégien sera exclu de son école s'il continue à ce rythme.
The middle schooler will be expelled if he continues at this rate.

Le gouvernement n'exclut pas la possibilté d'une intervention militaire.
The government isn't ruling out the possibility of a military intervention.

L'entraîneur exclura les membres de l'équipe qui ont parlé aux journalistes.
The coach will expel the members of the team who spoke to journalists.

EXISTER *to exist*

Inf. exister *Part. prés.* existant *Part. passé* existé

INDICATIF

Présent

j'existe	nous existons
tu existes	vous existez
il/elle/on existe	ils/elles existent

Imparfait

j'existais	nous existions
tu existais	vous existiez
il/elle/on existait	ils/elles existaient

Passé composé

j'ai existé	nous avons existé
tu as existé	vous avez existé
il/elle/on a existé	ils/elles ont existé

Plus-que-parfait

j'avais existé	nous avions existé
tu avais existé	vous aviez existé
il/elle/on avait existé	ils/elles avaient existé

Futur simple

j'existerai	nous existerons
tu existeras	vous existerez
il/elle/on existera	ils/elles existeront

Passé simple

j'existai	nous existâmes
tu existas	vous existâtes
il/elle/on exista	ils/elles existèrent

Futur antérieur

j'aurai existé	nous aurons existé
tu auras existé	vous aurez existé
il/elle/on aura existé	ils/elles auront existé

Passé antérieur

j'eus existé	nous eûmes existé
tu eus existé	vous eûtes existé
il/elle/on eut existé	ils/elles eurent existé

SUBJONCTIF

Présent

que j'existe	que nous existions
que tu existes	que vous existiez
qu'il/elle/on existe	qu'ils/elles existent

Passé

que j'aie existé	que nous ayons existé
que tu aies existé	que vous ayez existé
qu'il/elle/on ait existé	qu'ils/elles aient existé

Imparfait

que j'existasse	que nous existassions
que tu existasses	que vous existassiez
qu'il/elle/on existât	qu'ils/elles existassent

Plus-que-parfait

que j'eusse existé	que nous eussions existé
que tu eusses existé	que vous eussiez existé
qu'il/elle/on eût existé	qu'ils/elles eussent existé

CONDITIONNEL

Présent

j'existerais	nous existerions
tu existerais	vous existeriez
il/elle/on existerait	ils/elles existeraient

Passé

j'aurais existé	nous aurions existé
tu aurais existé	vous auriez existé
il/elle/on aurait existé	ils/elles auraient existé

IMPÉRATIF

existe existons existez

Dieu existe-t-il?
Does God exist?

Maintenant on dit que le Triceratops n'a jamais existé.
Now they say that the Triceratops never existed.

Si tu n'existais pas, dis-moi pourquoi j'existerais.
If you didn't exist, tell me why I would exist.

EXPLIQUER *to explain*

Inf. expliquer *Part. prés.* expliquant *Part. passé* expliqué

INDICATIF

Présent		Imparfait	
j'explique	nous expliquons	j'expliquais	nous expliquions
tu expliques	vous expliquez	tu expliquais	vous expliquiez
il/elle/on explique	ils/elles expliquent	il/elle/on expliquait	ils/elles expliquaient
Passé composé		**Plus-que-parfait**	
j'ai expliqué	nous avons expliqué	j'avais expliqué	nous avions expliqué
tu as expliqué	vous avez expliqué	tu avais expliqué	vous aviez expliqué
il/elle/on a expliqué	ils/elles ont expliqué	il/elle/on avait expliqué	ils/elles avaient expliqué
Futur simple		**Passé simple**	
j'expliquerai	nous expliquerons	j'expliquai	nous expliquâmes
tu expliqueras	vous expliquerez	tu expliquas	vous expliquâtes
il/elle/on expliquera	ils/elles expliqueront	il/elle/on expliqua	ils/elles expliquèrent
Futur antérieur		**Passé antérieur**	
j'aurai expliqué	nous aurons expliqué	j'eus expliqué	nous eûmes expliqué
tu auras expliqué	vous aurez expliqué	tu eus expliqué	vous eûtes expliqué
il/elle/on aura expliqué	ils/elles auront expliqué	il/elle/on eut expliqué	ils/elles eurent expliqué

SUBJONCTIF

Présent		Passé	
que j'explique	que nous expliquions	que j'aie expliqué	que nous ayons expliqué
que tu expliques	que vous expliquiez	que tu aies expliqué	que vous ayez expliqué
qu'il/elle/on explique	qu'ils/elles expliquent	qu'il/elle/on ait expliqué	qu'ils/elles aient expliqué
Imparfait		**Plus-que-parfait**	
que j'expliquasse	que nous expliquassions	que j'eusse expliqué	que nous eussions expliqué
que tu expliquasses	que vous expliquassiez	que tu eusses expliqué	que vous eussiez expliqué
qu'il/elle/on expliquât	qu'ils/elles expliquassent	qu'il/elle/on eût expliqué	qu'ils/elles eussent expliqué

CONDITIONNEL

Présent		Passé	
j'expliquerais	nous expliquerions	j'aurais expliqué	nous aurions expliqué
tu expliquerais	vous expliqueriez	tu aurais expliqué	vous auriez expliqué
il/elle/on expliquerait	ils/elles expliqueraient	il/elle/on aurait expliqué	ils/elles auraient expliqué

IMPÉRATIF

explique expliquons expliquez

Je t'expliquerai plus tard.
I'll explain it to you later.

Mes parents veulent que je leur explique comme utiliser leur GPS.
My parent want me to explain to them how to use their GPS.

Qui peut m'expliquer la différence entre ces deux tableaux?
Who can explain to me the difference between these two paintings?

EXPRIMER *to express*

Inf. exprimer *Part. prés.* exprimant *Part. passé* exprimé

INDICATIF

Présent

j'exprime	nous exprimons
tu exprimes	vous exprimez
il/elle/on exprime	ils/elles expriment

Passé composé

j'ai exprimé	nous avons exprimé
tu as exprimé	vous avez exprimé
il/elle/on a exprimé	ils/elles ont exprimé

Futur simple

j'exprimerai	nous exprimerons
tu exprimeras	vous exprimerez
il/elle/on exprimera	ils/elles exprimeront

Futur antérieur

j'aurai exprimé	nous aurons exprimé
tu auras exprimé	vous aurez exprimé
il/elle/on aura exprimé	ils/elles auront exprimé

Imparfait

j'exprimais	nous exprimions
tu exprimais	vous exprimiez
il/elle/on exprimait	ils/elles exprimaient

Plus-que-parfait

j'avais exprimé	nous avions exprimé
tu avais exprimé	vous aviez exprimé
il/elle/on avait exprimé	ils/elles avaient exprimé

Passé simple

j'exprimai	nous exprimâmes
tu exprimas	vous exprimâtes
il/elle/on exprima	ils/elles exprimèrent

Passé antérieur

j'eus exprimé	nous eûmes exprimé
tu eus exprimé	vous eûtes exprimé
il/elle/on eut exprimé	ils/elles eurent exprimé

SUBJONCTIF

Présent

que j'exprime	que nous exprimions
que tu exprimes	que vous exprimiez
qu'il/elle/on exprime	qu'ils/elles expriment

Imparfait

que j'exprimasse	que nous exprimassions
que tu exprimasses	que vous exprimassiez
qu'il/elle/on exprimât	qu'ils/elles exprimassent

Passé

que j'aie exprimé	que nous ayons exprimé
que tu aies exprimé	que vous ayez exprimé
qu'il/elle/on ait exprimé	qu'ils/elles aient exprimé

Plus-que-parfait

que j'eusse exprimé	que nous eussions exprimé
que tu eusses exprimé	que vous eussiez exprimé
qu'il/elle/on eût exprimé	qu'ils/elles eussent exprimé

CONDITIONNEL

Présent

j'exprimerais	nous exprimerions
tu exprimerais	vous exprimeriez
il/elle/on exprimerait	ils/elles exprimeraient

Passé

j'aurais exprimé	nous aurions exprimé
tu aurais exprimé	vous auriez exprimé
il/elle/on aurait exprimé	ils/elles auraient exprimé

IMPÉRATIF

exprime exprimons exprimez

Le journaliste exprime son avis personnel dans cet article.
The journalist is expressing his personal opinion in this article.

Ce poème exprime à la fois la joie et la douleur.
This poem simultaneously expresses joy and pain.

Je voudrais vous exprimer mes sentiments de condoléance les plus sincères.
I would like to express to you my most sincere condolences.

S'EXPRIMER *to express oneself*

Inf. s'exprimer *Part. prés.* s'exprimant *Part. passé* exprimé(e)(s)

INDICATIF

Présent

je m'exprime	nous nous exprimons
tu t'exprimes	vous vous exprimez
il/elle/on s'exprime	ils/elles s'expriment

Imparfait

je m'exprimais	nous nous exprimions
tu t'exprimais	vous vous exprimiez
il/elle/on s'exprimait	ils/elles s'exprimaient

Passé composé

je me suis exprimé(e)	nous nous sommes exprimé(e)s
tu t'es exprimé(e)	vous vous êtes exprimé(e)(s)
il/elle/on s'est exprimé(e)	ils/elles se sont exprimé(e)s

Plus-que-parfait

je m'étais exprimé(e)	nous nous étions exprimé(e)s
tu t'étais exprimé(e)	vous vous étiez exprimé(e)(s)
il/elle/on s'était exprimé(e)	ils/elles s'étaient exprimé(e)s

Futur simple

je m'exprimerai	nous nous exprimerons
tu t'exprimeras	vous vous exprimerez
il/elle/on s'exprimera	ils/elles s'exprimeront

Passé simple

je m'exprimai	nous nous exprimâmes
tu t'exprimas	vous vous exprimâtes
il/elle/on s'exprima	ils/elles s'exprimèrent

Futur antérieur

je me serai exprimé(e)	nous nous serons exprimé(e)s
tu te seras exprimé(e)	vous vous serez exprimé(e)(s)
il/elle/on se sera exprimé(e)	ils/elles se seront exprimé(e)s

Passé antérieur

je me fus exprimé(e)	nous nous fûmes exprimé(e)s
tu te fus exprimé(e)	vous vous fûtes exprimé(e)(s)
il/elle/on se fut exprimé(e)	ils/elles se furent exprimé(e)s

SUBJONCTIF

Présent

que je m'exprime	que nous nous exprimions
que tu t'exprimes	que vous vous exprimiez
qu'il/elle/on s'exprime	qu'ils/elles s'expriment

Passé

que je me sois exprimé(e)	que nous nous soyons exprimé(e)s
que tu te sois exprimé(e)	que vous vous soyez exprimé(e)(s)
qu'il/elle/on se soit exprimé(e)	qu'ils/elles se soient exprimé(e)s

Imparfait

que je m'exprimasse	que nous nous exprimassions
que tu t'exprimasses	que vous vous exprimassiez
qu'il/elle/on s'exprimât	qu'ils/elles s'exprimassent

Plus-que-parfait

que je me fusse exprimé(e)	que nous nous fussions exprimé(e)s
que tu te fusses exprimé(e)	que vous vous fussiez exprimé(e)(s)
qu'il/elle/on se fût exprimé(e)	qu'ils/elles se fussent exprimé(e)s

CONDITIONNEL

Présent

je m'exprimerais	nous nous exprimerions
tu te exprimerais	vous vous exprimeriez
il/elle/on s'exprimerait	ils/elles s'exprimeraient

Passé

je me serais exprimé(e)	nous nous serions exprimé(e)s
tu te serais exprimé(e)	vous vous seriez exprimé(e)(s)
il/elle/on se serait exprimé(e)	ils/elles se seraient exprimé(e)s

IMPÉRATIF

exprime-toi exprimons-nous exprimez-vous

Je m'exprime mal en japonais.
I don't express myself well in Japanese.

Anne s'exprimerait plus aisément si elle n'était pas si timide.
Anne would express herself more easily if she weren't so shy.

Mais exprime-toi! On veux savoir ce que tu as à dire!
So express yourself! We want to know what you have to say!

FABRIQUER *to make, to manufacture, to be up to*

Inf. fabriquer *Part. prés.* fabriquant *Part. passé* fabriqué

INDICATIF

Présent

je fabrique	nous fabriquons
tu fabriques	vous fabriquez
il/elle/on fabrique	ils/elles fabriquent

Imparfait

je fabriquais	nous fabriquions
tu fabriquais	vous fabriquiez
il/elle/on fabriquait	ils/elles fabriquaient

Passé composé

j'ai fabriqué	nous avons fabriqué
tu as fabriqué	vous avez fabriqué
il/elle/on a fabriqué	ils/elles ont fabriqué

Plus-que-parfait

j'avais fabriqué	nous avions fabriqué
tu avais fabriqué	vous aviez fabriqué
il/elle/on avait fabriqué	ils/elles avaient fabriqué

Futur simple

je fabriquerai	nous fabriquerons
tu fabriqueras	vous fabriquerez
il/elle/on fabriquera	ils/elles fabriqueront

Passé simple

je fabriquai	nous fabriquâmes
tu fabriquas	vous fabriquâtes
il/elle/on fabriqua	ils/elles fabriquèrent

Futur antérieur

j'aurai fabriqué	nous aurons fabriqué
tu auras fabriqué	vous aurez fabriqué
il/elle/on aura fabriqué	ils/elles auront fabriqué

Passé antérieur

j'eus fabriqué	nous eûmes fabriqué
tu eus fabriqué	vous eûtes fabriqué
il/elle/on eut fabriqué	ils/elles eurent fabriqué

SUBJONCTIF

Présent

que je fabrique	que nous fabriquions
que tu fabriques	que vous fabriquiez
qu'il/elle/on fabrique	qu'ils/elles fabriquent

Passé

que j'aie fabriqué	que nous ayons fabriqué
que tu aies fabriqué	que vous ayez fabriqué
qu'il/elle/on ait fabriqué	qu'ils/elles aient fabriqué

Imparfait

que je fabriquasse	que nous fabriquassions
que tu fabriquasses	que vous fabriquassiez
qu'il/elle/on fabriquât	qu'ils/elles fabriquassent

Plus-que-parfait

que j'eusse fabriqué	que nous eussions fabriqué
que tu eusses fabriqué	que vous eussiez fabriqué
qu'il/elle/on eût fabriqué	qu'ils/elles eussent fabriqué

CONDITIONNEL

Présent

je fabriquerais	nous fabriquerions
tu fabriquerais	vous fabriqueriez
il/elle/on fabriquerait	ils/elles fabriqueraient

Passé

j'aurais fabriqué	nous aurions fabriqué
tu aurais fabriqué	vous auriez fabriqué
il/elle/on aurait fabriqué	ils/elles auraient fabriqué

IMPÉRATIF

fabrique fabriquons fabriquez

Dans cette usine on fabrique des pièces de rechange.
In this factory they make spare parts.

Mon père fabriquait de petites fusées dans notre garage.
My dad used to make little rockets in our garage.

Qu'est-ce que tu fabriques alors?
So what are you up to?

FABULER *to make things up, to confabulate*

Inf. fabuler *Part. prés.* fabulant *Part. passé* fabulé

INDICATIF

Présent

je fabule	nous fabulons
tu fabules	vous fabulez
il/elle/on fabule	ils/elles fabulent

Imparfait

je fabulais	nous fabulions
tu fabulais	vous fabuliez
il/elle/on fabulait	ils/elles fabulaient

Passé composé

j'ai fabulé	nous avons fabulé
tu as fabulé	vous avez fabulé
il/elle/on a fabulé	ils/elles ont fabulé

Plus-que-parfait

j'avais fabulé	nous avions fabulé
tu avais fabulé	vous aviez fabulé
il/elle/on avait fabulé	ils/elles avaient fabulé

Futur simple

je fabulerai	nous fabulerons
tu fabuleras	vous fabulerez
il/elle/on fabulera	ils/elles fabuleront

Passé simple

je fabulai	nous fabulâmes
tu fabulas	vous fabulâtes
il/elle/on fabula	ils/elles fabulèrent

Futur antérieur

j'aurai fabulé	nous aurons fabulé
tu auras fabulé	vous aurez fabulé
il/elle/on aura fabulé	ils/elles auront fabulé

Passé antérieur

j'eus fabulé	nous eûmes fabulé
tu eus fabulé	vous eûtes fabulé
il/elle/on eut fabulé	ils/elles eurent fabulé

SUBJONCTIF

Présent

que je fabule	que nous fabulions
que tu fabules	que vous fabuliez
qu'il/elle/on fabule	qu'ils/elles fabulent

Passé

que j'aie fabulé	que nous ayons fabulé
que tu aies fabulé	que vous ayez fabulé
qu'il/elle/on ait fabulé	qu'ils/elles aient fabulé

Imparfait

que je fabulasse	que nous fabulassions
que tu fabulasses	que vous fabulassiez
qu'il/elle/on fabulât	qu'ils/elles fabulassent

Plus-que-parfait

que j'eusse fabulé	que nous eussions fabulé
que tu eusses fabulé	que vous eussiez fabulé
qu'il/elle/on eût fabulé	qu'ils/elles eussent fabulé

CONDITIONNEL

Présent

je fabulerais	nous fabulerions
tu fabulerais	vous fabuleriez
il/elle/on fabulerait	ils/elles fabuleraient

Passé

j'aurais fabulé	nous aurions fabulé
tu aurais fabulé	vous auriez fabulé
il/elle/on aurait fabulé	ils/elles auraient fabulé

IMPÉRATIF

fabule fabulons fabulez

Christine fabule beaucoup; il ne faut jamais la croire.
Christine makes things up a lot; you should never believe her.

Il n'est pas bon que ton fils fabule à ce point.
It's not good that your son makes things up to this extent.

J'ai l'impression que cet homme fabule sans s'en apercevoir.
I have the impression that this man makes things up without realizing it.

FÂCHER *to anger, to make mad/angry*

Inf. fâcher *Part. prés.* fâchant *Part. passé* fâché

INDICATIF

Présent

je fâche	nous fâchons
tu fâches	vous fâchez
il/elle/on fâche	ils/elles fâchent

Passé composé

j'ai fâché	nous avons fâché
tu as fâché	vous avez fâché
il/elle/on a fâché	ils/elles ont fâché

Futur simple

je fâcherai	nous fâcherons
tu fâcheras	vous fâcherez
il/elle/on fâchera	ils/elles fâcheront

Futur antérieur

j'aurai fâché	nous aurons fâché
tu auras fâché	vous aurez fâché
il/elle/on aura fâché	ils/elles auront fâché

Imparfait

je fâchais	nous fâchions
tu fâchais	vous fâchiez
il/elle/on fâchait	ils/elles fâchaient

Plus-que-parfait

j'avais fâché	nous avions fâché
tu avais fâché	vous aviez fâché
il/elle/on avait fâché	ils/elles avaient fâché

Passé simple

je fâchai	nous fâchâmes
tu fâchas	vous fâchâtes
il/elle/on fâcha	ils/elles fâchèrent

Passé antérieur

j'eus fâché	nous eûmes fâché
tu eus fâché	vous eûtes fâché
il/elle/on eut fâché	ils/elles eurent fâché

SUBJONCTIF

Présent

que je fâche	que nous fâchions
que tu fâches	que vous fâchiez
qu'il/elle/on fâche	qu'ils/elles fâchent

Imparfait

que je fâchasse	que nous fâchassions
que tu fâchasses	que vous fâchassiez
qu'il/elle/on fâchât	qu'ils/elles fâchassent

Passé

que j'aie fâché	que nous ayons fâché
que tu aies fâché	que vous ayez fâché
qu'il/elle/on ait fâché	qu'ils/elles aient fâché

Plus-que-parfait

que j'eusse fâché	que nous eussions fâché
que tu eusses fâché	que vous eussiez fâché
qu'il/elle/on eût fâché	qu'ils/elles eussent fâché

CONDITIONNEL

Présent

je fâcherais	nous fâcherions
tu fâcherais	vous fâcheriez
il/elle/on fâcherait	ils/elles fâcheraient

Passé

j'aurais fâché	nous aurions fâché
tu aurais fâché	vous auriez fâché
il/elle/on aurait fâché	ils/elles auraient fâché

IMPÉRATIF

fâche fâchons fâchez

Elle espérait te fâcher en te disant cette mauvaise nouvelle.
She was hoping to anger you by telling you this bad news.

Pourquoi aimes-tu fâcher tout le monde?
Why do you like to make everyone angry?

Ursule aime bien poser les questions qui fâchent.
Ursule likes to ask questions that make people mad.

SE FÂCHER *to become angry*

Inf. se fâcher *Part. prés.* se fâchant *Part. passé* fâché(e)(s)

INDICATIF

Présent

je me fâche	nous nous fâchons
tu te fâches	vous vous fâchez
il/elle/on se fâche	ils/elles se fâchent

Imparfait

je me fâchais	nous nous fâchions
tu te fâchais	vous vous fâchiez
il/elle/on se fâchait	ils/elles se fâchaient

Passé composé

je me suis fâché(e)	nous nous sommes fâché(e)s
tu t'es fâché(e)	vous vous êtes fâché(e)(s)
il/elle/on s'est fâché(e)	ils/elles se sont fâché(e)s

Plus-que-parfait

je m'étais fâché(e)	nous nous étions fâché(e)s
tu t'étais fâché(e)	vous vous étiez fâché(e)(s)
il/elle/on s'était fâché(e)	ils/elles s'étaient fâché(e)s

Futur simple

je me fâcherai	nous nous fâcherons
tu te fâcheras	vous vous fâcherez
il/elle/on se fâchera	ils/elles se fâcheront

Passé simple

je me fâchai	nous nous fâchâmes
tu te fâchas	vous vous fâchâtes
il/elle/on se fâcha	ils/elles se fâchèrent

Futur antérieur

je me serai fâché(e)	nous nous serons fâché(e)s
tu te seras fâché(e)	vous vous serez fâché(e)(s)
il/elle/on se sera fâché(e)	ils/elles se seront fâché(e)s

Passé antérieur

je me fus fâché(e)	nous nous fûmes fâché(e)s
tu te fus fâché(e)	vous vous fûtes fâché(e)(s)
il/elle/on se fut fâché(e)	ils/elles se furent fâché(e)s

SUBJONCTIF

Présent

que je me fâche	que nous nous fâchions
que tu te fâches	que vous vous fâchiez
qu'il/elle/on se fâche	qu'ils/elles se fâchent

Passé

que je me sois fâché(e)	que nous nous soyons fâché(e)s
que tu te sois fâché(e)	que vous vous soyez fâché(e)(s)
qu'il/elle/on se soit fâché(e)	qu'ils/elles se soient fâché(e)s

Imparfait

que je me fâchasse	que nous nous fâchassions
que tu te fâchasses	que vous vous fâchassiez
qu'il/elle/on se fâchât	qu'ils/elles se fâchassent

Plus-que-parfait

que je me fusse fâché(e)	que nous nous fussions fâché(e)s
que tu te fusses fâché(e)	que vous vous fussiez fâché(e)(s)
qu'il/elle/on se fût fâché(e)	qu'ils/elles se fussent fâché(e)s

CONDITIONNEL

Présent

je me fâcherais	nous nous fâcherions
tu te fâcherais	vous vous fâcheriez
il/elle/on se fâcherait	ils/elles se fâcheraient

Passé

je me serais fâché(e)	nous nous serions fâché(e)s
tu te serais fâché(e)	vous vous seriez fâché(e)(s)
il/elle/on se serait fâché(e)	ils/elles se seraient fâché(e)s

IMPÉRATIF

fâche-toi fâchons-nous fâchez-vous

Ne te fâche pas; ce n'est pas grave.
Don't get angry; it's not serious.

Notre prof se fâche facilement.
Our professor gets mad easily.

Le vendeur s'est fâché quand le client a voulu marchander.
The salesman became angry when the customer tried to bargain.

FAIRE *to do (an activity), to make*

Inf. faire *Part. prés.* faisant *Part. passé* fait

INDICATIF

Présent

je fais	nous faisons
tu fais	vous faites
il/elle/on fait	ils/elles font

Passé composé

j'ai fait	nous avons fait
tu as fait	vous avez fait
il/elle/on a fait	ils/elles ont fait

Futur simple

je ferai	nous ferons
tu feras	vous ferez
il/elle/on fera	ils/elles feront

Futur antérieur

j'aurai fait	nous aurons fait
tu auras fait	vous aurez fait
il/elle/on aura fait	ils/elles auront fait

Imparfait

je faisais	nous faisions
tu faisais	vous faisiez
il/elle/on faisait	ils/elles faisaient

Plus-que-parfait

j'avais fait	nous avions fait
tu avais fait	vous aviez fait
il/elle/on avait fait	ils/elles avaient fait

Passé simple

je fis	nous fîmes
tu fis	vous fîtes
il/elle/on fit	ils/elles firent

Passé antérieur

j'eus fait	nous eûmes fait
tu eus fait	vous eûtes fait
il/elle/on eut fait	ils/elles eurent fait

SUBJONCTIF

Présent

que je fasse	que nous fassions
que tu fasses	que vous fassiez
qu'il/elle/on fasse	qu'ils/elles fassent

Imparfait

que je fisse	que nous fissions
que tu fisses	que vous fissiez
qu'il/elle/on fît	qu'ils/elles fissent

Passé

que j'aie fait	que nous ayons fait
que tu aies fait	que vous ayez fait
qu'il/elle/on ait fait	qu'ils/elles aient fait

Plus-que-parfait

que j'eusse fait	que nous eussions fait
que tu eusses fait	que vous eussiez fait
qu'il/elle/on eût fait	qu'ils/elles eussent fait

CONDITIONNEL

Présent

je ferais	nous ferions
tu ferais	vous feriez
il/elle/on ferait	ils/elles feraient

Passé

j'aurais fait	nous aurions fait
tu aurais fait	vous auriez fait
il/elle/on aurait fait	ils/elles auraient fait

IMPÉRATIF

fais faisons faites

Faisons du vélo cet après-midi.
Let's go biking this afternoon.

À ta place, nous aurions tous fait la même chose.
In your shoes, we all would have done the same thing.

Je veux que vous fassiez plus de travail et parliez moins.
I want you to work more and talk less.

FALLOIR *to be necessary; must*

Inf. falloir *Part. prés.* fallant *Part. passé* fallu

INDICATIF

Présent		Imparfait	
—	—	—	—
—	—	—	—
il faut	—	il fallait	—
Passé composé		**Plus-que-parfait**	
—	—	—	—
—	—	—	—
il a fallu	—	il avait fallu	—
Futur simple		**Passé simple**	
—	—	—	—
—	—	—	—
il faudra	—	il fallut	—
Futur antérieur		**Passé antérieur**	
—	—	—	—
—	—	—	—
il aura fallu	—	il eut fallu	—

SUBJONCTIF

Présent		Passé	
—	—	—	—
—	—	—	—
qu'il faille	—	qu'il ait fallu	—
Imparfait		**Plus-que-parfait**	
—	—	—	—
—	—	—	—
qu'il fallût	—	qu'il eût fallu	—

CONDITIONNEL

Présent		Passé	
—	—	—	—
—	—	—	—
il faudrait	—	il aurait fallu	—

IMPÉRATIF

—

Il fallait écouter ce que notre ami nous a dit.
We needed to listen to what our friend said.

Il faut faire attention.
One needs to be careful.

Il faudrait que tu sortes moins.
You should go out less.

FATIGUER *to tire, to wear out*

Inf. fatiguer *Part. prés.* fatiguant *Part. passé* fatigué

INDICATIF

Présent

je fatigue	nous fatiguons
tu fatigues	vous fatiguez
il/elle/on fatigue	ils/elles fatiguent

Passé composé

j'ai fatigué	nous avons fatigué
tu as fatigué	vous avez fatigué
il/elle/on a fatigué	ils/elles ont fatigué

Futur simple

je fatiguerai	nous fatiguerons
tu fatigueras	vous fatiguerez
il/elle/on fatiguera	ils/elles fatigueront

Futur antérieur

j'aurai fatigué	nous aurons fatigué
tu auras fatigué	vous aurez fatigué
il/elle/on aura fatigué	ils/elles auront fatigué

Imparfait

je fatiguais	nous fatiguions
tu fatiguais	vous fatiguiez
il/elle/on fatiguait	ils/elles fatiguaient

Plus-que-parfait

j'avais fatigué	nous avions fatigué
tu avais fatigué	vous aviez fatigué
il/elle/on avait fatigué	ils/elles avaient fatigué

Passé simple

je fatiguai	nous fatiguâmes
tu fatiguas	vous fatiguâtes
il/elle/on fatigua	ils/elles fatiguèrent

Passé antérieur

j'eus fatigué	nous eûmes fatigué
tu eus fatigué	vous eûtes fatigué
il/elle/on eut fatigué	ils/elles eurent fatigué

SUBJONCTIF

Présent

que je fatigue	que nous fatiguions
que tu fatigues	que vous fatiguiez
q qu'il/elle/on fatigue	qu'ils/elles fatiguent

Imparfait

que je fatiguasse	que nous fatiguassions
que tu fatiguasses	que vous fatiguassiez
qu'il/elle/on fatiguât	qu'ils/elles fatiguassent

Passé

que j'aie fatigué	que nous ayons fatigué
que tu aies fatigué	que vous ayez fatigué
qu'il/elle/on ait fatigué	qu'ils/elles aient fatigué

Plus-que-parfait

que j'eusse fatigué	que nous eussions fatigué
que tu eusses fatigué	que vous eussiez fatigué
qu'il/elle/on eût fatigué	qu'ils/elles eussent fatigué

CONDITIONNEL

Présent

je fatiguerais	nous fatiguerions
tu fatiguerais	vous fatigueriez
il/elle/on fatiguerait	ils/elles fatigueraient

Passé

j'aurais fatigué	nous aurions fatigué
tu aurais fatigué	vous auriez fatigué
il/elle/on aurait fatigué	ils/elles auraient fatigué

IMPÉRATIF

fatigue fatiguons fatiguez

De longues heures de lecture avaient fatigué ses yeux.
Long hours of reading had strained his eyes.

Je ne veux pas vous fatiguer avec mes histoires.
I don't want to tire you with my stories.

Ce grand projet fatigue ceux qui ont le malheur d'y être associés.
The big project is wearing out those who have the misfortune of being associated with it.

FERMER *to close*

Inf. fermer *Part. prés.* fermant *Part. passé* fermé

INDICATIF

Présent

je ferme	nous fermons
tu fermes	vous fermez
il/elle/on ferme	ils/elles ferment

Passé composé

j'ai fermé	nous avons fermé
tu as fermé	vous avez fermé
il/elle/on a fermé	ils/elles ont fermé

Futur simple

je fermerai	nous fermerons
tu fermeras	vous fermerez
il/elle/on fermera	ils/elles fermeront

Futur antérieur

j'aurai fermé	nous aurons fermé
tu auras fermé	vous aurez fermé
il/elle/on aura fermé	ils/elles auront fermé

Imparfait

je fermais	nous fermions
tu fermais	vous fermiez
il/elle/on fermait	ils/elles fermaient

Plus-que-parfait

j'avais fermé	nous avions fermé
tu avais fermé	vous aviez fermé
il/elle/on avait fermé	ils/elles avaient fermé

Passé simple

je fermai	nous fermâmes
tu fermas	vous fermâtes
il/elle/on ferma	ils/elles fermèrent

Passé antérieur

j'eus fermé	nous eûmes fermé
tu eus fermé	vous eûtes fermé
il/elle/on eut fermé	ils/elles eurent fermé

SUBJONCTIF

Présent

que je ferme	que nous fermions
que tu fermes	que vous fermiez
qu'il/elle/on ferme	qu'ils/elles ferment

Imparfait

que je fermasse	que nous fermassions
que tu fermasses	que vous fermassiez
qu'il/elle/on fermât	qu'ils/elles fermassent

Passé

que j'aie fermé	que nous ayons fermé
que tu aies fermé	que vous ayez fermé
qu'il/elle/on ait fermé	qu'ils/elles aient fermé

Plus-que-parfait

que j'eusse fermé	que nous eussions fermé
que tu eusses fermé	que vous eussiez fermé
qu'il/elle/on eût fermé	qu'ils/elles eussent fermé

CONDITIONNEL

Présent

je fermerais	nous fermerions
tu fermerais	vous fermeriez
il/elle/on fermerait	ils/elles fermeraient

Passé

j'aurais fermé	nous aurions fermé
tu aurais fermé	vous auriez fermé
il/elle/on aurait fermé	ils/elles auraient fermé

IMPÉRATIF

ferme fermons fermez

Ferme la porte; il y a trop de moustiques!
Close the door; there are too many mosquitos!

Je viens d'apprendre que mon cinéma préféré fermera après 30 ans.
I just learned that my favorite movie theater will shut down after 30 years.

Suite à un accident, on avait fermé la route.
Due to an accident, the road was closed.

FEUILLETER *to leaf through, flip through*

Inf. feuilleter *Part. prés.* feuilletant *Part. passé* feuilleté

INDICATIF

Présent

je feuillette	nous feuilletons
tu feuillettes	vous feuilletez
il/elle/on feuillette	ils/elles feuillettent

Passé composé

j'ai feuilleté	nous avons feuilleté
tu as feuilleté	vous avez feuilleté
il/elle/on a feuilleté	ils/elles ont feuilleté

Futur simple

je feuilletterai	nous feuilletterons
tu feuilletteras	vous feuilletterez
il/elle/on feuillettera	ils/elles feuilletteront

Futur antérieur

j'aurai feuilleté	nous aurons feuilleté
tu auras feuilleté	vous aurez feuilleté
il/elle/on aura feuilleté	ils/elles auront feuilleté

Imparfait

je feuilletais	nous feuilletions
tu feuilletais	vous feuilletiez
il/elle/on feuilletait	ils/elles feuilletaient

Plus-que-parfait

j'avais feuilleté	nous avions feuilleté
tu avais feuilleté	vous aviez feuilleté
il/elle/on avait feuilleté	ils/elles avaient feuilleté

Passé simple

je feuilletai	nous feuilletâmes
tu feuilletas	vous feuilletâtes
il/elle/on feuilleta	ils/elles feuilletèrent

Passé antérieur

j'eus feuilleté	nous eûmes feuilleté
tu eus feuilleté	vous eûtes feuilleté
il/elle/on eut feuilleté	ils/elles eurent feuilleté

SUBJONCTIF

Présent

que je feuillette	que nous feuilletions
que tu feuillettes	que vous feuilletiez
qu'il/elle/on feuillette	qu'ils/elles feuillettent

Imparfait

que je feuilletasse	que nous feuilletassions
que tu feuilletasses	que vous feuilletassiez
qu'il/elle/on feuilletât	qu'ils/elles feuilletassent

Passé

que j'aie feuilleté	que nous ayons feuilleté
que tu aies feuilleté	que vous ayez feuilleté
qu'il/elle/on ait feuilleté	qu'ils/elles aient feuilleté

Plus-que-parfait

que j'eusse feuilleté	que nous eussions feuilleté
que tu eusses feuilleté	que vous eussiez feuilleté
qu'il/elle/on eût feuilleté	qu'ils/elles eussent feuilleté

CONDITIONNEL

Présent

je feuilletterais	nous feuilletterions
tu feuilletterais	vous feuilletteriez
il/elle/on feuilletterait	ils/elles feuilletteraient

Passé

j'aurais feuilleté	nous aurions feuilleté
tu aurais feuilleté	vous auriez feuilleté
il/elle/on aurait feuilleté	ils/elles auraient feuilleté

IMPÉRATIF

feuillette feuilletons feuilletez

Je feuillette ce magazine parce que j'aime bien les photos.
I'm flipping through this magazine because I like the pictures.

Henri a feuilleté le journal mais il n'a pas trouvé l'article.
Henri leafed through the newspaper but he didn't find the article.

Lors de son enfance, Roger feuilletait les bouquins dans la bibliothèque et rêvait du jour où il serait capable de lire.
During his childhood, Roger would leaf through the books in the library and dream of the day when he would be able to read.

F **SE FIER** *to trust, to rely (on)*

Inf. se fier *Part. prés.* se fiant *Part. passé* fié(e)(s)

INDICATIF

Présent

je me fie	nous nous fions
tu te fies	vous vous fiez
il/elle/on se fie	ils/elles se fient

Passé composé

je me suis fié(e)	nous nous sommes fié(e)s
tu t'es fié(e)	vous vous êtes fié(e)(s)
il/elle/on s'est fié(e)	ils/elles se sont fié(e)s

Futur simple

je me fierai	nous nous fierons
tu te fieras	vous vous fierez
il/elle/on se fiera	ils/elles se fieront

Futur antérieur

je me serai fié(e)	nous nous serons fié(e)s
tu te seras fié(e)	vous vous serez fié(e)(s)
il/elle/on se sera fié(e)	ils/elles se seront fié(e)s

Imparfait

je me fiais	nous nous fiions
tu te fiais	vous vous fiiez
il/elle/on se fiait	ils/elles se fiaient

Plus-que-parfait

je m'étais fié(e)	nous nous étions fié(e)s
tu t'étais fié(e)	vous vous étiez fié(e)(s)
il/elle/on s'était fié(e)	ils/elles s'étaient fié(e)s

Passé simple

je me fiai	nous nous fiâmes
tu te fias	vous vous fiâtes
il/elle/on se fia	ils/elles se fièrent

Passé antérieur

je me fus fié(e)	nous nous fûmes fié(e)s
tu te fus fié(e)	vous vous fûtes fié(e)(s)
il/elle/on se fut fié(e)	ils/elles se furent fié(e)s

SUBJONCTIF

Présent

que je me fie	que nous nous fiions
que tu te fies	que vous vous fiiez
qu'il/elle/on se fie	qu'ils/elles se fient

Imparfait

que je me fiasse	que nous nous fiassions
que tu te fiasses	que vous vous fiassiez
qu'il/elle/on se fiât	qu'ils/elles se fiassent

Passé

que je me sois fié(e)	que nous nous soyons fié(e)s
que tu te sois fié(e)	que vous vous soyez fié(e)(s)
qu'il/elle/on se soit fié(e)	qu'ils/elles se soient fié(e)s

Plus-que-parfait

que je me fusse fié(e)	que nous nous fussions fié(e)s
que tu te fusses fié(e)	que vous vous fussiez fié(e)(s)
qu'il/elle/on se fût fié(e)	qu'ils/elles se fussent fié(e)s

CONDITIONNEL

Présent

je me fierais	nous nous fierions
tu te fierais	vous vous fieriez
il/elle/on se fierait	ils/ellesse fieraient

Passé

je me serais fié(e)	nous nous serions fié(e)s
tu te serais fié(e)	vous vous seriez fié(e)(s)
il/elle/on se serait fié(e)	ils/elles se seraient fié(e)s

IMPÉRATIF

fie-toi fions-nous fiez-vous

Ne te fie à personne!
Don't trust anyone!

La jeune fille s'est fiée à son amie.
The young girl relied on her friend.

Il faut que vous vous fiiez entièrement à votre famille.
It's important that you trust your family completely.

FINIR *to finish, to end*

Inf. finir *Part. prés.* finissant *Part. passé* fini

INDICATIF

Présent

je finis	nous finissons
tu finis	vous finissez
il/elle/on finit	ils/elles finissent

Passé composé

j'ai fini	nous avons fini
tu as fini	vous avez fini
il/elle/on a fini	ils/elles ont fini

Futur simple

je finirai	nous finirons
tu finiras	vous finirez
il/elle/on finira	ils/elles finiront

Futur antérieur

j'aurai fini	nous aurons fini
tu auras fini	vous aurez fini
il/elle/on aura fini	ils/elles auront fini

Imparfait

je finissais	nous finissions
tu finissais	vous finissiez
il/elle/on finissait	ils/elles finissaient

Plus-que-parfait

j'avais fini	nous avions fini
tu avais fini	vous aviez fini
il/elle/on avait fini	ils/elles avaient fini

Passé simple

je finis	nous finîmes
tu finis	vous finîtes
il/elle/on finit	ils/elles finirent

Passé antérieur

j'eus fini	nous eûmes fini
tu eus fini	vous eûtes fini
il/elle/on eut fini	ils/elles eurent fini

SUBJONCTIF

Présent

que je finisse	que nous finissions
que tu finisses	que vous finissiez
qu'il/elle/on finisse	qu'ils/elles finissent

Imparfait

que je finisse	que nous finissions
que tu finisses	que vous finissiez
qu'il/elle/on finît	qu'ils/elles finissent

Passé

que j'aie fini	que nous ayons fini
que tu aies fini	que vous ayez fini
qu'il/elle/on ait fini	qu'ils/elles aient fini

Plus-que-parfait

que j'eusse fini	que nous eussions fini
que tu eusses fini	que vous eussiez fini
qu'il/elle/on eût fini	qu'ils/elles eussent fini

CONDITIONNEL

Présent

je finirais	nous finirions
tu finirais	vous finiriez
il/elle/on finirait	ils/elles finiraient

Passé

j'aurais fini	nous aurions fini
tu aurais fini	vous auriez fini
il/elle/on aurait fini	ils/elles auraient fini

IMPÉRATIF

finis finissons finissez

Qui a fini le lait?
Who finished the milk?

Je trouve que le film finit bien, et toi?
I think the film ends well, and you?

Les ouvriers disent qu'ils auront fini leur projet avant la fin du mois.
The workers say that they will have finished their project before the end of the month.

FOURNIR *to furnish, to supply, to provide*

Inf. fournir *Part. prés.* fournissant *Part. passé* fourni

INDICATIF

Présent		Imparfait	
je fournis	nous fournissons	je fournissais	nous fournissions
tu fournis	vous fournissez	tu fournissais	vous fournissiez
il/elle/on fournit	ils/elles fournissent	il/elle/on fournissait	ils/elles fournissaient
Passé composé		**Plus-que-parfait**	
j'ai fourni	nous avons fourni	j'avais fourni	nous avions fourni
tu as fourni	vous avez fourni	tu avais fourni	vous aviez fourni
il/elle/on a fourni	ils/elles ont fourni	il/elle/on avait fourni	ils/elles avaient fourni
Futur simple		**Passé simple**	
je fournirai	nous fournirons	je fournis	nous fournîmes
tu fourniras	vous fournirez	tu fournis	vous fournîtes
il/elle/on fournira	ils/elles fourniront	il/elle/on fournit	ils/elles fournirent
Futur antérieur		**Passé antérieur**	
j'aurai fourni	nous aurons fourni	j'eus fourni	nous eûmes fourni
tu auras fourni	vous aurez fourni	tu eus fourni	vous eûtes fourni
il/elle/on aura fourni	ils/elles auront fourni	il/elle/on eut fourni	ils/elles eurent fourni

SUBJONCTIF

Présent		Passé	
que je fournisse	que nous fournissions	que j'aie fourni	que nous ayons fourni
que tu fournisses	que vous fournissiez	que tu aies fourni	que vous ayez fourni
qu'il/elle/on fournisse	qu'ils/elles fournissent	qu'il/elle/on ait fourni	qu'ils/elles aient fourni
Imparfait		**Plus-que-parfait**	
que je fournisse	que nous fournissions	que j'eusse fourni	que nous eussions fourni
que tu fournisses	que vous fournissiez	que tu eusses fourni	que vous eussiez fourni
qu'il/elle/on fournît	qu'ils/elles fournissent	qu'il/elle/on eût fourni	qu'ils/elles eussent fourni

CONDITIONNEL

Présent		Passé	
je fournirais	nous fournirions	j'aurais fourni	nous aurions fourni
tu fournirais	vous fourniriez	tu aurais fourni	vous auriez fourni
il/elle/on fournirait	ils/elles fourniraient	il/elle/on aurait fourni	ils/elles auraient fourni

IMPÉRATIF

fournis fournissons fournissez

Cette centrale nucléaire fournissait l'électricité à notre ville.
This nuclear power plant used to supply electricity to our town.

Pour obtenir un passeport, il faut fournir certains documents importants.
To obtain a passport, you must provide certain important documents.

Parfois, afin d'éviter les controverses, les journalistes fournissent leurs sources.
Sometimes, in order to avoid controversy, journalists furnish their sources.

FRAPPER *to hit, to strike, to knock*

Inf. frapper *Part. prés.* frappant *Part. passé* frappé

INDICATIF

Présent

je frappe	nous frappons
tu frappes	vous frappez
il/elle/on frappe	ils/elles frappent

Imparfait

je frappais	nous frappions
tu frappais	vous frappiez
il/elle/on frappait	ils/elles frappaient

Passé composé

j'ai frappé	nous avons frappé
tu as frappé	vous avez frappé
il/elle/on a frappé	ils/elles ont frappé

Plus-que-parfait

j'avais frappé	nous avions frappé
tu avais frappé	vous aviez frappé
il/elle/on avait frappé	ils/elles avaient frappé

Futur simple

je frapperai	nous frapperons
tu frapperas	vous frapperez
il/elle/on frappera	ils/elles frapperont

Passé simple

je frappai	nous frappâmes
tu frappas	vous frappâtes
il/elle/on frappa	ils/elles frappèrent

Futur antérieur

j'aurai frappé	nous aurons frappé
tu auras frappé	vous aurez frappé
il/elle/on aura frappé	ils/elles auront frappé

Passé antérieur

j'eus frappé	nous eûmes frappé
tu eus frappé	vous eûtes frappé
il/elle/on eut frappé	ils/elles eurent frappé

SUBJONCTIF

Présent

que je frappe	que nous frappions
que tu frappes	que vous frappiez
qu'il/elle/on frappe	qu'ils/elles frappent

Passé

que j'aie frappé	que nous ayons frappé
que tu aies frappé	que vous ayez frappé
qu'il/elle/on ait frappé	qu'ils/elles aient frappé

Imparfait

que je frappasse	que nous frappassions
que tu frappasses	que vous frappassiez
qu'il/elle/on frappât	qu'ils/elles frappassent

Plus-que-parfait

que j'eusse frappé	que nous eussions frappé
que tu eusses frappé	que vous eussiez frappé
qu'il/elle/on eût frappé	qu'ils/elles eussent frappé

CONDITIONNEL

Présent

je frapperais	nous frapperions
tu frapperais	vous frapperiez
il/elle/on frapperait	ils/elles frapperaient

Passé

j'aurais frappé	nous aurions frappé
tu aurais frappé	vous auriez frappé
il/elle/on aurait frappé	ils/elles auraient frappé

IMPÉRATIF

frappe frappons frappez

J'ai frappé à la porte plusieures fois mais personne n'est venu.
I knocked on the door several times but no one came.

Le chômage frappe cette région depuis l'année dernière.
Unemployment has been hitting this region since last year.

Le joueur a frappé dans le ballon très fort mais il n'a pas pu marquer.
The player struck the ball quite hard, but he wasn't able to score.

FUIR *to flee, to avoid, to escape*

Inf. fuir *Part. prés.* fuyant *Part. passé* fui

INDICATIF

Présent

je fuis	nous fuyons
tu fuis	vous fuyez
il/elle/on fuit	ils/elles fuient

Passé composé

j'ai fui	nous avons fui
tu as fui	vous avez fui
il/elle/on a fui	ils/elles ont fui

Futur simple

je fuirai	nous fuirons
tu fuiras	vous fuirez
il/elle/on fuira	ils/elles fuiront

Futur antérieur

j'aurai fui	nous aurons fui
tu auras fui	vous aurez fui
il/elle/on aura fui	ils/elles auront fui

Imparfait

je fuyais	nous fuyions
tu fuyais	vous fuyiez
il/elle/on fuyait	ils/elles fuyaient

Plus-que-parfait

j'avais fui	nous avions fui
tu avais fui	vous aviez fui
il/elle/on avait fui	ils/elles avaient fui

Passé simple

je fuis	nous fuîmes
tu fuis	vous fuîtes
il/elle/on fuit	ils/elles fuirent

Passé antérieur

j'eus fui	nous eûmes fui
tu eus fui	vous eûtes fui
il/elle/on eut fui	ils/elles eurent fui

SUBJONCTIF

Présent

que je fuie	que nous fuyions
que tu fuies	que vous fuyiez
qu'il/elle/on fuie	qu'ils/elles fuient

Imparfait

que je fuisse	que nous fuissions
que tu fuisses	que vous fuissiez
qu'il/elle/on fuît	qu'ils/elles fuissent

Passé

que j'aie fui	que nous ayons fui
que tu aies fui	que vous ayez fui
qu'il/elle/on ait fui	qu'ils/elles aient fui

Plus-que-parfait

que j'eusse fui	que nous eussions fui
que tu eusses fui	que vous eussiez fui
qu'il/elle/on eût fui	qu'ils/elles eussent fui

CONDITIONNEL

Présent

je fuirais	nous fuirions
tu fuirais	vous fuiriez
il/elle/on fuirait	ils/elles fuiraient

Passé

j'aurais fui	nous aurions fui
tu aurais fui	vous auriez fui
il/elle/on aurait fui	ils/elles auraient fui

IMPÉRATIF

fuis fuyons fuyez

Un homme s'est gravement blessé en tentant de fuir la police.
A man was seriously injured trying to flee from the police.

Mon ami Charles fuit l'amour parce que c'est trop compliqué.
My friend Charles avoids love because it's too complicated.

Les cambrioleurs ont fui avant que l'on ait pu les identifier.
The burglars escaped before anyone was able to identify them.

FUMER *to smoke*

Inf. fumer *Part. prés.* fumant *Part. passé* fumé

INDICATIF

Présent

je fume	nous fumons
tu fumes	vous fumez
il/elle/on fume	ils/elles fument

Passé composé

j'ai fumé	nous avons fumé
tu as fumé	vous avez fumé
il/elle/on a fumé	ils/elles ont fumé

Futur simple

je fumerai	nous fumerons
tu fumeras	vous fumerez
il/elle/on fumera	ils/elles fumeront

Futur antérieur

j'aurai fumé	nous aurons fumé
tu auras fumé	vous aurez fumé
il/elle/on aura fumé	ils/elles auront fumé

Imparfait

je fumais	nous fumions
tu fumais	vous fumiez
il/elle/on fumait	ils/elles fumaient

Plus-que-parfait

j'avais fumé	nous avions fumé
tu avais fumé	vous aviez fumé
il/elle/on avait fumé	ils/elles avaient fumé

Passé simple

je fumai	nous fumâmes
tu fumas	vous fumâtes
il/elle/on fuma	ils/elles fumèrent

Passé antérieur

j'eus fumé	nous eûmes fumé
tu eus fumé	vous eûtes fumé
il/elle/on eut fumé	ils/elles eurent fumé

SUBJONCTIF

Présent

que je fume	que nous fumions
que tu fumes	que vous fumiez
qu'il/elle/on fume	qu'ils/elles fument

Imparfait

que je fumasse	que nous fumassions
que tu fumasses	que vous fumassiez
qu'il/elle/on fumât	qu'ils/elles fumassent

Passé

que j'aie fumé	que nous ayons fumé
que tu aies fumé	que vous ayez fumé
qu'il/elle/on ait fumé	qu'ils/elles aient fumé

Plus-que-parfait

que j'eusse fumé	que nous eussions fumé
que tu eusses fumé	que vous eussiez fumé
qu'il/elle/on eût fumé	qu'ils/elles eussent fumé

CONDITIONNEL

Présent

je fumerais	nous fumerions
tu fumerais	vous fumeriez
il/elle/on fumerait	ils/elles fumeraient

Passé

j'aurais fumé	nous aurions fumé
tu aurais fumé	vous auriez fumé
il/elle/on aurait fumé	ils/elles auraient fumé

IMPÉRATIF

fume fumons fumez

Je suis contente que mon mari ne fume plus.
I am happy that my husband no longer smokes.

Je ne comprends pas les gens qui fument en mangeant.
I don't understand people who smoke while eating.

Quand Léo était ado, il fumait tous les jours.
When Léo was a teen, he used to smoke every day.

GAGNER *to win; to earn*

Inf. gagner *Part. prés.* gagnant *Part. passé* gagné

INDICATIF

Présent

je gagne	nous gagnons
tu gagnes	vous gagnez
il/elle/on gagne	ils/elles gagnent

Passé composé

j'ai gagné	nous avons gagné
tu as gagné	vous avez gagné
il/elle/on a gagné	ils/elles ont gagné

Futur simple

je gagnerai	nous gagnerons
tu gagneras	vous gagnerez
il/elle/on gagnera	ils/elles gagneront

Futur antérieur

j'aurai gagné	nous aurons gagné
tu auras gagné	vous aurez gagné
il/elle/on aura gagné	ils/elles auront gagné

Imparfait

je gagnais	nous gagnions
tu gagnais	vous gagniez
il/elle/on gagnait	ils/elles gagnaient

Plus-que-parfait

j'avais gagné	nous avions gagné
tu avais gagné	vous aviez gagné
il/elle/on avait gagné	ils/elles avaient gagné

Passé simple

je gagnai	nous gagnâmes
tu gagnas	vous gagnâtes
il/elle/on gagna	ils/elles gagnèrent

Passé antérieur

j'eus gagné	nous eûmes gagné
tu eus gagné	vous eûtes gagné
il/elle/on eut gagné	ils/elles eurent gagné

SUBJONCTIF

Présent

que je gagne	que nous gagnions
que tu gagnes	que vous gagniez
qu'il/elle/on gagne	qu'ils/elles gagnent

Imparfait

que je gagnasse	que nous gagnassions
que tu gagnasses	que vous gagnassiez
qu'il/elle/on gagnât	qu'ils/elles gagnassent

Passé

que j'aie gagné	que nous ayons gagné
que tu aies gagné	que vous ayez gagné
qu'il/elle/on ait gagné	qu'ils/elles aient gagné

Plus-que-parfait

que j'eusse gagné	que nous eussions gagné
que tu eusses gagné	que vous eussiez gagné
qu'il/elle/on eût gagné	qu'ils/elles eussent gagné

CONDITIONNEL

Présent

je gagnerais	nous gagnerions
tu gagnerais	vous gagneriez
il/elle/on gagnerait	ils/elles gagneraient

Passé

j'aurais gagné	nous aurions gagné
tu aurais gagné	vous auriez gagné
il/elle/on aurait gagné	ils/elles auraient gagné

IMPÉRATIF

gagne gagnons gagnez

Qui a gagné le match entre Ajax et PSV Eindhoven?
Who won the game between Ajax and PSV Eindhoven?

Personne ne gagne assez dans cette boîte.
No one earns enough in this office.

Étienne ne gagnait pas assez comme instituteur, donc il est devenu banquier.
Étienne wasn't earning enough as a teacher, so he became a banker.

GARDER *to keep*

Inf. garder *Part. prés.* gardant *Part. passé* gardé

INDICATIF

Présent

je garde	nous gardons
tu gardes	vous gardez
il/elle/on garde	ils/elles gardent

Imparfait

je gardais	nous gardions
tu gardais	vous gardiez
il/elle/on gardait	ils/elles gardaient

Passé composé

j'ai gardé	nous avons gardé
tu as gardé	vous avez gardé
il/elle/on a gardé	ils/elles ont gardé

Plus-que-parfait

j'avais gardé	nous avions gardé
tu avais gardé	vous aviez gardé
il/elle/on avait gardé	ils/elles avaient gardé

Futur simple

je garderai	nous garderons
tu garderas	vous garderez
il/elle/on gardera	ils/elles garderont

Passé simple

je gardai	nous gardâmes
tu gardas	vous gardâtes
il/elle/on garda	ils/elles gardèrent

Futur antérieur

j'aurai gardé	nous aurons gardé
tu auras gardé	vous aurez gardé
il/elle/on aura gardé	ils/elles auront gardé

Passé antérieur

j'eus gardé	nous eûmes gardé
tu eus gardé	vous eûtes gardé
il/elle/on eut gardé	ils/elles eurent gardé

SUBJONCTIF

Présent

que je garde	que nous gardions
que tu gardes	que vous gardiez
qu'il/elle/on garde	qu'ils/elles gardent

Passé

que j'aie gardé	que nous ayons gardé
que tu aies gardé	que vous ayez gardé
qu'il/elle/on ait gardé	qu'ils/elles aient gardé

Imparfait

que je gardasse	que nous gardassions
que tu gardasses	que vous gardassiez
qu'il/elle/on gardât	qu'ils/elles gardassent

Plus-que-parfait

que j'eusse gardé	que nous eussions gardé
que tu eusses gardé	que vous eussiez gardé
qu'il/elle/on eût gardé	qu'ils/elles eussent gardé

CONDITIONNEL

Présent

je garderais	nous garderions
tu garderais	vous garderiez
il/elle/on garderait	ils/elles garderaient

Passé

j'aurais gardé	nous aurions gardé
tu aurais gardé	vous auriez gardé
il/elle/on aurait gardé	ils/elles auraient gardé

IMPÉRATIF

garde gardons gardez

Pendant la guerre beaucoup de gens gardaient la foi.
During the war many people kept the faith.

Je te donne un billet de 10 euros. Garde la monnaie pour toi-même.
I'm giving you a 10 euro bill. Keep the change.

Hier mes voisins ont trouvé un berger allemand dans leur jardin.
Yesterday my neighbors found a German shepherd in their garden.

GASPILLER *to waste*

Inf. gaspiller *Part. prés.* gaspillant *Part. passé* gaspillé

INDICATIF

Présent

je gaspille — nous gaspillons
tu gaspilles — vous gaspillez
il/elle/on gaspille — ils/elles gaspillent

Passé composé

j'ai gaspillé — nous avons gaspillé
tu as gaspillé — vous avez gaspillé
il/elle/on a gaspillé — ils/elles ont gaspillé

Futur simple

je gaspillerai — nous gaspillerons
tu gaspilleras — vous gaspillerez
il/elle/on gaspillera — ils/elles gaspilleront

Futur antérieur

j'aurai gaspillé — nous aurons gaspillé
tu auras gaspillé — vous aurez gaspillé
il/elle/on aura gaspillé — ils/elles auront gaspillé

Imparfait

je gaspillais — nous gaspillions
tu gaspillais — vous gaspilliez
il/elle/on gaspillait — ils/elles gaspillaient

Plus-que-parfait

j'avais gaspillé — nous avions gaspillé
tu avais gaspillé — vous aviez gaspillé
il/elle/on avait gaspillé — ils/elles avaient gaspillé

Passé simple

je gaspillai — nous gaspillâmes
tu gaspillas — vous gaspillâtes
il/elle/on gaspilla — ils/elles gaspillèrent

Passé antérieur

j'eus gaspillé — nous eûmes gaspillé
tu eus gaspillé — vous eûtes gaspillé
il/elle/on eut gaspillé — ils/elles eurent gaspillé

SUBJONCTIF

Présent

que je gaspille — que nous gaspillions
que tu gaspilles — que vous gaspilliez
qu'il/elle/on gaspille — qu'ils/elles gaspillent

Imparfait

que je gaspillasse — que nous gaspillassions
que tu gaspillasses — que vous gaspillassiez
qu'il/elle/on gaspillât — qu'ils/elles gaspillassent

Passé

que j'aie gaspillé — que nous ayons gaspillé
que tu aies gaspillé — que vous ayez gaspillé
qu'il/elle/on ait gaspillé — qu'ils/elles aient gaspillé

Plus-que-parfait

que j'eusse gaspillé — que nous eussions gaspillé
que tu eusses gaspillé — que vous eussiez gaspillé
qu'il/elle/on eût gaspillé — qu'ils/elles eussent gaspillé

CONDITIONNEL

Présent

je gaspillerais — nous gaspillerions
tu gaspillerais — vous gaspilleriez
il/elle/on gaspillerait — ils/elles gaspilleraient

Passé

j'aurais gaspillé — nous aurions gaspillé
tu aurais gaspillé — vous auriez gaspillé
il/elle/on aurait gaspillé — ils/elles auraient gaspillé

IMPÉRATIF

gaspille — gaspillons — gaspillez

Notre service gaspille tellement d'argent!
Our department wastes so much money!

A l'âge de 21 ans, Philippe a touché à une fortune.
At the age of twenty-one, Philippe received a fortune.

Comment ne pas gaspiller de l'eau quand on fait la vaisselle?
How can one not waste water when doing the dishes?

GÂTER *to spoil*

Inf. gâter *Part. prés.* gâtant *Part. passé* gâté

INDICATIF

Présent

je gâte	nous gâtons
tu gâtes	vous gâtez
il/elle/on gâte	ils/elles gâtent

Passé composé

j'ai gâté	nous avons gâté
tu as gâté	vous avez gâté
il/elle/on a gâté	ils/elles ont gâté

Futur simple

je gâterai	nous gâterons
tu gâteras	vous gâterez
il/elle/on gâtera	ils/elles gâteront

Futur antérieur

j'aurai gâté	nous aurons gâté
tu auras gâté	vous aurez gâté
il/elle/on aura gâté	ils/elles auront gâté

Imparfait

je gâtais	nous gâtions
tu gâtais	vous gâtiez
il/elle/on gâtait	ils/elles gâtaient

Plus-que-parfait

j'avais gâté	nous avions gâté
tu avais gâté	vous aviez gâté
il/elle/on avait gâté	ils/elles avaient gâté

Passé simple

je gâtai	nous gâtâmes
tu gâtas	vous gâtâtes
il/elle/on gâta	ils/elles gâtèrent

Passé antérieur

j'eus gâté	nous eûmes gâté
tu eus gâté	vous eûtes gâté
il/elle/on eut gâté	ils/elles eurent gâté

SUBJONCTIF

Présent

que je gâte	que nous gâtions
que tu gâtes	que vous gâtiez
qu'il/elle/on gâte	qu'ils/elles gâtent

Imparfait

que je gâtasse	que nous gâtassions
que tu gâtasses	que vous gâtassiez
qu'il/elle/on gâtât	qu'ils/elles gâtassent

Passé

que j'aie gâté	que nous ayons gâté
que tu aies gâté	que vous ayez gâté
qu'il/elle/on ait gâté	qu'ils/elles aient gâté

Plus-que-parfait

que j'eusse gâté	que nous eussions gâté
que tu eusses gâté	que vous eussiez gâté
qu'il/elle/on eût gâté	qu'ils/elles eussent gâté

CONDITIONNEL

Présent

je gâterais	nous gâterions
tu gâterais	vous gâteriez
il/elle/on gâterait	ils/elles gâteraient

Passé

j'aurais gâté	nous aurions gâté
tu aurais gâté	vous auriez gâté
il/elle/on aurait gâté	ils/elles auraient gâté

IMPÉRATIF

gâte gâtons gâtez

Ce couple riche a deux enfants qu'ils gâtent beacoup.
This rich couple has two kids that they spoil a lot.

Arrête de les gâter autant!
Stop spoiling them so much!

Quand mon mari était petit sa mère le gâtait royalement.
When my husband was little his mother completely spoiled him.

GELER *to freeze, to suspend [in time]*

Inf. geler *Part. prés.* gelant *Part. passé* gelé

INDICATIF

Présent

je gèle	nous gelons
tu gèles	vous gelez
il/elle/on gèle	ils/elles gèlent

Passé composé

j'ai gelé	nous avons gelé
tu as gelé	vous avez gelé
il/elle/on a gelé	ils/elles ont gelé

Futur simple

je gèlerai	nous gèlerons
tu gèleras	vous gèlerez
il/elle/on gèlera	ils/elles gèleront

Futur antérieur

j'aurai gelé	nous aurons gelé
tu auras gelé	vous aurez gelé
il/elle/on aura gelé	ils/elles auront gelé

Imparfait

je gelais	nous gelions
tu gelais	vous geliez
il/elle/on gelait	ils/elles gelaient

Plus-que-parfait

j'avais gelé	nous avions gelé
tu avais gelé	vous aviez gelé
il/elle/on avait gelé	ils/elles avaient gelé

Passé simple

je gelai	nous gelâmes
tu gelas	vous gelâtes
il/elle/on gela	ils/elles gelèrent

Passé antérieur

j'eus gelé	nous eûmes gelé
tu eus gelé	vous eûtes gelé
il/elle/on eut gelé	ils/elles eurent gelé

SUBJONCTIF

Présent

que je gèle	que nous gelions
que tu gèles	que vous geliez
qu'il/elle/on gèle	qu'ils/elles gèlent

Imparfait

que je gelasse	que nous gelassions
que tu gelasses	que vous gelassiez
qu'il/elle/on gelât	qu'ils/elles gelassent

Passé

que j'aie gelé	que nous ayons gelé
que tu aies gelé	que vous ayez gelé
qu'il/elle/on ait gelé	qu'ils/elles aient gelé

Plus-que-parfait

que j'eusse gelé	que nous eussions gelé
que tu eusses gelé	que vous eussiez gelé
qu'il/elle/on eût gelé	qu'ils/elles eussent gelé

CONDITIONNEL

Présent

je gèlerais	nous gèlerions
tu gèlerais	vous gèleriez
il/elle/on gèlerait	ils/elles gèleraient

Passé

j'aurais gelé	nous aurions gelé
tu aurais gelé	vous auriez gelé
il/elle/on aurait gelé	ils/elles auraient gelé

IMPÉRATIF

gèle gelons gelez

Après la chute de temperature, toutes les chaussées ont gelé.
After the drop in temperature, all the roads froze.

Malheureusement, le conseil a décidé de geler tous les salaires.
Unfortunately, the board decided to freeze all the salaries.

La Chine gèlera toutes les adoptions d'enfants chinois pour trois mois.
China will suspend all adoptions of Chinese children for three months.

GÊNER *to bother, to embarrass, to impede*

Inf. gêner *Part. prés.* gênant *Part. passé* gêné

INDICATIF

Présent

je gêne	nous gênons
tu gênes	vous gênez
il/elle/on gêne	ils/elles gênent

Imparfait

je gênais	nous gênions
tu gênais	vous gêniez
il/elle/on gênait	ils/elles gênaient

Passé composé

j'ai gêné	nous avons gêné
tu as gêné	vous avez gêné
il/elle/on a gêné	ils/elles ont gêné

Plus-que-parfait

j'avais gêné	nous avions gêné
tu avais gêné	vous aviez gêné
il/elle/on avait gêné	ils/elles avaient gêné

Futur simple

je gênerai	nous gênerons
tu gêneras	vous gênerez
il/elle/on gênera	ils/elles gêneront

Passé simple

je gênai	nous gênâmes
tu gênas	vous gênâtes
il/elle/on gêna	ils/elles gênèrent

Futur antérieur

j'aurai gêné	nous aurons gêné
tu auras gêné	vous aurez gêné
il/elle/on aura gêné	ils/elles auront gêné

Passé antérieur

j'eus gêné	nous eûmes gêné
tu eus gêné	vous eûtes gêné
il/elle/on eut gêné	ils/elles eurent gêné

SUBJONCTIF

Présent

que je gêne	que nous gênions
que tu gênes	que vous gêniez
qu'il/elle/on gêne	qu'ils/elles gênent

Passé

que j'aie gêné	que nous ayons gêné
que tu aies gêné	que vous ayez gêné
qu'il/elle/on ait gêné	qu'ils/elles aient gêné

Imparfait

que je gênasse	que nous gênassions
que tu gênasses	que vous gênassiez
qu'il/elle/on gênât	qu'ils/elles gênassent

Plus-que-parfait

que j'eusse gêné	que nous eussions gêné
que tu eusses gêné	que vous eussiez gêné
qu'il/elle/on eût gêné	qu'ils/elles eussent gêné

CONDITIONNEL

Présent

je gênerais	nous gênerions
tu gênerais	vous gêneriez
il/elle/on gênerait	ils/elles gêneraient

Passé

j'aurais gêné	nous aurions gêné
tu aurais gêné	vous auriez gêné
il/elle/on aurait gêné	ils/elles auraient gêné

IMPÉRATIF

gêne gênons gênez

Est-ce que le discours du leader t'a gêné?
Did the leader's speech embarrass you?

Le secrétaire avait beaucoup de messages à transmettre à son patron, mais il ne voulait pas le gêner.
The secretary had a lot of messages to pass on to his boss, but he didn't want to bother him.

Tu gênes notre progrès avec tes questions débiles!
You're impeding our progress with your stupid questions!

GOÛTER *to taste*

Inf. goûter *Part. prés.* goûtant *Part. passé* goûté

INDICATIF

Présent

je goûte	nous goûtons
tu goûtes	vous goûtez
il/elle/on goûte	ils/elles goûtent

Imparfait

je goûtais	nous goûtions
tu goûtais	vous goûtiez
il/elle/on goûtait	ils/elles goûtaient

Passé composé

j'ai goûté	nous avons goûté
tu as goûté	vous avez goûté
il/elle/on a goûté	ils/elles ont goûté

Plus-que-parfait

j'avais goûté	nous avions goûté
tu avais goûté	vous aviez goûté
il/elle/on avait goûté	ils/elles avaient goûté

Futur simple

je goûterai	nous goûterons
tu goûteras	vous goûterez
il/elle/on goûtera	ils/elles goûteront

Passé simple

je goûtai	nous goûtâmes
tu goûtas	vous goûtâtes
il/elle/on goûta	ils/elles goûtèrent

Futur antérieur

j'aurai goûté	nous aurons goûté
tu auras goûté	vous aurez goûté
il/elle/on aura goûté	ils/elles auront goûté

Passé antérieur

j'eus goûté	nous eûmes goûté
tu eus goûté	vous eûtes goûté
il/elle/on eut goûté	ils/elles eurent goûté

SUBJONCTIF

Présent

que je goûte	que nous goûtions
que tu goûtes	que vous goûtiez
qu'il/elle/on goûte	qu'ils/elles goûtent

Passé

que j'aie goûté	que nous ayons goûté
que tu aies goûté	que vous ayez goûté
qu'il/elle/on ait goûté	qu'ils/elles aient goûté

Imparfait

que je goûtasse	que nous goûtassions
que tu goûtasses	que vous goûtassiez
qu'il/elle/on goûtât	qu'ils/elles goûtassent

Plus-que-parfait

que j'eusse goûté	que nous eussions goûté
que tu eusses goûté	que vous eussiez goûté
qu'il/elle/on eût goûté	qu'ils/elles eussent goûté

CONDITIONNEL

Présent

je goûterais	nous goûterions
tu goûterais	vous goûteriez
il/elle/on goûterait	ils/elles goûteraient

Passé

j'aurais goûté	nous aurions goûté
tu aurais goûté	vous auriez goûté
il/elle/on aurait goûté	ils/elles auraient goûté

IMPÉRATIF

goûte goûtons goûtez

Goûtez à cette sauce et dîtes-moi ce que vous en pensez.
Taste this sauce and tell me what you think.

Le chef de cuisine a goûté le mets et y a mis plus de poivre.
The chef tasted the dish and put more pepper in it.

Après avoir quitté la maison de ses parents, le jeune homme a finalement goûté à la liberté.
After leaving his parents' home, the young man finally had a taste of freedom.

GRANDIR *to grow, to grow (up)*

Inf. grandir *Part. prés.* grandissant *Part. passé* grandi

INDICATIF

Présent

je grandis — nous grandissons
tu grandis — vous grandissez
il/elle/on grandit — ils/elles grandissent

Passé composé

j'ai grandi — nous avons grandi
tu as grandi — vous avez grandi
il/elle/on a grandi — ils/elles ont grandi

Futur simple

je grandirai — nous grandirons
tu grandiras — vous grandirez
il/elle/on grandira — ils/elles grandiront

Futur antérieur

j'aurai grandi — nous aurons grandi
tu auras grandi — vous aurez grandi
il/elle/on aura grandi — ils/elles auront grandi

Imparfait

je grandissais — nous grandissions
tu grandissais — vous grandissiez
il/elle/on grandissait — ils/elles grandissaient

Plus-que-parfait

j'avais grandi — nous avions grandi
tu avais grandi — vous aviez grandi
il/elle/on avait grandi — ils/elles avaient grandi

Passé simple

je grandis — nous grandîmes
tu grandis — vous grandîtes
il/elle/on grandit — ils/elles grandirent

Passé antérieur

j'eus grandi — nous eûmes grandi
tu eus grandi — vous eûtes grandi
il/elle/on eut grandi — ils/elles eurent grandi

SUBJONCTIF

Présent

que je grandisse — que nous grandissions
que tu grandisses — que vous grandissiez
qu'il/elle/on grandisse — qu'ils/elles grandissent

Imparfait

que je grandisse — que nous grandissions
que tu grandisses — que vous grandissiez
qu'il/elle/on grandît — qu'ils/elles grandissent

Passé

que j'aie grandi — que nous ayons grandi
que tu aies grandi — que vous ayez grandi
qu'il/elle/on ait grandi — qu'ils/elles aient grandi

Plus-que-parfait

que j'eusse grandi — que nous eussions grandi
que tu eusses grandi — que vous eussiez grandi
qu'il/elle/on eût grandi — qu'ils/elles eussent grandi

CONDITIONNEL

Présent

je grandirais — nous grandirions
tu grandirais — vous grandiriez
il/elle/on grandirait — ils/elles grandiraient

Passé

j'aurais grandi — nous aurions grandi
tu aurais grandi — vous auriez grandi
il/elle/on aurait grandi — ils/elles auraient grandi

IMPÉRATIF

grandis — grandissons — grandissez

La pauvre Cosette a grandi dans la misère.
Poor Cosette grew up in poverty.

Le pédiatre lui a dit qu'il ne grandirait plus.
The pediatrician told him that he wouldn't grow any more.

Les vitamines font grandir, n'est-ce pas?
Vitamins make you grow, right?

GRONDER *to scold; to rumble*

Inf. gronder *Part. prés.* grondant *Part. passé* grondé

INDICATIF

Présent

je gronde — nous grondons
tu grondes — vous grondez
il/elle/on gronde — ils/elles grondent

Imparfait

je grondais — nous grondions
tu grondais — vous grondiez
il/elle/on grondait — ils/elles grondaient

Passé composé

j'ai grondé — nous avons grondé
tu as grondé — vous avez grondé
il/elle/on a grondé — ils/elles ont grondé

Plus-que-parfait

j'avais grondé — nous avions grondé
tu avais grondé — vous aviez grondé
il/elle/on avait grondé — ils/elles avaient grondé

Futur simple

je gronderai — nous gronderons
tu gronderas — vous gronderez
il/elle/on grondera — ils/elles gronderont

Passé simple

je grondai — nous grondâmes
tu grondas — vous grondâtes
il/elle/on gronda — ils/elles grondèrent

Futur antérieur

j'aurai grondé — nous aurons grondé
tu auras grondé — vous aurez grondé
il/elle/on aura grondé — ils/elles auront grondé

Passé antérieur

j'eus grondé — nous eûmes grondé
tu eus grondé — vous eûtes grondé
il/elle/on eut grondé — ils/elles eurent grondé

SUBJONCTIF

Présent

que je gronde — que nous grondions
que tu grondes — que vous grondiez
qu'il/elle/on gronde — qu'ils/elles grondent

Passé

que j'aie grondé — que nous ayons grondé
que tu aies grondé — que vous ayez grondé
qu'il/elle/on ait grondé — qu'ils/elles aient grondé

Imparfait

que je grondasse — que nous grondassions
que tu grondasses — que vous grondassiez
qu'il/elle/on grondât — qu'ils/elles grondassent

Plus-que-parfait

que j'eusse grondé — que nous eussions grondé
que tu eusses grondé — que vous eussiez grondé
qu'il/elle/on eût grondé — qu'ils/elles eussent grondé

CONDITIONNEL

Présent

je gronderais — nous gronderions
tu gronderais — vous gronderiez
il/elle/on gronderait — ils/elles gronderaient

Passé

j'aurais grondé — nous aurions grondé
tu aurais grondé — vous auriez grondé
il/elle/on aurait grondé — ils/elles auraient grondé

IMPÉRATIF

gronde grondons grondez

De loin, une tempête commencait à gronder dans les montagnes.
Far away, a storm was beginning to rumble in the mountains.

Inutile de gronder ton chat parce que ça lui est égal!
It's useless to scold your cat, because he doesn't care!

Comment gronder les enfants sans les humilier?
How can one scold children without humiliating them?

GUÉRIR *to heal, to cure*

Inf. guérir *Part. prés.* guérissant *Part. passé* guéri

INDICATIF

Présent

je guéris	nous guérissons
tu guéris	vous guérissez
il/elle/on guérit	ils/elles guérissent

Passé composé

j'ai guéri	nous avons guéri
tu as guéri	vous avez guéri
il/elle/on a guéri	ils/elles ont guéri

Futur simple

je guérirai	nous guérirons
tu guériras	vous guérirez
il/elle/on guérira	ils/elles guériront

Futur antérieur

j'aurai guéri	nous aurons guéri
tu auras guéri	vous aurez guéri
il/elle/on aura guéri	ils/elles auront guéri

Imparfait

je guérissais	nous guérissions
tu guérissais	vous guérissiez
il/elle/on guérissait	ils/elles guérissaient

Plus-que-parfait

j'avais guéri	nous avions guéri
tu avais guéri	vous aviez guéri
il/elle/on avait guéri	ils/elles avaient guéri

Passé simple

je guéris	nous guérîmes
tu guéris	vous guérîtes
il/elle/on guérit	ils/elles guérirent

Passé antérieur

j'eus guéri	nous eûmes guéri
tu eus guéri	vous eûtes guéri
il/elle/on eut guéri	ils/elles eurent guéri

SUBJONCTIF

Présent

que je guérisse	que nous guérissions
que tu guérisses	que vous guérissiez
qu'il/elle/on guérisse	qu'ils/elles guérissent

Imparfait

que je guérisse	que nous guérissions
que tu guérisses	que vous guérissiez
qu'il/elle/on guérît	qu'ils/elles guérissent

Passé

que j'aie guéri	que nous ayons guéri
que tu aies guéri	que vous ayez guéri
qu'il/elle/on ait guéri	qu'ils/elles aient guéri

Plus-que-parfait

que j'eusse guéri	que nous eussions guéri
que tu eusses guéri	que vous eussiez guéri
qu'il/elle/on eût guéri	qu'ils/elles eussent guéri

CONDITIONNEL

Présent

je guérirais	nous guéririons
tu guérirais	vous guéririez
il/elle/on guérirait	ils/elles guériraient

Passé

j'aurais guéri	nous aurions guéri
tu aurais guéri	vous auriez guéri
il/elle/on aurait guéri	ils/elles auraient guéri

IMPÉRATIF

guéris guérissons guérissez

Ce médecin a guéri beaucoup de malades.
This doctor has healed a lot of sick people.

Mieux vaut prévenir que guérir.
Better to prevent than to cure.

Les chercheurs développent un médicament qui guérira certains types de cancer.
Researchers are developing a medication that will cure certain types of cancer.

HABILLER *to dress, to clothe*

Inf. habiller *Part. prés.* habillant *Part. passé* habillé

INDICATIF

Présent

j'habille	nous habillons
tu habilles	vous habillez
il/elle/on habille	ils/elles habillent

Passé composé

j'ai habillé	nous avons habillé
tu as habillé	vous avez habillé
il/elle/on a habillé	ils/elles ont habillé

Futur simple

j'habillerai	nous habillerons
tu habilleras	vous habillerez
il/elle/on habillera	ils/elles habilleront

Futur antérieur

j'aurai habillé	nous aurons habillé
tu auras habillé	vous aurez habillé
il/elle/on aura habillé	ils/elles auront habillé

Imparfait

j'habillais	nous habillions
tu habillais	vous habilliez
il/elle/on habillait	ils/elles habillaient

Plus-que-parfait

j'avais habillé	nous avions habillé
tu avais habillé	vous aviez habillé
il/elle/on avait habillé	ils/elles avaient habillé

Passé simple

j'habillai	nous habillâmes
tu habillas	vous habillâtes
il/elle/on habilla	ils/elles habillèrent

Passé antérieur

j'eus habillé	nous eûmes habillé
tu eus habillé	vous eûtes habillé
il/elle/on eut habillé	ils/elles eurent habillé

SUBJONCTIF

Présent

que j'habille	que nous habillions
que tu habilles	que vous habilliez
qu'il/elle/on habille	qu'ils/elles habillent

Imparfait

que j'habillasse	que nous habillassions
que tu habillasses	que vous habillassiez
qu'il/elle/on habillât	qu'ils/elles habillassent

Passé

que j'aie habillé	que nous ayons habillé
que tu aies habillé	que vous ayez habillé
qu'il/elle/on ait habillé	qu'ils/elles aient habillé

Plus-que-parfait

que j'eusse habillé	que nous eussions habillé
que tu eusses habillé	que vous eussiez habillé
qu'il/elle/on eût habillé	qu'ils/elles eussent habillé

CONDITIONNEL

Présent

j'habillerais	nous habillerions
tu habillerais	vous habilleriez
il/elle/on habillerait	ils/elles habilleraient

Passé

j'aurais habillé	nous aurions habillé
tu aurais habillé	vous auriez habillé
il/elle/on aurait habillé	ils/elles auraient habillé

IMPÉRATIF

habille habillons habillez

La petite gamine déteste la façon dont sa tante l'habille.
The little girl hates the way her aunt dresses her.

Quelle horreur! Véro habille ses chats en poupée!
How horrible! Véro is dressing her cats up like dolls!

Ils n'ont même pas de quoi habiller leur famille nombreuse.
They don't even have enough money to clothe their large family.

S'HABILLER *to get dressed*

Inf. s'habiller *Part. prés.* s'habillant *Part. passé* habillé(e)(s)

INDICATIF

Présent

je m'habille	nous nous habillons
tu t'habilles	vous vous habillez
il/elle/on s'habille	ils/elles s'habillent

Passé composé

je me suis habillé(e)	nous nous sommes habillé(e)s
tu t'es habillé(e)	vous vous êtes habillé(e)(s)
il/elle/on s'est habillé(e)	ils/elles se sont habillé(e)s

Futur simple

je m'habillerai	nous nous habillerons
tu t'habilleras	vous vous habillerez
il/elle/on s'habillera	ils/elles s'habilleront

Futur antérieur

je me serai habillé(e)	nous nous serons habillé(e)s
tu te seras habillé(e)	vous vous serez habillé(e)(s)
il/elle/on se sera habillé(e)	ils/elles se seront habillé(e)s

Imparfait

je m'habillais	nous nous habillions
tu t'habillais	vous vous habilliez
il/elle/on s'habillait	ils/elles s'habillaient

Plus-que-parfait

je m'étais habillé(e)	nous nous étions habillé(e)s
tu t'étais habillé(e)	vous vous étiez habillé(e)(s)
il/elle/on s'était habillé(e)	ils/elles s'étaient habillé(e)s

Passé simple

je m'habillai	nous nous habillâmes
tu t'habillas	vous vous habillâtes
il/elle/on s'habilla	ils/elles s'habillèrent

Passé antérieur

je me fus habillé(e)	nous nous fûmes habillé(e)s
tu te fus habillé(e)	vous vous fûtes habillé(e)(s)
il/elle/on se fut habillé(e)	ils/elles se furent habillé(e)s

SUBJONCTIF

Présent

que je m'habille	que nous nous habillions
que tu t'habilles	que vous vous habilliez
qu'il/elle/on s'habille	qu'ils/elles s'habillent

Imparfait

que je m'habillasse	que nous nous habillassions
que tu t'habillasses	que vous vous habillassiez
qu'il/elle/on s'habillât	qu'ils/elles s'habillassent

Passé

que je me sois habillé(e)	que nous nous soyons habillé(e)s
que tu te sois habillé(e)	que vous vous soyez habillé(e)(s)
qu'il/elle/on se soit habillé(e)	qu'ils/elles se soient habillé(e)s

Plus-que-parfait

que je me fusse habillé(e)	que nous nous fussions habillé(e)s
que tu te fusses habillé(e)	que vous vous fussiez habillé(e)(s)
qu'il/elle/on se fût habillé(e)	qu'ils/elles se fussent habillé(e)s

CONDITIONNEL

Présent

je m'habillerais	nous nous habillerions
tu t'habillerais	vous vous habilleriez
il/elle/on s'habillerait	ils/elles s'habilleraient

Passé

je me serais habillé(e)	nous nous serions habillé(e)s
tu te serais habillé(e)	vous vous seriez habillé(e)(s)
il/elle/on se serait habillé(e)	ils/elles se seraient habillé(e)s

IMPÉRATIF

habille-toi habillons-nous habillez-vous

Le week-end, Anne s'habille en jean et en débardeur.
Over the weekend, Anne dresses in jeans and a tank top.

Habillez-vous! On doit partir dans cinq minutes!
Get dressed! We need to leave in five minutes!

Il est à souhaiter que les stagiaires s'habillent de façon professionnelle.
It is to be hoped that interns will dress professionally.

HABITER *to live*

Inf. habiter *Part. prés.* habitant *Part. passé* habité

INDICATIF

Présent

j'habite · nous habitons
tu habites · vous habitez
il/elle/on habite · ils/elles habitent

Passé composé

j'ai habité · nous avons habité
tu as habité · vous avez habité
il/elle/on a habité · ils/elles ont habité

Futur simple

j'habiterai · nous habiterons
tu habiteras · vous habiterez
il/elle/on habitera · ils/elles habiteront

Futur antérieur

j'aurai habité · nous aurons habité
tu auras habité · vous aurez habité
il/elle/on aura habité · ils/elles auront habité

Imparfait

j'habitais · nous habitions
tu habitais · vous habitiez
il/elle/on habitait · ils/elles habitaient

Plus-que-parfait

j'avais habité · nous avions habité
tu avais habité · vous aviez habité
il/elle/on avait habité · ils/elles avaient habité

Passé simple

j'habitai · nous habitâmes
tu habitas · vous habitâtes
il/elle/on habita · ils/elles habitèrent

Passé antérieur

j'eus habité · nous eûmes habité
tu eus habité · vous eûtes habité
il/elle/on eut habité · ils/elles eurent habité

SUBJONCTIF

Présent

que j'habite · que nous habitions
que tu habites · que vous habitiez
qu'il/elle/on habite · qu'ils/elles habitent

Imparfait

que j'habitasse · que nous habitassions
que tu habitasses · que vous habitassiez
qu'il/elle/on habitât · qu'ils/elles habitassent

Passé

que j'aie habité · que nous ayons habité
que tu aies habité · que vous ayez habité
qu'il/elle/on ait habité · qu'ils/elles aient habité

Plus-que-parfait

que j'eusse habité · que nous eussions habité
que tu eusses habité · que vous eussiez habité
qu'il/elle/on eût habité · qu'ils/elles eussent habité

CONDITIONNEL

Présent

j'habiterais · nous habiterions
tu habiterais · vous habiteriez
il/elle/on habiterait · ils/elles habiteraient

Passé

j'aurais habité · nous aurions habité
tu aurais habité · vous auriez habité
il/elle/on aurait habité · ils/elles auraient habité

IMPÉRATIF

habite habitons habitez

Ils habitent ici depuis trois ans.
They have lived here for three years.

L'artiste habita Rouen pendant quarante ans.
The artist lived in Rouen for forty years.

Est-ce que tu habiteras ici l'année prochaine?
Will you live here next year?

HAÏR *to hate*

Inf. haïr *Part. prés.* haïssant *Part. passé* haï

INDICATIF

Présent

je hais	nous haïssons
tu hais	vous haïssez
il/elle/on hait	ils/elles haïssent

Passé composé

j'ai haï	nous avons haï
tu as haï	vous avez haï
il/elle/on a haï	ils/elles ont haï

Futur simple

je haïrai	nous haïrons
tu haïras	vous haïrez
il/elle/on haïra	ils/elles haïront

Futur antérieur

j'aurai haï	nous aurons haï
tu auras haï	vous aurez haï
il/elle/on aura haï	ils/elles auront haï

Imparfait

je haïssais	nous haïssions
tu haïssais	vous haïssiez
il/elle/on haïssait	ils/elles haïssaient

Plus-que-parfait

j'avais haï	nous avions haï
tu avais haï	vous aviez haï
il/elle/on avait haï	ils/elles avaient haï

Passé simple

je haïs	nous haïmes
tu haïs	vous haïtes
il/elle/on haït	ils/elles haïrent

Passé antérieur

j'eus haï	nous eûmes haï
tu eus haï	vous eûtes haï
il/elle/on eut haï	ils/elles eurent haï

SUBJONCTIF

Présent

que je haïsse	que nous haïssions
que tu haïsses	que vous haïssiez
qu'il/elle/on haïsse	qu'ils/elles haïssent

Imparfait

que je haïsse	que nous haïssions
que tu haïsses	que vous haïssiez
qu'il/elle/on haït	qu'ils/elles haïssent

Passé

que j'aie haï	que nous ayons haï
que tu aies haï	que vous ayez haï
qu'il/elle/on ait haï	qu'ils/elles aient haï

Plus-que-parfait

que j'eusse haï	que nous eussions haï
que tu eusses haï	que vous eussiez haï
qu'il/elle/on eût haï	qu'ils/elles eussent haï

CONDITIONNEL

Présent

je haïrais	nous haïrions
tu haïrais	vous haïriez
il/elle/on haïrait	ils/elles haïraient

Passé

j'aurais haï	nous aurions haï
tu aurais haï	vous auriez haï
il/elle/on aurait haï	ils/elles auraient haï

IMPÉRATIF

hais haïssons haïssez

Qu'est-ce que je hais mon ordi en ce moment!
How I hate my computer right now!

Si tu connaissais Pierre et Jean, tu ne les haïrais pas!
If you knew Pierre and Jean, you wouldn't hate them!

Je ne vois pas du tout comment les frères peuvent se haïr à ce point.
I don't understand at all how brothers could hate each other so much.

HÉSITER *to hesitate*

Inf. hésiter *Part. prés.* hésitant *Part. passé* hésité

INDICATIF

Présent

j'hésite	nous hésitons
tu hésites	vous hésitez
il/elle/on hésite	ils/elles hésitent

Imparfait

j'hésitais	nous hésitions
tu hésitais	vous hésitiez
il/elle/on hésitait	ils/elles hésitaient

Passé composé

j'ai hésité	nous avons hésité
tu as hésité	vous avez hésité
il/elle/on a hésité	ils/elles ont hésité

Plus-que-parfait

j'avais hésité	nous avions hésité
tu avais hésité	vous aviez hésité
il/elle/on avait hésité	ils/elles avaient hésité

Futur simple

j'hésiterai	nous hésiterons
tu hésiteras	vous hésiterez
il/elle/on hésitera	ils/elles hésiteront

Passé simple

j'hésitai	nous hésitâmes
tu hésitas	vous hésitâtes
il/elle/on hésita	ils/elles hésitèrent

Futur antérieur

j'aurai hésité	nous aurons hésité
tu auras hésité	vous aurez hésité
il/elle/on aura hésité	ils/elles auront hésité

Passé antérieur

j'eus hésité	nous eûmes hésité
tu eus hésité	vous eûtes hésité
il/elle/on eut hésité	ils/elles eurent hésité

SUBJONCTIF

Présent

que j'hésite	que nous hésitions
que tu hésites	que vous hésitiez
qu'il/elle/on hésite	qu'ils/elles hésitent

Passé

que j'aie hésité	que nous ayons hésité
que tu aies hésité	que vous ayez hésité
qu'il/elle/on ait hésité	qu'ils/elles aient hésité

Imparfait

que j'hésitasse	que nous hésitassions
que tu hésitasses	que vous hésitassiez
qu'il/elle/on hésitât	qu'ils/elles hésitassent

Plus-que-parfait

que j'eusse hésité	que nous eussions hésité
que tu eusses hésité	que vous eussiez hésité
qu'il/elle/on eût hésité	qu'ils/elles eussent hésité

CONDITIONNEL

Présent

j'hésiterais	nous hésiterions
tu hésiterais	vous hésiteriez
il/elle/on hésiterait	ils/elles hésiteraient

Passé

j'aurais hésité	nous aurions hésité
tu aurais hésité	vous auriez hésité
il/elle/on aurait hésité	ils/elles auraient hésité

IMPÉRATIF

hésite hésitons hésitez

Le gamin hésitait à dire à ses parents ce qui s'était passé.
The kid was hesitating to tell his parents what had happened.

À ta place, j'aurais vraiment hésité.
Had I been in your place, I would have really hesitated.

Madame Desroches n'hésite pas à se mêler des affaires de ses voisins.
Madame Desroches doesn't hesitate to get involved in her neighbors' affairs.

INCLURE *to include, to enclose*

Inf. inclure *Part. prés.* incluant *Part. passé* inclu

INDICATIF

Présent

j'inclus	nous incluons
tu inclus	vous incluez
il/elle/on inclut	ils/elles incluent

Passé composé

j'ai inclus	nous avons inclus
tu as inclus	vous avez inclus
il/elle/on a inclus	ils/elles ont inclus

Futur simple

j'inclurai	nous inclurons
tu incluras	vous inclurez
il/elle/on inclura	ils/elles incluront

Futur antérieur

j'aurai inclus	nous aurons inclus
tu auras inclus	vous aurez inclus
il/elle/on aura inclus	ils/elles auront inclus

Imparfait

j'incluais	nous incluions
tu incluais	vous incluiez
il/elle/on incluait	ils/elles incluaient

Plus-que-parfait

j'avais inclus	nous avions inclus
tu avais inclus	vous aviez inclus
il/elle/on avait inclus	ils/elles avaient inclus

Passé simple

j'inclus	nous inclûmes
tu inclus	vous inclûtes
il/elle/on inclut	ils/elles inclurent

Passé antérieur

j'eus inclus	nous eûmes inclus
tu eus inclus	vous eûtes inclus
il/elle/on eut inclus	ils/elles eurent inclus

SUBJONCTIF

Présent

que j'inclue	que nous incluions
que tu inclues	que vous incluiez
qu'il/elle/on inclue	qu'ils/elles incluent

Imparfait

que j'inclusse	que nous inclussions
que tu inclusses	que vous inclussiez
qu'il/elle/on inclût	qu'ils/elles inclussent

Passé

que j'aie inclus	que nous ayons inclus
que tu aies inclus	que vous ayez inclus
qu'il/elle/on ait inclus	qu'ils/elles aient inclus

Plus-que-parfait

que j'eusse inclus	que nous eussions inclus
que tu eusses inclus	que vous eussiez inclus
qu'il/elle/on eût inclus	qu'ils/elles eussent inclus

CONDITIONNEL

Présent

j'inclurais	nous inclurions
tu inclurais	vous incluriez
il/elle/on inclurait	ils/elles incluraient

Passé

j'aurais inclus	nous aurions inclus
tu aurais inclus	vous auriez inclus
il/elle/on aurait inclus	ils/elles auraient inclus

IMPÉRATIF

inclus incluons incluez

La lettre inclut tous les renseignements sur l'inscription.
The letter includes all the information about registration.

Incluez toutes les photos que vous avez prises dans votre photo-essai.
Include all the pictures you have taken in your photo essay.

Si j'avais fait cette exposition, j'aurais inclus plus de sculpture.
If I had done this exhibit, I would have included more sculpture.

INDIQUER *to point out, to indicate*

Inf. indiquer *Part. prés.* indiquant *Part. passé* indiqué

INDICATIF

Présent

j'indique	nous indiquons
tu indiques	vous indiquez
il/elle/on indique	ils/elles indiquent

Imparfait

j'indiquais	nous indiquions
tu indiquais	vous indiquiez
il/elle/on indiquait	ils/elles indiquaient

Passé composé

j'ai indiqué	nous avons indiqué
tu as indiqué	vous avez indiqué
il/elle/on a indiqué	ils/elles ont indiqué

Plus-que-parfait

j'avais indiqué	nous avions indiqué
tu avais indiqué	vous aviez indiqué
il/elle/on avait indiqué	ils/elles avaient indiqué

Futur simple

j'indiquerai	nous indiquerons
tu indiqueras	vous indiquerez
il/elle/on indiquera	ils/elles indiqueront

Passé simple

j'indiquai	nous indiquâmes
tu indiquas	vous indiquâtes
il/elle/on indiqua	ils/elles indiquèrent

Futur antérieur

j'aurai indiqué	nous aurons indiqué
tu auras indiqué	vous aurez indiqué
il/elle/on aura indiqué	ils/elles auront indiqué

Passé antérieur

j'eus indiqué	nous eûmes indiqué
tu eus indiqué	vous eûtes indiqué
il/elle/on eut indiqué	ils/elles eurent indiqué

SUBJONCTIF

Présent

que j'indique	que nous indiquions
que tu indiques	que vous indiquiez
qu'il/elle/on indique	qu'ils/elles indiquent

Passé

que j'aie indiqué	que nous ayons indiqué
que tu aies indiqué	que vous ayez indiqué
qu'il/elle/on ait indiqué	qu'ils/elles aient indiqué

Imparfait

que j'indiquasse	que nous indiquassions
que tu indiquasses	que vous indiquassiez
qu'il/elle/on indiquât	qu'ils/elles indiquassent

Plus-que-parfait

que j'eusse indiqué	que nous eussions indiqué
que tu eusses indiqué	que vous eussiez indiqué
qu'il/elle/on eût indiqué	qu'ils/elles eussent indiqué

CONDITIONNEL

Présent

j'indiquerais	nous indiquerions
tu indiquerais	vous indiqueriez
il/elle/on indiquerait	ils/elles indiqueraient

Passé

j'aurais indiqué	nous aurions indiqué
tu aurais indiqué	vous auriez indiqué
il/elle/on aurait indiqué	ils/elles auraient indiqué

IMPÉRATIF

indique indiquons indiquez

Pouvez-vous m'indiquer le guichet automatique le plus proche?
Can you point out the closest ATM?

Je t'indiquerai l'endroit où on se retrouvera plus tard.
I will tell you the place where we will meet later.

Il nous a indiqué qu'il ne voulait pas nous accompagner.
He indicated to us that he didn't want to go with us.

INQUIÉTER *to worry, to be worrying*

Inf. inquiéter *Part. prés.* inquiétant *Part. passé* inquiété

INDICATIF

Présent

j'inquiète	nous inquiétons
tu inquiètes	vous inquiétez
il/elle/on inquiète	ils/elles inquiètent

Imparfait

j'inquiétais	nous inquiétions
tu inquiétais	vous inquiétiez
il/elle/on inquiétait	ils/elles inquiétaient

Passé composé

j'ai inquiété	nous avons inquiété
tu as inquiété	vous avez inquiété
il/elle/on a inquiété	ils/elles ont inquiété

Plus-que-parfait

j'avais inquiété	nous avions inquiété
tu avais inquiété	vous aviez inquiété
il/elle/on avait inquiété	ils/elles avaient inquiété

Futur simple

j'inquiéterai	nous inquiéterons
tu inquiéteras	vous inquiéterez
il/elle/on inquiétera	ils/elles inquiéteront

Passé simple

j'inquiétai	nous inquiétâmes
tu inquiétas	vous inquiétâtes
il/elle/on inquiéta	ils/elles inquiétèrent

Futur antérieur

j'aurai inquiété	nous aurons inquiété
tu auras inquiété	vous aurez inquiété
il/elle/on aura inquiété	ils/elles auront inquiété

Passé antérieur

j'eus inquiété	nous eûmes inquiété
tu eus inquiété	vous eûtes inquiété
il/elle/on eut inquiété	ils/elles eurent inquiété

SUBJONCTIF

Présent

que j'inquiète	que nous inquiétions
que tu inquiètes	que vous inquiétiez
qu'il/elle/on inquiète	qu'ils/elles inquiètent

Passé

que j'aie inquiété	que nous ayons inquiété
que tu aies inquiété	que vous ayez inquiété
qu'il/elle/on ait inquiété	qu'ils/elles aient inquiété

Imparfait

que j'inquiétasse	que nous inquiétassions
que tu inquiétasses	que vous inquiétassiez
qu'il/elle/on inquiétât	qu'ils/elles inquiétassent

Plus-que-parfait

que j'eusse inquiété	que nous eussions inquiété
que tu eusses inquiété	que vous eussiez inquiété
qu'il/elle/on eût inquiété	qu'ils/elles eussent inquiété

CONDITIONNEL

Présent

j'inquiéterais	nous inquiéterions
tu inquiéterais	vous inquiéteriez
il/elle/on inquiéterait	ils/elles inquiéteraient

Passé

j'aurais inquiété	nous aurions inquiété
tu aurais inquiété	vous auriez inquiété
il/elle/on aurait inquiété	ils/elles auraient inquiété

IMPÉRATIF

inquiète inquiétons inquiétez

Son comportement inquiète sa famille.
Her behavior is worrying her family.

Le ton menaçant de cette lettre nous a beaucoup inquiétés.
The threatening tone of this letter worried us a lot.

Ne dis pas cette nouvelle à Julien; elle l'inquiétera.
Don't tell this piece of news to Julien; it will worry him.

S'INQUIÉTER *to worry oneself, to be worried*

Inf. s'inquiéter *Part. prés.* s'inquiétant *Part. passé* inquiété(e)(s)

INDICATIF

Présent

je m'inquiète	nous nous inquiétons
tu t'inquiètes	vous vous inquiétez
il/elle/on s'inquiète	ils/elles s'inquiètent

Imparfait

je m'inquiétais	nous nous inquiétions
tu t'inquiétais	vous vous inquiétiez
il/elle/on s'inquiétait	ils/elles se inquiétaient

Passé composé

je me suis inquiété(e)	nous nous sommes inquiété(e)s
tu t'es inquiété(e)	vous vous êtes inquiété(e)(s)
il/elle/on s'est inquiété(e)	ils/elles se sont inquiété(e)s

Plus-que-parfait

je m'étais inquiété(e)	nous nous étions inquiété(e)s
tu t'étais inquiété(e)	vous vous étiez inquiété(e)(s)
il/elle/on s'était inquiété(e)	ils/elles s'étaient inquiété(e)s

Futur simple

je m'inquiéterai	nous nous inquiéterons
tu t'inquiéteras	vous vous inquiéterez
il/elle/on s' inquiétera	ils/elles s' inquiéteront

Passé simple

je m'inquiétai	nous nous inquiétâmes
tu t'inquiétas	vous vous inquiétâtes
il/elle/on s'inquiéta	ils/elles s'inquiétèrent

Futur antérieur

je me serai inquiété(e)	nous nous serons inquiété(e)s
tu te seras inquiété(e)	vous vous serez inquiété(e)(s)
il/elle/on se sera inquiété(e)	ils/elles se seront inquiété(e)s

Passé antérieur

je me fus inquiété(e)	nous nous fûmes inquiété(e)s
tu te fus inquiété(e)	vous vous fûtes inquiété(e)(s)
il/elle/on se fut inquiété(e)	ils/elles se furent inquiété(e)s

SUBJONCTIF

Présent

que je m'inquiète	que nous nous inquiétions
que tu t'inquiètes	que vous vous inquiétiez
qu'il/elle/on s'inquiète	qu'ils/elles s'inquiètent

Passé

que je me sois inquiété(e)	que nous nous soyons inquiété(e)s
que tu te sois inquiété(e)	que vous vous soyez inquiété(e)(s)
qu'il/elle/on se soit inquiété(e)	qu'ils/elles se soient inquiété(e)s

Imparfait

que je m'inquiétasse	que nous nous inquiétassions
que tu t'inquiétasses	que vous vous inquiétassiez
qu'il/elle/on s'inquiétât	qu'ils/elles s'inquiétassent

Plus-que-parfait

que je me fusse inquiété(e)	que nous nous fussions inquiété(e)s
que tu te fusses inquiété(e)	que vous vous fussiez inquiété(e)(s)
qu'il/elle/on se fût inquiété(e)	qu'ils/elles se fussent inquiété(e)s

CONDITIONNEL

Présent

je me inquiéterais	nous nous inquiéterions
tu te inquiéterais	vous vous inquiéteriez
il/elle/on s'inquiéterait	ils/elles s'inquiéteraient

Passé

je me serais inquiété(e)	nous nous serions inquiété(e)s
tu te serais inquiété(e)	vous vous seriez inquiété(e)(s)
il/elle/on se serait inquiété(e)	ils/elles se seraient inquiété(e)s

IMPÉRATIF

inquiète-toi inquiétons-nous inquiétez-vous

Ne t'inquiète pas! Ce n'est pas grave!
Don't worry! It's not serious!

Elle s'inquiète pour rien.
She's worrying for nothing.

Je ne veux pas que tu t'inquiètes, mais il n'y a plus d'argent dans ton compte banquaire.
I don't want to worry you, but there is no more money in your bank account.

INSCRIRE *to enroll, to register [someone else]; to write down*

Inf. inscrire *Part. prés.* inscrivant *Part. passé* inscrit

INDICATIF

Présent

j'inscris	nous inscrivons
tu inscris	vous inscrivez
il/elle/on inscrit	ils/elles inscrivent

Passé composé

j'ai inscrit	nous avons inscrit
tu as inscrit	vous avez inscrit
il/elle/on a inscrit	ils/elles ont inscrit

Futur simple

j'inscrirai	nous inscrirons
tu inscriras	vous inscrirez
il/elle/on inscrira	ils/elles inscriront

Futur antérieur

j'aurai inscrit	nous aurons inscrit
tu auras inscrit	vous aurez inscrit
il/elle/on aura inscrit	ils/elles auront inscrit

Imparfait

j'inscrivais	nous inscrivions
tu inscrivais	vous inscriviez
il/elle/on inscrivait	ils/elles inscrivaient

Plus-que-parfait

j'avais inscrit	nous avions inscrit
tu avais inscrit	vous aviez inscrit
il/elle/on avait inscrit	ils/elles avaient inscrit

Passé simple

j'inscrivis	nous inscrivîmes
tu inscrivis	vous inscrivîtes
il/elle/on inscrivit	ils/elles inscrivirent

Passé antérieur

j'eus inscrit	nous eûmes inscrit
tu eus inscrit	vous eûtes inscrit
il/elle/on eut inscrit	ils/elles eurent inscrit

SUBJONCTIF

Présent

que j'inscrive	que nous inscrivions
que tu inscrives	que vous inscriviez
qu'il/elle/on inscrive	qu'ils/elles inscrivent

Imparfait

que j'inscrivisse	que nous inscrivissions
que tu inscrivisses	que vous inscrivissiez
qu'il/elle/on inscrivît	qu'ils/elles inscrivissent

Passé

que j'aie inscrit	que nous ayons inscrit
que tu aies inscrit	que vous ayez inscrit
qu'il/elle/on ait inscrit	qu'ils/elles aient inscrit

Plus-que-parfait

que j'eusse inscrit	que nous eussions inscrit
que tu eusses inscrit	que vous eussiez inscrit
qu'il/elle/on eût inscrit	qu'ils/elles eussent inscrit

CONDITIONNEL

Présent

j'inscrirais	nous inscririons
tu inscrirais	vous inscririez
il/elle/on inscrirait	ils/elles inscriraient

Passé

j'aurais inscrit	nous aurions inscrit
tu aurais inscrit	vous auriez inscrit
il/elle/on aurait inscrit	ils/elles auraient inscrit

IMPÉRATIF

inscris inscrivons inscrivez

Où dois-je aller pour inscire mon fils à la maternelle?
Where do I need to go to enroll my son in pre-school?

Mes parents ont inscrit mon frère dans un cours de musique d'été.
My parents registered my brother for a summer music class.

Je cherche à inscrire mon blog sur une liste de sites Internet.
I am trying to register my blog on a list of Internet websites.

I S'INSCRIRE *to enroll, to register [oneself]*

Inf. s'inscrire *Part. prés.* s'inscrivant *Part. passé* inscrit(e)(s)

INDICATIF

Présent

je m'inscris	nous nous inscrivons
tu t'inscris	vous vous inscrivez
il/elle/on s'inscrit	ils/elles s'inscrivent

Passé composé

je me suis inscrit(e)	nous nous sommes inscrit(e)s
tu t'es inscrit(e)	vous vous êtes inscrit(e)(s)
il/elle/on s'est inscrit(e)	ils/elles se sont inscrit(e)s

Futur simple

je m'inscrirai	nous nous inscrirons
tu t'inscriras	vous vous inscrirez
il/elle/on s' inscrira	ils/elles s'inscriront

Futur antérieur

je me serai inscrit(e)	nous nous serons inscrit(e)s
tu te seras inscrit(e)	vous vous serez inscrit(e)(s)
il/elle/on se sera inscrit(e)	ils/elles se seront inscrit(e)s

Imparfait

je m'inscrivais	nous nous inscrivions
tu t' inscrivais	vous vous inscriviez
il/elle/on s'inscrivait	ils/elles s'inscrivaient

Plus-que-parfait

je m'étais inscrit(e)	nous nous étions inscrit(e)s
tu t'étais inscrit(e)	vous vous étiez inscrit(e)(s)
il/elle/on s'était inscrit(e)	ils/elles s'étaient inscrit(e)s

Passé simple

je m'inscrivis	nous nous inscrivîmes
tu t'inscrivis	vous vous inscrivîtes
il/elle/on s'inscrivit	ils/elles s' inscrivirent

Passé antérieur

je me fus inscrit(e)	nous nous fûmes inscrit(e)s
tu te fus inscrit(e)	vous vous fûtes inscrit(e)(s)
il/elle/on se fut inscrit(e)	ils/elles se furent inscrit(e)s

SUBJONCTIF

Présent

que je m'inscrive	que nous nous inscrivions
que tu t'inscrives	que vous vous inscriviez
qu'il/elle/on s'inscrive	qu'ils/elles s'inscrivent

Imparfait

que je m'inscrivisse	que nous nous inscrivissions
que tu t'inscrivisses	que vous vous inscrivissiez
qu'il/elle/on s'inscrivît	qu'ils/elles s'inscrivissent

Passé

que je me sois inscrit(e)	que nous nous soyons inscrit(e)s
que tu te sois inscrit(e)	que vous vous soyez inscrit(e)(s)
qu'il/elle/on se soit inscrit(e)	qu'ils/elles se soient inscrit(e)s

Plus-que-parfait

que je me fusse inscrit(e)	que nous nous fussions inscrit(e)s
que tu te fusses inscrit(e)	que vous vous fussiez inscrit(e)(s)
qu'il/elle/on se fût inscrit(e)	qu'ils/elles se fussent inscrit(e)s

CONDITIONNEL

Présent

je m'inscrirais	nous nous inscririons
tu t'inscrirais	vous vous inscririez
il/elle/on s'inscrirait	ils/elles s'inscriraient

Passé

je me serais inscrit(e)	nous nous serions inscrit(e)s
tu te serais inscrit(e)	vous vous seriez inscrit(e)(s)
il/elle/on se serait inscrit(e)	ils/elles se seraient inscrit(e)s

IMPÉRATIF

inscris-toi inscrivons-nous inscrivez-vous

Comme ils ne peuvent pas trouver de boulot, Guy et Thomas s'inscriront au chômage.
Since they can't find a job, Guy and Thomas will register for unemployment.

S'il y a encore de la place, inscrivez-vous à mon cours.
If there's still room, sign up for my class.

Dans les années quarante mon grand-père s'est inscrit au parti communiste mais il s'est ravisé plus tard.
In the 1940s my grandfather joined the communist party, but he changed his mind later.

INSISTER *to insist, to emphasize*

Inf. insister *Part. prés.* insistant *Part. passé* insisté

INDICATIF

Présent

j'insiste	nous insistons
tu insistes	vous insistez
il/elle/on insiste	ils/elles insistent

Passé composé

j'ai insisté	nous avons insisté
tu as insisté	vous avez insisté
il/elle/on a insisté	ils/elles ont insisté

Futur simple

j'insisterai	nous insisterons
tu insisteras	vous insisterez
il/elle/on insistera	ils/elles insisteront

Futur antérieur

j'aurai insisté	nous aurons insisté
tu auras insisté	vous aurez insisté
il/elle/on aura insisté	ils/elles auront insisté

Imparfait

j'insistais	nous insistions
tu insistais	vous insistiez
il/elle/on insistait	ils/elles insistaient

Plus-que-parfait

j'avais insisté	nous avions insisté
tu avais insisté	vous aviez insisté
il/elle/on avait insisté	ils/elles avaient insisté

Passé simple

j'insistai	nous insistâmes
tu insistas	vous insistâtes
il/elle/on insista	ils/elles insistèrent

Passé antérieur

j'eus insisté	nous eûmes insisté
tu eus insisté	vous eûtes insisté
il/elle/on eut insisté	ils/elles eurent insisté

SUBJONCTIF

Présent

que j'insiste	que nous insistions
que tu insistes	que vous insistiez
qu'il/elle/on insiste	qu'ils/elles insistent

Imparfait

que j'insistasse	que nous insistassions
que tu insistasses	que vous insistassiez
qu'il/elle/on insistât	qu'ils/elles insistassent

Passé

que j'aie insisté	que nous ayons insisté
que tu aies insisté	que vous ayez insisté
qu'il/elle/on ait insisté	qu'ils/elles aient insisté

Plus-que-parfait

que j'eusse insisté	que nous eussions insisté
que tu eusses insisté	que vous eussiez insisté
qu'il/elle/on eût insisté	qu'ils/elles eussent insisté

CONDITIONNEL

Présent

j'insisterais	nous insisterions
tu insisterais	vous insisteriez
il/elle/on insisterait	ils/elles insisteraient

Passé

j'aurais insisté	nous aurions insisté
tu aurais insisté	vous auriez insisté
il/elle/on aurait insisté	ils/elles auraient insisté

IMPÉRATIF

insiste insistons insistez

Pas besoin d'insiter! Je prendrai un autre morceau de tarte!
No need to insist! I will have another piece of pie!

Eh bien, j'insiste sure ce point pour que tu comprennes!
Well now, I'm insisting on this point so that you might understand!

Les profs de maths ont raison d'insister sur l'importance du calcul.
Math teachers are right to emphasize the importance of calculus.

I INTERDIRE *to ban*

Inf. interdire *Part. prés.* interdisant *Part. passé* interdit

INDICATIF

Présent

j'interdis	nous interdisons
tu interdis	vous interdisez
il/elle/on interdit	ils/elles interdisent

Imparfait

j'interdisais	nous interdisions
tu interdisais	vous interdisiez
il/elle/on interdisait	ils/elles interdisaient

Passé composé

j'ai interdit	nous avons interdit
tu as interdit	vous avez interdit
il/elle/on a interdit	ils/elles ont interdit

Plus-que-parfait

j'avais interdit	nous avions interdit
tu avais interdit	vous aviez interdit
il/elle/on avait interdit	ils/elles avaient interdit

Futur simple

j'interdirai	nous interdirons
tu interdiras	vous interdirez
il/elle/on interdira	ils/elles interdiront

Passé simple

j'interdis	nous interdîmes
tu interdis	vous interdîtes
il/elle/on interdit	ils/elles interdirent

Futur antérieur

j'aurai interdit	nous aurons interdit
tu auras interdit	vous aurez interdit
il/elle/on aura interdit	ils/elles auront interdit

Passé antérieur

j'eus interdit	nous eûmes interdit
tu eus interdit	vous eûtes interdit
il/elle/on eut interdit	ils/elles eurent interdit

SUBJONCTIF

Présent

que j'interdise	que nous interdisions
que tu interdises	que vous interdisiez
qu'il/elle/on interdise	qu'ils/elles interdisent

Passé

que j'aie interdit	que nous ayons interdit
que tu aies interdit	que vous ayez interdit
qu'il/elle/on ait interdit	qu'ils/elles aient interdit

Imparfait

que j'interdisse	que nous interdissions
que tu interdisses	que vous interdissiez
qu'il/elle/on interdît	qu'ils/elles interdissent

Plus-que-parfait

que j'eusse interdit	que nous eussions interdit
que tu eusses interdit	que vous eussiez interdit
qu'il/elle/on eût interdit	qu'ils/elles eussent interdit

CONDITIONNEL

Présent

j'interdirais	nous interdirions
tu interdirais	vous interdiriez
il/elle/on interdirait	ils/elles interdiraient

Passé

j'aurais interdit	nous aurions interdit
tu aurais interdit	vous auriez interdit
il/elle/on aurait interdit	ils/elles auraient interdit

IMPÉRATIF

interdis interdisons interdisez

Notre conseil de classe vient d'interdire les portables.
Our staff meeting just banned cell phones.

Interdisons les armes nucléaires, c'est la seule solution raisonnable.
Let's ban nuclear weapons; it's the only reasonable solution.

Si j'étais le patron, j'interdirais aux employés de porter des tongs au travail.
If I were the boss, I would prohibit employees from wearing flip-flops to work.

INTÉRESSER *to interest*

Inf. intéresser *Part. prés.* intéressant *Part. passé* intéréssé

INDICATIF

Présent

j'intéresse	nous intéressons
tu intéresses	vous intéressez
il/elle/on intéresse	ils/elles intéressent

Imparfait

j'intéressais	nous intéressions
tu intéressais	vous intéressiez
il/elle/on intéressait	ils/elles intéressaient

Passé composé

j'ai intéressé	nous avons intéressé
tu as intéressé	vous avez intéressé
il/elle/on a intéressé	ils/elles ont intéressé

Plus-que-parfait

j'avais intéressé	nous avions intéressé
tu avais intéressé	vous aviez intéressé
il/elle/on avait intéressé	ils/elles avaient intéressé

Futur simple

j'intéresserai	nous intéresserons
tu intéresseras	vous intéresserez
il/elle/on intéressera	ils/elles intéresseront

Passé simple

j'intéressai	nous intéressâmes
tu intéressas	vous intéressâtes
il/elle/on intéressa	ils/elles intéressèrent

Futur antérieur

j'aurai intéressé	nous aurons intéressé
tu auras intéressé	vous aurez intéressé
il/elle/on aura intéressé	ils/elles auront intéressé

Passé antérieur

j'eus intéressé	nous eûmes intéressé
tu eus intéressé	vous eûtes intéressé
il/elle/on eut intéressé	ils/elles eurent intéressé

SUBJONCTIF

Présent

j'intéresse	que nous intéressions
que tu intéresses	que vous intéressiez
qu'il/elle/on intéresse	qu'ils/elles intéressent

Passé

que j'aie intéressé	que nous ayons intéressé
que tu aies intéressé	que vous ayez intéressé
qu'il/elle/on ait intéressé	qu'ils/elles aient intéressé

Imparfait

que j'intéressasse	que nous intéressassions
que tu intéressasses	que vous intéressassiez
qu'il/elle/on intéressât	qu'ils/elles intéressassent

Plus-que-parfait

que j'eusse intéressé	que nous eussions intéressé
que tu eusses intéressé	que vous eussiez intéressé
qu'il/elle/on eût intéressé	qu'ils/elles eussent intéressé

CONDITIONNEL

Présent

j'intéresserais	nous intéresserions
tu intéresserais	vous intéresseriez
il/elle/on intéresserait	ils/elles intéresseraient

Passé

j'aurais intéressé	nous aurions intéressé
tu aurais intéressé	vous auriez intéressé
il/elle/on aurait intéressé	ils/elles auraient intéressé

IMPÉRATIF

intéresse intéressons intéressez

Ses problèmes de santé ne nous intéressent pas.
Her health problems don't interest us.

Ça m'intéresse beaucoup de voyager en Asie un jour.
Traveling to Asia some day interests me a lot.

Notre bureau nous propose un système d'intéressement aux bénéfices.
Our office is proposing a profit-sharing scheme.

S'INTÉRESSER *to be interested in*

Inf. s'intéresser *Part. prés.* s'intéressant *Part. passé* intéressé(e)(s)

INDICATIF

Présent

je m'intéresse	nous nous intéressons
tu t'intéresses	vous vous intéressez
il/elle/on s'intéresse	ils/elles s'intéressent

Imparfait

je m'intéressais	nous nous intéressions
tu t'intéressais	vous vous intéressiez
il/elle/on s'intéressait	ils/elles s'intéressaient

Passé composé

je me suis intéressé(e)	nous nous sommes intéressé(e)s
tu t'es intéressé(e)	vous vous êtes intéressé(e)(s)
il/elle/on s'est intéressé(e)	ils/elles se sont intéressé(e)s

Plus-que-parfait

je m'étais intéressé(e)	nous nous étions intéressé(e)s
tu t'étais intéressé(e)	vous vous étiez intéressé(e)(s)
il/elle/on s'était intéressé(e)	ils/elles s'étaient intéressé(e)s

Futur simple

je m'intéresserai	nous nous intéresserons
tu t'intéresseras	vous vous intéresserez
il/elle/on s'intéressera	ils/elles s'intéresseront

Passé simple

je m'intéressai	nous nous intéressâmes
tu t'intéressasil/elle/on	vous vous intéressâtes
s'intéressa	ils/elles s'intéressèrent

Futur antérieur

je me serai intéressé(e)	nous nous serons intéressé(e)s
tu te seras intéressé(e)	vous vous serez intéressé(e)(s)
il/elle/on se sera intéressé(e)	ils/elles se seront intéressé(e)s

Passé antérieur

je me fus intéressé(e)	nous nous fûmes intéressé(e)s
tu te fus intéressé(e)	vous vous fûtes intéressé(e)(s)
il/elle/on se fut intéressé(e)	ils/elles se furent intéressé(e)s

SUBJONCTIF

Présent

que je m'intéresse	que nous nous intéressions
que tu t'intéresses	que vous vous intéressiez
qu'il/elle/on s'intéresse	qu'ils/elles s'intéressent

Passé

que je me sois intéressé(e)	que nous nous soyons intéressé(e)s
que tu te sois intéressé(e)	que vous vous soyez intéressé(e)(s)
qu'il/elle/on se soit intéressé(e)	qu'ils/elles se soient intéressé(e)s

Imparfait

que je m'intéressasse	que nous nous intéressassions
que tu t'intéressasses	que vous vous intéressassiez
qu'il/elle/on s'intéressât	qu'ils/elles s'intéressassent

Plus-que-parfait

que je me fusse intéressé(e)	que nous nous fussions intéressé(e)s
que tu te fusses intéressé(e)	que vous vous fussiez intéressé(e)(s)
qu'il/elle/on se fût intéressé(e)	qu'ils/elles se fussent intéressé(e)s

CONDITIONNEL

Présent

je m'intéresserais	nous nous intéresserions
tu t' intéresserais	vous vous intéresseriez
il/elle/on s'intéresserait	ils/elles s'intéresseraient

Passé

je me serais intéressé(e)	nous nous serions intéressé(e)s
tu te serais intéressé(e)	vous vous seriez intéressé(e)(s)
il/elle/on se serait intéressé(e)	ils/elles se seraient intéressé(e)s

IMPÉRATIF

intéresse-toi intéressons-nous intéressez-vous

Ce journaliste s'intéresse à la situation politique au Japon.
This journalist is interested in the political situation in Japan.

Mes amis ne s'intéresseront pas à ce film.
My friends will not be interested in this film.

Sophie s'intéressait à l'alpinisme mais elle y a renoncé.
Sophie was interested in mountain climbing but she gave it up.

INTERROMPRE *to interrupt, to break off (a discussion)*

Inf. interrompre *Part. prés.* interrompant *Part. passé* interrompu

INDICATIF

Présent		Imparfait	
j'interromps	nous interrompons	j'interrompais	nous interrompions
tu interromps	vous interrompez	tu interrompais	vous interrompiez
il/elle/on interrompt	ils/elles interrompent	il/elle/on interrompait	ils/elles interrompaient
Passé composé		**Plus-que-parfait**	
j'ai interrompu	nous avons interrompu	j'avais interrompu	nous avions interrompu
tu as interrompu	vous avez interrompu	tu avais interrompu	vous aviez interrompu
il/elle/on a interrompu	ils/elles ont interrompu	il/elle/on avait interrompu	ils/elles avaient interrompu
Futur simple		**Passé simple**	
j'interromprai	nous interromprons	j'interrompis	nous interrompîmes
tu interrompras	vous interromprez	tu interrompis	vous interrompîtes
il/elle/on interrompra	ils/elles interrompront	il/elle/on interrompit	ils/elles interrompirent
Futur antérieur		**Passé antérieur**	
j'aurai interrompu	nous aurons interrompu	j'eus interrompu	nous eûmes interrompu
tu auras interrompu	vous aurez interrompu	tu eus interrompu	vous eûtes interrompu
il/elle/on aura interrompu	ils/elles auront interrompu	il/elle/on eut interrompu	ils/elles eurent interrompu

SUBJONCTIF

Présent		Passé	
que j'interrompe	que nous interrompions	que j'aie interrompu	que nous ayons interrompu
que tu interrompes	que vous interrompiez	que tu aies interrompu	que vous ayez interrompu
qu'il/elle/on interrompe	qu'ils/elles interrompent	qu'il/elle/on ait interrompu	qu'ils/elles aient interrompu
Imparfait		**Plus-que-parfait**	
que j'interrompisse	que nous interrompissions	que j'eusse interrompu	que nous eussions interrompu
que tu interrompisses	que vous interrompissiez	que tu eusses interrompu	que vous eussiez interrompu
qu'il/elle/on interrompît	qu'ils/elles interrompissent	qu'il/elle/on eût interrompu	qu'ils/elles eussent interrompu

CONDITIONNEL

Présent		Passé	
j'interromprais	nous interromprions	j'aurais interrompu	nous aurions interrompu
tu interromprais	vous interrompriez	tu aurais interrompu	vous auriez interrompu
il/elle/on interromprait	ils/elles interrompraient	il/elle/on aurait interrompu	ils/elles auraient interrompu

IMPÉRATIF

interromps interrompons interrompez

Après de nombreux problèmes les deux pays ont interrompu leurs discussions.
After numerous problems the two countries have broken off their discussions.

Interrompez ma réunion si l'on me demande au téléphone.
Interrupt my meeting if anyone phones for me.

Il est très impoli que les autres membres du comité vous aient interrompu.
It's very impolite of the other members of the committee to have interrupted you.

INVITER *to invite*

Inf. inviter *Part. prés.* invitant *Part. passé* invité

INDICATIF

Présent

j'invite	nous invitons
tu invites	vous invitez
il/elle/on invite	ils/elles invitent

Passé composé

j'ai invité	nous avons invité
tu as invité	vous avez invité
il/elle/on a invité	ils/elles ont invité

Futur simple

j'inviterai	nous inviterons
tu inviteras	vous inviterez
il/elle/on invitera	ils/elles inviteront

Futur antérieur

j'aurai invité	nous aurons invité
tu auras invité	vous aurez invité
il/elle/on aura invité	ils/elles auront invité

Imparfait

j'invitais	nous invitions
tu invitais	vous invitiez
il/elle/on invitait	ils/elles invitaient

Plus-que-parfait

j'avais invité	nous avions invité
tu avais invité	vous aviez invité
il/elle/on avait invité	ils/elles avaient invité

Passé simple

j'invitai	nous invitâmes
tu invitas	vous invitâtes
il/elle/on invita	ils/elles invitèrent

Passé antérieur

j'eus invité	nous eûmes invité
tu eus invité	vous eûtes invité
il/elle/on eut invité	ils/elles eurent invité

SUBJONCTIF

Présent

que j'invite	que nous invitions
que tu invites	que vous invitiez
qu'il/elle/on invite	qu'ils/elles invitent

Imparfait

que j'invitasse	que nous invitassions
que tu invitasses	que vous invitassiez
qu'il/elle/on invitât	qu'ils/elles invitassent

Passé

que j'aie invité	que nous ayons invité
que tu aies invité	que vous ayez invité
qu'il/elle/on ait invité	qu'ils/elles aient invité

Plus-que-parfait

que j'eusse invité	que nous eussions invité
que tu eusses invité	que vous eussiez invité
qu'il/elle/on eût invité	qu'ils/elles eussent invité

CONDITIONNEL

Présent

j'inviterais	nous inviterions
tu inviterais	vous inviteriez
il/elle/on inviterait	ils/elles inviteraient

Passé

j'aurais invité	nous aurions invité
tu aurais invité	vous auriez invité
il/elle/on aurait invité	ils/elles auraient invité

IMPÉRATIF

invite invitons invitez

J'ai le plaisir de vous inviter au lancement de notre nouveau produit.
I have the pleasure of inviting you to the launch of our new product.

Je suis heureux que vous ayez invité nos voisins à notre fête.
I am happy that you invited our neighbors to our party.

Si l'appartement de Magali était plus spacieux elle aurait invité plus d'amis à sa soirée.
If Magali's apartment were more spacious she would have invited more friends to her party.

JAUNIR *to [turn] yellow*

Inf. jaunir *Part. prés.* jaunissant *Part. passé* jauni

INDICATIF

Présent

je jaunis	nous jaunissons
tu jaunis	vous jaunissez
il/elle/on jaunit	ils/elles jaunissent

Passé composé

j'ai jauni	nous avons jauni
tu as jauni	vous avez jauni
il/elle/on a jauni	ils/elles ont jauni

Futur simple

je jaunirai	nous jaunirons
tu jauniras	vous jaunirez
il/elle/on jaunira	ils/elles jauniront

Futur antérieur

j'aurai jauni	nous aurons jauni
tu auras jauni	vous aurez jauni
il/elle/on aura jauni	ils/elles auront jauni

Imparfait

je jaunissais	nous jaunissions
tu jaunissais	vous jaunissiez
il/elle/on jaunissait	ils/elles jaunissaient

Plus-que-parfait

j'avais jauni	nous avions jauni
tu avais jauni	vous aviez jauni
il/elle/on avait jauni	ils/elles avaient jauni

Passé simple

je jaunis	nous jaunîmes
tu jaunis	vous jaunîtes
il/elle/on jaunit	ils/elles jaunirent

Passé antérieur

j'eus jauni	nous eûmes jauni
tu eus jauni	vous eûtes jauni
il/elle/on eut jauni	ils/elles eurent jauni

SUBJONCTIF

Présent

que je jaunisse	que nous jaunissions
que tu jaunisses	que vous jaunissiez
qu'il/elle/on jaunisse	qu'ils/elles jaunissent

Imparfait

que je jaunisse	que nous jaunissions
que tu jaunisses	que vous jaunissiez
qu'il/elle/on jaunît	qu'ils/elles jaunissent

Passé

que j'aie jauni	que nous ayons jauni
que tu aies jauni	que vous ayez jauni
qu'il/elle/on ait jauni	qu'ils/elles aient jauni

Plus-que-parfait

que j'eusse jauni	que nous eussions jauni
que tu eusses jauni	que vous eussiez jauni
qu'il/elle/on eût jauni	qu'ils/elles eussent jauni

CONDITIONNEL

Présent

je jaunirais	nous jaunirions
tu jaunirais	vous jauniriez
il/elle/on jaunirait	ils/elles jauniraient

Passé

j'aurais jauni	nous aurions jauni
tu aurais jauni	vous auriez jauni
il/elle/on aurait jauni	ils/elles auraient jauni

IMPÉRATIF

jaunis jaunissons jaunissez

Si tu fumes, tes dents jauniront.
If you smoke, your teeth will turn yellow.

Il y a beaucoup de feuilles qui jaunissent sur cette arbre.
There are a lot of leaves that are turning yellow on this tree.

Comme il n'a pas plu depuis le début de l'été, notre gazon commence à jaunir.
Since it hasn't rained since the beginning of summer, our lawn is starting to turn yellow.

JETER *to throw; to throw away*

Inf. jeter *Part. prés.* jettant *Part. passé* jeté

INDICATIF

Présent

je jette	nous jetons
tu jettes	vous jetez
il/elle/on jette	ils/elles jettent

Imparfait

je jetais	nous jetions
tu jetais	vous jetiez
il/elle/on jetait	ils/elles jetaient

Passé composé

j'ai jeté	nous avons jeté
tu as jeté	vous avez jeté
il/elle/on a jeté	ils/elles ont jeté

Plus-que-parfait

j'avais jeté	nous avions jeté
tu avais jeté	vous aviez jeté
il/elle/on avait jeté	ils/elles avaient jeté

Futur simple

je jetterai	nous jetterons
tu jetteras	vous jetterez
il/elle/on jettera	ils/elles jetteront

Passé simple

je jetai	nous jetâmes
tu jetas	vous jetâtes
il/elle/on jeta	ils/elles jetèrent

Futur antérieur

j'aurai jeté	nous aurons jeté
tu auras jeté	vous aurez jeté
il/elle/on aura jeté	ils/elles auront jeté

Passé antérieur

j'eus jeté	nous eûmes jeté
tu eus jeté	vous eûtes jeté
il/elle/on eut jeté	ils/elles eurent jeté

SUBJONCTIF

Présent

que je jette	que nous jetions
que tu jettes	que vous jetiez
qu'il/elle/on jette	qu'ils/elles jettent

Passé

que j'aie jeté	que nous ayons jeté
que tu aies jeté	que vous ayez jeté
qu'il/elle/on ait jeté	qu'ils/elles aient jeté

Imparfait

que je jetasse	que nous jetassions
que tu jetasses	que vous jetassiez
qu'il/elle/on jetât	qu'ils/elles jetassent

Plus-que-parfait

que j'eusse jeté	que nous eussions jeté
que tu eusses jeté	que vous eussiez jeté
qu'il/elle/on eût jeté	qu'ils/elles eussent jeté

CONDITIONNEL

Présent

je jetterais	nous jetterions
tu jetterais	vous jetteriez
il/elle/on jetterait	ils/elles jetteraient

Passé

j'aurais jeté	nous aurions jeté
tu aurais jeté	vous auriez jeté
il/elle/on aurait jeté	ils/elles auraient jeté

IMPÉRATIF

jette jetons jetez

Jette ces déchets à la poubelle.
Throw this trash away in the garbage can.

Je ne sais même pas jeter un ballon; je ne suis pas sportif!
I don't even know how to throw a ball; I'm not athletic!

Qui a jeté la première pierre?
Who cast the first stone?

JOINDRE *to attach; to enclose; to get a hold of [a person]*

Inf. joindre *Part. prés.* joignant *Part. passé* joint

INDICATIF

Présent

je joins	nous joignons
tu joins	vous joignez
il/elle/on joint	ils/elles joignent

Passé composé

j'ai joint	nous avons joint
tu as joint	vous avez joint
il/elle/on a joint	ils/elles ont joint

Futur simple

je joindrai	nous joindrons
tu joindras	vous joindrez
il/elle/on joindra	ils/elles joindront

Futur antérieur

j'aurai joint	nous aurons joint
tu auras joint	vous aurez joint
il/elle/on aura joint	ils/elles auront joint

Imparfait

je joignais	nous joignions
tu joignais	vous joigniez
il/elle/on joignait	ils/elles joignaient

Plus-que-parfait

j'avais joint	nous avions joint
tu avais joint	vous aviez joint
il/elle/on avait joint	ils/elles avaient joint

Passé simple

je joignis	nous joignîmes
tu joignis	vous joignîtes
il/elle/on joignit	ils/elles joignirent

Passé antérieur

j'eus joint	nous eûmes joint
tu eus joint	vous eûtes joint
il/elle/on eut joint	ils/elles eurent joint

SUBJONCTIF

Présent

que je joigne	que nous joignions
que tu joignes	que vous joigniez
qu'il/elle/on joigne	qu'ils/elles joignent

Imparfait

que je joignisse	que nous joignissions
que tu joignisses	que vous joignissiez
qu'il/elle/on joignît	qu'ils/elles joignissent

Passé

que j'aie joint	que nous ayons joint
que tu aies joint	que vous ayez joint
qu'il/elle/on ait joint	qu'ils/elles aient joint

Plus-que-parfait

que j'eusse joint	que nous eussions joint
que tu eusses joint	que vous eussiez joint
qu'il/elle/on eût joint	qu'ils/elles eussent joint

CONDITIONNEL

Présent

je joindrais	nous joindrions
tu joindrais	vous joindriez
il/elle/on joindrait	ils/elles joindraient

Passé

j'aurais joint	nous aurions joint
tu aurais joint	vous auriez joint
il/elle/on aurait joint	ils/elles auraient joint

IMPÉRATIF

joins joignons joignez

Je joins un chèque à cette lettre.
I'm enclosing a check with this letter.

Vous pouvez me joindre au bureau ce soir.
You can get hold of me at the office tonight.

Cette visite nous a permis de joindre l'utile à l'agréable.
This visit is allowing us to combine business with pleasure.

JOUER *to play; to act*

Inf. jouer *Part. prés.* jouant *Part. passé* joué

INDICATIF

Présent

je joue	nous jouons
tu joues	vous jouez
il/elle/on joue	ils/elles jouent

Passé composé

j'ai joué	nous avons joué
tu as joué	vous avez joué
il/elle/on a joué	ils/elles ont joué

Futur simple

je jouerai	nous jouerons
tu joueras	vous jouerez
il/elle/on jouera	ils/elles joueront

Futur antérieur

j'aurai joué	nous aurons joué
tu auras joué	vous aurez joué
il/elle/on aura joué	ils/elles auront joué

Imparfait

je jouais	nous jouions
tu jouais	vous jouiez
il/elle/on jouait	ils/elles jouaient

Plus-que-parfait

j'avais joué	nous avions joué
tu avais joué	vous aviez joué
il/elle/on avait joué	ils/elles avaient joué

Passé simple

je jouai	nous jouâmes
tu jouas	vous jouâtes
il/elle/on joua	ils/elles jouèrent

Passé antérieur

j'eus joué	nous eûmes joué
tu eus joué	vous eûtes joué
il/elle/on eut joué	ils/elles eurent joué

SUBJONCTIF

Présent

que je joue	que nous jouions
que tu joues	que vous jouiez
qu'il/elle/on joue	qu'ils/elles jouent

Imparfait

que je jouasse	que nous jouassions
que tu jouasses	que vous jouassiez
qu'il/elle/on jouât	qu'ils/elles jouassent

Passé

que j'aie joué	que nous ayons joué
que tu aies joué	que vous ayez joué
qu'il/elle/on ait joué	qu'ils/elles aient joué

Plus-que-parfait

que j'eusse joué	que nous eussions joué
que tu eusses joué	que vous eussiez joué
qu'il/elle/on eût joué	qu'ils/elles eussent joué

CONDITIONNEL

Présent

je jouerais	nous jouerions
tu jouerais	vous joueriez
il/elle/on jouerait	ils/elles joueraient

Passé

j'aurais joué	nous aurions joué
tu aurais joué	vous auriez joué
il/elle/on aurait joué	ils/elles auraient joué

IMPÉRATIF

joue jouons jouez

Tu joues d'un instrument musical?
Do you play a musical instrument?

Quand ils étaient petits, mes frères jouaient à cache-cache.
When they were little, my brothers used to play hide-and-seek.

L'actrice a joué dans toutes sortes de films en 2011.
The actress performed in all sorts of films in 2011.

JUGER *to judge*

Inf. juger *Part. prés.* jugeant *Part. passé* jugé

INDICATIF

Présent

je juge	nous jugeons
tu juges	vous jugez
il/elle/on juge	ils/elles jugent

Passé composé

j'ai jugé	nous avons jugé
tu as jugé	vous avez jugé
il/elle/on a jugé	ils/elles ont jugé

Futur simple

je jugerai	nous jugerons
tu jugeras	vous jugerez
il/elle/on jugera	ils/elles jugeront

Futur antérieur

j'aurai jugé	nous aurons jugé
tu auras jugé	vous aurez jugé
il/elle/on aura jugé	ils/elles auront jugé

Imparfait

je jugeais	nous jugions
tu jugeais	vous jugiez
il/elle/on jugeait	ils/elles jugeaient

Plus-que-parfait

j'avais jugé	nous avions jugé
tu avais jugé	vous aviez jugé
il/elle/on avait jugé	ils/elles avaient jugé

Passé simple

je jugeai	nous jugeâmes
tu jugeas	vous jugeâtes
il/elle/on jugea	ils/elles jugèrent

Passé antérieur

j'eus jugé	nous eûmes jugé
tu eus jugé	vous eûtes jugé
il/elle/on eut jugé	ils/elles eurent jugé

SUBJONCTIF

Présent

que je juge	que nous jugions
que tu juges	que vous jugiez
qu'il/elle/on juge	qu'ils/elles jugent

Imparfait

que je jugeasse	que nous jugeassions
que tu jugeasses	que vous jugeassiez
qu'il/elle/on jugeât	qu'ils/elles jugeassent

Passé

que j'aie jugé	que nous ayons jugé
que tu aies jugé	que vous ayez jugé
qu'il/elle/on ait jugé	qu'ils/elles aient jugé

Plus-que-parfait

que j'eusse jugé	que nous eussions jugé
que tu eusses jugé	que vous eussiez jugé
qu'il/elle/on eût jugé	qu'ils/elles eussent jugé

CONDITIONNEL

Présent

je jugerais	nous jugerions
tu jugerais	vous jugeriez
il/elle/on jugerait	ils/elles jugeraient

Passé

j'aurais jugé	nous aurions jugé
tu aurais jugé	vous auriez jugé
il/elle/on aurait jugé	ils/elles auraient jugé

IMPÉRATIF

juge jugeons jugez

Tout le monde l'a jugé assez sévèrement.
Everyone judged him quite severely.

Il est soûl, autant que je peux en juger.
He's drunk, as far as I can tell.

Je suis certaine que vous les jugez mal.
I'm certain that you are misjudging them.

JURER *to swear*

Inf. jurer *Part. prés.* jurant *Part. passé* juré

INDICATIF

Présent

je jure	nous jurons
tu jures	vous jurez
il/elle/on jure	ils/elles jurent

Passé composé

j'ai juré	nous avons juré
tu as juré	vous avez juré
il/elle/on a juré	ils/elles ont juré

Futur simple

je jurerai	nous jurerons
tu jureras	vous jurerez
il/elle/on jurera	ils/elles jureront

Futur antérieur

j'aurai juré	nous aurons juré
tu auras juré	vous aurez juré
il/elle/on aura juré	ils/elles auront juré

Imparfait

je jurais	nous jurions
tu jurais	vous juriez
il/elle/on jurait	ils/elles juraient

Plus-que-parfait

j'avais juré	nous avions juré
tu avais juré	vous aviez juré
il/elle/on avait juré	ils/elles avaient juré

Passé simple

je jurai	nous jurâmes
tu juras	vous jurâtes
il/elle/on jura	ils/elles jurèrent

Passé antérieur

j'eus juré	nous eûmes juré
tu eus juré	vous eûtes juré
il/elle/on eut juré	ils/elles eurent juré

SUBJONCTIF

Présent

que je jure	que nous jurions
que tu jures	que vous juriez
qu'il/elle/on jure	qu'ils/elles jurent

Imparfait

que je jurasse	que nous jurassions
que tu jurasses	que vous jurassiez
qu'il/elle/on jurât	qu'ils/elles jurassent

Passé

que j'aie juré	que nous ayons juré
que tu aies juré	que vous ayez juré
qu'il/elle/on ait juré	qu'ils/elles aient juré

Plus-que-parfait

que j'eusse juré	que nous eussions juré
que tu eusses juré	que vous eussiez juré
qu'il/elle/on eût juré	qu'ils/elles eussent juré

CONDITIONNEL

Présent

je jurerais	nous jurerions
tu jurerais	vous jureriez
il/elle/on jurerait	ils/elles jureraient

Passé

j'aurais juré	nous aurions juré
tu aurais juré	vous auriez juré
il/elle/on aurait juré	ils/elles auraient juré

IMPÉRATIF

jure jurons jurez

C'est vrai! Je te le jure!
It's true! I swear!

Jurez devant la loi que vous direz la vérité.
Swear before the law that you will tell the truth.

Elle a juré qu'elle ne mentait pas.
She swore that she wasn't lying.

KLAXONNER *to honk*

Inf. klaxonner *Part. prés.* klaxonnant *Part. passé* klaxonné

INDICATIF

Présent

je klaxonne	nous klaxonnons
tu klaxonnes	vous klaxonnez
il/elle/on klaxonne	ils/elles klaxonnent

Passé composé

j'ai klaxonné	nous avons klaxonné
tu as klaxonné	vous avez klaxonné
il/elle/on a klaxonné	ils/elles ont klaxonné

Futur simple

je klaxonnerai	nous klaxonnerons
tu klaxonneras	vous klaxonnerez
il/elle/on klaxonnera	ils/elles klaxonneront

Futur antérieur

j'aurai klaxonné	nous aurons klaxonné
tu auras klaxonné	vous aurez klaxonné
il/elle/on aura klaxonné	ils/elles auront klaxonné

Imparfait

je klaxonnais	nous klaxonnions
tu klaxonnais	vous klaxonniez
il/elle/on klaxonnait	ils/elles klaxonnaient

Plus-que-parfait

j'avais klaxonné	nous avions klaxonné
tu avais klaxonné	vous aviez klaxonné
il/elle/on avait klaxonné	ils/elles avaient klaxonné

Passé simple

je klaxonnai	nous klaxonnâmes
tu klaxonnas	vous klaxonnâtes
il/elle/on klaxonna	ils/elles klaxonnèrent

Passé antérieur

j'eus klaxonné	nous eûmes klaxonné
tu eus klaxonné	vous eûtes klaxonné
il/elle/on eut klaxonné	ils/elles eurent klaxonné

SUBJONCTIF

Présent

que je klaxonne	que nous klaxonnions
que tu klaxonnes	que vous klaxonniez
qu'il/elle/on klaxonne	qu'ils/elles klaxonnent

Imparfait

que je klaxonnasse	que nous klaxonnassions
que tu klaxonnasses	que vous klaxonnassiez
qu'il/elle/on klaxonnât	qu'ils/elles klaxonnassent

Passé

que j'aie klaxonné	que nous ayons klaxonné
que tu aies klaxonné	que vous ayez klaxonné
qu'il/elle/on ait klaxonné	qu'ils/elles aient klaxonné

Plus-que-parfait

que j'eusse klaxonné	que nous eussions klaxonné
que tu eusses klaxonné	que vous eussiez klaxonné
qu'il/elle/on eût klaxonné	qu'ils/elles eussent klaxonné

CONDITIONNEL

Présent

je klaxonnerais	nous klaxonnerions
tu klaxonnerais	vous klaxonneriez
il/elle/on klaxonnerait	ils/elles klaxonneraient

Passé

j'aurais klaxonné	nous aurions klaxonné
tu aurais klaxonné	vous auriez klaxonné
il/elle/on aurait klaxonné	ils/elles auraient klaxonné

IMPÉRATIF

klaxonne klaxonnons klaxonnez

Il est interdit de klaxonner en ville.
It is forbidden to honk your horn in the city.

Il faut que tu klaxonnes moins!
You need to honk less!

Klaxonne pour que les autres conducteurs sachent qu'on est là.
Honk so the other drivers know you're here.

LAISSER *to leave, to let*

Inf. laisser *Part. prés.* laissant *Part. passé* laissé

INDICATIF

Présent

je laisse	nous laissons
tu laisses	vous laissez
il/elle/on laisse	ils/elles laissent

Passé composé

j'ai laissé	nous avons laissé
tu as laissé	vous avez laissé
il/elle/on a laissé	ils/elles ont laissé

Futur simple

je laisserai	nous laisserons
tu laisseras	vous laisserez
il/elle/on laissera	ils/elles laisseront

Futur antérieur

j'aurai laissé	nous aurons laissé
tu auras laissé	vous aurez laissé
il/elle/on aura laissé	ils/elles auront laissé

Imparfait

je laissais	nous laissions
tu laissais	vous laissiez
il/elle/on laissait	ils/elles laissaient

Plus-que-parfait

j'avais laissé	nous avions laissé
tu avais laissé	vous aviez laissé
il/elle/on avait laissé	ils/elles avaient laissé

Passé simple

je laissai	nous laissâmes
tu laissas	vous laissâtes
il/elle/on laissa	ils/elles laissèrent

Passé antérieur

j'eus laissé	nous eûmes laissé
tu eus laissé	vous eûtes laissé
il/elle/on eut laissé	ils/elles eurent laissé

SUBJONCTIF

Présent

que je laisse	que nous laissions
que tu laisses	que vous laissiez
qu'il/elle/on laisse	qu'ils/elles laissent

Imparfait

que je laissasse	que nous laissassions
que tu laissasses	que vous laissassiez
qu'il/elle/on laissât	qu'ils/elles laissassent

Passé

que j'aie laissé	que nous ayons laissé
que tu aies laissé	que vous ayez laissé
qu'il/elle/on ait laissé	qu'ils/elles aient laissé

Plus-que-parfait

que j'eusse laissé	que nous eussions laissé
que tu eusses laissé	que vous eussiez laissé
qu'il/elle/on eût laissé	qu'ils/elles eussent laissé

CONDITIONNEL

Présent

je laisserais	nous laisserions
tu laisserais	vous laisseriez
il/elle/on laisserait	ils/elles laisseraient

Passé

j'aurais laissé	nous aurions laissé
tu aurais laissé	vous auriez laissé
il/elle/on aurait laissé	ils/elles auraient laissé

IMPÉRATIF

laisse laissons laissez

Laissez-moi tranquille!
Leave me alone!

Je crois avoir laissé mon sac dans mon taxi.
I think I left my purse in my taxi.

Notre repas laisse à désirer, n'est-ce pas?
Our meal leaves much to be desired, doesn't it?

LAVER *to wash*

Inf. laver *Part. prés.* lavant *Part. passé* lavé

INDICATIF

Présent

je lave	nous lavons
tu laves	vous lavez
il/elle/on lave	ils/elles lavent

Passé composé

j'ai lavé	nous avons lavé
tu as lavé	vous avez lavé
il/elle/on a lavé	ils/elles ont lavé

Futur simple

je laverai	nous laverons
tu laveras	vous laverez
il/elle/on lavera	ils/elles laveront

Futur antérieur

j'aurai lavé	nous aurons lavé
tu auras lavé	vous aurez lavé
il/elle/on aura lavé	ils/elles auront lavé

Imparfait

je lavais	nous lavions
tu lavais	vous laviez
il/elle/on lavait	ils/elles lavaient

Plus-que-parfait

j'avais lavé	nous avions lavé
tu avais lavé	vous aviez lavé
il/elle/on avait lavé	ils/elles avaient lavé

Passé simple

je lavai	nous lavâmes
tu lavas	vous lavâtes
il/elle/on lava	ils/elles lavèrent

Passé antérieur

j'eus lavé	nous eûmes lavé
tu eus lavé	vous eûtes lavé
il/elle/on eut lavé	ils/elles eurent lavé

SUBJONCTIF

Présent

que je lave	que nous lavions
que tu laves	que vous laviez
qu'il/elle/on lave	qu'ils/elles lavent

Imparfait

que je lavasse	que nous lavassions
que tu lavasses	que vous lavassiez
qu'il/elle/on lavât	qu'ils/elles lavassent

Passé

que j'aie lavé	que nous ayons lavé
que tu aies lavé	que vous ayez lavé
qu'il/elle/on ait lavé	qu'ils/elles aient lavé

Plus-que-parfait

que j'eusse lavé	que nous eussions lavé
que tu eusses lavé	que vous eussiez lavé
qu'il/elle/on eût lavé	qu'ils/elles eussent lavé

CONDITIONNEL

Présent

je laverais	nous laverions
tu laverais	vous laveriez
il/elle/on laverait	ils/elles laveraient

Passé

j'aurais lavé	nous aurions lavé
tu aurais lavé	vous auriez lavé
il/elle/on aurait lavé	ils/elles auraient lavé

IMPÉRATIF

lave lavons lavez

Didier voulait laver son linge, mais il n'y avait de lessive.
Didier wanted to wash his clothes, but there was no detergent.

Lavons la blessure et puis on mettra un pansement.
Let's clean the wound and then we'll put on a bandage.

Ce matin j'ai lavé mon chien et le voilà encore sale!
This morning I bathed my dog and here he is dirty again!

SE LAVER *to wash [oneself]*

Inf. se laver *Part. prés.* se lavant *Part. passé* lavé(e)(s)

INDICATIF

Présent

je me lave	nous nous lavons
tu te laves	vous vous lavez
il/elle/on se lave	ils/elles se lavent

Imparfait

je me lavais	nous nous lavions
tu te lavais	vous vous laviez
il/elle/on se lavait	ils/elles se lavaient

Passé composé

je me suis lavé(e)	nous nous sommes lavé(e)s
tu t'es lavé(e)	vous vous êtes lavé(e)(s)
il/elle/on s'est lavé(e)	ils/elles se sont lavé(e)s

Plus-que-parfait

je m'étais lavé(e)	nous nous étions lavé(e)s
tu t'étais lavé(e)	vous vous étiez lavé(e)(s)
il/elle/on s'était lavé(e)	ils/elles s'étaient lavé(e)s

Futur simple

je me laverai	nous nous laverons
tu te laveras	vous vous laverez
il/elle/on se lavera	ils/elles se laveront

Passé simple

je me lavai	nous nous lavâmes
tu te lavas	vous vous lavâtes
il/elle/on se lava	ils/elles se lavèrent

Futur antérieur

je me serai lavé(e)	nous nous serons lavé(e)s
tu te seras lavé(e)	vous vous serez lavé(e)(s)
il/elle/on se sera lavé(e)	ils/elles se seront lavé(e)s

Passé antérieur

je me fus lavé(e)	nous nous fûmes lavé(e)s
tu te fus lavé(e)	vous vous fûtes lavé(e)(s)
il/elle/on se fut lavé(e)	ils/elles se furent lavé(e)s

SUBJONCTIF

Présent

que je me lave	que nous nous lavions
que tu te laves	que vous vous laviez
qu'il/elle/on se lave	qu'ils/elles se lavent

Passé

que je me sois lavé(e)	que nous nous soyons lavé(e)s
que tu te sois lavé(e)	que vous vous soyez lavé(e)(s)
qu'il/elle/on se soit lavé(e)	qu'ils/elles se soient lavé(e)s

Imparfait

que je me lavasse	que nous nous lavassions
que tu te lavasses	que vous vous lavassiez
qu'il/elle/on se lavât	qu'ils/elles se lavassent

Plus-que-parfait

que je me fusse lavé(e)	que nous nous fussions lavé(e)s
que tu te fusses lavé(e)	que vous vous fussiez lavé(e)(s)
qu'il/elle/on se fût lavé(e)	qu'ils/elles se fussent lavé(e)s

CONDITIONNEL

Présent

je me laverais	nous nous laverions
tu te laverais	vous vous laveriez
il/elle/on se laverait	ils/elles se laveraient

Passé

je me serais lavé(e)	nous nous serions lavé(e)s
tu te serais lavé(e)	vous vous seriez lavé(e)(s)
il/elle/on se serait lavé(e)	ils/elles se seraient lavé(e)s

IMPÉRATIF

lave-toi lavons-nous lavez-vous

Lave-toi! Tu es trop sale pour sortir au restaurant!
Wash up! You are too dirty to go to a restaurant!

Je me lavais quand le téléphone a sonné.
I was washing up when the phone rang.

Les chirugiens se lavent les mains soigneusement avant d'opérer.
Surgeons diligently wash their hands before operating.

LEVER *to raise, to lift*

Inf. lever *Part. prés.* levant *Part. passé* levé

INDICATIF

Présent

je lève	nous levons
tu lèves	vous levez
il/elle/on lève	ils/elles lèvent

Imparfait

je levais	nous levions
tu levais	vous leviez
il/elle/on levait	ils/elles levaient

Passé composé

j'ai levé	nous avons levé
tu as levé	vous avez levé
il/elle/on a levé	ils/elles ont levé

Plus-que-parfait

j'avais levé	nous avions levé
tu avais levé	vous aviez levé
il/elle/on avait levé	ils/elles avaient levé

Futur simple

je lèverai	nous lèverons
tu lèveras	vous lèverez
il/elle/on lèvera	ils/elles lèveront

Passé simple

je levai	nous levâmes
tu levas	vous levâtes
il/elle/on leva	ils/elles levèrent

Futur antérieur

j'aurai levé	nous aurons levé
tu auras levé	vous aurez levé
il/elle/on aura levé	ils/elles auront levé

Passé antérieur

j'eus levé	nous eûmes levé
tu eus levé	vous eûtes levé
il/elle/on eut levé	ils/elles eurent levé

SUBJONCTIF

Présent

que je lève	que nous levions
que tu lèves	que vous leviez
qu'il/elle/on lève	qu'ils/elles lèvent

Passé

que j'aie levé	que nous ayons levé
que tu aies levé	que vous ayez levé
qu'il/elle/on ait levé	qu'ils/elles aient levé

Imparfait

que je levasse	que nous levassions
que tu levasses	que vous levassiez
qu'il/elle/on levât	qu'ils/elles levassent

Plus-que-parfait

que j'eusse levé	que nous eussions levé
que tu eusses levé	que vous eussiez levé
qu'il/elle/on eût levé	qu'ils/elles eussent levé

CONDITIONNEL

Présent

je lèverais	nous lèverions
tu lèverais	vous lèveriez
il/elle/on lèverait	ils/elles lèveraient

Passé

j'aurais levé	nous aurions levé
tu aurais levé	vous auriez levé
il/elle/on aurait levé	ils/elles auraient levé

IMPÉRATIF

lève levons levez

Levez la main si vous avez une question.
Raise your hand if you have a question.

Comment faire lever ma pâte à brioche?
How can I get my brioche dough to rise?

Le groupe ont levé leurs verres à Paul pour ses accomplissements.
The group raised their glasses to Paul and his accomplishments.

SE LEVER *to get up*

Inf. se lever *Part. prés.* se levant *Part. passé* levé(e)(s)

INDICATIF

Présent

je me lève	nous nous levons
tu te lèves	vous vous levez
il/elle/on se lève	ils/elles se lèvent

Imparfait

je me levais	nous nous levions
tu te levais	vous vous leviez
il/elle/on se levait	ils/elles se levaient

Passé composé

je me suis levé(e)	nous nous sommes levé(e)s
tu t'es levé(e)	vous vous êtes levé(e)(s)
il/elle/on s'est levé(e)	ils/elles se sont levé(e)s

Plus-que-parfait

je m'étais levé(e)	nous nous étions levé(e)s
tu t'étais levé(e)	vous vous étiez levé(e)(s)
il/elle/on s'était levé(e)	ils/elles s'étaient levé(e)s

Futur simple

je me lèverai	nous nous lèverons
tu te lèveras	vous vous lèverez
il/elle/on se lèvera	ils/elles se lèveront

Passé simple

je me levai	nous nous levâmes
tu te levas	vous vous levâtes
il/elle/on se leva	ils/elles se levèrent

Futur antérieur

je me serai levé(e)	nous nous serons levé(e)s
tu te seras levé(e)	vous vous serez levé(e)(s)
il/elle/on se sera levé(e)	ils/elles se seront levé(e)s

Passé antérieur

je me fus levé(e)	nous nous fûmes levé(e)s
tu te fus levé(e)	vous vous fûtes levé(e)(s)
il/elle/on se fut levé(e)	ils/elles se furent levé(e)s

SUBJONCTIF

Présent

que je me lève	que nous nous levions
que tu te lèves	que vous vous leviez
qu'il/elle/on se lève	qu'ils/elles se lèvent

Passé

que je me sois levé(e)	que nous nous soyons levé(e)s
que tu te sois levé(e)	que vous vous soyez levé(e)(s)
qu'il/elle/on se soit levé(e)	qu'ils/elles se soient levé(e)s

Imparfait

que je me levasse	que nous nous levassions
que tu te levasses	que vous vous levassiez
qu'il/elle/on se levât	qu'ils/elles se levassent

Plus-que-parfait

que je me fusse levé(e)	que nous nous fussions levé(e)s
que tu te fusses levé(e)	que vous vous fussiez levé(e)(s)
qu'il/elle/on se fût levé(e)	qu'ils/elles se fussent levé(e)s

CONDITIONNEL

Présent

je me lèverais	nous nous lèverions
tu te lèverais	vous vous lèveriez
il/elle/on se lèverait	ils/elles se lèveraient

Passé

je me serais levé(e)	nous nous serions levé(e)s
tu te serais levé(e)	vous vous seriez levé(e)(s)
il/elle/on se serait levé(e)	ils/elles se seraient levé(e)s

IMPÉRATIF

lève-toi levons-nous levez-vous

Demain on se levera de bonne heure.
Tomorrow we will get up early.

Il est important que vous vous leviez avant l'arrivée de nos invités.
It is important that you get up before our guests arrive,

En été mes enfants se lèvent vers huit heures du matin.
In the summer my kids get up around eight am.

LIRE *to read*

Inf. lire *Part. prés.* lisant *Part. passé* lu

INDICATIF

Présent

je lis	nous lisons
tu lis	vous lisez
il/elle/on lit	ils/elles lisent

Imparfait

je lisais	nous lisions
tu lisais	vous lisiez
il/elle/on lisait	ils/elles lisaient

Passé composé

j'ai lu	nous avons lu
tu as lu	vous avez lu
il/elle/on a lu	ils/elles ont lu

Plus-que-parfait

j'avais lu	nous avions lu
tu avais lu	vous aviez lu
il/elle/on avait lu	ils/elles avaient lu

Futur simple

je lirai	nous lirons
tu liras	vous lirez
il/elle/on lira	ils/elles liront

Passé simple

je lus	nous lûmes
tu lus	vous lûtes
il/elle/on lut	ils/elles lurent

Futur antérieur

j'aurai lu	nous aurons lu
tu auras lu	vous aurez lu
il/elle/on aura lu	ils/elles auront lu

Passé antérieur

j'eus lu	nous eûmes lu
tu eus lu	vous eûtes lu
il/elle/on eut lu	ils/elles eurent lu

SUBJONCTIF

Présent

que je lise	que nous lisions
que tu lises	que vous lisiez
qu'il/elle/on lise	qu'ils/elles lisent

Passé

que j'aie lu	que nous ayons lu
que tu aies lu	que vous ayez lu
qu'il/elle/on ait lu	qu'ils/elles aient lu

Imparfait

que je lusse	que nous lussions
que tu lusses	que vous lussiez
qu'il/elle/on lût	qu'ils/elles lussent

Plus-que-parfait

que j'eusse lu	que nous eussions lu
que tu eusses lu	que vous eussiez lu
qu'il/elle/on eût lu	qu'ils/elles eussent lu

CONDITIONNEL

Présent

je lirais	nous lirions
tu lirais	vous liriez
il/elle/on lirait	ils/elles liraient

Passé

j'aurais lu	nous aurions lu
tu aurais lu	vous auriez lu
il/elle/on aurait lu	ils/elles auraient lu

IMPÉRATIF

lis lisons lisez

Je viens de lire un article sur le changement climatique.
I just read an article about climate change.

J'aurais lu le roman entier avant de le critiquer.
I would have read the entire novel before criticizing it.

Mes élèves sont en train de lire *Vingt mille lieues sous les mers* et ils l'adorent.
My pupils are reading 20,000 Leagues Under the Sea *and love it.*

LOUER *to rent*

Inf. louer *Part. prés.* louant *Part. passé* loué

INDICATIF

Présent

je loue	nous louons
tu loues	vous louez
il/elle/on loue	ils/elles louent

Passé composé

j'ai loué	nous avons loué
tu as loué	vous avez loué
il/elle/on a loué	ils/elles ont loué

Futur simple

je louerai	nous louerons
tu loueras	vous louerez
il/elle/on louera	ils/elles loueront

Futur antérieur

j'aurai loué	nous aurons loué
tu auras loué	vous aurez loué
il/elle/on aura loué	ils/elles auront loué

Imparfait

je louais	nous louions
tu louais	vous louiez
il/elle/on louait	ils/elles louaient

Plus-que-parfait

j'avais loué	nous avions loué
tu avais loué	vous aviez loué
il/elle/on avait loué	ils/elles avaient loué

Passé simple

je louai	nous louâmes
tu louas	vous louâtes
il/elle/on loua	ils/elles louèrent

Passé antérieur

j'eus loué	nous eûmes loué
tu eus loué	vous eûtes loué
il/elle/on eut loué	ils/elles eurent loué

SUBJONCTIF

Présent

que je loue	que nous louions
que tu loues	que vous louiez
qu'il/elle/on loue	qu'ils/elles louent

Imparfait

que je louasse	que nous louassions
que tu louasses	que vous louassiez
qu'il/elle/on louât	qu'ils/elles louassent

Passé

que j'aie loué	que nous ayons loué
que tu aies loué	que vous ayez loué
qu'il/elle/on ait loué	qu'ils/elles aient loué

Plus-que-parfait

que j'eusse loué	que nous eussions loué
que tu eusses loué	que vous eussiez loué
qu'il/elle/on eût loué	qu'ils/elles eussent loué

CONDITIONNEL

Présent

je louerais	nous louerions
tu louerais	vous loueriez
il/elle/on louerait	ils/elles loueraient

Passé

j'aurais loué	nous aurions loué
tu aurais loué	vous auriez loué
il/elle/on aurait loué	ils/elles auraient loué

IMPÉRATIF

loue louons louez

Avec plus d'argent, j'aurais loué une plus grande maison.
With more money, I would have rented a bigger house.

Je suis obligé de louer une voiture pour nos vacances.
I'm forced to rent a car for our vacation.

Pierre et sa famille ont loué un gîte en Provence pour l'été.
Pierre and his family have rented a house in Provence for the summer.

MAIGRIR *to lose weight*

Inf. maigrir *Part. prés.* maigrissant *Part. passé* maigri

INDICATIF

Présent

je maigris	nous maigrissons
tu maigris	vous maigrissez
il/elle/on maigrit	ils/elles maigrissent

Passé composé

j'ai maigri	nous avons maigri
tu as maigri	vous avez maigri
il/elle/on a maigri	ils/elles ont maigri

Futur simple

je maigrirai	nous maigrirons
tu maigriras	vous maigrirez
il/elle/on maigrira	ils/elles maigriront

Futur antérieur

j'aurai maigri	nous aurons maigri
tu auras maigri	vous aurez maigri
il/elle/on aura maigri	ils/elles auront maigri

Imparfait

je maigrissais	nous maigrissions
tu maigrissais	vous maigrissiez
il/elle/on maigrissait	ils/elles maigrissaient

Plus-que-parfait

j'avais maigri	nous avions maigri
tu avais maigri	vous aviez maigri
il/elle/on avait maigri	ils/elles avaient maigri

Passé simple

je maigris	nous maigrîmes
tu maigris	vous maigrîtes
il/elle/on maigrit	ils/elles maigrirent

Passé antérieur

j'eus maigri	nous eûmes maigri
tu eus maigri	vous eûtes maigri
il/elle/on eut maigri	ils/elles eurent maigri

SUBJONCTIF

Présent

que je maigrisse	que nous maigrissions
que tu maigrisses	que vous maigrissiez
qu'il/elle/on maigrisse	qu'ils/elles maigrissent

Imparfait

que je maigrisse	que nous maigrissions
que tu maigrisses	que vous maigrissiez
qu'il/elle/on maigrît	qu'ils/elles maigrissent

Passé

que j'aie maigri	que nous ayons maigri
que tu aies maigri	que vous ayez maigri
qu'il/elle/on ait maigri	qu'ils/elles aient maigri

Plus-que-parfait

que j'eusse maigri	que nous eussions maigri
que tu eusses maigri	que vous eussiez maigri
qu'il/elle/on eût maigri	qu'ils/elles eussent maigri

CONDITIONNEL

Présent

je maigrirais	nous maigririons
tu maigrirais	vous maigririez
il/elle/on maigrirait	ils/elles maigriraient

Passé

j'aurais maigri	nous aurions maigri
tu aurais maigri	vous auriez maigri
il/elle/on aurait maigri	ils/elles auraient maigri

IMPÉRATIF

maigris maigrissons maigrissez

Si seulement je pouvais maigir en mangeant du chocolat!
If only I could lose weight by eating chocolate!

Mes parents trouvent que ma sœur a trop maigri.
My parents think my sister has lost too much weight.

Mon ami maigrit en buvant du thé vert.
My friend is losing weight by drinking green tea.

MAINTENIR *to maintain, to keep*

Inf. maintenir *Part. prés.* maintenant *Part. passé* maintenu

INDICATIF

Présent

je maintiens	nous maintenons
tu maintiens	vous maintenez
il/elle/on maintient	ils/elles maintiennent

Imparfait

je maintenais	nous maintenions
tu maintenais	vous mainteniez
il/elle/on maintenait	ils/elles maintenaient

Passé composé

j'ai maintenu	nous avons maintenu
tu as maintenu	vous avez maintenu
il/elle/on a maintenu	ils/elles ont maintenu

Plus-que-parfait

j'avais maintenu	nous avions maintenu
tu avais maintenu	vous aviez maintenu
il/elle/on avait maintenu	ils/elles avaient maintenu

Futur simple

je maintiendrai	nous maintiendrons
tu maintiendras	vous maintiendrez
il/elle/on maintiendra	ils/elles maintiendront

Passé simple

je maintins	nous maintînmes
tu maintins	vous maintîntes
il/elle/on maintint	ils/elles maintinrent

Futur antérieur

j'aurai maintenu	nous aurons maintenu
tu auras maintenu	vous aurez maintenu
il/elle/on aura maintenu	ils/elles auront maintenu

Passé antérieur

j'eus maintenu	nous eûmes maintenu
tu eus maintenu	vous eûtes maintenu
il/elle/on eut maintenu	ils/elles eurent maintenu

SUBJONCTIF

Présent

que je maintienne	que nous maintenions
que tu maintiennes	que vous mainteniez
qu'il/elle/on maintienne	qu'ils/elles maintiennent

Passé

que j'aie maintenu	que nous ayons maintenu
que tu aies maintenu	que vous ayez maintenu
qu'il/elle/on ait maintenu	qu'ils/elles aient maintenu

Imparfait

que je maintinsse	que nous maintinssions
que tu maintinsses	que vous maintinssiez
qu'il/elle/on maintînt	qu'ils/elles maintinssent

Plus-que-parfait

que j'eusse maintenu	que nous eussions maintenu
que tu eusses maintenu	que vous eussiez maintenu
qu'il/elle/on eût maintenu	qu'ils/elles eussent maintenu

CONDITIONNEL

Présent

je maintiendrais	nous maintiendrions
tu maintiendrais	vous maintiendriez
il/elle/on maintiendrait	ils/elles maintiendraient

Passé

j'aurais maintenu	nous aurions maintenu
tu aurais maintenu	vous auriez maintenu
il/elle/on aurait maintenu	ils/elles auraient maintenu

IMPÉRATIF

maintiens maintenons maintenez

La police essaie de maintenir l'ordre dans les villes après les émeutes.
The police are trying to maintain order in the cities after the riots.

Je maintiens qu'il est impossible de deviner les pensées de quelqu'un d'autre.
I maintain that it is impossible to guess the thoughts of another person.

Il revient à vous de maintenir notre site Internet pendant que je serai en vacances.
It falls to you to maintain our website while I'm on vacation.

MANGER *to eat*

Inf. manger *Part. prés.* mangeant *Part. passé* mangé

INDICATIF

Présent

je mange	nous mangeons
tu manges	vous mangez
il/elle/on mange	ils/elles mangent

Imparfait

je mangeais	nous mangions
tu mangeais	vous mangiez
il/elle/on mangeait	ils/elles mangeaient

Passé composé

j'ai mangé	nous avons mangé
tu as mangé	vous avez mangé
il/elle/on a mangé	ils/elles ont mangé

Plus-que-parfait

j'avais mangé	nous avions mangé
tu avais mangé	vous aviez mangé
il/elle/on avait mangé	ils/elles avaient mangé

Futur simple

je mangerai	nous mangerons
tu mangeras	vous mangerez
il/elle/on mangera	ils/elles mangeront

Passé simple

je mangeai	nous mangeâmes
tu mangeas	vous mangeâtes
il/elle/on mangea	ils/elles mangèrent

Futur antérieur

j'aurai mangé	nous aurons mangé
tu auras mangé	vous aurez mangé
il/elle/on aura mangé	ils/elles auront mangé

Passé antérieur

j'eus mangé	nous eûmes mangé
tu eus mangé	vous eûtes mangé
il/elle/on eut mangé	ils/elles eurent mangé

SUBJONCTIF

Présent

que je mange	que nous mangions
que tu manges	que vous mangiez
qu'il/elle/on mange	qu'ils/elles mangent

Passé

que j'aie mangé	que nous ayons mangé
que tu aies mangé	que vous ayez mangé
qu'il/elle/on ait mangé	qu'ils/elles aient mangé

Imparfait

que je mangeasse	que nous mangeassions
que tu mangeasses	que vous mangeassiez
qu'il/elle/on mangeât	qu'ils/elles mangeassent

Plus-que-parfait

que j'eusse mangé	que nous eussions mangé
que tu eusses mangé	que vous eussiez mangé
qu'il/elle/on eût mangé	qu'ils/elles eussent mangé

CONDITIONNEL

Présent

je mangerais	nous mangerions
tu mangerais	vous mangeriez
il/elle/on mangerait	ils/elles mangeraient

Passé

j'aurais mangé	nous aurions mangé
tu aurais mangé	vous auriez mangé
il/elle/on aurait mangé	ils/elles auraient mangé

IMPÉRATIF

mange mangeons mangez

Véro ne mange plus; je crois qu'elle est malade.
Véro is no longer eating; I think she's sick.

Maman est furieuse que nous ayons mangé tout le pain.
Mom is furious that we ate all the bread.

Si je savais que le film avait été si long, j'aurais mangé avant.
If I had known that the film was so long, I would have eaten beforehand.

MANQUER *to miss, to lack*

Inf. manquer *Part. prés.* manquant *Part. passé* manqué

INDICATIF

Présent

je manque	nous manquons
tu manques	vous manquez
il/elle/on manque	ils/elles manquent

Passé composé

j'ai manqué	nous avons manqué
tu as manqué	vous avez manqué
il/elle/on a manqué	ils/elles ont manqué

Futur simple

je manquerai	nous manquerons
tu manqueras	vous manquerez
il/elle/on manquera	ils/elles manqueront

Futur antérieur

j'aurai manqué	nous aurons manqué
tu auras manqué	vous aurez manqué
il/elle/on aura manqué	ils/elles auront manqué

Imparfait

je manquais	nous manquions
tu manquais	vous manquiez
il/elle/on manquait	ils/elles manquaient

Plus-que-parfait

j'avais manqué	nous avions manqué
tu avais manqué	vous aviez manqué
il/elle/on avait manqué	ils/elles avaient manqué

Passé simple

je manquai	nous manquâmes
tu manquas	vous manquâtes
il/elle/on manqua	ils/elles manquèrent

Passé antérieur

j'eus manqué	nous eûmes manqué
tu eus manqué	vous eûtes manqué
il/elle/on eut manqué	ils/elles eurent manqué

SUBJONCTIF

Présent

que je manque	que nous manquions
que tu manques	que vous manquiez
qu'il/elle/on manque	qu'ils/elles manquent

Imparfait

que je manquasse	que nous manquassions
que tu manquasses	que vous manquassiez
qu'il/elle/on manquât	qu'ils/elles manquassent

Passé

que j'aie manqué	que nous ayons manqué
que tu aies manqué	que vous ayez manqué
qu'il/elle/on ait manqué	qu'ils/elles aient manqué

Plus-que-parfait

que j'eusse manqué	que nous eussions manqué
que tu eusses manqué	que vous eussiez manqué
qu'il/elle/on eût manqué	qu'ils/elles eussent manqué

CONDITIONNEL

Présent

je manquerais	nous manquerions
tu manquerais	vous manqueriez
il/elle/on manquerait	ils/elles manqueraient

Passé

j'aurais manqué	nous aurions manqué
tu aurais manqué	vous auriez manqué
il/elle/on aurait manqué	ils/elles auraient manqué

IMPÉRATIF

manqué manquez manquons

Il n'y a que toi qui manque ici!
The only thing missing here is you!

Si tu ne te dépêches pas, tu manqueras le train.
If you don't hurry, you will miss the train.

Quand les jumelles étaient à la colonie de vacances, leurs parents leur manquaient.
When the twins were at camp, they missed their parents.

MARCHANDER *to bargain, to haggle*

Inf. marchander *Part. prés.* marchandant *Part. passé* marchandé

INDICATIF

Présent

je marchande	nous marchandons
tu marchandes	vous marchandez
il/elle/on marchande	ils/elles marchandent

Passé composé

j'ai marchandé	nous avons marchandé
tu as marchandé	vous avez marchandé
il/elle/on a marchandé	ils/elles ont marchandé

Futur simple

je marchanderai	nous marchanderons
tu marchanderas	vous marchanderez
il/elle/on marchandera	ils/elles marchanderont

Futur antérieur

j'aurai marchandé	nous aurons marchandé
tu auras marchandé	vous aurez marchandé
il/elle/on aura marchandé	ils/elles auront marchandé

Imparfait

je marchandais	nous marchandions
tu marchandais	vous marchandiez
il/elle/on marchandait	ils/elles marchandaient

Plus-que-parfait

j'avais marchandé	nous avions marchandé
tu avais marchandé	vous aviez marchandé
il/elle/on avait marchandé	ils/elles avaient marchandé

Passé simple

je marchandai	nous marchandâmes
tu marchandas	vous marchandâtes
il/elle/on marchanda	ils/elles marchandèrent

Passé antérieur

j'eus marchandé	nous eûmes marchandé
tu eus marchandé	vous eûtes marchandé
il/elle/on eut marchandé	ils/elles eurent marchandé

SUBJONCTIF

Présent

que je marchande	que nous marchandions
que tu marchandes	que vous marchandiez
qu'il/elle/on marchande	qu'ils/elles marchandent

Imparfait

que je marchandasse	que nous marchandassions
que tu marchandasses	que vous marchandassiez
qu'il/elle/on marchandât	qu'ils/elles marchandassent

Passé

que j'aie marchandé	que nous ayons marchandé
que tu aies marchandé	que vous ayez marchandé
qu'il/elle/on ait marchandé	qu'ils/elles aient marchandé

Plus-que-parfait

que j'eusse marchandé	que nous eussions marchandé
que tu eusses marchandé	que vous eussiez marchandé
qu'il/elle/on eût marchandé	qu'ils/elles eussent marchandé

CONDITIONNEL

Présent

je marchanderais	nous marchanderions
tu marchanderais	vous marchanderiez
il/elle/on marchanderait	ils/elles marchanderaient

Passé

j'aurais marchandé	nous aurions marchandé
tu aurais marchandé	vous auriez marchandé
il/elle/on aurait marchandé	ils/elles auraient marchandé

IMPÉRATIF

marchande marchandons marchandez

Mon mari a horreur de marchander.
My husband hates bargaining.

Je fais toujours des erreurs en marchandant avec les vendeurs.
I always make mistakes when bargaining with shopkeepers.

Si Mina avait été avec nous au souk, elle aurait marchandé pour nous.
If Mina had been with us at the souk, she would have haggled for us.

MARCHER *to walk; to work [function]*

Inf. marcher *Part. prés.* marchant *Part. passé* marché

INDICATIF

Présent

je marche	nous marchons
tu marches	vous marchez
il/elle/on marche	ils/elles marchent

Passé composé

j'ai marché	nous avons marché
tu as marché	vous avez marché
il/elle/on a marché	ils/elles ont marché

Futur simple

je marcherai	nous marcherons
tu marcheras	vous marcherez
il/elle/on marchera	ils/elles marcheront

Futur antérieur

j'aurai marché	nous aurons marché
tu auras marché	vous aurez marché
il/elle/on aura marché	ils/elles auront marché

Imparfait

je marchais	nous marchions
tu marchais	vous marchiez
il/elle/on marchait	ils/elles marchaient

Plus-que-parfait

j'avais marché	nous avions marché
tu avais marché	vous aviez marché
il/elle/on avait marché	ils/elles avaient marché

Passé simple

je marchai	nous marchâmes
tu marchas	vous marchâtes
il/elle/on marcha	ils/elles marchèrent

Passé antérieur

j'eus marché	nous eûmes marché
tu eus marché	vous eûtes marché
il/elle/on eut marché	ils/elles eurent marché

SUBJONCTIF

Présent

que je marche	que nous marchions
que tu marches	que vous marchiez
qu'il/elle/on marche	qu'ils/elles marchent

Imparfait

que je marchasse	que nous marchassions
que tu marchasses	que vous marchassiez
qu'il/elle/on marchât	qu'ils/elles marchassent

Passé

que j'aie marché	que nous ayons marché
que tu aies marché	que vous ayez marché
qu'il/elle/on ait marché	qu'ils/elles aient marché

Plus-que-parfait

que j'eusse marché	que nous eussions marché
que tu eusses marché	que vous eussiez marché
qu'il/elle/on eût marché	qu'ils/elles eussent marché

CONDITIONNEL

Présent

je marcherais	nous marcherions
tu marcherais	vous marcheriez
il/elle/on marcherait	ils/elles marcheraient

Passé

j'aurais marché	nous aurions marché
tu aurais marché	vous auriez marché
il/elle/on aurait marché	ils/elles auraient marché

IMPÉRATIF

marche marchons marchez

Pas mal d'employés de notre cabinet marchent à l'extérieur.
Quite a few employees from our office walk outside at noon.

J'ai essayé de lancer ce logiciel sur mon ordi, mais ça n'a pas marché.
I tried to run this software on my computer, but it didn't work.

Si Claude avait su que le bus tomberait en panne il aurait marché.
If Claude had known that the bus would break down he would have walked.

SE MARIER *to marry, to get married*

Inf. se marier *Part. prés.* se mariant *Part. passé* marié(e)(s)

INDICATIF

Présent

je me marie	nous nous marions
tu te maries	vous vous mariez
il/elle/on se marie	ils/elles se marient

Imparfait

je me mariais	nous nous mariions
tu te mariais	vous vous mariiez
il/elle/on se mariait	ils/elles se mariaient

Passé composé

je me suis marié(e)	nous nous sommes marié(e)s
tu t'es marié(e)	vous vous êtes marié(e)(s)
il/elle/on s'est marié(e)	ils/elles se sont marié(e)s

Plus-que-parfait

je m'étais marié(e)	nous nous étions marié(e)s
tu t'étais marié(e)	vous vous étiez marié(e)(s)
il/elle/on s'était marié(e)	ils/elles s'étaient marié(e)s

Futur simple

je me marierai	nous nous marierons
tu te marieras	vous vous marierez
il/elle/on se mariera	ils/elles se marieront

Passé simple

je me mariai	nous nous mariâmes
tu te marias	vous vous mariâtes
il/elle/on se maria	ils/elles se marièrent

Futur antérieur

je me serai marié(e)	nous nous serons marié(e)s
tu te seras marié(e)	vous vous serez marié(e)(s)
il/elle/on se sera marié(e)	ils/elles se seront marié(e)s

Passé antérieur

je me fus marié(e)	nous nous fûmes marié(e)s
tu te fus marié(e)	vous vous fûtes marié(e)(s)
il/elle/on se fut marié(e)	ils/elles se furent marié(e)s

SUBJONCTIF

Présent

que je me marie	que nous nous mariions
que tu te maries	que vous vous mariiez
qu'il/elle/on se marie	qu'ils/elles se marient

Passé

que je me sois marié(e)	que nous nous soyons marié(e)s
que tu te sois marié(e)	que vous vous soyez marié(e)(s)
qu'il/elle/on se soit marié(e)	qu'ils/elles se soient marié(e)s

Imparfait

que je me mariasse	que nous nous mariassions
que tu te mariasses	que vous vous mariassiez
qu'il/elle/on se mariât	qu'ils/elles se mariassent

Plus-que-parfait

que je me fusse marié(e)	que nous nous fussions marié(e)s
que tu te fusses marié(e)	que vous vous fussiez marié(e)(s)
qu'il/elle/on se fût marié(e)	qu'ils/elles se fussent marié(e)s

CONDITIONNEL

Présent

je me marierais	nous nous marierions
tu te marierais	vous vous marieriez
il/elle/on se marierait	ils/elles se marieraient

Passé

je me serais marié(e)	nous nous serions marié(e)s
tu te serais marié(e)	vous vous seriez marié(e)(s)
il/elle/on se serait marié(e)	ils/elles se seraient marié(e)s

IMPÉRATIF

marie-toi marions-nous mariez-vous

Lydie se mariera avec Karl l'année prochaine.
Lydie will get married to Karl next year.

Si vous vous aimez, mariez-vous alors!
Well, if you love each other, get married!

Peut-être un jour tous les couples auront-ils le droit de se marier.
Perhaps one day all couples will have the right to marry.

MÉLANGER *to mix*

Inf. mélanger *Part. prés.* mélangeant *Part. passé* mélangé

INDICATIF

Présent

je mélange	nous mélangeons
tu mélanges	vous mélangez
il/elle/on mélange	ils/elles mélangent

Passé composé

j'ai mélangé	nous avons mélangé
tu as mélangé	vous avez mélangé
il/elle/on a mélangé	ils/elles ont mélangé

Futur simple

je mélangerai	nous mélangerons
tu mélangeras	vous mélangerez
il/elle/on mélangera	ils/elles mélangeront

Futur antérieur

j'aurai mélangé	nous aurons mélangé
tu auras mélangé	vous aurez mélangé
il/elle/on aura mélangé	ils/elles auront mélangé

Imparfait

je mélangeais	nous mélangions
tu mélangeais	vous mélangiez
il/elle/on mélangeait	ils/elles mélangeaient

Plus-que-parfait

j'avais mélangé	nous avions mélangé
tu avais mélangé	vous aviez mélangé
il/elle/on avait mélangé	ils/elles avaient mélangé

Passé simple

je mélangeai	nous mélangeâmes
tu mélangeas	vous mélangeâtes
il/elle/on mélangea	ils/elles mélangèrent

Passé antérieur

j'eus mélangé	nous eûmes mélangé
tu eus mélangé	vous eûtes mélangé
il/elle/on eut mélangé	ils/elles eurent mélangé

SUBJONCTIF

Présent

que je mélange	que nous mélangions
que tu mélanges	que vous mélangiez
qu'il/elle/on mélange	qu'ils/elles mélangent

Imparfait

que je mélangeasse	que nous mélangeassions
que tu mélangeasses	que vous mélangeassiez
qu'il/elle/on mélangeât	qu'ils/elles mélangeassent

Passé

que j'aie mélangé	que nous ayons mélangé
que tu aies mélangé	que vous ayez mélangé
qu'il/elle/on ait mélangé	qu'ils/elles aient mélangé

Plus-que-parfait

que j'eusse mélangé	que nous eussions mélangé
que tu eusses mélangé	que vous eussiez mélangé
qu'il/elle/on eût mélangé	qu'ils/elles eussent mélangé

CONDITIONNEL

Présent

je mélangerais	nous mélangerions
tu mélangerais	vous mélangeriez
il/elle/on mélangerait	ils/elles mélangeraient

Passé

j'aurais mélangé	nous aurions mélangé
tu aurais mélangé	vous auriez mélangé
il/elle/on aurait mélangé	ils/elles auraient mélangé

IMPÉRATIF

mélange mélangeons mélangez

Mélanger la sauce avant de la servir.
Mix the sauce before serving it.

Tu mélanges tout!
You're mixing everything up!

Est-ce qu'on peut mélanger les chats et les chiens?
Can you put cats and dogs together?

SE MÊLER *to mingle with, to meddle in*

Inf. se mêler *Part. prés.* se mêlant *Part. passé* mêlé(e)(s)

INDICATIF

Présent

je me mêle	nous nous mêlons
tu te mêles	vous vous mêlez
il/elle/on se mêle	ils/elles se mêlent

Imparfait

je me mêlais	nous nous mêlions
tu te mêlais	vous vous mêliez
il/elle/on se mêlait	ils/elles se mêlaient

Passé composé

je me suis mêlé(e)	nous nous sommes mêlé(e)s
tu t'es mêlé(e)	vous vous êtes mêlé(e)(s)
il/elle/on s'est mêlé(e)	ils/elles se sont mêlé(e)s

Plus-que-parfait

je m'étais mêlé(e)	nous nous étions mêlé(e)s
tu t'étais mêlé(e)	vous vous étiez mêlé(e)(s)
il/elle/on s'était mêlé(e)	ils/elles s'étaient mêlé(e)s

Futur simple

je me mêlerai	nous nous mêlerons
tu te mêleras	vous vous mêlerez
il/elle/on se mêlera	ils/elles se mêleront

Passé simple

je me mêlai	nous nous mêlâmes
tu te mêlas	vous vous mêlâtes
il/elle/on se mêla	ils/elles se mêlèrent

Futur antérieur

je me serai mêlé(e)	nous nous serons mêlé(e)s
tu te seras mêlé(e)	vous vous serez mêlé(e)(s)
il/elle/on se sera mêlé(e)	ils/elles se seront mêlé(e)s

Passé antérieur

je me fus mêlé(e)	nous nous fûmes mêlé(e)s
tu te fus mêlé(e)	vous vous fûtes mêlé(e)(s)
il/elle/on se fut mêlé(e)	ils/elles se furent mêlé(e)s

SUBJONCTIF

Présent

que je me mêle	que nous nous mêlions
que tu te mêles	que vous vous mêliez
qu'il/elle/on se mêle	qu'ils/elles se mêlent

Passé

que je me sois mêlé(e)	que nous nous soyons mêlé(e)s
que tu te sois mêlé(e)	que vous vous soyez mêlé(e)(s)
qu'il/elle/on se soit mêlé(e)	qu'ils/elles se soient mêlé(e)s

Imparfait

que je me mêlasse	que nous nous mêlassions
que tu te mêlasses	que vous vous mêlassiez
qu'il/elle/on se mêlât	qu'ils/elles se mêlassent

Plus-que-parfait

que je me fusse mêlé(e)	que nous nous fussions mêlé(e)s
que tu te fusses mêlé(e)	que vous vous fussiez mêlé(e)(s)
qu'il/elle/on se fût mêlé(e)	qu'ils/elles se fussent mêlé(e)s

CONDITIONNEL

Présent

je me mêlerais	nous nous mêlerions
tu te mêlerais	vous vous mêleriez
il/elle/on se mêlerait	ils/elles se mêleraient

Passé

je me serais mêlé(e)	nous nous serions mêlé(e)s
tu te serais mêlé(e)	vous vous seriez mêlé(e)(s)
il/elle/on se serait mêlé(e)	ils/elles se seraient mêlé(e)s

IMPÉRATIF

mêle-toi mêlons-nous mêlez-vous

Mêle-toi de tes affaires!
Mind your own business.

Je ne veux pas me mêler de ta vie privée, mais je dois te dire quelque chose.
I don't want to meddle in your private affairs, but I must tell you something.

Les jeunes doivent-ils se mêler des affaires financières de leurs familles?
Should young people get involved in the financial affairs of their families?

MENACER *to threaten*

Inf. menacer *Part. prés.* menaçant *Part. passé* menacé

INDICATIF

Présent

je menace	nous menaçons
tu menaces	vous menacez
il/elle/on menace	ils/elles menacent

Imparfait

je menaçais	nous menacions
tu menaçais	vous menaciez
il/elle/on menaçait	ils/elles menaçaient

Passé composé

j'ai menacé	nous avons menacé
tu as menacé	vous avez menacé
il/elle/on a menacé	ils/elles ont menacé

Plus-que-parfait

j'avais menacé	nous avions menacé
tu avais menacé	vous aviez menacé
il/elle/on avait menacé	ils/elles avaient menacé

Futur simple

je menacerai	nous menacerons
tu menaceras	vous menacerez
il/elle/on menacera	ils/elles menaceront

Passé simple

je menaçai	nous menaçâmes
tu menaças	vous menaçâtes
il/elle/on menaça	ils/elles menacèrent

Futur antérieur

j'aurai menacé	nous aurons menacé
tu auras menacé	vous aurez menacé
il/elle/on aura menacé	ils/elles auront menacé

Passé antérieur

j'eus menacé	nous eûmes menacé
tu eus menacé	vous eûtes menacé
il/elle/on eut menacé	ils/elles eurent menacé

SUBJONCTIF

Présent

que je menace	que nous menacions
que tu menaces	que vous menaciez
qu'il/elle/on menace	qu'ils/elles menacent

Passé

que j'aie menacé	que nous ayons menacé
que tu aies menacé	que vous ayez menacé
qu'il/elle/on ait menacé	qu'ils/elles aient menacé

Imparfait

que je menaçasse	que nous menaçassions
que tu menaçasses	que vous menaçassiez
qu'il/elle/on menaçât	qu'ils/elles menaçassent

Plus-que-parfait

que j'eusse menacé	que nous eussions menacé
que tu eusses menacé	que vous eussiez menacé
qu'il/elle/on eût menacé	qu'ils/elles eussent menacé

CONDITIONNEL

Présent

je menacerais	nous menacerions
tu menacerais	vous menaceriez
il/elle/on menacerait	ils/elles menaceraient

Passé

j'aurais menacé	nous aurions menacé
tu aurais menacé	vous auriez menacé
il/elle/on aurait menacé	ils/elles auraient menacé

IMPÉRATIF

menace menaçons menacez

Les attentats récents menacent la paix de notre ville.
The recent attacks are threatening the calm of our city.

Papa a menacé de se débarrasser de notre chien.
Dad threatened to get rid of our dog.

Les jeunes doivent-ils se mêler des affaires financières de leurs familles?
Should young people get involved in the financial affairs of their families?

MENER *to lead*

Inf. mener *Part. prés.* menant *Part. passé* mené

INDICATIF

Présent

je mène	nous menons
tu mènes	vous menez
il/elle/on mène	ils/elles mènent

Passé composé

j'ai mené	nous avons mené
tu as mené	vous avez mené
il/elle/on a mené	ils/elles ont mené

Futur simple

je mènerai	nous mènerons
tu mèneras	vous mènerez
il/elle/on mènera	ils/elles mèneront

Futur antérieur

j'aurai mené	nous aurons mené
tu auras mené	vous aurez mené
il/elle/on aura mené	ils/elles auront mené

Imparfait

je menais	nous menions
tu menais	vous meniez
il/elle/on menait	ils/elles menaient

Plus-que-parfait

j'avais mené	nous avions mené
tu avais mené	vous aviez mené
il/elle/on avait mené	ils/elles avaient mené

Passé simple

je menai	nous menâmes
tu menas	vous menâtes
il/elle/on mena	ils/elles menèrent

Passé antérieur

j'eus mené	nous eûmes mené
tu eus mené	vous eûtes mené
il/elle/on eut mené	ils/elles eurent mené

SUBJONCTIF

Présent

que je mène	que nous menions
que tu mènes	que vous meniez
qu'il/elle/on mène	qu'ils/elles mènent

Imparfait

que je menasse	que nous menassions
que tu menasses	que vous menassiez
qu'il/elle/on menât	qu'ils/elles menassent

Passé

que j'aie mené	que nous ayons mené
que tu aies mené	que vous ayez mené
qu'il/elle/on ait mené	qu'ils/elles aient mené

Plus-que-parfait

que j'eusse mené	que nous eussions mené
que tu eusses mené	que vous eussiez mené
qu'il/elle/on eût mené	qu'ils/elles eussent mené

CONDITIONNEL

Présent

je mènerais	nous mènerions
tu mènerais	vous mèneriez
il/elle/on mènerait	ils/elles mèneraient

Passé

j'aurais mené	nous aurions mené
tu aurais mené	vous auriez mené
il/elle/on aurait mené	ils/elles auraient mené

IMPÉRATIF

mène menons menez

Cette route mène au village dont je te parlais.
This road leads to the village I was telling you about.

Ton silence nous a menés à croire que tu étais coupable.
Your silence led us to believe that you were guilty.

Jean-Paul mènera une enquête qui risque de toucher ses supérieurs.
Jean-Paul will lead an inquiry that might affect his superiors.

MENTIR *to lie*

Inf. mentir *Part. prés.* mentant *Part. passé* menti

INDICATIF

Présent

je mens	nous mentons
tu mens	vous mentez
il/elle/on ment	ils/elles mentent

Passé composé

j'ai menti	nous avons menti
tu as menti	vous avez menti
il/elle/on a menti	ils/elles ont menti

Futur simple

je mentirai	nous mentirons
tu mentiras	vous mentirez
il/elle/on mentira	ils/elles mentiront

Futur antérieur

j'aurai menti	nous aurons menti
tu auras menti	vous aurez menti
il/elle/on aura menti	ils/elles auront menti

Imparfait

je mentais	nous mentions
tu mentais	vous mentiez
il/elle/on mentait	ils/elles mentaient

Plus-que-parfait

j'avais menti	nous avions menti
tu avais menti	vous aviez menti
il/elle/on avait menti	ils/elles avaient menti

Passé simple

je mentis	nous mentîmes
tu mentis	vous mentîtes
il/elle/on mentit	ils/elles mentirent

Passé antérieur

j'eus menti	nous eûmes menti
tu eus menti	vous eûtes menti
il/elle/on eut menti	ils/elles eurent menti

SUBJONCTIF

Présent

que je mente	que nous mentions
que tu mentes	que vous mentiez
qu'il/elle/on mente	qu'ils/elles mentent

Imparfait

que je mentisse	que nous mentissions
que tu mentisses	que vous mentissiez
qu'il/elle/on mentît	qu'ils/elles mentissent

Passé

que j'aie menti	que nous ayons menti
que tu aies menti	que vous ayez menti
qu'il/elle/on ait menti	qu'ils/elles aient menti

Plus-que-parfait

que j'eusse menti	que nous eussions menti
que tu eusses menti	que vous eussiez menti
qu'il/elle/on eût menti	qu'ils/elles eussent menti

CONDITIONNEL

Présent

je mentirais	nous mentirions
tu mentirais	vous mentiriez
il/elle/on mentirait	ils/elles mentiraient

Passé

j'aurais menti	nous aurions menti
tu aurais menti	vous auriez menti
il/elle/on aurait menti	ils/elles auraient menti

IMPÉRATIF

mens mentons mentez

Cet enfant se fait gronder parce qu'il ment constamment.
This child is getting scolded because he lies constantly.

Caroline se fâche que que son mari lui mente.
Carline is angry that her husband is lying to her.

Tu es si effronté! Moi, je n'aurais jamais menti comme ça.
You are so cheeky! I would never have lied like that.

MÉRITER *to be worthy, to deserve*

Inf. mériter *Part. prés.* méritant *Part. passé* mérité

INDICATIF

Présent

je mérite	nous méritons
tu mérites	vous méritez
il/elle/on mérite	ils/elles méritent

Passé composé

j'ai mérité	nous avons mérité
tu as mérité	vous avez mérité
il/elle/on a mérité	ils/elles ont mérité

Futur simple

je mériterai	nous mériterons
tu mériteras	vous mériterez
il/elle/on méritera	ils/elles mériteront

Futur antérieur

j'aurai mérité	nous aurons mérité
tu auras mérité	vous aurez mérité
il/elle/on aura mérité	ils/elles auront mérité

Imparfait

je méritais	nous méritions
tu méritais	vous méritiez
il/elle/on méritait	ils/elles méritaient

Plus-que-parfait

j'avais mérité	nous avions mérité
tu avais mérité	vous aviez mérité
il/elle/on avait mérité	ils/elles avaient mérité

Passé simple

je méritai	nous méritâmes
tu méritas	vous méritâtes
il/elle/on mérita	ils/elles méritèrent

Passé antérieur

j'eus mérité	nous eûmes mérité
tu eus mérité	vous eûtes mérité
il/elle/on eut mérité	ils/elles eurent mérité

SUBJONCTIF

Présent

que je mérite	que nous méritions
que tu mérites	que vous méritiez
qu'il/elle/on mérite	qu'ils/elles méritent

Imparfait

que je méritasse	que nous méritassions
que tu méritasses	que vous méritassiez
qu'il/elle/on méritât	qu'ils/elles méritassent

Passé

que j'aie mérité	que nous ayons mérité
que tu aies mérité	que vous ayez mérité
qu'il/elle/on ait mérité	qu'ils/elles aient mérité

Plus-que-parfait

que j'eusse mérité	que nous eussions mérité
que tu eusses mérité	que vous eussiez mérité
qu'il/elle/on eût mérité	qu'ils/elles eussent mérité

CONDITIONNEL

Présent

je mériterais	nous mériterions
tu mériterais	vous mériteriez
il/elle/on mériterait	ils/elles mériteraient

Passé

j'aurais mérité	nous aurions mérité
tu aurais mérité	vous auriez mérité
il/elle/on aurait mérité	ils/elles auraient mérité

IMPÉRATIF

mérite méritons méritez

Malheureusement ce vase ne méritait pas la fortune qu'elle a payé.
Unfortuntately this vase wasn't worth the fortune that she paid.

Qu'est-ce que j'ai fait pour mériter cela?
What have I done to deserve this?

Si Béatrice avait travaillé plus sérieusement elle aurait mérité l'augmentation de salaire.
If Béatrice had worked hard she would have received the raise.

MESURER *to measure*

Inf. mesurer *Part. prés.* mesurant *Part. passé* mesuré

INDICATIF

Présent

je mesure	nous mesurons
tu mesures	vous mesurez
il/elle/on mesure	ils/elles mesurent

Passé composé

j'ai mesuré	nous avons mesuré
tu as mesuré	vous avez mesuré
il/elle/on a mesuré	ils/elles ont mesuré

Futur simple

je mesurerai	nous mesurerons
tu mesureras	vous mesurerez
il/elle/on mesurera	ils/elles mesureront

Futur antérieur

j'aurai mesuré	nous aurons mesuré
tu auras mesuré	vous aurez mesuré
il/elle/on aura mesuré	ils/elles auront mesuré

Imparfait

je mesurais	nous mesurions
tu mesurais	vous mesuriez
il/elle/on mesurait	ils/elles mesuraient

Plus-que-parfait

j'avais mesuré	nous avions mesuré
tu avais mesuré	vous aviez mesuré
il/elle/on avait mesuré	ils/elles avaient mesuré

Passé simple

je mesurai	nous mesurâmes
tu mesuras	vous mesurâtes
il/elle/on mesura	ils/elles mesurèrent

Passé antérieur

j'eus mesuré	nous eûmes mesuré
tu eus mesuré	vous eûtes mesuré
il/elle/on eut mesuré	ils/elles eurent mesuré

SUBJONCTIF

Présent

que je mesure	que nous mesurions
que tu mesures	que vous mesuriez
qu'il/elle/on mesure	qu'ils/elles mesurent

Imparfait

que je mesurasse	que nous mesurassions
que tu mesurasses	que vous mesurassiez
qu'il/elle/on mesurât	qu'ils/elles mesurassent

Passé

que j'aie mesuré	que nous ayons mesuré
que tu aies mesuré	que vous ayez mesuré
qu'il/elle/on ait mesuré	qu'ils/elles aient mesuré

Plus-que-parfait

que j'eusse mesuré	que nous eussions mesuré
que tu eusses mesuré	que vous eussiez mesuré
qu'il/elle/on eût mesuré	qu'ils/elles eussent mesuré

CONDITIONNEL

Présent

je mesurerais	nous mesurerions
tu mesurerais	vous mesureriez
il/elle/on mesurerait	ils/elles mesureraient

Passé

j'aurais mesuré	nous aurions mesuré
tu aurais mesuré	vous auriez mesuré
il/elle/on aurait mesuré	ils/elles auraient mesuré

IMPÉRATIF

mesure mesurons mesurez

Elle mesure 1,65m.
She's 1.65 meters tall.

Mesurons nos paroles avant de parler.
Let's measure our words before speaking.

Tu dois la mesurer avant de couper le tissu pour sa robe.
You should measure her before you cut the fabric for her dress.

METTRE *to put, to wear*

Inf. mettre *Part. prés.* mettant *Part. passé* mis

INDICATIF

Présent

je mets	nous mettons
tu mets	vous mettez
il/elle/on met	ils/elles mettent

Imparfait

je mettais	nous mettions
tu mettais	vous mettiez
il/elle/on mettait	ils/elles mettaient

Passé composé

j'ai mis	nous avons mis
tu as mis	vous avez mis
il/elle/on a mis	ils/elles ont mis

Plus-que-parfait

j'avais mis	nous avions mis
tu avais mis	vous aviez mis
il/elle/on avait mis	ils/elles avaient mis

Futur simple

je mettrai	nous mettrons
tu mettras	vous mettrez
il/elle/on mettra	ils/elles mettront

Passé simple

je mis	nous mîmes
tu mis	vous mîtes
il/elle/on mit	ils/elles mirent

Futur antérieur

j'aurai mis	nous aurons mis
tu auras mis	vous aurez mis
il/elle/on aura mis	ils/elles auront mis

Passé antérieur

j'eus mis	nous eûmes mis
tu eus mis	vous eûtes mis
il/elle/on eut mis	ils/elles eurent mis

SUBJONCTIF

Présent

que je mette	que nous mettions
que tu mettes	que vous mettiez
qu'il/elle/on mette	qu'ils/elles mettent

Passé

que j'aie mis	que nous ayons mis
que tu aies mis	que vous ayez mis
qu'il/elle/on ait mis	qu'ils/elles aient mis

Imparfait

que je misse	que nous missions
que tu misses	que vous missiez
qu'il/elle/on mît	qu'ils/elles missent

Plus-que-parfait

que j'eusse mis	que nous eussions mis
que tu eusses mis	que vous eussiez mis
qu'il/elle/on eût mis	qu'ils/elles eussent mis

CONDITIONNEL

Présent

je mettrais	nous mettrions
tu mettrais	vous mettriez
il/elle/on mettrait	ils/elles mettraient

Passé

j'aurais mis	nous aurions mis
tu aurais mis	vous auriez mis
il/elle/on aurait mis	ils/elles auraient mis

IMPÉRATIF

mets mettons mettez

Tu ne vas mettre cette robe orange pour la fête, j'espère.
You're not wearing this orange dress for the party, I hope.

Mettons le chauffage; j'ai froid!
Let's put the heat on; I'm cold!

J'ai mis mes affaires sur la table, et maintenant je n'arrive pas à les retrouver.
I put my things on the table, and now I can't seem to find them.

SE METTRE *to begin, to start*

Inf. se mettre *Part. prés.* se mettant *Part. passé* mis(e)(s)

INDICATIF

Présent

je me mets	nous nous mettons
tu te mets	vous vous mettez
il/elle/on se met	ils/elles se mettent

Imparfait

je me mettais	nous nous mettions
tu te mettais	vous vous mettiez
il/elle/on se mettait	ils/elles se mettaient

Passé composé

je me suis mis(e)	nous nous sommes mis(e)(s)
tu t'es mis(e)	vous vous êtes mis(e)(s)
il/elle/on s'est mis(e)	ils/elles se sont mis(e)(s)

Plus-que-parfait

je m'étais mis(e)	nous nous étions mis(e)(s)
tu t'étais mis(e)	vous vous étiez mis(e)(s)
il/elle/on s'était mis(e)	ils/elles s'étaient mis(e)(s)

Futur simple

je me mettrai	nous nous mettrons
tu te mettras	vous vous mettrez
il/elle/on se mettra	ils/elles se mettront

Passé simple

je me mis	nous nous mîmes
tu te mis	vous vous mîtes
il/elle/on se mit	ils/elles se mirent

Futur antérieur

je me serai mis(e)	nous nous serons mis(e)(s)
tu te seras mis(e)	vous vous serez mis(e)(s)
il/elle/on se sera mis(e)	ils/elles se seront mis(e)(s)

Passé antérieur

je me fus mis(e)	nous nous fûmes mis(e)(s)
tu te fus mis(e)	vous vous fûtes mis(e)(s)
il/elle/on se fut mis(e)	ils/elles se furent mis(e)(s)

SUBJONCTIF

Présent

que je me mette	que nous nous mettions
que tu te mettes	que vous vous mettiez
qu' il/elle/on se mette	qu' ils/elles se mettent

Passé

que je me sois mis(e)	que nous nous soyons mis(e)(s)
que tu te sois mis(e)	que vous vous soyez mis(e)(s)
qu' il/elle/on se soit mis(e)	qu'ils/elles se soient mis(e)(s)

Imparfait

que je me misse	que nous nous missions
que tu te misses	que vous vous missiez
qu' il/elle/on se mît	qu' ils/elles se missent

Plus-que-parfait

que je me fusse mis(e)	que nous nous fussions mis(e)(s)
que tu te fusses mis(e)	que vous vous fussiez mis(e)(s)
qu' il/elle/on se fût mis(e)	qu' ils/elles se fussent mis(e)(s)

CONDITIONNEL

Présent

je me mettrais	nous nous mettrions
tu te mettrais	vous vous mettriez
il/elle/on se mettrait	ils/elles se mettraient

Passé

je me serais mis(e)	nous nous serions mis(e)(s)
tu te serais mis(e)	vous vous seriez mis(e)(s)
il/elle/on se serait mis(e)	ils/elles se seraient mis(e)(s)

IMPÉRATIF

mets-toi mettons-nous mettez-vous

Après de nombreuses questions, la petite s'est mise à pleurer.
After many questions, the little girl started crying.

Demain je vais me mettre à faire des haltères.
Tomorrow I'm going to begin lifting weights.

A chaque fois que nous lui demandons de s'expliquer, il se met à bégayer.
Each time we ask him to explain himself, he starts stammering.

MONTER *to go up, to climb, to take something up, to put on, to turn up*

Inf. monter *Part. prés.* montant *Part. passé* monté

INDICATIF

Présent

je monte	nous montons
tu montes	vous montez
il/elle/on monte	ils/elles montent

Passé composé

j'ai monté	nous avons monté
tu as monté	vous avez monté
il/elle/on a monté	ils/elles ont monté

Futur simple

je monterai	nous monterons
tu monteras	vous monterez
il/elle/on montera	ils/elles monteront

Futur antérieur

j'aurai monté	nous aurons monté
tu auras monté	vous aurez monté
il/elle/on aura monté	ils/elles auront monté

Imparfait

je montais	nous montions
tu montais	vous montiez
il/elle/on montait	ils/elles montaient

Plus-que-parfait

j'avais monté	nous avions monté
tu avais monté	vous aviez monté
il/elle/on avait monté	ils/elles avaient monté

Passé simple

je montai	nous montâmes
tu montas	vous montâtes
il/elle/on monta	ils/elles montèrent

Passé antérieur

j'eus monté	nous eûmes monté
tu eus monté	vous eûtes monté
il/elle/on eut monté	ils/elles eurent monté

SUBJONCTIF

Présent

que je monte	que nous montions
que tu montes	que vous montiez
qu'il/elle/on monte	qu'ils/elles montent

Imparfait

que je montasse	que nous montassions
que tu montasses	que vous montassiez
qu'il/elle/on montât	qu'ils/elles montassent

Passé

que j'aie monté	que nous ayons monté
que tu aies monté	que vous ayez monté
qu'il/elle/on ait monté	qu'ils/elles aient monté

Plus-que-parfait

que j'eusse monté	que nous eussions monté
que tu eusses monté	que vous eussiez monté
qu'il/elle/on eût monté	qu'ils/elles eussent monté

CONDITIONNEL

Présent

je monterais	nous monterions
tu monterais	vous monteriez
il/elle/on monterait	ils/elles monteraient

Passé

j'aurais monté	nous aurions monté
tu aurais monté	vous auriez monté
il/elle/on aurait monté	ils/elles auraient monté

IMPÉRATIF

monte montons montez

Monte ce linge pour ta grand-mère, s'il te plaît.
Take this laundry upstairs for your grandmother, please.

Henri a monté le volume parce qu'on n'entendait rien.
Henri turned up the volume because we couldn't hear anything.

Le Cirque du soleil monte toujours un spectacle inoubliable.
The Cirque du soleil always puts on an unforgettable show.

MONTER *to go up; to get into [a vehicle]*

Inf. monter *Part. prés.* montant *Part. passé* monté

INDICATIF

Présent

je monte	nous montons
tu montes	vous montez
il/elle/on monte	ils/elles montent

Passé composé

je suis monté(e)	nous sommes monté(e)s
tu es monté(e)	vous êtes monté(e)(s)
il/elle/on est monté(e)	ils/elles sont monté(e)s

Futur simple

je monterai	nous monterons
tu monteras	vous monterez
il/elle/on montera	ils/elles monteront

Futur antérieur

je serai monté(e)	nous serons monté(e)s
tu seras monté(e)	vous serez monté(e)(s)
il/elle/on sera monté(e)	ils/elles seront monté(e)s

Imparfait

je montais	nous montions
tu montais	vous montiez
il/elle/on montait	ils/elles montaient

Plus-que-parfait

j'étais monté(e)	nous étions monté(e)s
tu étais monté(e)	vous étiez monté(e)(s)
il/elle/on était monté(e)	ils/elles étaient monté(e)s

Passé simple

je montai	nous montâmes
tu montas	vous montâtes
il/elle/on monta	ils/elles montèrent

Passé antérieur

je fus monté(e)	nous fûmes monté(e)s
tu fus monté(e)	vous fûtes monté(e)(s)
il/elle/on fut monté(e)	ils/elles furent monté(e)s

SUBJONCTIF

Présent

que je monte	que nous montions
que tu montes	que vous montiez
qu'il/elle/on monte	qu'ils/elles montent

Imparfait

que je montasse	que nous montassions
que tu montasses	que vous montassiez
qu'il/elle/on montât	qu'ils/elles montassent

Passé

que je sois monté(e)	que nous soyons monté(e)s
que tu sois monté(e)	que vous soyez monté(e)(s)
qu'il/elle/on soit monté(e)	qu'ils/elles soient monté(e)s

Plus-que-parfait

que je fusse monté(e)	que nous fussions monté(e)s
que tu fusses monté(e)	que vous fussiez monté(e)(s)
qu'il/elle/on fût monté(e)	qu'ils/elles fussent monté(e)s

CONDITIONNEL

Présent

je monterais	nous monterions
tu monterais	vous monteriez
il/elle/on monterait	ils/elles monteraient

Passé

je serais monté(e)	nous serions monté(e)s
tu serais monté(e)	vous seriez monté(e)(s)
il/elle/on serait monté(e)	ils/elles seraient monté(e)s

IMPÉRATIF

monte montons montez

Elles ne sont pas montées à pied, elles ont pris leurs vélos.
They didn't go up on foot; they took their bikes.

Pendant que mon fils montait dans la voiture mon beau-frèrè a commencé à rouler.
While my son was getting into the car, my brother-in-law started driving.

Si on avait eu notre équipement, on serait montés au sommet avec vous.
If we had had our equipment, we would have gone up to the summit with you.

SE MOQUER *to mock, to make fun*

Inf. se moquer *Part. prés.* se moquant *Part. passé* moqué(e)(s)

INDICATIF

Présent

je me moque	nous nous moquons
tu te moques	vous vous moquez
il/elle/on se moque	ils/elles se moquent

Imparfait

je me moquais	nous nous moquions
tu te moquais	vous vous moquiez
il/elle/on se moquait	ils/elles se moquaient

Passé composé

je me suis moqué(e)	nous nous sommes moqué(e)s
tu t'es moqué(e)	vous vous êtes moqué(e)(s)
il/elle/on s'est moqué(e)	ils/elles se sont moqué(e)s

Plus-que-parfait

je m'étais moqué(e)	nous nous étions moqué(e)s
tu t'étais moqué(e)	vous vous étiez moqué(e)(s)
il/elle/on s'était moqué(e)	ils/elles s'étaient moqué(e)s

Futur simple

je me moquerai	nous nous moquerons
tu te moqueras	vous vous moquerez
il/elle/on se moquera	ils/elles se moqueront

Passé simple

je me moquai	nous nous moquâmes
tu te moquas	vous vous moquâtes
il/elle/on se moqua	ils/elles se moquèrent

Futur antérieur

je me serai moqué(e)	nous nous serons moqué(e)s
tu te seras moqué(e)	vous vous serez moqué(e)(s)
il/elle/on se sera moqué(e)	ils/elles se seront moqué(e)s

Passé antérieur

je me fus moqué(e)	nous nous fûmes moqué(e)s
tu te fus moqué(e)	vous vous fûtes moqué(e)(s)
il/elle/on se fut moqué(e)	ils/elles se furent moqué(e)s

SUBJONCTIF

Présent

que je me moque	que nous nous moquions
que tu te moques	que vous vous moquiez
qu'il/elle/on se moque	qu'ils/elles se moquent

Passé

que je me sois moqué(e)	que nous nous soyons moqué(e)s
que tu te sois moqué(e)	que vous vous soyez moqué(e)(s)
qu'il/elle/on se soit moqué(e)	qu'ils/elles se soient moqué(e)s

Imparfait

que je me moquasse	que nous nous moquassions
que tu te moquasses	que vous vous moquassiez
qu'il/elle/on se moquât	qu'ils/elles se moquassent

Plus-que-parfait

que je me fusse moqué(e)	que nous nous fussions moqué(e)s
que tu te fusses moqué(e)	que vous vous fussiez moqué(e)(s)
qu'il/elle/on se fût moqué(e)	qu'ils/elles se fussent moqué(e)s

CONDITIONNEL

Présent

je me moquerais	nous nous moquerions
tu te moquerais	vous vous moqueriez
il/elle/on se moquerait	ils/elles se moqueraient

Passé

je me serais moqué(e)	nous nous serions moqué(e)s
tu te serais moqué(e)	vous vous seriez moqué(e)(s)
il/elle/on se serait moqué(e)	ils/elles se seraient moqué(e)s

IMPÉRATIF

moque-toi moquons-nous moquez-vous

Tu te moques de moi alors?
So you're making fun of me?

Que vous vous moquiez de moi ou non, je m'en fiche!
Make fun of me or not—I don't really care!

Les collégiennes se moquaient de tout le monde sans exception.
The junior high girls made fun of everyone, without exception.

MORDRE *to bite*

Inf. mordre *Part. prés.* mordant *Part. passé* mordu

INDICATIF

Présent

je mords	nous mordons
tu mords	vous mordez
il/elle/on mord	ils/elles mordent

Imparfait

je mordais	nous mordions
tu mordais	vous mordiez
il/elle/on mordait	ils/elles mordaient

Passé composé

j'ai mordu	nous avons mordu
tu as mordu	vous avez mordu
il/elle/on a mordu	ils/elles ont mordu

Plus-que-parfait

j'avais mordu	nous avions mordu
tu avais mordu	vous aviez mordu
il/elle/on avait mordu	ils/elles avaient mordu

Futur simple

je mordrai	nous mordrons
tu mordras	vous mordrez
il/elle/on mordra	ils/elles mordront

Passé simple

je mordis	nous mordîmes
tu mordis	vous mordîtes
il/elle/on mordit	ils/elles mordirent

Futur antérieur

j'aurai mordu	nous aurons mordu
tu auras mordu	vous aurez mordu
il/elle/on aura mordu	ils/elles auront mordu

Passé antérieur

j'eus mordu	nous eûmes mordu
tu eus mordu	vous eûtes mordu
il/elle/on eut mordu	ils/elles eurent mordu

SUBJONCTIF

Présent

que je morde	que nous mordions
que tu mordes	que vous mordiez
qu'il/elle/on morde	qu'ils/elles mordent

Passé

que j'aie mordu	que nous ayons mordu
que tu aies mordu	que vous ayez mordu
qu'il/elle/on ait mordu	qu'ils/elles aient mordu

Imparfait

que je mordisse	que nous mordissions
que tu mordisses	que vous mordissiez
qu'il/elle/on mordît	qu'ils/elles mordissent

Plus-que-parfait

que j'eusse mordu	que nous eussions mordu
que tu eusses mordu	que vous eussiez mordu
qu'il/elle/on eût mordu	qu'ils/elles eussent mordu

CONDITIONNEL

Présent

je mordrais	nous mordrions
tu mordrais	vous mordriez
il/elle/on mordrait	ils/elles mordraient

Passé

j'aurais mordu	nous aurions mordu
tu aurais mordu	vous auriez mordu
il/elle/on aurait mordu	ils/elles auraient mordu

IMPÉRATIF

mords mordons mordez

J'ai mordu dans une pomme et ai trouvé un vers dedans!
I bit into an apple and found a worm inside!

Fais attention, parce que le chien des Ducasse mord.
Be careful, because the Ducasses's dog bites.

Notre petit cousin était facile à duper parce qu'il mordait à l'appât à chaque fois!
Our little cousin was easy to fool because he took the bait every time!

MOUILLER *to moisten, to wet*

Inf. mouiller *Part. prés.* mouillant *Part. passé* mouillé

INDICATIF

Présent

je mouille	nous mouillons
tu mouilles	vous mouillez
il/elle/on mouille	ils/elles mouillent

Imparfait

je mouillais	nous mouillions
tu mouillais	vous mouilliez
il/elle/on mouillait	ils/elles mouillaient

Passé composé

j'ai mouillé	nous avons mouillé
tu as mouillé	vous avez mouillé
il/elle/on a mouillé	ils/elles ont mouillé

Plus-que-parfait

j'avais mouillé	nous avions mouillé
tu avais mouillé	vous aviez mouillé
il/elle/on avait mouillé	ils/elles avaient mouillé

Futur simple

je mouillerai	nous mouillerons
tu mouilleras	vous mouillerez
il/elle/on mouillera	ils/elles mouilleront

Passé simple

je mouillai	nous mouillâmes
tu mouillas	vous mouillâtes
il/elle/on mouilla	ils/elles mouillèrent

Futur antérieur

j'aurai mouillé	nous aurons mouillé
tu auras mouillé	vous aurez mouillé
il/elle/on aura mouillé	ils/elles auront mouillé

Passé antérieur

j'eus mouillé	nous eûmes mouillé
tu eus mouillé	vous eûtes mouillé
il/elle/on eut mouillé	ils/elles eurent mouillé

SUBJONCTIF

Présent

que je mouille	que nous mouillions
que tu mouilles	que vous mouilliez
qu'il/elle/on mouille	qu'ils/elles mouillent

Passé

que j'aie mouillé	que nous ayons mouillé
que tu aies mouillé	que vous ayez mouillé
qu'il/elle/on ait mouillé	qu'ils/elles aient mouillé

Imparfait

que je mouillasse	que nous mouillassions
que tu mouillasses	que vous mouillassiez
qu'il/elle/on mouillât	qu'ils/elles mouillassent

Plus-que-parfait

que j'eusse mouillé	que nous eussions mouillé
que tu eusses mouillé	que vous eussiez mouillé
qu'il/elle/on eût mouillé	qu'ils/elles eussent mouillé

CONDITIONNEL

Présent

je mouillerais	nous mouillerions
tu mouillerais	vous mouilleriez
il/elle/on mouillerait	ils/elles mouilleraient

Passé

j'aurais mouillé	nous aurions mouillé
tu aurais mouillé	vous auriez mouillé
il/elle/on aurait mouillé	ils/elles auraient mouillé

IMPÉRATIF

mouille mouillons mouillez

J'ai besoin de mouiller les croquettes de mon chien, sinon il ne les mange pas.
I need to moisten my dog's food or he won't eat it.

Tu dois changer de costume parce que tu l'as mouillé.
You need to change your suit because you got it wet.

Ne mouille pas ton dessin parce que les couleurs couleront.
Don't get youir drawing wet, because the colors will run.

MOURIR *to die*

Inf. mourir *Part. prés.* mourant *Part. passé* mort(e)(s)

INDICATIF

Présent

je meurs	nous mourons
tu meurs	vous mourez
il/elle/on meurt	ils/elles meurent

Imparfait

je mourais	nous mourions
tu mourais	vous mouriez
il/elle/on mourait	ils/elles mouraient

Passé composé

je suis mort(e)	nous sommes mort(e)s
tu es mort(e)	vous êtes mort(e)(s)
il/elle/on est mort(e)	ils/elles sont mort(e)s

Plus-que-parfait

j'étais mort(e)	nous étions mort(e)s
tu étais mort(e)	vous étiez mort(e)(s)
il/elle/on était mort(e)	ils/elles étaient mort(e)s

Futur simple

je mourrai	nous mourrons
tu mourras	vous mourrez
il/elle/on mourra	ils/elles mourront

Passé simple

je mourus	nous mourûmes
tu mourus	vous mourûtes
il/elle/on mourut	ils/elles moururent

Futur antérieur

je serai mort(e)	nous serons mort(e)s
tu seras mort(e)	vous serez mort(e)(s)
il/elle/on sera mort(e)	ils/elles seront mort(e)s

Passé antérieur

je fus mort(e)	nous fûmes mort(e)s
tu fus mort(e)	vous fûtes mort(e)(s)
il/elle/on fut mort(e)	ils/elles furent mort(e)s

SUBJONCTIF

Présent

que je meure	que nous mourions
que tu meures	que vous mouriez
qu'il/elle/on meure	qu'ils/elles meurent

Passé

que je sois mort(e)	que nous soyons mort(e)s
que tu sois mort(e)	que vous soyez mort(e)(s)
qu'il/elle/on soit mort(e)	qu'ils/elles soient mort(e)s

Imparfait

que je mourusse	que nous mourussions
que tu mourusses	que vous mourussiez
qu'il/elle/on mourût	qu'ils/elles mourussent

Plus-que-parfait

que je fusse mort(e)	que nous fussions mort(e)s
que tu fusses mort(e)	que vous fussiez mort(e)(s)
qu'il/elle/on fût mort(e)	qu'ils/elles fussent mort(e)s

CONDITIONNEL

Présent

je mourrais	nous mourrions
tu mourrais	vous mourriez
il/elle/on mourrait	ils/elles mourraient

Passé

je serais mort(e)	nous serions mort(e)s
tu serais mort(e)	vous seriez mort(e)(s)
il/elle/on serait mort(e)	ils/elles seraient mort(e)s

IMPÉRATIF

meurs mourons mourez

Après des années de bonne santé, notre tortue Raymond est morte subitement.
After years of good health, our turtle Raymond died suddenly.

La vicitime est sur le point de mourir.
The victim is about to die.

Hélas, Michel est mort l'année dernière.
Alas, Michel died last year.

NAGER *to swim*

Inf. nager *Part. prés.* nageant *Part. passé* nagé

INDICATIF

Présent

je nage	nous nageons
tu nages	vous nagez
il/elle/on nage	ils/elles nagent

Imparfait

je nageais	nous nagions
tu nageais	vous nagiez
il/elle/on nageait	ils/elles nageaient

Passé composé

j'ai nagé	nous avons nagé
tu as nagé	vous avez nagé
il/elle/on a nagé	ils/elles ont nagé

Plus-que-parfait

j'avais nagé	nous avions nagé
tu avais nagé	vous aviez nagé
il/elle/on avait nagé	ils/elles avaient nagé

Futur simple

je nagerai	nous nagerons
tu nageras	vous nagerez
il/elle/on nagera	ils/elles nageront

Passé simple

je nageai	nous nageâmes
tu nageas	vous nageâtes
il/elle/on nagea	ils/elles nagèrent

Futur antérieur

j'aurai nagé	nous aurons nagé
tu auras nagé	vous aurez nagé
il/elle/on aura nagé	ils/elles auront nagé

Passé antérieur

j'eus nagé	nous eûmes nagé
tu eus nagé	vous eûtes nagé
il/elle/on eut nagé	ils/elles eurent nagé

SUBJONCTIF

Présent

que je nage	que nous nagions
que tu nages	que vous nagiez
qu'il/elle/on nage	qu'ils/elles nagent

Passé

que j'aie nagé	que nous ayons nagé
que tu aies nagé	que vous ayez nagé
qu'il/elle/on ait nagé	qu'ils/elles aient nagé

Imparfait

que je nageasse	que nous nageassions
que tu nageasses	que vous nageassiez
qu'il/elle/on nageât	qu'ils/elles nageassent

Plus-que-parfait

que j'eusse nagé	que nous eussions nagé
que tu eusses nagé	que vous eussiez nagé
qu'il/elle/on eût nagé	qu'ils/elles eussent nagé

CONDITIONNEL

Présent

je nagerais	nous nagerions
tu nagerais	vous nageriez
il/elle/on nagerait	ils/elles nageraient

Passé

j'aurais nagé	nous aurions nagé
tu aurais nagé	vous auriez nagé
il/elle/on aurait nagé	ils/elles auraient nagé

IMPÉRATIF

nage nageons nagez

Charlotte apprend à nager.
Charlotte is learning how to swim.

Nageons d'abord et puis on fera du vélo après.
Let's swim first and then we'll go biking after.

Nos jumeaux nagent depuis l'âge de six mois.
Our twins have been swimming since they were six months old.

NAÎTRE *to be born*

Inf. naître *Part. prés.* naissant *Part. passé* né(e)(s)

INDICATIF

Présent

je nais	nous naissons
tu nais	vous naissez
il/elle/on naît / ait	ils/elles naissent

Imparfait

je naissais	nous naissions
tu naissais	vous naissiez
il/elle/on naissait	ils/elles naissaient

Passé composé

je suis né(e)	nous sommes né(e)s
tu es né(e)	vous êtes né(e)(s)
il/elle/on est né(e)	ils/elles sont né(e)s

Plus-que-parfait

j'étais né(e)	nous étions né(e)s
tu étais né(e)	vous étiez né(e)(s)
il/elle/on était né(e)	ils/elles étaient né(e)s

Futur simple

je naîtrai / aitrai	nous naîtrons / aitrons
tu naîtras / aitras	vous naîtrez / aitrez
il/elle/on naîtra / aitra	ils/elles naîtront / aitront

Passé simple

je naquis	nous naquîmes
tu naquis	vous naquîtes
il/elle/on naquit	ils/elles naquirent

Futur antérieur

je serai né(e)	nous serons né(e)s
tu seras né(e)	vous serez né(e)(s)
il/elle/on sera né(e)	ils/elles seront né(e)s

Passé antérieur

je fus né(e)	nous fûmes né(e)s
tu fus né(e)	vous fûtes né(e)(s)
il/elle/on fut né(e)	ils/elles furent né(e)s

SUBJONCTIF

Présent

que je naisse	que nous naissions
que tu naisses	que vous naissiez
qu'il/elle/on naisse	qu'ils/elles naissent

Passé

que je sois né(e)	que nous soyons né(e)s
que tu sois né(e)	que vous soyez né(e)(s)
qu'il/elle/on soit né(e)	qu'ils/elles soient né(e)s

Imparfait

que je naquisse	que nous naquissions
que tu naquisses	que vous naquissiez
qu'il/elle/on naquît	qu'ils/elles naquissent

Plus-que-parfait

que je fusse né(e)	que nous fussions né(e)s
que tu fusses né(e)	que vous fussiez né(e)(s)
qu'il/elle/on fût né(e)	qu'ils/elles fussent né(e)s

CONDITIONNEL

Présent

je naîtrais / aitrais	nous naîtrions / aitrions
tu naîtrais / aitrais	vous naîtriez / aitriez
il/elle/on naîtrait / aitrait	ils/elles naîtraient / aitraient

Passé

je serais né(e)	nous serions né(e)s
tu serais né(e)	vous seriez né(e)(s)
il/elle/on serait né(e)	ils/elles seraient né(e)s

IMPÉRATIF

nais naissons naissez

Julie est née trois minutes après la mort de son arrière-grand-père.
Julie was born three minutes after the death of her great-grandfather.

Parfois je pense que ma fille aurait été plus heureuse si elle était née au 19ème siècle.
Sometimes I think that my daughter would have been happier if she had been born in the nineteenth century.

Certains sont fâchés que tous les enfants qui soient nés chez nous reçoivent la nationalité.
Certain people are furious that all the children born in our country receive citizenship.

NAVIGUER *to sail, to fly, to navigate*

Inf. naviguer *Part. prés.* naviguant *Part. passé* navigué

INDICATIF

Présent

je navigue	nous naviguons
tu navigues	vous naviguez
il/elle/on navigue	ils/elles naviguent

Imparfait

je naviguais	nous naviguions
tu naviguais	vous naviguiez
il/elle/on naviguait	ils/elles naviguaient

Passé composé

j'ai navigué	nous avons navigué
tu as navigué	vous avez navigué
il/elle/on a navigué	ils/elles ont navigué

Plus-que-parfait

j'avais navigué	nous avions navigué
tu avais navigué	vous aviez navigué
il/elle/on avait navigué	ils/elles avaient navigué

Futur simple

je naviguerai	nous naviguerons
tu navigueras	vous naviguerez
il/elle/on naviguera	ils/elles navigueront

Passé simple

je naviguai	nous naviguâmes
tu naviguas	vous naviguâtes
il/elle/on navigua	ils/elles naviguèrent

Futur antérieur

j'aurai navigué	nous aurons navigué
tu auras navigué	vous aurez navigué
il/elle/on aura navigué	ils/elles auront navigué

Passé antérieur

j'eus navigué	nous eûmes navigué
tu eus navigué	vous eûtes navigué
il/elle/on eut navigué	ils/elles eurent navigué

SUBJONCTIF

Présent

que je navigue	que nous naviguions
que tu navigues	que vous naviguiez
qu'il/elle/on navigue	qu'ils/elles naviguent

Passé

que j'aie navigué	que nous ayons navigué
que tu aies navigué	que vous ayez navigué
qu'il/elle/on ait navigué	qu'ils/elles aient navigué

Imparfait

que je naviguasse	que nous naviguassions
que tu naviguasses	que vous naviguassiez
qu'il/elle/on naviguât	qu'ils/elles naviguassent

Plus-que-parfait

que j'eusse navigué	que nous eussions navigué
que tu eusses navigué	que vous eussiez navigué
qu'il/elle/on eût navigué	qu'ils/elles eussent navigué

CONDITIONNEL

Présent

je naviguerais	nous naviguerions
tu naviguerais	vous navigueriez
il/elle/on naviguerait	ils/elles navigueraient

Passé

j'aurais navigué	nous aurions navigué
tu aurais navigué	vous auriez navigué
il/elle/on aurait navigué	ils/elles auraient navigué

IMPÉRATIF

navigue naviguons naviguez

Dans le passé, les marins naviguaient à vue.
In the past, sailors used to navigate by sight.

On a perdu de la vitesse en naviguant entre ces deux îlots.
We lost speed while sailing between these two small islands.

Mon ordinateur tombe en panne quand je navigue sur Internet.
My computer crashes when I surf the Internet.

NÉGLIGER *to neglect, to ignore*

Inf. négliger *Part. prés.* négligeant *Part. passé* negligé

INDICATIF

Présent

je néglige	nous négligeons
tu négliges	vous négligez
il/elle/on néglige	ils/elles négligent

Imparfait

je négligeais	nous négligions
tu négligeais	vous négligiez
il/elle/on négligeait	ils/elles négligeaient

Passé composé

j'ai négligé	nous avons négligé
tu as négligé	vous avez négligé
il/elle/on a négligé	ils/elles ont négligé

Plus-que-parfait

j'avais négligé	nous avions négligé
tu avais négligé	vous aviez négligé
il/elle/on avait négligé	ils/elles avaient négligé

Futur simple

je négligerai	nous négligerons
tu négligeras	vous négligerez
il/elle/on négligera	ils/elles négligeront

Passé simple

je négligeai	nous négligeâmes
tu négligeas	vous négligeâtes
il/elle/on négligea	ils/elles négligèrent

Futur antérieur

j'aurai négligé	nous aurons négligé
tu auras négligé	vous aurez négligé
il/elle/on aura négligé	ils/elles auront négligé

Passé antérieur

j'eus négligé	nous eûmes négligé
tu eus négligé	vous eûtes négligé
il/elle/on eut négligé	ils/elles eurent négligé

SUBJONCTIF

Présent

que je néglige	que nous négligions
que tu négliges	que vous négligiez
qu'il/elle/on néglige	qu'ils/elles négligent

Passé

que j'aie négligé	que nous ayons négligé
que tu aies négligé	que vous ayez négligé
qu'il/elle/on ait négligé	qu'ils/elles aient négligé

Imparfait

que je négligeasse	que nous négligeassions
que tu négligeasses	que vous négligeassiez
qu'il/elle/on négligeât	qu'ils/elles négligeassent

Plus-que-parfait

que j'eusse négligé	que nous eussions négligé
que tu eusses négligé	que vous eussiez négligé
qu'il/elle/on eût négligé	qu'ils/elles eussent négligé

CONDITIONNEL

Présent

je négligerais	nous négligerions
tu négligerais	vous négligeriez
il/elle/on négligerait	ils/elles négligeraient

Passé

j'aurais négligé	nous aurions négligé
tu aurais négligé	vous auriez négligé
il/elle/on aurait négligé	ils/elles auraient négligé

IMPÉRATIF

néglige négligeons négligez

Si tu négliges cette toux, tu auras des problèmes de gorge.
If you leave this cough untreated, you will have throat problems.

On ne négligeait aucun détail en cherchant notre chien perdu.
We didn't leave any stone unturned while looking for our lost dog.

J'ai peur qu'après son divorce mon frère néglige ses enfants.
I'm afraid that after his divorce my brother is neglecting his kids.

NÉGOCIER *to negotiate*

Inf. négocier *Part. prés.* négociant *Part. passé* négocié

INDICATIF

Présent

je négocie	nous négocions
tu négocies	vous négociez
il/elle/on négocie	ils/elles négocient

Imparfait

je négociais	nous négociions
tu négociais	vous négociiez
il/elle/on négociait	ils/elles négociaient

Passé composé

j'ai négocié	nous avons négocié
tu as négocié	vous avez négocié
il/elle/on a négocié	ils/elles ont négocié

Plus-que-parfait

j'avais négocié	nous avions négocié
tu avais négocié	vous aviez négocié
il/elle/on avait négocié	ils/elles avaient négocié

Futur simple

je négocierai	nous négocierons
tu négocieras	vous négocierez
il/elle/on négociera	ils/elles négocieront

Passé simple

je négociai	nous négociâmes
tu négocias	vous négociâtes
il/elle/on négocia	ils/elles négocièrent

Futur antérieur

j'aurai négocié	nous aurons négocié
tu auras négocié	vous aurez négocié
il/elle/on aura négocié	ils/elles auront négocié

Passé antérieur

j'eus négocié	nous eûmes négocié
tu eus négocié	vous eûtes négocié
il/elle/on eut négocié	ils/elles eurent négocié

SUBJONCTIF

Présent

que je négocie	que nous négociions
que tu négocies	que vous négociiez
qu'il/elle/on négocie	qu'ils/elles négocient

Passé

que j'aie négocié	que nous ayons négocié
que tu aies négocié	que vous ayez négocié
qu'il/elle/on ait négocié	qu'ils/elles aient négocié

Imparfait

que je négociasse	que nous négociassions
que tu négociasses	que vous négociassiez
qu'il/elle/on négociât	qu'ils/elles négociassent

Plus-que-parfait

que j'eusse négocié	que nous eussions négocié
que tu eusses négocié	que vous eussiez négocié
qu'il/elle/on eût négocié	qu'ils/elles eussent négocié

CONDITIONNEL

Présent

je négocierais	nous négocierions
tu négocierais	vous négocieriez
il/elle/on négocierait	ils/elles négocieraient

Passé

j'aurais négocié	nous aurions négocié
tu aurais négocié	vous auriez négocié
il/elle/on aurait négocié	ils/elles auraient négocié

IMPÉRATIF

négocie négocions négociez

Le syndicat a négocié une augmentation de bénéfices.
The union negotiated an increase in benefits.

Rémi et Charles négocient un nouveau contrat avec notre fournisseur.
Rémi and Charles are regotiating a new contract with our supplier.

Avant que la situation s'empire notre gouvernement aura à négocier avec les rebelles.
Before the situation gets worse our government will have to negotiate with the rebels.

NEIGER *to snow*

Inf. neiger *Part. prés.* neigeant *Part. passé* neigé

INDICATIF

Présent		Imparfait	
—	—	—	—
—	—	—	—
il neige	—	il neigeait	—
Passé composé		**Plus-que-parfait**	
—	—	—	—
—	—	—	—
il a neigé	—	il avait neigé	—
Futur simple		**Passé simple**	
—	—	—	—
—	—	—	—
il neigera	—	il neigea	—
Futur antérieur		**Passé antérieur**	
—	—	—	—
—	—	—	—
il aura neigé	—	il eut neigé	—

SUBJONCTIF

Présent		Passé	
—	—	—	—
—	—	—	—
qu'il neige	—	qu'il ait neigé	—
Imparfait		**Plus-que-parfait**	
—	—	—	—
—	—	—	—
qu'il neigeât	—	qu'il eût neigé	—

CONDITIONNEL

Présent		Passé	
—	—	—	—
—	—	—	—
il neigerait	—	il aurait neigé	—

IMPÉRATIF

—

Les écoliers sont ravis qu'il ait neigé toute la nuit.
The schoolchildren are delighted that it snowed all night.

Les prévisions météo indiquent qu'il neigera demain.
The weather forecast indicates that it will snow tomorrow.

J'imagine qu'il aura neigé quelques jours avant Noël.
I imagine that it will have snowed a few days before Christmas.

NETTOYER *to clean*

Inf. nettoyer *Part. prés.* nettoyant *Part. passé* nettoyé

INDICATIF

Présent

je nettoie	nous nettoyons
tu nettoies	vous nettoyez
il/elle/on nettoie	ils/elles nettoient

Passé composé

j'ai nettoyé	nous avons nettoyé
tu as nettoyé	vous avez nettoyé
il/elle/on a nettoyé	ils/elles ont nettoyé

Futur simple

je nettoierai	nous nettoierons
tu nettoieras	vous nettoierez
il/elle/on nettoiera	ils/elles nettoieront

Futur antérieur

j'aurai nettoyé	nous aurons nettoyé
tu auras nettoyé	vous aurez nettoyé
il/elle/on aura nettoyé	ils/elles auront nettoyé

Imparfait

je nettoyais	nous nettoyions
tu nettoyais	vous nettoyiez
il/elle/on nettoyait	ils/elles nettoyaient

Plus-que-parfait

j'avais nettoyé	nous avions nettoyé
tu avais nettoyé	vous aviez nettoyé
il/elle/on avait nettoyé	ils/elles avaient nettoyé

Passé simple

je nettoyai	nous nettoyâmes
tu nettoyas	vous nettoyâtes
il/elle/on nettoya	ils/elles nettoyèrent

Passé antérieur

j'eus nettoyé	nous eûmes nettoyé
tu eus nettoyé	vous eûtes nettoyé
il/elle/on eut nettoyé	ils/elles eurent nettoyé

SUBJONCTIF

Présent

que je nettoie	que nous nettoyions
que tu nettoies	que vous nettoyiez
qu'il/elle/on nettoie	qu'ils/elles nettoient

Imparfait

que je nettoyasse	que nous nettoyassions
que tu nettoyasses	que vous nettoyassiez
qu'il/elle/on nettoyât	qu'ils/elles nettoyassent

Passé

que j'aie nettoyé	que nous ayons nettoyé
que tu aies nettoyé	que vous ayez nettoyé
qu'il/elle/on ait nettoyé	qu'ils/elles aient nettoyé

Plus-que-parfait

que j'eusse nettoyé	que nous eussions nettoyé
que tu eusses nettoyé	que vous eussiez nettoyé
qu'il/elle/on eût nettoyé	qu'ils/elles eussent nettoyé

CONDITIONNEL

Présent

je nettoierais	nous nettoierions
tu nettoierais	vous nettoieriez
il/elle/on nettoierait	ils/elles nettoieraient

Passé

j'aurais nettoyé	nous aurions nettoyé
tu aurais nettoyé	vous auriez nettoyé
il/elle/on aurait nettoyé	ils/elles auraient nettoyé

IMPÉRATIF

nettoie nettoyons nettoyez

Maman est contente que nous ayons nettoyé la salle de bains.
Mom is happy that we cleaned the bathroom.

Nettoyons notre voiture avant notre départ.
Let's clean our car before we leave.

Madeleine et ses enfants détestent nettoyer leur maison.
Madeleine and her kids hate cleaning their house.

NIER *to deny*

Inf. nier *Part. prés.* niant *Part. passé* nié

INDICATIF

Présent

je nie	nous nions
tu nies	vous niez
il/elle/on nie	ils/elles nient

Passé composé

j'ai nié	nous avons nié
tu as nié	vous avez nié
il/elle/on a nié	ils/elles ont nié

Futur simple

je nierai	nous nierons
tu nieras	vous nierez
il/elle/on niera	ils/elles nieront

Futur antérieur

j'aurai nié	nous aurons nié
tu auras nié	vous aurez nié
il/elle/on aura nié	ils/elles auront nié

Imparfait

je niais	nous niions
tu niais	vous niiez
il/elle/on niait	ils/elles niaient

Plus-que-parfait

j'avais nié	nous avions nié
tu avais nié	vous aviez nié
il/elle/on avait nié	ils/elles avaient nié

Passé simple

je niai	nous niâmes
tu nias	vous niâtes
il/elle/on nia	ils/elles nièrent

Passé antérieur

j'eus nié	nous eûmes nié
tu eus nié	vous eûtes nié
il/elle/on eut nié	ils/elles eurent nié

SUBJONCTIF

Présent

que je nie	que nous niions
que tu nies	que vous niiez
qu'il/elle/on nie	qu'ils/elles nient

Imparfait

que je niasse	que nous niassions
que tu niasses	que vous niassiez
qu'il/elle/on niât	qu'ils/elles niassent

Passé

que j'aie nié	que nous ayons nié
que tu aies nié	que vous ayez nié
qu'il/elle/on ait nié	qu'ils/elles aient nié

Plus-que-parfait

que j'eusse nié	que nous eussions nié
que tu eusses nié	que vous eussiez nié
qu'il/elle/on eût nié	qu'ils/elles eussent nié

CONDITIONNEL

Présent

je nierais	nous nierions
tu nierais	vous nieriez
il/elle/on nierait	ils/elles nieraient

Passé

j'aurais nié	nous aurions nié
tu aurais nié	vous auriez nié
il/elle/on aurait nié	ils/elles auraient nié

IMPÉRATIF

nie nions niez

Est-ce que vous niez l'importance des médias dans le processus politique?
Do you deny the importance of the media in the political process?

Personne n'a été surpris de voir que le candidat a nié tout.
No one was surprised to see the candidate deny everything.

On ne peut pas nier que les enfants deviennent de plus en plus sédentaires.
One cannot deny that children are becoming more and more sedentary.

NOURRIR *to feed, to nourish; to fuel [figurative]*

Inf. nourrir *Part. prés.* nourrissant *Part. passé* nourri

INDICATIF

Présent

je nourris	nous nourrissons
tu nourris	vous nourrissez
il/elle/on nourrit	ils/elles nourrissent

Imparfait

je nourrissais	nous nourrissions
tu nourrissais	vous nourrissiez
il/elle/on nourrissait	ils/elles nourrissaient

Passé composé

j'ai nourri	nous avons nourri
tu as nourri	vous avez nourri
il/elle/on a nourri	ils/elles ont nourri

Plus-que-parfait

j'avais nourri	nous avions nourri
tu avais nourri	vous aviez nourri
il/elle/on avait nourri	ils/elles avaient nourri

Futur simple

je nourrirai	nous nourrirons
tu nourriras	vous nourrirez
il/elle/on nourrira	ils/elles nourriront

Passé simple

je nourris	nous nourrîmes
tu nourris	vous nourrîtes
il/elle/on nourrit	ils/elles nourrirent

Futur antérieur

j'aurai nourri	nous aurons nourri
tu auras nourri	vous aurez nourri
il/elle/on aura nourri	ils/elles auront nourri

Passé antérieur

j'eus nourri	nous eûmes nourri
tu eus nourri	vous eûtes nourri
il/elle/on eut nourri	ils/elles eurent nourri

SUBJONCTIF

Présent

que je nourrisse	que nous nourrissions
que tu nourrisses	que vous nourrissiez
qu'il/elle/on nourrisse	qu'ils/elles nourrissent

Passé

que j'aie nourri	que nous ayons nourri
que tu aies nourri	que vous ayez nourri
qu'il/elle/on ait nourri	qu'ils/elles aient nourri

Imparfait

que je nourrisse	que nous nourrissions
que tu nourrisses	que vous nourrissiez
qu'il/elle/on nourrît	qu'ils/elles nourrissent

Plus-que-parfait

que j'eusse nourri	que nous eussions nourri
que tu eusses nourri	que vous eussiez nourri
qu'il/elle/on eût nourri	qu'ils/elles eussent nourri

CONDITIONNEL

Présent

je nourrirais	nous nourririons
tu nourrirais	vous nourririez
il/elle/on nourrirait	ils/elles nourriraient

Passé

j'aurais nourri	nous aurions nourri
tu aurais nourri	vous auriez nourri
il/elle/on aurait nourri	ils/elles auraient nourri

IMPÉRATIF

nourris nourrissons nourrissez

Ne nourris pas les chats; je l'ai fait ce matin.
Don't feed the cats; I did it this morning.

On dirait que ce jeune athlète est nourri par une passion intense de réussir.
One might say that this young athlete is fueled by an intense passion to succeed.

Certains ne gagnent même pas de quoi nourrir leurs familles.
Some don't even earn enough to feed their families.

OBÉIR *to obey*

Inf. obéir *Part. prés.* obéissant *Part. passé* obéi

INDICATIF

Présent

j'obéis	nous obéissons
tu obéis	vous obéissez
il/elle/on obéit	ils/elles obéissent

Passé composé

j'ai obéi	nous avons obéi
tu as obéi	vous avez obéi
il/elle/on a obéi	ils/elles ont obéi

Futur simple

j'obéirai	nous obéirons
tu obéiras	vous obéirez
il/elle/on obéira	ils/elles obéiront

Futur antérieur

j'aurai obéi	nous aurons obéi
tu auras obéi	vous aurez obéi
il/elle/on aura obéi	ils/elles auront obéi

Imparfait

j'obéissais	nous obéissions
tu obéissais	vous obéissiez
il/elle/on obéissait	ils/elles obéissaient

Plus-que-parfait

j'avais obéi	nous avions obéi
tu avais obéi	vous aviez obéi
il/elle/on avait obéi	ils/elles avaient obéi

Passé simple

j'obéis	nous obéîmes
tu obéis	vous obéîtes
il/elle/on obéit	ils/elles obéirent

Passé antérieur

j'eus obéi	nous eûmes obéi
tu eus obéi	vous eûtes obéi
il/elle/on eut obéi	ils/elles eurent obéi

SUBJONCTIF

Présent

que j'obéisse	que nous obéissions
que tu obéisses	que vous obéissiez
qu'il/elle/on obéisse	qu'ils/elles obéissent

Imparfait

que j'obéisse	que nous obéissions
que tu obéisses	que vous obéissiez
qu'il/elle/on obéît	qu'ils/elles obéissent

Passé

que j'aie obéi	que nous ayons obéi
que tu aies obéi	que vous ayez obéi
qu'il/elle/on ait obéi	qu'ils/elles aient obéi

Plus-que-parfait

que j'eusse obéi	que nous eussions obéi
que tu eusses obéi	que vous eussiez obéi
qu'il/elle/on eût obéi	qu'ils/elles eussent obéi

CONDITIONNEL

Présent

j'obéirais	nous obéirions
tu obéirais	vous obéiriez
il/elle/on obéirait	ils/elles obéiraient

Passé

j'aurais obéi	nous aurions obéi
tu aurais obéi	vous auriez obéi
il/elle/on aurait obéi	ils/elles auraient obéi

IMPÉRATIF

obéis obéissons obéissez

On s'attendait à ce que les stagiaires obéissent aux règles de notre programme.
We expected interns to obey the rules of our program.

Quand mon frère était petit, il n'obéissait à personne.
When my brother was young, he obeyed no one.

Cet enfant caractériel n'obéit jamais ni à ses parents ni à ses maîtres.
This problem child never obeys his parents nor his teachers.

OBLIGER *to oblige, to force [someone]*

Inf. obliger *Part. prés.* obligeant *Part. passé* obligé

INDICATIF

Présent

j'oblige	nous obligeons
tu obliges	vous obligez
il/elle/on oblige	ils/elles obligent

Passé composé

j'ai obligé	nous avons obligé
tu as obligé	vous avez obligé
il/elle/on a obligé	ils/elles ont obligé

Futur simple

j'obligerai	nous obligerons
tu obligeras	vous obligerez
il/elle/on obligera	ils/elles obligeront

Futur antérieur

j'aurai obligé	nous aurons obligé
tu auras obligé	vous aurez obligé
il/elle/on aura obligé	ils/elles auront obligé

Imparfait

j'obligeais	nous obligions
tu obligeais	vous obligiez
il/elle/on obligeait	ils/elles obligeaient

Plus-que-parfait

j'avais obligé	nous avions obligé
tu avais obligé	vous aviez obligé
il/elle/on avait obligé	ils/elles avaient obligé

Passé simple

j'obligeai	nous obligeâmes
tu obligeas	vous obligeâtes
il/elle/on obligea	ils/elles obligèrent

Passé antérieur

j'eus obligé	nous eûmes obligé
tu eus obligé	vous eûtes obligé
il/elle/on eut obligé	ils/elles eurent obligé

SUBJONCTIF

Présent

que j'oblige	que nous obligions
que tu obliges	que vous obligiez
qu'il/elle/on oblige	qu'ils/elles obligent

Imparfait

que j'obligeasse	que nous obligeassions
que tu obligeasses	que vous obligeassiez
qu'il/elle/on obligeât	qu'ils/elles obligeassent

Passé

que j'aie obligé	que nous ayons obligé
que tu aies obligé	que vous ayez obligé
qu'il/elle/on ait obligé	qu'ils/elles aient obligé

Plus-que-parfait

que j'eusse obligé	que nous eussions obligé
que tu eusses obligé	que vous eussiez obligé
qu'il/elle/on eût obligé	qu'ils/elles eussent obligé

CONDITIONNEL

Présent

j'obligerais	nous obligerions
tu obligerais	vous obligeriez
il/elle/on obligerait	ils/elles obligeraient

Passé

j'aurais obligé	nous aurions obligé
tu aurais obligé	vous auriez obligé
il/elle/on aurait obligé	ils/elles auraient obligé

IMPÉRATIF

oblige obligeons obligez

Personne ne t'obligeait à faire ce que tu as fait.
No one was forcing you to do what you did.

Vous nous obligez à prendre des measures afin de rectifier cette situation.
You are making us take measures to rectify this situation.

Je n'ai rien dit parce que mes supérieurs m'avaient obligé de me taire.
I didn't say anything because my superiors had made me keep quiet.

S'OBSTINER *to be stubborn about, to insist*

Inf. s'obstiner *Part. prés.* s'obstinant *Part. passé* obstiné(e)(s)

INDICATIF

Présent

je m'obstine	nous nous obstinons
tu t'obstines	vous vous obstinez
il/elle/on s'obstine	ils/elles s'obstinent

Imparfait

je m'obstinais	nous nous obstinions
tu t'obstinais	vous vous obstiniez
il/elle/on s'obstinait	ils/elles s'obstinaient

Passé composé

je me suis obstiné(e)	nous nous sommes obstiné(e)s
tu t'es obstiné(e)	vous vous êtes obstiné(e)(s)
il/elle/on s'est obstiné(e)	ils/elles se sont obstiné(e)s

Plus-que-parfait

je m'étais obstiné(e)	nous nous étions obstiné(e)s
tu t'étais obstiné(e)	vous vous étiez obstiné(e)(s)
il/elle/on s'était obstiné(e)	ils/elles s'étaient obstiné(e)s

Futur simple

je m'obstinerai	nous nous obstinerons
tu t'obstineras	vous vous obstinerez
il/elle/on s'obstinera	ils/elles s'obstineront

Passé simple

je m'obstinai	nous nous obstinâmes
tu t'obstinas	vous vous obstinâtes
il/elle/on s'obstina	ils/elles s'obstinèrent

Futur antérieur

je me serai obstiné(e)	nous nous serons obstiné(e)s
tu te seras obstiné(e)	vous vous serez obstiné(e)(s)
il/elle/on se sera obstiné(e)	ils/elles se seront obstiné(e)s

Passé antérieur

je me fus obstiné(e)	nous nous fûmes obstiné(e)s
tu te fus obstiné(e)	vous vous fûtes obstiné(e)(s)
il/elle/on se fut obstiné(e)	ils/elles se furent obstiné(e)s

SUBJONCTIF

Présent

que je m'obstine	que nous nous obstinions
que tu t'obstines	que vous vous obstiniez
qu'il/elle/on s'obstine	qu'ils/elles s'obstinent

Passé

que je me sois obstiné(e)	que nous nous soyons obstiné(e)s
que tu te sois obstiné(e)	que vous vous soyez obstiné(e)(s)
qu'il/elle/on se soit obstiné(e)	qu'ils/elles se soient obstiné(e)s

Imparfait

que je m'obstinasse	que nous nous obstinassions
que tu t'obstinasses	que vous vous obstinassiez
qu'il/elle/on s'obstinât	qu'ils/elles s'obstinassent

Plus-que-parfait

que je me fusse obstiné(e)	que nous nous fussions obstiné(e)s
que tu te fusses obstiné(e)	que vous vous fussiez obstiné(e)(s)
qu'il/elle/on se fût obstiné(e)	qu'ils/elles se fussent obstiné(e)s

CONDITIONNEL

Présent

je me obstinerais	nous nous obstinerions
tu te obstinerais	vous vous obstineriez
il/elle/on se obstinerait	ils/elles s'obstineraient

Passé

je me serais obstiné(e)	nous nous serions obstiné(e)s
tu te serais obstiné(e)	vous vous seriez obstiné(e)(s)
il/elle/on se serait obstiné(e)	ils/elles se seraient obstiné(e)s

IMPÉRATIF

obstine-toi obstinons-nous obstinez-vous

Jules s'obstinait à réparer la voiture tout seul, donc on l'a laissé faire.
Jules was being stubborn about fixing the car himself, so we let him.

Marie-Claire est trop généreuse car elle s'obstine à toujours payer nos dîners.
Marie-Claire is too generous as she always insists on paying for our dinners.

Les enfants sont parfois très curieux—mon neveu s'obstine à porter son chapeau 24/heures sur 24.
Children are often quite peculiar—my nephew stubbornly wears his hat twenty-four hours a day.

OBTENIR *to obtain, to get*

Inf. obtenir *Part. prés.* obtenant *Part. passé* obtenu

INDICATIF

Présent

j'obtiens	nous obtenons
tu obtiens	vous obtenez
il/elle/on obtient	ils/elles obtiennent

Imparfait

j'obtenais	nous obtenions
tu obtenais	vous obteniez
il/elle/on obtenait	ils/elles obtenaient

Passé composé

j'ai obtenu	nous avons obtenu
tu as obtenu	vous avez obtenu
il/elle/on a obtenu	ils/elles ont obtenu

Plus-que-parfait

j'avais obtenu	nous avions obtenu
tu avais obtenu	vous aviez obtenu
il/elle/on avait obtenu	ils/elles avaient obtenu

Futur simple

j'obtiendrai	nous obtiendrons
tu obtiendras	vous obtiendrez
il/elle/on obtiendra	ils/elles obtiendront

Passé simple

j'obtins	nous obtînmes
tu obtins	vous obtîntes
il/elle/on obtint	ils/elles obtinrent

Futur antérieur

j'aurai obtenu	nous aurons obtenu
tu auras obtenu	vous aurez obtenu
il/elle/on aura obtenu	ils/elles auront obtenu

Passé antérieur

j'eus obtenu	nous eûmes obtenu
tu eus obtenu	vous eûtes obtenu
il/elle/on eut obtenu	ils/elles eurent obtenu

SUBJONCTIF

Présent

que j'obtienne	que nous obtenions
que tu obtiennes	que vous obteniez
qu'il/elle/on obtienne	qu'ils/elles obtiennent

Passé

que j'aie obtenu	que nous ayons obtenu
que tu aies obtenu	que vous ayez obtenu
qu'il/elle/on ait obtenu	qu'ils/elles aient obtenu

Imparfait

que j'obtinsse	que nous obtinssions
que tu obtinsses	que vous obtinssiez
qu'il/elle/on obtînt	qu'ils/elles obtinssent

Plus-que-parfait

que j'eusse obtenu	que nous eussions obtenu
que tu eusses obtenu	que vous eussiez obtenu
qu'il/elle/on eût obtenu	qu'ils/elles eussent obtenu

CONDITIONNEL

Présent

j'obtiendrais	nous obtiendrions
tu obtiendrais	vous obtiendriez
il/elle/on obtiendrait	ils/elles obtiendraient

Passé

j'aurais obtenu	nous aurions obtenu
tu aurais obtenu	vous auriez obtenu
il/elle/on aurait obtenu	ils/elles auraient obtenu

IMPÉRATIF

obtiens obtenons obtenez

Ayant obtenu son passeport, Michel est prêt à voyager.
Having obtained his passport, Michel is ready to travel.

Quelles sont les démarches nécessaires pour obtenir un prêt immobilier?
What are the necessary steps for getting a home loan?

Il se mariera avec Christine lorsqu'il aura obtenu son divorce.
He will marry Christine once he's gotten his divorce.

OCCUPER *to occupy, to keep busy*

Inf. occuper *Part. prés.* occupant *Part. passé* occupé

INDICATIF

Présent

j'occupe	nous occupons
tu occupes	vous occupez
il/elle/on occupe	ils/elles occupent

Imparfait

j'occupais	nous occupions
tu occupais	vous occupiez
il/elle/on occupait	ils/elles occupaient

Passé composé

j'ai occupé	nous avons occupé
tu as occupé	vous avez occupé
il/elle/on a occupé	ils/elles ont occupé

Plus-que-parfait

j'avais occupé	nous avions occupé
tu avais occupé	vous aviez occupé
il/elle/on avait occupé	ils/elles avaient occupé

Futur simple

j'occuperai	nous occuperons
tu occuperas	vous occuperez
il/elle/on occupera	ils/elles occuperont

Passé simple

j'occupai	nous occupâmes
tu occupas	vous occupâtes
il/elle/on occupa	ils/elles occupèrent

Futur antérieur

j'aurai occupé	nous aurons occupé
tu auras occupé	vous aurez occupé
il/elle/on aura occupé	ils/elles auront occupé

Passé antérieur

j'eus occupé	nous eûmes occupé
tu eus occupé	vous eûtes occupé
il/elle/on eut occupé	ils/elles eurent occupé

SUBJONCTIF

Présent

que j'occupe	que nous occupions
que tu occupes	que vous occupiez
qu'il/elle/on occupe	qu'ils/elles occupent

Passé

que j'aie occupé	que nous ayons occupé
que tu aies occupé	que vous ayez occupé
qu'il/elle/on ait occupé	qu'ils/elles aient occupé

Imparfait

que j'occupasse	que nous occupassions
que tu occupasses	que vous occupassiez
qu'il/elle/on occupât	qu'ils/elles occupassent

Plus-que-parfait

que j'eusse occupé	que nous eussions occupé
que tu eusses occupé	que vous eussiez occupé
qu'il/elle/on eût occupé	qu'ils/elles eussent occupé

CONDITIONNEL

Présent

j'occuperais	nous occuperions
tu occuperais	vous occuperiez
il/elle/on occuperait	ils/elles occuperaient

Passé

j'aurais occupé	nous aurions occupé
tu aurais occupé	vous auriez occupé
il/elle/on aurait occupé	ils/elles auraient occupé

IMPÉRATIF

occupe occupons occupez

Ce problème de marketing a occupé notre équipe pendant une semaine.
This marketing problem kept our team busy for one week.

Monsieur Morlan occupe ce poste depuis 1994.
Mr. Morlan has occupied this position since 1994.

Tu dois occcuper l'esprit en lisant ou en écoutant de la musique.
You should keep your mind busy by reading or listening to music.

S'OCCUPER *to take care of*

Inf. s'occuper *Part. prés.* s'occupant *Part. passé* occupé(e)(s)

INDICATIF

Présent

je m'occupe	nous nous occupons
tu t'occupes	vous vous occupez
il/elle/on s'occupe	ils/elles s'occupent

Imparfait

je m' occupais	nous nous occupions
tu t'occupais	vous vous occupiez
il/elle/on s'occupait	ils/elles s'occupaient

Passé composé

je me suis occupé(e)	nous nous sommes occupé(e)s
tu t'es occupé(e)	vous vous êtes occupé(e)(s)
il/elle/on s'est occupé(e)	ils/elles se sont occupé(e)s

Plus-que-parfait

je m'étais occupé(e)	nous nous étions occupé(e)s
tu t'étais occupé(e)	vous vous étiez occupé(e)(s)
il/elle/on s'était occupé(e)	ils/elles s'étaient occupé(e)s

Futur simple

je m'occuperai	nous nous occuperons
tu t'occuperas	vous vous occuperez
il/elle/on s'occupera	ils/elles s'occuperont

Passé simple

je m'occupai	nous nous occupâmes
tu t' occupas	vous vous occupâtes
il/elle/on s'occupa	ils/elles s'occupèrent

Futur antérieur

je me serai occupé(e)	nous nous serons occupé(e)s
tu te seras occupé(e)	vous vous serez occupé(e)(s)
il/elle/on se sera occupé(e)	ils/elles se seront occupé(e)s

Passé antérieur

je me fus occupé(e)	nous nous fûmes occupé(e)s
tu te fus occupé(e)	vous vous fûtes occupé(e)(s)
il/elle/on se fut occupé(e)	ils/elles se furent occupé(e)s

SUBJONCTIF

Présent

que je m'occupe	que nous nous occupions
que tu t'occupes	que vous vous occupiez
qu'il/elle/on s'occupe	qu'ils/elles s'occupent

Passé

que je me sois occupé(e)	que nous nous soyons occupé(e)s
que tu te sois occupé(e)	que vous vous soyez occupé(e)(s)
qu'il/elle/on se soit occupé(e)	qu'ils/elles se soient occupé(e)s

Imparfait

que je m'occupasse	que nous nous occupassions
que tu t'occupasses	que vous vous occupassiez
qu'il/elle/on s'occupât	qu'ils/elles s'occupassent

Plus-que-parfait

que je me fusse occupé(e)	que nous nous fussions occupé(e)s
que tu te fusses occupé(e)	que vous vous fussiez occupé(e)(s)
qu'il/elle/on se fût occupé(e)	qu'ils/elles se fussent occupé(e)s

CONDITIONNEL

Présent

je m'occuperais	nous nous occuperions
tu te'occuperais	vous vous occuperiez
il/elle/on s'occuperait	ils/elles s'occuperaient

Passé

je me serais occupé(e)	nous nous serions occupé(e)s
tu te serais occupé(e)	vous vous seriez occupé(e)(s)
il/elle/on se serait occupé(e)	ils/elles se seraient occupé(e)s

IMPÉRATIF

occupe-toi occupons-nous occupez-vous

Occupe-toi de tes affaires!
Mind your own business!

C'est Madame Fournier qui s'occupe de notre service.
Mrs. Fournier is the one who takes care of our department.

Je dois m'occuper du chien de la femme d'à côté.
I need to take care of the woman next door's dog.

OFFRIR *to offer, to give*

Inf. offrir *Part. prés.* offrant *Part. passé* offert

INDICATIF

Présent

j'offre	nous offrons
tu offres	vous offrez
il/elle/on offre	ils/elles offrent

Passé composé

j'ai offert	nous avons offert
tu as offert	vous avez offert
il/elle/on a offert	ils/elles ont offert

Futur simple

j'offrirai	nous offrirons
tu offriras	vous offrirez
il/elle/on offrira	ils/elles offriront

Futur antérieur

j'aurai offert	nous aurons offert
tu auras offert	vous aurez offert
il/elle/on aura offert	ils/elles auront offert

Imparfait

j'offrais	nous offrions
tu offrais	vous offriez
il/elle/on offrait	ils/elles offraient

Plus-que-parfait

j'avais offert	nous avions offert
tu avais offert	vous aviez offert
il/elle/on avait offert	ils/elles avaient offert

Passé simple

j'offris	nous offrîmes
tu offris	vous offrîtes
il/elle/on offrit	ils/elles offrirent

Passé antérieur

j'eus offert	nous eûmes offert
tu eus offert	vous eûtes offert
il/elle/on eut offert	ils/elles eurent offert

SUBJONCTIF

Présent

que j'offre	que nous offrions
que tu offres	que vous offriez
qu'il/elle/on offre	qu'ils/elles offrent

Imparfait

que j'offrisse	que nous offrissions
que tu offrisses	que vous offrissiez
qu'il/elle/on offrît	qu'ils/elles offrissent

Passé

que j'aie offert	que nous ayons offert
que tu aies offert	que vous ayez offert
qu'il/elle/on ait offert	qu'ils/elles aient offert

Plus-que-parfait

que j'eusse offert	que nous eussions offert
que tu eusses offert	que vous eussiez offert
qu'il/elle/on eût offert	qu'ils/elles eussent offert

CONDITIONNEL

Présent

j'offrirais	nous offririons
tu offrirais	vous offririez
il/elle/on offrirait	ils/elles offriraient

Passé

j'aurais offert	nous aurions offert
tu aurais offert	vous auriez offert
il/elle/on aurait offert	ils/elles auraient offert

IMPÉRATIF

offre offrez offrons

Si j'avais plus d'argent, je vous offrirais un meilleur cadeau.
If I had more money, I would give you a better present.

Cette banque offrira une prime aux nouveaux clients.
This bank will offer a free gift to new customers.

Qui vous a offert ce joli bouquet de fleurs?
Who gave you this beautiful bouquet of flowers?

OMETTRE *to omit, to leave out*

Inf. omettre *Part. prés.* omettant *Part. passé* omis

INDICATIF

Présent

j'omets	nous omettons
tu omets	vous omettez
il/elle/on omet	ils/elles omettent

Passé composé

j'ai omis	nous avons omis
tu as omis	vous avez omis
il/elle/on a omis	ils/elles ont omis

Futur simple

j'omettrai	nous omettrons
tu omettras	vous omettrez
il/elle/on omettra	ils/elles omettront

Futur antérieur

j'aurai omis	nous aurons omis
tu auras omis	vous aurez omis
il/elle/on aura omis	ils/elles auront omis

Imparfait

j'omettais	nous omettions
tu omettais	vous omettiez
il/elle/on omettait	ils/elles omettaient

Plus-que-parfait

j'avais omis	nous avions omis
tu avais omis	vous aviez omis
il/elle/on avait omis	ils/elles avaient omis

Passé simple

j'omis	nous omîmes
tu omis	vous omîtes
il/elle/on omit	ils/elles omirent

Passé antérieur

j'eus omis	nous eûmes omis
tu eus omis	vous eûtes omis
il/elle/on eut omis	ils/elles eurent omis

SUBJONCTIF

Présent

que j'omette	que nous omettions
que tu omettes	que vous omettiez
qu'il/elle/on omette	qu'ils/elles omettent

Imparfait

que j'omisse	que nous omissions
que tu omisses	que vous omissiez
qu'il/elle/on omît	qu'ils/elles omissent

Passé

que j'aie omis	que nous ayons omis
que tu aies omis	que vous ayez omis
qu'il/elle/on ait omis	qu'ils/elles aient omis

Plus-que-parfait

que j'eusse omis	que nous eussions omis
que tu eusses omis	que vous eussiez omis
qu'il/elle/on eût omis	qu'ils/elles eussent omis

CONDITIONNEL

Présent

j'omettrais	nous omettrions
tu omettrais	vous omettriez
il/elle/on omettrait	ils/elles omettraient

Passé

j'aurais omis	nous aurions omis
tu aurais omis	vous auriez omis
il/elle/on aurait omis	ils/elles auraient omis

IMPÉRATIF

omets omettons omettez

Il est inadmissible que les rédacteurs aient omis ton nom de l'article.
It's unacceptable that the editors left off your name from the article.

Le pâtissier omet la moitié du beurre indiqué dans cette recette.
The baker leaves out half the butter called for in this recipe.

Dans cette lettre j'aurais omis toute mention de la famille de ton adversaire.
In this letter I would have omitted any mention of the family of your opponent.

OSER *to dare*

Inf. oser *Part. prés.* osant *Part. passé* osé

INDICATIF

Présent

j'ose	nous osons
tu oses	vous osez
il/elle/on ose	ils/elles osent

Imparfait

j'osais	nous osions
tu osais	vous osiez
il/elle/on osait	ils/elles osaient

Passé composé

j'ai osé	nous avons osé
tu as osé	vous avez osé
il/elle/on a osé	ils/elles ont osé

Plus-que-parfait

j'avais osé	nous avions osé
tu avais osé	vous aviez osé
il/elle/on avait osé	ils/elles avaient osé

Futur simple

j'oserai	nous oserons
tu oseras	vous oserez
il/elle/on osera	ils/elles oseront

Passé simple

j'osai	nous osâmes
tu osas	vous osâtes
il/elle/on osa	ils/elles osèrent

Futur antérieur

j'aurai osé	nous aurons osé
tu auras osé	vous aurez osé
il/elle/on aura osé	ils/elles auront osé

Passé antérieur

j'eus osé	nous eûmes osé
tu eus osé	vous eûtes osé
il/elle/on eut osé	ils/elles eurent osé

SUBJONCTIF

Présent

que j'ose	que nous osions
que tu oses	que vous osiez
qu'il/elle/on ose	qu'ils/elles osent

Passé

que j'aie osé	que nous ayons osé
que tu aies osé	que vous ayez osé
qu'il/elle/on ait osé	qu'ils/elles aient osé

Imparfait

que j'osasse	que nous osassions
que tu osasses	que vous osassiez
qu'il/elle/on osât	qu'ils/elles osassent

Plus-que-parfait

que j'eusse osé	que nous eussions osé
que tu eusses osé	que vous eussiez osé
qu'il/elle/on eût osé	qu'ils/elles eussent osé

CONDITIONNEL

Présent

j'oserais	nous oserions
tu oserais	vous oseriez
il/elle/on oserait	ils/elles oseraient

Passé

j'aurais osé	nous aurions osé
tu aurais osé	vous auriez osé
il/elle/on aurait osé	ils/elles auraient osé

IMPÉRATIF

ose osons osez

Qui n'ose rien n'a rien.
Nothing ventured, nothing gained.

Il est essentiel que vous osiez parfois dire "non".
It is essential that you dare to say "no" sometimes.

Tu as vraiment maigri, si j'ose le dire.
You have really lost weight, if I may say so.

OUBLIER *to forget*

Inf. oublier *Part. prés.* oubliant *Part. passé* oublié

INDICATIF

Présent

j'oublie	nous oublions
tu oublies	vous oubliez
il/elle/on oublie	ils/elles oublient

Imparfait

j'oubliais	nous oubliions
tu oubliais	vous oubliiez
il/elle/on oubliait	ils/elles oubliaient

Passé composé

j'ai oublié	nous avons oublié
tu as oublié	vous avez oublié
il/elle/on a oublié	ils/elles ont oublié

Plus-que-parfait

j'avais oublié	nous avions oublié
tu avais oublié	vous aviez oublié
il/elle/on avait oublié	ils/elles avaient oublié

Futur simple

j'oublierai	nous oublierons
tu oublieras	vous oublierez
il/elle/on oubliera	ils/elles oublieront

Passé simple

j'oubliai	nous oubliâmes
tu oublias	vous oubliâtes
il/elle/on oublia	ils/elles oublièrent

Futur antérieur

j'aurai oublié	nous aurons oublié
tu auras oublié	vous aurez oublié
il/elle/on aura oublié	ils/elles auront oublié

Passé antérieur

j'eus oublié	nous eûmes oublié
tu eus oublié	vous eûtes oublié
il/elle/on eut oublié	ils/elles eurent oublié

SUBJONCTIF

Présent

que j'oublie	que nous oubliions
que tu oublies	que vous oubliiez
qu'il/elle/on oublie	qu'ils/elles oublient

Passé

que j'aie oublié	que nous ayons oublié
que tu aies oublié	que vous ayez oublié
qu'il/elle/on ait oublié	qu'ils/elles aient oublié

Imparfait

que j'oubliasse	que nous oubliassions
que tu oubliasses	que vous oubliassiez
qu'il/elle/on oubliât	qu'ils/elles oubliassent

Plus-que-parfait

que j'eusse oublié	que nous eussions oublié
que tu eusses oublié	que vous eussiez oublié
qu'il/elle/on eût oublié	qu'ils/elles eussent oublié

CONDITIONNEL

Présent

j'oublierais	nous oublierions
tu oublierais	vous oublieriez
il/elle/on oublierait	ils/elles oublieraient

Passé

j'aurais oublié	nous aurions oublié
tu aurais oublié	vous auriez oublié
il/elle/on aurait oublié	ils/elles auraient oublié

IMPÉRATIF

oublie oublions oubliez

Elle n'oublie jamais de mentionner que ses amis sont très riches.
She never forgets to mention that her friends are very rich.

Geneviève a beaucoup étudié pour l'interro, mais elle a tout oublié.
Geneviève studied a lot for the quiz but she forgot everything.

Ces élèves n'oublieront jamais la gentillesse et la douceur de leur instituteur.
These pupils will never forget the gentleness and kindness of their teacher.

OUVRIR *to open, to initiate*

Inf. ouvrir *Part. prés.* ouvrant *Part. passé* ouvert

INDICATIF

Présent

j'ouvre	nous ouvrons
tu ouvres	vous ouvrez
il/elle/on ouvre	ils/elles ouvrent

Passé composé

j'ai ouvert	nous avons ouvert
tu as ouvert	vous avez ouvert
il/elle/on a ouvert	ils/elles ont ouvert

Futur simple

j'ouvrirai	nous ouvrirons
tu ouvriras	vous ouvrirez
il/elle/on ouvrira	ils/elles ouvriront

Futur antérieur

j'aurai ouvert	nous aurons ouvert
tu auras ouvert	vous aurez ouvert
il/elle/on aura ouvert	ils/elles auront ouvert

Imparfait

j'ouvrais	nous ouvrions
tu ouvrais	vous ouvriez
il/elle/on ouvrait	ils/elles ouvraient

Plus-que-parfait

j'avais ouvert	nous avions ouvert
tu avais ouvert	vous aviez ouvert
il/elle/on avait ouvert	ils/elles avaient ouvert

Passé simple

j'ouvris	nous ouvrîmes
tu ouvris	vous ouvrîtes
il/elle/on ouvrit	ils/elles ouvrirent

Passé antérieur

j'eus ouvert	nous eûmes ouvert
tu eus ouvert	vous eûtes ouvert
il/elle/on eut ouvert	ils/elles eurent ouvert

SUBJONCTIF

Présent

que j'ouvre	que nous ouvrions
que tu ouvres	que vous ouvriez
qu'il/elle/on ouvre	qu'ils/elles ouvrent

Imparfait

que j'ouvrisse	que nous ouvrissions
que tu ouvrisses	que vous ouvrissiez
qu'il/elle/on ouvrît	qu'ils/elles ouvrissent

Passé

que j'aie ouvert	que nous ayons ouvert
que tu aies ouvert	que vous ayez ouvert
qu'il/elle/on ait ouvert	qu'ils/elles aient ouvert

Plus-que-parfait

que j'eusse ouvert	que nous eussions ouvert
que tu eusses ouvert	que vous eussiez ouvert
qu'il/elle/on eût ouvert	qu'ils/elles eussent ouvert

CONDITIONNEL

Présent

j'ouvrirais	nous ouvririons
tu ouvrirais	vous ouvririez
il/elle/on ouvrirait	ils/elles ouvriraient

Passé

j'aurais ouvert	nous aurions ouvert
tu aurais ouvert	vous auriez ouvert
il/elle/on aurait ouvert	ils/elles auraient ouvert

IMPÉRATIF

ouvre ouvrons ouvrez

Ouvrez la porte et puis fermez-la, s'il vous plaît.
Open the door and then close it, please.

Tout est en place pour que les diplomates ouvrent leurs discussions.
Everything is in place for the diplomats to initiate their talks.

La banque débordait de nouveaux étudiants qui cherchaient à ouvrir leurs premiers comptes en banque.
The bank was filled with new students looking to open their first bank accounts.

PARAÎTRE *to appear, to show*

Inf. paraître *Part. prés.* paraîssant *Part. passé* paru

INDICATIF

Présent

je parais	nous paraissons
tu parais	vous paraissez
il/elle/on paraît / ait	ils/elles paraissent

Imparfait

je paraissais	nous paraissions
tu paraissais	vous paraissiez
il/elle/on paraissait	ils/elles paraissaient

Passé composé

j'ai paru	nous avons paru
tu as paru	vous avez paru
il/elle/on a paru	ils/elles ont paru

Plus-que-parfait

j'avais paru	nous avions paru
tu avais paru	vous aviez paru
il/elle/on avait paru	ils/elles avaient paru

Futur simple

je paraîtrai / aitrai	nous paraîtrons / aitrons
tu paraîtras / aitras	vous paraîtrez / aitrez
il/elle/on paraîtra / aitra	ils/elles paraîtront / aitront

Passé simple

je parus	nous parûmes
tu parus	vous parûtes
il/elle/on parut	ils/elles parurent

Futur antérieur

j'aurai paru	nous aurons paru
tu auras paru	vous aurez paru
il/elle/on aura paru	ils/elles auront paru

Passé antérieur

j'eus paru	nous eûmes paru
tu eus paru	vous eûtes paru
il/elle/on eut paru	ils/elles eurent paru

SUBJONCTIF

Présent

que je paraisse	que nous paraissions
que tu paraisses	que vous paraissiez
qu'il/elle/on paraisse	qu'ils/elles paraissent

Passé

que j'aie paru	que nous ayons paru
que tu aies paru	que vous ayez paru
qu'il/elle/on ait paru	qu'ils/elles aient paru

Imparfait

que je parusse	que nous parussions
que tu parusses	que vous parussiez
qu'il/elle/on parût	qu'ils/elles parussent

Plus-que-parfait

que j'eusse paru	que nous eussions paru
que tu eusses paru	que vous eussiez paru
qu'il/elle/on eût paru	qu'ils/elles eussent paru

CONDITIONNEL

Présent

je paraîtrais / aitrais	nous paraîtrions / aitrions
tu paraîtrais / aitrais	vous paraîtriez / aitriez
il/elle/on paraîtrait / aitrait	ils/elles paraîtraient / aitraient

Passé

j'aurais paru	nous aurions paru
tu aurais paru	vous auriez paru
il/elle/on aurait paru	ils/elles auraient paru

IMPÉRATIF

parais paraissons paraissez

Mon roman paraîtra avant la fin du mois.
My novel will appear before the end of the month.

Cela fait presque deux ans que le président n'a pas paru en public.
It's been almost two years since the president hasn't appeared in public.

La réponse du PDG me semble complètement ridicule.
The CEO's response seems completely ridiculous to me.

PARCOURIR *to travel [all over]; to cover [distance]; to go over, to scan [letter, horizon]*

Inf. parcourir *Part.prés.* parcourant *Part.passé* parcouru

INDICATIF

Présent

je parcours	nous parcourons
tu parcours	vous parcourez
il/elle/on parcourt	ils/elles parcourent

Imparfait

je parcourais	nous parcourions
tu parcourais	vous parcouriez
il/elle/on parcourait	ils/elles parcouraient

Passé composé

j'ai parcouru	nous avons parcouru
tu as parcouru	vous avez parcouru
il/elle/on a parcouru	ils/elles ont parcouru

Plus-que-parfait

j'avais parcouru	nous avions parcouru
tu avais parcouru	vous aviez parcouru
il/elle/on avait parcouru	ils/elles avaient parcouru

Futur simple

je parcourrai	nous parcourrons
tu parcourras	vous parcourrez
il/elle/on parcourra	ils/elles parcourront

Passé simple

je parcourus	nous parcourûmes
tu parcourus	vous parcourûtes
il/elle/on parcourut	ils/elles parcoururent

Futur antérieur

j'aurai parcouru	nous aurons parcouru
tu auras parcouru	vous aurez parcouru
il/elle/on aura parcouru	ils/elles auront parcouru

Passé antérieur

j'eus parcouru	nous eûmes parcouru
tu eus parcouru	vous eûtes parcouru
il/elle/on eut parcouru	ils/elles eurent parcouru

SUBJONCTIF

Présent

que je parcoure	que nous parcourions
que tu parcoures	que vous parcouriez
qu'il/elle/on parcoure	qu'ils/elles parcourent

Passé

que j'aie parcouru	que nous ayons parcouru
que tu aies parcouru	que vous ayez parcouru
qu'il/elle/on ait parcouru	qu'ils/elles aient parcouru

Imparfait

que je parcourusse	que nous parcourussions
que tu parcourusses	que vous parcourussiez
qu'il/elle/on parcourût	qu'ils/elles parcourussent

Plus-que-parfait

que j'eusse parcouru	que nous eussions parcouru
que tu eusses parcouru	que vous eussiez parcouru
qu'il/elle/on eût parcouru	qu'ils/elles eussent parcouru

CONDITIONNEL

Présent

je parcourrais	nous parcourrions
tu parcourrais	vous parcourriez
il/elle/on parcourrait	ils/elles parcourraient

Passé

j'aurais parcouru	nous aurions parcouru
tu aurais parcouru	vous auriez parcouru
il/elle/on aurait parcouru	ils/elles auraient parcouru

IMPÉRATIF

parcours parcourons parcourez

On a parcouru la ville afin de trouver ces baskets!
We traveled all over town in order to find these sneakers!

On parcourra une très grande distance aujourd'hui.
We will cover a great distance today.

En parcourant votre CV j'ai remarqué que vous avez fait vos études à Paris IV.
In scanning your CV I noticed that you did your studies at Paris IV.

PARLER *to speak, to talk*

Inf. parler *Part. prés.* parlant *Part. passé* parlé

INDICATIF

Présent

je parle	nous parlons
tu parles	vous parlez
il/elle/on parle	ils/elles parlent

Passé composé

j'ai parlé	nous avons parlé
tu as parlé	vous avez parlé
il/elle/on a parlé	ils/elles ont parlé

Futur simple

je parlerai	nous parlerons
tu parleras	vous parlerez
il/elle/on parlera	ils/elles parleront

Futur antérieur

j'aurai parlé	nous aurons parlé
tu auras parlé	vous aurez parlé
il/elle/on aura parlé	ils/elles auront parlé

Imparfait

je parlais	nous parlions
tu parlais	vous parliez
il/elle/on parlait	ils/elles parlaient

Plus-que-parfait

j'avais parlé	nous avions parlé
tu avais parlé	vous aviez parlé
il/elle/on avait parlé	ils/elles avaient parlé

Passé simple

je parlai	nous parlâmes
tu parlas	vous parlâtes
il/elle/on parla	ils/elles parlèrent

Passé antérieur

j'eus parlé	nous eûmes parlé
tu eus parlé	vous eûtes parlé
il/elle/on eut parlé	ils/elles eurent parlé

SUBJONCTIF

Présent

que je parle	que nous parlions
que tu parles	que vous parliez
qu'il/elle/on parle	qu'ils/elles parlent

Imparfait

que je parlasse	que nous parlassions
que tu parlasses	que vous parlassiez
qu'il/elle/on parlât	qu'ils/elles parlassent

Passé

que j'aie parlé	que nous ayons parlé
que tu aies parlé	que vous ayez parlé
qu'il/elle/on ait parlé	qu'ils/elles aient parlé

Plus-que-parfait

que j'eusse parlé	que nous eussions parlé
que tu eusses parlé	que vous eussiez parlé
qu'il/elle/on eût parlé	qu'ils/elles eussent parlé

CONDITIONNEL

Présent

je parlerais	nous parlerions
tu parlerais	vous parleriez
il/elle/on parlerait	ils/elles parleraient

Passé

j'aurais parlé	nous aurions parlé
tu aurais parlé	vous auriez parlé
il/elle/on aurait parlé	ils/elles auraient parlé

IMPÉRATIF

parle parlons parlez

J'admire les gens qui sont capables de parler plus qu'une langue.
I admire people who are able to speak more than one language.

Parlez plus fort, s'il vous plaît.
Speak louder, please.

L'assistance avait du mal à comprendre le présentateur parce qu'il parlait trop vite.
The audience had a hard time understanding the presenteur because he was speaking too fast.

PARTAGER *to share*

Inf. partager *Part. prés.* partageant *Part. passé* partagé

INDICATIF

Présent

je partage	nous partageons
tu partages	vous partagez
il/elle/on partage	ils/elles partagent

Passé composé

j'ai partagé	nous avons partagé
tu as partagé	vous avez partagé
il/elle/on a partagé	ils/elles ont partagé

Futur simple

je partagerai	nous partagerons
tu partageras	vous partagerez
il/elle/on partagera	ils/elles partageront

Futur antérieur

j'aurai partagé	nous aurons partagé
tu auras partagé	vous aurez partagé
il/elle/on aura partagé	ils/elles auront partagé

Imparfait

je partageais	nous partagions
tu partageais	vous partagiez
il/elle/on partageait	ils/elles partageaient

Plus-que-parfait

j'avais partagé	nous avions partagé
tu avais partagé	vous aviez partagé
il/elle/on avait partagé	ils/elles avaient partagé

Passé simple

je partageai	nous partageâmes
tu partageas	vous partageâtes
il/elle/on partagea	ils/elles partagèrent

Passé antérieur

j'eus partagé	nous eûmes partagé
tu eus partagé	vous eûtes partagé
il/elle/on eut partagé	ils/elles eurent partagé

SUBJONCTIF

Présent

que je partage	que nous partagions
que tu partages	que vous partagiez
qu'il/elle/on partage	qu'ils/elles partagent

Imparfait

que je partageasse	que nous partageassions
que tu partageasses	que vous partageassiez
qu'il/elle/on partageât	qu'ils/elles partageassent

Passé

que j'aie partagé	que nous ayons partagé
que tu aies partagé	que vous ayez partagé
qu'il/elle/on ait partagé	qu'ils/elles aient partagé

Plus-que-parfait

que j'eusse partagé	que nous eussions partagé
que tu eusses partagé	que vous eussiez partagé
qu'il/elle/on eût partagé	qu'ils/elles eussent partagé

CONDITIONNEL

Présent

je partagerais	nous partagerions
tu partagerais	vous partageriez
il/elle/on partagerait	ils/elles partageraient

Passé

j'aurais partagé	nous aurions partagé
tu aurais partagé	vous auriez partagé
il/elle/on aurait partagé	ils/elles auraient partagé

IMPÉRATIF

partage partageons partagez

Combien de fois est-ce que je dois te le dire: partage tes jouets!
How many times do I have to tell you: share your toys with your sister!

Peut-être que les autres partageraient avec toi si tu étais généreux avec eux.
Maybe the others would share with you if you were generous with them?

Les amis partagent des sentiments très forts l'un pour l'autre.
The friends share very strong feelings for one another.

PARTICIPER *to participate*

Inf. participer *Part. prés.* participant *Part. passé* participé

INDICATIF

Présent

je participe nous participons
tu participes vous participez
il/elle/on participe ils/elles participent

Passé composé

j'ai participé nous avons participé
tu as participé vous avez participé
il/elle/on a participé ils/elles ont participé

Futur simple

je participerai nous participerons
tu participeras vous participerez
il/elle/on participera ils/elles participeront

Futur antérieur

j'aurai participé nous aurons participé
tu auras participé vous aurez participé
il/elle/on aura participé ils/elles auront participé

Imparfait

je participais nous participions
tu participais vous participiez
il/elle/on participait ils/elles participaient

Plus-que-parfait

j'avais participé nous avions participé
tu avais participé vous aviez participé
il/elle/on avait participé ils/elles avaient participé

Passé simple

je participai nous participâmes
tu participas vous participâtes
il/elle/on participa ils/elles participèrent

Passé antérieur

j'eus participé nous eûmes participé
tu eus participé vous eûtes participé
il/elle/on eut participé ils/elles eurent participé

SUBJONCTIF

Présent

que je participe que nous participions
que tu participes que vous participiez
qu'il/elle/on participe qu'ils/elles participent

Imparfait

que je participasse que nous participassions
que tu participasses que vous participassiez
qu'il/elle/on participât qu'ils/elles participassent

Passé

que j'aie participé que nous ayons participé
que tu aies participé que vous ayez participé
qu'il/elle/on ait participé qu'ils/elles aient participé

Plus-que-parfait

que j'eusse participé que nous eussions participé
que tu eusses participé que vous eussiez participé
qu'il/elle/on eût participé qu'ils/elles eussent participé

CONDITIONNEL

Présent

je participerais nous participerions
tu participerais vous participeriez
il/elle/on participerait ils/elles participeraient

Passé

j'aurais participé nous aurions participé
tu aurais participé vous auriez participé
il/elle/on aurait participé ils/elles auraient participé

IMPÉRATIF

participe participons participez

On te demande de participer à cette discussion.
We're asking you to participate in this discussion.

Ce week-end les enfants participeront à un concours hippique.
This weekend the kids will participate in a horse show.

Sophie n'avait pas d'autre choix que de participer à ce débat.
Sophie had no other choice but to participate in this debate.

PARTIR *to leave*

Inf. partir *Part. prés.* partant *Part. passé* parti(e)(s)

INDICATIF

Présent

je pars	nous partons
tu pars	vous partez
il/elle/on part	ils/elles partent

Passé composé

je suis parti(e)	nous sommes parti(e)s
tu es parti(e)	vous êtes parti(e)(s)
il/elle/on est parti(e)	ils/elles sont parti(e)s

Futur simple

je partirai	nous partirons
tu partiras	vous partirez
il/elle/on partira	ils/elles partiront

Futur antérieur

je serai parti(e)	nous serons parti(e)s
tu seras parti(e)	vous serez parti(e)(s)
il/elle/on sera parti(e)	ils/elles seront parti(e)s

Imparfait

je partais	nous partions
tu partais	vous partiez
il/elle/on partait	ils/elles partaient

Plus-que-parfait

j'étais parti(e)	nous étions parti(e)s
tu étais parti(e)	vous étiez parti(e)(s)
il/elle/on était parti(e)	ils/elles étaient parti(e)s

Passé simple

je partis	nous partîmes
tu partis	vous partîtes
il/elle/on partit	ils/elles partirent

Passé antérieur

je fus parti(e)	nous fûmes parti(e)s
tu fus parti(e)	vous fûtes parti(e)(s)
il/elle/on fut parti(e)	ils/elles furent parti(e)s

SUBJONCTIF

Présent

que je parte	que nous partions
que tu partes	que vous partiez
qu'il/elle/on parte	qu'ils/elles partent

Imparfait

que je partisse	que nous partissions
que tu partisses	que vous partissiez
qu'il/elle/on partît	qu'ils/elles partissent

Passé

que je sois parti(e)	que nous soyons parti(e)s
que tu sois parti(e)	que vous soyez parti(e)(s)
qu'il/elle/on soit parti(e)	qu'ils/elles soient parti(e)s

Plus-que-parfait

que je fusse parti(e)	que nous fussions parti(e)s
que tu fusses parti(e)	que vous fussiez parti(e)(s)
qu'il/elle/on fût parti(e)	qu'ils/elles fussent parti(e)s

CONDITIONNEL

Présent

je partirais	nous partirions
tu partirais	vous partiriez
il/elle/on partirait	ils/elles partiraient

Passé

je serais parti(e)	nous serions parti(e)s
tu serais parti(e)	vous seriez parti(e)(s)
il/elle/on serait parti(e)	ils/elles seraient parti(e)s

IMPÉRATIF

pars partons partez

Tu pars quand?
When are you leaving?

Quand mes parents sont arrivés à la gare, le train était déjà parti.
When my parents arrived at the train station, the train had already left.

Selon de nombreux témoins, les cambioleurs sont partis en courant vers le bois.
According to numerous witnesses, the burglars ran off towards the woods.

PARVENIR *to reach, to acheive, to manage to*

Inf. parvenir *Part. prés.* parvenant *Part. passé* parvenu(e)(s)

INDICATIF

Présent

je parviens	nous parvenons
tu parviens	vous parvenez
il/elle/on parvient	ils/elles parviennent

Passé composé

je suis parvenu(e)	nous sommes parvenu(e)s
tu es parvenu(e)	vous êtes parvenu(e)(s)
il/elle/on est parvenu(e)	ils/elles sont parvenu(e)s

Futur simple

je parviendrai	nous parviendrons
tu parviendras	vous parviendrez
il/elle/on parviendra	ils/elles parviendront

Futur antérieur

je serai parvenu(e)	nous serons parvenu(e)s
tu seras parvenu(e)	vous serez parvenu(e)(s)
il/elle/on sera parvenu(e)	ils/elles seront parvenu(e)s

Imparfait

je parvenais	nous parvenions
tu parvenais	vous parveniez
il/elle/on parvenait	ils/elles parvenaient

Plus-que-parfait

j'étais parvenu(e)	nous étions parvenu(e)s
tu étais parvenu(e)	vous étiez parvenu(e)(s)
il/elle/on était parvenu(e)	ils/elles étaient parvenu(e)s

Passé simple

je parvins	nous parvînmes
tu parvins	vous parvîntes
il/elle/on parvint	ils/elles parvinrent

Passé antérieur

je fus parvenu(e)	nous fûmes parvenu(e)s
tu fus parvenu(e)	vous fûtes parvenu(e)(s)
il/elle/on fut parvenu(e)	ils/elles furent parvenu(e)s

SUBJONCTIF

Présent

que je parvienne	que nous parvenions
que tu parviennes	que vous parveniez
qu'il/elle/on parvienne	qu'ils/elles parviennent

Imparfait

que je parvinsse	que nous parvinssions
que tu parvinsses	que vous parvinssiez
qu'il/elle/on parvînt	qu'ils/elles parvinssent

Passé

que je sois parvenu(e)	que nous soyons parvenu(e)s
que tu sois parvenu(e)	que vous soyez parvenu(e)(s)
qu'il/elle/on soit parvenu(e)	qu'ils/elles soient parvenu(e)s

Plus-que-parfait

que je fusse parvenu(e)	que nous fussions parvenu(e)s
que tu fusses parvenu(e)	que vous fussiez parvenu(e)(s)
qu'il/elle/on fût parvenu(e)	qu'ils/elles fussent parvenu(e)s

CONDITIONNEL

Présent

je parviendrais	nous parviendrions
tu parviendrais	vous parviendriez
il/elle/on parviendrait	ils/elles parviendraient

Passé

je serais parvenu(e)	nous serions parvenu(e)s
tu serais parvenu(e)	vous seriez parvenu(e)(s)
il/elle/on serait parvenu(e)	ils/elles seraient parvenu(e)s

IMPÉRATIF

parviens parvenons parvenez

Personne ne comprend par quels moyens vous êtes parvenu à cette conclusion.
No one understands by what means you have arrived at this conclusion.

Comment parvient-elle à toujours réussir?
How does she always manage to succeed?

Je vous ferai parvenir les documents requis avant la fin du mois.
I will have sent to you the required documents before the end of the month.

PASSER *to cross, to run; to spend [time]; to run [the vacuum]*

Inf. passer *Part. prés.* passant *Part. passé* passé

INDICATIF

Présent

je passe	nous passons
tu passes	vous passez
il/elle/on passe	ils/elles passent

Passé composé

j'ai passé	nous avons passé
tu as passé	vous avez passé
il/elle/on a passé	ils/elles ont passé

Futur simple

je passerai	nous passerons
tu passeras	vous passerez
il/elle/on passera	ils/elles passeront

Futur antérieur

j'aurai passé	nous aurons passé
tu auras passé	vous aurez passé
il/elle/on aura passé	ils/elles auront passé

Imparfait

je passais	nous passions
tu passais	vous passiez
il/elle/on passait	ils/elles passaient

Plus-que-parfait

j'avais passé	nous avions passé
tu avais passé	vous aviez passé
il/elle/on avait passé	ils/elles avaient passé

Passé simple

je passai	nous passâmes
tu passas	vous passâtes
il/elle/on passa	ils/elles passèrent

Passé antérieur

j'eus passé	nous eûmes passé
tu eus passé	vous eûtes passé
il/elle/on eut passé	ils/elles eurent passé

SUBJONCTIF

Présent

que je passe	que nous passions
que tu passes	que vous passiez
qu'il/elle/on passe	qu'ils/elles passent

Imparfait

que je passasse	que nous passassions
que tu passasses	que vous passassiez
qu'il/elle/on passât	qu'ils/elles passassent

Passé

que j'aie passé	que nous ayons passé
que tu aies passé	que vous ayez passé
qu'il/elle/on ait passé	qu'ils/elles aient passé

Plus-que-parfait

que j'eusse passé	que nous eussions passé
que tu eusses passé	que vous eussiez passé
qu'il/elle/on eût passé	qu'ils/elles eussent passé

CONDITIONNEL

Présent

je passerais	nous passerions
tu passerais	vous passeriez
il/elle/on passerait	ils/elles passeraient

Passé

j'aurais passé	nous aurions passé
tu aurais passé	vous auriez passé
il/elle/on aurait passé	ils/elles auraient passé

IMPÉRATIF

passe passons passez

On passera la frontière dans deux heures.
We will cross the border in two hours.

Manuel et Caroline viennent de passer trois semaines en Argentine.
Manuel and Caroline just spent three weeks in Argentina.

Passe l'aspirateur avant de faire la vaisselle.
Run the vacuum before doing the dishes.

PASSER *to pass by, to go past*

Inf. passer *Part. prés.* passant *Part. passé* passé(e)(s)

INDICATIF

Présent

je passe	nous passons
tu passes	vous passez
il/elle/on passe	ils/elles passent

Imparfait

je passais	nous passions
tu passais	vous passiez
il/elle/on passait	ils/elles passaient

Passé composé

je suis passé(e)	nous sommes passé(e)s
tu es passé(e)	vous êtes passé(e)(s)
il/elle/on est passé(e)	ils/elles sont passé(e)s

Plus-que-parfait

j'étais passé(e)	nous étions passé(e)s
tu étais passé(e)	vous étiez passé(e)(s)
il/elle/on était passé(e)	ils/elles étaient passé(e)s

Futur simple

je passerai	nous passerons
tu passeras	vous passerez
il/elle/on passera	ils/elles passeront

Passé simple

je passai	nous passâmes
tu passas	vous passâtes
il/elle/on passa	ils/elles passèrent

Futur antérieur

je serai passé(e)	nous serons passé(e)s
tu seras passé(e)	vous serez passé(e)(s)
il/elle/on sera passé(e)	ils/elles seront passé(e)s

Passé antérieur

je fus passé(e)	nous fûmes passé(e)s
tu fus passé(e)	vous fûtes passé(e)(s)
il/elle/on fut passé(e)	ils/elles furent passé (e)s

SUBJONCTIF

Présent

que je passe	que nous passions
que tu passes	que vous passiez
qu'il/elle/on passe	qu'ils/elles passent

Passé

que je sois passé(e)	que nous soyons passé(e)s
que tu sois passé(e)	que vous soyez passé(e)(s)
qu'il/elle/on soit passé(e)	qu'ils/elles soient passé(e)s

Imparfait

que je passasse	que nous passassions
que tu passasses	que vous passassiez
qu'il/elle/on passât	qu'ils/elles passassent

Plus-que-parfait

que je fusse passé(e)	que nous fussions passé(e)s
que tu fusses passé(e)	que vous fussiez passé(e)(s)
qu'il/elle/on fût passé(e)	qu'ils/elles fussent passé(e)s

CONDITIONNEL

Présent

je passerais	nous passerions
tu passerais	vous passeriez
il/elle/on passerait	ils/elles passeraient

Passé

je serais passé(e)	nous serions passé(e)s
tu serais passé(e)	vous seriez passé(e)(s)
il/elle/on serait passé(e)	ils/elles seraient passé(e)s

IMPÉRATIF

passe passons passez

Salut Julie, je ne fais que passer te dire bonjour!
Hi, Julie, I'm just dropping by to say hi!

Si maman savait que vous étiez rentré elle serait passée vous voir.
If mom had known that you were back she would have stopped by to see you.

J'ai passé par mon ancienne école chaque jour en reentrant chez moi.
I passed by my former school everyday while going home.

SE PASSER *to happen; to go by [time]*

Inf. se passer *Part. prés.* se passant *Part. passé* passé(e)(s)

INDICATIF

Présent		Imparfait	
—	—	—	—
—	—	—	—
il/elle se passe	ils/elles se passent	il/elle se passait	ils/elles se passaient

Passé composé		Plus-que-parfait	
—	—	—	—
—	—	—	—
il/elle s'est passé(e)	ils/elles se sont passé(e)s	il/elle s'était passé(e)	ils/elles s'étaient passé(e)s

Futur simple		Passé simple	
—	—	—	—
—	—	—	—
il/elle se passera	ils/elles se passeront	il/elle se passa	ils/elles se passèrent

Futur antérieur		Passé antérieur	
—	—	—	—
—	—	—	—
il/elle se sera passé(e)	ils/elles se seront passé(e)s	il/elle se fut passé(e)	ils/elles se furent passé(e)s

SUBJONCTIF

Présent		Passé	
—	—	—	—
—	—	—	—
qu'il/elle se passe	qu'ils/elles se passent	qu'il/elle se soit passé(e)	qu'ils/elles se soient passé(e)s

Imparfait		Plus-que-parfait	
—	—	—	—
—	—	—	—
qu'il/elle se passât	qu'ils/elles se passassent	qu'il/elle se fût passé(e)	qu'ils/elles se fussent passé(e)s

CONDITIONNEL

Présent		Passé	
—	—	—	—
—	—	—	—
il/elle se passerait	ils/elles se passeraient	il/elle se serait passé(e)	ils/elles se seraient passé(e)s

IMPÉRATIF

—

Qu'est-ce qui s'est passé?
What happened?

Deux mois se passent.
Two months went by.

Le scientifique est ravi que tout se passe bien dans son labo.
The scientist is pleased that everything is going well in his lab.

PAYER *to pay*

Inf. payer *Part. prés.* payant *Part. passé* payé

INDICATIF

Présent

je paie / ye	nous payons
tu paies / yes	vous payez
il/elle/on paie / ye	ils/elles paient / yent

Imparfait

je payais	nous payions
tu payais	vous payiez
il/elle/on payait	ils/elles payaient

Passé composé

j'ai payé	nous avons payé
tu as payé	vous avez payé
il/elle/on a payé	ils/elles ont payé

Plus-que-parfait

j'avais payé	nous avions payé
tu avais payé	vous aviez payé
il/elle/on avait payé	ils/elles avaient payé

Futur simple

je paierai / yerai	nous paierons / yerons
tu paieras / yeras	vous paierez / yerez
il/elle/on paiera / yera	ils/elles paieront / yeront

Passé simple

je payai	nous payâmes
tu payas	vous payâtes
il/elle/on paya	ils/elles payèrent

Futur antérieur

j'aurai payé	nous aurons payé
tu auras payé	vous aurez payé
il/elle/on aura payé	ils/elles auront payé

Passé antérieur

j'eus payé	nous eûmes payé
tu eus payé	vous eûtes payé
il/elle/on eut payé	ils/elles eurent payé

SUBJONCTIF

Présent

que je paie / ye	que nous payions
que tu paies / yes	que vous payiez
qu'il/elle/on paie / ye	qu'ils/elles paient / yent

Passé

que j'aie payé	que nous ayons payé
que tu aies payé	que vous ayez payé
qu'il/elle/on ait payé	qu'ils/elles aient payé

Imparfait

que je payasse	que nous payassions
que tu payasses	que vous payassiez
qu'il/elle/on payât	qu'ils/elles payassent

Plus-que-parfait

que j'eusse payé	que nous eussions payé
que tu eusses payé	que vous eussiez payé
qu'il/elle/on eût payé	qu'ils/elles eussent payé

CONDITIONNEL

Présent

je paierais / yerais	nous paierions / yerions
tu paierais / yerais	vous paieriez / yeriez
il/elle/on paierait / yerait	ils/elles paieraient / yeraient

Passé

j'aurais payé	nous aurions payé
tu aurais payé	vous auriez payé
il/elle/on aurait payé	ils/elles auraient payé

IMPÉRATIF

paie / ye payons payez

La prochaine fois, je demanderai que les gens me paient à l'avance.
Next time, I'll ask that people pay me in advance.

Franchement! À sa place j'aurais payé le reste.
Really now! In his place I would have paid the remaining balance.

Après maintes lettres menaçantes, l'acheteur a fini par me payer ce qu'il me devait.
After many threatening letters, the buyer ended up paying me.

PÊCHER *to fish*

Inf. pêcher *Part. prés.* pêchant *Part. passé* pêché

INDICATIF

Présent

je pêche	nous pêchons
tu pêches	vous pêchez
il/elle/on pêche	ils/elles pêchent

Imparfait

je pêchais	nous pêchions
tu pêchais	vous pêchiez
il/elle/on pêchait	ils/elles pêchaient

Passé composé

j'ai pêché	nous avons pêché
tu as pêché	vous avez pêché
il/elle/on a pêché	ils/elles ont pêché

Plus-que-parfait

j'avais pêché	nous avions pêché
tu avais pêché	vous aviez pêché
il/elle/on avait pêché	ils/elles avaient pêché

Futur simple

je pêcherai	nous pêcherons
tu pêcheras	vous pêcherez
il/elle/on pêchera	ils/elles pêcheront

Passé simple

je pêchai	nous pêchâmes
tu pêchas	vous pêchâtes
il/elle/on pêcha	ils/elles pêchèrent

Futur antérieur

j'aurai pêché	nous aurons pêché
tu auras pêché	vous aurez pêché
il/elle/on aura pêché	ils/elles auront pêché

Passé antérieur

j'eus pêché	nous eûmes pêché
tu eus pêché	vous eûtes pêché
il/elle/on eut pêché	ils/elles eurent pêché

SUBJONCTIF

Présent

que je pêche	que nous pêchions
que tu pêches	que vous pêchiez
qu'il/elle/on pêche	qu'ils/elles pêchent

Passé

que j'aie pêché	que nous ayons pêché
que tu aies pêché	que vous ayez pêché
qu'il/elle/on ait pêché	qu'ils/elles aient pêché

Imparfait

que je pêchasse	que nous pêchassions
que tu pêchasses	que vous pêchassiez
qu'il/elle/on pêchât	qu'ils/elles pêchassent

Plus-que-parfait

que j'eusse pêché	que nous eussions pêché
que tu eusses pêché	que vous eussiez pêché
qu'il/elle/on eût pêché	qu'ils/elles eussent pêché

CONDITIONNEL

Présent

je pêcherais	nous pêcherions
tu pêcherais	vous pêcheriez
il/elle/on pêcherait	ils/elles pêcheraient

Passé

j'aurais pêché	nous aurions pêché
tu aurais pêché	vous auriez pêché
il/elle/on aurait pêché	ils/elles auraient pêché

IMPÉRATIF

pêche pêchons pêchez

Henri et Jules vont pêcher avec des camarades de classe.
Henri and Jules are going fishing with some classmates.

Quand j'étais petit, je pêchais la truite avec mon grand-père.
When I was little, I used to go fishing for trout with my grandpa.

Le petit Bernard rêve de pêcher un gros poisson tout seul.
Little Bernard dreams of reeling in a big fish all by himself.

SE PEIGNER *to comb one's hair*

Inf. se peigner *Part. prés.* se peignant *Part. passé* peigné

INDICATIF

Présent

je me peigne	nous nous peignons
tu te peignes	vous vous peignez
il/elle/on se peigne	ils/elles se peignent

Imparfait

je me peignais	nous nous peignions
tu te peignais	vous vous peigniez
il/elle/on se peignait	ils/elles se peignaient

Passé composé

je me suis peigné(e)	nous nous sommes peigné(e)s
tu t'es peigné(e)	vous vous êtes peigné(e)(s)
il/elle/on s'est peigné(e)	ils/elles se sont peigné(e)s

Plus-que-parfait

je m'étais peigné(e)	nous nous étions peigné(e)s
tu t'étais peigné(e)	vous vous étiez peigné(e)(s)
il/elle/on s'était peigné(e)	ils/elles s'étaient peigné(e)s

Futur simple

je me peignerai	nous nous peignerons
tu te peigneras	vous vous peignerez
il/elle/on se peignera	ils/elles se peigneront

Passé simple

je me peignai	nous nous peignâmes
tu te peignas	vous vous peignâtes
il/elle/on se peigna	ils/elles se peignèrent

Futur antérieur

je me serai peigné(e)	nous nous serons peigné(e)s
tu te seras peigné(e)	vous vous serez peigné(e)(s)
il/elle/on se sera peigné(e)	ils/elles se seront peigné(e)s

Passé antérieur

je me fus peigné(e)	nous nous fûmes peigné(e)s
tu te fus peigné(e)	vous vous fûtes peigné(e)(s)
il/elle/on se fut peigné(e)	ils/elles se furent peigné(e)s

SUBJONCTIF

Présent

que je me peigne	que nous nous peignions
que tu te peignes	que vous vous peigniez
qu'il/elle/on se peigne	qu'ils/elles se peignent

Passé

que je me sois peigné(e)	que nous nous soyons peigné(e)s
que tu te sois peigné(e)	que vous vous soyez peigné(e)(s)
qu'il/elle/on se soit peigné(e)	qu'ils/elles se soient peigné(e)s

Imparfait

que je me peignasse	que nous nous peignassions
que tu te peignasses	que vous vous peignassiez
qu'il/elle/on se peignât	qu'ils/elles se peignassent

Plus-que-parfait

que je me fusse peigné(e)	que nous nous fussions peigné(e)s
que tu te fusses peigné(e)	que vous vous fussiez peigné(e)(s)
qu'il/elle/on se fût peigné(e)	qu'ils/elles se fussent peigné(e)s

CONDITIONNEL

Présent

je me peignerais	nous nous peignerions
tu te peignerais	vous vous peigneriez
il/elle/on se peignerait	ils/elles se peigneraient

Passé

je me serais peigné(e)	nous nous serions peigné(e)s
tu te serais peigné(e)	vous vous seriez peigné(e)(s)
il/elle/on se serait peigné(e)	ils/elles se seraient peigné(e)s

IMPÉRATIF

peigne-toi peignons-nous peignez-vous

Peigne-toi avant de sortir.
Comb your hair before going out.

Caroline s'est peignée, mais cela ne se voit pas.
Caroline combed her hair, but you can't tell.

Comme tu as des cheveux bouclés, tu ne dois jamais te peigner.
Since you have curly hair, you should never comb your hair.

PENSER *to think*

Inf. penser *Part. prés.* pensant *Part. passé* pensé

INDICATIF

Présent		Imparfait	
je pense	nous pensons	je pensais	nous pensions
tu penses	vous pensez	tu pensais	vous pensiez
il/elle/on pense	ils/elles pensent	il/elle/on pensait	ils/elles pensaient
Passé composé		**Plus-que-parfait**	
j'ai pensé	nous avons pensé	j'avais pensé	nous avions pensé
tu as pensé	vous avez pensé	tu avais pensé	vous aviez pensé
il/elle/on a pensé	ils/elles ont pensé	il/elle/on avait pensé	ils/elles avaient pensé
Futur simple		**Passé simple**	
je penserai	nous penserons	je pensai	nous pensâmes
tu penseras	vous penserez	tu pensas	vous pensâtes
il/elle/on pensera	ils/elles penseront	il/elle/on pensa	ils/elles pensèrent
Futur antérieur		**Passé antérieur**	
j'aurai pensé	nous aurons pensé	j'eus pensé	nous eûmes pensé
tu auras pensé	vous aurez pensé	tu eus pensé	vous eûtes pensé
il/elle/on aura pensé	ils/elles auront pensé	il/elle/on eut pensé	ils/elles eurent pensé

SUBJONCTIF

Présent		Passé	
que je pense	que nous pensions	que j'aie pensé	que nous ayons pensé
que tu penses	que vous pensiez	que tu aies pensé	que vous ayez pensé
qu'il/elle/on pense	qu'ils/elles pensent	qu'il/elle/on ait pensé	qu'ils/elles aient pensé
Imparfait		**Plus-que-parfait**	
que je pensasse	que nous pensassions	que j'eusse pensé	que nous eussions pensé
que tu pensasses	que vous pensassiez	que tu eusses pensé	que vous eussiez pensé
qu'il/elle/on pensât	qu'ils/elles pensassent	qu'il/elle/on eût pensé	qu'ils/elles eussent pensé

CONDITIONNEL

Présent		Passé	
je penserais	nous penserions	j'aurais pensé	nous aurions pensé
tu penserais	vous penseriez	tu aurais pensé	vous auriez pensé
il/elle/on penserait	ils/elles penseraient	il/elle/on aurait pensé	ils/elles auraient pensé

IMPÉRATIF

pense pensons pensez

Que pensez-vous de la situation économique de notre ville?
What do you think about the economic situation of our city?

Je pensais à téléphoner à Annick quand soudainement elle a frappé à ma porte!
I was thinking about calling Annick when suddenly she knocked on my door!

Que penseriez-vous d'un petit séjour à la plage?
What would you think about a short stay at the beach?

PERCEVOIR *to perceive, sense*

Inf. percevoir *Part. prés.* percevant *Part. passé* perçu

INDICATIF

Présent

je perçois	nous percevons
tu perçois	vous percevez
il/elle/on perçoit	ils/elles perçoivent

Imparfait

je percevais	nous percevions
tu percevais	vous perceviez
il/elle/on percevait	ils/elles percevaient

Passé composé

j'ai perçu	nous avons perçu
tu as perçu	vous avez perçu
il/elle/on a perçu	ils/elles ont perçu

Plus-que-parfait

j'avais perçu	nous avions perçu
tu avais perçu	vous aviez perçu
il/elle/on avait perçu	ils/elles avaient perçu

Futur simple

je percevrai	nous percevrons
tu percevras	vous percevrez
il/elle/on percevra	ils/elles percevront

Passé simple

je perçus	nous perçûmes
tu perçus	vous perçûtes
il/elle/on perçut	ils/elles perçurent

Futur antérieur

j'aurai perçu	nous aurons perçu
tu auras perçu	vous aurez perçu
il/elle/on aura perçu	ils/elles auront perçu

Passé antérieur

j'eus perçu	nous eûmes perçu
tu eus perçu	vous eûtes perçu
il/elle/on eut perçu	ils/elles eurent perçu

SUBJONCTIF

Présent

que je perçoive	que nous percevions
que tu perçoives	que vous perceviez
qu'il/elle/on perçoive	qu'ils/elles perçoivent

Passé

que j'aie perçu	que nous ayons perçu
que tu aies perçu	que vous ayez perçu
qu'il/elle/on ait perçu	qu'ils/elles aient perçu

Imparfait

que je perçusse	que nous perçussions
que tu perçusses	que vous perçussiez
qu'il/elle/on perçût	qu'ils/elles perçussent

Plus-que-parfait

que j'eusse perçu	que nous eussions perçu
que tu eusses perçu	que vous eussiez perçu
qu'il/elle/on eût perçu	qu'ils/elles eussent perçu

CONDITIONNEL

Présent

je percevrais	nous percevrions
tu percevrais	vous percevriez
il/elle/on percevrait	ils/elles percevraient

Passé

j'aurais perçu	nous aurions perçu
tu aurais perçu	vous auriez perçu
il/elle/on aurait perçu	ils/elles auraient perçu

IMPÉRATIF

perçois percevons percevez

Je perçois un petit changement dans la température.
I sense a small change in temperature.

J'ai du mal à percevoir la différence entre l'amour et la passion.
I have a hard time perceiving the difference between love and passion.

Nous avons perçu quelqu'un dans la foule, mais nous ne savions pas que c'était toi!
We sensed someone in the crowd but we didn't know it was you!

PERDRE *to lose, waste*

Inf. perdre *Part. prés.* perdant *Part. passé* perdu

INDICATIF

Présent

je perds	nous perdons
tu perds	vous perdez
il/elle/on perd	ils/elles perdent

Imparfait

je perdais	nous perdions
tu perdais	vous perdiez
il/elle/on perdait	ils/elles perdaient

Passé composé

j'ai perdu	nous avons perdu
tu as perdu	vous avez perdu
il/elle/on a perdu	ils/elles ont perdu

Plus-que-parfait

j'avais perdu	nous avions perdu
tu avais perdu	vous aviez perdu
il/elle/on avait perdu	ils/elles avaient perdu

Futur simple

je perdrai	nous perdrons
tu perdras	vous perdrez
il/elle/on perdra	ils/elles perdront

Passé simple

je perdis	nous perdîmes
tu perdis	vous perdîtes
il/elle/on perdit	ils/elles perdirent

Futur antérieur

j'aurai perdu	nous aurons perdu
tu auras perdu	vous aurez perdu
il/elle/on aura perdu	ils/elles auront perdu

Passé antérieur

j'eus perdu	nous eûmes perdu
tu eus perdu	vous eûtes perdu
il/elle/on eut perdu	ils/elles eurent perdu

SUBJONCTIF

Présent

que je perde	que nous perdions
que tu perdes	que vous perdiez
qu'il/elle/on perde	qu'ils/elles perdent

Passé

que j'aie perdu	que nous ayons perdu
que tu aies perdu	que vous ayez perdu
qu'il/elle/on ait perdu	qu'ils/elles aient perdu

Imparfait

que je perdisse	que nous perdissions
que tu perdisses	que vous perdissiez
qu'il/elle/on perdît	qu'ils/elles perdissent

Plus-que-parfait

que j'eusse perdu	que nous eussions perdu
que tu eusses perdu	que vous eussiez perdu
qu'il/elle/on eût perdu	qu'ils/elles eussent perdu

CONDITIONNEL

Présent

je perdrais	nous perdrions
tu perdrais	vous perdriez
il/elle/on perdrait	ils/elles perdraient

Passé

j'aurais perdu	nous aurions perdu
tu aurais perdu	vous auriez perdu
il/elle/on aurait perdu	ils/elles auraient perdu

IMPÉRATIF

perds perdons perdez

Tu perds trop de temps sur Internet.
You waste too much time on the Internet.

Elle pleure parce qu'elle a perdu son chat.
She's crying because she lost her cat.

Vous avez perdu mon livre favori!
You've lost my favorite book!

PERMETTRE *to permit, to allow*

Inf. permettre *Part. prés.* permettant *Part. passé* permis

INDICATIF

Présent

je permets	nous permettons
tu permets	vous permettez
il/elle/on permet	ils/elles permettent

Passé composé

j'ai permis	nous avons permis
tu as permis	vous avez permis
il/elle/on a permis	ils/elles ont permis

Futur simple

je permettrai	nous permettrons
tu permettras	vous permettrez
il/elle/on permettra	ils/elles permettront

Futur antérieur

j'aurai permis	nous aurons permis
tu auras permis	vous aurez permis
il/elle/on aura permis	ils/elles auront permis

Imparfait

je permettais	nous permettions
tu permettais	vous permettiez
il/elle/on permettait	ils/elles permettaient

Plus-que-parfait

j'avais permis	nous avions permis
tu avais permis	vous aviez permis
il/elle/on avait permis	ils/elles avaient permis

Passé simple

je permis	nous permîmes
tu permis	vous permîtes
il/elle/on permit	ils/elles permirent

Passé antérieur

j'eus permis	nous eûmes permis
tu eus permis	vous eûtes permis
il/elle/on eut permis	ils/elles eurent permis

SUBJONCTIF

Présent

que je permette	que nous permettions
que tu permettes	que vous permettiez
qu'il/elle/on permette	qu'ils/elles permettent

Imparfait

que je permisse	que nous permissions
que tu permisses	que vous permissiez
qu'il/elle/on permît	qu'ils/elles permissent

Passé

que j'aie permis	que nous ayons permis
que tu aies permis	que vous ayez permis
qu'il/elle/on ait permis	qu'ils/elles aient permis

Plus-que-parfait

que j'eusse permis	que nous eussions permis
que tu eusses permis	que vous eussiez permis
qu'il/elle/on eût permis	qu'ils/elles eussent permis

CONDITIONNEL

Présent

je permettrais	nous permettrions
tu permettrais	vous permettriez
il/elle/on permettrait	ils/elles permettraient

Passé

j'aurais permis	nous aurions permis
tu aurais permis	vous auriez permis
il/elle/on aurait permis	ils/elles auraient permis

IMPÉRATIF

permets permettons permettez

Ils ne permettent pas à leurs enfants de regarder la télé.
They don't allow their kids watch television.

Permettez-moi de vous présenter mon frère, Bruno.
Allow me to intoduce to you my brother, Bruno.

Je veux que tu leur permettes de m'accompagner!
I want you to let them go with me!

PLACER *to place, to put*

Inf. placer *Part. prés.* plaçant *Part. passé* placé

INDICATIF

Présent

je place	nous plaçons
tu places	vous placez
il/elle/on place	ils/elles placent

Imparfait

je plaçais	nous placions
tu plaçais	vous placiez
il/elle/on plaçait	ils/elles plaçaient

Passé composé

j'ai placé	nous avons placé
tu as placé	vous avez placé
il/elle/on a placé	ils/elles ont placé

Plus-que-parfait

j'avais placé	nous avions placé
tu avais placé	vous aviez placé
il/elle/on avait placé	ils/elles avaient placé

Futur simple

je placerai	nous placerons
tu placeras	vous placerez
il/elle/on placera	ils/elles placeront

Passé simple

je plaçai	nous plaçâmes
tu plaças	vous plaçâtes
il/elle/on plaça	ils/elles placèrent

Futur antérieur

j'aurai placé	nous aurons placé
tu auras placé	vous aurez placé
il/elle/on aura placé	ils/elles auront placé

Passé antérieur

j'eus placé	nous eûmes placé
tu eus placé	vous eûtes placé
il/elle/on eut placé	ils/elles eurent placé

SUBJONCTIF

Présent

que je place	que nous placions
que tu places	que vous placiez
qu'il/elle/on place	qu'ils/elles placent

Passé

que j'aie placé	que nous ayons placé
que tu aies placé	que vous ayez placé
qu'il/elle/on ait placé	qu'ils/elles aient placé

Imparfait

que je plaçasse	que nous plaçassions
que tu plaçasses	que vous plaçassiez
qu'il/elle/on plaçât	qu'ils/elles plaçassent

Plus-que-parfait

que j'eusse placé	que nous eussions placé
que tu eusses placé	que vous eussiez placé
qu'il/elle/on eût placé	qu'ils/elles eussent placé

CONDITIONNEL

Présent

je placerais	nous placerions
tu placerais	vous placeriez
il/elle/on placerait	ils/elles placeraient

Passé

j'aurais placé	nous aurions placé
tu aurais placé	vous auriez placé
il/elle/on aurait placé	ils/elles auraient placé

IMPÉRATIF

place plaçons placez

Nous plaçons toute notre confiance en vous.
We are placing all our confidence in you.

Placez le divan en face de la fenêtre.
Put the couch across from the window.

J'ai mal placé ce verre sur la table et il est tombé.
I didn't place the glass properly on the table and it fell off.

PLAINDRE *to pity*

Inf. plaindre *Part. prés.* plaignant *Part. passé* plaint

INDICATIF

Présent

je plains	nous plaignons
tu plains	vous plaignez
il/elle/on plaint	ils/elles plaignent

Imparfait

je plaignais	nous plaignions
tu plaignais	vous plaigniez
il/elle/on plaignait	ils/elles plaignaient

Passé composé

j'ai plaint	nous avons plaint
tu as plaint	vous avez plaint
il/elle/on a plaint	ils/elles ont plaint

Plus-que-parfait

j'avais plaint	nous avions plaint
tu avais plaint	vous aviez plaint
il/elle/on avait plaint	ils/elles avaient plaint

Futur simple

je plaindrai	nous plaindrons
tu plaindras	vous plaindrez
il/elle/on plaindra	ils/elles plaindront

Passé simple

je plaignis	nous plaignîmes
tu plaignis	vous plaignîtes
il/elle/on plaignit	ils/elles plaignirent

Futur antérieur

j'aurai plaint	nous aurons plaint
tu auras plaint	vous aurez plaint
il/elle/on aura plaint	ils/elles auront plaint

Passé antérieur

j'eus plaint	nous eûmes plaint
tu eus plaint	vous eûtes plaint
il/elle/on eut plaint	ils/elles eurent plaint

SUBJONCTIF

Présent

que je plaigne	que nous plaignions
que tu plaignes	que vous plaigniez
qu'il/elle/on plaigne	qu'ils/elles plaignent

Passé

que j'aie plaint	que nous ayons plaint
que tu aies plaint	que vous ayez plaint
qu'il/elle/on ait plaint	qu'ils/elles aient plaint

Imparfait

que je plaignisse	que nous plaignissions
que tu plaignisses	que vous plaignissiez
qu'il/elle/on plaignît	qu'ils/elles plaignissent

Plus-que-parfait

que j'eusse plaint	que nous eussions plaint
que tu eusses plaint	que vous eussiez plaint
qu'il/elle/on eût plaint	qu'ils/elles eussent plaint

CONDITIONNEL

Présent

je plaindrais	nous plaindrions
tu plaindrais	vous plaindriez
il/elle/on plaindrait	ils/elles plaindraient

Passé

j'aurais plaint	nous aurions plaint
tu aurais plaint	vous auriez plaint
il/elle/on aurait plaint	ils/elles auraient plaint

IMPÉRATIF

plains plaignons plaignez

Thomas est un homme à plaindre parce que personne ne l'aime.
Thomas is a man to be pitied because no one likes him.

Pourquoi me plaignez-vous?
Why do you pity me?

Ce n'est pas juste que tout le monde le plaigne; c'est un homme méprisable!
It's not right that everyone is pitying him, he's a contemptible man!

SE PLAINDRE *to complain*

Inf. se plaindre *Part. prés.* se plaignant *Part. passé* plaint(e)(s)

INDICATIF

Présent

je me plains	nous nous plaignons
tu te plains	vous vous plaignez
il/elle/on se plaint	ils/elles se plaignent

Imparfait

je me plaignais	nous nous plaignions
tu te plaignais	vous vous plaigniez
il/elle/on se plaignait	ils/elles se plaignaient

Passé composé

je me suis plaint(e)	nous nous sommes plaint(e)s
tu t'es plaint(e)	vous vous êtes plaint(e)(s)
il/elle/on s'est plaint(e)	ils/elles se sont plaint(e)s

Plus-que-parfait

je m'étais plaint(e)	nous nous étions plaint(e)s
tu t'étais plaint(e)	vous vous étiez plaint(e)(s)
il/elle/on s'était plaint(e)	ils/elles s'étaient plaint(e)s

Futur simple

je me plaindrai	nous nous plaindrons
tu te plaindras	vous vous plaindrez
il/elle/on se plaindra	ils/elles se plaindront

Passé simple

je me plaignis	nous nous plaignîmes
tu te plaignis	vous vous plaignîtes
il/elle/on se plaignit	ils/elles se plaignirent

Futur antérieur

je me serai plaint(e)	nous nous serons plaint(e)s
tu te seras plaint(e)	vous vous serez plaint(e)(s)
il/elle/on se sera plaint(e)	ils/elles se seront plaint(e)s

Passé antérieur

je me fus plaint(e)	nous nous fûmes plaint(e)s
tu te fus plaint(e)	vous vous fûtes plaint(e)(s)
il/elle/on se fut plaint(e)	ils/elles se furent plaint(e)s

SUBJONCTIF

Présent

que je me plaigne	que nous nous plaignions
que tu te plaignes	que vous vous plaigniez
qu'il/elle/on se plaigne	qu'ils/elles se plaignent

Passé

que je me sois plaint(e)	que nous nous soyons plaint(e)s
que tu te sois plaint(e)	que vous vous soyez plaint(e)(s)
qu'il/elle/on se soit plaint(e)	qu'ils/elles se soient plaint(e)s

Imparfait

que je me plaignisse	que nous nous plaignissions
que tu te plaignisses	que vous vous plaignissiez
qu'il/elle/on se plaignît	qu'ils/elles se plaignissent

Plus-que-parfait

que je me fusse plaint(e)	que nous nous fussions plaint(e)s
que tu te fusses plaint(e)	que vous vous fussiez plaint(e)(s)
qu'il/elle/on se fût plaint(e)	qu'ils/elles se fussent plaint(e)s

CONDITIONNEL

Présent

je me plaindrais	nous nous plaindrions
tu te plaindrais	vous vous plaindriez
il/elle/on se plaindrait	ils/elles se plaindraient

Passé

je me serais plaint(e)	nous nous serions plaint(e)s
tu te serais plaint(e)	vous vous seriez plaint(e)(s)
il/elle/on se serait plaint(e)	ils/elles se seraient plaint(e)s

IMPÉRATIF

plains-toi plaignons-nous plaignez-vous

Walter se plaint pour un rien.
Walter will complain about anything.

Je vais me plaindre en m'adressant au directeur.
I am going to complain while speaking to the director.

Elles se sont plaintes de la nourriture à la cafétéria mais elle reste immangeable!
They complained about the food in the cafeteria but it remains inedible!

PLAIRE *to please*

Inf. plaire *Part. prés.* plaisant *Part. passé* plu

INDICATIF

Présent

je plais	nous plaisons
tu plais	vous plaisez
il/elle/on plaît / ait	ils/elles plaisent

Imparfait

je plaisais	nous plaisions
tu plaisais	vous plaisiez
il/elle/on plaisait	ils/elles plaisaient

Passé composé

j'ai plu	nous avons plu
tu as plu	vous avez plu
il/elle/on a plu	ils/elles ont plu

Plus-que-parfait

j'avais plu	nous avions plu
tu avais plu	vous aviez plu
il/elle/on avait plu	ils/elles avaient plu

Futur simple

je plairai	nous plairons
tu plairas	vous plairez
il/elle/on plaira	ils/elles plairont

Passé simple

je plus	nous plûmes
tu plus	vous plûtes
il/elle/on plut	ils/elles plurent

Futur antérieur

j'aurai plu	nous aurons plu
tu auras plu	vous aurez plu
il/elle/on aura plu	ils/elles auront plu

Passé antérieur

j'eus plu	nous eûmes plu
tu eus plu	vous eûtes plu
il/elle/on eut plu	ils/elles eurent plu

SUBJONCTIF

Présent

que je plaise	que nous plaisions
que tu plaises	que vous plaisiez
qu'il/elle/on plaise	qu'ils/elles plaisent

Passé

que j'aie plu	que nous ayons plu
que tu aies plu	que vous ayez plu
qu'il/elle/on ait plu	qu'ils/elles aient plu

Imparfait

que je plusse	que nous plussions
que tu plusses	que vous plussiez
qu'il/elle/on plût	qu'ils/elles plussent

Plus-que-parfait

que j'eusse plu	que nous eussions plu
que tu eusses plu	que vous eussiez plu
qu'il/elle/on eût plu	qu'ils/elles eussent plu

CONDITIONNEL

Présent

je plairais	nous plairions
tu plairais	vous plairiez
il/elle/on plairait	ils/elles plairaient

Passé

j'aurais plu	nous aurions plu
tu aurais plu	vous auriez plu
il/elle/on aurait plu	ils/elles auraient plu

IMPÉRATIF

plais plaisons plaisez

Ce genre de film plaisait beaucoup aux enfants il y a dix ans.
This type of movie was quite popular with kids ten years ago.

La sculpture me plaît autant que la peinture.
I like scupture as much as painting.

On a vu une exposition en ville qui t'aurait plu.
We saw an exhibit in town that you would have liked.

PLAISANTER *to joke*

Inf. plaisanter *Part. prés.* plaisantant *Part. passé* plaisanté

INDICATIF

Présent

je plaisante	nous plaisantons
tu plaisantes	vous plaisantez
il/elle/on plaisante	ils/elles plaisantent

Passé composé

j'ai plaisanté	nous avons plaisanté
tu as plaisanté	vous avez plaisanté
il/elle/on a plaisanté	ils/elles ont plaisanté

Futur simple

je plaisanterai	nous plaisanterons
tu plaisanteras	vous plaisanterez
il/elle/on plaisantera	ils/elles plaisanteront

Futur antérieur

j'aurai plaisanté	nous aurons plaisanté
tu auras plaisanté	vous aurez plaisanté
il/elle/on aura plaisanté	ils/elles auront plaisanté

Imparfait

je plaisantais	nous plaisantions
tu plaisantais	vous plaisantiez
il/elle/on plaisantait	ils/elles plaisantaient

Plus-que-parfait

j'avais plaisanté	nous avions plaisanté
tu avais plaisanté	vous aviez plaisanté
il/elle/on avait plaisanté	ils/elles avaient plaisanté

Passé simple

je plaisantai	nous plaisantâmes
tu plaisantas	vous plaisantâtes
il/elle/on plaisanta	ils/elles plaisantèrent

Passé antérieur

j'eus plaisanté	nous eûmes plaisanté
tu eus plaisanté	vous eûtes plaisanté
il/elle/on eut plaisanté	ils/elles eurent plaisanté

SUBJONCTIF

Présent

que je plaisante	que nous plaisantions
que tu plaisantes	que vous plaisantiez
qu'il/elle/on plaisante	qu'ils/elles plaisantent

Imparfait

que je plaisantasse	que nous plaisantassions
que tu plaisantasses	que vous plaisantassiez
qu'il/elle/on plaisantât	qu'ils/elles plaisantassent

Passé

que j'aie plaisanté	que nous ayons plaisanté
que tu aies plaisanté	que vous ayez plaisanté
qu'il/elle/on ait plaisanté	qu'ils/elles aient plaisanté

Plus-que-parfait

que j'eusse plaisanté	que nous eussions plaisanté
que tu eusses plaisanté	que vous eussiez plaisanté
qu'il/elle/on eût plaisanté	qu'ils/elles eussent plaisanté

CONDITIONNEL

Présent

je plaisanterais	nous plaisanterions
tu plaisanterais	vous plaisanteriez
il/elle/on plaisanterait	ils/elles plaisanteraient

Passé

j'aurais plaisanté	nous aurions plaisanté
tu aurais plaisanté	vous auriez plaisanté
il/elle/on aurait plaisanté	ils/elles auraient plaisanté

IMPÉRATIF

plaisante plaisantons plaisantez

Jean-Louis est adoré par ses amis parce qu'il plaisante beaucoup.
Jean-Louis is adored by his friends because he jokes around a lot.

Pourquoi est-ce que tu te fâches? J'ai dit cela pour plaisanter.
Why are you getting angry? I said that as a joke.

Séverin est un homme sévère qui plaisante rarement.
Séverin is a strict man who rarely jokes around.

PLANTER *to plant*

Inf. planter *Part. prés.* plantant *Part. passé* planté

INDICATIF

Présent

je plante nous plantons
tu plantes vous plantez
il/elle/on plante ils/elles plantent

Imparfait

je plantais nous plantions
tu plantais vous plantiez
il/elle/on plantais ils/elles plantaient

Passé composé

j'ai planté nous avons planté
tu as planté vous avez planté
il/elle/on a planté ils/elles ont planté

Plus-que-parfait

j'avais planté nous avions planté
tu avais planté vous aviez planté
il/elle/on avait planté ils/elles avaient planté

Futur simple

je planterai nous planterons
tu planteras vous planterez
il/elle/on plantera ils/elles planteront

Passé simple

je plantai nous plantâmes
tu plantas vous plantâtes
il/elle/on planta ils/elles plantèrent

Futur antérieur

j'aurai planté nous aurons planté
tu auras planté vous aurez planté
il/elle/on aura planté ils/elles auront planté

Passé antérieur

j'eus planté nous eûmes planté
tu eus planté vous eûtes planté
il/elle/on eut planté ils/elles eurent planté

SUBJONCTIF

Présent

que je plante que nous plantions
que tu plantes que vous plantiez
qu'il/elle/on plante qu'ils/elles plantent

Passé

que j'aie planté que nous ayons planté
que tu aies planté que vous ayez planté
qu'il/elle/on ait planté qu'ils/elles aient planté

Imparfait

que je plantasse que nous plantassions
que tu plantasses que vous plantassiez
qu'il/elle/on plantât qu'ils/elles plantassent

Plus-que-parfait

que j'eusse planté que nous eussions planté
que tu eusses planté que vous eussiez planté
qu'il/elle/on eût planté qu'ils/elles eussent planté

CONDITIONNEL

Présent

je planterais nous planterions
tu planterais vous planteriez
il/elle/on planterait ils/elles planteraient

Passé

j'aurais planté nous aurions planté
tu aurais planté vous auriez planté
il/elle/on aurait planté ils/elles auraient planté

IMPÉRATIF

plante plantons plantez

Notre municipalité vient de planter de jolis arbres.
Our town just planted some beautiful trees.

J'ai envie de planter des roses près de notre terrasse.
I'd like to plant roses near our terrace.

Et avec ces paroles tu plantes un couteau dans mon cœur!
And with these words you are planting a knife in my heart!

PLEURER *to cry*

Inf. pleurer *Part. prés.* pleurant *Part. passé* pleuré

INDICATIF

Présent

je pleure	nous pleurons
tu pleures	vous pleurez
il/elle/on pleure	ils/elles pleurent

Imparfait

je pleurais	nous pleurions
tu pleurais	vous pleuriez
il/elle/on pleurait	ils/elles pleuraient

Passé composé

j'ai pleuré	nous avons pleuré
tu as pleuré	vous avez pleuré
il/elle/on a pleuré	ils/elles ont pleuré

Plus-que-parfait

j'avais pleuré	nous avions pleuré
tu avais pleuré	vous aviez pleuré
il/elle/on avait pleuré	ils/elles avaient pleuré

Futur simple

je pleurerai	nous pleurerons
tu pleureras	vous pleurerez
il/elle/on pleurera	ils/elles pleureront

Passé simple

je pleurai	nous pleurâmes
tu pleuras	vous pleurâtes
il/elle/on pleura	ils/elles pleurèrent

Futur antérieur

j'aurai pleuré	nous aurons pleuré
tu auras pleuré	vous aurez pleuré
il/elle/on aura pleuré	ils/elles auront pleuré

Passé antérieur

j'eus pleuré	nous eûmes pleuré
tu eus pleuré	vous eûtes pleuré
il/elle/on eut pleuré	ils/elles eurent pleuré

SUBJONCTIF

Présent

que je pleure	que nous pleurions
que tu pleures	que vous pleuriez
qu'il/elle/on pleure	qu'ils/elles pleurent

Passé

que j'aie pleuré	que nous ayons pleuré
que tu aies pleuré	que vous ayez pleuré
qu'il/elle/on ait pleuré	qu'ils/elles aient pleuré

Imparfait

que je pleurasse	que nous pleurassions
que tu pleurasses	que vous pleurassiez
qu'il/elle/on pleurât	qu'ils/elles pleurassent

Plus-que-parfait

que j'eusse pleuré	que nous eussions pleuré
que tu eusses pleuré	que vous eussiez pleuré
qu'il/elle/on eût pleuré	qu'ils/elles eussent pleuré

CONDITIONNEL

Présent

je pleurerais	nous pleurerions
tu pleurerais	vous pleureriez
il/elle/on pleurerait	ils/elles pleureraient

Passé

j'aurais pleuré	nous aurions pleuré
tu aurais pleuré	vous auriez pleuré
il/elle/on aurait pleuré	ils/elles auraient pleuré

IMPÉRATIF

pleure pleurons pleurez

On a pleuré pendant tout le film.
We cried during the entire film.

Si j'avais été à votre place, j'aurais pleuré aussi.
If I had been in your place, I would have cried as well.

Il est ridicule que tu pleures.
It's ridiculous that you're crying.

PLEUVOIR *to rain*

Inf. pleuvoir *Part. prés.* pleuvant *Part. passé* plu

INDICATIF

Présent		Imparfait	
—	—	—	—
—	—	—	—
il pleut	—	il pleuvait	—
Passé composé		**Plus-que-parfait**	
—	—	—	—
—	—	—	—
il a plu	—	il avait plu	—
Futur simple		**Passé simple**	
—	—	—	—
—	—	—	—
il pleuvra	—	il plut	—
Futur antérieur		**Passé antérieur**	
—	—	—	—
—	—	—	—
il aura plu	—	il eut plu	—

SUBJONCTIF

Présent		Passé	
—	—	—	—
—	—	—	—
qu'il pleuve	—	qu'il ait plu	—
Imparfait		**Plus-que-parfait**	
—	—	—	—
—	—	—	—
qu'il plût	—	qu'il eût plu	—

CONDITIONNEL

Présent		Passé	
—	—	—	—
—	—	—	—
il pleuvrait	—	il aurait plu	—

IMPÉRATIF

—

Il pleuvait des cordes quand on est sortis du cinéma.
It was raining buckets when we left the cinema.

La météo dit qu'il pleuvra demain.
The weather report says it will rain tomorrow.

Tous les jardiniers de la région veulent qu'il pleuve bientôt.
All of the gardeners of our area want it to rain soon.

PORTER *to carry, to wear*

Inf. porter *Part. prés.* portant *Part. passé* porté

INDICATIF

Présent

je porte	nous portons
tu portes	vous portez
il/elle/on porte	ils/elles portent

Imparfait

je portais	nous portions
tu portais	vous portiez
il/elle/on portait	ils/elles portaient

Passé composé

j'ai porté	nous avons porté
tu as porté	vous avez porté
il/elle/on a porté	ils/elles ont porté

Plus-que-parfait

j'avais porté	nous avions porté
tu avais porté	vous aviez porté
il/elle/on avait porté	ils/elles avaient porté

Futur simple

je porterai	nous porterons
tu porteras	vous porterez
il/elle/on portera	ils/elles porteront

Passé simple

je portai	nous portâmes
tu portas	vous portâtes
il/elle/on porta	ils/elles portèrent

Futur antérieur

j'aurai porté	nous aurons porté
tu auras porté	vous aurez porté
il/elle/on aura porté	ils/elles auront porté

Passé antérieur

j'eus porté	nous eûmes porté
tu eus porté	vous eûtes porté
il/elle/on eut porté	ils/elles eurent porté

SUBJONCTIF

Présent

que je porte	que nous portions
que tu portes	que vous portiez
qu'il/elle/on porte	qu'ils/elles portent

Passé

que j'aie porté	que nous ayons porté
que tu aies porté	que vous ayez porté
qu'il/elle/on ait porté	qu'ils/elles aient porté

Imparfait

que je portasse	que nous portassions
que tu portasses	que vous portassiez
qu'il/elle/on portât	qu'ils/elles portassent

Plus-que-parfait

que j'eusse porté	que nous eussions porté
que tu eusses porté	que vous eussiez porté
qu'il/elle/on eût porté	qu'ils/elles eussent porté

CONDITIONNEL

Présent

je porterais	nous porterions
tu porterais	vous porteriez
il/elle/on porterait	ils/elles porteraient

Passé

j'aurais porté	nous aurions porté
tu aurais porté	vous auriez porté
il/elle/on aurait porté	ils/elles auraient porté

IMPÉRATIF

porte portons portez

Qu'est-ce que tu portes à la fête?
What are you wearing to the party?

Porte ces boîtes pour ta tante Mireille.
Carry these boxes for your aunt Mireille.

S'il faisait plus chaud je porterais un débardeur.
If it were warmer I would wear a tank top.

SE PORTER *to be [health], to be going*

Inf. se porter *Part. prés.* se portant *Part. passé* porté(e)(s)

INDICATIF

Présent

je me porte	nous nous portons
tu te portes	vous vous portez
il/elle/on se porte	ils/elles se portent

Imparfait

je me portais	nous nous portions
tu te portais	vous vous portiez
il/elle/on se portait	ils/elles se portaient

Passé composé

je me suis porté(e)	nous nous sommes porté(e)s
tu t'es porté(e)	vous vous êtes porté(e)(s)
il/elle/on s'est porté(e)	ils/elles se sont porté(e)s

Plus-que-parfait

je m'étais porté(e)	nous nous étions porté(e)s
tu t'étais porté(e)	vous vous étiez porté(e)(s)
il/elle/on s'était porté(e)	ils/elles s'étaient porté(e)s

Futur simple

je me porterai	nous nous porterons
tu te porteras	vous vous porterez
il/elle/on se portera	ils/elles se porteront

Passé simple

je me portai	nous nous portâmes
tu te portas	vous vous portâtes
il/elle/on se porta	ils/elles se portèrent

Futur antérieur

je me serai porté(e)	nous nous serons porté(e)s
tu te seras porté(e)	vous vous serez porté(e)(s)
il/elle/on se sera porté(e)	ils/elles se seront porté(e)s

Passé antérieur

je me fus porté(e)	nous nous fûmes porté(e)s
tu te fus porté(e)	vous vous fûtes porté(e)(s)
il/elle/on se fut porté(e)	ils/elles se furent porté(e)s

SUBJONCTIF

Présent

que je me porte	que nous nous portions
que tu te portes	que vous vous portiez
qu'il/elle/on se porte	qu'ils/elles se portent

Passé

que je me sois porté(e)	que nous nous soyons porté(e)s
que tu te sois porté(e)	que vous vous soyez porté(e)(s)
qu'il/elle/on se soit porté(e)	qu'ils/elles se soient porté(e)s

Imparfait

que je me portasse	que nous nous portassions
que tu te portasses	que vous vous portassiez
qu'il/elle/on se portât	qu'ils/elles se portassent

Plus-que-parfait

que je me fusse porté(e)	que nous nous fussions porté(e)s
que tu te fusses porté(e)	que vous vous fussiez porté(e)(s)
qu'il/elle/on se fût porté(e)	qu'ils/elles se fussent porté(e)s

CONDITIONNEL

Présent

je me porterais	nous nous porterions
tu te porterais	vous vous porteriez
il/elle/on se porterait	ils/elles se porteraient

Passé

je me serais porté(e)	nous nous serions porté(e)s
tu te serais porté(e)	vous vous seriez porté(e)(s)
il/elle/on se serait porté(e)	ils/elles se seraient porté(e)s

IMPÉRATIF

porte-toi portons-nous portez-vous

Je suis heureux que vous vous portiez si bien.
I am happy that you are doing so well.

Les affaires se portent très mal en ce moment.
Business is going very badly these days.

Elles se portent bien après leur accident de ski.
They're doing well after their ski accident.

POSER *to pose, to put; to assert [theory, amount]*

Inf. poser *Part. prés.* posant *Part. passé* posé

INDICATIF

Présent

je pose	nous posons
tu poses	vous posez
il/elle/on pose	ils/elles posent

Imparfait

je posais	nous posions
tu posais	vous posiez
il/elle/on posait	ils/elles posaient

Passé composé

j'ai posé	nous avons posé
tu as posé	vous avez posé
il/elle/on a posé	ils/elles ont posé

Plus-que-parfait

j'avais posé	nous avions posé
tu avais posé	vous aviez posé
il/elle/on avait posé	ils/elles avaient posé

Futur simple

je poserai	nous poserons
tu poseras	vous poserez
il/elle/on posera	ils/elles poseront

Passé simple

je posai	nous posâmes
tu posas	vous posâtes
il/elle/on posa	ils/elles posèrent

Futur antérieur

j'aurai posé	nous aurons posé
tu auras posé	vous aurez posé
il/elle/on aura posé	ils/elles auront posé

Passé antérieur

j'eus posé	nous eûmes posé
tu eus posé	vous eûtes posé
il/elle/on eut posé	ils/elles eurent posé

SUBJONCTIF

Présent

que je pose	que nous posions
que tu poses	que vous posiez
qu'il/elle/on pose	qu'ils/elles posent

Passé

que j'aie posé	que nous ayons posé
que tu aies posé	que vous ayez posé
qu'il/elle/on ait posé	qu'ils/elles aient posé

Imparfait

que je posasse	que nous posassions
que tu posasses	que vous posassiez
qu'il/elle/on posât	qu'ils/elles posassent

Plus-que-parfait

que j'eusse posé	que nous eussions posé
que tu eusses posé	que vous eussiez posé
qu'il/elle/on eût posé	qu'ils/elles eussent posé

CONDITIONNEL

Présent

je poserais	nous poserions
tu poserais	vous poseriez
il/elle/on poserait	ils/elles poseraient

Passé

j'aurais posé	nous aurions posé
tu aurais posé	vous auriez posé
il/elle/on aurait posé	ils/elles auraient posé

IMPÉRATIF

pose posons posez

Tu poses une question difficle.
You are asking a difficult question.

Posez vos affaires sur la chaise.
Put your things on the chair.

Ce scientifique a posé beaucoup de questions importantes.
This scientist is asking a lot of important questions.

POSSÉDER *to possess, to own, to have*

Inf. posséder *Part. prés.* possédant *Part. passé* possédé

INDICATIF

Présent

je possède	nous possédons
tu possèdes	vous possédez
il/elle/on possède	ils/elles possèdent

Passé composé

j'ai possédé	nous avons possédé
tu as possédé	vous avez possédé
il/elle/on a possédé	ils/elles ont possédé

Futur simple

je posséderai	nous posséderons
tu posséderas	vous posséderez
il/elle/on possédera	ils/elles posséderont

Futur antérieur

j'aurai possédé	nous aurons possédé
tu auras possédé	vous aurez possédé
il/elle/on aura possédé	ils/elles auront possédé

Imparfait

je possédais	nous possédions
tu possédais	vous possédiez
il/elle/on possédait	ils/elles possédaient

Plus-que-parfait

j'avais possédé	nous avions possédé
tu avais possédé	vous aviez possédé
il/elle/on avait possédé	ils/elles avaient possédé

Passé simple

je possédai	nous possédâmes
tu possédas	vous possédâtes
il/elle/on posséda	ils/elles possédèrent

Passé antérieur

j'eus possédé	nous eûmes possédé
tu eus possédé	vous eûtes possédé
il/elle/on eut possédé	ils/elles eurent possédé

SUBJONCTIF

Présent

que je possède	que nous possédions
que tu possèdes	que vous possédiez
qu'il/elle/on possède	qu'ils/elles possèdent

Imparfait

que je possédasse	que nous possédassions
que tu possédasses	que vous possédassiez
qu'il/elle/on possédât	qu'ils/elles possédassent

Passé

que j'aie possédé	que nous ayons possédé
que tu aies possédé	que vous ayez possédé
qu'il/elle/on ait possédé	qu'ils/elles aient possédé

Plus-que-parfait

que j'eusse possédé	que nous eussions possédé
que tu eusses possédé	que vous eussiez possédé
qu'il/elle/on eût possédé	qu'ils/elles eussent possédé

CONDITIONNEL

Présent

je posséderais	nous posséderions
tu posséderais	vous posséderiez
il/elle/on posséderait	ils/elles posséderaient

Passé

j'aurais possédé	nous aurions possédé
tu aurais possédé	vous auriez possédé
il/elle/on aurait possédé	ils/elles auraient possédé

IMPÉRATIF

possède possédons possédez

Au 18ième siècle cette famille possédait une boulangerie.
In the eighteenth century this family owned a bakery.

Mon oncle possède un vignoble à vingt minutes d'ici.
My uncle has a vineyard twenty minutes from here.

Nous pensons que vous ne possédiez pas suffisament de talent pour ce rôle.
We think that you don't have enough talent for this role.

POURSUIVRE *to pursue, to chase*

Inf. poursuivre *Part. prés.* poursuivant *Part. passé* poursuivi

INDICATIF

Présent

je poursuis	nous poursuivons
tu poursuis	vous poursuivez
il/elle/on poursuit	ils/elles poursuivent

Imparfait

je poursuivais	nous poursuivions
tu poursuivais	vous poursuiviez
il/elle/on poursuivait	ils/elles poursuivaient

Passé composé

j'ai poursuivi	nous avons poursuivi
tu as poursuivi	vous avez poursuivi
il/elle/on a poursuivi	ils/elles ont poursuivi

Plus-que-parfait

j'avais poursuivi	nous avions poursuivi
tu avais poursuivi	vous aviez poursuivi
il/elle/on avait poursuivi	ils/elles avaient poursuivi

Futur simple

je poursuivrai	nous poursuivrons
tu poursuivras	vous poursuivrez
il/elle/on poursuivra	ils/elles poursuivront

Passé simple

je poursuivis	nous poursuivîmes
tu poursuivis	vous poursuivîtes
il/elle/on poursuivit	ils/elles poursuivirent

Futur antérieur

j'aurai poursuivi	nous aurons poursuivi
tu auras poursuivi	vous aurez poursuivi
il/elle/on aura poursuivi	ils/elles auront poursuivi

Passé antérieur

j'eus poursuivi	nous eûmes poursuivi
tu eus poursuivi	vous eûtes poursuivi
il/elle/on eut poursuivi	ils/elles eurent poursuivi

SUBJONCTIF

Présent

que je poursuive	que nous poursuivions
que tu poursuives	que vous poursuiviez
qu'il/elle/on poursuive	qu'ils/elles poursuivent

Passé

que j'aie poursuivi	que nous ayons poursuivi
que tu aies poursuivi	que vous ayez poursuivi
qu'il/elle/on ait poursuivi	qu'ils/elles aient poursuivi

Imparfait

que je poursuivisse	que nous poursuivissions
que tu poursuivisses	que vous poursuivissiez
qu'il/elle/on poursuivît	qu'ils/elles poursuivissent

Plus-que-parfait

que j'eusse poursuivi	que nous eussions poursuivi
que tu eusses poursuivi	que vous eussiez poursuivi
qu'il/elle/on eût poursuivi	qu'ils/elles eussent poursuivi

CONDITIONNEL

Présent

je poursuivrais	nous poursuivrions
tu poursuivrais	vous poursuivriez
il/elle/on poursuivrait	ils/elles poursuivraient

Passé

j'aurais poursuivi	nous aurions poursuivi
tu aurais poursuivi	vous auriez poursuivi
il/elle/on aurait poursuivi	ils/elles auraient poursuivi

IMPÉRATIF

poursuis poursuivons poursuivez

Hier soir la police poursuivait quelqu'un dans la rue.
Last night the police were chasing someone in the street.

Francine poursuit des études supérieures en linguistique appliquée.
Francine is pursuing graduate studies in applied linguistics.

Madame Fournier nous a déclaré qu'elle a décidé de nous poursuivre en justice.
Madame Fournier has told us that she's decided to take legal action against us.

POUSSER *to push, to grow*

Inf. pousser *Part. prés.* poussant *Part. passé* poussé

INDICATIF

Présent

je pousse	nous poussons
tu pousses	vous poussez
il/elle/on pousse	ils/elles poussent

Passé composé

j'ai poussé	nous avons poussé
tu as poussé	vous avez poussé
il/elle/on a poussé	ils/elles ont poussé

Futur simple

je pousserai	nous pousserons
tu pousseras	vous pousserez
il/elle/on poussera	ils/elles pousseront

Futur antérieur

j'aurai poussé	nous aurons poussé
tu auras poussé	vous aurez poussé
il/elle/on aura poussé	ils/elles auront poussé

Imparfait

je poussais	nous poussions
tu poussais	vous poussiez
il/elle/on poussait	ils/elles poussaient

Plus-que-parfait

j'avais poussé	nous avions poussé
tu avais poussé	vous aviez poussé
il/elle/on avait poussé	ils/elles avaient poussé

Passé simple

je poussai	nous poussâmes
tu poussas	vous poussâtes
il/elle/on poussa	ils/elles poussèrent

Passé antérieur

j'eus poussé	nous eûmes poussé
tu eus poussé	vous eûtes poussé
il/elle/on eut poussé	ils/elles eurent poussé

SUBJONCTIF

Présent

que je pousse	que nous poussions
que tu pousses	que vous poussiez
qu'il/elle/on pousse	qu'ils/elles poussent

Imparfait

que je poussasse	que nous poussassions
que tu poussasses	que vous poussassiez
qu'il/elle/on poussât	qu'ils/elles poussassent

Passé

que j'aie poussé	que nous ayons poussé
que tu aies poussé	que vous ayez poussé
qu'il/elle/on ait poussé	qu'ils/elles aient poussé

Plus-que-parfait

que j'eusse poussé	que nous eussions poussé
que tu eusses poussé	que vous eussiez poussé
qu'il/elle/on eût poussé	qu'ils/elles eussent poussé

CONDITIONNEL

Présent

je pousserais	nous pousserions
tu pousserais	vous pousseriez
il/elle/on pousserait	ils/elles pousseraient

Passé

j'aurais poussé	nous aurions poussé
tu aurais poussé	vous auriez poussé
il/elle/on aurait poussé	ils/elles auraient poussé

IMPÉRATIF

pousse poussons poussez

J'ai horreur des foules; il y a toujours des gens qui poussent.
I hate crowds; there are always people who push.

Mes cheveux ne poussaient plus; donc j'ai décidé de prendre des vitamines.
My hair wasn't growing any more, so I decided to take vitamins.

Poussez la charrette, s'il vous plaît.
Push the cart, please.

POUVOIR *to be able to*

Inf. pouvoir *Part. prés.* pouvant *Part. passé* pu

INDICATIF

Présent

je peux	nous pouvons
tu peux	vous pouvez
il/elle/on peut	ils/elles peuvent

Imparfait

je pouvais	nous pouvions
tu pouvais	vous pouviez
il/elle/on pouvait	ils/elles pouvaient

Passé composé

j'ai pu	nous avons pu
tu as pu	vous avez pu
il/elle/on a pu	ils/elles ont pu

Plus-que-parfait

j'avais pu	nous avions pu
tu avais pu	vous aviez pu
il/elle/on avait pu	ils/elles avaient pu

Futur simple

je pourrai	nous pourrons
tu pourras	vous pourrez
il/elle/on pourra	ils/elles pourront

Passé simple

je pus	nous pûmes
tu pus	vous pûtes
il/elle/on put	ils/elles purent

Futur antérieur

j'aurai pu	nous aurons pu
tu auras pu	vous aurez pu
il/elle/on aura pu	ils/elles auront pu

Passé antérieur

j'eus pu	nous eûmes pu
tu eus pu	vous eûtes pu
il/elle/on eut pu	ils/elles eurent pu

SUBJONCTIF

Présent

que je puisse	que nous puissions
que tu puisses	que vous puissiez
qu'il/elle/on puisse	qu'ils/elles puissent

Passé

que j'aie pu	que nous ayons pu
que tu aies pu	que vous ayez pu
qu'il/elle/on ait pu	qu'ils/elles aient pu

Imparfait

que je pusse	que nous pussions
que tu pusses	que vous pussiez
qu'il/elle/on pût	qu'ils/elles pussent

Plus-que-parfait

que j'eusse pu	que nous eussions pu
que tu eusses pu	que vous eussiez pu
qu'il/elle/on eût pu	qu'ils/elles eussent pu

CONDITIONNEL

Présent

je pourrais	nous pourrions
tu pourrais	vous pourriez
il/elle/on pourrait	ils/elles pourraient

Passé

j'aurais pu	nous aurions pu
tu aurais pu	vous auriez pu
il/elle/on aurait pu	ils/elles auraient pu

IMPÉRATIF

—

Henri a téléphoné pour dire qu'il ne peut pas venir ce soir.
Henri called to say he can't come this evening.

Ma femme est ravie que vous puissiez nous rendre visite demain.
My wife is delighted that you can visit us tomorrow.

Vouloir c'est pouvoir.
Where there's a will there's a way.

PRÉDIRE *to predict*

Inf. prédire *Part. prés.* prédisant *Part. passé* prédit

INDICATIF

Présent

je prédis	nous prédisons
tu prédis	vous prédisez
il/elle/on prédit	ils/elles prédisent

Imparfait

je prédisais	nous prédisions
tu prédisais	vous prédisiez
il/elle/on prédisait	ils/elles prédisaient

Passé composé

j'ai prédit	nous avons prédit
tu as prédit	vous avez prédit
il/elle/on a prédit	ils/elles ont prédit

Plus-que-parfait

j'avais prédit	nous avions prédit
tu avais prédit	vous aviez prédit
il/elle/on avait prédit	ils/elles avaient prédit

Futur simple

je prédirai	nous prédirons
tu prédiras	vous prédirez
il/elle/on prédira	ils/elles prédiront

Passé simple

je prédis	nous prédîmes
tu prédis	vous prédîtes
il/elle/on prédit	ils/elles prédirent

Futur antérieur

j'aurai prédit	nous aurons prédit
tu auras prédit	vous aurez prédit
il/elle/on aura prédit	ils/elles auront prédit

Passé antérieur

j'eus prédit	nous eûmes prédit
tu eus prédit	vous eûtes prédit
il/elle/on eut prédit	ils/elles eurent prédit

SUBJONCTIF

Présent

que je prédise	que nous prédisions
que tu prédises	que vous prédisiez
qu'il/elle/on prédise	qu'ils/elles prédisent

Passé

que j'aie prédit	que nous ayons prédit
que tu aies prédit	que vous ayez prédit
qu'il/elle/on ait prédit	qu'ils/elles aient prédit

Imparfait

que je prédisse	que nous prédissions
que tu prédisses	que vous prédissiez
qu'il/elle/on prédît	qu'ils/elles prédissent

Plus-que-parfait

que j'eusse prédit	que nous eussions prédit
que tu eusses prédit	que vous eussiez prédit
qu'il/elle/on eût prédit	qu'ils/elles eussent prédit

CONDITIONNEL

Présent

je prédirais	nous prédirions
tu prédirais	vous prédiriez
il/elle/on prédirait	ils/elles prédiraient

Passé

j'aurais prédit	nous aurions prédit
tu aurais prédit	vous auriez prédit
il/elle/on aurait prédit	ils/elles auraient prédit

IMPÉRATIF

prédis prédisons prédisez

Notre entraineur a prédit une défaite pour notre équipe.
Our coach predicted a loss for our team.

Mais qui aurait-prévu un tel résultat du scrutin?
But who would have predicted such an election result?

Est-ce que tu prédiras qui gagnera?
Will you predict who will win?

PRÉFÉRER *to prefer*

Inf. préférer *Part. prés.* préférant *Part. passé* préféré

INDICATIF

Présent

je préfère	nous préférons
tu préfères	vous préférez
il/elle/on préfère	ils/elles préfèrent

Passé composé

j'ai préféré	nous avons préféré
tu as préféré	vous avez préféré
il/elle/on a préféré	ils/elles ont préféré

Futur simple

je préférerai	nous préférerons
tu préféreras	vous préférerez
il/elle/on préférera	ils/elles préféreront

Futur antérieur

j'aurai préféré	nous aurons préféré
tu auras préféré	vous aurez préféré
il/elle/on aura préféré	ils/elles auront préféré

Imparfait

je préférais	nous préférions
tu préférais	vous préfériez
il/elle/on préférait	ils/elles préféraient

Plus-que-parfait

j'avais préféré	nous avions préféré
tu avais préféré	vous aviez préféré
il/elle/on avait préféré	ils/elles avaient préféré

Passé simple

je préférai	nous préférâmes
tu préféras	vous préférâtes
il/elle/on préféra	ils/elles préférèrent

Passé antérieur

j'eus préféré	nous eûmes préféré
tu eus préféré	vous eûtes préféré
il/elle/on eut préféré	ils/elles eurent préféré

SUBJONCTIF

Présent

que je préfère	que nous préférions
que tu préfères	que vous préfériez
qu'il/elle/on préfère	qu'ils/elles préfèrent

Imparfait

que je préférasse	que nous préférassions
que tu préférasses	que vous préférassiez
qu'il/elle/on préférât	qu'ils/elles préférassent

Passé

que j'aie préféré	que nous ayons préféré
que tu aies préféré	que vous ayez préféré
qu'il/elle/on ait préféré	qu'ils/elles aient préféré

Plus-que-parfait

que j'eusse préféré	que nous eussions préféré
que tu eusses préféré	que vous eussiez préféré
qu'il/elle/on eût préféré	qu'ils/elles eussent préféré

CONDITIONNEL

Présent

je préférerais	nous préférerions
tu préférerais	vous préféreriez
il/elle/on préférerait	ils/elles préféreraient

Passé

j'aurais préféré	nous aurions préféré
tu aurais préféré	vous auriez préféré
il/elle/on aurait préféré	ils/elles auraient préféré

IMPÉRATIF

préfère préférons préférez

Que préférez-vous, le thé ou le café?
What do you prefer, tea or coffee?

Il n'est pas vrai que maman te préfère!
It's not true that mom prefers you!

Elle aurait préféré un autre boulot, mais on ne peut pas tout avoir.
She would have preferred a different job, but one can't have everything.

PRENDRE *to take*

Inf. prendre *Part. prés.* prenant *Part. passé* pris

INDICATIF

Présent

je prends	nous prenons
tu prends	vous prenez
il/elle/on prend	ils/elles prennent

Passé composé

j'ai pris	nous avons pris
tu as pris	vous avez pris
il/elle/on a pris	ils/elles ont pris

Futur simple

je prendrai	nous prendrons
tu prendras	vous prendrez
il/elle/on prendra	ils/elles prendront

Futur antérieur

j'aurai pris	nous aurons pris
tu auras pris	vous aurez pris
il/elle/on aura pris	ils/elles auront pris

Imparfait

je prenais	nous prenions
tu prenais	vous preniez
il/elle/on prenait	ils/elles prenaient

Plus-que-parfait

j'avais pris	nous avions pris
tu avais pris	vous aviez pris
il/elle/on avait pris	ils/elles avaient pris

Passé simple

je pris	nous prîmes
tu pris	vous prîtes
il/elle/on prit	ils/elles prirent

Passé antérieur

j'eus pris	nous eûmes pris
tu eus pris	vous eûtes pris
il/elle/on eut pris	ils/elles eurent pris

SUBJONCTIF

Présent

que je prenne	que nous prenions
que tu prennes	que vous preniez
qu'il/elle/on prenne	qu'ils/elles prennent

Imparfait

que je prisse	que nous prissions
que tu prisses	que vous prissiez
qu'il/elle/on prît	qu'ils/elles prissent

Passé

que j'aie pris	que nous ayons pris
que tu aies pris	que vous ayez pris
qu'il/elle/on ait pris	qu'ils/elles aient pris

Plus-que-parfait

que j'eusse pris	que nous eussions pris
que tu eusses pris	que vous eussiez pris
qu'il/elle/on eût pris	qu'ils/elles eussent pris

CONDITIONNEL

Présent

je prendrais	nous prendrions
tu prendrais	vous prendriez
il/elle/on prendrait	ils/elles prendraient

Passé

j'aurais pris	nous aurions pris
tu aurais pris	vous auriez pris
il/elle/on aurait pris	ils/elles auraient pris

IMPÉRATIF

prends prenons prenez

Que prenez-vous comme dessert?
What will you be having for dessert?

Quand j'étais à Amsterdam, je prenais le tram partout.
When I was in Amsterdam, I took the tram everywhere.

Prends deux aspirines et allonge-toi!
Take two aspirin and lie down!

PRÉTENDRE *to claim*

Inf. prétendre *Part. prés.* prétendant *Part. passé* prétendu

INDICATIF

Présent

je prétends	nous prétendons
tu prétends	vous prétendez
il/elle/on prétend	ils/elles prétendent

Passé composé

j'ai prétendu	nous avons prétendu
tu as prétendu	vous avez prétendu
il/elle/on a prétendu	ils/elles ont prétendu

Futur simple

je prétendrai	nous prétendrons
tu prétendras	vous prétendrez
il/elle/on prétendra	ils/elles prétendront

Futur antérieur

j'aurai prétendu	nous aurons prétendu
tu auras prétendu	vous aurez prétendu
il/elle/on aura prétendu	ils/elles auront prétendu

Imparfait

je prétendais	nous prétendions
tu prétendais	vous prétendiez
il/elle/on prétendait	ils/elles prétendaient

Plus-que-parfait

j'avais prétendu	nous avions prétendu
tu avais prétendu	vous aviez prétendu
il/elle/on avait prétendu	ils/elles avaient prétendu

Passé simple

je prétendis	nous prétendîmes
tu prétendis	vous prétendîtes
il/elle/on prétendit	ils/elles prétendirent

Passé antérieur

j'eus prétendu	nous eûmes prétendu
tu eus prétendu	vous eûtes prétendu
il/elle/on eut prétendu	ils/elles eurent prétendu

SUBJONCTIF

Présent

que je prétende	que nous prétendions
que tu prétendes	que vous prétendiez
qu'il/elle/on prétende	qu'ils/elles prétendent

Imparfait

que je prétendisse	que nous prétendissions
que tu prétendisses	que vous prétendissiez
qu'il/elle/on prétendît	qu'ils/elles prétendissent

Passé

que j'aie prétendu	que nous ayons prétendu
que tu aies prétendu	que vous ayez prétendu
qu'il/elle/on ait prétendu	qu'ils/elles aient prétendu

Plus-que-parfait

que j'eusse prétendu	que nous eussions prétendu
que tu eusses prétendu	que vous eussiez prétendu
qu'il/elle/on eût prétendu	qu'ils/elles eussent prétendu

CONDITIONNEL

Présent

je prétendrais	nous prétendrions
tu prétendrais	vous prétendriez
il/elle/on prétendrait	ils/elles prétendraient

Passé

j'aurais prétendu	nous aurions prétendu
tu aurais prétendu	vous auriez prétendu
il/elle/on aurait prétendu	ils/elles auraient prétendu

IMPÉRATIF

prétends prétendons prétendez

Cette dame ne prétend pas que je lui doive de l'argent.
This woman isn't claiming that I owe her money.

Il n'a rien fait à ce qu'il prétend.
According to him he didn't do anything.

Cette entreprise prétendait qu'elle était le leader mondial dans ce secteur du marché.
This company claimed to be the world leader in this sector of the market.

PRÊTER *to lend*

Inf. prêter *Part. prés.* prêtant *Part. passé* prêté

INDICATIF

Présent

je prête	nous prêtons
tu prêtes	vous prêtez
il/elle/on prête	ils/elles prêtent

Passé composé

j'ai prêté	nous avons prêté
tu as prêté	vous avez prêté
il/elle/on a prêté	ils/elles ont prêté

Futur simple

je prêterai	nous prêterons
tu prêteras	vous prêterez
il/elle/on prêtera	ils/elles prêteront

Futur antérieur

j'aurai prêté	nous aurons prêté
tu auras prêté	vous aurez prêté
il/elle/on aura prêté	ils/elles auront prêté

Imparfait

je prêtais	nous prêtions
tu prêtais	vous prêtiez
il/elle/on prêtait	ils/elles prêtaient

Plus-que-parfait

j'avais prêté	nous avions prêté
tu avais prêté	vous aviez prêté
il/elle/on avait prêté	ils/elles avaient prêté

Passé simple

je prêtai	nous prêtâmes
tu prêtas	vous prêtâtes
il/elle/on prêta	ils/elles prêtèrent

Passé antérieur

j'eus prêté	nous eûmes prêté
tu eus prêté	vous eûtes prêté
il/elle/on eut prêté	ils/elles eurent prêté

SUBJONCTIF

Présent

que je prête	que nous prêtions
que tu prêtes	que vous prêtiez
qu'il/elle/on prête	qu'ils/elles prêtent

Imparfait

que je prêtasse	que nous prêtassions
que tu prêtasses	que vous prêtassiez
qu'il/elle/on prêtât	qu'ils/elles prêtassent

Passé

que j'aie prêté	que nous ayons prêté
que tu aies prêté	que vous ayez prêté
qu'il/elle/on ait prêté	qu'ils/elles aient prêté

Plus-que-parfait

que j'eusse prêté	que nous eussions prêté
que tu eusses prêté	que vous eussiez prêté
qu'il/elle/on eût prêté	qu'ils/elles eussent prêté

CONDITIONNEL

Présent

je prêterais	nous prêterions
tu prêterais	vous prêteriez
il/elle/on prêterait	ils/elles prêteraient

Passé

j'aurais prêté	nous aurions prêté
tu aurais prêté	vous auriez prêté
il/elle/on aurait prêté	ils/elles auraient prêté

IMPÉRATIF

prête prêtons prêtez

Ne lui prête plus d'argent, il t'en doit déjà trop!
Don't lend him any more money, he already owes you too much!

Prête-moi une gomme, s'il te plaît.
Lend me an eraser, please.

Monsieur Lorain nous a dit de prêter attention à ce qu'il allait nous dire.
Monsieur Lorain told us to pay attention to what he was going to tell us.

PRÉVENIR *to warn; to inform; to prevent*

Inf. prévenir *Part. prés.* prévenant *Part. passé* prévenu

INDICATIF

Présent

je préviens	nous prévenons
tu préviens	vous prévenez
il/elle/on prévient	ils/elles préviennent

Passé composé

j'ai prévenu	nous avons prévenu
tu as prévenu	vous avez prévenu
il/elle/on a prévenu	ils/elles ont prévenu

Futur simple

je préviendrai	nous préviendrons
tu préviendras	vous préviendrez
il/elle/on préviendra	ils/elles préviendront

Futur antérieur

j'aurai prévenu	nous aurons prévenu
tu auras prévenu	vous aurez prévenu
il/elle/on aura prévenu	ils/elles auront prévenu

Imparfait

je prévenais	nous prévenions
tu prévenais	vous préveniez
il/elle/on prévenait	ils/elles prévenaient

Plus-que-parfait

j'avais prévenu	nous avions prévenu
tu avais prévenu	vous aviez prévenu
il/elle/on avait prévenu	ils/elles avaient prévenu

Passé simple

je prévins	nous prévînmes
tu prévins	vous prévîntes
il/elle/on prévint	ils/elles prévinrent

Passé antérieur

j'eus prévenu	nous eûmes prévenu
tu eus prévenu	vous eûtes prévenu
il/elle/on eut prévenu	ils/elles eurent prévenu

SUBJONCTIF

Présent

que je prévienne	que nous prévenions
que tu préviennes	que vous préveniez
qu'il/elle/on prévienne	qu'ils/elles préviennent

Imparfait

que je prévinsse	que nous prévinssions
que tu prévinsses	que vous prévinssiez
qu'il/elle/on prévînt	qu'ils/elles prévinssent

Passé

que j'aie prévenu	que nous ayons prévenu
que tu aies prévenu	que vous ayez prévenu
qu'il/elle/on ait prévenu	qu'ils/elles aient prévenu

Plus-que-parfait

que j'eusse prévenu	que nous eussions prévenu
que tu eusses prévenu	que vous eussiez prévenu
qu'il/elle/on eût prévenu	qu'ils/elles eussent prévenu

CONDITIONNEL

Présent

je préviendrais	nous préviendrions
tu préviendrais	vous préviendriez
il/elle/on préviendrait	ils/elles préviendraient

Passé

j'aurais prévenu	nous aurions prévenu
tu aurais prévenu	vous auriez prévenu
il/elle/on aurait prévenu	ils/elles auraient prévenu

IMPÉRATIF

préviens prévenons prévenez

Mieux vaut prévenir que guérir:
Better to prevent than to cure.

Au cas où vous aurez un problème, prévenez-moi.
In the event you have a problem, let me know.

Si ton bras continue à te faire mal, il faut que tu préviennes le médecin.
If your arm continues to hurt, you had better call the doctor.

PRÉVOIR *to foresee, to predict*

Inf. prévoir *Part. prés.* prévoyant *Part. passé* prévu

INDICATIF

Présent

je prévois	nous prévoyons
tu prévois	vous prévoyez
il/elle/on prévoit	ils/elles prévoient

Passé composé

j'ai prévu	nous avons prévu
tu as prévu	vous avez prévu
il/elle/on a prévu	ils/elles ont prévu

Futur simple

je prévoirai	nous prévoirons
tu prévoiras	vous prévoirez
il/elle/on prévoira	ils/elles prévoiront

Futur antérieur

j'aurai prévu	nous aurons prévu
tu auras prévu	vous aurez prévu
il/elle/on aura prévu	ils/elles auront prévu

Imparfait

je prévoyais	nous prévoyions
tu prévoyais	vous prévoyiez
il/elle/on prévoyait	ils/elles prévoyaient

Plus-que-parfait

j'avais prévu	nous avions prévu
tu avais prévu	vous aviez prévu
il/elle/on avait prévu	ils/elles avaient prévu

Passé simple

je prévis	nous prévîmes
tu prévis	vous prévîtes
il/elle/on prévit	ils/elles prévirent

Passé antérieur

j'eus prévu	nous eûmes prévu
tu eus prévu	vous eûtes prévu
il/elle/on eut prévu	ils/elles eurent prévu

SUBJONCTIF

Présent

que je prévoie	que nous prévoyions
que tu prévoies	que vous prévoyiez
qu'il/elle/on prévoie	qu'ils/elles prévoient

Imparfait

que je prévisse	que nous prévissions
que tu prévisses	que vous prévissiez
qu'il/elle/on prévît	qu'ils/elles prévissent

Passé

que j'aie prévu	que nous ayons prévu
que tu aies prévu	que vous ayez prévu
qu'il/elle/on ait prévu	qu'ils/elles aient prévu

Plus-que-parfait

que j'eusse prévu	que nous eussions prévu
que tu eusses prévu	que vous eussiez prévu
qu'il/elle/on eût prévu	qu'ils/elles eussent prévu

CONDITIONNEL

Présent

je prévoirais	nous prévoirions
tu prévoirais	vous prévoiriez
il/elle/on prévoirait	ils/elles prévoiraient

Passé

j'aurais prévu	nous aurions prévu
tu aurais prévu	vous auriez prévu
il/elle/on aurait prévu	ils/elles auraient prévu

IMPÉRATIF

prévois prévoyons prévoyez

Est-ce que vous prévoyez une réunion pour le mois prochain?
Do you foresee a meeting for next month?

La météo avait prévu qu'il ferait beau aujourd'hui.
The forecast had predicted that it would be beautiful today.

Caroline et Paul prévoient beaucoup de problèmes pour leur fils.
Caroline and Paul foresee a lot of problems for their son.

PRODUIRE *to produce*

Inf. produire *Part. prés.* produisant *Part. passé* produit

INDICATIF

Présent

je produis	nous produisons
tu produis	vous produisez
il/elle/on produit	ils/elles produisent

Passé composé

j'ai produit	nous avons produit
tu as produit	vous avez produit
il/elle/on a produit	ils/elles ont produit

Futur simple

je produirai	nous produirons
tu produiras	vous produirez
il/elle/on produira	ils/elles produiront

Futur antérieur

j'aurai produit	nous aurons produit
tu auras produit	vous aurez produit
il/elle/on aura produit	ils/elles auront produit

Imparfait

je produisais	nous produisions
tu produisais	vous produisiez
il/elle/on produisait	ils/elles produisaient

Plus-que-parfait

j'avais produit	nous avions produit
tu avais produit	vous aviez produit
il/elle/on avait produit	ils/elles avaient produit

Passé simple

je produisis	nous produisîmes
tu produisis	vous produisîtes
il/elle/on produisit	ils/elles produisirent

Passé antérieur

j'eus produit	nous eûmes produit
tu eus produit	vous eûtes produit
il/elle/on eut produit	ils/elles eurent produit

SUBJONCTIF

Présent

que je produise	que nous produisions
que tu produises	que vous produisiez
qu'il/elle/on produise	qu'ils/elles produisent

Imparfait

que je produisisse	que nous produisissions
que tu produisisses	que vous produisissiez
qu'il/elle/on produisît	qu'ils/elles produisissent

Passé

que j'aie produit	que nous ayons produit
que tu aies produit	que vous ayez produit
qu'il/elle/on ait produit	qu'ils/elles aient produit

Plus-que-parfait

que j'eusse produit	que nous eussions produit
que tu eusses produit	que vous eussiez produit
qu'il/elle/on eût produit	qu'ils/elles eussent produit

CONDITIONNEL

Présent

je produirais	nous produirions
tu produirais	vous produiriez
il/elle/on produirait	ils/elles produiraient

Passé

j'aurais produit	nous aurions produit
tu aurais produit	vous auriez produit
il/elle/on aurait produit	ils/elles auraient produit

IMPÉRATIF

produis produisons produisez

Cet atelier produit de très jolies robes faites à la main.
This workshop produces beautiful handmade dresses.

L'équipe dirigeante veut toujours que nous produisions davantage.
Management always wants us to produce more.

Le mail vulgaire de notre collègue a produit un effet très négatif.
The vulgar email from our colleague produced a very negative effect.

PROJETER *to project, to throw; to plan; to show [a film]*

Inf. projeter *Part. prés.* projetant *Part. passé* projeté

INDICATIF

Présent

je projette	nous projetons
tu projettes	vous projetez
il/elle/on projette	ils/elles projettent

Passé composé

j'ai projeté	nous avons projeté
tu as projeté	vous avez projeté
il/elle/on a projeté	ils/elles ont projeté

Futur simple

je projetterai	nous projetterons
tu projetteras	vous projetterez
il/elle/on projettera	ils/elles projetteront

Futur antérieur

j'aurai projeté	nous aurons projeté
tu auras projeté	vous aurez projeté
il/elle/on aura projeté	ils/elles auront projeté

Imparfait

je projetais	nous projetions
tu projetais	vous projetiez
il/elle/on projetait	ils/elles projetaient

Plus-que-parfait

j'avais projeté	nous avions projeté
tu avais projeté	vous aviez projeté
il/elle/on avait projeté	ils/elles avaient projeté

Passé simple

je projetai	nous projetâmes
tu projetas	vous projetâtes
il/elle/on projeta	ils/elles projetèrent

Passé antérieur

j'eus projeté	nous eûmes projeté
tu eus projeté	vous eûtes projeté
il/elle/on eut projeté	ils/elles eurent projeté

SUBJONCTIF

Présent

que je projette	que nous projetions
que tu projettes	que vous projetiez
qu'il/elle/on projette	qu'ils/elles projettent

Imparfait

que je projetasse	que nous projetassions
que tu projetasses	que vous projetassiez
qu'il/elle/on projetât	qu'ils/elles projetassent

Passé

que j'aie projeté	que nous ayons projeté
que tu aies projeté	que vous ayez projeté
qu'il/elle/on ait projeté	qu'ils/elles aient projeté

Plus-que-parfait

que j'eusse projeté	que nous eussions projeté
que tu eusses projeté	que vous eussiez projeté
qu'il/elle/on eût projeté	qu'ils/elles eussent projeté

CONDITIONNEL

Présent

je projetterais	nous projetterions
tu projetterais	vous projetteriez
il/elle/on projetterait	ils/elles projetteraient

Passé

j'aurais projeté	nous aurions projeté
tu aurais projeté	vous auriez projeté
il/elle/on aurait projeté	ils/elles auraient projeté

IMPÉRATIF

projette projetons projetez

Le syndicat projette de commencer les négotiations avant la fin de la semaine.
The union plans on beginning negotiations before the end of the week.

Le cinéma de mon quartier projettera *Alphaville* ce soir.
The movie theater in my neighborhood will show Alphaville *tonight.*

Le chanteur a cessé de chanter après qu'un homme a projeté une bouteille de bière sur la scène.
The singer stopped singing after a man threw a beer bottle on stage.

PROMENER *to walk*

Inf. promener *Part. prés.* promenant *Part. passé* promené

INDICATIF

Présent

je promène	nous promenons
tu promènes	vous promenez
il/elle/on promène	ils/elles promènent

Imparfait

je promenais	nous promenions
tu promenais	vous promeniez
il/elle/on promenait	ils/elles promenaient

Passé composé

j'ai promené	nous avons promené
tu as promené	vous avez promené
il/elle/on a promené	ils/elles ont promené

Plus-que-parfait

j'avais promené	nous avions promené
tu avais promené	vous aviez promené
il/elle/on avait promené	ils/elles avaient promené

Futur simple

je promènerai	nous promènerons
tu promèneras	vous promènerez
il/elle/on promènera	ils/elles promèneront

Passé simple

je promenai	nous promenâmes
tu promenas	vous promenâtes
il/elle/on promena	ils/elles promenèrent

Futur antérieur

j'aurai promené	nous aurons promené
tu auras promené	vous aurez promené
il/elle/on aura promené	ils/elles auront promené

Passé antérieur

j'eus promené	nous eûmes promené
tu eus promené	vous eûtes promené
il/elle/on eut promené	ils/elles eurent promené

SUBJONCTIF

Présent

que je promène	que nous promenions
que tu promènes	que vous promeniez
qu'il/elle/on promène	qu'ils/elles promènent

Passé

que j'aie promené	que nous ayons promené
que tu aies promené	que vous ayez promené
qu'il/elle/on ait promené	qu'ils/elles aient promené

Imparfait

que je promenasse	que nous promenassions
que tu promenasses	que vous promenassiez
qu'il/elle/on promenât	qu'ils/elles promenassent

Plus-que-parfait

que j'eusse promené	que nous eussions promené
que tu eusses promené	que vous eussiez promené
qu'il/elle/on eût promené	qu'ils/elles eussent promené

CONDITIONNEL

Présent

je promènerais	nous promènerions
tu promènerais	vous promèneriez
il/elle/on promènerait	ils/elles promèneraient

Passé

j'aurais promené	nous aurions promené
tu aurais promené	vous auriez promené
il/elle/on aurait promené	ils/elles auraient promené

IMPÉRATIF

promène promenons promenez

Dis-leur de promener le chien après notre départ.
Tell them to walk the dog after we leave.

Toutes les jeunes mères promènent leurs bébés en poussette.
All the young mothers are walking their babies in their strollers.

Je me promène chaque jour.
I walk every day.

SE PROMENER *to take a walk*

Inf. se promener *Part. prés.* se promenant *Part. passé* promené(e)(s)

INDICATIF

Présent

je me promène	nous nous promenons
tu te promènes	vous vous promenez
il/elle/on se promène	ils/elles se promènent

Imparfait

je me promenais	nous nous promenions
tu te promenais	vous vous promeniez
il/elle/on se promenait	ils/elles se promenaient

Passé composé

je me suis promené(e)	nous nous sommes promené(e)s
tu t'es promené(e)	vous vous êtes promené(e)(s)
il/elle/on s'est promené(e)	ils/elles se sont promené(e)s

Plus-que-parfait

je m'étais promené(e)	nous nous étions promené(e)s
tu t'étais promené(e)	vous vous étiez promené(e)(s)
il/elle/on s'était promené(e)	ils/elles s'étaient promené(e)s

Futur simple

je me promènerai	nous nous promènerons
tu te promèneras	vous vous promènerez
il/elle/on se promènera	ils/elles se promèneront

Passé simple

je me promenai	nous nous promenâmes
tu te promenas	vous vous promenâtes
il/elle/on se promena	ils/elles se promenèrent

Futur antérieur

je me serai promené(e)	nous nous serons promené(e)s
tu te seras promené(e)	vous vous serez promené(e)(s)
il/elle/on se sera promené(e)	ils/elles se seront promené(e)s

Passé antérieur

je me fus promené(e)	nous nous fûmes promené(e)s
tu te fus promené(e)	vous vous fûtes promené(e)(s)
il/elle/on se fut promené(e)	ils/elles se furent promené(e)s

SUBJONCTIF

Présent

que je me promène	que nous nous promenions
que tu te promènes	que vous vous promeniez
qu'il/elle/on se promène	qu'ils/elles se promènent

Passé

que je me sois promené(e)	que nous nous soyons promené(e)s
que tu te sois promené(e)	que vous vous soyez promené(e)(s)
qu'il/elle/on se soit promené(e)	qu'ils/elles se soient promené(e)s

Imparfait

que je me promenasse	que nous nous promenassions
que tu te promenasses	que vous vous promenassiez
qu'il/elle/on se promenât	qu'ils/elles se promenassent

Plus-que-parfait

que je me fusse promené(e)	que nous nous fussions promené(e)s
que tu te fusses promené(e)	que vous vous fussiez promené(e)(s)
qu'il/elle/on se fût promené(e)	qu'ils/elles se fussent promené(e)s

CONDITIONNEL

Présent

je me promènerais	nous nous promènerions
tu te promènerais	vous vous promèneriez
il/elle/on se promènerait	ils/elles se promèneraient

Passé

je me serais promené(e)	nous nous serions promené(e)s
tu te serais promené(e)	vous vous seriez promené(e)(s)
il/elle/on se serait promené(e)	ils/elles se seraient promené(e)s

IMPÉRATIF

promène-toi promenons-nous promenez-vous

Et si on se promenait en ville?
How about going for a walk in town?

Nous n'avons pas le temps de nous promener avant notre repas.
We don't have time to take a walk before our meal.

Il est bon que vous vous promeniez trois fois par semaine.
It's good that you take a walk three times a week.

PROMETTRE *to promise*

Inf. promettre *Part. prés.* promettant *Part. passé* promis

INDICATIF

Présent

je promets	nous promettons
tu promets	vous promettez
il/elle/on promet	ils/elles promettent

Passé composé

j'ai promis	nous avons promis
tu as promis	vous avez promis
il/elle/on a promis	ils/elles ont promis

Futur simple

je promettrai	nous promettrons
tu promettras	vous promettrez
il/elle/on promettra	ils/elles promettront

Futur antérieur

j'aurai promis	nous aurons promis
tu auras promis	vous aurez promis
il/elle/on aura promis	ils/elles auront promis

Imparfait

je promettais	nous promettions
tu promettais	vous promettiez
il/elle/on promettait	ils/elles promettaient

Plus-que-parfait

j'avais promis	nous avions promis
tu avais promis	vous aviez promis
il/elle/on avait promis	ils/elles avaient promis

Passé simple

je promis	nous promîmes
tu promis	vous promîtes
il/elle/on promit	ils/elles promirent

Passé antérieur

j'eus promis	nous eûmes promis
tu eus promis	vous eûtes promis
il/elle/on eut promis	ils/elles eurent promis

SUBJONCTIF

Présent

que je promette	que nous promettions
que tu promettes	que vous promettiez
qu'il/elle/on promette	qu'ils/elles promettent

Imparfait

que je promisse	que nous promissions
que tu promisses	que vous promissiez
qu'il/elle/on promît	qu'ils/elles promissent

Passé

que j'aie promis	que nous ayons promis
que tu aies promis	que vous ayez promis
qu'il/elle/on ait promis	qu'ils/elles aient promis

Plus-que-parfait

que j'eusse promis	que nous eussions promis
que tu eusses promis	que vous eussiez promis
qu'il/elle/on eût promis	qu'ils/elles eussent promis

CONDITIONNEL

Présent

je promettrais	nous promettrions
tu promettrais	vous promettriez
il/elle/on promettrait	ils/elles promettraient

Passé

j'aurais promis	nous aurions promis
tu aurais promis	vous auriez promis
il/elle/on aurait promis	ils/elles auraient promis

IMPÉRATIF

promets promettons promettez

Elle nous a promis de ranger sa chambre avant.
She promised us that she'd clean up her room.

Je vous promets de vous appeler plus souvent.
I promise to call you more often.

J'ai appelé Marie pour l'inviter à la fête, mais elle avait promis à ses parents de dîner chez eux.
I called Marie to invite her to the party, but she had already promised her parents to have dinner with them.

PRONONCER *to pronounce, to return [a verdict]*

Inf. prononcer *Part. prés.* prononçant *Part. passé* prononcé

INDICATIF

Présent		Imparfait	
je prononce	nous prononçons	je prononçais	nous prononcions
tu prononces	vous prononcez	tu prononçais	vous prononciez
il/elle/on prononce	ils/elles prononcent	il/elle/on prononçait	ils/elles prononçaient
Passé composé		**Plus-que-parfait**	
j'ai prononcé	nous avons prononcé	j'avais prononcé	nous avions prononcé
tu as prononcé	vous avez prononcé	tu avais prononcé	vous aviez prononcé
il/elle/on a prononcé	ils/elles ont prononcé	il/elle/on avait prononcé	ils/elles avaient prononcé
Futur simple		**Passé simple**	
je prononcerai	nous prononcerons	je prononçai	nous prononçâmes
tu prononceras	vous prononcerez	tu prononças	vous prononçâtes
il/elle/on prononcera	ils/elles prononceront	il/elle/on prononça	ils/elles prononcèrent
Futur antérieur		**Passé antérieur**	
j'aurai prononcé	nous aurons prononcé	j'eus prononcé	nous eûmes prononcé
tu auras prononcé	vous aurez prononcé	tu eus prononcé	vous eûtes prononcé
il/elle/on aura prononcé	ils/elles auront prononcé	il/elle/on eut prononcé	ils/elles eurent prononcé

SUBJONCTIF

Présent		Passé	
que je prononce	que nous prononcions	que j'aie prononcé	que nous ayons prononcé
que tu prononces	que vous prononciez	que tu aies prononcé	que vous ayez prononcé
qu'il/elle/on prononce	qu'ils/elles prononcent	qu'il/elle/on ait prononcé	qu'ils/elles aient prononcé
Imparfait		**Plus-que-parfait**	
que je prononçasse	que nous prononçassions	que j'eusse prononcé	que nous eussions prononcé
que tu prononçasses	que vous prononçassiez	que tu eusses prononcé	que vous eussiez prononcé
qu'il/elle/on prononçât	qu'ils/elles prononçassent	qu'il/elle/on eût prononcé	qu'ils/elles eussent prononcé

CONDITIONNEL

Présent		Passé	
je prononcerais	nous prononcerions	j'aurais prononcé	nous aurions prononcé
tu prononcerais	vous prononceriez	tu aurais prononcé	vous auriez prononcé
il/elle/on prononcerait	ils/elles prononceraient	il/elle/on aurait prononcé	ils/elles auraient prononcé

IMPÉRATIF

prononce prononçons prononcez

Les Français ne peuvent jamais prononcer mon prénom.
French people can never pronounce my first name.

Comment prononcer ce mot?
How do you pronounce this word?

Selon les reportages, le jury prononcera son jugement demain.
According to reports, the jury will return its verdict tomorrow.

PROPOSER *to propose, to suggest, to ask*

Inf. proposer *Part. prés.* proposant *Part. passé* proposé

INDICATIF

Présent

je propose	nous proposons
tu proposes	vous proposez
il/elle/on propose	ils/elles proposent

Imparfait

je proposais	nous proposions
tu proposais	vous proposiez
il/elle/on proposait	ils/elles proposaient

Passé composé

j'ai proposé	nous avons proposé
tu as proposé	vous avez proposé
il/elle/on a proposé	ils/elles ont proposé

Plus-que-parfait

j'avais proposé	nous avions proposé
tu avais proposé	vous aviez proposé
il/elle/on avait proposé	ils/elles avaient proposé

Futur simple

je proposerai	nous proposerons
tu proposeras	vous proposerez
il/elle/on proposera	ils/elles proposeront

Passé simple

je proposai	nous proposâmes
tu proposas	vous proposâtes
il/elle/on proposa	ils/elles proposèrent

Futur antérieur

j'aurai proposé	nous aurons proposé
tu auras proposé	vous aurez proposé
il/elle/on aura proposé	ils/elles auront proposé

Passé antérieur

j'eus proposé	nous eûmes proposé
tu eus proposé	vous eûtes proposé
il/elle/on eut proposé	ils/elles eurent proposé

SUBJONCTIF

Présent

que je propose	que nous proposions
que tu proposes	que vous proposiez
qu'il/elle/on propose	qu'ils/elles proposent

Passé

que j'aie proposé	que nous ayons proposé
que tu aies proposé	que vous ayez proposé
qu'il/elle/on ait proposé	qu'ils/elles aient proposé

Imparfait

que je proposasse	que nous proposassions
que tu proposasses	que vous proposassiez
qu'il/elle/on proposât	qu'ils/elles proposassent

Plus-que-parfait

que j'eusse proposé	que nous eussions proposé
que tu eusses proposé	que vous eussiez proposé
qu'il/elle/on eût proposé	qu'ils/elles eussent proposé

CONDITIONNEL

Présent

je proposerais	nous proposerions
tu proposerais	vous proposeriez
il/elle/on proposerait	ils/elles proposeraient

Passé

j'aurais proposé	nous aurions proposé
tu aurais proposé	vous auriez proposé
il/elle/on aurait proposé	ils/elles auraient proposé

IMPÉRATIF

propose proposons proposez

Si vous avez une autre stratégie, proposez-la!
If you have another strategy, suggest it!

Notre patron a proposé une augmentation de salaire pour les secrétaires.
Our boss proposed a salary increase for the secretaries.

Jean m'a proposée de l'accompagner au Mexique pour le week-end.
Jean asked me to go to Mexico with him for the weekend.

PROTÉGER *to protect*

Inf. protéger *Part. prés.* protégeant *Part. passé* protégé

INDICATIF

Présent

je protège	nous protégeons
tu protèges	vous protégez
il/elle/on protège	ils/elles protègent

Passé composé

j'ai protégé	nous avons protégé
tu as protégé	vous avez protégé
il/elle/on a protégé	ils/elles ont protégé

Futur simple

je protégerai	nous protégerons
tu protégeras	vous protégerez
il/elle/on protégera	ils/elles protégeront

Futur antérieur

j'aurai protégé	nous aurons protégé
tu auras protégé	vous aurez protégé
il/elle/on aura protégé	ils/elles auront protégé

Imparfait

je protégeais	nous protégions
tu protégeais	vous protégiez
il/elle/on protégeait	ils/elles protégeaient

Plus-que-parfait

j'avais protégé	nous avions protégé
tu avais protégé	vous aviez protégé
il/elle/on avait protégé	ils/elles avaient protégé

Passé simple

je protégeai	nous protégeâmes
tu protégeas	vous protégeâtes
il/elle/on protégea	ils/elles protégèrent

Passé antérieur

j'eus protégé	nous eûmes protégé
tu eus protégé	vous eûtes protégé
il/elle/on eut protégé	ils/elles eurent protégé

SUBJONCTIF

Présent

que je protège	que nous protégions
que tu protèges	que vous protégiez
qu'il/elle/on protège	qu'ils/elles protègent

Imparfait

que je protégeasse	que nous protégeassions
que tu protégeasses	que vous protégeassiez
qu'il/elle/on protégeât	qu'ils/elles protégeassent

Passé

que j'aie protégé	que nous ayons protégé
que tu aies protégé	que vous ayez protégé
qu'il/elle/on ait protégé	qu'ils/elles aient protégé

Plus-que-parfait

que j'eusse protégé	que nous eussions protégé
que tu eusses protégé	que vous eussiez protégé
qu'il/elle/on eût protégé	qu'ils/elles eussent protégé

CONDITIONNEL

Présent

je protégerais	nous protégerions
tu protégerais	vous protégeriez
il/elle/on protégerait	ils/elles protégeraient

Passé

j'aurais protégé	nous aurions protégé
tu aurais protégé	vous auriez protégé
il/elle/on aurait protégé	ils/elles auraient protégé

IMPÉRATIF

protège protégeons protégez

Comment est-ce que je peux protégér mon ordinateur contre les virus?
How can I protect my computer against viruses?

Mets un peu de crème solaire sur la peau du bébé pour la protéger.
Put a bit of sunscreen on the baby's skin to protect it.

Protégeons notre planète!
Let's protect our planet!

PROVENIR *to come from*

Inf. provenir *Part. prés.* provenant *Part. passé* provenu(e)(s)

INDICATIF

Présent

je proviens	nous provenons
tu proviens	vous provenez
il/elle/on provient	ils/elles proviennent

Passé composé

je suis provenu(e)	nous sommes provenu(e)s
tu es provenu(e)	vous êtes provenu(e)(s)
il/elle/on est provenu(e)	ils/elles sont provenu(e)s

Futur simple

je proviendrai	nous proviendrons
tu proviendras	vous proviendrez
il/elle/on proviendra	ils/elles proviendront

Futur antérieur

je serai provenu(e)	nous serons provenu(e)s
tu seras provenu(e)	vous serez provenu(e)(s)
il/elle/on sera provenu(e)	ils/elles seront provenu(e)s

Imparfait

je provenais	nous provenions
tu provenais	vous proveniez
il/elle/on provenait	ils/elles provenaient

Plus-que-parfait

j'étais provenu(e)	nous étions provenu(e)s
tu étais provenu(e)	vous étiez provenu(e)(s)
il/elle/on était provenu(e)	ils/elles étaient provenu(e)s

Passé simple

je provins	nous provînmes
tu provins	vous provîntes
il/elle/on provint	ils/elles provinrent

Passé antérieur

je fus provenu(e)	nous fûmes provenu(e)s
tu fus provenu(e)	vous fûtes provenu(e)(s)
il/elle/on fut provenu(e)	ils/elles furent provenu(e)s

SUBJONCTIF

Présent

que je provienne	que nous provenions
que tu proviennes	que vous proveniez
qu'il/elle/on provienne	qu'ils/elles proviennent

Imparfait

que je provinsse	que nous provinssions
que tu provinsses	que vous provinssiez
qu'il/elle/on provînt	qu'ils/elles provinssent

Passé

que je sois provenu(e)	que nous soyons provenu(e)s
que tu sois provenu(e)	que vous soyez provenu(e)(s)
qu'il/elle/on soit provenu(e)	qu'ils/elles soient provenu(e)s

Plus-que-parfait

que je fusse provenu(e)	que nous fussions provenu(e)s
que tu fusses provenu(e)	que vous fussiez provenu(e)(s)
qu'il/elle/on fût provenu(e)	qu'ils/elles fussent provenu(e)s

CONDITIONNEL

Présent

je proviendrais	nous proviendrions
tu proviendrais	vous proviendriez
il/elle/on proviendrait	ils/elles proviendraient

Passé

je serais provenu(e)	nous serions provenu(e)s
tu serais provenu(e)	vous seriez provenu(e)(s)
il/elle/on serait provenu(e)	ils/elles seraient provenu(e)s

IMPÉRATIF

proviens provenons provenez

Ce mot provient du latin.
This word comes from Latin.

D'où proviennent ces idées?
Where do these ideas come from?

Le vol provenant de Marrakech sera en retard.
The flight coming from Marrakech will be late.

QUITTER *to leave; to die*

Inf. quitter *Part. prés.* quittant *Part. passé* quitté

INDICATIF

Présent

je quitte	nous quittons
tu quittes	vous quittez
il/elle/on quitte	ils/elles quittent

Imparfait

je quittais	nous quittions
tu quittais	vous quittiez
il/elle/on quittait	ils/elles quittaient

Passé composé

j'ai quitté	nous avons quitté
tu as quitté	vous avez quitté
il/elle/on a quitté	ils/elles ont quitté

Plus-que-parfait

j'avais quitté	nous avions quitté
tu avais quitté	vous aviez quitté
il/elle/on avait quitté	ils/elles avaient quitté

Futur simple

je quitterai	nous quitterons
tu quitteras	vous quitterez
il/elle/on quittera	ils/elles quitteront

Passé simple

je quittai	nous quittâmes
tu quittas	vous quittâtes
il/elle/on quitta	ils/elles quittèrent

Futur antérieur

j'aurai quitté	nous aurons quitté
tu auras quitté	vous aurez quitté
il/elle/on aura quitté	ils/elles auront quitté

Passé antérieur

j'eus quitté	nous eûmes quitté
tu eus quitté	vous eûtes quitté
il/elle/on eut quitté	ils/elles eurent quitté

SUBJONCTIF

Présent

que je quitte	que nous quittions
que tu quittes	que vous quittiez
qu'il/elle/on quitte	qu'ils/elles quittent

Passé

que j'aie quitté	que nous ayons quitté
que tu aies quitté	que vous ayez quitté
qu'il/elle/on ait quitté	qu'ils/elles aient quitté

Imparfait

que je quittasse	que nous quittassions
que tu quittasses	que vous quittassiez
qu'il/elle/on quittât	qu'ils/elles quittassent

Plus-que-parfait

que j'eusse quitté	que nous eussions quitté
que tu eusses quitté	que vous eussiez quitté
qu'il/elle/on eût quitté	qu'ils/elles eussent quitté

CONDITIONNEL

Présent

je quitterais	nous quitterions
tu quitterais	vous quitteriez
il/elle/on quitterait	ils/elles quitteraient

Passé

j'aurais quitté	nous aurions quitté
tu aurais quitté	vous auriez quitté
il/elle/on aurait quitté	ils/elles auraient quitté

IMPÉRATIF

quitte quittons quittez

John Lennon nous a quittés trop jeune.
John Lennon left us too young.

Quand on a quitté le théâtre il a commencé à neiger.
When we left the theater, it started snowing.

Ne quittez pas, je vous passe à Monsieur Roudier.
Hold the line, I'm transferring your call to Monsieur Roudier.

RACCOMMODER *to darn, to mend; to reconcile*

Inf. raccommoder *Part. prés.* raccommodant *Part. passé* raccommodé

INDICATIF

Présent

je raccommode	nous raccommodons
tu raccommodes	vous raccommodez
il/elle/on raccommode	ils/elles raccommodent

Imparfait

je raccommodais	nous raccommodions
tu raccommodais	vous raccommodiez
il/elle/on raccommodait	ils/elles raccommodaient

Passé composé

j'ai raccommodé	nous avons raccommodé
tu as raccommodé	vous avez raccommodé
il/elle/on a raccommodé	ils/elles ont raccommodé

Plus-que-parfait

j'avais raccommodé	nous avions raccommodé
tu avais raccommodé	vous aviez raccommodé
il/elle/on avait raccommodé	ils/elles avaient raccommodé

Futur simple

je raccommoderai	nous raccommoderons
tu raccommoderas	vous raccommoderez
il/elle/on raccommodera	ils/elles raccommoderont

Passé simple

je raccommodai	nous raccommodâmes
tu raccommodas	vous raccommodâtes
il/elle/on raccommoda	ils/elles raccommodèrent

Futur antérieur

j'aurai raccommodé	nous aurons raccommodé
tu auras raccommodé	vous aurez raccommodé
il/elle/on aura raccommodé	ils/elles auront raccommodé

Passé antérieur

j'eus raccommodé	nous eûmes raccommodé
tu eus raccommodé	vous eûtes raccommodé
il/elle/on eut raccommodé	ils/elles eurent raccommodé

SUBJONCTIF

Présent

que je raccommode	que nous raccommodions
que tu raccommodes	que vous raccommodiez
qu'il/elle/on raccommode	qu'ils/elles raccommodent

Passé

que j'aie raccommodé	que nous ayons raccommodé
que tu aies raccommodé	que vous ayez raccommodé
qu'il/elle/on ait raccommodé	qu'ils/elles aient raccommodé

Imparfait

que je raccommodasse	que nous raccommodassions
que tu raccommodasses	que vous raccommodassiez
qu'il/elle/on raccommodât	qu'ils/elles raccommodassent

Plus-que-parfait

que j'eusse raccommodé	que nous eussions raccommodé
que tu eusses raccommodé	que vous eussiez raccommodé
qu'il/elle/on eût raccommodé	qu'ils/elles eussent raccommodé

CONDITIONNEL

Présent

je raccommoderais	nous raccommoderions
tu raccommoderais	vous raccommoderiez
il/elle/on raccommoderait	ils/elles raccommoderaient

Passé

j'aurais raccommodé	nous aurions raccommodé
tu aurais raccommodé	vous auriez raccommodé
il/elle/on aurait raccommodé	ils/elles auraient raccommodé

IMPÉRATIF

raccommode raccommodons raccommodez

Mon frère m'a proposé de raccommoder mes chaussettes.
My brother offered to darn my socks.

Je raccommoderais mon pull si j'avais une aiguille.
I would mend my sweater if I had a needle.

Il est difficile de raccommoder des gens qui ne le désirent pas.
It's difficult to reconcile people who don't want to.

RACCOMPAGNER *to accompany, to go back [with someone]*

Inf. raccompagner *Part. prés.* raccompagnant *Part. passé* raccompagné

INDICATIF

Présent

je raccompagne	nous raccompagnons
tu raccompagnes	vous raccompagnez
il/elle/on raccompagne	ils/elles raccompagnent

Imparfait

je raccompagnais	nous raccompagnions
tu raccompagnais	vous raccompagniez
il/elle/on raccompagnait	ils/elles raccompagnaient

Passé composé

j'ai raccompagné	nous avons raccompagné
tu as raccompagné	vous avez raccompagné
il/elle/on a raccompagné	ils/elles ont raccompagné

Plus-que-parfait

j'avais raccompagné	nous avions raccompagné
tu avais raccompagné	vous aviez raccompagné
il/elle/on avait raccompagné	ils/elles avaient raccompagné

Futur simple

je raccompagnerai	nous raccompagnerons
tu raccompagneras	vous raccompagnerez
il/elle/on raccompagnera	ils/elles raccompagneront

Passé simple

je raccompagnai	nous raccompagnâmes
tu raccompagnas	vous raccompagnâtes
il/elle/on raccompagna	ils/elles raccompagnèrent

Futur antérieur

j'aurai raccompagné	nous aurons raccompagné
tu auras raccompagné	vous aurez raccompagné
il/elle/on aura raccompagné	ils/elles auront raccompagné

Passé antérieur

j'eus raccompagné	nous eûmes raccompagné
tu eus raccompagné	vous eûtes raccompagné
il/elle/on eut raccompagné	ils/elles eurent raccompagné

SUBJONCTIF

Présent

que je raccompagne	que nous raccompagnions
que tu raccompagnes	que vous raccompagniez
qu'il/elle/on raccompagne	qu'ils/elles raccompagnent

Passé

que j'aie raccompagné	que nous ayons raccompagné
que tu aies raccompagné	que vous ayez raccompagné
qu'il/elle/on ait raccompagné	qu'ils/elles aient raccompagné

Imparfait

que je raccompagnasse	que nous raccompagnassions
que tu raccompagnasses	que vous raccompagnassiez
qu'il/elle/on raccompagnât	qu'ils/elles raccompagnassent

Plus-que-parfait

que j'eusse raccompagné	que nous eussions raccompagné
que tu eusses raccompagné	que vous eussiez raccompagné
qu'il/elle/on eût raccompagné	qu'ils/elles eussent raccompagné

CONDITIONNEL

Présent

je raccompagnerais	nous raccompagnerions
tu raccompagnerais	vous raccompagneriez
il/elle/on raccompagnerait	ils/elles raccompagneraient

Passé

j'aurais raccompagné	nous aurions raccompagné
tu aurais raccompagné	vous auriez raccompagné
il/elle/on aurait raccompagné	ils/elles auraient raccompagné

IMPÉRATIF

raccompagne raccompagnons raccompagnez

Je te raccompagne à pied si tu veux.
I will walk you back, if you want.

Il nous a raccompagnés chez nous en voiture.
He drove us back to our house.

Tu n'as pas besoin de me raccompagner; je connais le chemin.
You don't need to take me back; I know the way.

RACONTER *to tell, to recount, to talk about*

Inf. raconter *Part. prés.* racontant *Part. passé* raconté

INDICATIF

Présent

je raconte	nous racontons
tu racontes	vous racontez
il/elle/on raconte	ils/elles racontent

Imparfait

je racontais	nous racontions
tu racontais	vous racontiez
il/elle/on racontait	ils/elles racontaient

Passé composé

j'ai raconté	nous avons raconté
tu as raconté	vous avez raconté
il/elle/on a raconté	ils/elles ont raconté

Plus-que-parfait

j'avais raconté	nous avions raconté
tu avais raconté	vous aviez raconté
il/elle/on avait raconté	ils/elles avaient raconté

Futur simple

je raconterai	nous raconterons
tu raconteras	vous raconterez
il/elle/on racontera	ils/elles raconteront

Passé simple

je racontai	nous racontâmes
tu racontas	vous racontâtes
il/elle/on raconta	ils/elles racontèrent

Futur antérieur

j'aurai raconté	nous aurons raconté
tu auras raconté	vous aurez raconté
il/elle/on aura raconté	ils/elles auront raconté

Passé antérieur

j'eus raconté	nous eûmes raconté
tu eus raconté	vous eûtes raconté
il/elle/on eut raconté	ils/elles eurent raconté

SUBJONCTIF

Présent

que je raconte	que nous racontions
que tu racontes	que vous racontiez
qu'il/elle/on raconte	qu'ils/elles racontent

Passé

que j'aie raconté	que nous ayons raconté
que tu aies raconté	que vous ayez raconté
qu'il/elle/on ait raconté	qu'ils/elles aient raconté

Imparfait

que je racontasse	que nous racontassions
que tu racontasses	que vous racontassiez
qu'il/elle/on racontât	qu'ils/elles racontassent

Plus-que-parfait

que j'eusse raconté	que nous eussions raconté
que tu eusses raconté	que vous eussiez raconté
qu'il/elle/on eût raconté	qu'ils/elles eussent raconté

CONDITIONNEL

Présent

je raconterais	nous raconterions
tu raconterais	vous raconteriez
il/elle/on raconterait	ils/elles raconteraient

Passé

j'aurais raconté	nous aurions raconté
tu aurais raconté	vous auriez raconté
il/elle/on aurait raconté	ils/elles auraient raconté

IMPÉRATIF

raconte racontons racontez

Maman, raconte-nous une histoire!
Mom, tell us a story!

Mais qu'est-ce que tu racontes? C'est complètement illogique.
What are you talking about? It's completely illogical.

Le témoin a raconté à l'agent de police ce qu'il avait vu de l'accident.
The witness told the police inspector about what he had seen of the accident.

RALENTIR *to slow down*

Inf. ralentir *Part. prés.* ralentissant *Part. passé* ralenti

INDICATIF

Présent

je ralentis	nous ralentissons
tu ralentis	vous ralentissez
il/elle/on ralentit	ils/elles ralentissent

Imparfait

je ralentissais	nous ralentissions
tu ralentissais	vous ralentissiez
il/elle/on ralentissait	ils/elles ralentissaient

Passé composé

j'ai ralenti	nous avons ralenti
tu as ralenti	vous avez ralenti
il/elle/on a ralenti	ils/elles ont ralenti

Plus-que-parfait

j'avais ralenti	nous avions ralenti
tu avais ralenti	vous aviez ralenti
il/elle/on avait ralenti	ils/elles avaient ralenti

Futur simple

je ralentirai	nous ralentirons
tu ralentiras	vous ralentirez
il/elle/on ralentira	ils/elles ralentiront

Passé simple

je ralentis	nous ralentîmes
tu ralentis	vous ralentîtes
il/elle/on ralentit	ils/elles ralentirent

Futur antérieur

j'aurai ralenti	nous aurons ralenti
tu auras ralenti	vous aurez ralenti
il/elle/on aura ralenti	ils/elles auront ralenti

Passé antérieur

j'eus ralenti	nous eûmes ralenti
tu eus ralenti	vous eûtes ralenti
il/elle/on eut ralenti	ils/elles eurent ralenti

SUBJONCTIF

Présent

que je ralentisse	que nous ralentissions
que tu ralentisses	que vous ralentissiez
qu'il/elle/on ralentisse	qu'ils/elles ralentissent

Passé

que j'aie ralenti	que nous ayons ralenti
que tu aies ralenti	que vous ayez ralenti
qu'il/elle/on ait ralenti	qu'ils/elles aient ralenti

Imparfait

que je ralentisse	que nous ralentissions
que tu ralentisses	que vous ralentissiez
qu'il/elle/on ralentît	qu'ils/elles ralentissent

Plus-que-parfait

que j'eusse ralenti	que nous eussions ralenti
que tu eusses ralenti	que vous eussiez ralenti
qu'il/elle/on eût ralenti	qu'ils/elles eussent ralenti

CONDITIONNEL

Présent

je ralentirais	nous ralentirions
tu ralentirais	vous ralentiriez
il/elle/on ralentirait	ils/elles ralentiraient

Passé

j'aurais ralenti	nous aurions ralenti
tu aurais ralenti	vous auriez ralenti
il/elle/on aurait ralenti	ils/elles auraient ralenti

IMPÉRATIF

ralentis ralentissons ralentissez

Ma mère veut que vous ralentissiez; vous roulez trop vite.
My mom wants you to slow down; you're driving too fast.

J'ai ralenti quand j'ai vu l'écureuil traverser la rue.
I slowed down when I saw the squirrel crossing the road.

Ralentissons un peu; il y a toujours un flic derrière cette arbre-là.
Let's slow down a little; there is always a cop behind that tree.

R

RANGER *to put away, to tidy, to clean (up), to pick up*

Inf. ranger *Part. prés.* rangeant *Part. passé* rangé

INDICATIF

Présent

je range	nous rangeons
tu ranges	vous rangez
il/elle/on range	ils/elles rangent

Imparfait

je rangeais	nous rangions
tu rangeais	vous rangiez
il/elle/on rangeait	ils/elles rangeaient

Passé composé

j'ai rangé	nous avons rangé
tu as rangé	vous avez rangé
il/elle/on a rangé	ils/elles ont rangé

Plus-que-parfait

j'avais rangé	nous avions rangé
tu avais rangé	vous aviez rangé
il/elle/on avait rangé	ils/elles avaient rangé

Futur simple

je rangerai	nous rangerons
tu rangeras	vous rangerez
il/elle/on rangera	ils/elles rangeront

Passé simple

je rangeai	nous rangeâmes
tu rangeas	vous rangeâtes
il/elle/on rangea	ils/elles rangèrent

Futur antérieur

j'aurai rangé	nous aurons rangé
tu auras rangé	vous aurez rangé
il/elle/on aura rangé	ils/elles auront rangé

Passé antérieur

j'eus rangé	nous eûmes rangé
tu eus rangé	vous eûtes rangé
il/elle/on eut rangé	ils/elles eurent rangé

SUBJONCTIF

Présent

que je range	que nous rangions
que tu ranges	que vous rangiez
qu'il/elle/on range	qu'ils/elles rangent

Passé

que j'aie rangé	que nous ayons rangé
que tu aies rangé	que vous ayez rangé
qu'il/elle/on ait rangé	qu'ils/elles aient rangé

Imparfait

que je rangeasse	que nous rangeassions
que tu rangeasses	que vous rangeassiez
qu'il/elle/on rangeât	qu'ils/elles rangeassent

Plus-que-parfait

que j'eusse rangé	que nous eussions rangé
que tu eusses rangé	que vous eussiez rangé
qu'il/elle/on eût rangé	qu'ils/elles eussent rangé

CONDITIONNEL

Présent

je rangerais	nous rangerions
tu rangerais	vous rangeriez
il/elle/on rangerait	ils/elles rangeraient

Passé

j'aurais rangé	nous aurions rangé
tu aurais rangé	vous auriez rangé
il/elle/on aurait rangé	ils/elles auraient rangé

IMPÉRATIF

range rangeons rangez

Range ta chambre!
Tidy up your room!

Rangeons les assiettes dans le placard à gauche.
Let's put away the plates in the cupboard on the left.

En général les enfants n'aiment pas ranger leurs chambres.
Children generally don't like cleaning up their rooms.

RAPPELER *to remind; to call back*

Inf. rappeler *Part. prés.* rappelant *Part. passé* rappelé

INDICATIF

Présent

je rappelle	nous rappelons
tu rappelles	vous rappelez
il/elle/on rappelle	ils/elles rappellent

Imparfait

je rappelais	nous rappelions
tu rappelais	vous rappeliez
il/elle/on rappelait	ils/elles rappelaient

Passé composé

j'ai rappelé	nous avons rappelé
tu as rappelé	vous avez rappelé
il/elle/on a rappelé	ils/elles ont rappelé

Plus-que-parfait

j'avais rappelé	nous avions rappelé
tu avais rappelé	vous aviez rappelé
il/elle/on avait rappelé	ils/elles avaient rappelé

Futur simple

je rappellerai	nous rappellerons
tu rappelleras	vous rappellerez
il/elle/on rappellera	ils/elles rappelleront

Passé simple

je rappelai	nous rappelâmes
tu rappelas	vous rappelâtes
il/elle/on rappela	ils/elles rappelèrent

Futur antérieur

j'aurai rappelé	nous aurons rappelé
tu auras rappelé	vous aurez rappelé
il/elle/on aura rappelé	ils/elles auront rappelé

Passé antérieur

j'eus rappelé	nous eûmes rappelé
tu eus rappelé	vous eûtes rappelé
il/elle/on eut rappelé	ils/elles eurent rappelé

SUBJONCTIF

Présent

que je rappelle	que nous rappelions
que tu rappelles	que vous rappeliez
qu'il/elle/on rappelle	qu'ils/elles rappellent

Passé

que j'aie rappelé	que nous ayons rappelé
que tu aies rappelé	que vous ayez rappelé
qu'il/elle/on ait rappelé	qu'ils/elles aient rappelé

Imparfait

que je rappelasse	que nous rappelassions
que tu rappelasses	que vous rappelassiez
qu'il/elle/on rappelât	qu'ils/elles rappelassent

Plus-que-parfait

que j'eusse rappelé	que nous eussions rappelé
que tu eusses rappelé	que vous eussiez rappelé
qu'il/elle/on eût rappelé	qu'ils/elles eussent rappelé

CONDITIONNEL

Présent

je rappellerais	nous rappellerions
tu rappellerais	vous rappelleriez
il/elle/on rappellerait	ils/elles rappelleraient

Passé

j'aurais rappelé	nous aurions rappelé
tu aurais rappelé	vous auriez rappelé
il/elle/on aurait rappelé	ils/elles auraient rappelé

IMPÉRATIF

rappelle rappelons rappelez

Rappelez-moi votre nom, s'il vous plaît.
Remind me your name, please.

Je te rappellerai plus tard.
I'll call you back later.

Nadine nous a rappelé notre entretien le lendemain.
Nadine reminded us about our interview the following day.

SE RAPPELER *to remember*

Inf. se rappeler *Part. prés.* se rappelant *Part. passé* rappelé(e)(s)

INDICATIF

Présent

je me rappelle	nous nous rappelons
tu te rappelles	vous vous rappelez
il/elle/on se rappelle	ils/elles se rappellent

Imparfait

je me rappelais	nous nous rappelions
tu te rappelais	vous vous rappeliez
il/elle/on se rappelait	ils/elles se rappelaient

Passé composé

je me suis rappelé(e)	nous nous sommes rappelé(e)s
tu t'es rappelé(e)	vous vous êtes rappelé(e)(s)
il/elle/on s'est rappelé(e)	ils/elles se sont rappelé(e)s

Plus-que-parfait

je m'étais rappelé(e)	nous nous étions rappelé(e)s
tu t'étais rappelé(e)	vous vous étiez rappelé(e)(s)
il/elle/on s'était rappelé(e)	ils/elles s'étaient rappelé(e)s

Futur simple

je me rappellerai	nous nous rappellerons
tu te rappelleras	vous vous rappellerez
il/elle/on se rappellera	ils/elles se rappelleront

Passé simple

je me rappelai	nous nous rappelâmes
tu te rappelas	vous vous rappelâtes
il/elle/on se rappela	ils/elles se rappelèrent

Futur antérieur

je me serai rappelé(e)	nous nous serons rappelé(e)s
tu te seras rappelé(e)	vous vous serez rappelé(e)(s)
il/elle/on se sera rappelé(e)	ils/elles se seront rappelé(e)s

Passé antérieur

je me fus rappelé(e)	nous nous fûmes rappelé(e)s
tu te fus rappelé(e)	vous vous fûtes rappelé(e)(s)
il/elle/on se fut rappelé(e)	ils/elles se furent rappelé(e)s

SUBJONCTIF

Présent

que je me rappelle	que nous nous rappelions
que tu te rappelles	que vous vous rappeliez
qu'il/elle/on se rappelle	qu'ils/elles se rappellent

Passé

que je me sois rappelé(e)	que nous nous soyons rappelé(e)s
que tu te sois rappelé(e)	que vous vous soyez rappelé(e)(s)
qu'il/elle/on se soit rappelé(e)	qu'ils/elles se soient rappelé(e)s

Imparfait

que je me rappelasse	que nous nous rappelassions
que tu te rappelasses	que vous vous rappelassiez
qu'il/elle/on se rappelât	qu'ils/elles se rappelassent

Plus-que-parfait

que je me fusse rappelé(e)	que nous nous fussions rappelé(e)s
que tu te fusses rappelé(e)	que vous vous fussiez rappelé(e)(s)
qu'il/elle/on se fût rappelé(e)	qu'ils/elles se fussent rappelé(e)s

CONDITIONNEL

Présent

je me rappellerais	nous nous rappellerions
tu te rappellerais	vous vous rappelleriez
il/elle/on se rappellerait	ils/elles se rappelleraient

Passé

je me serais rappelé(e)	nous nous serions rappelé(e)s
tu te serais rappelé(e)	vous vous seriez rappelé(e)(s)
il/elle/on se serait rappelé(e)	ils/elles se seraient rappelé(e)s

IMPÉRATIF

rappelle-toi rappelons-nous rappelez-vous

Tu te rappelles son nom?
Do you remember his name?

Je me rappelle cet homme, il était un peu bizarre.
I remember this man; he was slightly odd.

Elles ne se sont pas rappellées de moi.
They didn't remember me.

RASSURER *to reassure*

Inf. rassurer *Part. prés.* rassurant *Part. passé* rassuré

INDICATIF

Présent

je rassure	nous rassurons
tu rassures	vous rassurez
il/elle/on rassure	ils/elles rassurent

Passé composé

j'ai rassuré	nous avons rassuré
tu as rassuré	vous avez rassuré
il/elle/on a rassuré	ils/elles ont rassuré

Futur simple

je rassurerai	nous rassurerons
tu rassureras	vous rassurerez
il/elle/on rassurera	ils/elles rassureront

Futur antérieur

j'aurai rassuré	nous aurons rassuré
tu auras rassuré	vous aurez rassuré
il/elle/on aura rassuré	ils/elles auront rassuré

Imparfait

je rassurais	nous rassurions
tu rassurais	vous rassuriez
il/elle/on rassurait	ils/elles rassuraient

Plus-que-parfait

j'avais rassuré	nous avions rassuré
tu avais rassuré	vous aviez rassuré
il/elle/on avait rassuré	ils/elles avaient rassuré

Passé simple

je rassurai	nous rassurâmes
tu rassuras	vous rassurâtes
il/elle/on rassura	ils/elles rassurèrent

Passé antérieur

j'eus rassuré	nous eûmes rassuré
tu eus rassuré	vous eûtes rassuré
il/elle/on eut rassuré	ils/elles eurent rassuré

SUBJONCTIF

Présent

que je rassure	que nous rassurions
que tu rassures	que vous rassuriez
qu'il/elle/on rassure	qu'ils/elles rassurent

Imparfait

que je rassurasse	que nous rassurassions
que tu rassurasses	que vous rassurassiez
qu'il/elle/on rassurât	qu'ils/elles rassurassent

Passé

que j'aie rassuré	que nous ayons rassuré
que tu aies rassuré	que vous ayez rassuré
qu'il/elle/on ait rassuré	qu'ils/elles aient rassuré

Plus-que-parfait

que j'eusse rassuré	que nous eussions rassuré
que tu eusses rassuré	que vous eussiez rassuré
qu'il/elle/on eût rassuré	qu'ils/elles eussent rassuré

CONDITIONNEL

Présent

je rassurerais	nous rassurerions
tu rassurerais	vous rassureriez
il/elle/on rassurerait	ils/elles rassureraient

Passé

j'aurais rassuré	nous aurions rassuré
tu aurais rassuré	vous auriez rassuré
il/elle/on aurait rassuré	ils/elles auraient rassuré

IMPÉRATIF

rassure rassurons rassurez

Nous l'avons rassurée qu'elle n'avait rien à craindre.
We reassured her that she had nothing to fear.

Ces révélations les rassurent peu.
These revelations reassure them little.

Rassure-toi, tout ira bien.
Rest assured, all will go well!

RATER *to fail, to miss*

Inf. rater *Part. prés.* ratant *Part. passé* raté

INDICATIF

Présent

je rate	nous ratons
tu rates	vous ratez
il/elle/on rate	ils/elles ratent

Passé composé

j'ai raté	nous avons raté
tu as raté	vous avez raté
il/elle/on a raté	ils/elles ont raté

Futur simple

je raterai	nous raterons
tu rateras	vous raterez
il/elle/on ratera	ils/elles rateront

Futur antérieur

j'aurai raté	nous aurons raté
tu auras raté	vous aurez raté
il/elle/on aura raté	ils/elles auront raté

Imparfait

je ratais	nous rations
tu ratais	vous ratiez
il/elle/on ratait	ils/elles rataient

Plus-que-parfait

j'avais raté	nous avions raté
tu avais raté	vous aviez raté
il/elle/on avait raté	ils/elles avaient raté

Passé simple

je ratai	nous ratâmes
tu ratas	vous ratâtes
il/elle/on rata	ils/elles ratèrent

Passé antérieur

j'eus raté	nous eûmes raté
tu eus raté	vous eûtes raté
il/elle/on eut raté	ils/elles eurent raté

SUBJONCTIF

Présent

que je rate	que nous rations
que tu rates	que vous ratiez
qu'il/elle/on rate	qu'ils/elles ratent

Imparfait

que je ratasse	que nous ratassions
que tu ratasses	que vous ratassiez
qu'il/elle/on ratât	qu'ils/elles ratassent

Passé

que j'aie raté	que nous ayons raté
que tu aies raté	que vous ayez raté
qu'il/elle/on ait raté	qu'ils/elles aient raté

Plus-que-parfait

que j'eusse raté	que nous eussions raté
que tu eusses raté	que vous eussiez raté
qu'il/elle/on eût raté	qu'ils/elles eussent raté

CONDITIONNEL

Présent

je raterais	nous raterions
tu raterais	vous rateriez
il/elle/on raterait	ils/elles rateraient

Passé

j'aurais raté	nous aurions raté
tu aurais raté	vous auriez raté
il/elle/on aurait raté	ils/elles auraient raté

IMPÉRATIF

rate ratons ratez

Dépêche-toi! Je ne veux pas rater le bus!
Hurry up! I don't want to miss the bus.

Si tu n'étudies pas, tu rateras l'examen.
If you don't study, you'll fail the test.

Malheureusement tu as raté ton coup!
Unfortunately, you blew it!

RECEVOIR *to receive*

Inf. recevoir *Part. prés.* recevant *Part. passé* reçu

INDICATIF

Présent

je reçois	nous recevons
tu reçois	vous recevez
il/elle/on reçoit	ils/elles reçoivent

Passé composé

j'ai reçu	nous avons reçu
tu as reçu	vous avez reçu
il/elle/on a reçu	ils/elles ont reçu

Futur simple

je recevrai	nous recevrons
tu recevras	vous recevrez
il/elle/on recevra	ils/elles recevront

Futur antérieur

j'aurai reçu	nous aurons reçu
tu auras reçu	vous aurez reçu
il/elle/on aura reçu	ils/elles auront reçu

Imparfait

je recevais	nous recevions
tu recevais	vous receviez
il/elle/on recevait	ils/elles recevaient

Plus-que-parfait

j'avais reçu	nous avions reçu
tu avais reçu	vous aviez reçu
il/elle/on avait reçu	ils/elles avaient reçu

Passé simple

je reçus	nous reçûmes
tu reçus	vous reçûtes
il/elle/on reçut	ils/elles reçurent

Passé antérieur

j'eus reçu	nous eûmes reçu
tu eus reçu	vous eûtes reçu
il/elle/on eut reçu	ils/elles eurent reçu

SUBJONCTIF

Présent

que je reçoive	que nous recevions
que tu reçoives	que vous receviez
qu'il/elle/on reçoive	qu'ils/elles reçoivent

Imparfait

que je reçusse	que nous reçussions
que tu reçusses	que vous reçussiez
qu'il/elle/on reçût	qu'ils/elles reçussent

Passé

que j'aie reçu	que nous ayons reçu
que tu aies reçu	que vous ayez reçu
qu'il/elle/on ait reçu	qu'ils/elles aient reçu

Plus-que-parfait

que j'eusse reçu	que nous eussions reçu
que tu eusses reçu	que vous eussiez reçu
qu'il/elle/on eût reçu	qu'ils/elles eussent reçu

CONDITIONNEL

Présent

je recevrais	nous recevrions
tu recevrais	vous recevriez
il/elle/on recevrait	ils/elles recevraient

Passé

j'aurais reçu	nous aurions reçu
tu aurais reçu	vous auriez reçu
il/elle/on aurait reçu	ils/elles auraient reçu

IMPÉRATIF

reçois recevons recevez

On nous a reçus très chaleureusement.
We were very warmly received.

Ma mère recevra sa carte de résidence l'année prochaine.
My mother will receive her residency card next year.

Caroline vient de recevoir une lettre de sa cousine en Grèce.
Caroline just received a letter from her cousin in Greece.

RECONNAÎTRE *to recognize*

Inf. reconnaître *Part. prés.* reconnaissant *Part. passé* reconnu

INDICATIF

Présent

je reconnais	nous reconnaissons
tu reconnais	vous reconnaissez
il/elle/on reconnaît / ait	ils/elles reconnaissent

Imparfait

je reconnaissais	nous reconnaissions
tu reconnaissais	vous reconnaissiez
il/elle/on reconnaissait	ils/elles reconnaissaient

Passé composé

j'ai reconnu	nous avons reconnu
tu as reconnu	vous avez reconnu
il/elle/on a reconnu	ils/elles ont reconnu

Plus-que-parfait

j'avais reconnu	nous avions reconnu
tu avais reconnu	vous aviez reconnu
il/elle/on avait reconnu	ils/elles avaient reconnu

Futur simple

je reconnaîtrai / aitrai	nous reconnaîtrons / aitrons
tu reconnaîtras / aitras	vous reconnaîtrez / aitrez
il/elle/on reconnaîtra / aitra	ils/elles reconnaîtront / aitront

Passé simple

je reconnus	nous reconnûmes
tu reconnus	vous reconnûtes
il/elle/on reconnut	ils/elles reconnurent

Futur antérieur

j'aurai reconnu	nous aurons reconnu
tu auras reconnu	vous aurez reconnu
il/elle/on aura reconnu	ils/elles auront reconnu

Passé antérieur

j'eus reconnu	nous eûmes reconnu
tu eus reconnu	vous eûtes reconnu
il/elle/on eut reconnu	ils/elles eurent reconnu

SUBJONCTIF

Présent

que je reconnaisse	que nous reconnaissions
que tu reconnaisses	que vous reconnaissiez
qu'il/elle/on reconnaisse	qu'ils/elles reconnaissent

Passé

que j'aie reconnu	que nous ayons reconnu
que tu aies reconnu	que vous ayez reconnu
qu'il/elle/on ait reconnu	qu'ils/elles aient reconnu

Imparfait

que je reconnusse	que nous reconnussions
que tu reconnusses	que vous reconnussiez
qu'il/elle/on reconnût	qu'ils/elles reconnussent

Plus-que-parfait

que j'eusse reconnu	que nous eussions reconnu
que tu eusses reconnu	que vous eussiez reconnu
qu'il/elle/on eût reconnu	qu'ils/elles eussent reconnu

CONDITIONNEL

Présent

je reconnaîtrais / aitrais	nous reconnaîtrions / aitrions
tu reconnaîtrais / aitrais	vous reconnaîtriez / aitriez
il/elle/on reconnaîtrait / aitrait	ils/elles reconnaîtraient / aitraient

Passé

j'aurais reconnu	nous aurions reconnu
tu aurais reconnu	vous auriez reconnu
il/elle/on aurait reconnu	ils/elles auraient reconnu

IMPÉRATIF

reconnais reconnaissons reconnaissez

Est-ce que vous reconnaissez ce tableau?
Do you recognize this painting?

Je suis ravie qu'ils aient reconnu que mon vin était meilleur que le leur.
I am delighted that they recognized that my wine was better than theirs.

Tu as si changée qu'on ne t'aurais pas reconnue.
You've changed so much that we wouldn't have recognized you.

RÉDUIRE *to reduce*

Inf. réduire *Part. prés.* réduisant *Part. passé* réduit

INDICATIF

Présent

je réduis	nous réduisons
tu réduis	vous réduisez
il/elle/on réduit	ils/elles réduisent

Imparfait

je réduisais	nous réduisions
tu réduisais	vous réduisiez
il/elle/on réduisait	ils/elles réduisaient

Passé composé

j'ai réduit	nous avons réduit
tu as réduit	vous avez réduit
il/elle/on a réduit	ils/elles ont réduit

Plus-que-parfait

j'avais réduit	nous avions réduit
tu avais réduit	vous aviez réduit
il/elle/on avait réduit	ils/elles avaient réduit

Futur simple

je réduirai	nous réduirons
tu réduiras	vous réduirez
il/elle/on réduira	ils/elles réduiront

Passé simple

je réduisis	nous réduisîmes
tu réduisis	vous réduisîtes
il/elle/on réduisit	ils/elles réduisirent

Futur antérieur

j'aurai réduit	nous aurons réduit
tu auras réduit	vous aurez réduit
il/elle/on aura réduit	ils/elles auront réduit

Passé antérieur

j'eus réduit	nous eûmes réduit
tu eus réduit	vous eûtes réduit
il/elle/on eut réduit	ils/elles eurent réduit

SUBJONCTIF

Présent

que je réduise	que nous réduisions
que tu réduises	que vous réduisiez
qu'il/elle/on réduise	qu'ils/elles réduisent

Passé

que j'aie réduit	que nous ayons réduit
que tu aies réduit	que vous ayez réduit
qu'il/elle/on ait réduit	qu'ils/elles aient réduit

Imparfait

que je réduisisse	que nous réduisissions
que tu réduisisses	que vous réduisissiez
qu'il/elle/on réduisît	qu'ils/elles réduisissent

Plus-que-parfait

que j'eusse réduit	que nous eussions réduit
que tu eusses réduit	que vous eussiez réduit
qu'il/elle/on eût réduit	qu'ils/elles eussent réduit

CONDITIONNEL

Présent

je réduirais	nous réduirions
tu réduirais	vous réduiriez
il/elle/on réduirait	ils/elles réduiraient

Passé

j'aurais réduit	nous aurions réduit
tu aurais réduit	vous auriez réduit
il/elle/on aurait réduit	ils/elles auraient réduit

IMPÉRATIF

réduis réduisons réduisez

Chaque candidat promet de réduire les impôts.
Every candidate promises to reduce taxes.

Réduis la taille des images pour que le fichier soit moins grand.
Reduce the size of the images so that the file is smaller.

Le médecin lui a dit qu'il fallait réduire son taux de cholestérol.
The doctor told him that he needed to reduce his cholesterol level.

REFAIRE *to redo*

Inf. refaire *Part. prés.* refaisant *Part. passé* refait

INDICATIF

Présent

je refais	nous refaisons
tu refais	vous refaites
il/elle/on refait	ils/elles refont

Passé composé

j'ai refait	nous avons refait
tu as refait	vous avez refait
il/elle/on a refait	ils/elles ont refait

Futur simple

je referai	nous referons
tu referas	vous referez
il/elle/on refera	ils/elles referont

Futur antérieur

j'aurai refait	nous aurons refait
tu auras refait	vous aurez refait
il/elle/on aura refait	ils/elles auront refait

Imparfait

je refaisais	nous refaisions
tu refaisais	vous refaisiez
il/elle/on refaisait	ils/elles refaisaient

Plus-que-parfait

j'avais refait	nous avions refait
tu avais refait	vous aviez refait
il/elle/on avait refait	ils/elles avaient refait

Passé simple

je refis	nous refîmes
tu refis	vous refîtes
il/elle/on refit	ils/elles refirent

Passé antérieur

j'eus refait	nous eûmes refait
tu eus refait	vous eûtes refait
il/elle/on eut refait	ils/elles eurent refait

SUBJONCTIF

Présent

que je refasse	que nous refassions
que tu refasses	que vous refassiez
qu'il/elle/on refasse	qu'ils/elles refassent

Imparfait

que je refisse	que nous refissions
que tu refisses	que vous refissiez
qu'il/elle/on refît	qu'ils/elles refissent

Passé

que j'aie refait	que nous ayons refait
que tu aies refait	que vous ayez refait
qu'il/elle/on ait refait	qu'ils/elles aient refait

Plus-que-parfait

que j'eusse refait	que nous eussions refait
que tu eusses refait	que vous eussiez refait
qu'il/elle/on eût refait	qu'ils/elles eussent refait

CONDITIONNEL

Présent

je referais	nous referions
tu referais	vous referiez
il/elle/on referait	ils/elles referaient

Passé

j'aurais refait	nous aurions refait
tu aurais refait	vous auriez refait
il/elle/on aurait refait	ils/elles auraient refait

IMPÉRATIF

refais refaisons refaites

Tout est à refaire—tout!
Everything has to be redone—everything!

Julie a refait sa vie après sa rupture.
Julie remade her life after her break-up.

Paul et Hervé referont l'éléctricité de leur maison l'année prochaine.
Paul and Hervé will redo the electricity in their house next year.

RÉFLÉCHIR *to think about, to reflect on*

Inf. réfléchir *Part. prés.* réfléchissant *Part. passé* réfléchi

INDICATIF

Présent

je réfléchis	nous réfléchissons
tu réfléchis	vous réfléchissez
il/elle/on réfléchit	ils/elles réfléchissent

Imparfait

je réfléchissais	nous réfléchissions
tu réfléchissais	vous réfléchissiez
il/elle/on réfléchissait	ils/elles réfléchissaient

Passé composé

j'ai réfléchi	nous avons réfléchi
tu as réfléchi	vous avez réfléchi
il/elle/on a réfléchi	ils/elles ont réfléchi

Plus-que-parfait

j'avais réfléchi	nous avions réfléchi
tu avais réfléchi	vous aviez réfléchi
il/elle/on avait réfléchi	ils/elles avaient réfléchi

Futur simple

je réfléchirai	nous réfléchirons
tu réfléchiras	vous réfléchirez
il/elle/on réfléchira	ils/elles réfléchiront

Passé simple

je réfléchis	nous réfléchîmes
tu réfléchis	vous réfléchîtes
il/elle/on réfléchit	ils/elles réfléchirent

Futur antérieur

j'aurai réfléchi	nous aurons réfléchi
tu auras réfléchi	vous aurez réfléchi
il/elle/on aura réfléchi	ils/elles auront réfléchi

Passé antérieur

j'eus réfléchi	nous eûmes réfléchi
tu eus réfléchi	vous eûtes réfléchi
il/elle/on eut réfléchi	ils/elles eurent réfléchi

SUBJONCTIF

Présent

que je réfléchisse	que nous réfléchissions
que tu réfléchisses	que vous réfléchissiez
qu'il/elle/on réfléchisse	qu'ils/elles réfléchissent

Passé

que j'aie réfléchi	que nous ayons réfléchi
que tu aies réfléchi	que vous ayez réfléchi
qu'il/elle/on ait réfléchi	qu'ils/elles aient réfléchi

Imparfait

que je réfléchisse	que nous réfléchissions
que tu réfléchisses	que vous réfléchissiez
qu'il/elle/on réfléchît	qu'ils/elles réfléchissent

Plus-que-parfait

que j'eusse réfléchi	que nous eussions réfléchi
que tu eusses réfléchi	que vous eussiez réfléchi
qu'il/elle/on eût réfléchi	qu'ils/elles eussent réfléchi

CONDITIONNEL

Présent

je réfléchirais	nous réfléchirions
tu réfléchirais	vous réfléchiriez
il/elle/on réfléchirait	ils/elles réfléchiraient

Passé

j'aurais réfléchi	nous aurions réfléchi
tu aurais réfléchi	vous auriez réfléchi
il/elle/on aurait réfléchi	ils/elles auraient réfléchi

IMPÉRATIF

réfléchis réfléchissons réfléchissez

Elles veulent que nous y réfléchissions un peu.
They want us to think about it a bit.

Je réfléchis à ton problème.
I'm thinking about your problem.

Réfléchissons avant de lui parler.
Let's think before we talk to her.

REFLÉTER *to reflect*

Inf. refléter *Part. prés.* reflétant *Part. passé* reflété

INDICATIF

Présent

je reflète	nous reflétons
tu reflètes	vous reflétez
il/elle/on reflète	ils/elles reflètent

Imparfait

je reflétais	nous reflétions
tu reflétais	vous reflétiez
il/elle/on reflétait	ils/elles reflétaient

Passé composé

j'ai reflété	nous avons reflété
tu as reflété	vous avez reflété
il/elle/on a reflété	ils/elles ont reflété

Plus-que-parfait

j'avais reflété	nous avions reflété
tu avais reflété	vous aviez reflété
il/elle/on avait reflété	ils/elles avaient reflété

Futur simple

je refléterai	nous refléterons
tu refléteras	vous refléterez
il/elle/on reflétera	ils/elles refléteront

Passé simple

je reflétai	nous reflétâmes
tu reflétas	vous reflétâtes
il/elle/on refléta	ils/elles reflétèrent

Futur antérieur

j'aurai reflété	nous aurons reflété
tu auras reflété	vous aurez reflété
il/elle/on aura reflété	ils/elles auront reflété

Passé antérieur

j'eus reflété	nous eûmes reflété
tu eus reflété	vous eûtes reflété
il/elle/on eut reflété	ils/elles eurent reflété

SUBJONCTIF

Présent

que je reflète	que nous reflétions
que tu reflètes	que vous reflétiez
qu'il/elle/on reflète	qu'ils/elles reflètent

Passé

que j'aie reflété	que nous ayons reflété
que tu aies reflété	que vous ayez reflété
qu'il/elle/on ait reflété	qu'ils/elles aient reflété

Imparfait

que je reflétasse	que nous reflétassions
que tu reflétasses	que vous reflétassiez
qu'il/elle/on reflétât	qu'ils/elles reflétassent

Plus-que-parfait

que j'eusse reflété	que nous eussions reflété
que tu eusses reflété	que vous eussiez reflété
qu'il/elle/on eût reflété	qu'ils/elles eussent reflété

CONDITIONNEL

Présent

je refléterais	nous refléterions
tu refléterais	vous refléteriez
il/elle/on refléterait	ils/elles refléteraient

Passé

j'aurais reflété	nous aurions reflété
tu aurais reflété	vous auriez reflété
il/elle/on aurait reflété	ils/elles auraient reflété

IMPÉRATIF

reflète reflétons reflétez

Le lac reflétait si joliment la lumière du soleil.
The lake reflected the sunlight so beautifully.

Certains pensent que notre visage reflète notre âme.
Some believe that our faces reflect our soul.

Le décor exubérant de son appartement reflète sa personnalité.
The flamboyant décor of his apartment reflects his personality.

REFUSER *to refuse*

Inf. refuser *Part. prés.* refusant *Part. passé* refusé

INDICATIF

Présent

je refuse	nous refusons
tu refuses	vous refusez
il/elle/on refuse	ils/elles refusent

Imparfait

je refusais	nous refusions
tu refusais	vous refusiez
il/elle/on refusait	ils/elles refusaient

Passé composé

j'ai refusé	nous avons refusé
tu as refusé	vous avez refusé
il/elle/on a refusé	ils/elles ont refusé

Plus-que-parfait

j'avais refusé	nous avions refusé
tu avais refusé	vous aviez refusé
il/elle/on avait refusé	ils/elles avaient refusé

Futur simple

je refuserai	nous refuserons
tu refuseras	vous refuserez
il/elle/on refusera	ils/elles refuseront

Passé simple

je refusai	nous refusâmes
tu refusas	vous refusâtes
il/elle/on refusa	ils/elles refusèrent

Futur antérieur

j'aurai refusé	nous aurons refusé
tu auras refusé	vous aurez refusé
il/elle/on aura refusé	ils/elles auront refusé

Passé antérieur

j'eus refusé	nous eûmes refusé
tu eus refusé	vous eûtes refusé
il/elle/on eut refusé	ils/elles eurent refusé

SUBJONCTIF

Présent

que je refuse	que nous refusions
que tu refuses	que vous refusiez
qu'il/elle/on refuse	qu'ils/elles refusent

Passé

que j'aie refusé	que nous ayons refusé
que tu aies refusé	que vous ayez refusé
qu'il/elle/on ait refusé	qu'ils/elles aient refusé

Imparfait

que je refusasse	que nous refusassions
que tu refusasses	que vous refusassiez
qu'il/elle/on refusât	qu'ils/elles refusassent

Plus-que-parfait

que j'eusse refusé	que nous eussions refusé
que tu eusses refusé	que vous eussiez refusé
qu'il/elle/on eût refusé	qu'ils/elles eussent refusé

CONDITIONNEL

Présent

je refuserais	nous refuserions
tu refuserais	vous refuseriez
il/elle/on refuserait	ils/elles refuseraient

Passé

j'aurais refusé	nous aurions refusé
tu aurais refusé	vous auriez refusé
il/elle/on aurait refusé	ils/elles auraient refusé

IMPÉRATIF

refuse refusons refusez

Henri refuse de nous parler.
Henri refuses to talk to us.

Vous avez refusé de travailler pour eux, c'est ça?
You refused to work for them, is that it?

À ta place, j'aurais refusé.
In your shoes, I would have have refused.

REGARDER *to watch, to look at*

Inf. regarder *Part. prés.* regardant *Part. passé* regardé

INDICATIF

Présent

je regarde	nous regardons
tu regardes	vous regardez
il/elle/on regarde	ils/elles regardent

Passé composé

j'ai regardé	nous avons regardé
tu as regardé	vous avez regardé
il/elle/on a regardé	ils/elles ont regardé

Futur simple

je regarderai	nous regarderons
tu regarderas	vous regarderez
il/elle/on regardera	ils/elles regarderont

Futur antérieur

j'aurai regardé	nous aurons regardé
tu auras regardé	vous aurez regardé
il/elle/on aura regardé	ils/elles auront regardé

Imparfait

je regardais	nous regardions
tu regardais	vous regardiez
il/elle/on regardait	ils/elles regardaient

Plus-que-parfait

j'avais regardé	nous avions regardé
tu avais regardé	vous aviez regardé
il/elle/on avait regardé	ils/elles avaient regardé

Passé simple

je regardai	nous regardâmes
tu regardas	vous regardâtes
il/elle/on regarda	ils/elles regardèrent

Passé antérieur

j'eus regardé	nous eûmes regardé
tu eus regardé	vous eûtes regardé
il/elle/on eut regardé	ils/elles eurent regardé

SUBJONCTIF

Présent

que je regarde	que nous regardions
que tu regardes	que vous regardiez
qu'il/elle/on regarde	qu'ils/elles regardent

Imparfait

que je regardasse	que nous regardassions
que tu regardasses	que vous regardassiez
qu'il/elle/on regardât	qu'ils/elles regardassent

Passé

que j'aie regardé	que nous ayons regardé
que tu aies regardé	que vous ayez regardé
qu'il/elle/on ait regardé	qu'ils/elles aient regardé

Plus-que-parfait

que j'eusse regardé	que nous eussions regardé
que tu eusses regardé	que vous eussiez regardé
qu'il/elle/on eût regardé	qu'ils/elles eussent regardé

CONDITIONNEL

Présent

je regarderais	nous regarderions
tu regarderais	vous regarderiez
il/elle/on regarderait	ils/elles regarderaient

Passé

j'aurais regardé	nous aurions regardé
tu aurais regardé	vous auriez regardé
il/elle/on aurait regardé	ils/elles auraient regardé

IMPÉRATIF

regarde regardons regardez

Cet homme là-bas n'arrête pas de nous regarder.
That man over there won't stop looking a us.

Je veux que vous regardiez ce clip; il est drôle!
I want you to watch this video; it's funny!

Paul est ravi que vous ayez regardé son film avant les critiques.
Paul is delighted that you saw his film before the critics.

REGRETTER *to regret, to be sorry, to miss*

Inf. regretter *Part. prés.* regrettant *Part. passé* regretté

INDICATIF

Présent

je regrette	nous regrettons
tu regrettes	vous regrettez
il/elle/on regrette	ils/elles regrettent

Passé composé

j'ai regretté	nous avons regretté
tu as regretté	vous avez regretté
il/elle/on a regretté	ils/elles ont regretté

Futur simple

je regretterai	nous regretterons
tu regretteras	vous regretterez
il/elle/on regrettera	ils/elles regretteront

Futur antérieur

j'aurai regretté	nous aurons regretté
tu auras regretté	vous aurez regretté
il/elle/on aura regretté	ils/elles auront regretté

Imparfait

je regrettais	nous regrettions
tu regrettais	vous regrettiez
il/elle/on regrettait	ils/elles regrettaient

Plus-que-parfait

j'avais regretté	nous avions regretté
tu avais regretté	vous aviez regretté
il/elle/on avait regretté	ils/elles avaient regretté

Passé simple

je regrettai	nous regrettâmes
tu regrettas	vous regrettâtes
il/elle/on regretta	ils/elles regrettèrent

Passé antérieur

j'eus regretté	nous eûmes regretté
tu eus regretté	vous eûtes regretté
il/elle/on eut regretté	ils/elles eurent regretté

SUBJONCTIF

Présent

que je regrette	que nous regrettions
que tu regrettes	que vous regrettiez
qu'il/elle/on regrette	qu'ils/elles regrettent

Imparfait

que je regrettasse	que nous regrettassions
que tu regrettasses	que vous regrettassiez
qu'il/elle/on regrettât	qu'ils/elles regrettassent

Passé

que j'aie regretté	que nous ayons regretté
que tu aies regretté	que vous ayez regretté
qu'il/elle/on ait regretté	qu'ils/elles aient regretté

Plus-que-parfait

que j'eusse regretté	que nous eussions regretté
que tu eusses regretté	que vous eussiez regretté
qu'il/elle/on eût regretté	qu'ils/elles eussent regretté

CONDITIONNEL

Présent

je regretterais	nous regretterions
tu regretterais	vous regretteriez
il/elle/on regretterait	ils/elles regretteraient

Passé

j'aurais regretté	nous aurions regretté
tu aurais regretté	vous auriez regretté
il/elle/on aurait regretté	ils/elles auraient regretté

IMPÉRATIF

regrette regrettons regrettez

Monsieur Duval regrette qu'il ne puisse pas vous voir.
Monsieur Duval is sorry that he cannot see you.

Ma mère a beaucoup regretté cette décsion.
My mother really regretted this decision.

Elles vivent sans rien regretter.
They live without regretting anything.

REJETER *to reject*

Inf. rejeter *Part. prés.* rejetant *Part. passé* rejeté

INDICATIF

Présent

je rejette	nous rejetons
tu rejettes	vous rejetez
il/elle/on rejette	ils/elles rejettent

Passé composé

j'ai rejeté	nous avons rejeté
tu as rejeté	vous avez rejeté
il/elle/on a rejeté	ils/elles ont rejeté

Futur simple

je rejetterai	nous rejetterons
tu rejetteras	vous rejetterez
il/elle/on rejettera	ils/elles rejetteront

Futur antérieur

j'aurai rejeté	nous aurons rejeté
tu auras rejeté	vous aurez rejeté
il/elle/on aura rejeté	ils/elles auront rejeté

Imparfait

je rejetais	nous rejetions
tu rejetais	vous rejetiez
il/elle/on rejetait	ils/elles rejetaient

Plus-que-parfait

j'avais rejeté	nous avions rejeté
tu avais rejeté	vous aviez rejeté
il/elle/on avait rejeté	ils/elles avaient rejeté

Passé simple

je rejetai	nous rejetâmes
tu rejetas	vous rejetâtes
il/elle/on rejeta	ils/elles rejetèrent

Passé antérieur

j'eus rejeté	nous eûmes rejeté
tu eus rejeté	vous eûtes rejeté
il/elle/on eut rejeté	ils/elles eurent rejeté

SUBJONCTIF

Présent

que je rejette	que nous rejetions
que tu rejettes	que vous rejetiez
qu'il/elle/on rejette	qu'ils/elles rejettent

Imparfait

que je rejetasse	que nous rejetassions
que tu rejetasses	que vous rejetassiez
qu'il/elle/on rejetât	qu'ils/elles rejetassent

Passé

que j'aie rejeté	que nous ayons rejeté
que tu aies rejeté	que vous ayez rejeté
qu'il/elle/on ait rejeté	qu'ils/elles aient rejeté

Plus-que-parfait

que j'eusse rejeté	que nous eussions rejeté
que tu eusses rejeté	que vous eussiez rejeté
qu'il/elle/on eût rejeté	qu'ils/elles eussent rejeté

CONDITIONNEL

Présent

je rejetterais	nous rejetterions
tu rejetterais	vous rejetteriez
il/elle/on rejetterait	ils/elles rejetteraient

Passé

j'aurais rejeté	nous aurions rejeté
tu aurais rejeté	vous auriez rejeté
il/elle/on aurait rejeté	ils/elles auraient rejeté

IMPÉRATIF

rejette rejetons rejetez

Pourquoi rejetterais-tu les conseils de tes amis?
Why would you reject your friends' advice?

Le juge a rejeté la demande de mon avocat.
The judge denied my lawyer's request.

Je rejette cette notion; elle est fausse.
I reject this notion; it's false.

REJOINDRE *to meet up with, to meet back up with*

Inf. rejoindre *Part. prés.* rejoignant *Part. passé* rejoint

INDICATIF

Présent

je rejoins	nous rejoignons
tu rejoins	vous rejoignez
il/elle/on rejoint	ils/elles rejoignent

Passé composé

j'ai rejoint	nous avons rejoint
tu as rejoint	vous avez rejoint
il/elle/on a rejoint	ils/elles ont rejoint

Futur simple

je rejoindrai	nous rejoindrons
tu rejoindras	vous rejoindrez
il/elle/on rejoindra	ils/elles rejoindront

Futur antérieur

j'aurai rejoint	nous aurons rejoint
tu auras rejoint	vous aurez rejoint
il/elle/on aura rejoint	ils/elles auront rejoint

Imparfait

je rejoignais	nous rejoignions
tu rejoignais	vous rejoigniez
il/elle/on rejoignait	ils/elles rejoignaient

Plus-que-parfait

j'avais rejoint	nous avions rejoint
tu avais rejoint	vous aviez rejoint
il/elle/on avait rejoint	ils/elles avaient rejoint

Passé simple

je rejoignis	nous rejoignîmes
tu rejoignis	vous rejoignîtes
il/elle/on rejoignit	ils/elles rejoignirent

Passé antérieur

j'eus rejoint	nous eûmes rejoint
tu eus rejoint	vous eûtes rejoint
il/elle/on eut rejoint	ils/elles eurent rejoint

SUBJONCTIF

Présent

que je rejoigne	que nous rejoignions
que tu rejoignes	que vous rejoigniez
qu'il/elle/on rejoigne	qu'ils/elles rejoignent

Imparfait

que je rejoignisse	que nous rejoignissions
que tu rejoignisses	que vous rejoignissiez
qu'il/elle/on rejoignît	qu'ils/elles rejoignissent

Passé

que j'aie rejoint	que nous ayons rejoint
que tu aies rejoint	que vous ayez rejoint
qu'il/elle/on ait rejoint	qu'ils/elles aient rejoint

Plus-que-parfait

que j'eusse rejoint	que nous eussions rejoint
que tu eusses rejoint	que vous eussiez rejoint
qu'il/elle/on eût rejoint	qu'ils/elles eussent rejoint

CONDITIONNEL

Présent

je rejoindrais	nous rejoindrions
tu rejoindrais	vous rejoindriez
il/elle/on rejoindrait	ils/elles rejoindraient

Passé

j'aurais rejoint	nous aurions rejoint
tu aurais rejoint	vous auriez rejoint
il/elle/on aurait rejoint	ils/elles auraient rejoint

IMPÉRATIF

rejoins rejoignons rejoignez

Je vous rejoindrai à Rome.
I will meet back up with you in Rome.

Elles nous rejoignent demain.
They're joining us tomorrow.

Vincent a rejoint notre groupe il y a deux jours.
Vincent caught up with our group two days ago.

REMARQUER *to see, to notice*

Inf. remarquer *Part. prés.* remarquant *Part. passé* remarqué

INDICATIF

Présent

je remarque	nous remarquons
tu remarques	vous remarquez
il/elle/on remarque	ils/elles remarquent

Passé composé

j'ai remarqué	nous avons remarqué
tu as remarqué	vous avez remarqué
il/elle/on a remarqué	ils/elles ont remarqué

Futur simple

je remarquerai	nous remarquerons
tu remarqueras	vous remarquerez
il/elle/on remarquera	ils/elles remarqueront

Futur antérieur

j'aurai remarqué	nous aurons remarqué
tu auras remarqué	vous aurez remarqué
il/elle/on aura remarqué	ils/elles auront remarqué

Imparfait

je remarquais	nous remarquions
tu remarquais	vous remarquiez
il/elle/on remarquait	ils/elles remarquaient

Plus-que-parfait

j'avais remarqué	nous avions remarqué
tu avais remarqué	vous aviez remarqué
il/elle/on avait remarqué	ils/elles avaient remarqué

Passé simple

je remarquai	nous remarquâmes
tu remarquas	vous remarquâtes
il/elle/on remarqua	ils/elles remarquèrent

Passé antérieur

j'eus remarqué	nous eûmes remarqué
tu eus remarqué	vous eûtes remarqué
il/elle/on eut remarqué	ils/elles eurent remarqué

SUBJONCTIF

Présent

que je remarque	que nous remarquions
que tu remarques	que vous remarquiez
qu'il/elle/on remarque	qu'ils/elles remarquent

Imparfait

que je remarquasse	que nous remarquassions
que tu remarquasses	que vous remarquassiez
qu'il/elle/on remarquât	qu'ils/elles remarquassent

Passé

que j'aie remarqué	que nous ayons remarqué
que tu aies remarqué	que vous ayez remarqué
qu'il/elle/on ait remarqué	qu'ils/elles aient remarqué

Plus-que-parfait

que j'eusse remarqué	que nous eussions remarqué
que tu eusses remarqué	que vous eussiez remarqué
qu'il/elle/on eût remarqué	qu'ils/elles eussent remarqué

CONDITIONNEL

Présent

je remarquerais	nous remarquerions
tu remarquerais	vous remarqueriez
il/elle/on remarquerait	ils/elles remarqueraient

Passé

j'aurais remarqué	nous aurions remarqué
tu aurais remarqué	vous auriez remarqué
il/elle/on aurait remarqué	ils/elles auraient remarqué

IMPÉRATIF

remarque remarquons remarquez

Depuis quelques mois on remarque de plus en plus de touristes ici.
For a few months now we've been seeing more and more tourists here.

Mes amis et moi avons remarqué que les tomates étaient moins bonnes qu'avant.
My friends and I noticed that the tomatoes were not as good as before.

Tu as vu son expression bizarre? Non, je n'ai rien remarqué.
Did you see her bizarre expression? No, I didn't notice anything.

REMERCIER *to thank*

Inf. remercier *Part. prés.* remerciant *Part. passé* remercié

INDICATIF

Présent

je remercie	nous remercions
tu remercies	vous remerciez
il/elle/on remercie	ils/elles remercient

Imparfait

je remerciais	nous remerciions
tu remerciais	vous remerciiez
il/elle/on remerciait	ils/elles remerciaient

Passé composé

j'ai remercié	nous avons remercié
tu as remercié	vous avez remercié
il/elle/on a remercié	ils/elles ont remercié

Plus-que-parfait

j'avais remercié	nous avions remercié
tu avais remercié	vous aviez remercié
il/elle/on avait remercié	ils/elles avaient remercié

Futur simple

je remercierai	nous remercierons
tu remercieras	vous remercierez
il/elle/on remerciera	ils/elles remercieront

Passé simple

je remerciai	nous remerciâmes
tu remercias	vous remerciâtes
il/elle/on remercia	ils/elles remercièrent

Futur antérieur

j'aurai remercié	nous aurons remercié
tu auras remercié	vous aurez remercié
il/elle/on aura remercié	ils/elles auront remercié

Passé antérieur

j'eus remercié	nous eûmes remercié
tu eus remercié	vous eûtes remercié
il/elle/on eut remercié	ils/elles eurent remercié

SUBJONCTIF

Présent

que je remercie	que nous remerciions
que tu remercies	que vous remerciiez
qu'il/elle/on remercie	qu'ils/elles remercient

Passé

que j'aie remercié	que nous ayons remercié
que tu aies remercié	que vous ayez remercié
qu'il/elle/on ait remercié	qu'ils/elles aient remercié

Imparfait

que je remerciasse	que nous remerciassions
que tu remerciasses	que vous remerciassiez
qu'il/elle/on remerciât	qu'ils/elles remerciassent

Plus-que-parfait

que j'eusse remercié	que nous eussions remercié
que tu eusses remercié	que vous eussiez remercié
qu'il/elle/on eût remercié	qu'ils/elles eussent remercié

CONDITIONNEL

Présent

je remercierais	nous remercierions
tu remercierais	vous remercieriez
il/elle/on remercierait	ils/elles remercieraient

Passé

j'aurais remercié	nous aurions remercié
tu aurais remercié	vous auriez remercié
il/elle/on aurait remercié	ils/elles auraient remercié

IMPÉRATIF

remercie remercions remerciez

Monsieur Laval m'a remercié pour le verre de vin et puis il est parti.
Mr. Laval thanked me for the glass of wine and then he left.

On vous remercie tous.
We thank you all.

L'enfant est assez grand pour savoir qu'il faut remercier les adultes pour les cadeaux.
The child is big enough to know that you should thank adults for presents.

REMETTRE *to restore, to put (set) back, to play again*

Inf. remettre *Part. prés.* remettant *Part. passé* remis

INDICATIF

Présent

je remets	nous remettons
tu remets	vous remettez
il/elle/on remet	ils/elles remettent

Passé composé

j'ai remis	nous avons remis
tu as remis	vous avez remis
il/elle/on a remis	ils/elles ont remis

Futur simple

je remettrai	nous remettrons
tu remettras	vous remettrez
il/elle/on remettra	ils/elles remettront

Futur antérieur

j'aurai remis	nous aurons remis
tu auras remis	vous aurez remis
il/elle/on aura remis	ils/elles auront remis

Imparfait

je remettais	nous remettions
tu remettais	vous remettiez
il/elle/on remettait	ils/elles remettaient

Plus-que-parfait

j'avais remis	nous avions remis
tu avais remis	vous aviez remis
il/elle/on avait remis	ils/elles avaient remis

Passé simple

je remis	nous remîmes
tu remis	vous remîtes
il/elle/on remit	ils/elles remirent

Passé antérieur

j'eus remis	nous eûmes remis
tu eus remis	vous eûtes remis
il/elle/on eut remis	ils/elles eurent remis

SUBJONCTIF

Présent

que je remette	que nous remettions
que tu remettes	que vous remettiez
qu'il/elle/on remette	qu'ils/elles remettent

Imparfait

que je remisse	que nous remissions
que tu remisses	que vous remissiez
qu'il/elle/on remît	qu'ils/elles remissent

Passé

que j'aie remis	que nous ayons remis
que tu aies remis	que vous ayez remis
qu'il/elle/on ait remis	qu'ils/elles aient remis

Plus-que-parfait

que j'eusse remis	que nous eussions remis
que tu eusses remis	que vous eussiez remis
qu'il/elle/on eût remis	qu'ils/elles eussent remis

CONDITIONNEL

Présent

je remettrais	nous remettrions
tu remettrais	vous remettriez
il/elle/on remettrait	ils/elles remettraient

Passé

j'aurais remis	nous aurions remis
tu aurais remis	vous auriez remis
il/elle/on aurait remis	ils/elles auraient remis

IMPÉRATIF

remets remettons remettez

L'administration essaie de remettre en vigueur cette ancienne loi.
The administration is trying to restore this former law.

Remettons les choses à zéro et recommençons.
Let's set things back to zero and start over.

Remets cette chanson, je l'adore!
Play that song again; I love it!

SE REMETTRE *to get back to, to recover*

Inf. se remettre *Part. prés.* se remettant *Part. passé* remis(e)(s)

INDICATIF

Présent

je me remets	nous nous remettons
tu te remets	vous vous remettez
il/elle/on se remet	ils/elles se remettent

Imparfait

je me remettais	nous nous remettions
tu te remettais	vous vous remettiez
il/elle/on se remettait	ils/elles se remettaient

Passé composé

je me suis remis(e)	nous nous sommes remis(e)(s)
tu t'es remis(e)	vous vous êtes remis(e)(s)
il/elle/on s'est remis(e)	ils/elles se sont remis(e)(s)

Plus-que-parfait

je m'étais remis(e)	nous nous étions remis(e)(s)
tu t'étais remis(e)	vous vous étiez remis(e)(s)
il/elle/on s'était remis(e)	ils/elles s'étaient remis(e)(s)

Futur simple

je me remettrai	nous nous remettrons
tu te remettras	vous vous remettrez
il/elle/on se remettra	ils/elles se remettront

Passé simple

je me remis	nous nous remîmes
tu te remis	vous vous remîtes
il/elle/on se remit	ils/elles se remirent

Futur antérieur

je me serai remis(e)	nous nous serons remis(e)(s)
tu te seras remis(e)	vous vous serez remis(e)(s)
il/elle/on se sera remis(e)	ils/elles se seront remis(e)(s)

Passé antérieur

je me fus remis(e)	nous nous fûmes remis(e)(s)
tu te fus remis(e)	vous vous fûtes remis(e)(s)
il/elle/on se fut remis(e)	ils/elles se furent remis(e)(s)

SUBJONCTIF

Présent

que je me remette	que nous nous remettions
que tu te remettes	que vous vous remettiez
qu'il/elle/on se remette	qu'ils/elles se remettent

Passé

que je me sois remis(e)	que nous nous soyons remis(e)(s)
que tu te sois remis(e)	que vous vous soyez remis(e)(s)
qu'il/elle/on se soit remis(e)	qu'ils/elles se soient remis(e)(s)

Imparfait

que je me remisse	que nous nous remissions
que tu te remisses	que vous vous remissiez
qu'il/elle/on se remît	qu'ils/elles se remissent

Plus-que-parfait

que je me fusse remis(e)	que nous nous fussions remis(e)(s)
que tu te fusses remis(e)	que vous vous fussiez remis(e)(s)
qu'il/elle/on se fût remis(e)	qu'ils/elles se fussent remis(e)(s)

CONDITIONNEL

Présent

je me remettrais	nous nous remettrions
tu te remettrais	vous vous remettriez
il/elle/on se remettrait	ils/elles se remettraient

Passé

je me serais remis(e)	nous nous serions remis(e)(s)
tu te serais remis(e)	vous vous seriez remis(e)(s)
il/elle/on se serait remis(e)	ils/elles se seraient remis(e)(s)

IMPÉRATIF

remets-toi remettons-nous remettez-vous

Je suis heureuse de voir que tu t'es complètement remise de ta maladie.
I am happy to see that you have completely recovered from your illness.

Remettons-nous au travail!
Let's get back to work!

Elle espère se remettre avec Pierre.
She's hoping to get back with Pierre.

REMPLACER *to replace, to substitute, to fill in*

Inf. remplacer *Part. prés.* remplaçant *Part. passé* remplacé

INDICATIF

Présent		Imparfait	
je remplace	nous remplaçons	je remplaçais	nous remplacions
tu remplaces	vous remplacez	tu remplaçais	vous remplaciez
il/elle/on remplace	ils/elles remplacent	il/elle/on remplaçait	ils/elles remplaçaient
Passé composé		**Plus-que-parfait**	
j'ai remplacé	nous avons remplacé	j'avais remplacé	nous avions remplacé
tu as remplacé	vous avez remplacé	tu avais remplacé	vous aviez remplacé
il/elle/on a remplacé	ils/elles ont remplacé	il/elle/on avait remplacé	ils/elles avaient remplacé
Futur simple		**Passé simple**	
je remplacerai	nous remplacerons	je remplaçai	nous remplaçâmes
tu remplaceras	vous remplacerez	tu remplaças	vous remplaçâtes
il/elle/on remplacera	ils/elles remplaceront	il/elle/on remplaça	ils/elles remplacèrent
Futur antérieur		**Passé antérieur**	
j'aurai remplacé	nous aurons remplacé	j'eus remplacé	nous eûmes remplacé
tu auras remplacé	vous aurez remplacé	tu eus remplacé	vous eûtes remplacé
il/elle/on aura remplacé	ils/elles auront remplacé	il/elle/on eut remplacé	ils/elles eurent remplacé

SUBJONCTIF

Présent		Passé	
que je remplace	que nous remplacions	que j'aie remplacé	que nous ayons remplacé
que tu remplaces	que vous remplaciez	que tu aies remplacé	que vous ayez remplacé
qu'il/elle/on remplace	qu'ils/elles remplacent	qu'il/elle/on ait remplacé	qu'ils/elles aient remplacé
Imparfait		**Plus-que-parfait**	
que je remplaçasse	que nous remplaçassions	que j'eusse remplacé	que nous eussions remplacé
que tu remplaçasses	que vous remplaçassiez	que tu eusses remplacé	que vous eussiez remplacé
qu'il/elle/on remplaçât	qu'ils/elles remplaçassent	qu'il/elle/on eût remplacé	qu'ils/elles eussent remplacé

CONDITIONNEL

Présent		Passé	
je remplacerais	nous remplacerions	j'aurais remplacé	nous aurions remplacé
tu remplacerais	vous remplaceriez	tu aurais remplacé	vous auriez remplacé
il/elle/on remplacerait	ils/elles remplaceraient	il/elle/on aurait remplacé	ils/elles auraient remplacé

IMPÉRATIF

remplace remplaçons remplacez

Colin m'a demandé de le remplacer vendredi prochain.
Colin asked me to fill in for him next Friday.

Dans cette recette je remplacerais le sucre par du miel.
In this recipe I would substitute for the sugar with honey.

Si tu me remplaces demain je te serai très reconnaissant.
If you replace me tomorrow I will be very grateful to you.

RENCONTRER *to meet*

Inf. rencontrer *Part. prés.* rencontrant *Part. passé* rencontré

INDICATIF

Présent

je rencontre	nous rencontrons
tu rencontres	vous rencontrez
il/elle/on rencontre	ils/elles rencontrent

Passé composé

j'ai rencontré	nous avons rencontré
tu as rencontré	vous avez rencontré
il/elle/on a rencontré	ils/elles ont rencontré

Futur simple

je rencontrerai	nous rencontrerons
tu rencontreras	vous rencontrerez
il/elle/on rencontrera	ils/elles rencontreront

Futur antérieur

j'aurai rencontré	nous aurons rencontré
tu auras rencontré	vous aurez rencontré
il/elle/on aura rencontré	ils/elles auront rencontré

Imparfait

je rencontrais	nous rencontrions
tu rencontrais	vous rencontriez
il/elle/on rencontrait	ils/elles rencontraient

Plus-que-parfait

j'avais rencontré	nous avions rencontré
tu avais rencontré	vous aviez rencontré
il/elle/on avait rencontré	ils/elles avaient rencontré

Passé simple

je rencontrai	nous rencontrâmes
tu rencontras	vous rencontrâtes
il/elle/on rencontra	ils/elles rencontrèrent

Passé antérieur

j'eus rencontré	nous eûmes rencontré
tu eus rencontré	vous eûtes rencontré
il/elle/on eut rencontré	ils/elles eurent rencontré

SUBJONCTIF

Présent

que je rencontre	que nous rencontrions
que tu rencontres	que vous rencontriez
qu'il/elle/on rencontre	qu'ils/elles rencontrent

Imparfait

que je rencontrasse	que nous rencontrassions
que tu rencontrasses	que vous rencontrassiez
qu'il/elle/on rencontrât	qu'ils/elles rencontrassent

Passé

que j'aie rencontré	que nous ayons rencontré
que tu aies rencontré	que vous ayez rencontré
qu'il/elle/on ait rencontré	qu'ils/elles aient rencontré

Plus-que-parfait

que j'eusse rencontré	que nous eussions rencontré
que tu eusses rencontré	que vous eussiez rencontré
qu'il/elle/on eût rencontré	qu'ils/elles eussent rencontré

CONDITIONNEL

Présent

je rencontrerais	nous rencontrerions
tu rencontrerais	vous rencontreriez
il/elle/on rencontrerait	ils/elles rencontreraient

Passé

j'aurais rencontré	nous aurions rencontré
tu aurais rencontré	vous auriez rencontré
il/elle/on aurait rencontré	ils/elles auraient rencontré

IMPÉRATIF

rencontre rencontrons rencontrez

Ce matin dans le train j'ai rencontré quelqu'un qui te connaissaît.
On the train this morning I met someone who knew you.

Dans ce texte vous rencontrerez plusieurs mots inconnus.
In this text you will come across several unknown words.

Notre équipe rencontre les champions de la ligue ce soir.
Our team is facing the champions of the league tonight.

RENDRE *to give back, to return (something), to render, to make*

Inf. rendre *Part. prés.* rendant *Part. passé* rendu

INDICATIF

Présent

je rends	nous rendons
tu rends	vous rendez
il/elle/on rend	ils/elles rendent

Imparfait

je rendais	nous rendions
tu rendais	vous rendiez
il/elle/on rendait	ils/elles rendaient

Passé composé

j'ai rendu	nous avons rendu
tu as rendu	vous avez rendu
il/elle/on a rendu	ils/elles ont rendu

Plus-que-parfait

j'avais rendu	nous avions rendu
tu avais rendu	vous aviez rendu
il/elle/on avait rendu	ils/elles avaient rendu

Futur simple

je rendrai	nous rendrons
tu rendras	vous rendrez
il/elle/on rendra	ils/elles rendront

Passé simple

je rendis	nous rendîmes
tu rendis	vous rendîtes
il/elle/on rendit	ils/elles rendirent

Futur antérieur

j'aurai rendu	nous aurons rendu
tu auras rendu	vous aurez rendu
il/elle/on aura rendu	ils/elles auront rendu

Passé antérieur

j'eus rendu	nous eûmes rendu
tu eus rendu	vous eûtes rendu
il/elle/on eut rendu	ils/elles eurent rendu

SUBJONCTIF

Présent

que je rende	que nous rendions
que tu rendes	que vous rendiez
qu'il/elle/on rende	qu'ils/elles rendent

Passé

que j'aie rendu	que nous ayons rendu
que tu aies rendu	que vous ayez rendu
qu'il/elle/on ait rendu	qu'ils/elles aient rendu

Imparfait

que je rendisse	que nous rendissions
que tu rendisses	que vous rendissiez
qu'il/elle/on rendît	qu'ils/elles rendissent

Plus-que-parfait

que j'eusse rendu	que nous eussions rendu
que tu eusses rendu	que vous eussiez rendu
qu'il/elle/on eût rendu	qu'ils/elles eussent rendu

CONDITIONNEL

Présent

je rendrais	nous rendrions
tu rendrais	vous rendriez
il/elle/on rendrait	ils/elles rendraient

Passé

j'aurais rendu	nous aurions rendu
tu aurais rendu	vous auriez rendu
il/elle/on aurait rendu	ils/elles auraient rendu

IMPÉRATIF

rends rendons rendez

J'ai rendu le livre à la bibliothèque.
I returned the book to the library.

Rends-moi mon livre!
Give me back my book!

Cette soupe de crabe nous a tous rendus malade.
This crab soup made us all sick.

RENTRER *to go (come) home, to go back*

Inf. rentrer *Part. prés.* rentrant *Part. passé* rentré(e)(s)

INDICATIF

Présent

je rentre	nous rentrons
tu rentres	vous rentrez
il/elle/on rentre	ils/elles rentrent

Passé composé

je suis rentré(e)	nous sommes rentré(e)s
tu es rentré(e)	vous êtes rentré(e)(s)
il/elle/on est rentré(e)	ils/elles sont rentré(e)s

Futur simple

je rentrerai	nous rentrerons
tu rentreras	vous rentrerez
il/elle/on rentrera	ils/elles rentreront

Futur antérieur

je serai rentré(e)	nous serons rentré(e)s
tu seras rentré(e)	vous serez rentré(e)(s)
il/elle/on sera rentré(e)	ils/elles seront rentré(e)s

Imparfait

je rentrais	nous rentrions
tu rentrais	vous rentriez
il/elle/on rentrait	ils/elles rentraient

Plus-que-parfait

j'étais rentré(e)	nous étions rentré(e)s
tu étais rentré(e)	vous étiez rentré(e)(s)
il/elle/on était rentré(e)	ils/elles étaient rentré(e)s

Passé simple

je rentrai	nous rentrâmes
tu rentras	vous rentrâtes
il/elle/on rentra	ils/elles rentrèrent

Passé antérieur

je fus rentré(e)	nous fûmes rentré(e)s
tu fus rentré(e)	vous fûtes rentré(e)(s)
il/elle/on fut rentré(e)	ils/elles furent rentré(e)s

SUBJONCTIF

Présent

que je rentre	que nous rentrions
que tu rentres	que vous rentriez
qu'il/elle/on rentre	qu'ils/elles rentrent

Imparfait

que je rentrasse	que nous rentrassions
que tu rentrasses	que vous rentrassiez
qu'il/elle/on rentrât	qu'ils/elles rentrassent

Passé

que je sois rentré(e)	que nous soyons rentré(e)s
que tu sois rentré(e)	que vous soyez rentré(e)(s)
qu'il/elle/on soit rentré(e)	qu'ils/elles soient rentré(e)s

Plus-que-parfait

que je fusse rentré(e)	que nous fussions rentré(e)s
que tu fusses rentré(e)	que vous fussiez rentré(e)(s)
qu'il/elle/on fût rentré(e)	qu'ils/elles fussent rentré(e)s

CONDITIONNEL

Présent

je rentrerais	nous rentrerions
tu rentrerais	vous rentreriez
il/elle/on rentrerait	ils/elles rentreraient

Passé

je serais rentré(e)	nous serions rentré(e)s
tu serais rentré(e)	vous seriez rentré(e)(s)
il/elle/on serait rentré(e)	ils/elles seraient rentré(e)s

IMPÉRATIF

rentre rentrons rentrez

Rentrons avant qu'il ne pleuve.
Let's go home before it rains.

J'ai horreur de rentrer après les vacances.
I despise coming back home after vacation.

Quand rentrez-vous?
When are you going back?

RENVOYER *to return, to fire, to send back, to expel*

Inf. renvoyer *Part. prés.* renoyant *Part. passé* renvoyé

INDICATIF

Présent

je renvoie	nous renvoyons
tu renvoies	vous renvoyez
il/elle/on renvoie	ils/elles renvoient

Imparfait

je renvoyais	nous renvoyions
tu renvoyais	vous renvoyiez
il/elle/on renvoyait	ils/elles renvoyaient

Passé composé

j'ai renvoyé	nous avons renvoyé
tu as renvoyé	vous avez renvoyé
il/elle/on a renvoyé	ils/elles ont renvoyé

Plus-que-parfait

j'avais renvoyé	nous avions renvoyé
tu avais renvoyé	vous aviez renvoyé
il/elle/on avait renvoyé	ils/elles avaient renvoyé

Futur simple

je renverrai	nous renverrons
tu renverras	vous renverrez
il/elle/on renverra	ils/elles renverront

Passé simple

je renvoyai	nous renvoyâmes
tu renvoyas	vous renvoyâtes
il/elle/on renvoya	ils/elles renvoyèrent

Futur antérieur

j'aurai renvoyé	nous aurons renvoyé
tu auras renvoyé	vous aurez renvoyé
il/elle/on aura renvoyé	ils/elles auront renvoyé

Passé antérieur

j'eus renvoyé	nous eûmes renvoyé
tu eus renvoyé	vous eûtes renvoyé
il/elle/on eut renvoyé	ils/elles eurent renvoyé

SUBJONCTIF

Présent

que je renvoie	que nous renvoyions
que tu renvoies	que vous renvoyiez
qu'il/elle/on renvoie	qu'ils/elles renvoient

Passé

que j'aie renvoyé	que nous ayons renvoyé
que tu aies renvoyé	que vous ayez renvoyé
qu'il/elle/on ait renvoyé	qu'ils/elles aient renvoyé

Imparfait

que je renvoyasse	que nous renvoyassions
que tu renvoyasses	que vous renvoyassiez
qu'il/elle/on renvoyât	qu'ils/elles renvoyassent

Plus-que-parfait

que j'eusse renvoyé	que nous eussions renvoyé
que tu eusses renvoyé	que vous eussiez renvoyé
qu'il/elle/on eût renvoyé	qu'ils/elles eussent renvoyé

CONDITIONNEL

Présent

je renverrais	nous renverrions
tu renverrais	vous renverriez
il/elle/on renverrait	ils/elles renverraient

Passé

j'aurais renvoyé	nous aurions renvoyé
tu aurais renvoyé	vous auriez renvoyé
il/elle/on aurait renvoyé	ils/elles auraient renvoyé

IMPÉRATIF

renvoie renvoyons renvoyez

Renvoie-moi le chèque que je t'ai envoyé; je ne l'avais pas signé.
Send me back the check that I sent you; I didn't sign it.

Notre patron a renvoyé la moitié du personnel ce matin.
Our boss fired half of our staff this morning.

J'aime jouer au tennis, mais je ne peux jamais renvoyer la balle!
I like playing tennis, but I can never return the ball!

REPÉRER *to locate, to identify; to notice*

Inf. repérer *Part. prés.* repérant *Part. passé* repéré

INDICATIF

Présent

je repère	nous repérons
tu repères	vous repérez
il/elle/on repère	ils/elles repèrent

Imparfait

je repérais	nous repérions
tu repérais	vous repériez
il/elle/on repérait	ils/elles repéraient

Passé composé

j'ai repéré	nous avons repéré
tu as repéré	vous avez repéré
il/elle/on a repéré	ils/elles ont repéré

Plus-que-parfait

j'avais repéré	nous avions repéré
tu avais repéré	vous aviez repéré
il/elle/on avait repéré	ils/elles avaient repéré

Futur simple

je repérerai	nous repérerons
tu repéreras	vous repérerez
il/elle/on repérera	ils/elles repéreront

Passé simple

je repérai	nous repérâmes
tu repéras	vous repérâtes
il/elle/on repéra	ils/elles repérèrent

Futur antérieur

j'aurai repéré	nous aurons repéré
tu auras repéré	vous aurez repéré
il/elle/on aura repéré	ils/elles auront repéré

Passé antérieur

j'eus repéré	nous eûmes repéré
tu eus repéré	vous eûtes repéré
il/elle/on eut repéré	ils/elles eurent repéré

SUBJONCTIF

Présent

que je repère	que nous repérions
que tu repères	que vous repériez
qu'il/elle/on repère	qu'ils/elles repèrent

Passé

que j'aie repéré	que nous ayons repéré
que tu aies repéré	que vous ayez repéré
qu'il/elle/on ait repéré	qu'ils/elles aient repéré

Imparfait

que je repérasse	que nous repérassions
que tu repérasses	que vous repérassiez
qu'il/elle/on repérât	qu'ils/elles repérassent

Plus-que-parfait

que j'eusse repéré	que nous eussions repéré
que tu eusses repéré	que vous eussiez repéré
qu'il/elle/on eût repéré	qu'ils/elles eussent repéré

CONDITIONNEL

Présent

je repérerais	nous repérerions
tu repérerais	vous repéreriez
il/elle/on repérerait	ils/elles repéreraient

Passé

j'aurais repéré	nous aurions repéré
tu aurais repéré	vous auriez repéré
il/elle/on aurait repéré	ils/elles auraient repéré

IMPÉRATIF

repère repérons repérez

Tu peux repérer notre ville sur ton GPS?
Can you locate our city on your GPS?

L'infirmier essaie de repérer des signes de stress chez la malade.
The nurse is trying to identify signs of stress in the patient.

J'ai repéré une belle femme au bal hier soir.
I noticed a beautiful woman at the ball last night.

R RÉPÉTER *to repeat; to practice, rehearse*

Inf. répéter *Part. prés.* répétant *Part. passé* répété

INDICATIF

Présent

je répète	nous répétons
tu répètes	vous répétez
il/elle/on répète	ils/elles répètent

Imparfait

je répétais	nous répétions
tu répétais	vous répétiez
il/elle/on répétait	ils/elles répétaient

Passé composé

j'ai répété	nous avons répété
tu as répété	vous avez répété
il/elle/on a répété	ils/elles ont répété

Plus-que-parfait

j'avais répété	nous avions répété
tu avais répété	vous aviez répété
il/elle/on avait répété	ils/elles avaient répété

Futur simple

je répéterai	nous répéterons
tu répéteras	vous répéterez
il/elle/on répétera	ils/elles répéteront

Passé simple

je répétai	nous répétâmes
tu répétas	vous répétâtes
il/elle/on répéta	ils/elles répétèrent

Futur antérieur

j'aurai répété	nous aurons répété
tu auras répété	vous aurez répété
il/elle/on aura répété	ils/elles auront répété

Passé antérieur

j'eus répété	nous eûmes répété
tu eus répété	vous eûtes répété
il/elle/on eut répété	ils/elles eurent répété

SUBJONCTIF

Présent

que je répète	que nous répétions
que tu répètes	que vous répétiez
qu'il/elle/on répète	qu'ils/elles répètent

Passé

que j'aie répété	que nous ayons répété
que tu aies répété	que vous ayez répété
qu'il/elle/on ait répété	qu'ils/elles aient répété

Imparfait

que je répétasse	que nous répétassions
que tu répétasses	que vous répétassiez
qu'il/elle/on répétât	qu'ils/elles répétassent

Plus-que-parfait

que j'eusse répété	que nous eussions répété
que tu eusses répété	que vous eussiez répété
qu'il/elle/on eût répété	qu'ils/elles eussent répété

CONDITIONNEL

Présent

je répéterais	nous répéterions
tu répéterais	vous répéteriez
il/elle/on répéterait	ils/elles répéteraient

Passé

j'aurais répété	nous aurions répété
tu aurais répété	vous auriez répété
il/elle/on aurait répété	ils/elles auraient répété

IMPÉRATIF

répète répétons répétez

La pièce aurait été meilleure si les comédiens avaient répété davantage.
The play would have been better if the actors had rehearsed more.

Répétez, s'il vous plaît.
Please repeat what you said.

C'est en répétant que les gestes deviennent des habitudes.
It's through repetition that actions become habits.

RÉPONDRE *to respond, to answer; to meet*

Inf. répondre *Part. prés.* répondant *Part. passé* répondu

INDICATIF

Présent

je réponds	nous répondons
tu réponds	vous répondez
il/elle/on répond	ils/elles répondent

Imparfait

je répondais	nous répondions
tu répondais	vous répondiez
il/elle/on répondait	ils/elles répondaient

Passé composé

j'ai répondu	nous avons répondu
tu as répondu	vous avez répondu
il/elle/on a répondu	ils/elles ont répondu

Plus-que-parfait

j'avais répondu	nous avions répondu
tu avais répondu	vous aviez répondu
il/elle/on avait répondu	ils/elles avaient répondu

Futur simple

je répondrai	nous répondrons
tu répondras	vous répondrez
il/elle/on répondra	ils/elles répondront

Passé simple

je répondis	nous répondîmes
tu répondis	vous répondîtes
il/elle/on répondit	ils/elles répondirent

Futur antérieur

j'aurai répondu	nous aurons répondu
tu auras répondu	vous aurez répondu
il/elle/on aura répondu	ils/elles auront répondu

Passé antérieur

j'eus répondu	nous eûmes répondu
tu eus répondu	vous eûtes répondu
il/elle/on eut répondu	ils/elles eurent répondu

SUBJONCTIF

Présent

que je réponde	que nous répondions
que tu répondes	que vous répondiez
qu'il/elle/on réponde	qu'ils/elles répondent

Passé

que j'aie répondu	que nous ayons répondu
que tu aies répondu	que vous ayez répondu
qu'il/elle/on ait répondu	qu'ils/elles aient répondu

Imparfait

que je répondisse	que nous répondissions
que tu répondisses	que vous répondissiez
qu'il/elle/on répondît	qu'ils/elles répondissent

Plus-que-parfait

que j'eusse répondu	que nous eussions répondu
que tu eusses répondu	que vous eussiez répondu
qu'il/elle/on eût répondu	qu'ils/elles eussent répondu

CONDITIONNEL

Présent

je répondrais	nous répondrions
tu répondrais	vous répondriez
il/elle/on répondrait	ils/elles répondraient

Passé

j'aurais répondu	nous aurions répondu
tu aurais répondu	vous auriez répondu
il/elle/on aurait répondu	ils/elles auraient répondu

IMPÉRATIF

réponds répondons répondez

Xavier t'a appelé vingt fois mais personne n'a répondu chez toi.
Xavier called you twenty times, but no one answered at your house.

Il est essentiel que le président réponde à cette question.
It is essential that the president respond to this question.

Ce produit ne répond plus à nos besoins.
This product no longer meets our needs.

REPOSER *to put (something) down; to rest; to ask again*

Inf. reposer *Part. prés.* reposant *Part. passé* reposé

INDICATIF

Présent

je repose	nous reposons
tu reposes	vous reposez
il/elle/on repose	ils/elles reposent

Imparfait

je reposais	nous reposions
tu reposais	vous reposiez
il/elle/on reposait	ils/elles reposaient

Passé composé

j'ai reposé	nous avons reposé
tu as reposé	vous avez reposé
il/elle/on a reposé	ils/elles ont reposé

Plus-que-parfait

j'avais reposé	nous avions reposé
tu avais reposé	vous aviez reposé
il/elle/on avait reposé	ils/elles avaient reposé

Futur simple

je reposerai	nous reposerons
tu reposeras	vous reposerez
il/elle/on reposera	ils/elles reposeront

Passé simple

je reposai	nous reposâmes
tu reposas	vous reposâtes
il/elle/on reposa	ils/elles reposèrent

Futur antérieur

j'aurai reposé	nous aurons reposé
tu auras reposé	vous aurez reposé
il/elle/on aura reposé	ils/elles auront reposé

Passé antérieur

j'eus reposé	nous eûmes reposé
tu eus reposé	vous eûtes reposé
il/elle/on eut reposé	ils/elles eurent reposé

SUBJONCTIF

Présent

que je repose	que nous reposions
que tu reposes	que vous reposiez
qu'il/elle/on repose	qu'ils/elles reposent

Passé

que j'aie reposé	que nous ayons reposé
que tu aies reposé	que vous ayez reposé
qu'il/elle/on ait reposé	qu'ils/elles aient reposé

Imparfait

que je reposasse	que nous reposassions
que tu reposasses	que vous reposassiez
qu'il/elle/on reposât	qu'ils/elles reposassent

Plus-que-parfait

que j'eusse reposé	que nous eussions reposé
que tu eusses reposé	que vous eussiez reposé
qu'il/elle/on eût reposé	qu'ils/elles eussent reposé

CONDITIONNEL

Présent

je reposerais	nous reposerions
tu reposerais	vous reposeriez
il/elle/on reposerait	ils/elles reposeraient

Passé

j'aurais reposé	nous aurions reposé
tu aurais reposé	vous auriez reposé
il/elle/on aurait reposé	ils/elles auraient reposé

IMPÉRATIF

repose reposons reposez

J'ai reposé la question, mais personne n'a voulu y répondre.
I asked the question again, but no one wanted to respond.

Repose ton café et aide-moi avec ces gros cartons.
Put down your coffee and help me with these big boxes.

Tout repose sur la qualité de votre travail.
Everything rests on the quality of your work.

SE REPOSER *to take a rest*

Inf. se reposer *Part. prés.* se reposant *Part. passé* reposé(e)(s)

INDICATIF

Présent

je me repose	nous nous reposons
tu te reposes	vous vous reposez
il/elle/on se repose	ils/elles se reposent

Imparfait

je me reposais	nous nous reposions
tu te reposais	vous vous reposiez
il/elle/on se reposait	ils/elles se reposaient

Passé composé

je me suis reposé(e)	nous nous sommes reposé(e)s
tu t'es reposé(e)	vous vous êtes reposé(e)(s)
il/elle/on s'est reposé(e)	ils/elles se sont reposé(e)s

Plus-que-parfait

je m'étais reposé(e)	nous nous étions reposé(e)s
tu t'étais reposé(e)	vous vous étiez reposé(e)(s)
il/elle/on s'était reposé(e)	ils/elles s'étaient reposé(e)s

Futur simple

je me reposerai	nous nous reposerons
tu te reposeras	vous vous reposerez
il/elle/on se reposera	ils/elles se reposeront

Passé simple

je me reposai	nous nous reposâmes
tu te reposas	vous vous reposâtes
il/elle/on se reposa	ils/elles se reposèrent

Futur antérieur

je me serai reposé(e)	nous nous serons reposé(e)s
tu te seras reposé(e)	vous vous serez reposé(e)(s)
il/elle/on se sera reposé(e)	ils/elles se seront reposé(e)s

Passé antérieur

je me fus reposé(e)	nous nous fûmes reposé(e)s
tu te fus reposé(e)	vous vous fûtes reposé(e)(s)
il/elle/on se fut reposé(e)	ils/elles se furent reposé(e)s

SUBJONCTIF

Présent

que je me repose	que nous nous reposions
que tu te reposes	que vous vous reposiez
qu'il/elle/on se repose	qu'ils/elles se reposent

Passé

que je me sois reposé(e)	que nous nous soyons reposé(e)s
que tu te sois reposé(e)	que vous vous soyez reposé(e)(s)
qu'il/elle/on se soit reposé(e)	qu'ils/elles se soient reposé(e)s

Imparfait

que je me reposasse	que nous nous reposassions
que tu te reposasses	que vous vous reposassiez
qu'il/elle/on se reposât	qu'ils/elles se reposassent

Plus-que-parfait

que je me fusse reposé(e)	que nous nous fussions reposé(e)s
que tu te fusses reposé(e)	que vous vous fussiez reposé(e)(s)
qu'il/elle/on se fût reposé(e)	qu'ils/elles se fussent reposé(e)s

CONDITIONNEL

Présent

je me reposerais	nous nous reposerions
tu te reposerais	vous vous reposeriez
il/elle/on se reposerait	ils/elles se reposeraient

Passé

je me serais reposé(e)	nous nous serions reposé(e)s
tu te serais reposé(e)	vous vous seriez reposé(e)(s)
il/elle/on se serait reposé(e)	ils/elles se seraient reposé(e)s

IMPÉRATIF

repose-toi reposons-nous reposez-vous

Reposons-nous un peu avant le concert.
Let's rest a bit before the concert.

Je suis content que ma grand-mère se repose après une longue journée de travail.
I am glad that my grandmother is resting after a long day of work.

Je vais m'asseoir au bord de la piscine pour prendre l'air et pour me reposer.
I'm going to sit by the pool to get some fresh air and rest.

RESSEMBLER *to resemble, to be like*

Inf. ressembler *Part. prés.* ressemblant *Part. passé* ressemblé

INDICATIF

Présent

je ressemble	nous ressemblons
tu ressembles	vous ressemblez
il/elle/on ressemble	ils/elles ressemblent

Passé composé

j'ai ressemblé	nous avons ressemblé
tu as ressemblé	vous avez ressemblé
il/elle/on a ressemblé	ils/elles ont ressemblé

Futur simple

je ressemblerai	nous ressemblerons
tu ressembleras	vous ressemblerez
il/elle/on ressemblera	ils/elles ressembleront

Futur antérieur

j'aurai ressemblé	nous aurons ressemblé
tu auras ressemblé	vous aurez ressemblé
il/elle/on aura ressemblé	ils/elles auront ressemblé

Imparfait

je ressemblais	nous ressemblions
tu ressemblais	vous ressembliez
il/elle/on ressemblait	ils/elles ressemblaient

Plus-que-parfait

j'avais ressemblé	nous avions ressemblé
tu avais ressemblé	vous aviez ressemblé
il/elle/on avait ressemblé	ils/elles avaient ressemblé

Passé simple

je ressemblai	nous ressemblâmes
tu ressemblas	vous ressemblâtes
il/elle/on ressembla	ils/elles ressemblèrent

Passé antérieur

j'eus ressemblé	nous eûmes ressemblé
tu eus ressemblé	vous eûtes ressemblé
il/elle/on eut ressemblé	ils/elles eurent ressemblé

SUBJONCTIF

Présent

que je ressemble	que nous ressemblions
que tu ressembles	que vous ressembliez
qu'il/elle/on ressemble	qu'ils/elles ressemblent

Imparfait

que je ressemblasse	que nous ressemblassions
que tu ressemblasses	que vous ressemblassiez
qu'il/elle/on ressemblât	qu'ils/elles ressemblassent

Passé

que j'aie ressemblé	que nous ayons ressemblé
que tu aies ressemblé	que vous ayez ressemblé
qu'il/elle/on ait ressemblé	qu'ils/elles aient ressemblé

Plus-que-parfait

que j'eusse ressemblé	que nous eussions ressemblé
que tu eusses ressemblé	que vous eussiez ressemblé
qu'il/elle/on eût ressemblé	qu'ils/elles eussent ressemblé

CONDITIONNEL

Présent

je ressemblerais	nous ressemblerions
tu ressemblerais	vous ressembleriez
il/elle/on ressemblerait	ils/elles ressembleraient

Passé

j'aurais ressemblé	nous aurions ressemblé
tu aurais ressemblé	vous auriez ressemblé
il/elle/on aurait ressemblé	ils/elles auraient ressemblé

IMPÉRATIF

ressemble ressemblons ressemblez

La petite Virginie ressemblait à son père quand elle était bébé.
Little Virginie looked like her dad when she was a baby.

Dans sa robe blanche en mousseline je trouve que Laure ressemblait à un ange.
In her white chiffon dress I think Laure looked like an angel.

Tu ne ressembles à personne; tu es complètement unique!
You aren't like anyone; you are completely unique.

RESSENTIR *to feel, to experience (a feeling)*

Inf. ressentir *Part. prés.* ressentant *Part. passé* ressenti

INDICATIF

Présent

je ressens	nous ressentons
tu ressens	vous ressentez
il/elle/on ressent	ils/elles ressentent

Imparfait

je ressentais	nous ressentions
tu ressentais	vous ressentiez
il/elle/on ressentait	ils/elles ressentaient

Passé composé

j'ai ressenti	nous avons ressenti
tu as ressenti	vous avez ressenti
il/elle/on a ressenti	ils/elles ont ressenti

Plus-que-parfait

j'avais ressenti	nous avions ressenti
tu avais ressenti	vous aviez ressenti
il/elle/on avait ressenti	ils/elles avaient ressenti

Futur simple

je ressentirai	nous ressentirons
tu ressentiras	vous ressentirez
il/elle/on ressentira	ils/elles ressentiront

Passé simple

je ressentis	nous ressentîmes
tu ressentis	vous ressentîtes
il/elle/on ressentit	ils/elles ressentirent

Futur antérieur

j'aurai ressenti	nous aurons ressenti
tu auras ressenti	vous aurez ressenti
il/elle/on aura ressenti	ils/elles auront ressenti

Passé antérieur

j'eus ressenti	nous eûmes ressenti
tu eus ressenti	vous eûtes ressenti
il/elle/on eut ressenti	ils/elles eurent ressenti

SUBJONCTIF

Présent

que je ressente	que nous ressentions
que tu ressentes	que vous ressentiez
qu'il/elle/on ressente	qu'ils/elles ressentent

Passé

que j'aie ressenti	que nous ayons ressenti
que tu aies ressenti	que vous ayez ressenti
qu'il/elle/on ait ressenti	qu'ils/elles aient ressenti

Imparfait

que je ressentisse	que nous ressentissions
que tu ressentisses	que vous ressentissiez
qu'il/elle/on ressentît	qu'ils/elles ressentissent

Plus-que-parfait

que j'eusse ressenti	que nous eussions ressenti
que tu eusses ressenti	que vous eussiez ressenti
qu'il/elle/on eût ressenti	qu'ils/elles eussent ressenti

CONDITIONNEL

Présent

je ressentirais	nous ressentirions
tu ressentirais	vous ressentiriez
il/elle/on ressentirait	ils/elles ressentiraient

Passé

j'aurais ressenti	nous aurions ressenti
tu aurais ressenti	vous auriez ressenti
il/elle/on aurait ressenti	ils/elles auraient ressenti

IMPÉRATIF

ressens ressentons ressentez

Je ressens un sentiment de dégoût quand je vois cet homme à la télé.
I experience a feeling of disgust when I see that man on TV.

Marc est incapable de ressentir de la joie pour les autres.
Marc is incapable of feeling joy for others.

Qu'est-ce qu'il a ressenti quand il a appris la mort de son chat?
What did he feel when he learned of the death of his cat?

RESTER *to stay, to remain*

Inf. rester *Part. prés.* restant *Part. passé* resté(e)(s)

INDICATIF

Présent

je reste	nous restons
tu restes	vous restez
il/elle/on reste	ils/elles restent

Imparfait

je restais	nous restions
tu restais	vous restiez
il/elle/on restait	ils/elles restaient

Passé composé

je suis resté(e)	nous sommes resté(e)s
tu es resté(e)	vous êtes resté(e)(s)
il/elle/on est resté(e)	ils/elles sont resté(e)s

Plus-que-parfait

j'étais resté(e)	nous étions resté(e)s
tu étais resté(e)	vous étiez resté(e)(s)
il/elle/on était resté(e)	ils/elles étaient resté(e)s

Futur simple

je resterai	nous resterons
tu resteras	vous resterez
il/elle/on restera	ils/elles resteront

Passé simple

je restai	nous restâmes
tu restas	vous restâtes
il/elle/on resta	ils/elles restèrent

Futur antérieur

je serai resté(e)	nous serons resté(e)s
tu seras resté(e)	vous serez resté(e)(s)
il/elle/on sera resté(e)	ils/elles seront resté(e)s

Passé antérieur

je fus resté(e)	nous fûmes resté(e)s
tu fus resté(e)	vous fûtes resté(e)(s)
il/elle/on fut resté(e)	ils/elles furent resté(e)s

SUBJONCTIF

Présent

que je reste	que nous restions
que tu restes	que vous restiez
qu'il/elle/on reste	qu'ils/elles restent

Passé

que je sois resté(e)	que nous soyons resté(e)s
que tu sois resté(e)	que vous soyez resté(e)(s)
qu'il/elle/on soit resté(e)	qu'ils/elles soient resté(e)s

Imparfait

que je restasse	que nous restassions
que tu restasses	que vous restassiez
qu'il/elle/on restât	qu'ils/elles restassent

Plus-que-parfait

que je fusse resté(e)	que nous fussions resté(e)s
que tu fusses resté(e)	que vous fussiez resté(e)(s)
qu'il/elle/on fût resté(e)	qu'ils/elles fussent resté(e)s

CONDITIONNEL

Présent

je resterais	nous resterions
tu resterais	vous resteriez
il/elle/on resterait	ils/elles resteraient

Passé

je serais resté(e)	nous serions resté(e)s
tu serais resté(e)	vous seriez resté(e)(s)
il/elle/on serait resté(e)	ils/elles seraient resté(e)s

IMPÉRATIF

reste restons restez

Arnaud restera encore trois semaines en France.
Arnaud will remain in France for three more weeks.

Sans votre invitation chalheureuse, je ne serais jamais resté chez vous.
Without your warm invitation, I never would have stayed at your home.

Il nous a quitté, mais notre admiration pour lui reste.
He has passed on, but our admiration for him remains.

RETENIR *to hold back, to retain*

Inf. retenir *Part. prés.* retenant *Part. passé* retenu

INDICATIF

Présent

je retiens	nous retenons
tu retiens	vous retenez
il/elle/on retient	ils/elles retiennent

Passé composé

j'ai retenu	nous avons retenu
tu as retenu	vous avez retenu
il/elle/on a retenu	ils/elles ont retenu

Futur simple

je retiendrai	nous retiendrons
tu retiendras	vous retiendrez
il/elle/on retiendra	ils/elles retiendront

Futur antérieur

j'aurai retenu	nous aurons retenu
tu auras retenu	vous aurez retenu
il/elle/on aura retenu	ils/elles auront retenu

Imparfait

je retenais	nous retenions
tu retenais	vous reteniez
il/elle/on retenait	ils/elles retenaient

Plus-que-parfait

j'avais retenu	nous avions retenu
tu avais retenu	vous aviez retenu
il/elle/on avait retenu	ils/elles avaient retenu

Passé simple

je retins	nous retînmes
tu retins	vous retîntes
il/elle/on retint	ils/elles retinrent

Passé antérieur

j'eus retenu	nous eûmes retenu
tu eus retenu	vous eûtes retenu
il/elle/on eut retenu	ils/elles eurent retenu

SUBJONCTIF

Présent

que je retienne	que nous retenions
que tu retiennes	que vous reteniez
qu'il/elle/on retienne	qu'ils/elles retiennent

Imparfait

que je retinsse	que nous retinssions
que tu retinsses	que vous retinssiez
qu'il/elle/on retînt	qu'ils/elles retinssent

Passé

que j'aie retenu	que nous ayons retenu
que tu aies retenu	que vous ayez retenu
qu'il/elle/on ait retenu	qu'ils/elles aient retenu

Plus-que-parfait

que j'eusse retenu	que nous eussions retenu
que tu eusses retenu	que vous eussiez retenu
qu'il/elle/on eût retenu	qu'ils/elles eussent retenu

CONDITIONNEL

Présent

je retiendrais	nous retiendrions
tu retiendrais	vous retiendriez
il/elle/on retiendrait	ils/elles retiendraient

Passé

j'aurais retenu	nous aurions retenu
tu aurais retenu	vous auriez retenu
il/elle/on aurait retenu	ils/elles auraient retenu

IMPÉRATIF

retiens retenons retenez

Tu as bien fait de retenir tes larmes quand elle nous grondait.
You did a good thing in holding back your tears when she was scolding us.

Mais qu'est-ce qui te retient ici?
But what is keeping you here?

Sa lettre a retenu notre attention, et nous adressons le problème.
His letter got our attention, and we are addressing the problem.

RETOURNER *to return*

Inf. retourner *Part. prés.* retournant *Part. passé* retourné(e)(s)

INDICATIF

Présent		Imparfait	
je retourne	nous retournons	je retournais	nous retournions
tu retournes	vous retournez	tu retournais	vous retourniez
il/elle/on retourne	ils/elles retournent	il/elle/on retournait	ils/elles retournaient
Passé composé		**Plus-que-parfait**	
je suis retourné(e)	nous sommes retourné(e)s	j'étais retourné(e)	nous étions retourné(e)s
tu es retourné(e)	vous êtes retourné(e)(s)	tu étais retourné(e)	vous étiez retourné(e)(s)
il/elle/on est retourné(e)	ils/elles sont retourné(e)s	il/elle/on était retourné(e)	ils/elles étaient retourné(e)s
Futur simple		**Passé simple**	
je retournerai	nous retournerons	je retournai	nous retournâmes
tu retourneras	vous retournerez	tu retournas	vous retournâtes
il/elle/on retournera	ils/elles retourneront	il/elle/on retourna	ils/elles retournèrent
Futur antérieur		**Passé antérieur**	
je serai retourné(e)	nous serons retourné(e)s	je fus retourné(e)	nous fûmes retourné(e)s
tu seras retourné(e)	vous serez retourné(e)(s)	tu fus retourné(e)	vous fûtes retourné(e)(s)
il/elle/on sera retourné(e)	ils/elles seront retourné(e)s	il/elle/on fut retourné(e)	ils/elles furent retourné(e)s

SUBJONCTIF

Présent		Passé	
que je retourne	que nous retournions	que je sois retourné(e)	que nous soyons retourné(e)s
que tu retournes	que vous retourniez	que tu sois retourné(e)	que vous soyez retourné(e)(s)
qu'il/elle/on retourne	qu'ils/elles retournent	qu'il/elle/on soit retourné(e)	qu'ils/elles soient retourné(e)s
Imparfait		**Plus-que-parfait**	
que je retournasse	que nous retournassions	que je fusse retourné(e)	que nous fussions retourné(e)s
que tu retournasses	que vous retournassiez	que tu fusses retourné(e)	que vous fussiez retourné(e)(s)
qu'il/elle/on retournât	qu'ils/elles retournassent	qu'il/elle/on fût retourné(e)	qu'ils/elles fussent retourné(e)s

CONDITIONNEL

Présent		Passé	
je retournerais	nous retournerions	je serais retourné(e)	nous serions retourné(e)s
tu retournerais	vous retourneriez	tu serais retourné(e)	vous seriez retourné(e)(s)
il/elle/on retournerait	ils/elles retourneraient	il/elle/on serait retourné(e)	ils/elles seraient retourné(e)s

IMPÉRATIF

retourne retournons retournez

Quand retournez-vous chez elle?
When are you going back to her house?

Il est à souhaiter que vous y retourniez sans délai.
It is hoped that you will return without delay.

Trinh retourne à Saïgon dans trois jours.
Trinh is going back to Saigon in three days.

RÉUSSIR *to succeed; to pass [a test]*

Inf. réussir *Part. prés.* réussissant *Part. passé* réussi

INDICATIF

Présent

je réussis	nous réussissons
tu réussis	vous réussissez
il/elle/on réussit	ils/elles réussissent

Imparfait

je réussissais	nous réussissions
tu réussissais	vous réussissiez
il/elle/on réussissait	ils/elles réussissaient

Passé composé

j'ai réussi	nous avons réussi
tu as réussi	vous avez réussi
il/elle/on a réussi	ils/elles ont réussi

Plus-que-parfait

j'avais réussi	nous avions réussi
tu avais réussi	vous aviez réussi
il/elle/on avait réussi	ils/elles avaient réussi

Futur simple

je réussirai	nous réussirons
tu réussiras	vous réussirez
il/elle/on réussira	ils/elles réussiront

Passé simple

je réussis	nous réussîmes
tu réussis	vous réussîtes
il/elle/on réussit	ils/elles réussirent

Futur antérieur

j'aurai réussi	nous aurons réussi
tu auras réussi	vous aurez réussi
il/elle/on aura réussi	ils/elles auront réussi

Passé antérieur

j'eus réussi	nous eûmes réussi
tu eus réussi	vous eûtes réussi
il/elle/on eut réussi	ils/elles eurent réussi

SUBJONCTIF

Présent

que je réussisse	que nous réussissions
que tu réussisses	que vous réussissiez
qu'il/elle/on réussisse	qu'ils/elles réussissent

Passé

que j'aie réussi	que nous ayons réussi
que tu aies réussi	que vous ayez réussi
qu'il/elle/on ait réussi	qu'ils/elles aient réussi

Imparfait

que je réussisse	que nous réussissions
que tu réussisses	que vous réussissiez
qu'il/elle/on réussît	qu'ils/elles réussissent

Plus-que-parfait

que j'eusse réussi	que nous eussions réussi
que tu eusses réussi	que vous eussiez réussi
qu'il/elle/on eût réussi	qu'ils/elles eussent réussi

CONDITIONNEL

Présent

je réussirais	nous réussirions
tu réussirais	vous réussiriez
il/elle/on réussirait	ils/elles réussiraient

Passé

j'aurais réussi	nous aurions réussi
tu aurais réussi	vous auriez réussi
il/elle/on aurait réussi	ils/elles auraient réussi

IMPÉRATIF

réussis réussissons réussissez

Véro n'a pas réussi à l'interro.
Véro didn't pass the quiz.

Voilà quelqu'un qui sait réussir dans la vie.
Here is someone who knows how to succeed in life.

Rien ne t'empêche de réussir.
Nothing is preventing you from succeeding.

R RÉVEILLER *to awaken [someone, something]*

Inf. réveiller *Part. prés.* réveillant *Part. passé* réveillé

INDICATIF

Présent

je réveille	nous réveillons
tu réveilles	vous réveillez
il/elle/on réveille	ils/elles réveillent

Imparfait

je réveillais	nous réveillions
tu réveillais	vous réveilliez
il/elle/on réveillait	ils/elles réveillaient

Passé composé

j'ai réveillé	nous avons réveillé
tu as réveillé	vous avez réveillé
il/elle/on a réveillé	ils/elles ont réveillé

Plus-que-parfait

j'avais réveillé	nous avions réveillé
tu avais réveillé	vous aviez réveillé
il/elle/on avait réveillé	ils/elles avaient réveillé

Futur simple

je réveillerai	nous réveillerons
tu réveilleras	vous réveillerez
il/elle/on réveillera	ils/elles réveilleront

Passé simple

je réveillai	nous réveillâmes
tu réveillas	vous réveillâtes
il/elle/on réveilla	ils/elles réveillèrent

Futur antérieur

j'aurai réveillé	nous aurons réveillé
tu auras réveillé	vous aurez réveillé
il/elle/on aura réveillé	ils/elles auront réveillé

Passé antérieur

j'eus réveillé	nous eûmes réveillé
tu eus réveillé	vous eûtes réveillé
il/elle/on eut réveillé	ils/elles eurent réveillé

SUBJONCTIF

Présent

que je réveille	que nous réveillions
que tu réveilles	que vous réveilliez
qu'il/elle/on réveille	qu'ils/elles réveillent

Passé

que j'aie réveillé	que nous ayons réveillé
que tu aies réveillé	que vous ayez réveillé
qu'il/elle/on ait réveillé	qu'ils/elles aient réveillé

Imparfait

que je réveillasse	que nous réveillassions
que tu réveillasses	que vous réveillassiez
qu'il/elle/on réveillât	qu'ils/elles réveillassent

Plus-que-parfait

que j'eusse réveillé	que nous eussions réveillé
que tu eusses réveillé	que vous eussiez réveillé
qu'il/elle/on eût réveillé	qu'ils/elles eussent réveillé

CONDITIONNEL

Présent

je réveillerais	nous réveillerions
tu réveillerais	vous réveilleriez
il/elle/on réveillerait	ils/elles réveilleraient

Passé

j'aurais réveillé	nous aurions réveillé
tu aurais réveillé	vous auriez réveillé
il/elle/on aurait réveillé	ils/elles auraient réveillé

IMPÉRATIF

réveille réveillons réveillez

Espérons que ce café me reveille, j'ai du travail à faire!
Let's hope this coffee wakes me up; I've got work to do!

Réveille-moi quand tu pars.
Wake me up when you leave.

Quand René était petit, son chien le reveillait tôt le matin.
When René was little, his dog used to wake him up early in the morning.

SE RÉVEILLER *to wake up*

Inf. se réveiller *Part. prés.* se réveillant *Part. passé* réveillé(e)(s)

INDICATIF

Présent

je me réveille	nous nous réveillons
tu te réveilles	vous vous réveillez
il/elle/on se réveille	ils/elles se réveillent

Imparfait

je me réveillais	nous nous réveillions
tu te réveillais	vous vous réveilliez
il/elle/on se réveillait	ils/elles se réveillaient

Passé composé

je me suis réveillé(e)	nous nous sommes réveillé(e)s
tu t'es réveillé(e)	vous vous êtes réveillé(e)(s)
il/elle/on s'est réveillé(e)	ils/elles se sont réveillé(e)s

Plus-que-parfait

je m'étais réveillé(e)	nous nous étions réveillé(e)s
tu t'étais réveillé(e)	vous vous étiez réveillé(e)(s)
il/elle/on s'était réveillé(e)	ils/elles s'étaient réveillé(e)s

Futur simple

je me réveillerai	nous nous réveillerons
tu te réveilleras	vous vous réveillerez
il/elle/on se réveillera	ils/elles se réveilleront

Passé simple

je me réveillai	nous nous réveillâmes
tu te réveillas	vous vous réveillâtes
il/elle/on se réveilla	ils/elles se réveillèrent

Futur antérieur

je me serai réveillé(e)	nous nous serons réveillé(e)s
tu te seras réveillé(e)	vous vous serez réveillé(e)(s)
il/elle/on se sera réveillé(e)	ils/elles se seront réveillé(e)s

Passé antérieur

je me fus réveillé(e)	nous nous fûmes réveillé(e)s
tu te fus réveillé(e)	vous vous fûtes réveillé(e)(s)
il/elle/on se fut réveillé(e)	ils/elles se furent réveillé(e)s

SUBJONCTIF

Présent

que je me réveille	que nous nous réveillions
que tu te réveilles	que vous vous réveilliez
qu'il/elle/on se réveille	qu'ils/elles se réveillent

Passé

que je me sois réveillé(e)	que nous nous soyons réveillé(e)s
que tu te sois réveillé(e)	que vous vous soyez réveillé(e)(s)
qu'il/elle/on se soit réveillé(e)	qu'ils/elles se soient réveillé(e)s

Imparfait

que je me réveillasse	que nous nous réveillassions
que tu te réveillasses	que vous vous réveillassiez
qu'il/elle/on se réveillât	qu'ils/elles se réveillassent

Plus-que-parfait

que je me fusse réveillé(e)	que nous nous fussions réveillé(e)s
que tu te fusses réveillé(e)	que vous vous fussiez réveillé(e)(s)
qu'il/elle/on se fût réveillé(e)	qu'ils/elles se fussent réveillé(e)s

CONDITIONNEL

Présent

je me réveillerais	nous nous réveillerions
tu te réveillerais	vous vous réveilleriez
il/elle/on se réveillerait	ils/elles se réveilleraient

Passé

je me serais réveillé(e)	nous nous serions réveillé(e)s
tu te serais réveillé(e)	vous vous seriez réveillé(e)(s)
il/elle/on se serait réveillé(e)	ils/elles se seraient réveillé(e)s

IMPÉRATIF

réveille-toi réveillons-nous réveillez-vous

Les jumeaux se réveillent toujours avant leur mère.
The twins always wake up before their mother.

Réveille-toi! Il est presque midi!
Wake up! It's almost noon!

Demain on se réveillera vers six heures du matin pour ne pas manquer notre vol.
Tomorrow we will wake up around six in the morning so we don't miss our flight.

RÉVÉLER *to reveal*

Inf. révéler *Part. prés.* révélant *Part. passé* révélé

INDICATIF

Présent

je révèle	nous révélons
tu révèles	vous révélez
il/elle/on révèle	ils/elles révèlent

Imparfait

je révélais	nous révélions
tu révélais	vous révéliez
il/elle/on révélait	ils/elles révélaient

Passé composé

j'ai révélé	nous avons révélé
tu as révélé	vous avez révélé
il/elle/on a révélé	ils/elles ont révélé

Plus-que-parfait

j'avais révélé	nous avions révélé
tu avais révélé	vous aviez révélé
il/elle/on avait révélé	ils/elles avaient révélé

Futur simple

je révélerai	nous révélerons
tu révéleras	vous révélerez
il/elle/on révélera	ils/elles révéleront

Passé simple

je révélai	nous révélâmes
tu révélas	vous révélâtes
il/elle/on révéla	ils/elles révélèrent

Futur antérieur

j'aurai révélé	nous aurons révélé
tu auras révélé	vous aurez révélé
il/elle/on aura révélé	ils/elles auront révélé

Passé antérieur

j'eus révélé	nous eûmes révélé
tu eus révélé	vous eûtes révélé
il/elle/on eut révélé	ils/elles eurent révélé

SUBJONCTIF

Présent

que je révèle	que nous révélions
que tu révèles	que vous révéliez
qu'il/elle/on révèle	qu'ils/elles révèlent

Passé

que j'aie révélé	que nous ayons révélé
que tu aies révélé	que vous ayez révélé
qu'il/elle/on ait révélé	qu'ils/elles aient révélé

Imparfait

que je révélasse	que nous révélassions
que tu révélasses	que vous révélassiez
qu'il/elle/on révélât	qu'ils/elles révélassent

Plus-que-parfait

que j'eusse révélé	que nous eussions révélé
que tu eusses révélé	que vous eussiez révélé
qu'il/elle/on eût révélé	qu'ils/elles eussent révélé

CONDITIONNEL

Présent

je révélerais	nous révélerions
tu révélerais	vous révéleriez
il/elle/on révélerait	ils/elles révéleraient

Passé

j'aurais révélé	nous aurions révélé
tu aurais révélé	vous auriez révélé
il/elle/on aurait révélé	ils/elles auraient révélé

IMPÉRATIF

révèle révélons révélez

Tout sera révélé ce soir!
All will be revealed tonight!

Le journaliste a révélé des détails auparavant inconnus concernant ce cas.
The journalist revealed details about this case that were previously unknown.

Nous sommes tous étonnés que vous ayez révélé vos intentions!
We are all astonished that you revealed your intentions!

REVENIR *to come back*

Inf. revenir *Part. prés.* revenant *Part. passé* revenu(e)(s)

INDICATIF

Présent

je reviens	nous revenons
tu reviens	vous revenez
il/elle/on revient	ils/elles reviennent

Imparfait

je revenais	nous revenions
tu revenais	vous reveniez
il/elle/on revenait	ils/elles revenaient

Passé composé

je suis revenu(e)	nous sommes revenu(e)s
tu es revenu(e)	vous êtes revenu(e)(s)
il/elle/on est revenu(e)	ils/elles sont revenu(e)s

Plus-que-parfait

j'étais revenu(e)	nous étions revenu(e)s
tu étais revenu(e)	vous étiez revenu(e)(s)
il/elle/on était revenu(e)	ils/elles étaient revenu(e)s

Futur simple

je reviendrai	nous reviendrons
tu reviendras	vous reviendrez
il/elle/on reviendra	ils/elles reviendront

Passé simple

je revins	nous revînmes
tu revins	vous revîntes
il/elle/on revint	ils/elles revinrent

Futur antérieur

je serai revenu(e)	nous serons revenu(e)s
tu seras revenu(e)	vous serez revenu(e)(s)
il/elle/on sera revenu(e)	ils/elles seront revenu(e)s

Passé antérieur

je fus revenu(e)	nous fûmes revenu(e)s
tu fus revenu(e)	vous fûtes revenu(e)(s)
il/elle/on fut revenu(e)	ils/elles furent revenu(e)s

SUBJONCTIF

Présent

que je revienne	que nous revenions
que tu reviennes	que vous reveniez
qu'il/elle/on revienne	qu'ils/elles reviennent

Passé

que je sois revenu(e)	que nous soyons revenu(e)s
que tu sois revenu(e)	que vous soyez revenu(e)(s)
qu'il/elle/on soit revenu(e)	qu'ils/elles soient revenu(e)s

Imparfait

que je revinsse	que nous revinssions
que tu revinsses	que vous revinssiez
qu'il/elle/on revînt	qu'ils/elles revinssent

Plus-que-parfait

que je fusse revenu(e)	que nous fussions revenu(e)s
que tu fusses revenu(e)	que vous fussiez revenu(e)(s)
qu'il/elle/on fût revenu(e)	qu'ils/elles fussent revenu(e)s

CONDITIONNEL

Présent

je reviendrais	nous reviendrions
tu reviendrais	vous reviendriez
il/elle/on reviendrait	ils/elles reviendraient

Passé

je serais revenu(e)	nous serions revenu(e)s
tu serais revenu(e)	vous seriez revenu(e)(s)
il/elle/on serait revenu(e)	ils/elles seraient revenu(e)s

IMPÉRATIF

reviens revenons revenez

Maman nous a dit de revenir après notre promenade.
Mom told us to come back after our walk.

La fille au pair était ravie que les parents des enfants soient revenus tôt.
The au pair was thrilled that the kids' parents came back early.

Revenons à notre question principale, celle de l'amour.
Let's come back to our principal question, that of love.

RÊVER *to dream*

Inf. rêver *Part. prés.* rêvant *Part. passé* rêvé

INDICATIF

Présent

je rêve	nous rêvons
tu rêves	vous rêvez
il/elle/on rêve	ils/elles rêvent

Passé composé

j'ai rêvé	nous avons rêvé
tu as rêvé	vous avez rêvé
il/elle/on a rêvé	ils/elles ont rêvé

Futur simple

je rêverai	nous rêverons
tu rêveras	vous rêverez
il/elle/on rêvera	ils/elles rêveront

Futur antérieur

j'aurai rêvé	nous aurons rêvé
tu auras rêvé	vous aurez rêvé
il/elle/on aura rêvé	ils/elles auront rêvé

Imparfait

je rêvais	nous rêvions
tu rêvais	vous rêviez
il/elle/on rêvait	ils/elles rêvaient

Plus-que-parfait

j'avais rêvé	nous avions rêvé
tu avais rêvé	vous aviez rêvé
il/elle/on avait rêvé	ils/elles avaient rêvé

Passé simple

je rêvai	nous rêvâmes
tu rêvas	vous rêvâtes
il/elle/on rêva	ils/elles rêvèrent

Passé antérieur

j'eus rêvé	nous eûmes rêvé
tu eus rêvé	vous eûtes rêvé
il/elle/on eut rêvé	ils/elles eurent rêvé

SUBJONCTIF

Présent

que je rêve	que nous rêvions
que tu rêves	que vous rêviez
qu'il/elle/on rêve	qu'ils/elles rêvent

Imparfait

que je rêvasse	que nous rêvassions
que tu rêvasses	que vous rêvassiez
qu'il/elle/on rêvât	qu'ils/elles rêvassent

Passé

que j'aie rêvé	que nous ayons rêvé
que tu aies rêvé	que vous ayez rêvé
qu'il/elle/on ait rêvé	qu'ils/elles aient rêvé

Plus-que-parfait

que j'eusse rêvé	que nous eussions rêvé
que tu eusses rêvé	que vous eussiez rêvé
qu'il/elle/on eût rêvé	qu'ils/elles eussent rêvé

CONDITIONNEL

Présent

je rêverais	nous rêverions
tu rêverais	vous rêveriez
il/elle/on rêverait	ils/elles rêveraient

Passé

j'aurais rêvé	nous aurions rêvé
tu aurais rêvé	vous auriez rêvé
il/elle/on aurait rêvé	ils/elles auraient rêvé

IMPÉRATIF

rêve rêvons rêvez

Mon père rêve de revoir la maison où il a grandi en Irlande.
My dad dreams of seeing again the house where he grew up in Ireland.

Acheter une maison pour 60 000 euros à Genève? Tu rêves!
Buy a house in Geneva for 60,000 euros? You're dreaming!

Hier soir j'ai rêvé que j'étais princesse au Moyen-Orient.
Last night I dreamed I was a princess in the Middle East.

REVOIR *to see again*

Inf. revoir *Part. prés.* revoyant *Part. passé* revu

INDICATIF

Présent		Imparfait	
je revois	nous revoyons	je revoyais	nous revoyions
tu revois	vous revoyez	tu revoyais	vous revoyiez
il/elle/on revoit	ils/elles revoient	il/elle/on revoyait	ils/elles revoyaient
Passé composé		**Plus-que-parfait**	
j'ai revu	nous avons revu	j'avais revu	nous avions revu
tu as revu	vous avez revu	tu avais revu	vous aviez revu
il/elle/on a revu	ils/elles ont revu	il/elle/on avait revu	ils/elles avaient revu
Futur simple		**Passé simple**	
je reverrai	nous reverrons	je revis	nous revîmes
tu reverras	vous reverrez	tu revis	vous revîtes
il/elle/on reverra	ils/elles reverront	il/elle/on revit	ils/elles revirent
Futur antérieur		**Passé antérieur**	
j'aurai revu	nous aurons revu	j'eus revu	nous eûmes revu
tu auras revu	vous aurez revu	tu eus revu	vous eûtes revu
il/elle/on aura revu	ils/elles auront revu	il/elle/on eut revu	ils/elles eurent revu

SUBJONCTIF

Présent		Passé	
que je revoie	que nous revoyions	que j'aie revu	que nous ayons revu
que tu revoies	que vous revoyiez	que tu aies revu	que vous ayez revu
qu'il/elle/on revoie	qu'ils/elles revoient	qu'il/elle/on ait revu	qu'ils/elles aient revu
Imparfait		**Plus-que-parfait**	
que je revisse	que nous revissions	que j'eusse revu	que nous eussions revu
que tu revisses	que vous revissiez	que tu eusses revu	que vous eussiez revu
qu'il/elle/on revît	qu'ils/elles revissent	qu'il/elle/on eût revu	qu'ils/elles eussent revu

CONDITIONNEL

Présent		Passé	
je reverrais	nous reverrions	j'aurais revu	nous aurions revu
tu reverrais	vous reverriez	tu aurais revu	vous auriez revu
il/elle/on reverrait	ils/elles reverraient	il/elle/on aurait revu	ils/elles auraient revu

IMPÉRATIF

revois revoyons revoyez

J'aurais revu le film avec toi si tu m'avais demandé.
I would have seen the film again with you if you had asked me.

Elle ne veut plus le revoir; c'est fini entre eux.
She doesn't want to see him again; it's finished between them.

On te reverra demain?
Will we see you again tomorrow?

RIRE *to laugh*

Inf. rire *Part. prés.* riant *Part. passé* ri

INDICATIF

Présent

je ris	nous rions
tu ris	vous riez
il/elle/on rit	ils/elles rient

Imparfait

je riais	nous riions
tu riais	vous riiez
il/elle/on riait	ils/elles riaient

Passé composé

j'ai ri	nous avons ri
tu as ri	vous avez ri
il/elle/on a ri	ils/elles ont ri

Plus-que-parfait

j'avais ri	nous avions ri
tu avais ri	vous aviez ri
il/elle/on avait ri	ils/elles avaient ri

Futur simple

je rirai	nous rirons
tu riras	vous rirez
il/elle/on rira	ils/elles riront

Passé simple

je ris	nous rîmes
tu ris	vous rîtes
il/elle/on rit	ils/elles rirent

Futur antérieur

j'aurai ri	nous aurons ri
tu auras ri	vous aurez ri
il/elle/on aura ri	ils/elles auront ri

Passé antérieur

j'eus ri	nous eûmes ri
tu eus ri	vous eûtes ri
il/elle/on eut ri	ils/elles eurent ri

SUBJONCTIF

Présent

que je rie	que nous riions
que tu ries	que vous riiez
qu'il/elle/on rie	qu'ils/elles rient

Passé

que j'aie ri	que nous ayons ri
que tu aies ri	que vous ayez ri
qu'il/elle/on ait ri	qu'ils/elles aient ri

Imparfait

que je risse	que nous rissions
que tu risses	que vous rissiez
qu'il/elle/on rît	qu'ils/elles rissent

Plus-que-parfait

que j'eusse ri	que nous eussions ri
que tu eusses ri	que vous eussiez ri
qu'il/elle/on eût ri	qu'ils/elles eussent ri

CONDITIONNEL

Présent

je rirais	nous ririons
tu rirais	vous ririez
il/elle/on rirait	ils/elles riraient

Passé

j'aurais ri	nous aurions ri
tu aurais ri	vous auriez ri
il/elle/on aurait ri	ils/elles auraient ri

IMPÉRATIF

ris rions riez

Ne riez pas d'eux, c'est méchant.
Don't laugh at them—it's mean.

Le film nous a fait beaucoup rire.
The movie made us laugh a lot.

Elles sont tellement sobres, il faut qu'elles rient de temps en temps!
They are so downcast, they need to laugh from time to time!

ROMPRE *to break, to break up*

Inf. rompre *Part. prés.* rompant *Part. passé* rompu

INDICATIF

Présent

je romps	nous rompons
tu romps	vous rompez
il/elle/on rompt	ils/elles rompent

Imparfait

je rompais	nous rompions
tu rompais	vous rompiez
il/elle/on rompait	ils/elles rompaient

Passé composé

j'ai rompu	nous avons rompu
tu as rompu	vous avez rompu
il/elle/on a rompu	ils/elles ont rompu

Plus-que-parfait

j'avais rompu	nous avions rompu
tu avais rompu	vous aviez rompu
il/elle/on avait rompu	ils/elles avaient rompu

Futur simple

je romprai	nous romprons
tu rompras	vous romprez
il/elle/on rompra	ils/elles rompront

Passé simple

je rompis	nous rompîmes
tu rompis	vous rompîtes
il/elle/on rompit	ils/elles rompirent

Futur antérieur

j'aurai rompu	nous aurons rompu
tu auras rompu	vous aurez rompu
il/elle/on aura rompu	ils/elles auront rompu

Passé antérieur

j'eus rompu	nous eûmes rompu
tu eus rompu	vous eûtes rompu
il/elle/on eut rompu	ils/elles eurent rompu

SUBJONCTIF

Présent

que je rompe	que nous rompions
que tu rompes	que vous rompiez
qu'il/elle/on rompe	qu'ils/elles rompent

Passé

que j'aie rompu	que nous ayons rompu
que tu aies rompu	que vous ayez rompu
qu'il/elle/on ait rompu	qu'ils/elles aient rompu

Imparfait

que je rompisse	que nous rompissions
que tu rompisses	que vous rompissiez
qu'il/elle/on rompît	qu'ils/elles rompissent

Plus-que-parfait

que j'eusse rompu	que nous eussions rompu
que tu eusses rompu	que vous eussiez rompu
qu'il/elle/on eût rompu	qu'ils/elles eussent rompu

CONDITIONNEL

Présent

je romprais	nous romprions
tu romprais	vous rompriez
il/elle/on romprait	ils/elles rompraient

Passé

j'aurais rompu	nous aurions rompu
tu aurais rompu	vous auriez rompu
il/elle/on aurait rompu	ils/elles auraient rompu

IMPÉRATIF

romps rompons rompez

J'ai tellement envie de rompre avec le passé.
I really feel like making a break with the past.

Apporte un bouquin pour rompre la monotonie du trajet.
Bring a book to break up the monotony of the trip.

Le cri d'un bébé a rompu le silence.
A baby's cry broke the silence.

ROUGIR *to blush, to turn red*

Inf. rougir *Part. prés.* rougissant *Part. passé* rougi

INDICATIF

Présent

je rougis	nous rougissons
tu rougis	vous rougissez
il/elle/on rougit	ils/elles rougissent

Imparfait

je rougissais	nous rougissions
tu rougissais	vous rougissiez
il/elle/on rougissait	ils/elles rougissaient

Passé composé

j'ai rougi	nous avons rougi
tu as rougi	vous avez rougi
il/elle/on a rougi	ils/elles ont rougi

Plus-que-parfait

j'avais rougi	nous avions rougi
tu avais rougi	vous aviez rougi
il/elle/on avait rougi	ils/elles avaient rougi

Futur simple

je rougirai	nous rougirons
tu rougiras	vous rougirez
il/elle/on rougira	ils/elles rougiront

Passé simple

je rougis	nous rougîmes
tu rougis	vous rougîtes
il/elle/on rougit	ils/elles rougirent

Futur antérieur

j'aurai rougi	nous aurons rougi
tu auras rougi	vous aurez rougi
il/elle/on aura rougi	ils/elles auront rougi

Passé antérieur

j'eus rougi	nous eûmes rougi
tu eus rougi	vous eûtes rougi
il/elle/on eut rougi	ils/elles eurent rougi

SUBJONCTIF

Présent

que je rougisse	que nous rougissions
que tu rougisses	que vous rougissiez
qu'il/elle/on rougisse	qu'ils/elles rougissent

Passé

que j'aie rougi	que nous ayons rougi
que tu aies rougi	que vous ayez rougi
qu'il/elle/on ait rougi	qu'ils/elles aient rougi

Imparfait

que je rougisse	que nous rougissions
que tu rougisses	que vous rougissiez
qu'il/elle/on rougît	qu'ils/elles rougissent

Plus-que-parfait

que j'eusse rougi	que nous eussions rougi
que tu eusses rougi	que vous eussiez rougi
qu'il/elle/on eût rougi	qu'ils/elles eussent rougi

CONDITIONNEL

Présent

je rougirais	nous rougirions
tu rougirais	vous rougiriez
il/elle/on rougirait	ils/elles rougiraient

Passé

j'aurais rougi	nous aurions rougi
tu aurais rougi	vous auriez rougi
il/elle/on aurait rougi	ils/elles auraient rougi

IMPÉRATIF

rougis rougissons rougissez

Petit à petit le ciel rougissait après l'orage.
Little by little the sky was turning red after the storm.

Pourquoi tu as rougi?
Why did you blush?

Quand le maître lui a posé une question, l'élève s'est mis à rougir.
When the schoolteacher asked him a question, the student started blushing.

ROULER *to roll, to go [vehicle], to drive*

Inf. rouler *Part. prés.* roulant *Part. passé* roulé

INDICATIF

Présent

je roule	nous roulons
tu roules	vous roulez
il/elle/on roule	ils/elles roulent

Passé composé

j'ai roulé	nous avons roulé
tu as roulé	vous avez roulé
il/elle/on a roulé	ils/elles ont roulé

Futur simple

je roulerai	nous roulerons
tu rouleras	vous roulerez
il/elle/on roulera	ils/elles rouleront

Futur antérieur

j'aurai roulé	nous aurons roulé
tu auras roulé	vous aurez roulé
il/elle/on aura roulé	ils/elles auront roulé

Imparfait

je roulais	nous roulions
tu roulais	vous rouliez
il/elle/on roulait	ils/elles roulaient

Plus-que-parfait

j'avais roulé	nous avions roulé
tu avais roulé	vous aviez roulé
il/elle/on avait roulé	ils/elles avaient roulé

Passé simple

je roulai	nous roulâmes
tu roulas	vous roulâtes
il/elle/on roula	ils/elles roulèrent

Passé antérieur

j'eus roulé	nous eûmes roulé
tu eus roulé	vous eûtes roulé
il/elle/on eut roulé	ils/elles eurent roulé

SUBJONCTIF

Présent

que je roule	que nous roulions
que tu roules	que vous rouliez
qu'il/elle/on roule	qu'ils/elles roulent

Imparfait

que je roulasse	que nous roulassions
que tu roulasses	que vous roulassiez
qu'il/elle/on roulât	qu'ils/elles roulassent

Passé

que j'aie roulé	que nous ayons roulé
que tu aies roulé	que vous ayez roulé
qu'il/elle/on ait roulé	qu'ils/elles aient roulé

Plus-que-parfait

que j'eusse roulé	que nous eussions roulé
que tu eusses roulé	que vous eussiez roulé
qu'il/elle/on eût roulé	qu'ils/elles eussent roulé

CONDITIONNEL

Présent

je roulerais	nous roulerions
tu roulerais	vous rouleriez
il/elle/on roulerait	ils/elles rouleraient

Passé

j'aurais roulé	nous aurions roulé
tu aurais roulé	vous auriez roulé
il/elle/on aurait roulé	ils/elles auraient roulé

IMPÉRATIF

roule roulons roulez

Tu roules trop vite!
You drive too fast!

Les gamins roulaient un pneu qu'ils avaient trouvé dans le bois.
The kids were rolling a tire that they'd found in the woods.

Il nous a roulé une cigarette.
He rolled us a cigarette.

ROUVRIR *to reopen*

Inf. rouvrir *Part. prés.* rouvrant *Part. passé* rouvert

INDICATIF

Présent

je rouvre	nous rouvrons
tu rouvres	vous rouvrez
il/elle/on rouvre	ils/elles rouvrent

Passé composé

j'ai rouvert	nous avons rouvert
tu as rouvert	vous avez rouvert
il/elle/on a rouvert	ils/elles ont rouvert

Futur simple

je rouvrirai	nous rouvrirons
tu rouvriras	vous rouvrirez
il/elle/on rouvrira	ils/elles rouvriront

Futur antérieur

j'aurai rouvert	nous aurons rouvert
tu auras rouvert	vous aurez rouvert
il/elle/on aura rouvert	ils/elles auront rouvert

Imparfait

je rouvrais	nous rouvrions
tu rouvrais	vous rouvriez
il/elle/on rouvrait	ils/elles rouvraient

Plus-que-parfait

j'avais rouvert	nous avions rouvert
tu avais rouvert	vous aviez rouvert
il/elle/on avait rouvert	ils/elles avaient rouvert

Passé simple

je rouvris	nous rouvrîmes
tu rouvris	vous rouvrîtes
il/elle/on rouvrit	ils/elles rouvrirent

Passé antérieur

j'eus rouvert	nous eûmes rouvert
tu eus rouvert	vous eûtes rouvert
il/elle/on eut rouvert	ils/elles eurent rouvert

SUBJONCTIF

Présent

que je rouvre	que nous rouvrions
que tu rouvres	que vous rouvriez
qu'il/elle/on rouvre	qu'ils/elles rouvrent

Imparfait

que je rouvrisse	que nous rouvrissions
que tu rouvrisses	que vous rouvrissiez
qu'il/elle/on rouvrît	qu'ils/elles rouvrissent

Passé

que j'aie rouvert	que nous ayons rouvert
que tu aies rouvert	que vous ayez rouvert
qu'il/elle/on ait rouvert	qu'ils/elles aient rouvert

Plus-que-parfait

que j'eusse rouvert	que nous eussions rouvert
que tu eusses rouvert	que vous eussiez rouvert
qu'il/elle/on eût rouvert	qu'ils/elles eussent rouvert

CONDITIONNEL

Présent

je rouvrirais	nous rouvririons
tu rouvrirais	vous rouvririez
il/elle/on rouvrirait	ils/elles rouvriraient

Passé

j'aurais rouvert	nous aurions rouvert
tu aurais rouvert	vous auriez rouvert
il/elle/on aurait rouvert	ils/elles auraient rouvert

IMPÉRATIF

rouvre rouvrons rouvrez

Ce journaliste rouvre toujours les controverses.
This journalist always reopens controversies.

Ne bouge pas trop, sinon tu vas rouvrir ta plaie.
Don't move too much or you're going to reopen your wound.

Mon café préféré rouvre demain après trois mois de travaux.
My favorite café is reopening tomorrow after three months of renovations.

SACRIFIER *to sacrifice*

Inf. sacrifier *Part. prés.* sacrifiant *Part. passé* sacrifié

INDICATIF

Présent

je sacrifie	nous sacrifions
tu sacrifies	vous sacrifiez
il/elle/on sacrifie	ils/elles sacrifient

Passé composé

j'ai sacrifié	nous avons sacrifié
tu as sacrifié	vous avez sacrifié
il/elle/on a sacrifié	ils/elles ont sacrifié

Futur simple

je sacrifierai	nous sacrifierons
tu sacrifieras	vous sacrifierez
il/elle/on sacrifiera	ils/elles sacrifieront

Futur antérieur

j'aurai sacrifié	nous aurons sacrifié
tu auras sacrifié	vous aurez sacrifié
il/elle/on aura sacrifié	ils/elles auront sacrifié

Imparfait

je sacrifiais	nous sacrifiions
tu sacrifiais	vous sacrifiiez
il/elle/on sacrifiait	ils/elles sacrifiaient

Plus-que-parfait

j'avais sacrifié	nous avions sacrifié
tu avais sacrifié	vous aviez sacrifié
il/elle/on avait sacrifié	ils/elles avaient

Passé simple

je sacrifiai	nous sacrifiâmes
tu sacrifias	vous sacrifiâtes
il/elle/on sacrifia	ils/elles sacrifièrent

Passé antérieur

j'eus sacrifié	nous eûmes sacrifié
tu eus sacrifié	vous eûtes sacrifié
il/elle/on eut sacrifié	ils/elles eurent sacrifié

SUBJONCTIF

Présent

que je sacrifie	que nous sacrifiions
que tu sacrifies	que vous sacrifiiez
qu'il/elle/on sacrifie	qu'ils/elles sacrifient

Imparfait

que je sacrifiasse	que nous sacrifiassions
que tu sacrifiasses	que vous sacrifiassiez
qu'il/elle/on sacrifiât	qu'ils/elles sacrifiassent

Passé

que j'aie sacrifié	que nous ayons sacrifié
que tu aies sacrifié	que vous ayez sacrifié
qu'il/elle/on ait sacrifié	qu'ils/elles aient sacrifié

Plus-que-parfait

que j'eusse sacrifié	que nous eussions sacrifié
que tu eusses sacrifié	que vous eussiez sacrifié
qu'il/elle/on eût sacrifié	qu'ils/elles eussent sacrifié

CONDITIONNEL

Présent

je sacrifierais	nous sacrifierions
tu sacrifierais	vous sacrifieriez
il/elle/on sacrifierait	ils/elles sacrifieraient

Passé

j'aurais sacrifié	nous aurions sacrifié
tu aurais sacrifié	vous auriez sacrifié
il/elle/on aurait sacrifié	ils/elles auraient sacrifié

IMPÉRATIF

sacrifie sacrifions sacrifiez

Il a tout sacrifié pour ses parents.
He has sacrified everything for his parents.

On ne vous demande pas de sacrifier tout votre week-end, juste le samedi.
We are not asking you to sacrifice your entire weekend, just Saturdays.

Ils n'auraient rien sacrifié pour toi.
They wouldn't have sacrificed anything for you.

SAIGNER *to bleed*

Inf. saigner *Part. prés.* saignant *Part. passé* saigné

INDICATIF

Présent

je saigne	nous saignons
tu saignes	vous saignez
il/elle/on saigne	ils/elles saignent

Imparfait

je saignais	nous saignions
tu saignais	vous saigniez
il/elle/on saignait	ils/elles saignaient

Passé composé

j'ai saigné	nous avons saigné
tu as saigné	vous avez saigné
il/elle/on a saigné	ils/elles ont saigné

Plus-que-parfait

j'avais saigné	nous avions saigné
tu avais saigné	vous aviez saigné
il/elle/on avait saigné	ils/elles avaient saigné

Futur simple

je saignerai	nous saignerons
tu saigneras	vous saignerez
il/elle/on saignera	ils/elles saigneront

Passé simple

je saignai	nous saignâmes
tu saignas	vous saignâtes
il/elle/on saigna	ils/elles saignèrent

Futur antérieur

j'aurai saigné	nous aurons saigné
tu auras saigné	vous aurez saigné
il/elle/on aura saigné	ils/elles auront saigné

Passé antérieur

j'eus saigné	nous eûmes saigné
tu eus saigné	vous eûtes saigné
il/elle/on eut saigné	ils/elles eurent saigné

SUBJONCTIF

Présent

que je saigne	que nous saignions
que tu saignes	que vous saigniez
qu'il/elle/on saigne	qu'ils/elles saignent

Passé

que j'aie saigné	que nous ayons saigné
que tu aies saigné	que vous ayez saigné
qu'il/elle/on ait saigné	qu'ils/elles aient saigné

Imparfait

que je saignasse	que nous saignassions
que tu saignasses	que vous saignassiez
qu'il/elle/on saignât	qu'ils/elles saignassent

Plus-que-parfait

que j'eusse saigné	que nous eussions saigné
que tu eusses saigné	que vous eussiez saigné
qu'il/elle/on eût saigné	qu'ils/elles eussent saigné

CONDITIONNEL

Présent

je saignerais	nous saignerions
tu saignerais	vous saigneriez
il/elle/on saignerait	ils/elles saigneraient

Passé

j'aurais saigné	nous aurions saigné
tu aurais saigné	vous auriez saigné
il/elle/on aurait saigné	ils/elles auraient saigné

IMPÉRATIF

saigne saignons saignez

La victime saignait de partout.
The victim was bleeding from all over.

Pendant notre enfance, mon frère saignait du nez.
During our childhood, my brother used to get nosebleeds.

Ne saignez pas sur le tapis!
Don't bleed on the carpet!

SAISIR *to seize, to understand*

Inf. saisir *Part. prés.* saisissant *Part. passé* saisi

INDICATIF

Présent

je saisis	nous saisissons
tu saisis	vous saisissez
il/elle/on saisit	ils/elles saisissent

Imparfait

je saisissais	nous saisissions
tu saisissais	vous saisissiez
il/elle/on saisissait	ils/elles saisissaient

Passé composé

j'ai saisi	nous avons saisi
tu as saisi	vous avez saisi
il/elle/on a saisi	ils/elles ont saisi

Plus-que-parfait

j'avais saisi	nous avions saisi
tu avais saisi	vous aviez saisi
il/elle/on avait saisi	ils/elles avaient saisi

Futur simple

je saisirai	nous saisirons
tu saisiras	vous saisirez
il/elle/on saisira	ils/elles saisiront

Passé simple

je saisis	nous saisîmes
tu saisis	vous saisîtes
il/elle/on saisit	ils/elles saisirent

Futur antérieur

j'aurai saisi	nous aurons saisi
tu auras saisi	vous aurez saisi
il/elle/on aura saisi	ils/elles auront saisi

Passé antérieur

j'eus saisi	nous eûmes saisi
tu eus saisi	vous eûtes saisi
il/elle/on eut saisi	ils/elles eurent saisi

SUBJONCTIF

Présent

que je saisisse	que nous saisissions
que tu saisisses	que vous saisissiez
qu'il/elle/on saisisse	qu'ils/elles saisissent

Passé

que j'aie saisi	que nous ayons saisi
que tu aies saisi	que vous ayez saisi
qu'il/elle/on ait saisi	qu'ils/elles aient saisi

Imparfait

que je saisisse	que nous saisissions
que tu saisisses	que vous saisissiez
qu'il/elle/on saisît	qu'ils/elles saisissent

Plus-que-parfait

que j'eusse saisi	que nous eussions saisi
que tu eusses saisi	que vous eussiez saisi
qu'il/elle/on eût saisi	qu'ils/elles eussent saisi

CONDITIONNEL

Présent

je saisirais	nous saisirions
tu saisirais	vous saisiriez
il/elle/on saisirait	ils/elles saisiraient

Passé

j'aurais saisi	nous aurions saisi
tu aurais saisi	vous auriez saisi
il/elle/on aurait saisi	ils/elles auraient saisi

IMPÉRATIF

saisis saisissons saisissez

Je ne saisis pas la différence entre ces deux choses.
I don't understand the difference between these two things.

Il faut saisir les opportunités quand on les voit.
One must seize opportunities when one sees them.

Elle a été saisie par la peur quand elle a vu la souris dans sa cuisine.
She was seized with fear when she saw the mouse in her kitchen.

SALIR *to dirty, to soil, to sully*

Inf. salir *Part. prés.* salissant *Part. passé* sali

INDICATIF

Présent

je salis	nous salissons
tu salis	vous salissez
il/elle/on salit	ils/elles salissent

Passé composé

j'ai sali	nous avons sali
tu as sali	vous avez sali
il/elle/on a sali	ils/elles ont sali

Futur simple

je salirai	nous salirons
tu saliras	vous salirez
il/elle/on salira	ils/elles saliront

Futur antérieur

j'aurai sali	nous aurons sali
tu auras sali	vous aurez sali
il/elle/on aura sali	ils/elles auront sali

Imparfait

je salissais	nous salissions
tu salissais	vous salissiez
il/elle/on salissait	ils/elles salissaient

Plus-que-parfait

j'avais sali	nous avions sali
tu avais sali	vous aviez sali
il/elle/on avait sali	ils/elles avaient sali

Passé simple

je salis	nous salîmes
tu salis	vous salîtes
il/elle/on salit	ils/elles salirent

Passé antérieur

j'eus sali	nous eûmes sali
tu eus sali	vous eûtes sali
il/elle/on eut sali	ils/elles eurent sali

SUBJONCTIF

Présent

que je salisse	que nous salissions
que tu salisses	que vous salissiez
qu'il/elle/on salisse	qu'ils/elles salissent

Imparfait

que je salisse	que nous salissions
que tu salisses	que vous salissiez
qu'il/elle/on salît	qu'ils/elles salissent

Passé

que j'aie sali	que nous ayons sali
que tu aies sali	que vous ayez sali
qu'il/elle/on ait sali	qu'ils/elles aient sali

Plus-que-parfait

que j'eusse sali	que nous eussions sali
que tu eusses sali	que vous eussiez sali
qu'il/elle/on eût sali	qu'ils/elles eussent sali

CONDITIONNEL

Présent

je salirais	nous salirions
tu salirais	vous saliriez
il/elle/on salirait	ils/elles saliraient

Passé

j'aurais sali	nous aurions sali
tu aurais sali	vous auriez sali
il/elle/on aurait sali	ils/elles auraient sali

IMPÉRATIF

salis salissons salissez

Ne joue pas dans la boue; tu saliras ton pantalon!
Don't play in the mud; you're going to get your pants dirty.

Ce portrait salit la mémoire d'un grand homme.
This portrayal sullies the memory of a great man.

Ne salis pas ma voiture!
Don't get my car dirty!

SALUER *to greet, to salute*

Inf. saluer *Part. prés.* saluant *Part. passé* salué

INDICATIF

Présent

je salue	nous saluons
tu salues	vous saluez
il/elle/on salue	ils/elles saluent

Passé composé

j'ai salué	nous avons salué
tu as salué	vous avez salué
il/elle/on a salué	ils/elles ont salué

Futur simple

je saluerai	nous saluerons
tu salueras	vous saluerez
il/elle/on saluera	ils/elles salueront

Futur antérieur

j'aurai salué	nous aurons salué
tu auras salué	vous aurez salué
il/elle/on aura salué	ils/elles auront salué

Imparfait

je salue	nous saluons
tu salues	vous saluez
il/elle/on salue	ils/elles saluent

Plus-que-parfait

je salue	nous saluons
tu salues	vous saluez
il/elle/on salue	ils/elles saluent

Passé simple

je saluai	nous saluâmes
tu saluas	vous saluâtes
il/elle/on salua	ils/elles saluèrent

Passé antérieur

j'eus salué	nous eûmes salué
tu eus salué	vous eûtes salué
il/elle/on eut salué	ils/elles eurent salué

SUBJONCTIF

Présent

que je salue	que nous saluions
que tu salues	que vous saluiez
qu'il/elle/on salue	qu'ils/elles saluent

Imparfait

que je saluasse	que nous saluassions
que tu saluasses	que vous saluassiez
qu'il saluât	qu'ils saluassent

Passé

que j'aie salué	que nous ayons salué
que tu aies salué	que vous ayez salué
qu'il ait salué	qu'ils aient salué

Plus-que-parfait

que j'eusse salué	que nous eussions salué
que tu eusses salué	que vous eussiez salué
qu'il eût salué	qu'ils eussent salué

CONDITIONNEL

Présent

je saluerais	nous saluerions
tu saluerais	vous salueriez
il/elle/on saluerait	ils/elles salueraient

Passé

j'aurais salué	nous aurions salué
tu aurais salué	vous auriez salué
il/elle/on aurait salué	ils/elles auraient salué

IMPÉRATIF

salue saluons saluez

Je la salue chaque matin, mais elle ne me regarde jamais.
I greet her every morning, but she never looks at me.

N'oubliez pas de saluer le général.
Don't forget to salute the general.

Je ne salue jamais les gens que je ne connais pas.
I never greet people whom I don't know.

SANGLOTER *to cry, to sob*

Inf. sangloter *Part. prés.* sanglotant *Part. passé* sangloté

INDICATIF

Présent

je sanglote	nous sanglotons
tu sanglotes	vous sanglotez
il/elle/on sanglote	ils/elles sanglotent

Imparfait

je sanglotais	nous sanglotions
tu sanglotais	vous sanglotiez
il/elle/on sanglotait	ils/elles sanglotaient

Passé composé

j'ai sangloté	nous avons sangloté
tu as sangloté	vous avez sangloté
il/elle/on a sangloté	ils/elles ont sangloté

Plus-que-parfait

j'avais sangloté	nous avions sangloté
tu avais sangloté	vous aviez sangloté
il/elle/on avait sangloté	ils/elles avaient sangloté

Futur simple

je sangloterai	nous sangloterons
tu sangloteras	vous sangloterez
il/elle/on sanglotera	ils/elles sangloteront

Passé simple

je sanglotai	nous sanglotâmes
tu sanglotas	vous sanglotâtes
il/elle/on sanglota	ils/elles sanglotèrent

Futur antérieur

j'aurai sangloté	nous aurons sangloté
tu auras sangloté	vous aurez sangloté
il/elle/on aura sangloté	ils/elles auront sangloté

Passé antérieur

j'eus sangloté	nous eûmes sangloté
tu eus sangloté	vous eûtes sangloté
il/elle/on eut sangloté	ils/elles eurent sangloté

SUBJONCTIF

Présent

que je sanglote	que nous sanglotions
que tu sanglotes	que vous sanglotiez
qu'il/elle/on sanglote	qu'ils/elles sanglotent

Passé

que j'aie sangloté	que nous ayons sangloté
que tu aies sangloté	que vous ayez sangloté
qu'il/elle/on ait sangloté	qu'ils/elles aient sangloté

Imparfait

que je sanglotasse	que nous sanglotassions
que tu sanglotasses	que vous sanglotassiez
qu'il/elle/on sanglotât	qu'ils/elles sanglotassent

Plus-que-parfait

que j'eusse sangloté	que nous eussions sangloté
que tu eusses sangloté	que vous eussiez sangloté
qu'il/elle/on eût sangloté	qu'ils/elles eussent sangloté

CONDITIONNEL

Présent

je sangloterais	nous sangloterions
tu sangloterais	vous sangloteriez
il/elle/on sangloterait	ils/elles sangloteraient

Passé

j'aurais sangloté	nous aurions sangloté
tu aurais sangloté	vous auriez sangloté
il/elle/on aurait sangloté	ils/elles auraient sangloté

IMPÉRATIF

sanglote sanglotons sanglotez

Mon ami a sangloté pendant tout le film.
My friend sobbed throughout the entire film.

Pourquoi tu sanglotes? Qu'est-ce qui s'est passé?
Why are you sobbing? What happened?

J'ai sangloté dans ma chambre hier soir.
I cried in my room last night.

SATISFAIRE *to satisfy*

Inf. satisfaire *Part. prés.* satisfaisant *Part. passé* satisfait

INDICATIF

Présent

je satisfais	nous satisfaisons
tu satisfais	vous satisfaites
il/elle/on satisfait	ils/elles satisfont

Passé composé

j'ai satisfait	nous avons satisfait
tu as satisfait	vous avez satisfait
il/elle/on a satisfait	ils/elles ont satisfait

Futur simple

je satisferai	nous satisferons
tu satisferas	vous satisferez
il/elle/on satisfera	ils/elles satisferont

Futur antérieur

j'aurai satisfait	nous aurons satisfait
tu auras satisfait	vous aurez satisfait
il/elle/on aura satisfait	ils/elles auront satisfait

Imparfait

je satisfaisais	nous satisfaisions
tu satisfaisais	vous satisfaisiez
il/elle/on satisfaisait	ils/elles satisfaisaient

Plus-que-parfait

j'avais satisfait	nous avions satisfait
tu avais satisfait	vous aviez satisfait
il/elle/on avait satisfait	ils/elles avaient satisfait

Passé simple

je satisfis	nous satisfîmes
tu satisfis	vous satisfîtes
il/elle/on satisfit	ils/elles satisfirent

Passé antérieur

j'eus satisfait	nous eûmes satisfait
tu eus satisfait	vous eûtes satisfait
il/elle/on eut satisfait	ils/elles eurent satisfait

SUBJONCTIF

Présent

que je satisfasse	que nous satisfassions
que tu satisfasses	que vous satisfassiez
qu'il/elle/on satisfasse	qu'ils/elles satisfassent

Imparfait

que je satisfisse	que nous satisfissions
que tu satisfisses	que vous satisfissiez
qu'il/elle/on satisfît	qu'ils/elles satisfissent

Passé

que j'aie satisfait	que nous ayons satisfait
que tu aies satisfait	que vous ayez satisfait
qu'il/elle/on ait satisfait	qu'ils/elles aient satisfait

Plus-que-parfait

que j'eusse satisfait	que nous eussions satisfait
que tu eusses satisfait	que vous eussiez satisfait
qu'il/elle/on eût satisfait	qu'ils/elles eussent satisfait

CONDITIONNEL

Présent

je satisferais	nous satisferions
tu satisferais	vous satisferiez
il/elle/on satisferait	ils/elles satisferaient

Passé

j'aurais satisfait	nous aurions satisfait
tu aurais satisfait	vous auriez satisfait
il/elle/on aurait satisfait	ils/elles auraient satisfait

IMPÉRATIF

satisfais satisfaisons satisfaites

Sa présentation nous a satisfaits.
His presentation satisfied us.

L'agence essaie de satisfaire notre demande.
The agency is trying to satisfy our request.

Personne ne pourrait jamais te satisfaire.
No one could ever satisfy you.

S SAUTER *to jump, to skip [something]*

Inf. sauter *Part. prés.* sautant *Part. passé* sauté

INDICATIF

Présent

je saute	nous sautons
tu sautes	vous sautez
il/elle/on saute	ils/elles sautent

Imparfait

je sautais	nous sautions
tu sautais	vous sautiez
il/elle/on sautait	ils/elles sautaient

Passé composé

j'ai sauté	nous avons sauté
tu as sauté	vous avez sauté
il/elle/on a sauté	ils/elles ont sauté

Plus-que-parfait

j'avais sauté	nous avions sauté
tu avais sauté	vous aviez sauté
il/elle/on avait sauté	ils/elles avaient sauté

Futur simple

je sauterai	nous sauterons
tu sauteras	vous sauterez
il/elle/on sautera	ils/elles sauteront

Passé simple

je sautai	nous sautâmes
tu sautas	vous sautâtes
il/elle/on sauta	ils/elles sautèrent

Futur antérieur

j'aurai sauté	nous aurons sauté
tu auras sauté	vous aurez sauté
il/elle/on aura sauté	ils/elles auront sauté

Passé antérieur

j'eus sauté	nous eûmes sauté
tu eus sauté	vous eûtes sauté
il/elle/on eut sauté	ils/elles eurent sauté

SUBJONCTIF

Présent

que je saute	que nous sautions
que tu sautes	que vous sautiez
qu'il/elle/on saute	qu'ils/elles sautent

Passé

que j'aie sauté	que nous ayons sauté
que tu aies sauté	que vous ayez sauté
qu'il/elle/on ait sauté	qu'ils/elles aient sauté

Imparfait

que je sautasse	que nous sautassions
que tu sautasses	que vous sautassiez
qu'il/elle/on sautât	qu'ils/elles sautassent

Plus-que-parfait

que j'eusse sauté	que nous eussions sauté
que tu eusses sauté	que vous eussiez sauté
qu'il/elle/on eût sauté	qu'ils/elles eussent sauté

CONDITIONNEL

Présent

je sauterais	nous sauterions
tu sauterais	vous sauteriez
il/elle/on sauterait	ils/elles sauteraient

Passé

j'aurais sauté	nous aurions sauté
tu aurais sauté	vous auriez sauté
il/elle/on aurait sauté	ils/elles auraient sauté

IMPÉRATIF

saute sautons sautez

Sautez par-dessus les flaques pour ne pas salir vos sandales.
Jump over the puddles so as not to dirty your sandals.

En lisant le poème à haute voix, je pense qu'elle a sauté un vers.
While reading the poem out loud, I think she skipped a line.

Je sautais à la corde quand j'étais petite.
I used to jump rope when I was little.

SAUVER *to save*

Inf. sauver *Part. prés.* sauvant *Part. passé* sauvé

INDICATIF

Présent

je sauve	nous sauvons
tu sauves	vous sauvez
il/elle/on sauve	ils/elles sauvent

Imparfait

je sauvais	nous sauvions
tu sauvais	vous sauviez
il/elle/on sauvait	ils/elles sauvaient

Passé composé

j'ai sauvé	nous avons sauvé
tu as sauvé	vous avez sauvé
il/elle/on a sauvé	ils/elles ont sauvé

Plus-que-parfait

j'avais sauvé	nous avions sauvé
tu avais sauvé	vous aviez sauvé
il/elle/on avait sauvé	ils/elles avaient sauvé

Futur simple

je sauverai	nous sauverons
tu sauveras	vous sauverez
il/elle/on sauvera	ils/elles sauveront

Passé simple

je sauvai	nous sauvâmes
tu sauvas	vous sauvâtes
il/elle/on sauva	ils/elles sauvèrent

Futur antérieur

j'aurai sauvé	nous aurons sauvé
tu auras sauvé	vous aurez sauvé
il/elle/on aura sauvé	ils/elles auront sauvé

Passé antérieur

j'eus sauvé	nous eûmes sauvé
tu eus sauvé	vous eûtes sauvé
il/elle/on eut sauvé	ils/elles eurent sauvé

SUBJONCTIF

Présent

que je sauve	que nous sauvions
que tu sauves	que vous sauviez
qu'il/elle/on sauve	qu'ils/elles sauvent

Passé

que j'aie sauvé	que nous ayons sauvé
que tu aies sauvé	que vous ayez sauvé
qu'il/elle/on ait sauvé	qu'ils/elles aient sauvé

Imparfait

que je sauvasse	que nous sauvassions
que tu sauvasses	que vous sauvassiez
qu'il/elle/on sauvât	qu'ils/elles sauvassent

Plus-que-parfait

que j'eusse sauvé	que nous eussions sauvé
que tu eusses sauvé	que vous eussiez sauvé
qu'il/elle/on eût sauvé	qu'ils/elles eussent sauvé

CONDITIONNEL

Présent

je sauverais	nous sauverions
tu sauverais	vous sauveriez
il/elle/on sauverait	ils/elles sauveraient

Passé

j'aurais sauvé	nous aurions sauvé
tu aurais sauvé	vous auriez sauvé
il/elle/on aurait sauvé	ils/elles auraient sauvé

IMPÉRATIF

sauve sauvons sauvez

Il a sauvé la moité du village d'un chien enragé.
He saved half the village from a rabid dog.

Sauve-moi de cette conversation ennuyeuse!
Save me from this boring conversation!

J'ai sauvé beaucoup d'argent cette année.
I saved a great deal of money this year.

SE SAUVER *to escape, to run away*

Inf. se sauver *Part. prés.* se sauvant *Part. passé* sauvé(e)(s)

INDICATIF

Présent

je me sauve	nous nous sauvons
tu te sauves	vous vous sauvez
il/elle/on se sauve	ils/elles se sauvent

Passé composé

je me suis sauvé(e)	nous nous sommes sauvé(e)s
tu t'es sauvé(e)	vous vous êtes sauvé(e)(s)
il/elle/on s'est sauvé(e)	ils/elles se sont sauvé(e)s

Futur simple

je me sauverai	nous nous sauverons
tu te sauveras	vous vous sauverez
il/elle/on se sauvera	ils/elles se sauveront

Futur antérieur

je me serai sauvé(e)	nous nous serons sauvé(e)s
tu te seras sauvé(e)	vous vous serez sauvé(e)(s)
il/elle/on se sera sauvé(e)	ils/elles se seront sauvé(e)s

Imparfait

je me sauvais	nous nous sauvions
tu te sauvais	vous vous sauviez
il/elle/on se sauvait	ils/elles se sauvaient

Plus-que-parfait

je m'étais sauvé(e)	nous nous étions sauvé(e)s
tu t'étais sauvé(e)	vous vous étiez sauvé(e)(s)
il/elle/on s'était sauvé(e)	ils/elles s'étaient sauvé(e)s

Passé simple

je me sauvai	nous nous sauvâmes
tu te sauvas	vous vous sauvâtes
il/elle/on se sauva	ils/elles se sauvèrent

Passé antérieur

je me fus sauvé(e)	nous nous fûmes sauvé(e)s
tu te fus sauvé(e)	vous vous fûtes sauvé(e)(s)
il/elle/on se fut sauvé(e)	ils/elles se furent sauvé(e)s

SUBJONCTIF

Présent

que je me sauve	que nous nous sauvions
que tu te sauves	que vous vous sauviez
qu'il/elle/on se sauve	qu'ils/elles se sauvent

Imparfait

que je me sauvasse	que nous nous sauvassions
que tu te sauvasses	que vous vous sauvassiez
qu'il/elle/on se sauvât	qu'ils/elles se sauvassent

Passé

que je me sois sauvé(e)	que nous nous soyons sauvé(e)s
que tu te sois sauvé(e)	que vous vous soyez sauvé(e)(s)
qu'il/elle/on se soit sauvé(e)	qu'ils/elles se soient sauvé(e)s

Plus-que-parfait

que je me fusse sauvé(e)	que nous nous fussions sauvé(e)s
que tu te fusses sauvé(e)	que vous vous fussiez sauvé(e)(s)
qu'il/elle/on se fût sauvé(e)	qu'ils/elles se fussent sauvé(e)s

CONDITIONNEL

Présent

je me sauverais	nous nous sauverions
tu te sauverais	vous vous sauveriez
il/elle/on se sauverait	ils/elles se sauveraient

Passé

je me serais sauvé(e)	nous nous serions sauvé(e)s
tu te serais sauvé(e)	vous vous seriez sauvé(e)(s)
il/elle/on se serait sauvé(e)	ils/elles se seraient sauvé(e)s

IMPÉRATIF

sauve-toi sauvons-nous sauvez-vous

Si tu vois un ours, sauve-toi!
If you see a bear, run away!

Si j'avais vu un rat, je me serais sauvé aussi!
If I has seen a rat, I would have run away too!

Je me suis sauvé avant l'arrivée du très ennuyeux Monsieur Klein.
I escaped before the arrival of the very boring Mr. Klein.

SAVOIR *to know [something]; to know [how to do something]*

Inf. savoir *Part. prés.* sachant *Part. passé* su

INDICATIF

Présent

je sais	nous savons
tu sais	vous savez
il/elle/on sait	ils/elles savent

Passé composé

j'ai su	nous avons su
tu as su	vous avez su
il/elle/on a su	ils/elles ont su

Futur simple

je saurai	nous saurons
tu sauras	vous saurez
il/elle/on saura	ils/elles sauront

Futur antérieur

j'aurai su	nous aurons su
tu auras su	vous aurez su
il/elle/on aura su	ils/elles auront su

Imparfait

je savais	nous savions
tu savais	vous saviez
il/elle/on savait	ils/elles savaient

Plus-que-parfait

j'avais su	nous avions su
tu avais su	vous aviez su
il/elle/on avait su	ils/elles avaient su

Passé simple

je sus	nous sûmes
tu sus	vous sûtes
il/elle/on sut	ils/elles surent

Passé antérieur

j'eus su	nous eûmes su
tu eus su	vous eûtes su
il/elle/on eut su	ils/elles eurent su

SUBJONCTIF

Présent

que je sache	que nous sachions
que tu saches	que vous sachiez
qu'il/elle/on sache	qu'ils/elles sachent

Imparfait

que je susse	que nous sussions
que tu susses	que vous sussiez
qu'il/elle/on sût	qu'ils/elles sussent

Passé

que j'aie su	que nous ayons su
que tu aies su	que vous ayez su
qu'il/elle/on ait su	qu'ils/elles aient su

Plus-que-parfait

que j'eusse su	que nous eussions su
que tu eusses su	que vous eussiez su
qu'il/elle/on eût su	qu'ils/elles eussent su

CONDITIONNEL

Présent

je saurais	nous saurions
tu saurais	vous sauriez
il/elle/on saurait	ils/elles sauraient

Passé

j'aurais su	nous aurions su
tu aurais su	vous auriez su
il/elle/on aurait su	ils/elles auraient su

IMPÉRATIF

sache sachons sachez

Tout le monde sait ce que tu as fait l'été dernier.
Everyone knows what you did last summer.

Qu'est-ce que tu en sais?
What do you know about it?

Il faut que tu saches une chose: je déteste les champignons!
You must know one thing: I hate mushrooms!

SAVOURER *to savor*

Inf. savourer *Part. prés.* savourant *Part. passé* savouré

INDICATIF

Présent

je savoure	nous savourons
tu savoures	vous savourez
il/elle/on savoure	ils/elles savourent

Passé composé

j'ai savouré	nous avons savouré
tu as savouré	vous avez savouré
il/elle/on a savouré	ils/elles ont savouré

Futur simple

je savourerai	nous savourerons
tu savoureras	vous savourerez
il/elle/on savourera	ils/elles savoureront

Futur antérieur

j'aurai savouré	nous aurons savouré
tu auras savouré	vous aurez savouré
il/elle/on aura savouré	ils/elles auront savouré

Imparfait

je savourais	nous savourions
tu savourais	vous savouriez
il/elle/on savourait	ils/elles savouraient

Plus-que-parfait

j'avais savouré	nous avions savouré
tu avais savouré	vous aviez savouré
il/elle/on avait savouré	ils/elles avaient savouré

Passé simple

je savourai	nous savourâmes
tu savouras	vous savourâtes
il/elle/on savoura	ils/elles savourèrent

Passé antérieur

j'eus savouré	nous eûmes savouré
tu eus savouré	vous eûtes savouré
il/elle/on eut savouré	ils/elles eurent savouré

SUBJONCTIF

Présent

que je savoure	que nous savourions
que tu savoures	que vous savouriez
qu'il/elle/on savoure	qu'ils/elles savourent

Imparfait

que je savourasse	que nous savourassions
que tu savourasses	que vous savourassiez
qu'il/elle/on savourât	qu'ils/elles savourassent

Passé

que j'aie savouré	que nous ayons savouré
que tu aies savouré	que vous ayez savouré
qu'il/elle/on ait savouré	qu'ils/elles aient savouré

Plus-que-parfait

que j'eusse savouré	que nous eussions savouré
que tu eusses savouré	que vous eussiez savouré
qu'il/elle/on eût savouré	qu'ils/elles eussent savouré

CONDITIONNEL

Présent

je savourerais	nous savourerions
tu savourerais	vous savoureriez
il/elle/on savourerait	ils/elles savoureraient

Passé

j'aurais savouré	nous aurions savouré
tu aurais savouré	vous auriez savouré
il/elle/on aurait savouré	ils/elles auraient savouré

IMPÉRATIF

savoure savourons savourez

Je vais savourer ce moment pour le reste de la vie.
I'm going to savor this moment for the rest of my life.

Il est en train de savourer la défaite de son plus grand ennemi.
He's in the midst of savoring the defeat of his greatest enemy.

Chaque jour nous savourons ensemble le rituel du café et du journal matinal.
Each day we savor together the ritual of coffee and the morning paper.

SÉCHER *to dry; to skip [school] (colloquial)*

Inf. sécher *Part. prés.* séchant *Part. passé* séché

INDICATIF

Présent

je sèche	nous séchons
tu sèches	vous séchez
il/elle/on sèche	ils/elles sèchent

Passé composé

j'ai séché	nous avons séché
tu as séché	vous avez séché
il/elle/on a séché	ils/elles ont séché

Futur simple

je sécherai	nous sécherons
tu sécheras	vous sécherez
il/elle/on séchera	ils/elles sécheront

Futur antérieur

j'aurai séché	nous aurons séché
tu auras séché	vous aurez séché
il/elle/on aura séché	ils/elles auront séché

Imparfait

je séchais	nous séchions
tu séchais	vous séchiez
il/elle/on séchait	ils/elles séchaient

Plus-que-parfait

j'avais séché	nous avions séché
tu avais séché	vous aviez séché
il/elle/on avait séché	ils/elles avaient séché

Passé simple

je séchai	nous séchâmes
tu séchas	vous séchâtes
il/elle/on sécha	ils/elles séchèrent

Passé antérieur

j'eus séché	nous eûmes séché
tu eus séché	vous eûtes séché
il/elle/on eut séché	ils/elles eurent séché

SUBJONCTIF

Présent

que je sèche	que nous séchions
que tu sèches	que vous séchiez
qu'il/elle/on sèche	qu'ils/elles sèchent

Imparfait

que je séchasse	que nous séchassions
que tu séchasses	que vous séchassiez
qu'il/elle/on séchât	qu'ils/elles séchassent

Passé

que j'aie séché	que nous ayons séché
que tu aies séché	que vous ayez séché
qu'il/elle/on ait séché	qu'ils/elles aient séché

Plus-que-parfait

que j'eusse séché	que nous eussions séché
que tu eusses séché	que vous eussiez séché
qu'il/elle/on eût séché	qu'ils/elles eussent séché

CONDITIONNEL

Présent

je sécherais	nous sécherions
tu sécherais	vous sécheriez
il/elle/on sécherait	ils/elles sécheraient

Passé

j'aurais séché	nous aurions séché
tu aurais séché	vous auriez séché
il/elle/on aurait séché	ils/elles auraient séché

IMPÉRATIF

sèche séchons séchez

Ne sèche pas tes cours; tu auras de très mauvaises notes!
Don't skip your classes; you will get very bad grades!

Il préfère sécher ses vêtements à l'air.
He prefers air-drying his clothes.

Je vais à la laverie-automatique pour sécher mon linge.
I'm going to the laundromat to dry my clothes.

SECOUER *to shake*

Inf. secouer *Part. prés.* secouant *Part. passé* secoué

INDICATIF

Présent

je secoue	nous secouons
tu secoues	vous secouez
il/elle/on secoue	ils/elles secouent

Imparfait

je secouais	nous secouions
tu secouais	vous secouiez
il/elle/on secouait	ils/elles secouaient

Passé composé

j'ai secoué	nous avons secoué
tu as secoué	vous avez secoué
il/elle/on a secoué	ils/elles ont secoué

Plus-que-parfait

j'avais secoué	nous avions secoué
tu avais secoué	vous aviez secoué
il/elle/on avait secoué	ils/elles avaient secoué

Futur simple

je secouerai	nous secouerons
tu secoueras	vous secouerez
il/elle/on secouera	ils/elles secoueront

Passé simple

je secouai	nous secouâmes
tu secouas	vous secouâtes
il/elle/on secoua	ils/elles secouèrent

Futur antérieur

j'aurai secoué	nous aurons secoué
tu auras secoué	vous aurez secoué
il/elle/on aura secoué	ils/elles auront secoué

Passé antérieur

j'eus secoué	nous eûmes secoué
tu eus secoué	vous eûtes secoué
il/elle/on eut secoué	ils/elles eurent secoué

SUBJONCTIF

Présent

que je secoue	que nous secouions
que tu secoues	que vous secouiez
qu'il/elle/on secoue	qu'ils/elles secouent

Passé

que j'aie secoué	que nous ayons secoué
que tu aies secoué	que vous ayez secoué
qu'il/elle/on ait secoué	qu'ils/elles aient secoué

Imparfait

que je secouasse	que nous secouassions
que tu secouasses	que vous secouassiez
qu'il/elle/on secouât	qu'ils/elles secouassent

Plus-que-parfait

que j'eusse secoué	que nous eussions secoué
que tu eusses secoué	que vous eussiez secoué
qu'il/elle/on eût secoué	qu'ils/elles eussent secoué

CONDITIONNEL

Présent

je secouerais	nous secouerions
tu secouerais	vous secoueriez
il/elle/on secouerait	ils/elles secoueraient

Passé

j'aurais secoué	nous aurions secoué
tu aurais secoué	vous auriez secoué
il/elle/on aurait secoué	ils/elles auraient secoué

IMPÉRATIF

secoue secouons secouez

Secouer avant de boire.
Shake before drinking.

Il secouait sa tête pour signfier qu'il n'était pas d'accord.
He was shaking his head to signfy that he didn't agree.

Les attentats récents ont vraiment secoué cette ville.
The recent attacks have really shaken this city.

SÉDUIRE *to captivate, to seduce*

Inf. séduire *Part. prés.* séduisant *Part. passé* séduit

INDICATIF

Présent

je séduis	nous séduisons
tu séduis	vous séduisez
il/elle/on séduit	ils/elles séduisent

Imparfait

je séduisais	nous séduisions
tu séduisais	vous séduisiez
il/elle/on séduisait	ils/elles séduisaient

Passé composé

j'ai séduit	nous avons séduit
tu as séduit	vous avez séduit
il/elle/on a séduit	ils/elles ont séduit

Plus-que-parfait

j'avais séduit	nous avions séduit
tu avais séduit	vous aviez séduit
il/elle/on avait séduit	ils/elles avaient séduit

Futur simple

je séduirai	nous séduirons
tu séduiras	vous séduirez
il/elle/on séduira	ils/elles séduiront

Passé simple

je séduisis	nous séduisîmes
tu séduisis	vous séduisîtes
il/elle/on séduisit	ils/elles séduisirent

Futur antérieur

j'aurai séduit	nous aurons séduit
tu auras séduit	vous aurez séduit
il/elle/on aura séduit	ils/elles auront séduit

Passé antérieur

j'eus séduit	nous eûmes séduit
tu eus séduit	vous eûtes séduit
il/elle/on eut séduit	ils/elles eurent séduit

SUBJONCTIF

Présent

que je séduise	que nous séduisions
que tu séduises	que vous séduisiez
qu'il/elle/on séduise	qu'ils/elles séduisent

Passé

que j'aie séduit	que nous ayons séduit
que tu aies séduit	que vous ayez séduit
qu'il/elle/on ait séduit	qu'ils/elles aient séduit

Imparfait

que je séduisisse	que nous séduisissions
que tu séduisisses	que vous séduisissiez
qu'il/elle/on séduisît	qu'ils/elles séduisissent

Plus-que-parfait

que j'eusse séduit	que nous eussions séduit
que tu eusses séduit	que vous eussiez séduit
qu'il/elle/on eût séduit	qu'ils/elles eussent séduit

CONDITIONNEL

Présent

je séduirais	nous séduirions
tu séduirais	vous séduiriez
il/elle/on séduirait	ils/elles séduiraient

Passé

j'aurais séduit	nous aurions séduit
tu aurais séduit	vous auriez séduit
il/elle/on aurait séduit	ils/elles auraient séduit

IMPÉRATIF

séduis séduisons séduisez

Hélène nous séduit avec une logique inattaquable.
Hélène is seducing us with an unassailable logic.

Le magicien séduira son public avec son grand tour de magie.
The magician will captivate his audience with his great magic trick.

L'actrice a séduit le mari de la prof.
The actress seduced the professor's husband.

SÉJOURNER *to stay*

Inf. séjourner *Part. prés.* séjournant *Part. passé* séjourné

INDICATIF

Présent

je séjourne	nous séjournons
tu séjournes	vous séjournez
il/elle/on séjourne	ils/elles séjournent

Passé composé

j'ai séjourné	nous avons séjourné
tu as séjourné	vous avez séjourné
il/elle/on a séjourné	ils/elles ont séjourné

Futur simple

je séjournerai	nous séjournerons
tu séjourneras	vous séjournerez
il/elle/on séjournera	ils/elles séjourneront

Futur antérieur

j'aurai séjourné	nous aurons séjourné
tu auras séjourné	vous aurez séjourné
il/elle/on aura séjourné	ils/elles auront séjourné

Imparfait

je séjournais	nous séjournions
tu séjournais	vous séjourniez
il/elle/on séjournait	ils/elles séjournaient

Plus-que-parfait

j'avais séjourné	nous avions séjourné
tu avais séjourné	vous aviez séjourné
il/elle/on avait séjourné	ils/elles avaient séjourné

Passé simple

je séjournai	nous séjournâmes
tu séjournas	vous séjournâtes
il/elle/on séjourna	ils/elles séjournèrent

Passé antérieur

j'eus séjourné	nous eûmes séjourné
tu eus séjourné	vous eûtes séjourné
il/elle/on eut séjourné	ils/elles eurent séjourné

SUBJONCTIF

Présent

que je séjourne	que nous séjournions
que tu séjournes	que vous séjourniez
qu'il/elle/on séjourne	qu'ils/elles séjournent

Imparfait

que je séjournasse	que nous séjournassions
que tu séjournasses	que vous séjournassiez
qu'il/elle/on séjournât	qu'ils/elles séjournassent

Passé

que j'aie séjourné	que nous ayons séjourné
que tu aies séjourné	que vous ayez séjourné
qu'il/elle/on ait séjourné	qu'ils/elles aient séjourné

Plus-que-parfait

que j'eusse séjourné	que nous eussions séjourné
que tu eusses séjourné	que vous eussiez séjourné
qu'il/elle/on eût séjourné	qu'ils/elles eussent séjourné

CONDITIONNEL

Présent

je séjournerais	nous séjournerions
tu séjournerais	vous séjourneriez
il/elle/on séjournerait	ils/elles séjourneraient

Passé

j'aurais séjourné	nous aurions séjourné
tu aurais séjourné	vous auriez séjourné
il/elle/on aurait séjourné	ils/elles auraient séjourné

IMPÉRATIF

séjourne séjournons séjournez

Quand on était au Japon on a séjourné en famille, et c'était très agréable.
When we went to Japan we stayed with a family, and it was very nice.

Ma mère séjournera quelques jours en Suisse avant d'aller en Allemagne.
My mother will stay a few days in Switzerland before going to Germany.

Élisabeth cherche un appartement où elle pourrait séjourner à Paris.
Elisabeth is looking for an apartment where she could stay in Paris.

SEMBLER *to seem*

Inf. sembler *Part. prés.* semblant *Part. passé* semblé

INDICATIF

Présent

je semble	nous semblons
tu sembles	vous semblez
il/elle/on semble	ils/elles semblent

Imparfait

je semblais	nous semblions
tu semblais	vous sembliez
il/elle/on semblait	ils/elles semblaient

Passé composé

j'ai semblé	nous avons semblé
tu as semblé	vous avez semblé
il/elle/on a semblé	ils/elles ont semblé

Plus-que-parfait

j'avais semblé	nous avions semblé
tu avais semblé	vous aviez semblé
il/elle/on avait semblé	ils/elles avaient semblé

Futur simple

je semblerai	nous semblerons
tu sembleras	vous semblerez
il/elle/on semblera	ils/elles sembleront

Passé simple

je semblai	nous semblâmes
tu semblas	vous semblâtes
il/elle/on sembla	ils/elles semblèrent

Futur antérieur

j'aurai semblé	nous aurons semblé
tu auras semblé	vous aurez semblé
il/elle/on aura semblé	ils/elles auront semblé

Passé antérieur

j'eus semblé	nous eûmes semblé
tu eus semblé	vous eûtes semblé
il/elle/on eut semblé	ils/elles eurent semblé

SUBJONCTIF

Présent

que je semble	que nous semblions
que tu sembles	que vous sembliez
qu'il/elle/on semble	qu'ils/elles semblent

Passé

que j'aie semblé	que nous ayons semblé
que tu aies semblé	que vous ayez semblé
qu'il/elle/on ait semblé	qu'ils/elles aient semblé

Imparfait

que je semblasse	que nous semblassions
que tu semblasses	que vous semblassiez
qu'il/elle/on semblât	qu'ils/elles semblassent

Plus-que-parfait

que j'eusse semblé	que nous eussions semblé
que tu eusses semblé	que vous eussiez semblé
qu'il/elle/on eût semblé	qu'ils/elles eussent semblé

CONDITIONNEL

Présent

je semblerais	nous semblerions
tu semblerais	vous sembleriez
il/elle/on semblerait	ils/elles sembleraient

Passé

j'aurais semblé	nous aurions semblé
tu aurais semblé	vous auriez semblé
il/elle/on aurait semblé	ils/elles auraient semblé

IMPÉRATIF

semble semblons semblez

Cela me semble ridicule.
That seems ridiculous to me.

Est-ce que cela te semble correct?
Does that seem correct to you?

Au début le petit hôtel semblait adéquat.
At first the little hotel seemed adequate.

SENTIR *to smell; to feel [by touch]*

Inf. sentir *Part. prés.* sentant *Part. passé* senti

INDICATIF

Présent

je sens	nous sentons
tu sens	vous sentez
il/elle/on sent	ils/elles sentent

Imparfait

je sentais	nous sentions
tu sentais	vous sentiez
il/elle/on sentait	ils/elles sentaient

Passé composé

j'ai senti	nous avons senti
tu as senti	vous avez senti
il/elle/on a senti	ils/elles ont senti

Plus-que-parfait

j'avais senti	nous avions senti
tu avais senti	vous aviez senti
il/elle/on avait senti	ils/elles avaient senti

Futur simple

je sentirai	nous sentirons
tu sentiras	vous sentirez
il/elle/on sentira	ils/elles sentiront

Passé simple

je sentis	nous sentîmes
tu sentis	vous sentîtes
il/elle/on sentit	ils/elles sentirent

Futur antérieur

j'aurai senti	nous aurons senti
tu auras senti	vous aurez senti
il/elle/on aura senti	ils/elles auront senti

Passé antérieur

j'eus senti	nous eûmes senti
tu eus senti	vous eûtes senti
il/elle/on eut senti	ils/elles eurent senti

SUBJONCTIF

Présent

que je sente	que nous sentions
que tu sentes	que vous sentiez
qu'il/elle/on sente	qu'ils/elles sentent

Passé

que j'aie senti	que nous ayons senti
que tu aies senti	que vous ayez senti
qu'il/elle/on ait senti	qu'ils/elles aient senti

Imparfait

que je sentisse	que nous sentissions
que tu sentisses	que vous sentissiez
qu'il/elle/on sentît	qu'ils/elles sentissent

Plus-que-parfait

que j'eusse senti	que nous eussions senti
que tu eusses senti	que vous eussiez senti
qu'il/elle/on eût senti	qu'ils/elles eussent senti

CONDITIONNEL

Présent

je sentirais	nous sentirions
tu sentirais	vous sentiriez
il/elle/on sentirait	ils/elles sentiraient

Passé

j'aurais senti	nous aurions senti
tu aurais senti	vous auriez senti
il/elle/on aurait senti	ils/elles auraient senti

IMPÉRATIF

sens sentons sentez

Est-ce que tu sens quelque chose de bizarre?
Do you smell something weird?

Je sentais que Bella me cachait quelque chose, et j'avais raison!
I felt that Bella was hiding something from me, and I was right!

Je viens de sentir le bébé bouger pour la première fois.
I just felt the baby move for the first time.

SE SENTIR *to feel*

Inf. se sentir *Part. prés.* se sentant *Part. passé* senti(e)(s)

INDICATIF

Présent

je me sens	nous nous sentons
tu te sens	vous vous sentez
il/elle/on se sent	ils/elles se sentent

Imparfait

je me sentais	nous nous sentions
tu te sentais	vous vous sentiez
il/elle/on se sentait	ils/elles se sentaient

Passé composé

je me suis senti(e)	nous nous sommes senti(e)s
tu t'es senti(e)	vous vous êtes senti(e)(s)
il/elle/on s'est senti(e)	ils/elles se sont senti(e)s

Plus-que-parfait

je m'étais senti(e)	nous nous étions senti(e)s
tu t'étais senti(e)	vous vous étiez senti(e)(s)
il/elle/on s'était senti(e)	ils/elles s'étaient senti(e)s

Futur simple

je me sentirai	nous nous sentirons
tu te sentiras	vous vous sentirez
il/elle/on se sentira	ils/elles se sentiront

Passé simple

je me sentis	nous nous sentîmes
tu te sentis	vous vous sentîtes
il/elle/on se sentit	ils/elles se sentirent

Futur antérieur

je me serai senti(e)	nous nous serons senti(e)s
tu te seras senti(e)	vous vous serez senti(e)(s)
il/elle/on se sera senti(e)	ils/elles se seront senti(e)s

Passé antérieur

je me fus senti(e)	nous nous fûmes senti(e)s
tu te fus senti(e)	vous vous fûtes senti(e)(s)
il/elle/on se fut senti(e)	ils/elles se furent senti(e)s

SUBJONCTIF

Présent

que je me sente	que nous nous sentions
que tu te sentes	que vous vous sentiez
qu'il/elle/on se sente	qu'ils/elles se sentent

Passé

que je me sois senti(e)	que nous nous soyons senti(e)s
que tu te sois senti(e)	que vous vous soyez senti(e)(s)
qu'il/elle/on se soit senti(e)	qu'ils/elles se soient senti(e)s

Imparfait

que je me sentisse	que nous nous sentissions
que tu te sentisses	que vous vous sentissiez
qu'il/elle/on se sentît	qu'ils/elles se sentissent

Plus-que-parfait

que je me fusse senti(e)	que nous nous fussions senti(e)s
que tu te fusses senti(e)	que vous vous fussiez senti(e)(s)
qu'il/elle/on se fût senti(e)	qu'ils/elles se fussent senti(e)s

CONDITIONNEL

Présent

je me sentirais	nous nous sentirions
tu te sentirais	vous vous sentiriez
il/elle/on se sentirait	ils/elles se sentiraient

Passé

je me serais senti(e)	nous nous serions senti(e)s
tu te serais senti(e)	vous vous seriez senti(e)(s)
il/elle/on se serait senti(e)	ils/elles se seraient senti(e)s

IMPÉRATIF

sens-toi sentons-nous sentez-vous

Je me sentais oppressée par mes beaux-parents.
I felt hemmed in by my in-laws.

Tu te sens mieux?
Do you feel better?

Les élèves se sentent acceptés par leur nouvelle institutrice.
The pupils feel accepted by their new school teacher.

SÉPARER *to separate*

Inf. séparer *Part. prés.* séparant *Part. passé* séparé

INDICATIF

Présent

je sépare	nous séparons
tu sépares	vous séparez
il/elle/on sépare	ils/elles séparent

Imparfait

je séparais	nous séparions
tu séparais	vous sépariez
il/elle/on séparait	ils/elles séparaient

Passé composé

j'ai séparé	nous avons séparé
tu as séparé	vous avez séparé
il/elle/on a séparé	ils/elles ont séparé

Plus-que-parfait

j'avais séparé	nous avions séparé
tu avais séparé	vous aviez séparé
il/elle/on avait séparé	ils/elles avaient séparé

Futur simple

je séparerai	nous séparerons
tu sépareras	vous séparerez
il/elle/on séparera	ils/elles sépareront

Passé simple

je séparai	nous séparâmes
tu séparas	vous séparâtes
il/elle/on sépara	ils/elles séparèrent

Futur antérieur

j'aurai séparé	nous aurons séparé
tu auras séparé	vous aurez séparé
il/elle/on aura séparé	ils/elles auront séparé

Passé antérieur

j'eus séparé	nous eûmes séparé
tu eus séparé	vous eûtes séparé
il/elle/on eut séparé	ils/elles eurent séparé

SUBJONCTIF

Présent

que je sépare	que nous séparions
que tu sépares	que vous sépariez
qu'il/elle/on sépare	qu'ils/elles séparent

Passé

que j'aie séparé	que nous ayons séparé
que tu aies séparé	que vous ayez séparé
qu'il/elle/on ait séparé	qu'ils/elles aient séparé

Imparfait

que je séparasse	que nous séparassions
que tu séparasses	que vous séparassiez
qu'il/elle/on séparât	qu'ils/elles séparassent

Plus-que-parfait

que j'eusse séparé	que nous eussions séparé
que tu eusses séparé	que vous eussiez séparé
qu'il/elle/on eût séparé	qu'ils/elles eussent séparé

CONDITIONNEL

Présent

je séparerais	nous séparerions
tu séparerais	vous sépareriez
il/elle/on séparerait	ils/elles sépareraient

Passé

j'aurais séparé	nous aurions séparé
tu aurais séparé	vous auriez séparé
il/elle/on aurait séparé	ils/elles auraient séparé

IMPÉRATIF

sépare séparons séparez

La maîtresse a séparé les deux gamins qui se bagarraient.
The teacher separated the two kids who were fighting.

Tu dois séparer ton opinion personnelle de ton jugement professionnel.
You must separate your personal opinion from your professional judgement.

Séparons le bon grain de l'ivraie.
Let's separate the wheat from the chaff.

SERRER *to grip, to tighten, to squeeze*

Inf. serrer *Part. prés.* serrant *Part. passé* serré

INDICATIF

Présent

je serre	nous serrons
tu serres	vous serrez
il/elle/on serre	ils/elles serrent

Imparfait

je serrais	nous serrions
tu serrais	vous serriez
il/elle/on serrait	ils/elles serraient

Passé composé

j'ai serré	nous avons serré
tu as serré	vous avez serré
il/elle/on a serré	ils/elles ont serré

Plus-que-parfait

j'avais serré	nous avions serré
tu avais serré	vous aviez serré
il/elle/on avait serré	ils/elles avaient serré

Futur simple

je serrerai	nous serrerons
tu serreras	vous serrerez
il/elle/on serrera	ils/elles serreront

Passé simple

je serrai	nous serrâmes
tu serras	vous serrâtes
il/elle/on serra	ils/elles serrèrent

Futur antérieur

j'aurai serré	nous aurons serré
tu auras serré	vous aurez serré
il/elle/on aura serré	ils/elles auront serré

Passé antérieur

j'eus serré	nous eûmes serré
tu eus serré	vous eûtes serré
il/elle/on eut serré	ils/elles eurent serré

SUBJONCTIF

Présent

que je serre	que nous serrions
que tu serres	que vous serriez
qu'il/elle/on serre	qu'ils/elles serrent

Passé

que j'aie serré	que nous ayons serré
que tu aies serré	que vous ayez serré
qu'il/elle/on ait serré	qu'ils/elles aient serré

Imparfait

que je serrasse	que nous serrassions
que tu serrasses	que vous serrassiez
qu'il/elle/on serrât	qu'ils/elles serrassent

Plus-que-parfait

que j'eusse serré	que nous eussions serré
que tu eusses serré	que vous eussiez serré
qu'il/elle/on eût serré	qu'ils/elles eussent serré

CONDITIONNEL

Présent

je serrerais	nous serrerions
tu serrerais	vous serreriez
il/elle/on serrerait	ils/elles serreraient

Passé

j'aurais serré	nous aurions serré
tu aurais serré	vous auriez serré
il/elle/on aurait serré	ils/elles auraient serré

IMPÉRATIF

serre serrons serrez

Serre-moi dans tes bras!
Hold me in your arms!

Il m'a serré la main et puis il est parti.
He shook my hand and then left.

Le candidat a serré la vis à son parti.
The candidate tightened the screws on his party.

SERVIR *to serve; to further*

Inf. servir *Part. prés.* servant *Part. passé* servi

INDICATIF

Présent

je sers	nous servons
tu sers	vous servez
il/elle/on sert	ils/elles servent

Imparfait

je servais	nous servions
tu servais	vous serviez
il/elle/on servait	ils/elles servaient

Passé composé

j'ai servi	nous avons servi
tu as servi	vous avez servi
il/elle/on a servi	ils/elles ont servi

Plus-que-parfait

j'avais servi	nous avions servi
tu avais servi	vous aviez servi
il/elle/on avait servi	ils/elles avaient servi

Futur simple

je servirai	nous servirons
tu serviras	vous servirez
il/elle/on servira	ils/elles serviront

Passé simple

je servis	nous servîmes
tu servis	vous servîtes
il/elle/on servit	ils/elles servirent

Futur antérieur

j'aurai servi	nous aurons servi
tu auras servi	vous aurez servi
il/elle/on aura servi	ils/elles auront servi

Passé antérieur

j'eus servi	nous eûmes servi
tu eus servi	vous eûtes servi
il/elle/on eut servi	ils/elles eurent servi

SUBJONCTIF

Présent

que je serve	que nous servions
que tu serves	que vous serviez
qu'il/elle/on serve	qu'ils/elles servent

Passé

que j'aie servi	que nous ayons servi
que tu aies servi	que vous ayez servi
qu'il/elle/on ait servi	qu'ils/elles aient servi

Imparfait

que je servisse	que nous servissions
que tu servisses	que vous servissiez
qu'il/elle/on servît	qu'ils/elles servissent

Plus-que-parfait

que j'eusse servi	que nous eussions servi
que tu eusses servi	que vous eussiez servi
qu'il/elle/on eût servi	qu'ils/elles eussent servi

CONDITIONNEL

Présent

je servirais	nous servirions
tu servirais	vous serviriez
il/elle/on servirait	ils/elles serviraient

Passé

j'aurais servi	nous aurions servi
tu aurais servi	vous auriez servi
il/elle/on aurait servi	ils/elles auraient servi

IMPÉRATIF

sers servons servez

Frédéric nous a servi un verre de vin blanc sec.
Frédéric served us a glass of dry white wine.

Tes explications leur servent à comprendre la situation.
Your explanations further their understanding of the situation.

Que serviras-tu demain soir?
What will you serve tomorrow night?

SIFFLER *to whistle; to hiss*

Inf. siffler *Part. prés.* sifflant *Part. passé* sifflé

INDICATIF

Présent

je siffle	nous sifflons
tu siffles	vous sifflez
il/elle/on siffle	ils/elles sifflent

Passé composé

j'ai sifflé	nous avons sifflé
tu as sifflé	vous avez sifflé
il/elle/on a sifflé	ils/elles ont sifflé

Futur simple

je sifflerai	nous sifflerons
tu siffleras	vous sifflerez
il/elle/on sifflera	ils/elles siffleront

Futur antérieur

j'aurai sifflé	nous aurons sifflé
tu auras sifflé	vous aurez sifflé
il/elle/on aura sifflé	ils/elles auront sifflé

Imparfait

je sifflais	nous sifflions
tu sifflais	vous siffliez
il/elle/on sifflait	ils/elles sifflaient

Plus-que-parfait

j'avais sifflé	nous avions sifflé
tu avais sifflé	vous aviez sifflé
il/elle/on avait sifflé	ils/elles avaient sifflé

Passé simple

je sifflai	nous sifflâmes
tu sifflas	vous sifflâtes
il/elle/on siffla	ils/elles sifflèrent

Passé antérieur

j'eus sifflé	nous eûmes sifflé
tu eus sifflé	vous eûtes sifflé
il/elle/on eut sifflé	ils/elles eurent sifflé

SUBJONCTIF

Présent

que je siffle	que nous sifflions
que tu siffles	que vous siffliez
qu'il/elle/on siffle	qu'ils/elles sifflent

Imparfait

que je sifflasse	que nous sifflassions
que tu sifflasses	que vous sifflassiez
qu'il/elle/on sifflât	qu'ils/elles sifflassent

Passé

que j'aie sifflé	que nous ayons sifflé
que tu aies sifflé	que vous ayez sifflé
qu'il/elle/on ait sifflé	qu'ils/elles aient sifflé

Plus-que-parfait

que j'eusse sifflé	que nous eussions sifflé
que tu eusses sifflé	que vous eussiez sifflé
qu'il/elle/on eût sifflé	qu'ils/elles eussent sifflé

CONDITIONNEL

Présent

je sifflerais	nous sifflerions
tu sifflerais	vous siffleriez
il/elle/on sifflerait	ils/elles siffleraient

Passé

j'aurais sifflé	nous aurions sifflé
tu aurais sifflé	vous auriez sifflé
il/elle/on aurait sifflé	ils/elles auraient sifflé

IMPÉRATIF

siffle sifflons sifflez

Tu entends quelqu'un siffler?
Do you hear someone whistling?

Arrêtez de jouer, l'arbitre a sifflé.
Stop playing; the referee blew his whistle.

Vosu sifflez sans les doigts?
You whistle without your fingers?

SIGNALER *to point out, to indicate, to report*

Inf. signaler *Part. prés.* signalant *Part. passé* signalé

INDICATIF

Présent

je signale — nous signalons
tu signales — vous signalez
il/elle/on signale — ils/elles signalent

Imparfait

je signalais — nous signalions
tu signalais — vous signaliez
il/elle/on signalait — ils/elles signalaient

Passé composé

j'ai signalé — nous avons signalé
tu as signalé — vous avez signalé
il/elle/on a signalé — ils/elles ont signalé

Plus-que-parfait

j'avais signalé — nous avions signalé
tu avais signalé — vous aviez signalé
il/elle/on avait signalé — ils/elles avaient signalé

Futur simple

je signalerai — nous signalerons
tu signaleras — vous signalerez
il/elle/on signalera — ils/elles signaleront

Passé simple

je signalai — nous signalâmes
tu signalas — vous signalâtes
il/elle/on signala — ils/elles signalèrent

Futur antérieur

j'aurai signalé — nous aurons signalé
tu auras signalé — vous aurez signalé
il/elle/on aura signalé — ils/elles auront signalé

Passé antérieur

j'eus signalé — nous eûmes signalé
tu eus signalé — vous eûtes signalé
il/elle/on eut signalé — ils/elles eurent signalé

SUBJONCTIF

Présent

que je signale — que nous signalions
que tu signales — que vous signaliez
qu'il/elle/on signale — qu'ils/elles signalent

Passé

que j'aie signalé — que nous ayons signalé
que tu aies signalé — que vous ayez signalé
qu'il/elle/on ait signalé — qu'ils/elles aient signalé

Imparfait

que je signalasse — que nous signalassions
que tu signalasses — que vous signalassiez
qu'il/elle/on signalât — qu'ils/elles signalassent

Plus-que-parfait

que j'eusse signalé — que nous eussions signalé
que tu eusses signalé — que vous eussiez signalé
qu'il/elle/on eût signalé — qu'ils/elles eussent signalé

CONDITIONNEL

Présent

je signalerais — nous signalerions
tu signalerais — vous signaleriez
il/elle/on signalerait — ils/elles signaleraient

Passé

j'aurais signalé — nous aurions signalé
tu aurais signalé — vous auriez signalé
il/elle/on aurait signalé — ils/elles auraient signalé

IMPÉRATIF

signale signalons signalez

Le prof a signalé que la rédaction serait à rendre le lendemain.
The professor indicated that the paper would be due the next day.

Merci de nous avoir signalé le problème.
Thank you for pointing out the problem to us.

On signale de plus en plus d'ovnis depuis l'année dernière.
People are reporting more and more UFOs since last year.

SIGNER *to sign*

Inf. signer *Part. prés.* signant *Part. passé* signé

INDICATIF

Présent

je signe	nous signons
tu signes	vous signez
il/elle/on signe	ils/elles signent

Passé composé

j'ai signé	nous avons signé
tu as signé	vous avez signé
il/elle/on a signé	ils/elles ont signé

Futur simple

je signerai	nous signerons
tu signeras	vous signerez
il/elle/on signera	ils/elles signeront

Futur antérieur

j'aurai signé	nous aurons signé
tu auras signé	vous aurez signé
il/elle/on aura signé	ils/elles auront signé

Imparfait

je signais	nous signions
tu signais	vous signiez
il/elle/on signait	ils/elles signaient

Plus-que-parfait

j'avais signé	nous avions signé
tu avais signé	vous aviez signé
il/elle/on avait signé	ils/elles avaient signé

Passé simple

je signai	nous signâmes
tu signas	vous signâtes
il/elle/on signa	ils/elles signèrent

Passé antérieur

j'eus signé	nous eûmes signé
tu eus signé	vous eûtes signé
il/elle/on eut signé	ils/elles eurent signé

SUBJONCTIF

Présent

que je signe	que nous signions
que tu signes	que vous signiez
qu'il/elle/on signe	qu'ils/elles signent

Imparfait

que je signasse	que nous signassions
que tu signasses	que vous signassiez
qu'il/elle/on signât	qu'ils/elles signassent

Passé

que j'aie signé	que nous ayons signé
que tu aies signé	que vous ayez signé
qu'il/elle/on ait signé	qu'ils/elles aient signé

Plus-que-parfait

que j'eusse signé	que nous eussions signé
que tu eusses signé	que vous eussiez signé
qu'il/elle/on eût signé	qu'ils/elles eussent signé

CONDITIONNEL

Présent

je signerais	nous signerions
tu signerais	vous signeriez
il/elle/on signerait	ils/elles signeraient

Passé

j'aurais signé	nous aurions signé
tu aurais signé	vous auriez signé
il/elle/on aurait signé	ils/elles auraient signé

IMPÉRATIF

signe signons signez

On demande aux clients de signer le registre à l'arrivée.
We ask guests to sign in upon arrival.

Ces deux cadres supérieurs sont sur le point de signer un contrat avec notre entreprise.
These two senior executives are about to sign a contract with our firm.

J'ai signé un reçu pour mon colis.
I signed for my package.

SIGNIFIER *to mean, to signify*

Inf. signifier *Part. prés.* signifiant *Part. passé* signifié

INDICATIF

Présent

je signifie	nous signifions
tu signifies	vous signifiez
il/elle/on signifie	ils/elles signifient

Imparfait

je signifiais	nous signifiions
tu signifiais	vous signifiiez
il/elle/on signifiait	ils/elles signifiaient

Passé composé

j'ai signifié	nous avons signifié
tu as signifié	vous avez signifié
il/elle/on a signifié	ils/elles ont signifié

Plus-que-parfait

j'avais signifié	nous avions signifié
tu avais signifié	vous aviez signifié
il/elle/on avait signifié	ils/elles avaient signifié

Futur simple

je signifierai	nous signifierons
tu signifieras	vous signifierez
il/elle/on signifiera	ils/elles signifieront

Passé simple

je signifiai	nous signifiâmes
tu signifias	vous signifiâtes
il/elle/on signifia	ils/elles signifièrent

Futur antérieur

j'aurai signifié	nous aurons signifié
tu auras signifié	vous aurez signifié
il/elle/on aura signifié	ils/elles auront signifié

Passé antérieur

j'eus signifié	nous eûmes signifié
tu eus signifié	vous eûtes signifié
il/elle/on eut signifié	ils/elles eurent signifié

SUBJONCTIF

Présent

que je signifie	que nous signifiions
que tu signifies	que vous signifiiez
qu'il/elle/on signifie	qu'ils/elles signifient

Passé

que j'aie signifié	que nous ayons signifié
que tu aies signifié	que vous ayez signifié
qu'il/elle/on ait signifié	qu'ils/elles aient signifié

Imparfait

que je signifiasse	que nous signifiassions
que tu signifiasses	que vous signifiassiez
qu'il/elle/on signifiât	qu'ils/elles signifiassent

Plus-que-parfait

que j'eusse signifié	que nous eussions signifié
que tu eusses signifié	que vous eussiez signifié
qu'il/elle/on eût signifié	qu'ils/elles eussent signifié

CONDITIONNEL

Présent

je signifierais	nous signifierions
tu signifierais	vous signifieriez
il/elle/on signifierait	ils/elles signifieraient

Passé

j'aurais signifié	nous aurions signifié
tu aurais signifié	vous auriez signifié
il/elle/on aurait signifié	ils/elles auraient signifié

IMPÉRATIF

signifie signifions signifiez

Ce mot peut signifier beaucoup de choses à la fois.
This word can signify many things at once.

Qu'est-ce que ce mot signifierait dans ce contexte?
What would this word mean in this context?

Qu'est-ce que cela signifie?
What does that mean?

SKIER *to ski*

Inf. skier *Part. prés.* skiant *Part. passé* skié

INDICATIF

Présent

je skie	nous skions
tu skies	vous skiez
il/elle/on skie	ils/elles skient

Passé composé

j'ai skié	nous avons skié
tu as skié	vous avez skié
il/elle/on a skié	ils/elles ont skié

Futur simple

je skierai	nous skierons
tu skieras	vous skierez
il/elle/on skiera	ils/elles skieront

Futur antérieur

j'aurai skié	nous aurons skié
tu auras skié	vous aurez skié
il/elle/on aura skié	ils/elles auront skié

Imparfait

je skiais	nous skiions
tu skiais	vous skiiez
il/elle/on skiait	ils/elles skiaient

Plus-que-parfait

j'avais skié	nous avions skié
tu avais skié	vous aviez skié
il/elle/on avait skié	ils/elles avaient skié

Passé simple

je skiai	nous skiâmes
tu skias	vous skiâtes
il/elle/on skia	ils/elles skièrent

Passé antérieur

j'eus skié	nous eûmes skié
tu eus skié	vous eûtes skié
il/elle/on eut skié	ils/elles eurent skié

SUBJONCTIF

Présent

que je skie	que nous skiions
que tu skies	que vous skiiez
qu'il/elle/on skie	qu'ils/elles skient

Imparfait

que je skiasse	que nous skiassions
que tu skiasses	que vous skiassiez
qu'il/elle/on skiât	qu'ils/elles skiassent

Passé

que j'aie skié	que nous ayons skié
que tu aies skié	que vous ayez skié
qu'il/elle/on ait skié	qu'ils/elles aient skié

Plus-que-parfait

que j'eusse skié	que nous eussions skié
que tu eusses skié	que vous eussiez skié
qu'il/elle/on eût skié	qu'ils/elles eussent skié

CONDITIONNEL

Présent

je skierais	nous skierions
tu skierais	vous skieriez
il/elle/on skierait	ils/elles skieraient

Passé

j'aurais skié	nous aurions skié
tu aurais skié	vous auriez skié
il/elle/on aurait skié	ils/elles auraient skié

IMPÉRATIF

skie skions skiez

Je ne sais pas skier.
I don't know how to ski.

Elles skient dans les Alpes durant l'été.
They ski in the Alps during the summer.

Demain on skiera sans toi parce que tu es trop pénible!
Tomorrow we'll ski without you because you're too much of a pain!

SONGER *to dream (about), to daydream, to think (about)*

Inf. songer *Part. prés.* songeant *Part. passé* songé

INDICATIF

Présent

je songe | nous songeons
tu songes | vous songez
il/elle/on songe | ils/elles songent

Passé composé

j'ai songé | nous avons songé
tu as songé | vous avez songé
il/elle/on a songé | ils/elles ont songé

Futur simple

je songerai | nous songerons
tu songeras | vous songerez
il/elle/on songera | ils/elles songeront

Futur antérieur

j'aurai songé | nous aurons songé
tu auras songé | vous aurez songé
il/elle/on aura songé | ils/elles auront songé

Imparfait

je songeais | nous songions
tu songeais | vous songiez
il/elle/on songeait | ils/elles songeaient

Plus-que-parfait

j'avais songé | nous avions songé
tu avais songé | vous aviez songé
il/elle/on avait songé | ils/elles avaient songé

Passé simple

je songeai | nous songeâmes
tu songeas | vous songeâtes
il/elle/on songea | ils/elles songèrent

Passé antérieur

j'eus songé | nous eûmes songé
tu eus songé | vous eûtes songé
il/elle/on eut songé | ils/elles eurent songé

SUBJONCTIF

Présent

que je songe | que nous songions
que tu songes | que vous songiez
qu'il/elle/on songe | qu'ils/elles songent

Imparfait

que je songeasse | que nous songeassions
que tu songeasses | que vous songeassiez
qu'il/elle/on songeât | qu'ils/elles songeassent

Passé

que j'aie songé | que nous ayons songé
que tu aies songé | que vous ayez songé
qu'il/elle/on ait songé | qu'ils/elles aient songé

Plus-que-parfait

que j'eusse songé | que nous eussions songé
que tu eusses songé | que vous eussiez songé
qu'il/elle/on eût songé | qu'ils/elles eussent songé

CONDITIONNEL

Présent

je songerais | nous songerions
tu songerais | vous songeriez
il/elle/on songerait | ils/elles songeraient

Passé

j'aurais songé | nous aurions songé
tu aurais songé | vous auriez songé
il/elle/on aurait songé | ils/elles auraient songé

IMPÉRATIF

songe songeons songez

La petite songe à avoir une grande maison de poupée.
The little girl daydreams about having a big doll house.

N'y songez pas!
Don't think about it!

Quand j'étais petit je songeais souvent à mon avenir.
When I was little, I would dream about my future.

SONNER *to ring, to sound*

Inf. sonner *Part. prés.* sonnant *Part. passé* sonné

INDICATIF

Présent

je sonne	nous sonnons
tu sonnes	vous sonnez
il/elle/on sonne	ils/elles sonnent

Passé composé

j'ai sonné	nous avons sonné
tu as sonné	vous avez sonné
il/elle/on a sonné	ils/elles ont sonné

Futur simple

je sonnerai	nous sonnerons
tu sonneras	vous sonnerez
il/elle/on sonnera	ils/elles sonneront

Futur antérieur

j'aurai sonné	nous aurons sonné
tu auras sonné	vous aurez sonné
il/elle/on aura sonné	ils/elles auront sonné

Imparfait

je sonnais	nous sonnions
tu sonnais	vous sonniez
il/elle/on sonnait	ils/elles sonnaient

Plus-que-parfait

j'avais sonné	nous avions sonné
tu avais sonné	vous aviez sonné
il/elle/on avait sonné	ils/elles avaient sonné

Passé simple

je sonnai	nous sonnâmes
tu sonnas	vous sonnâtes
il/elle/on sonna	ils/elles sonnèrent

Passé antérieur

j'eus sonné	nous eûmes sonné
tu eus sonné	vous eûtes sonné
il/elle/on eut sonné	ils/elles eurent sonné

SUBJONCTIF

Présent

que je sonne	que nous sonnions
que tu sonnes	que vous sonniez
qu'il/elle/on sonne	qu'ils/elles sonnent

Imparfait

que je sonnasse	que nous sonnassions
que tu sonnasses	que vous sonnassiez
qu'il/elle/on sonnât	qu'ils/elles sonnassent

Passé

que j'aie sonné	que nous ayons sonné
que tu aies sonné	que vous ayez sonné
qu'il/elle/on ait sonné	qu'ils/elles aient sonné

Plus-que-parfait

que j'eusse sonné	que nous eussions sonné
que tu eusses sonné	que vous eussiez sonné
qu'il/elle/on eût sonné	qu'ils/elles eussent sonné

CONDITIONNEL

Présent

je sonnerais	nous sonnerions
tu sonnerais	vous sonneriez
il/elle/on sonnerait	ils/elles sonneraient

Passé

j'aurais sonné	nous aurions sonné
tu aurais sonné	vous auriez sonné
il/elle/on aurait sonné	ils/elles auraient sonné

IMPÉRATIF

sonne sonnons sonnez

Sonnez quand vous arriverez et je descendrai vous ouvrir.
Ring the bell when you arrive and I will come down and let you in.

J'ai sonné la cloche plusieures fois, mais personne n'est venu à la porte.
I rang the bell several times, but no one came to the door.

Quand je suis entrée dans le salon le téléphone sonnait, mais je n'ai pas décroché.
When I went into the living room the telephone was ringing, but I didn't pick up.

SORTIR *to go out, to exit*

Inf. sortir *Part. prés.* sortant *Part. passé* sorti(e)(s)

INDICATIF

Présent

je sors	nous sortons
tu sors	vous sortez
il/elle/on sort	ils/elles sortent

Imparfait

je sortais	nous sortions
tu sortais	vous sortiez
il/elle/on sortait	ils/elles sortaient

Passé composé

je suis sorti(e)	nous sommes sorti(e)s
tu es sorti(e)	vous êtes sorti(e)(s)
il/elle/on est sorti(e)	ils/elles sont sorti(e)s

Plus-que-parfait

j'étais sorti(e)	nous étions sorti(e)s
tu étais sorti(e)	vous étiez sorti(e)(s)
il/elle/on était sorti(e)	ils/elles étaient sorti(e)s

Futur simple

je sortirai	nous sortirons
tu sortiras	vous sortirez
il/elle/on sortira	ils/elles sortiront

Passé simple

je sortis	nous sortîmes
tu sortis	vous sortîtes
il/elle/on sortit	ils/elles sortirent

Futur antérieur

je serai sorti(e)	nous serons sorti(e)s
tu seras sorti(e)	vous serez sorti(e)(s)
il/elle/on sera sorti(e)	ils/elles seront sorti(e)s

Passé antérieur

je fus sorti(e)	nous fûmes sorti(e)s
tu fus sorti(e)	vous fûtes sorti(e)(s)
il/elle/on fut sorti(e)	ils/elles furent sorti(e)s

SUBJONCTIF

Présent

que je sorte	que nous sortions
que tu sortes	que vous sortiez
qu'il/elle/on sorte	qu'ils/elles sortent

Passé

que je sois sorti(e)	que nous soyons sorti(e)s
que tu sois sorti(e)	que vous soyez sorti(e)(s)
qu'il/elle/on soit sorti(e)	qu'ils/elles soient sorti(e)s

Imparfait

que je sortisse	que nous sortissions
que tu sortisses	que vous sortissiez
qu'il/elle/on sortît	qu'ils/elles sortissent

Plus-que-parfait

que je fusse sorti(e)	que nous fussions sorti(e)s
que tu fusses sorti(e)	que vous fussiez sorti(e)(s)
qu'il/elle/on fût sorti(e)	qu'ils/elles fussent sorti(e)s

CONDITIONNEL

Présent

je sortirais	nous sortirions
tu sortirais	vous sortiriez
il/elle/on sortirait	ils/elles sortiraient

Passé

je serais sorti(e)	nous serions sorti(e)s
tu serais sorti(e)	vous seriez sorti(e)(s)
il/elle/on serait sorti(e)	ils/elles seraient sorti(e)s

IMPÉRATIF

sors sortons sortez

Quand elles sont arrivées, leurs parents étaient déjà sortis.
When they arrived, their parents had already gone out.

Ce soir on sortira avec Bill et Karina.
Tonight we will go out with Bill and Karina.

Tu sors avec Julien?
You're going out with Julien?

SOUFFLER *to blow, to puff*

Inf. souffler *Part. prés.* soufflant *Part. passé* soufflé

INDICATIF

Présent

je souffle	nous soufflons
tu souffles	vous soufflez
il/elle/on souffle	ils/elles soufflent

Passé composé

j'ai soufflé	nous avons soufflé
tu as soufflé	vous avez soufflé
il/elle/on a soufflé	ils/elles ont soufflé

Futur simple

je soufflerai	nous soufflerons
tu souffleras	vous soufflerez
il/elle/on soufflera	ils/elles souffleront

Futur antérieur

j'aurai soufflé	nous aurons soufflé
tu auras soufflé	vous aurez soufflé
il/elle/on aura soufflé	ils/elles auront soufflé

Imparfait

je soufflais	nous soufflions
tu soufflais	vous souffliez
il/elle/on soufflait	ils/elles soufflaient

Plus-que-parfait

j'avais soufflé	nous avions soufflé
tu avais soufflé	vous aviez soufflé
il/elle/on avait soufflé	ils/elles avaient soufflé

Passé simple

je soufflai	nous soufflâmes
tu soufflas	vous soufflâtes
il/elle/on souffla	ils/elles soufflèrent

Passé antérieur

j'eus soufflé	nous eûmes soufflé
tu eus soufflé	vous eûtes soufflé
il/elle/on eut soufflé	ils/elles eurent soufflé

SUBJONCTIF

Présent

que je souffle	que nous soufflions
que tu souffles	que vous souffliez
qu'il/elle/on souffle	qu'ils/elles soufflent

Imparfait

que je soufflasse	que nous soufflassions
que tu soufflasses	que vous soufflassiez
qu'il/elle/on soufflât	qu'ils/elles soufflassent

Passé

que j'aie soufflé	que nous ayons soufflé
que tu aies soufflé	que vous ayez soufflé
qu'il/elle/on ait soufflé	qu'ils/elles aient soufflé

Plus-que-parfait

que j'eusse soufflé	que nous eussions soufflé
que tu eusses soufflé	que vous eussiez soufflé
qu'il/elle/on eût soufflé	qu'ils/elles eussent soufflé

CONDITIONNEL

Présent

je soufflerais	nous soufflerions
tu soufflerais	vous souffleriez
il/elle/on soufflerait	ils/elles souffleraient

Passé

j'aurais soufflé	nous aurions soufflé
tu aurais soufflé	vous auriez soufflé
il/elle/on aurait soufflé	ils/elles auraient soufflé

IMPÉRATIF

souffle soufflons soufflez

Après le match, il soufflait comme un bœuf!
After the match, he was huffing and puffing!

Souffle sur les cendres pour raviver le feu!
Blow on the cinders to revive the fire!

Il y a une jolie brise qui souffle.
There's a lovely breeze blowing.

SOUFFRIR *to suffer*

Inf. souffrir *Part. prés.* souffrant *Part. passé* souffert

INDICATIF

Présent

je souffre	nous souffrons
tu souffres	vous souffrez
il/elle/on souffre	ils/elles souffrent

Passé composé

j'ai souffert	nous avons souffert
tu as souffert	vous avez souffert
il/elle/on a souffert	ils/elles ont souffert

Futur simple

je souffrirai	nous souffrirons
tu souffriras	vous souffrirez
il/elle/on souffrira	ils/elles souffriront

Futur antérieur

j'aurai souffert	nous aurons souffert
tu auras souffert	vous aurez souffert
il/elle/on aura souffert	ils/elles auront souffert

Imparfait

je souffrais	nous souffrions
tu souffrais	vous souffriez
il/elle/on souffrait	ils/elles souffraient

Plus-que-parfait

j'avais souffert	nous avions souffert
tu avais souffert	vous aviez souffert
il/elle/on avait souffert	ils/elles avaient souffert

Passé simple

je souffris	nous souffrîmes
tu souffris	vous souffrîtes
il/elle/on souffrit	ils/elles souffrirent

Passé antérieur

j'eus souffert	nous eûmes souffert
tu eus souffert	vous eûtes souffert
il/elle/on eut souffert	ils/elles eurent souffert

SUBJONCTIF

Présent

que je souffre	que nous souffrions
que tu souffres	que vous souffriez
qu'il/elle/on souffre	qu'ils/elles souffrent

Imparfait

que je souffrisse	que nous souffrissions
que tu souffrisses	que vous souffrissiez
qu'il/elle/on souffrît	qu'ils/elles souffrissent

Passé

que j'aie souffert	que nous ayons souffert
que tu aies souffert	que vous ayez souffert
qu'il/elle/on ait souffert	qu'ils/elles aient souffert

Plus-que-parfait

que j'eusse souffert	que nous eussions souffert
que tu eusses souffert	que vous eussiez souffert
qu'il/elle/on eût souffert	qu'ils/elles eussent souffert

CONDITIONNEL

Présent

je souffrirais	nous souffririons
tu souffrirais	vous souffririez
il/elle/on souffrirait	ils/elles souffriraient

Passé

j'aurais souffert	nous aurions souffert
tu aurais souffert	vous auriez souffert
il/elle/on aurait souffert	ils/elles auraient souffert

IMPÉRATIF

souffre souffrons souffrez

Malheureusement elle a beaucoup souffert de son vivant.
Unfortunately, she really suffered during her life.

Notre oncle souffre d'une maladie mystérieuse.
Our uncle is suffering from a mysterious disease.

Je vais le faire souffrir!
I'm going to make him suffer!

SOUHAITER *to wish, to hope for*

Inf. souhaiter *Part. prés.* souhaitant *Part. passé* souhaité

INDICATIF

Présent

je souhaite	nous souhaitons
tu souhaites	vous souhaitez
il/elle/on souhaite	ils/elles souhaitent

Passé composé

j'ai souhaité	nous avons souhaité
tu as souhaité	vous avez souhaité
il/elle/on a souhaité	ils/elles ont souhaité

Futur simple

je souhaiterai	nous souhaiterons
tu souhaiteras	vous souhaiterez
il/elle/on souhaitera	ils/elles souhaiteront

Futur antérieur

j'aurai souhaité	nous aurons souhaité
tu auras souhaité	vous aurez souhaité
il/elle/on aura souhaité	ils/elles auront souhaité

Imparfait

je souhaitais	nous souhaitions
tu souhaitais	vous souhaitiez
il/elle/on souhaitait	ils/elles souhaitaient

Plus-que-parfait

j'avais souhaité	nous avions souhaité
tu avais souhaité	vous aviez souhaité
il/elle/on avait souhaité	ils/elles avaient souhaité

Passé simple

je souhaitai	nous souhaitâmes
tu souhaitas	vous souhaitâtes
il/elle/on souhaita	ils/elles souhaitèrent

Passé antérieur

j'eus souhaité	nous eûmes souhaité
tu eus souhaité	vous eûtes souhaité
il/elle/on eut souhaité	ils/elles eurent souhaité

SUBJONCTIF

Présent

que je souhaite	que nous souhaitions
que tu souhaites	que vous souhaitiez
qu'il/elle/on souhaite	qu'ils/elles souhaitent

Imparfait

que je souhaitasse	que nous souhaitassions
que tu souhaitasses	que vous souhaitassiez
qu'il/elle/on souhaitât	qu'ils/elles souhaitassent

Passé

que j'aie souhaité	que nous ayons souhaité
que tu aies souhaité	que vous ayez souhaité
qu'il/elle/on ait souhaité	qu'ils/elles aient souhaité

Plus-que-parfait

que j'eusse souhaité	que nous eussions souhaité
que tu eusses souhaité	que vous eussiez souhaité
qu'il/elle/on eût souhaité	qu'ils/elles eussent souhaité

CONDITIONNEL

Présent

je souhaiterais	nous souhaiterions
tu souhaiterais	vous souhaiteriez
il/elle/on souhaiterait	ils/elles souhaiteraient

Passé

j'aurais souhaité	nous aurions souhaité
tu aurais souhaité	vous auriez souhaité
il/elle/on aurait souhaité	ils/elles auraient souhaité

IMPÉRATIF

souhaite souhaitons souhaitez

Elles souhaitaient y aller, mais ce n'était pas possible.
They were hoping to go there, but it wasn't possible.

Nous souhaitons tous que ce soit le cas.
We all hope that this is case.

Je vous souhaite la bienvenue!
I wish you a warm welcome!

SOUILLER *to soil, to blemish*

Inf. souiller *Part. prés.* souillant *Part. passé* souillé

INDICATIF

Présent

je souille	nous souillons
tu souilles	vous souillez
il/elle/on souille	ils/elles souillent

Passé composé

j'ai souillé	nous avons souillé
tu as souillé	vous avez souillé
il/elle/on a souillé	ils/elles ont souillé

Futur simple

je souillerai	nous souillerons
tu souilleras	vous souillerez
il/elle/on souillera	ils/elles souilleront

Futur antérieur

j'aurai souillé	nous aurons souillé
tu auras souillé	vous aurez souillé
il/elle/on aura souillé	ils/elles auront souillé

Imparfait

je souillais	nous souillions
tu souillais	vous souilliez
il/elle/on souillait	ils/elles souillaient

Plus-que-parfait

j'avais souillé	nous avions souillé
tu avais souillé	vous aviez souillé
il/elle/on avait souillé	ils/elles avaient souillé

Passé simple

je souillai	nous souillâmes
tu souillas	vous souillâtes
il/elle/on souilla	ils/elles souillèrent

Passé antérieur

j'eus souillé	nous eûmes souillé
tu eus souillé	vous eûtes souillé
il/elle/on eut souillé	ils/elles eurent souillé

SUBJONCTIF

Présent

que je souille	que nous souillions
que tu souilles	que vous souilliez
qu'il/elle/on souille	qu'ils/elles souillent

Imparfait

que je souillasse	que nous souillassions
que tu souillasses	que vous souillassiez
qu'il/elle/on souillât	qu'ils/elles souillassent

Passé

que j'aie souillé	que nous ayons souillé
que tu aies souillé	que vous ayez souillé
qu'il/elle/on ait souillé	qu'ils/elles aient souillé

Plus-que-parfait

que j'eusse souillé	que nous eussions souillé
que tu eusses souillé	que vous eussiez souillé
qu'il/elle/on eût souillé	qu'ils/elles eussent souillé

CONDITIONNEL

Présent

je souillerais	nous souillerions
tu souillerais	vous souilleriez
il/elle/on souillerait	ils/elles souilleraient

Passé

j'aurais souillé	nous aurions souillé
tu aurais souillé	vous auriez souillé
il/elle/on aurait souillé	ils/elles auraient souillé

IMPÉRATIF

souille souillons souillez

Ne souille pas sa mémoire avec de tels commérages!
Don't soil his memory with such gossip!

Je n'ai pas envie de souiller ma réputation de cette manière.
I don't feel like blemishing my reputation in this way.

Il ne faut pas que tu souilles cet endroit sacré avec tes cochonneries!
You musn't soil this sacred place with your rubbish!

SOULAGER *to soothe, to relieve*

Inf. soulager *Part. prés.* soulageant *Part. passé* soulagé

INDICATIF

Présent

je soulage	nous soulageons
tu soulages	vous soulagez
il/elle/on soulage	ils/elles soulagent

Passé composé

j'ai soulagé	nous avons soulagé
tu as soulagé	vous avez soulagé
il/elle/on a soulagé	ils/elles ont soulagé

Futur simple

je soulagerai	nous soulagerons
tu soulageras	vous soulagerez
il/elle/on soulagera	ils/elles soulageront

Futur antérieur

j'aurai soulagé	nous aurons soulagé
tu auras soulagé	vous aurez soulagé
il/elle/on aura soulagé	ils/elles auront soulagé

Imparfait

je soulageais	nous soulagions
tu soulageais	vous soulagiez
il/elle/on soulageait	ils/elles soulageaient

Plus-que-parfait

j'avais soulagé	nous avions soulagé
tu avais soulagé	vous aviez soulagé
il/elle/on avait soulagé	ils/elles avaient soulagé

Passé simple

je soulageai	nous soulageâmes
tu soulageas	vous soulageâtes
il/elle/on soulagea	ils/elles soulagèrent

Passé antérieur

j'eus soulagé	nous eûmes soulagé
tu eus soulagé	vous eûtes soulagé
il/elle/on eut soulagé	ils/elles eurent soulagé

SUBJONCTIF

Présent

que je soulage	que nous soulagions
que tu soulages	que vous soulagiez
qu'il/elle/on soulage	qu'ils/elles soulagent

Imparfait

que je soulageasse	que nous soulageassions
que tu soulageasses	que vous soulageassiez
qu'il/elle/on soulageât	qu'ils/elles soulageassent

Passé

que j'aie soulagé	que nous ayons soulagé
que tu aies soulagé	que vous ayez soulagé
qu'il/elle/on ait soulagé	qu'ils/elles aient soulagé

Plus-que-parfait

que j'eusse soulagé	que nous eussions soulagé
que tu eusses soulagé	que vous eussiez soulagé
qu'il/elle/on eût soulagé	qu'ils/elles eussent soulagé

CONDITIONNEL

Présent

je soulagerais	nous soulagerions
tu soulagerais	vous soulageriez
il/elle/on soulagerait	ils/elles soulageraient

Passé

j'aurais soulagé	nous aurions soulagé
tu aurais soulagé	vous auriez soulagé
il/elle/on aurait soulagé	ils/elles auraient soulagé

IMPÉRATIF

soulage soulageons soulagez

Tes paroles nous soulagent tous.
Your words relieve all of us.

Prends ces pastilles pour soulager ta gorge.
Take these lozenges to soothe your throat.

Je cherche une crème pour soulager une irruption cutanée.
I'm looking for a cream that will soothe a dermatological outbreak.

S

SOUMETTRE *to submit, to subject*

Inf. soumettre *Part. prés.* soumettant *Part. passé* soumis

INDICATIF

Présent

je soumets	nous soumettons
tu soumets	vous soumettez
il/elle/on soumet	ils/elles soumettent

Passé composé

j'ai soumis	nous avons soumis
tu as soumis	vous avez soumis
il/elle/on a soumis	ils/elles ont soumis

Futur simple

je soumettrai	nous soumettrons
tu soumettras	vous soumettrez
il/elle/on soumettra	ils/elles soumettront

Futur antérieur

j'aurai soumis	nous aurons soumis
tu auras soumis	vous aurez soumis
il/elle/on aura soumis	ils/elles auront soumis

Imparfait

je soumettais	nous soumettions
tu soumettais	vous soumettiez
il/elle/on soumettait	ils/elles soumettaient

Plus-que-parfait

j'avais soumis	nous avions soumis
tu avais soumis	vous aviez soumis
il/elle/on avait soumis	ils/elles avaient soumis

Passé simple

je soumis	nous soumîmes
tu soumis	vous soumîtes
il/elle/on soumit	ils/elles soumirent

Passé antérieur

j'eus soumis	nous eûmes soumis
tu eus soumis	vous eûtes soumis
il/elle/on eut soumis	ils/elles eurent soumis

SUBJONCTIF

Présent

que je soumette	que nous soumettions
que tu soumettes	que vous soumettiez
qu'il/elle/on soumette	qu'ils/elles soumettent

Imparfait

que je soumisse	que nous soumissions
que tu soumisses	que vous soumissiez
qu'il/elle/on soumît	qu'ils/elles soumissent

Passé

que j'aie soumis	que nous ayons soumis
que tu aies soumis	que vous ayez soumis
qu'il/elle/on ait soumis	qu'ils/elles aient soumis

Plus-que-parfait

que j'eusse soumis	que nous eussions soumis
que tu eusses soumis	que vous eussiez soumis
qu'il/elle/on eût soumis	qu'ils/elles eussent soumis

CONDITIONNEL

Présent

je soumettrais	nous soumettrions
tu soumettrais	vous soumettriez
il/elle/on soumettrait	ils/elles soumettraient

Passé

j'aurais soumis	nous aurions soumis
tu aurais soumis	vous auriez soumis
il/elle/on aurait soumis	ils/elles auraient soumis

IMPÉRATIF

soumets soumettons soumettez

L'ingénieur a soumis l'appareil à l'approbation de l'équipe.
The engineer submitted the device for team approval.

Dans notre expérience on soumet ce matériau à une température élevée.
In our experiment we are subjecting this material to a high temperature.

Je veux que tu te soumettes à ma volonté!
I want you to submit to my will!

SOURIRE *to smile*

Inf. sourire *Part. prés.* souriant *Part. passé* souri

INDICATIF

Présent

je souris	nous sourions
tu souris	vous souriez
il/elle/on sourit	ils/elles sourient

Imparfait

je souriais	nous souriions
tu souriais	vous souriiez
il/elle/on souriait	ils/elles souriaient

Passé composé

j'ai souri	nous avons souri
tu as souri	vous avez souri
il/elle/on a souri	ils/elles ont souri

Plus-que-parfait

j'avais souri	nous avions souri
tu avais souri	vous aviez souri
il/elle/on avait souri	ils/elles avaient souri

Futur simple

je sourirai	nous sourirons
tu souriras	vous sourirez
il/elle/on sourira	ils/elles souriront

Passé simple

je souris	nous sourîmes
tu souris	vous sourîtes
il/elle/on sourit	ils/elles sourirent

Futur antérieur

j'aurai souri	nous aurons souri
tu auras souri	vous aurez souri
il/elle/on aura souri	ils/elles auront souri

Passé antérieur

j'eus souri	nous eûmes souri
tu eus souri	vous eûtes souri
il/elle/on eut souri	ils/elles eurent souri

SUBJONCTIF

Présent

que je sourie	que nous souriions
que tu souries	que vous souriiez
qu'il/elle/on sourie	qu'ils/elles sourient

Passé

que j'aie souri	que nous ayons souri
que tu aies souri	que vous ayez souri
qu'il/elle/on ait souri	qu'ils/elles aient souri

Imparfait

que je sourisse	que nous sourissions
que tu sourisses	que vous sourissiez
qu'il/elle/on sourît	qu'ils/elles sourissent

Plus-que-parfait

que j'eusse souri	que nous eussions souri
que tu eusses souri	que vous eussiez souri
qu'il/elle/on eût souri	qu'ils/elles eussent souri

CONDITIONNEL

Présent

je sourirais	nous souririons
tu sourirais	vous souririez
il/elle/on sourirait	ils/elles souriraient

Passé

j'aurais souri	nous aurions souri
tu aurais souri	vous auriez souri
il/elle/on aurait souri	ils/elles auraient souri

IMPÉRATIF

souris souriez sourions

Cet enfant souriait tout le temps quand il était bébé.
This child smiled all the time when he was a baby.

Dans le passé les gens souriaient très peu sur les photos.
In the past, people rarely smiled in photos.

Souris plus, tu as de jolies dents!
Smile more, you have beautiful teeth!

SOUTENIR *to support, to defend, to hold up*

Inf. soutenir *Part. prés.* soutenant *Part. passé* soutenu

INDICATIF

Présent

je soutiens	nous soutenons
tu soutiens	vous soutenez
il/elle/on soutient	ils/elles soutiennent

Imparfait

je soutenais	nous soutenions
tu soutenais	vous souteniez
il/elle/on soutenait	ils/elles soutenaient

Passé composé

j'ai soutenu	nous avons soutenu
tu as soutenu	vous avez soutenu
il/elle/on a soutenu	ils/elles ont soutenu

Plus-que-parfait

j'avais soutenu	nous avions soutenu
tu avais soutenu	vous aviez soutenu
il/elle/on avait soutenu	ils/elles avaient soutenu

Futur simple

je soutiendrai	nous soutiendrons
tu soutiendras	vous soutiendrez
il/elle/on soutiendra	ils/elles soutiendront

Passé simple

je soutins	nous soutînmes
tu soutins	vous soutîntes
il/elle/on soutint	ils/elles soutinrent

Futur antérieur

j'aurai soutenu	nous aurons soutenu
tu auras soutenu	vous aurez soutenu
il/elle/on aura soutenu	ils/elles auront soutenu

Passé antérieur

j'eus soutenu	nous eûmes soutenu
tu eus soutenu	vous eûtes soutenu
il/elle/on eut soutenu	ils/elles eurent soutenu

SUBJONCTIF

Présent

que je soutienne	que nous soutenions
que tu soutiennes	que vous souteniez
qu'il/elle/on soutienne	qu'ils/elles soutiennent

Passé

que j'aie soutenu	que nous ayons soutenu
que tu aies soutenu	que vous ayez soutenu
qu'il/elle/on ait soutenu	qu'ils/elles aient soutenu

Imparfait

que je soutinsse	que nous soutinssions
que tu soutinsses	que vous soutinssiez
qu'il/elle/on soutînt	qu'ils/elles soutinssent

Plus-que-parfait

que j'eusse soutenu	que nous eussions soutenu
que tu eusses soutenu	que vous eussiez soutenu
qu'il/elle/on eût soutenu	qu'ils/elles eussent soutenu

CONDITIONNEL

Présent

je soutiendrais	nous soutiendrions
tu soutiendrais	vous soutiendriez
il/elle/on soutiendrait	ils/elles soutiendraient

Passé

j'aurais soutenu	nous aurions soutenu
tu aurais soutenu	vous auriez soutenu
il/elle/on aurait soutenu	ils/elles auraient soutenu

IMPÉRATIF

soutiens soutenons soutenez

On est venu te soutenir.
We came to give you support.

L'étudiant brillant soutiendra sa thèse.
The brilliant student will defend his thesis.

Elle est si timide qu'elle ne peut même pas soutenir une conversation.
She is so shy that she can't even hold up a conversation.

SE SOUVENIR *to remember*

Inf. se souvenir *Part. prés.* se souvenant *Part. passé* souvenu(e)(s)

INDICATIF

Présent

je me souviens	nous nous souvenons
tu te souviens	vous vous souvenez
il/elle/on se souvient	ils/elles se souviennent

Imparfait

je me souvenais	nous nous souvenions
tu te souvenais	vous vous souveniez
il/elle/on se souvenait	ils/elles se souvenaient

Passé composé

je me suis souvenu(e)	nous nous sommes souvenu(e)s
tu t'es souvenu(e)	vous vous êtes souvenu(e)(s)
il/elle/on s'est souvenu(e)	ils/elles se sont souvenu(e)s

Plus-que-parfait

je m'étais souvenu(e)	nous nous étions souvenu(e)s
tu t'étais souvenu(e)	vous vous étiez souvenu(e)(s)
il/elle/on s'était souvenu(e)	ils/elles s'étaient souvenu(e)s

Futur simple

je me souviendrai	nous nous souviendrons
tu te souviendras	vous vous souviendrez
il/elle/on se souviendra	ils/elles se souviendront

Passé simple

je me souvins	nous nous souvînmes
tu te souvins	vous vous souvîntes
il/elle/on se souvint	ils/elles se souvinrent

Futur antérieur

je me serai souvenu(e)	nous nous serons souvenu(e)s
tu te seras souvenu(e)	vous vous serez souvenu(e)(s)
il/elle/on se sera souvenu(e)	ils/elles se seront souvenu(e)s

Passé antérieur

je me fus souvenu(e)	nous nous fûmes souvenu(e)s
tu te fus souvenu(e)	vous vous fûtes souvenu(e)(s)
il/elle/on se fut souvenu(e)	ils/elles se furent souvenu(e)s

SUBJONCTIF

Présent

que je me souvienne	que nous nous souvenions
que tu te souviennes	que vous vous souveniez
qu'il/elle/on se souvienne	qu'ils/elles se souviennent

Passé

que je me sois souvenu(e)	que nous nous soyons souvenu(e)s
que tu te sois souvenu(e)	que vous vous soyez souvenu(e)(s)
qu'il/elle/on se soit souvenu(e)	qu'ils/elles se soient souvenu(e)s

Imparfait

que je me souvinsse	que nous nous souvinssions
que tu te souvinsses	que vous vous souvinssiez
qu'il/elle/on se souvînt	qu'ils/elles se souvinssent

Plus-que-parfait

que je me fusse souvenu(e)	que nous nous fussions souvenu(e)s
que tu te fusses souvenu(e)	que vous vous fussiez souvenu(e)(s)
qu'il/elle/on se fût souvenu(e)	qu'ils/elles se fussent souvenu(e)s

CONDITIONNEL

Présent

je me souviendrais	nous nous souviendrions
tu te souviendrais	vous vous souviendriez
il/elle/on se souviendrait	ils/elles se souviendraient

Passé

je me serais souvenu(e)	nous nous serions souvenu(e)s
tu te serais souvenu(e)	vous vous seriez souvenu(e)(s)
il/elle/on se serait souvenu(e)	ils/elles se seraient souvenu(e)s

IMPÉRATIF

souviens-toi souvenons-nous souvenez-vous

Je ne me souviens pas de son nom de famille.
I don't remember his surname.

Vous souvenez-vous de notre séjour à Boston?
Do you remember our stay in Boston?

Si j'avais fait la connaissance d'une telle personne, je m'en serais ccetainement souvenu.
If I had met such a person, I would certainly have remembered.

SUBIR *to be subjected to, to undergo*

Inf. subir *Part. prés.* subissant *Part. passé* subi

INDICATIF

Présent		Imparfait	
je subis	nous subissons	je subissais	nous subissions
tu subis	vous subissez	tu subissais	vous subissiez
il/elle/on subit	ils/elles subissent	il/elle/on subissait	ils/elles subissaient
Passé composé		**Plus-que-parfait**	
j'ai subi	nous avons subi	j'avais subi	nous avions subi
tu as subi	vous avez subi	tu avais subi	vous aviez subi
il/elle/on a subi	ils/elles ont subi	il/elle/on avait subi	ils/elles avaient subi
Futur simple		**Passé simple**	
je subirai	nous subirons	je subis	nous subîmes
tu subiras	vous subirez	tu subis	vous subîtes
il/elle/on subira	ils/elles subiront	il/elle/on subit	ils/elles subirent
Futur antérieur		**Passé antérieur**	
j'aurai subi	nous aurons subi	j'eus subi	nous eûmes subi
tu auras subi	vous aurez subi	tu eus subi	vous eûtes subi
il/elle/on aura subi	ils/elles auront subi	il/elle/on eut subi	ils/elles eurent subi

SUBJONCTIF

Présent		Passé	
que je subisse	que nous subissions	que j'aie subi	que nous ayons subi
que tu subisses	que vous subissiez	que tu aies subi	que vous ayez subi
qu'il/elle/on subisse	qu'ils/elles subissent	qu'il/elle/on ait subi	qu'ils/elles aient subi
Imparfait		**Plus-que-parfait**	
que je subisse	que nous subissions	que j'eusse subi	que nous eussions subi
que tu subisses	que vous subissiez	que tu eusses subi	que vous eussiez subi
qu'il/elle/on subît	qu'ils/elles subissent	qu'il/elle/on eût subi	qu'ils/elles eussent subi

CONDITIONNEL

Présent		Passé	
je subirais	nous subirions	j'aurais subi	nous aurions subi
tu subirais	vous subiriez	tu aurais subi	vous auriez subi
il/elle/on subirait	ils/elles subiraient	il/elle/on aurait subi	ils/elles auraient subi

IMPÉRATIF

subis subissons subissez

Ils subissent un traitement pour les gelures.
They are undergoing treatment for frostbite.

Notre projet a subi pas mal de modifications.
Our project has undergone quite a few modifications.

Je crains que notre pays ne subisse des pertes énormes à cause de cette guerre.
I fear that our country will suffer enormous losses because of this war.

SUBVENIR *to meet [sustain]*

Inf. subvenir *Part. prés.* subvenant *Part. passé* subvenu

INDICATIF

Présent

je subviens	nous subvenons
tu subviens	vous subvenez
il/elle/on subvient	ils/elles subviennent

Imparfait

je subvenais	nous subvenions
tu subvenais	vous subveniez
il/elle/on subvenait	ils/elles subvenaient

Passé composé

j'ai subvenu	nous avons subvenu
tu as subvenu	vous avez subvenu
il/elle/on a subvenu	ils/elles ont subvenu

Plus-que-parfait

j'avais subvenu	nous avions subvenu
tu avais subvenu	vous aviez subvenu
il/elle/on avait subvenu	ils/elles avaient subvenu

Futur simple

je subviendrai	nous subviendrons
tu subviendras	vous subviendrez
il/elle/on subviendra	ils/elles subviendront

Passé simple

je subvins	nous subvînmes
tu subvins	vous subvîntes
il/elle/on subvint	ils/elles subvinrent

Futur antérieur

j'aurai subvenu	nous aurons subvenu
tu auras subvenu	vous aurez subvenu
il/elle/on aura subvenu	ils/elles auront subvenu

Passé antérieur

j'eus subvenu	nous eûmes subvenu
tu eus subvenu	vous eûtes subvenu
il/elle/on eut subvenu	ils/elles eurent subvenu

SUBJONCTIF

Présent

que je subvienne	que nous subvenions
que tu subviennes	que vous subveniez
qu'il/elle/on subvienne	qu'ils/elles subviennent

Passé

que j'aie subvenu	que nous ayons subvenu
que tu aies subvenu	que vous ayez subvenu
qu'il/elle/on ait subvenu	qu'ils/elles aient subvenu

Imparfait

que je subvinsse	que nous subvinssions
que tu subvinsses	que vous subvinssiez
qu'il/elle/on subvînt	qu'ils/elles subvinssent

Plus-que-parfait

que j'eusse subvenu	que nous eussions subvenu
que tu eusses subvenu	que vous eussiez subvenu
qu'il/elle/on eût subvenu	qu'ils/elles eussent subvenu

CONDITIONNEL

Présent

je subviendrais	nous subviendrions
tu subviendrais	vous subviendriez
il/elle/on subviendrait	ils/elles subviendraient

Passé

j'aurais subvenu	nous aurions subvenu
tu aurais subvenu	vous auriez subvenu
il/elle/on aurait subvenu	ils/elles auraient subvenu

IMPÉRATIF

subviens subvenons subvenez

Il n'arrive pas à subvenir aux besoins de sa famille.
He's not able to provide for his family.

Comment subviendrais-je à mes besoins financiers avec un tel salaire?
How would I meet my financial needs with such a salary?

Il faut enseigner aux gens comment subvenir à leurs propres besoins.
People need to be taught how to provide for their own needs.

SUFFIRE *to suffice, to be enough*

Inf. suffire *Part. prés.* suffisant *Part. passé* suffi

INDICATIF

Présent		Imparfait	
je suffis	nous suffisons	je suffisais	nous suffisions
tu suffis	vous suffisez	tu suffisais	vous suffisiez
il/elle/on suffit	ils/elles suffisent	il/elle/on suffisait	ils/elles suffisaient
Passé composé		**Plus-que-parfait**	
j'ai suffi	nous avons suffi	j'avais suffi	nous avions suffi
tu as suffi	vous avez suffi	tu avais suffi	vous aviez suffi
il/elle/on a suffi	ils/elles ont suffi	il/elle/on avait suffi	ils/elles avaient suffi
Futur simple		**Passé simple**	
je suffirai	nous suffirons	je suffis	nous suffîmes
tu suffiras	vous suffirez	tu suffis	vous suffîtes
il/elle/on suffira	ils/elles suffiront	il/elle/on suffit	ils/elles suffirent
Futur antérieur		**Passé antérieur**	
j'aurai suffi	nous aurons suffi	j'eus suffi	nous eûmes suffi
tu auras suffi	vous aurez suffi	tu eus suffi	vous eûtes suffi
il/elle/on aura suffi	ils/elles auront suffi	il/elle/on eut suffi	ils/elles eurent suffi

SUBJONCTIF

Présent		Passé	
que je suffise	que nous suffisions	que j'aie suffi	que nous ayons suffi
que tu suffises	que vous suffisiez	que tu aies suffi	que vous ayez suffi
qu'il/elle/on suffise	qu'ils/elles suffisent	qu'il/elle/on ait suffi	qu'ils/elles aient suffi
Imparfait		**Plus-que-parfait**	
que je suffisse	que nous suffissions	que j'eusse suffi	que nous eussions suffi
que tu suffisses	que vous suffissiez	que tu eusses suffi	que vous eussiez suffi
qu'il/elle/on suffît	qu'ils/elles suffissent	qu'il/elle/on eût suffi	qu'ils/elles eussent suffi

CONDITIONNEL

Présent		Passé	
je suffirais	nous suffirions	j'aurais suffi	nous aurions suffi
tu suffirais	vous suffiriez	tu aurais suffi	vous auriez suffi
il/elle/on suffirait	ils/elles suffiraient	il/elle/on aurait suffi	ils/elles auraient suffi

IMPÉRATIF

suffis suffisons suffisez

Je crois que trois œufs suffiront pour notre omelette.
I think that three eggs will be enough for our omelet.

Ça suffit! Je ne t'écoute plus!
That's enough! I'm not listening to you any more!

Il suffit que tu aies écrit cette lettre.
It's enough that you wrote that letter.

SUGGÉRER *to suggest*

Inf. suggérer *Part. prés.* suggérant *Part. passé* suggéré

INDICATIF

Présent

je suggère	nous suggérons
tu suggères	vous suggérez
il/elle/on suggère	ils/elles suggèrent

Passé composé

j'ai suggéré	nous avons suggéré
tu as suggéré	vous avez suggéré
il/elle/on a suggéré	ils/elles ont suggéré

Futur simple

je suggérerai	nous suggérerons
tu suggéreras	vous suggérerez
il/elle/on suggérera	ils/elles suggéreront

Futur antérieur

j'aurai suggéré	nous aurons suggéré
tu auras suggéré	vous aurez suggéré
il/elle/on aura suggéré	ils/elles auront suggéré

Imparfait

je suggérais	nous suggérions
tu suggérais	vous suggériez
il/elle/on suggérait	ils/elles suggéraient

Plus-que-parfait

j'avais suggéré	nous avions suggéré
tu avais suggéré	vous aviez suggéré
il/elle/on avait suggéré	ils/elles avaient suggéré

Passé simple

je suggérai	nous suggérâmes
tu suggéras	vous suggérâtes
il/elle/on suggéra	ils/elles suggérèrent

Passé antérieur

j'eus suggéré	nous eûmes suggéré
tu eus suggéré	vous eûtes suggéré
il/elle/on eut suggéré	ils/elles eurent suggéré

SUBJONCTIF

Présent

que je suggère	que nous suggérions
que tu suggères	que vous suggériez
qu'il/elle/on suggère	qu'ils/elles suggèrent

Imparfait

que je suggérasse	que nous suggérassions
que tu suggérasses	que vous suggérassiez
qu'il/elle/on suggérât	qu'ils/elles suggérassent

Passé

que j'aie suggéré	que nous ayons suggéré
que tu aies suggéré	que vous ayez suggéré
qu'il/elle/on ait suggéré	qu'ils/elles aient suggéré

Plus-que-parfait

que j'eusse suggéré	que nous eussions suggéré
que tu eusses suggéré	que vous eussiez suggéré
qu'il/elle/on eût suggéré	qu'ils/elles eussent suggéré

CONDITIONNEL

Présent

je suggérerais	nous suggérerions
tu suggérerais	vous suggéreriez
il/elle/on suggérerait	ils/elles suggéreraient

Passé

j'aurais suggéré	nous aurions suggéré
tu aurais suggéré	vous auriez suggéré
il/elle/on aurait suggéré	ils/elles auraient suggéré

IMPÉRATIF

suggère suggérons suggérez

Je n'ai rien à vous suggérer.
I don't have anything to suggest to you.

La musicienne nous a suggéré une autre pièce de musique pour notre mariage.
The musician suggested another piece of music for our wedding.

Les métaphores dans ce poème suggèrent que le poète est obsédé par la gloire de la nature.
The metaphors in this poem suggest that the poet is obsessed with the glory of nature.

SUIVRE *to follow*

Inf. suivre *Part. prés.* suivant *Part. passé* suivi

INDICATIF

Présent

je suis	nous suivons
tu suis	vous suivez
il/elle/on suit	ils/elles suivent

Imparfait

je suivais	nous suivions
tu suivais	vous suiviez
il/elle/on suivait	ils/elles suivaient

Passé composé

j'ai suivi	nous avons suivi
tu as suivi	vous avez suivi
il/elle/on a suivi	ils/elles ont suivi

Plus-que-parfait

j'avais suivi	nous avions suivi
tu avais suivi	vous aviez suivi
il/elle/on avait suivi	ils/elles avaient suivi

Futur simple

je suivrai	nous suivrons
tu suivras	vous suivrez
il/elle/on suivra	ils/elles suivront

Passé simple

je suivis	nous suivîmes
tu suivis	vous suivîtes
il/elle/on suivit	ils/elles suivirent

Futur antérieur

j'aurai suivi	nous aurons suivi
tu auras suivi	vous aurez suivi
il/elle/on aura suivi	ils/elles auront suivi

Passé antérieur

j'eus suivi	nous eûmes suivi
tu eus suivi	vous eûtes suivi
il/elle/on eut suivi	ils/elles eurent suivi

SUBJONCTIF

Présent

que je suive	que nous suivions
que tu suives	que vous suiviez
qu'il/elle/on suive	qu'ils/elles suivent

Passé

que j'aie suivi	que nous ayons suivi
que tu aies suivi	que vous ayez suivi
qu'il/elle/on ait suivi	qu'ils/elles aient suivi

Imparfait

que je suivisse	que nous suivissions
que tu suivisses	que vous suivissiez
qu'il/elle/on suivît	qu'ils/elles suivissent

Plus-que-parfait

que j'eusse suivi	que nous eussions suivi
que tu eusses suivi	que vous eussiez suivi
qu'il/elle/on eût suivi	qu'ils/elles eussent suivi

CONDITIONNEL

Présent

je suivrais	nous suivrions
tu suivrais	vous suivriez
il/elle/on suivrait	ils/elles suivraient

Passé

j'aurais suivi	nous aurions suivi
tu aurais suivi	vous auriez suivi
il/elle/on aurait suivi	ils/elles auraient suivi

IMPÉRATIF

suis suivons suivez

Suivez-les!
Follow them!

Il est vrai que les ados suivent toujours la foule.
It's true that teens always follow the crowd.

Elle n'a pas du tout suivi ce que tu lui disais.
She didn't follow at all what you were saying to her.

SUPPLIER *to beg, to beseech*

Inf. supplier *Part. prés.* suppliant *Part. passé* supplié

INDICATIF

Présent

je supplie	nous supplions
tu supplies	vous suppliez
il/elle/on supplie	ils/elles supplient

Passé composé

j'ai supplié	nous avons supplié
tu as supplié	vous avez supplié
il/elle/on a supplié	ils/elles ont supplié

Futur simple

je supplierai	nous supplierons
tu supplieras	vous supplierez
il/elle/on suppliera	ils/elles supplieront

Futur antérieur

j'aurai supplié	nous aurons supplié
tu auras supplié	vous aurez supplié
il/elle/on aura supplié	ils/elles auront supplié

Imparfait

je suppliais	nous suppliions
tu suppliais	vous suppliiez
il/elle/on suppliait	ils/elles suppliaient

Plus-que-parfait

j'avais supplié	nous avions supplié
tu avais supplié	vous aviez supplié
il/elle/on avait supplié	ils/elles avaient supplié

Passé simple

je suppliai	nous suppliâmes
tu supplias	vous suppliâtes
il/elle/on supplia	ils/elles supplièrent

Passé antérieur

j'eus supplié	nous eûmes supplié
tu eus supplié	vous eûtes supplié
il/elle/on eut supplié	ils/elles eurent supplié

SUBJONCTIF

Présent

que je supplie	que nous suppliions
que tu supplies	que vous suppliiez
qu'il/elle/on supplie	qu'ils/elles supplient

Imparfait

que je suppliasse	que nous suppliassions
que tu suppliasses	que vous suppliassiez
qu'il/elle/on suppliât	qu'ils/elles suppliassent

Passé

que j'aie supplié	que nous ayons supplié
que tu aies supplié	que vous ayez supplié
qu'il/elle/on ait supplié	qu'ils/elles aient supplié

Plus-que-parfait

que j'eusse supplié	que nous eussions supplié
que tu eusses supplié	que vous eussiez supplié
qu'il/elle/on eût supplié	qu'ils/elles eussent supplié

CONDITIONNEL

Présent

je supplierais	nous supplierions
tu supplierais	vous supplieriez
il/elle/on supplierait	ils/elles supplieraient

Passé

j'aurais supplié	nous aurions supplié
tu aurais supplié	vous auriez supplié
il/elle/on aurait supplié	ils/elles auraient supplié

IMPÉRATIF

supplie supplions suppliez

Arrête de critiquer mes amis, je t'en supplie!
Stop criticizing my friends, I'm begging you!

Demain elle suppliera le juge de ne pas envoyer son fils en prison.
Tomorrow she will beseech the judge to not send her son to prison.

Ne me supplie pas de rester; je pars.
Don't beg me to stay; I'm leaving.

SUPPORTER *to stand, to tolerate*

Inf. supporter *Part. prés.* supportant *Part. passé* supporté

INDICATIF

Présent

je supporte	nous supportons
tu supportes	vous supportez
il/elle/on supporte	ils/elles supportent

Imparfait

je supportais	nous supportions
tu supportais	vous supportiez
il/elle/on supportait	ils/elles supportaient

Passé composé

j'ai supporté	nous avons supporté
tu as supporté	vous avez supporté
il/elle/on a supporté	ils/elles ont supporté

Plus-que-parfait

j'avais supporté	nous avions supporté
tu avais supporté	vous aviez supporté
il/elle/on avait supporté	ils/elles avaient supporté

Futur simple

je supporterai	nous supporterons
tu supporteras	vous supporterez
il/elle/on supportera	ils/elles supporteront

Passé simple

je supportai	nous supportâmes
tu supportas	vous supportâtes
il/elle/on supporta	ils/elles supportèrent

Futur antérieur

j'aurai supporté	nous aurons supporté
tu auras supporté	vous aurez supporté
il/elle/on aura supporté	ils/elles auront supporté

Passé antérieur

j'eus supporté	nous eûmes supporté
tu eus supporté	vous eûtes supporté
il/elle/on eut supporté	ils/elles eurent supporté

SUBJONCTIF

Présent

que je supporte	que nous supportions
que tu supportes	que vous supportiez
qu'il/elle/on supporte	qu'ils/elles supportent

Passé

que j'aie supporté	que nous ayons supporté
que tu aies supporté	que vous ayez supporté
qu'il/elle/on ait supporté	qu'ils/elles aient supporté

Imparfait

que je supportasse	que nous supportassions
que tu supportasses	que vous supportassiez
qu'il/elle/on supportât	qu'ils/elles supportassent

Plus-que-parfait

que j'eusse supporté	que nous eussions supporté
que tu eusses supporté	que vous eussiez supporté
qu'il/elle/on eût supporté	qu'ils/elles eussent supporté

CONDITIONNEL

Présent

je supporterais	nous supporterions
tu supporterais	vous supporteriez
il/elle/on supporterait	ils/elles supporteraient

Passé

j'aurais supporté	nous aurions supporté
tu aurais supporté	vous auriez supporté
il/elle/on aurait supporté	ils/elles auraient supporté

IMPÉRATIF

supporte supportons supportez

Barbara ne supporte plus son ancien mari.
Barbara can no longer stand her ex-husband.

Il ne supportait pas tous les mensonges de sa famille.
He couldn't tolerate all the lies of his family.

Je sais que les enfants ne supporteront pas l'idée d'aller à l'école en été.
I know that kids will not be able to handle the idea of going to school in the summer.

SUPPOSER *to suppose, to assume*

Inf. supposer *Part. prés.* supposant *Part. passé* supposé

INDICATIF

Présent

je suppose	nous supposons
tu supposes	vous supposez
il/elle/on suppose	ils/elles supposent

Imparfait

je supposais	nous supposions
tu supposais	vous supposiez
il/elle/on supposait	ils/elles supposaient

Passé composé

j'ai supposé	nous avons supposé
tu as supposé	vous avez supposé
il/elle/on a supposé	ils/elles ont supposé

Plus-que-parfait

j'avais supposé	nous avions supposé
tu avais supposé	vous aviez supposé
il/elle/on avait supposé	ils/elles avaient supposé

Futur simple

je supposerai	nous supposerons
tu supposeras	vous supposerez
il/elle/on supposera	ils/elles supposeront

Passé simple

je supposai	nous supposâmes
tu supposas	vous supposâtes
il/elle/on supposa	ils/elles supposèrent

Futur antérieur

j'aurai supposé	nous aurons supposé
tu auras supposé	vous aurez supposé
il/elle/on aura supposé	ils/elles auront supposé

Passé antérieur

j'eus supposé	nous eûmes supposé
tu eus supposé	vous eûtes supposé
il/elle/on eut supposé	ils/elles eurent supposé

SUBJONCTIF

Présent

que je suppose	que nous supposions
que tu supposes	que vous supposiez
qu'il/elle/on suppose	qu'ils/elles supposent

Passé

que j'aie supposé	que nous ayons supposé
que tu aies supposé	que vous ayez supposé
qu'il/elle/on ait supposé	qu'ils/elles aient supposé

Imparfait

que je supposasse	que nous supposassions
que tu supposasses	que vous supposassiez
qu'il/elle/on supposât	qu'ils/elles supposassent

Plus-que-parfait

que j'eusse supposé	que nous eussions supposé
que tu eusses supposé	que vous eussiez supposé
qu'il/elle/on eût supposé	qu'ils/elles eussent supposé

CONDITIONNEL

Présent

je supposerais	nous supposerions
tu supposerais	vous supposeriez
il/elle/on supposerait	ils/elles supposeraient

Passé

j'aurais supposé	nous aurions supposé
tu aurais supposé	vous auriez supposé
il/elle/on aurait supposé	ils/elles auraient supposé

IMPÉRATIF

suppose supposons supposez

Supposons que vous n'ayez plus d'argent. Et après?
Let's suppose that you don't have any more money. Then what?

Je suppose que mes enfants reviendront vers minuit.
I assume that my kids will come back around midnight.

Son argument supposait que l'on accepte l'existence de Dieu.
His argument supposed that one accepts the existence of God.

SURPRENDRE *to surprise*

Inf. surprendre *Part. prés.* surprenant *Part. passé* surpris

INDICATIF

Présent

je surprends	nous surprenons
tu surprends	vous surprenez
il/elle/on surprend	ils/elles surprennent

Passé composé

j'ai surpris	nous avons surpris
tu as surpris	vous avez surpris
il/elle/on a surpris	ils/elles ont surpris

Futur simple

je surprendrai	nous surprendrons
tu surprendras	vous surprendrez
il/elle/on surprendra	ils/elles surprendront

Futur antérieur

j'aurai surpris	nous aurons surpris
tu auras surpris	vous aurez surpris
il/elle/on aura surpris	ils/elles auront surpris

Imparfait

je surprenais	nous surprenions
tu surprenais	vous surpreniez
il/elle/on surprenait	ils/elles surprenaient

Plus-que-parfait

j'avais surpris	nous avions surpris
tu avais surpris	vous aviez surpris
il/elle/on avait surpris	ils/elles avaient surpris

Passé simple

je surpris	nous surprîmes
tu surpris	vous surprîtes
il/elle/on surprit	ils/elles surprirent

Passé antérieur

j'eus surpris	nous eûmes surpris
tu eus surpris	vous eûtes surpris
il/elle/on eut surpris	ils/elles eurent surpris

SUBJONCTIF

Présent

que je surprenne	que nous surprenions
que tu surprennes	que vous surpreniez
qu'il/elle/on surprenne	qu'ils/elles surprennent

Imparfait

que je surprisse	que nous surprissions
que tu surprisses	que vous surprissiez
qu'il/elle/on surprît	qu'ils/elles surprissent

Passé

que j'aie surpris	que nous ayons surpris
que tu aies surpris	que vous ayez surpris
qu'il/elle/on ait surpris	qu'ils/elles aient surpris

Plus-que-parfait

que j'eusse surpris	que nous eussions surpris
que tu eusses surpris	que vous eussiez surpris
qu'il/elle/on eût surpris	qu'ils/elles eussent surpris

CONDITIONNEL

Présent

je surprendrais	nous surprendrions
tu surprendrais	vous surprendriez
il/elle/on surprendrait	ils/elles surprendraient

Passé

j'aurais surpris	nous aurions surpris
tu aurais surpris	vous auriez surpris
il/elle/on aurait surpris	ils/elles auraient surpris

IMPÉRATIF

surprends surprenons surprenez

Cette mauvaise nouvelle nous surprend.
This piece of bad news is surprising to us.

Comment surprendre mon ami pour son anniversaire?
How can I surprise my friend for his birthday?

La police l'a surpris en flagrant délit!
The police caught him redhanded!

SURVIVRE *to survive*

Inf. survivre *Part. prés.* survivant *Part. passé* survécu

INDICATIF

Présent

je survis	nous survivons
tu survis	vous survivez
il/elle/on survit	ils/elles survivent

Passé composé

j'ai survécu	nous avons survécu
tu as survécu	vous avez survécu
il/elle/on a survécu	ils/elles ont survécu

Futur simple

je survivrai	nous survivrons
tu survivras	vous survivrez
il/elle/on survivra	ils/elles survivront

Futur antérieur

j'aurai survécu	nous aurons survécu
tu auras survécu	vous aurez survécu
il/elle/on aura survécu	ils/elles auront survécu

Imparfait

je survivais	nous survivions
tu survivais	vous surviviez
il/elle/on survivait	ils/elles survivaient

Plus-que-parfait

j'avais survécu	nous avions survécu
tu avais survécu	vous aviez survécu
il/elle/on avait survécu	ils/elles avaient survécu

Passé simple

je survécus	nous survécûmes
tu survécus	vous survécûtes
il/elle/on survécut	ils/elles survécurent

Passé antérieur

j'eus survécu	nous eûmes survécu
tu eus survécu	vous eûtes survécu
il/elle/on eut survécu	ils/elles eurent survécu

SUBJONCTIF

Présent

que je survive	que nous survivions
que tu survives	que vous surviviez
qu'il/elle/on survive	qu'ils/elles survivent

Imparfait

que je survécusse	que nous survécussions
que tu survécusses	que vous survécussiez
qu'il/elle/on survécût	qu'ils/elles survécussent

Passé

que j'aie survécu	que nous ayons survécu
que tu aies survécu	que vous ayez survécu
qu'il/elle/on ait survécu	qu'ils/elles aient survécu

Plus-que-parfait

que j'eusse survécu	que nous eussions survécu
que tu eusses survécu	que vous eussiez survécu
qu'il/elle/on eût survécu	qu'ils/elles eussent survécu

CONDITIONNEL

Présent

je survivrais	nous survivrions
tu survivrais	vous survivriez
il/elle/on survivrait	ils/elles survivraient

Passé

j'aurais survécu	nous aurions survécu
tu aurais survécu	vous auriez survécu
il/elle/on aurait survécu	ils/elles auraient survécu

IMPÉRATIF

survis survivons survivez

Ma fille ne pourrait pas survivre cinq minutes sans son portable!
My daughter couldn't survive five minutes without her cellphone!

Comment est-ce que ces espèces survivront?
How will these species survive?

Il a survécu pendant trois ans dans une île déserte.
He survived for three years on a desert island.

SUSCITER *to spark; to give rise to*

Inf. susciter *Part. prés.* suscitant *Part. passé* suscité

INDICATIF

Présent

je suscite	nous suscitons
tu suscites	vous suscitez
il/elle/on suscite	ils/elles suscitent

Passé composé

j'ai suscité	nous avons suscité
tu as suscité	vous avez suscité
il/elle/on a suscité	ils/elles ont suscité

Futur simple

je susciterai	nous susciterons
tu susciteras	vous susciterez
il/elle/on suscitera	ils/elles susciteront

Futur antérieur

j'aurai suscité	nous aurons suscité
tu auras suscité	vous aurez suscité
il/elle/on aura suscité	ils/elles auront suscité

Imparfait

je suscitais	nous suscitions
tu suscitais	vous suscitiez
il/elle/on suscitait	ils/elles suscitaient

Plus-que-parfait

j'avais suscité	nous avions suscité
tu avais suscité	vous aviez suscité
il/elle/on avait suscité	ils/elles avaient suscité

Passé simple

je suscitai	nous suscitâmes
tu suscitas	vous suscitâtes
il/elle/on suscita	ils/elles suscitèrent

Passé antérieur

j'eus suscité	nous eûmes suscité
tu eus suscité	vous eûtes suscité
il/elle/on eut suscité	ils/elles eurent suscité

SUBJONCTIF

Présent

que je suscite	que nous suscitions
que tu suscites	que vous suscitiez
qu'il/elle/on suscite	qu'ils/elles suscitent

Imparfait

que je suscitasse	que nous suscitassions
que tu suscitasses	que vous suscitassiez
qu'il/elle/on suscitât	qu'ils/elles suscitassent

Passé

que j'aie suscité	que nous ayons suscité
que tu aies suscité	que vous ayez suscité
qu'il/elle/on ait suscité	qu'ils/elles aient suscité

Plus-que-parfait

que j'eusse suscité	que nous eussions suscité
que tu eusses suscité	que vous eussiez suscité
qu'il/elle/on eût suscité	qu'ils/elles eussent suscité

CONDITIONNEL

Présent

je susciterais	nous susciterions
tu susciterais	vous susciteriez
il/elle/on susciterait	ils/elles susciteraient

Passé

j'aurais suscité	nous aurions suscité
tu aurais suscité	vous auriez suscité
il/elle/on aurait suscité	ils/elles auraient suscité

IMPÉRATIF

suscite suscitons suscitez

Les remarques du candidat ont suscité un grand débat.
The remarks of the candidate sparked a great debate.

L'augmentation récente de violence suscite la peur parmi les résidents.
The recent increase in violence is giving rise to fear among the residents.

Nos services de marketing prétend que ces pubs susciteront de l'intérêt pour notre produit.
Our marketing department claims that these ads will spark interest in our product.

TAPER *to hit; to type*

Inf. taper *Part. prés.* tapant *Part. passé* tapé

INDICATIF

Présent

je tape	nous tapons
tu tapes	vous tapez
il/elle/on tape	ils/elles tapent

Passé composé

j'ai tapé	nous avons tapé
tu as tapé	vous avez tapé
il/elle/on a tapé	ils/elles ont tapé

Futur simple

je taperai	nous taperons
tu taperas	vous taperez
il/elle/on tapera	ils/elles taperont

Futur antérieur

j'aurai tapé	nous aurons tapé
tu auras tapé	vous aurez tapé
il/elle/on aura tapé	ils/elles auront tapé

Imparfait

je tapais	nous tapions
tu tapais	vous tapiez
il/elle/on tapait	ils/elles tapaient

Plus-que-parfait

j'avais tapé	nous avions tapé
tu avais tapé	vous aviez tapé
il/elle/on avait tapé	ils/elles avaient tapé

Passé simple

je tapai	nous tapâmes
tu tapas	vous tapâtes
il/elle/on tapa	ils/elles tapèrent

Passé antérieur

j'eus tapé	nous eûmes tapé
tu eus tapé	vous eûtes tapé
il/elle/on eut tapé	ils/elles eurent tapé

SUBJONCTIF

Présent

que je tape	que nous tapions
que tu tapes	que vous tapiez
qu'il/elle/on tape	qu'ils/elles tapent

Imparfait

que je tapasse	que nous tapassions
que tu tapasses	que vous tapassiez
qu'il/elle/on tapât	qu'ils/elles tapassent

Passé

que j'aie tapé	que nous ayons tapé
que tu aies tapé	que vous ayez tapé
qu'il/elle/on ait tapé	qu'ils/elles aient tapé

Plus-que-parfait

que j'eusse tapé	que nous eussions tapé
que tu eusses tapé	que vous eussiez tapé
qu'il/elle/on eût tapé	qu'ils/elles eussent tapé

CONDITIONNEL

Présent

je taperais	nous taperions
tu taperais	vous taperiez
il/elle/on taperait	ils/elles taperaient

Passé

j'aurais tapé	nous aurions tapé
tu aurais tapé	vous auriez tapé
il/elle/on aurait tapé	ils/elles auraient tapé

IMPÉRATIF

tape tapons tapez

Si j'étais témoin à ce crime dans la rue, j'aurais tapé le criminel moi aussi!
If I had witnessed this crime on the street, I would have hit the criminal too!

Elle apprend à taper à la machine.
She is learning to type.

L'insituteur puni Karl parce qu'il tapait sur les autres élèves.
The school teacher is punishing Karl because he was hitting the other students.

TAQUINER *to tease*

Inf. taquiner *Part. prés.* taquinant *Part. passé* taquiné

INDICATIF

Présent

je taquine	nous taquinons
tu taquines	vous taquinez
il/elle/on taquine	ils/elles taquinent

Passé composé

j'ai taquiné	nous avons taquiné
tu as taquiné	vous avez taquiné
il/elle/on a taquiné	ils/elles ont taquiné

Futur simple

je taquinerai	nous taquinerons
tu taquineras	vous taquinerez
il/elle/on taquinera	ils/elles taquineront

Futur antérieur

j'aurai taquiné	nous aurons taquiné
tu auras taquiné	vous aurez taquiné
il/elle/on aura taquiné	ils/elles auront taquiné

Imparfait

je taquinais	nous taquinions
tu taquinais	vous taquiniez
il/elle/on taquinait	ils/elles taquinaient

Plus-que-parfait

j'avais taquiné	nous avions taquiné
tu avais taquiné	vous aviez taquiné
il/elle/on avait taquiné	ils/elles avaient taquiné

Passé simple

je taquinai	nous taquinâmes
tu taquinas	vous taquinâtes
il/elle/on taquina	ils/elles taquinèrent

Passé antérieur

j'eus taquiné	nous eûmes taquiné
tu eus taquiné	vous eûtes taquiné
il/elle/on eut taquiné	ils/elles eurent taquiné

SUBJONCTIF

Présent

que je taquine	que nous taquinions
que tu taquines	que vous taquiniez
qu'il/elle/on taquine	qu'ils/elles taquinent

Imparfait

que je taquinasse	que nous taquinassions
que tu taquinasses	que vous taquinassiez
qu'il/elle/on taquinât	qu'ils/elles taquinassent

Passé

que j'aie taquiné	que nous ayons taquiné
que tu aies taquiné	que vous ayez taquiné
qu'il/elle/on ait taquiné	qu'ils/elles aient taquiné

Plus-que-parfait

que j'eusse taquiné	que nous eussions taquiné
que tu eusses taquiné	que vous eussiez taquiné
qu'il/elle/on eût taquiné	qu'ils/elles eussent taquiné

CONDITIONNEL

Présent

je taquinerais	nous taquinerions
tu taquinerais	vous taquineriez
il/elle/on taquinerait	ils/elles taquineraient

Passé

j'aurais taquiné	nous aurions taquiné
tu aurais taquiné	vous auriez taquiné
il/elle/on aurait taquiné	ils/elles auraient taquiné

IMPÉRATIF

taquine taquinons taquinez

Lionel est très espiègle, il adore taquiner ses amis.
Lionel is very mischievous; he loves to tease his friends.

Mais calme-toi! On dit ça pour te taquiner; on n'est pas sérieux.
Calm down! We're saying that to tease you; we're not serious.

Tu me taquines, c'est ça?
You're kidding me, is that it?

TEINDRE *to dye, to stain*

Inf. teindre *Part. prés.* teignant *Part. passé* teint

INDICATIF

Présent

je teins	nous teignons
tu teins	vous teignez
il/elle/on teint	ils/elles teignent

Imparfait

je teignais	nous teignions
tu teignais	vous teigniez
il/elle/on teignait	ils/elles teignaient

Passé composé

j'ai teint	nous avons teint
tu as teint	vous avez teint
il/elle/on a teint	ils/elles ont teint

Plus-que-parfait

j'avais teint	nous avions teint
tu avais teint	vous aviez teint
il/elle/on avait teint	ils/elles avaient teint

Futur simple

je teindrai	nous teindrons
tu teindras	vous teindrez
il/elle/on teindra	ils/elles teindront

Passé simple

je teignis	nous teignîmes
tu teignis	vous teignîtes
il/elle/on teignit	ils/elles teignirent

Futur antérieur

j'aurai teint	nous aurons teint
tu auras teint	vous aurez teint
il/elle/on aura teint	ils/elles auront teint

Passé antérieur

j'eus teint	nous eûmes teint
tu eus teint	vous eûtes teint
il/elle/on eut teint	ils/elles eurent teint

SUBJONCTIF

Présent

que je teigne	que nous teignions
que tu teignes	que vous teigniez
qu'il/elle/on teigne	qu'ils/elles teignent

Passé

que j'aie teint	que nous ayons teint
que tu aies teint	que vous ayez teint
qu'il/elle/on ait teint	qu'ils/elles aient teint

Imparfait

que je teignisse	que nous teignissions
que tu teignisses	que vous teignissiez
qu'il/elle/on teignît	qu'ils/elles teignissent

Plus-que-parfait

que j'eusse teint	que nous eussions teint
que tu eusses teint	que vous eussiez teint
qu'il/elle/on eût teint	qu'ils/elles eussent teint

CONDITIONNEL

Présent

je teindrais	nous teindrions
tu teindrais	vous teindriez
il/elle/on teindrait	ils/elles teindraient

Passé

j'aurais teint	nous aurions teint
tu aurais teint	vous auriez teint
il/elle/on aurait teint	ils/elles auraient teint

IMPÉRATIF

teins teignons teignez

Elle lui a teint les cheveux et il a l'air ridicule!
She dyed his hair and he looks ridiculous!

Comment teindre le bois sans l'abîmer?
How can one stain wood without ruining it?

Elle cherche à teindre le pull qu'elle a tricoté.
She's trying to dye the sweater she knit.

TÉLÉPHONER *to phone [someone]*

Inf. téléphoner *Part. prés.* téléphoner *Part. passé* téléphoné

INDICATIF

Présent

je téléphone	nous téléphonons
tu téléphones	vous téléphonez
il/elle/on téléphone	ils/elles téléphonent

Passé composé

j'ai téléphoné	nous avons téléphoné
tu as téléphoné	vous avez téléphoné
il/elle/on a téléphoné	ils/elles ont téléphoné

Futur simple

je téléphonerai	nous téléphonerons
tu téléphoneras	vous téléphonerez
il/elle/on téléphonera	ils/elles téléphoneront

Futur antérieur

j'aurai téléphoné	nous aurons téléphoné
tu auras téléphoné	vous aurez téléphoné
il/elle/on aura téléphoné	ils/elles auront téléphoné

Imparfait

je téléphonais	nous téléphonions
tu téléphonais	vous téléphoniez
il/elle/on téléphonait	ils/elles téléphonaient

Plus-que-parfait

j'avais téléphoné	nous avions téléphoné
tu avais téléphoné	vous aviez téléphoné
il/elle/on avait téléphoné	ils/elles avaient téléphoné

Passé simple

je téléphonai	nous téléphonâmes
tu téléphonas	vous téléphonâtes
il/elle/on téléphona	ils/elles téléphonèrent

Passé antérieur

j'eus téléphoné	nous eûmes téléphoné
tu eus téléphoné	vous eûtes téléphoné
il/elle/on eut téléphoné	ils/elles eurent téléphoné

SUBJONCTIF

Présent

que je téléphone	que nous téléphonions
que tu téléphones	que vous téléphoniez
qu'il/elle/on téléphone	qu'ils/elles téléphonent

Imparfait

que je téléphonasse	que nous téléphonassions
que tu téléphonasses	que vous téléphonassiez
qu'il/elle/on téléphonât	qu'ils/elles téléphonassent

Passé

que j'aie téléphoné	que nous ayons téléphoné
que tu aies téléphoné	que vous ayez téléphoné
qu'il/elle/on ait téléphoné	qu'ils/elles aient téléphoné

Plus-que-parfait

que j'eusse téléphoné	que nous eussions téléphoné
que tu eusses téléphoné	que vous eussiez téléphoné
qu'il/elle/on eût téléphoné	qu'ils/elles eussent téléphoné

CONDITIONNEL

Présent

je téléphonerais	nous téléphonerions
tu téléphonerais	vous téléphoneriez
il/elle/on téléphonerait	ils/elles téléphoneraient

Passé

j'aurais téléphoné	nous aurions téléphoné
tu aurais téléphoné	vous auriez téléphoné
il/elle/on aurait téléphoné	ils/elles auraient téléphoné

IMPÉRATIF

téléphone téléphonons téléphonez

On se téléphone demain?
Shall we call each other tomorrow?

Téléphonez-nous quand vous y arriverez.
Phone us when you get there.

Victor leur a téléphoné maintes fois, mais personne n'a répondu.
Victor called them many times, but no one answered.

TENDRE *to tighten; to extend; to tend [to do something]*

Inf. tendre *Part. prés.* tendant *Part. passé* tendu

INDICATIF

Présent

je tends	nous tendons
tu tends	vous tendez
il/elle/on tend	ils/elles tendent

Passé composé

j'ai tendu	nous avons tendu
tu as tendu	vous avez tendu
il/elle/on a tendu	ils/elles ont tendu

Futur simple

je tendrai	nous tendrons
tu tendras	vous tendrez
il/elle/on tendra	ils/elles tendront

Futur antérieur

j'aurai tendu	nous aurons tendu
tu auras tendu	vous aurez tendu
il/elle/on aura tendu	ils/elles auront tendu

Imparfait

je tendais	nous tendions
tu tendais	vous tendiez
il/elle/on tendait	ils/elles tendaient

Plus-que-parfait

j'avais tendu	nous avions tendu
tu avais tendu	vous aviez tendu
il/elle/on avait tendu	ils/elles avaient tendu

Passé simple

je tendis	nous tendîmes
tu tendis	vous tendîtes
il/elle/on tendit	ils/elles tendirent

Passé antérieur

j'eus tendu	nous eûmes tendu
tu eus tendu	vous eûtes tendu
il/elle/on eut tendu	ils/elles eurent tendu

SUBJONCTIF

Présent

que je tende	que nous tendions
que tu tendes	que vous tendiez
qu'il/elle/on tende	qu'ils/elles tendent

Imparfait

que je tendisse	que nous tendissions
que tu tendisses	que vous tendissiez
qu'il/elle/on tendît	qu'ils/elles tendissent

Passé

que j'aie tendu	que nous ayons tendu
que tu aies tendu	que vous ayez tendu
qu'il/elle/on ait tendu	qu'ils/elles aient tendu

Plus-que-parfait

que j'eusse tendu	que nous eussions tendu
que tu eusses tendu	que vous eussiez tendu
qu'il/elle/on eût tendu	qu'ils/elles eussent tendu

CONDITIONNEL

Présent

je tendrais	nous tendrions
tu tendrais	vous tendriez
il/elle/on tendrait	ils/elles tendraient

Passé

j'aurais tendu	nous aurions tendu
tu aurais tendu	vous auriez tendu
il/elle/on aurait tendu	ils/elles auraient tendu

IMPÉRATIF

tends tendons tendez

Il faut tendre la main aux SDF de notre ville.
We need to extend a helping hand to the homeless of our city.

Le méchanicien tend les câbles de frein de la voiture.
The mechanic is tightening the brake lines on the car.

Les profs tendaient à être plus sévères avec les élèves difficiles.
The teachers tended to be stricter with difficult students.

TENIR *to hold, to keep*

Inf. tenir *Part. prés.* tenant *Part. passé* tenu

INDICATIF

Présent

je tiens	nous tenons
tu tiens	vous tenez
il/elle/on tient	ils/elles tiennent

Imparfait

je tenais	nous tenions
tu tenais	vous teniez
il/elle/on tenait	ils/elles tenaient

Passé composé

j'ai tenu	nous avons tenu
tu as tenu	vous avez tenu
il/elle/on a tenu	ils/elles ont tenu

Plus-que-parfait

j'avais tenu	nous avions tenu
tu avais tenu	vous aviez tenu
il/elle/on avait tenu	ils/elles avaient tenu

Futur simple

je tiendrai	nous tiendrons
tu tiendras	vous tiendrez
il/elle/on tiendra	ils/elles tiendront

Passé simple

je tins	nous tînmes
tu tins	vous tîntes
il/elle/on tint	ils/elles tinrent

Futur antérieur

j'aurai tenu	nous aurons tenu
tu auras tenu	vous aurez tenu
il/elle/on aura tenu	ils/elles auront tenu

Passé antérieur

j'eus tenu	nous eûmes tenu
tu eus tenu	vous eûtes tenu
il/elle/on eut tenu	ils/elles eurent tenu

SUBJONCTIF

Présent

que je tienne	que nous tenions
que tu tiennes	que vous teniez
qu'il/elle/on tienne	qu'ils/elles tiennent

Passé

que j'aie tenu	que nous ayons tenu
que tu aies tenu	que vous ayez tenu
qu'il/elle/on ait tenu	qu'ils/elles aient tenu

Imparfait

que je tinsse	que nous tinssions
que tu tinsses	que vous tinssiez
qu'il/elle/on tînt	qu'ils/elles tinssent

Plus-que-parfait

que j'eusse tenu	que nous eussions tenu
que tu eusses tenu	que vous eussiez tenu
qu'il/elle/on eût tenu	qu'ils/elles eussent tenu

CONDITIONNEL

Présent

je tiendrais	nous tiendrions
tu tiendrais	vous tiendriez
il/elle/on tiendrait	ils/elles tiendraient

Passé

j'aurais tenu	nous aurions tenu
tu aurais tenu	vous auriez tenu
il/elle/on aurait tenu	ils/elles auraient tenu

IMPÉRATIF

tiens tenons tenez

Quand on traverse la rue, je te tiens par la main.
When we cross the street, I hold your hand.

Il faut tenir ce produit laitier au frais.
You need to keep this dairy product chilled.

J'ai besoin d'un stylo pour signer mes chèques. Tiens, prends le mien.
I need a pen to sign my checks. Here you go, take mine.

TENTER *to attempt, to try; to tempt*

Inf. tenter *Part. prés.* tentant *Part. passé* tenté

INDICATIF

Présent

je tente	nous tentons
tu tentes	vous tentez
il/elle/on tente	ils/elles tentent

Imparfait

je tentais	nous tentions
tu tentais	vous tentiez
il/elle/on tentait	ils/elles tentaient

Passé composé

j'ai tenté	nous avons tenté
tu as tenté	vous avez tenté
il/elle/on a tenté	ils/elles ont tenté

Plus-que-parfait

j'avais tenté	nous avions tenté
tu avais tenté	vous aviez tenté
il/elle/on avait tenté	ils/elles avaient tenté

Futur simple

je tenterai	nous tenterons
tu tenteras	vous tenterez
il/elle/on tentera	ils/elles tenteront

Passé simple

je tentai	nous tentâmes
tu tentas	vous tentâtes
il/elle/on tenta	ils/elles tentèrent

Futur antérieur

j'aurai tenté	nous aurons tenté
tu auras tenté	vous aurez tenté
il/elle/on aura tenté	ils/elles auront tenté

Passé antérieur

j'eus tenté	nous eûmes tenté
tu eus tenté	vous eûtes tenté
il/elle/on eut tenté	ils/elles eurent tenté

SUBJONCTIF

Présent

que je tente	que nous tentions
que tu tentes	que vous tentiez
qu'il/elle/on tente	qu'ils/elles tentent

Passé

que j'aie tenté	que nous ayons tenté
que tu aies tenté	que vous ayez tenté
qu'il/elle/on ait tenté	qu'ils/elles aient tenté

Imparfait

que je tentasse	que nous tentassions
que tu tentasses	que vous tentassiez
qu'il/elle/on tentât	qu'ils/elles tentassent

Plus-que-parfait

que j'eusse tenté	que nous eussions tenté
que tu eusses tenté	que vous eussiez tenté
qu'il/elle/on eût tenté	qu'ils/elles eussent tenté

CONDITIONNEL

Présent

je tenterais	nous tenterions
tu tenterais	vous tenteriez
il/elle/on tenterait	ils/elles tenteraient

Passé

j'aurais tenté	nous aurions tenté
tu aurais tenté	vous auriez tenté
il/elle/on aurait tenté	ils/elles auraient tenté

IMPÉRATIF

tente tentons tentez

Mon frère a tenté sa chance à la cinématographie, mais ça n'a pas marché.
My brother tried his luck at cinematography but it didn't work out.

Son offre ne nous tentait guère.
His offer didn't tempt us in the least.

Je tente de vous faire comprendre que ce que vous avez dit n'est pas correct.
I'm attempting to make you understand that what you have said is incorrect.

TERMINER *to finish, to end*

Inf. terminer *Part. prés.* terminant *Part. passé* terminé

INDICATIF

Présent

je termine	nous terminons
tu termines	vous terminez
il/elle/on termine	ils/elles terminent

Imparfait

je terminais	nous terminions
tu terminais	vous terminiez
il/elle/on terminait	ils/elles terminaient

Passé composé

j'ai terminé	nous avons terminé
tu as terminé	vous avez terminé
il/elle/on a terminé	ils/elles ont terminé

Plus-que-parfait

j'avais terminé	nous avions terminé
tu avais terminé	vous aviez terminé
il/elle/on avait terminé	ils/elles avaient terminé

Futur simple

je terminerai	nous terminerons
tu termineras	vous terminerez
il/elle/on terminera	ils/elles termineront

Passé simple

je terminai	nous terminâmes
tu terminas	vous terminâtes
il/elle/on termina	ils/elles terminèrent

Futur antérieur

j'aurai terminé	nous aurons terminé
tu auras terminé	vous aurez terminé
il/elle/on aura terminé	ils/elles auront terminé

Passé antérieur

j'eus terminé	nous eûmes terminé
tu eus terminé	vous eûtes terminé
il/elle/on eut terminé	ils/elles eurent terminé

SUBJONCTIF

Présent

que je termine	que nous terminions
que tu termines	que vous terminiez
qu'il/elle/on termine	qu'ils/elles terminent

Passé

que j'aie terminé	que nous ayons terminé
que tu aies terminé	que vous ayez terminé
qu'il/elle/on ait terminé	qu'ils/elles aient terminé

Imparfait

que je terminasse	que nous terminassions
que tu terminasses	que vous terminassiez
qu'il/elle/on terminât	qu'ils/elles terminassent

Plus-que-parfait

que j'eusse terminé	que nous eussions terminé
que tu eusses terminé	que vous eussiez terminé
qu'il/elle/on eût terminé	qu'ils/elles eussent terminé

CONDITIONNEL

Présent

je terminerais	nous terminerions
tu terminerais	vous termineriez
il/elle/on terminerait	ils/elles termineraient

Passé

j'aurais terminé	nous aurions terminé
tu aurais terminé	vous auriez terminé
il/elle/on aurait terminé	ils/elles auraient terminé

IMPÉRATIF

termine terminons terminez

À la fin de cette année, Sarah aura terminé ses études.
At the end of this year, Sarah will have finished her studies.

La façon dont tu termines cette lettre est trop brusque.
The manner in which you are ending this letter is too abrupt.

Notre directeur a choisi de terminer notre contrat avec ce fournisseur.
Our manager decided to end our contract with this supplier.

TIRER *to pull; to fire [a weapon]*

Inf. tirer *Part. prés.* tirant *Part. passé* tiré

INDICATIF

Présent

je tire	nous tirons
tu tires	vous tirez
il/elle/on tire	ils/elles tirent

Passé composé

j'ai tiré	nous avons tiré
tu as tiré	vous avez tiré
il/elle/on a tiré	ils/elles ont tiré

Futur simple

je tirerai	nous tirerons
tu tireras	vous tirerez
il/elle/on tirera	ils/elles tireront

Futur antérieur

j'aurai tiré	nous aurons tiré
tu auras tiré	vous aurez tiré
il/elle/on aura tiré	ils/elles auront tiré

Imparfait

je tirais	nous tirions
tu tirais	vous tiriez
il/elle/on tirait	ils/elles tiraient

Plus-que-parfait

j'avais tiré	nous avions tiré
tu avais tiré	vous aviez tiré
il/elle/on avait tiré	ils/elles avaient tiré

Passé simple

je tirai	nous tirâmes
tu tiras	vous tirâtes
il/elle/on tira	ils/elles tirèrent

Passé antérieur

j'eus tiré	nous eûmes tiré
tu eus tiré	vous eûtes tiré
il/elle/on eut tiré	ils/elles eurent tiré

SUBJONCTIF

Présent

que je tire	que nous tirions
que tu tires	que vous tiriez
qu'il/elle/on tire	qu'ils/elles tirent

Imparfait

que je tirasse	que nous tirassions
que tu tirasses	que vous tirassiez
qu'il/elle/on tirât	qu'ils/elles tirassent

Passé

que j'aie tiré	que nous ayons tiré
que tu aies tiré	que vous ayez tiré
qu'il/elle/on ait tiré	qu'ils/elles aient tiré

Plus-que-parfait

que j'eusse tiré	que nous eussions tiré
que tu eusses tiré	que vous eussiez tiré
qu'il/elle/on eût tiré	qu'ils/elles eussent tiré

CONDITIONNEL

Présent

je tirerais	nous tirerions
tu tirerais	vous tireriez
il/elle/on tirerait	ils/elles tireraient

Passé

j'aurais tiré	nous aurions tiré
tu aurais tiré	vous auriez tiré
il/elle/on aurait tiré	ils/elles auraient tiré

IMPÉRATIF

tire tirons tirez

L'enfant tirait sa mère par le bras.
The child was pulling his mother by the arm.

Tirez les rideaux, s'il vous plaît!
Draw the curtains, please!

Il a tiré deux balles.
He fired two bullets.

TOMBER *to fall; to come down*

Inf. tomber *Part. prés.* tombant *Part. passé* tombé(e)(s)

INDICATIF

Présent

je tombe	nous tombons
tu tombes	vous tombez
il/elle/on tombe	ils/elles tombent

Imparfait

je tombais	nous tombions
tu tombais	vous tombiez
il/elle/on tombait	ils/elles tombaient

Passé composé

je suis tombé(e)	nous sommes tombé(e)s
tu es tombé(e)	vous êtes tombé(e)(s)
il/elle/on est tombé(e)	ils/elles sont tombé(e)s

Plus-que-parfait

j'étais tombé(e)	nous étions tombé(e)s
tu étais tombé(e)	vous étiez tombé(e)(s)
il/elle/on était tombé(e)	ils/elles étaient tombé(e)s

Futur simple

je tomberai	nous tomberons
tu tomberas	vous tomberez
il/elle/on tombera	ils/elles tomberont

Passé simple

je tombai	nous tombâmes
tu tombas	vous tombâtes
il/elle/on tomba	ils/elles tombèrent

Futur antérieur

je serai tombé(e)	nous serons tombé(e)s
tu seras tombé(e)	vous serez tombé(e)(s)
il/elle/on sera tombé(e)	ils/elles seront tombé(e)s

Passé antérieur

je fus tombé(e)	nous fûmes tombé(e)s
tu fus tombé(e)	vous fûtes tombé(e)(s)
il/elle/on fut tombé(e)	ils/elles furent tombé(e)s

SUBJONCTIF

Présent

que je tombe	que nous tombions
que tu tombes	que vous tombiez
qu'il/elle/on tombe	qu'ils/elles tombent

Passé

que je sois tombé(e)	que nous soyons tombé(e)s
que tu sois tombé(e)	que vous soyez tombé(e)(s)
qu'il/elle/on soit tombé(e)	qu'ils/elles soient tombé(e)s

Imparfait

que je tombasse	que nous tombassions
que tu tombasses	que vous tombassiez
qu'il/elle/on tombât	qu'ils/elles tombassent

Plus-que-parfait

que je fusse tombé(e)	que nous fussions tombé(e)s
que tu fusses tombé(e)	que vous fussiez tombé(e)(s)
qu'il/elle/on fût tombé(e)	qu'ils/elles fussent tombé(e)s

CONDITIONNEL

Présent

je tomberais	nous tomberions
tu tomberais	vous tomberiez
il/elle/on tomberait	ils/elles tomberaient

Passé

je serais tombé(e)	nous serions tombé(e)s
tu serais tombé(e)	vous seriez tombé(e)(s)
il/elle/on serait tombé(e)	ils/elles seraient tombé(e)s

IMPÉRATIF

tombe tombons tombez

Les enfants sont tombés plusieures fois sur la piste de ski.
The kids fell several times on the ski slope.

Je suis tombé dans l'escalier ce matin.
I fell down the stairs this morning.

Ce matin on a vu tomber un bébé oiseau de son nid.
This morning we saw a baby bird fall out of its nest.

TONDRE *to clip, to shear, to mow*

Inf. tondre *Part. prés.* tondant *Part. passé* tondu

INDICATIF

Présent

je tonds	nous tondons
tu tonds	vous tondez
il/elle/on tond	ils/elles tondent

Imparfait

je tondais	nous tondions
tu tondais	vous tondiez
il/elle/on tondait	ils/elles tondaient

Passé composé

j'ai tondu	nous avons tondu
tu as tondu	vous avez tondu
il/elle/on a tondu	ils/elles ont tondu

Plus-que-parfait

j'avais tondu	nous avions tondu
tu avais tondu	vous aviez tondu
il/elle/on avait tondu	ils/elles avaient tondu

Futur simple

je tondrai	nous tondrons
tu tondras	vous tondrez
il/elle/on tondra	ils/elles tondront

Passé simple

je tondis	nous tondîmes
tu tondis	vous tondîtes
il/elle/on tondit	ils/elles tondirent

Futur antérieur

j'aurai tondu	nous aurons tondu
tu auras tondu	vous aurez tondu
il/elle/on aura tondu	ils/elles auront tondu

Passé antérieur

j'eus tondu	nous eûmes tondu
tu eus tondu	vous eûtes tondu
il/elle/on eut tondu	ils/elles eurent tondu

SUBJONCTIF

Présent

que je tonde	que nous tondions
que tu tondes	que vous tondiez
qu'il/elle/on tonde	qu'ils/elles tondent

Passé

que j'aie tondu	que nous ayons tondu
que tu aies tondu	que vous ayez tondu
qu'il/elle/on ait tondu	qu'ils/elles aient tondu

Imparfait

que je tondisse	que nous tondissions
que tu tondisses	que vous tondissiez
qu'il/elle/on tondît	qu'ils/elles tondissent

Plus-que-parfait

que j'eusse tondu	que nous eussions tondu
que tu eusses tondu	que vous eussiez tondu
qu'il/elle/on eût tondu	qu'ils/elles eussent tondu

CONDITIONNEL

Présent

je tondrais	nous tondrions
tu tondrais	vous tondriez
il/elle/on tondrait	ils/elles tondraient

Passé

j'aurais tondu	nous aurions tondu
tu aurais tondu	vous auriez tondu
il/elle/on aurait tondu	ils/elles auraient tondu

IMPÉRATIF

tonds tondons tondez

L'agriculteur est en train de tondre les moutons de son troupeau.
The farmer is in the midst of shearing his flock of sheep.

Quand on est rentrés à la maison après nos vacances, notre voisin avait tondu notre gazon.
When we came back after our vacation, our neighbor had mowed our lawn.

Tonds ton chien; il a trop chaud à cause de cette canicule infernale.
Clip your dog; he's too hot on account of this infernal heat wave.

TONIFIER *to tone up, to strengthen*

Inf. tonifier *Part. prés.* tonifiant *Part. passé* tonifié

INDICATIF

Présent

je tonifie	nous tonifions
tu tonifies	vous tonifiez
il/elle/on tonifie	ils/elles tonifient

Passé composé

j'ai tonifié	nous avons tonifié
tu as tonifié	vous avez tonifié
il/elle/on a tonifié	ils/elles ont tonifié

Futur simple

je tonifierai	nous tonifierons
tu tonifieras	vous tonifierez
il/elle/on tonifiera	ils/elles tonifieront

Futur antérieur

j'aurai tonifié	nous aurons tonifié
tu auras tonifié	vous aurez tonifié
il/elle/on aura tonifié	ils/elles auront tonifié

Imparfait

je tonifiais	nous tonifiions
tu tonifiais	vous tonifiiez
il/elle/on tonifiait	ils/elles tonifiaient

Plus-que-parfait

j'avais tonifié	nous avions tonifié
tu avais tonifié	vous aviez tonifié
il/elle/on avait tonifié	ils/elles avaient tonifié

Passé simple

je tonifiai	nous tonifiâmes
tu tonifias	vous tonifiâtes
il/elle/on tonifia	ils/elles tonifièrent

Passé antérieur

j'eus tonifié	nous eûmes tonifié
tu eus tonifié	vous eûtes tonifié
il/elle/on eut tonifié	ils/elles eurent tonifié

SUBJONCTIF

Présent

que je tonifie	que nous tonifiions
que tu tonifies	que vous tonifiiez
qu'il/elle/on tonifie	qu'ils/elles tonifient

Imparfait

que je tonifiasse	que nous tonifiassions
que tu tonifiasses	que vous tonifiassiez
qu'il/elle/on tonifiât	qu'ils/elles tonifiassent

Passé

que j'aie tonifié	que nous ayons tonifié
que tu aies tonifié	que vous ayez tonifié
qu'il/elle/on ait tonifié	qu'ils/elles aient tonifié

Plus-que-parfait

que j'eusse tonifié	que nous eussions tonifié
que tu eusses tonifié	que vous eussiez tonifié
qu'il/elle/on eût tonifié	qu'ils/elles eussent tonifié

CONDITIONNEL

Présent

je tonifierais	nous tonifierions
tu tonifierais	vous tonifieriez
il/elle/on tonifierait	ils/elles tonifieraient

Passé

j'aurais tonifié	nous aurions tonifié
tu aurais tonifié	vous auriez tonifié
il/elle/on aurait tonifié	ils/elles auraient tonifié

IMPÉRATIF

tonifie tonifions tonifiez

Je cherche une lotion qui tonifie le visage.
I'm looking for a toning facial lotion.

Il fait des haltères pour tonifier son corps.
He's lifting weights to strengthen his body.

Elle est en bonne forme parce qu'elle fait des exercices pour tonifier ses muscles.
She's in great shape because she does exercises to tone her muscles.

TORDRE *to twist, to wring; to bend*

Inf. tordre *Part. prés.* tordant *Part. passé* tordu

INDICATIF

Présent

je tords	nous tordons
tu tords	vous tordez
il/elle/on tord	ils/elles tordent

Passé composé

j'ai tordu	nous avons tordu
tu as tordu	vous avez tordu
il/elle/on a tordu	ils/elles ont tordu

Futur simple

je tordrai	nous tordrons
tu tordras	vous tordrez
il/elle/on tordra	ils/elles tordront

Futur antérieur

j'aurai tordu	nous aurons tordu
tu auras tordu	vous aurez tordu
il/elle/on aura tordu	ils/elles auront tordu

Imparfait

je tordais	nous tordions
tu tordais	vous tordiez
il/elle/on tordait	ils/elles tordaient

Plus-que-parfait

j'avais tordu	nous avions tordu
tu avais tordu	vous aviez tordu
il/elle/on avait tordu	ils/elles avaient tordu

Passé simple

je tordis	nous tordîmes
tu tordis	vous tordîtes
il/elle/on tordit	ils/elles tordirent

Passé antérieur

j'eus tordu	nous eûmes tordu
tu eus tordu	vous eûtes tordu
il/elle/on eut tordu	ils/elles eurent tordu

SUBJONCTIF

Présent

que je torde	que nous tordions
que tu tordes	que vous tordiez
qu'il/elle/on torde	qu'ils/elles tordent

Imparfait

que je tordisse	que nous tordissions
que tu tordisses	que vous tordissiez
qu'il/elle/on tordît	qu'ils/elles tordissent

Passé

que j'aie tordu	que nous ayons tordu
que tu aies tordu	que vous ayez tordu
qu'il/elle/on ait tordu	qu'ils/elles aient tordu

Plus-que-parfait

que j'eusse tordu	que nous eussions tordu
que tu eusses tordu	que vous eussiez tordu
qu'il/elle/on eût tordu	qu'ils/elles eussent tordu

CONDITIONNEL

Présent

je tordrais	nous tordrions
tu tordrais	vous tordriez
il/elle/on tordrait	ils/elles tordraient

Passé

j'aurais tordu	nous aurions tordu
tu aurais tordu	vous auriez tordu
il/elle/on aurait tordu	ils/elles auraient tordu

IMPÉRATIF

tords tordons tordez

Il prétend pouvoir tordre une cuillière par sa pensée!
He's claiming he can bend a spoon with his mind!

Elle étudie le bonsaï parce qu'elle aime voir le bois des petits arbres qui tord.
She's studying bonsai because she likes seeing the wood of the small trees twist.

Je vais lui tordre le coup quand je le vois!
I'm going to wring his neck when I see him!

TOUCHER *to touch, to move, to affect*

Inf. toucher *Part. prés.* touchant *Part. passé* touché

INDICATIF

Présent

je touche	nous touchons
tu touches	vous touchez
il/elle/on touche	ils/elles touchent

Passé composé

j'ai touché	nous avons touché
tu as touché	vous avez touché
il/elle/on a touché	ils/elles ont touché

Futur simple

je toucherai	nous toucherons
tu toucheras	vous toucherez
il/elle/on touchera	ils/elles toucheront

Futur antérieur

j'aurai touché	nous aurons touché
tu auras touché	vous aurez touché
il/elle/on aura touché	ils/elles auront touché

Imparfait

je touchais	nous touchions
tu touchais	vous touchiez
il/elle/on touchait	ils/elles touchaient

Plus-que-parfait

j'avais touché	nous avions touché
tu avais touché	vous aviez touché
il/elle/on avait touché	ils/elles avaient touché

Passé simple

je touchai	nous touchâmes
tu touchas	vous touchâtes
il/elle/on toucha	ils/elles touchèrent

Passé antérieur

j'eus touché	nous eûmes touché
tu eus touché	vous eûtes touché
il/elle/on eut touché	ils/elles eurent touché

SUBJONCTIF

Présent

que je touche	que nous touchions
que tu touches	que vous touchiez
qu'il/elle/on touche	qu'ils/elles touchent

Imparfait

que je touchasse	que nous touchassions
que tu touchasses	que vous touchassiez
qu'il/elle/on touchât	qu'ils/elles touchassent

Passé

que j'aie touché	que nous ayons touché
que tu aies touché	que vous ayez touché
qu'il/elle/on ait touché	qu'ils/elles aient touché

Plus-que-parfait

que j'eusse touché	que nous eussions touché
que tu eusses touché	que vous eussiez touché
qu'il/elle/on eût touché	qu'ils/elles eussent touché

CONDITIONNEL

Présent

je toucherais	nous toucherions
tu toucherais	vous toucheriez
il/elle/on toucherait	ils/elles toucheraient

Passé

j'aurais touché	nous aurions touché
tu aurais touché	vous auriez touché
il/elle/on aurait touché	ils/elles auraient touché

IMPÉRATIF

touche touchons touchez

La crise économique récente touche beaucoup de chômeurs.
The recent economic crisis is affecting a lot of unemployed people.

Ses paroles nous ont vraiment touchés.
His words really touched us.

Touchez du bois!
Knock on wood!

TOURNER *to turn; to shoot [film]*

Inf. tourner *Part. prés.* tournant *Part. passé* tourné

INDICATIF

Présent

je tourne	nous tournons
tu tournes	vous tournez
il/elle/on tourne	ils/elles tournent

Imparfait

je tournais	nous tournions
tu tournais	vous tourniez
il/elle/on tournait	ils/elles tournaient

Passé composé

j'ai tourné	nous avons tourné
tu as tourné	vous avez tourné
il/elle/on a tourné	ils/elles ont tourné

Plus-que-parfait

j'avais tourné	nous avions tourné
tu avais tourné	vous aviez tourné
il/elle/on avait tourné	ils/elles avaient tourné

Futur simple

je tournerai	nous tournerons
tu tourneras	vous tournerez
il/elle/on tournera	ils/elles tourneront

Passé simple

je tournai	nous tournâmes
tu tournas	vous tournâtes
il/elle/on tourna	ils/elles tournèrent

Futur antérieur

j'aurai tourné	nous aurons tourné
tu auras tourné	vous aurez tourné
il/elle/on aura tourné	ils/elles auront tourné

Passé antérieur

j'eus tourné	nous eûmes tourné
tu eus tourné	vous eûtes tourné
il/elle/on eut tourné	ils/elles eurent tourné

SUBJONCTIF

Présent

que je tourne	que nous tournions
que tu tournes	que vous tourniez
qu'il/elle/on tourne	qu'ils/elles tournent

Passé

que j'aie tourné	que nous ayons tourné
que tu aies tourné	que vous ayez tourné
qu'il/elle/on ait tourné	qu'ils/elles aient tourné

Imparfait

que je tournasse	que nous tournassions
que tu tournasses	que vous tournassiez
qu'il/elle/on tournât	qu'ils/elles tournassent

Plus-que-parfait

que j'eusse tourné	que nous eussions tourné
que tu eusses tourné	que vous eussiez tourné
qu'il/elle/on eût tourné	qu'ils/elles eussent tourné

CONDITIONNEL

Présent

je tournerais	nous tournerions
tu tournerais	vous tourneriez
il/elle/on tournerait	ils/elles tourneraient

Passé

j'aurais tourné	nous aurions tourné
tu aurais tourné	vous auriez tourné
il/elle/on aurait tourné	ils/elles auraient tourné

IMPÉRATIF

tourne tournons tournez

Tournez à droite et puis continuez 500m—notre maison sera à votre gauche.
Turn right and then continue 500m—our house will be on your left.

Mes amis ont tourné un film au Maroc l'été dernier.
My friends shot a film in Morocco last summer.

Les planètes tournent autour du soleil.
The planets revolve around the sun.

TOUSSER *to cough*

Inf. tousser *Part. prés.* toussant *Part. passé* toussé

INDICATIF

Présent

je tousse	nous toussons
tu tousses	vous toussez
il/elle/on tousse	ils/elles toussent

Passé composé

j'ai toussé	nous avons toussé
tu as toussé	vous avez toussé
il/elle/on a toussé	ils/elles ont toussé

Futur simple

je tousserai	nous tousserons
tu tousseras	vous tousserez
il/elle/on toussera	ils/elles tousseront

Futur antérieur

j'aurai toussé	nous aurons toussé
tu auras toussé	vous aurez toussé
il/elle/on aura toussé	ils/elles auront toussé

Imparfait

je toussais	nous toussions
tu toussais	vous toussiez
il/elle/on toussait	ils/elles toussaient

Plus-que-parfait

j'avais toussé	nous avions toussé
tu avais toussé	vous aviez toussé
il/elle/on avait toussé	ils/elles avaient toussé

Passé simple

je toussai	nous toussâmes
tu toussas	vous toussâtes
il/elle/on toussa	ils/elles toussèrent

Passé antérieur

j'eus toussé	nous eûmes toussé
tu eus toussé	vous eûtes toussé
il/elle/on eut toussé	ils/elles eurent toussé

SUBJONCTIF

Présent

que je tousse	que nous toussions
que tu tousses	que vous toussiez
qu'il/elle/on tousse	qu'ils/elles toussent

Imparfait

que je toussasse	que nous toussassions
que tu toussasses	que vous toussassiez
qu'il/elle/on toussât	qu'ils/elles toussassent

Passé

que j'aie toussé	que nous ayons toussé
que tu aies toussé	que vous ayez toussé
qu'il/elle/on ait toussé	qu'ils/elles aient toussé

Plus-que-parfait

que j'eusse toussé	que nous eussions toussé
que tu eusses toussé	que vous eussiez toussé
qu'il/elle/on eût toussé	qu'ils/elles eussent toussé

CONDITIONNEL

Présent

je tousserais	nous tousserions
tu tousserais	vous tousseriez
il/elle/on tousserait	ils/elles tousseraient

Passé

j'aurais toussé	nous aurions toussé
tu aurais toussé	vous auriez toussé
il/elle/on aurait toussé	ils/elles auraient toussé

IMPÉRATIF

tousse toussons toussez

Il n'ai pas fermé l'œil parce que sa copine a toussé toute la nuit.
He didn't get a wink of sleep because his girlfriend coughed all night.

On a finalement trouvé un sirop qui m'a fait arrêter de tousser.
We finally found a syrup that made me stop coughing.

Tu dois aller chez le médecin; tu tousses trop!
You should go to the doctor; you're coughing too much!

TRACASSER *to bother*

Inf. tracasser *Part. prés.* tracassant *Part. passé* tracassé

INDICATIF

Présent

je tracasse	nous tracassons
tu tracasses	vous tracassez
il/elle/on tracasse	ils/elles tracassent

Passé composé

j'ai tracassé	nous avons tracassé
tu as tracassé	vous avez tracassé
il/elle/on a tracassé	ils/elles ont tracassé

Futur simple

je tracasserai	nous tracasserons
tu tracasseras	vous tracasserez
il/elle/on tracassera	ils/elles tracasseront

Futur antérieur

j'aurai tracassé	nous aurons tracassé
tu auras tracassé	vous aurez tracassé
il/elle/on aura tracassé	ils/elles auront tracassé

Imparfait

je tracassais	nous tracassions
tu tracassais	vous tracassiez
il/elle/on tracassait	ils/elles tracassaient

Plus-que-parfait

j'avais tracassé	nous avions tracassé
tu avais tracassé	vous aviez tracassé
il/elle/on avait tracassé	ils/elles avaient tracassé

Passé simple

je tracassai	nous tracassâmes
tu tracassas	vous tracassâtes
il/elle/on tracassa	ils/elles tracassèrent

Passé antérieur

j'eus tracassé	nous eûmes tracassé
tu eus tracassé	vous eûtes tracassé
il/elle/on eut tracassé	ils/elles eurent tracassé

SUBJONCTIF

Présent

que je tracasse	que nous tracassions
que tu tracasses	que vous tracassiez
qu'il/elle/on tracasse	ils/elles tracassent

Imparfait

que je tracassasse	que nous tracassassions
que tu tracassasses	que vous tracassassiez
qu'il/elle/on tracassât	ils/elles tracassassent

Passé

que j'aie tracassé	que nous ayons tracassé
que tu aies tracassé	que vous ayez tracassé
qu'il/elle/on ait tracassé	ils/elles aient tracassé

Plus-que-parfait

que j'eusse tracassé	que nous eussions tracassé
que tu eusses tracassé	que vous eussiez tracassé
qu'il/elle/on eût tracassé	ils/elles eussent tracassé

CONDITIONNEL

Présent

je tracasserais	nous tracasserions
tu tracasserais	vous tracasseriez
il/elle/on tracasserait	ils/elles tracasseraient

Passé

j'aurais tracassé	nous aurions tracassé
tu aurais tracassé	vous auriez tracassé
il/elle/on aurait tracassé	ils/elles auraient tracassé

IMPÉRATIF

tracasse tracassons tracassez

Je ne veux pas te tracasser, mais j'ai quelques questions.
I don't want to bother you, but I have a few questions.

Tous mes ennuis de santé me tracassent beaucoup.
All my health problems are bothering me a lot.

Tu adores me tracasser!
You love bothering me!

T **TRACER** *to draw, to map out; to take off (colloquial)*

Inf. tracer *Part. prés.* traçant *Part. passé* tracé

INDICATIF

Présent

je trace	nous traçons
tu traces	vous tracez
il/elle/on trace	ils/elles tracent

Imparfait

je traçais	nous tracions
tu traçais	vous traciez
il/elle/on traçait	ils/elles traçaient

Passé composé

j'ai tracé	nous avons tracé
tu as tracé	vous avez tracé
il/elle/on a tracé	ils/elles ont tracé

Plus-que-parfait

j'avais tracé	nous avions tracé
tu avais tracé	vous aviez tracé
il/elle/on avait tracé	ils/elles avaient tracé

Futur simple

je tracerai	nous tracerons
tu traceras	vous tracerez
il/elle/on tracera	ils/elles traceront

Passé simple

je traçai	nous traçâmes
tu traças	vous traçâtes
il/elle/on traça	ils/elles tracèrent

Futur antérieur

j'aurai tracé	nous aurons tracé
tu auras tracé	vous aurez tracé
il/elle/on aura tracé	ils/elles auront tracé

Passé antérieur

j'eus tracé	nous eûmes tracé
tu eus tracé	vous eûtes tracé
il/elle/on eut tracé	ils/elles eurent tracé

SUBJONCTIF

Présent

que je trace	que nous tracions
que tu traces	que vous traciez
qu'il/elle/on trace	qu'ils/elles tracent

Passé

que j'aie tracé	que nous ayons tracé
que tu aies tracé	que vous ayez tracé
qu'il/elle/on ait tracé	qu'ils/elles aient tracé

Imparfait

que je traçasse	que nous traçassions
que tu traçasses	que vous traçassiez
qu'il/elle/on traçât	qu'ils/elles traçassent

Plus-que-parfait

que j'eusse tracé	que nous eussions tracé
que tu eusses tracé	que vous eussiez tracé
qu'il/elle/on eût tracé	qu'ils/elles eussent tracé

CONDITIONNEL

Présent

je tracerais	nous tracerions
tu tracerais	vous traceriez
il/elle/on tracerait	ils/elles traceraient

Passé

j'aurais tracé	nous aurions tracé
tu aurais tracé	vous auriez tracé
il/elle/on aurait tracé	ils/elles auraient tracé

IMPÉRATIF

trace traçons tracez

Le dessinateur trace une ligne entre deux points.
The draftsman is drawing a line between two points.

Mes parents avaient tracé tout mon avenir à l'âge de dix ans.
My parents had mapped out my whole future at the age of ten.

Après cinq minutes de film les jeunes ont tracé—c'était nul!
After five minutes of the film the young people took off—it was terrible!

TRADUIRE *to translate; to convey*

Inf. traduire *Part. prés.* traduisant *Part. passé* traduit

INDICATIF

Présent

je traduis	nous traduisons
tu traduis	vous traduisez
il/elle/on traduit	ils/elles traduisent

Passé composé

j'ai traduit	nous avons traduit
tu as traduit	vous avez traduit
il/elle/on a traduit	ils/elles ont traduit

Futur simple

je traduirai	nous traduirons
tu traduiras	vous traduirez
il/elle/on traduira	ils/elles traduiront

Futur antérieur

j'aurai traduit	nous aurons traduit
tu auras traduit	vous aurez traduit
il/elle/on aura traduit	ils/elles auront traduit

Imparfait

je traduisais	nous traduisions
tu traduisais	vous traduisiez
il/elle/on traduisait	ils/elles traduisaient

Plus-que-parfait

j'avais traduit	nous avions traduit
tu avais traduit	vous aviez traduit
il/elle/on avait traduit	ils/elles avaient traduit

Passé simple

je traduisis	nous traduisîmes
tu traduisis	vous traduisîtes
il/elle/on traduisit	ils/elles traduisirent

Passé antérieur

j'eus traduit	nous eûmes traduit
tu eus traduit	vous eûtes traduit
il/elle/on eut traduit	ils/elles eurent traduit

SUBJONCTIF

Présent

que je traduise	que nous traduisions
que tu traduises	que vous traduisiez
qu'il/elle/on traduise	qu'ils/elles traduisent

Imparfait

que je traduisisse	que nous traduisissions
que tu traduisisses	que vous traduisissiez
qu'il/elle/on traduisît	qu'ils/elles traduisissent

Passé

que j'aie traduit	que nous ayons traduit
que tu aies traduit	que vous ayez traduit
qu'il/elle/on ait traduit	qu'ils/elles aient traduit

Plus-que-parfait

que j'eusse traduit	que nous eussions traduit
que tu eusses traduit	que vous eussiez traduit
qu'il/elle/on eût traduit	qu'ils/elles eussent traduit

CONDITIONNEL

Présent

je traduirais	nous traduirions
tu traduirais	vous traduiriez
il/elle/on traduirait	ils/elles traduiraient

Passé

j'aurais traduit	nous aurions traduit
tu aurais traduit	vous auriez traduit
il/elle/on aurait traduit	ils/elles auraient traduit

IMPÉRATIF

traduis traduisons traduisez

Comment traduire cette phrase?
How is this sentence translated?

Ce tableau traduit l'angoisse de l'époque.
This painting conveys the anguish of the period.

Personne dans notre classe n'a pu traduire ce paragraphe.
No one in our class was able to translate this paragraph.

TRAHIR *to betray, to give away*

Inf. trahir *Part. prés.* trahissant *Part. passé* trahi

INDICATIF

Présent

je trahis	nous trahissons
tu trahis	vous trahissez
il/elle/on trahit	ils/elles trahissent

Passé composé

j'ai trahi	nous avons trahi
tu as trahi	vous avez trahi
il/elle/on a trahi	ils/elles ont trahi

Futur simple

je trahirai	nous trahirons
tu trahiras	vous trahirez
il/elle/on trahira	ils/elles trahiront

Futur antérieur

j'aurai trahi	nous aurons trahi
tu auras trahi	vous aurez trahi
il/elle/on aura trahi	ils/elles auront trahi

Imparfait

je trahissais	nous trahissions
tu trahissais	vous trahissiez
il/elle/on trahissait	ils/elles trahissaient

Plus-que-parfait

j'avais trahi	nous avions trahi
tu avais trahi	vous aviez trahi
il/elle/on avait trahi	ils/elles avaient trahi

Passé simple

je trahis	nous trahîmes
tu trahis	vous trahîtes
il/elle/on trahit	ils/elles trahirent

Passé antérieur

j'eus trahi	nous eûmes trahi
tu eus trahi	vous eûtes trahi
il/elle/on eut trahi	ils/elles eurent trahi

SUBJONCTIF

Présent

que je trahisse	que nous trahissions
que tu trahisses	que vous trahissiez
qu'il/elle/on trahisse	qu'ils/elles trahissent

Imparfait

que je trahisse	que nous trahissions
que tu trahisses	que vous trahissiez
qu'il/elle/on trahît	qu'ils/elles trahissent

Passé

que j'aie trahi	que nous ayons trahi
que tu aies trahi	que vous ayez trahi
qu'il/elle/on ait trahi	qu'ils/elles aient trahi

Plus-que-parfait

que j'eusse trahi	que nous eussions trahi
que tu eusses trahi	que vous eussiez trahi
qu'il/elle/on eût trahi	qu'ils/elles eussent trahi

CONDITIONNEL

Présent

je trahirais	nous trahirions
tu trahirais	vous trahiriez
il/elle/on trahirait	ils/elles trahiraient

Passé

j'aurais trahi	nous aurions trahi
tu aurais trahi	vous auriez trahi
il/elle/on aurait trahi	ils/elles auraient trahi

IMPÉRATIF

trahis trahissons trahissez

Les écologistes se sentent trahis par les actions du gouvernement.
Environmentalists feel betrayed by the actions of the government.

Ton visage te trahit!
Your face is giving you away!

Elle vient d'apprendre que son mari l'avait trahie.
She just learned that her husband had betrayed her.

TRAITER *to treat; to deal with*

Inf. traiter *Part. prés.* traitant *Part. passé* traité

INDICATIF

Présent

je traite	nous traitons
tu traites	vous traitez
il/elle/on traite	ils/elles traitent

Imparfait

je traitais	nous traitions
tu traitais	vous traitiez
il/elle/on traitait	ils/elles traitaient

Passé composé

j'ai traité	nous avons traité
tu as traité	vous avez traité
il/elle/on a traité	ils/elles ont traité

Plus-que-parfait

j'avais traité	nous avions traité
tu avais traité	vous aviez traité
il/elle/on avait traité	ils/elles avaient traité

Futur simple

je traiterai	nous traiterons
tu traiteras	vous traiterez
il/elle/on traitera	ils/elles traiteront

Passé simple

je traitai	nous traitâmes
tu traitas	vous traitâtes
il/elle/on traita	ils/elles traitèrent

Futur antérieur

j'aurai traité	nous aurons traité
tu auras traité	vous aurez traité
il/elle/on aura traité	ils/elles auront traité

Passé antérieur

j'eus traité	nous eûmes traité
tu eus traité	vous eûtes traité
il/elle/on eut traité	ils/elles eurent traité

SUBJONCTIF

Présent

que je traite	que nous traitions
que tu traites	que vous traitiez
qu'il/elle/on traite	qu'ils/elles traitent

Passé

que j'aie traité	que nous ayons traité
que tu aies traité	que vous ayez traité
qu'il/elle/on ait traité	qu'ils/elles aient traité

Imparfait

que je traitasse	que nous traitassions
que tu traitasses	que vous traitassiez
qu'il/elle/on traitât	qu'ils/elles traitassent

Plus-que-parfait

que j'eusse traité	que nous eussions traité
que tu eusses traité	que vous eussiez traité
qu'il/elle/on eût traité	qu'ils/elles eussent traité

CONDITIONNEL

Présent

je traiterais	nous traiterions
tu traiterais	vous traiteriez
il/elle/on traiterait	ils/elles traiteraient

Passé

j'aurais traité	nous aurions traité
tu aurais traité	vous auriez traité
il/elle/on aurait traité	ils/elles auraient traité

IMPÉRATIF

traite traitons traitez

Il est inadmissible que l'administration nous traite ainsi.
It's unacceptable that the administration treats us this way.

Ce roman traite de l'importance de l'amour dans la vie.
This novel deals with the importance of love in life.

L'actrice les a traités avec condescendance.
The actress treated them with condescension.

TRANSCRIRE *to transcribe*

Inf. transcrire *Part. prés.* transcrivant *Part. passé* transcrit

INDICATIF

Présent

je transcris	nous transcrivons
tu transcris	vous transcrivez
il/elle/on transcrit	ils/elles transcrivent

Imparfait

je transcrivais	nous transcrivions
tu transcrivais	vous transcriviez
il/elle/on transcrivait	ils/elles transcrivaient

Passé composé

j'ai transcrit	nous avons transcrit
tu as transcrit	vous avez transcrit
il/elle/on a transcrit	ils/elles ont transcrit

Plus-que-parfait

j'avais transcrit	nous avions transcrit
tu avais transcrit	vous aviez transcrit
il/elle/on avait transcrit	ils/elles avaient transcrit

Futur simple

je transcrirai	nous transcrirons
tu transcriras	vous transcrirez
il/elle/on transcrira	ils/elles transcriront

Passé simple

je transcrivis	nous transcrivîmes
tu transcrivis	vous transcrivîtes
il/elle/on transcrivit	ils/elles transcrivirent

Futur antérieur

j'aurai transcrit	nous aurons transcrit
tu auras transcrit	vous aurez transcrit
il/elle/on aura transcrit	ils/elles auront transcrit

Passé antérieur

j'eus transcrit	nous eûmes transcrit
tu eus transcrit	vous eûtes transcrit
il/elle/on eut transcrit	ils/elles eurent transcrit

SUBJONCTIF

Présent

que je transcrive	que nous transcrivions
que tu transcrives	que vous transcriviez
qu'il/elle/on transcrive	qu'ils/elles transcrivent

Passé

que j'aie transcrit	que nous ayons transcrit
que tu aies transcrit	que vous ayez transcrit
qu'il/elle/on ait transcrit	qu'ils/elles aient transcrit

Imparfait

que je transcrivisse	que nous transcrivissions
que tu transcrivisses	que vous transcrivissiez
qu'il/elle/on transcrivît	qu'ils/elles transcrivissent

Plus-que-parfait

que j'eusse transcrit	que nous eussions transcrit
que tu eusses transcrit	que vous eussiez transcrit
qu'il/elle/on eût transcrit	qu'ils/elles eussent transcrit

CONDITIONNEL

Présent

je transcrirais	nous transcririons
tu transcrirais	vous transcririez
il/elle/on transcrirait	ils/elles transcriraient

Passé

j'aurais transcrit	nous aurions transcrit
tu aurais transcrit	vous auriez transcrit
il/elle/on aurait transcrit	ils/elles auraient transcrit

IMPÉRATIF

transcris transcrivons transcrivez

Je cherche à transcrire ces mots en alphabet phonétique.
I'm looking to transcribe these words into the phonetic alphabet.

Qui a transcrit ce texte?
Who transcribed this text?

Les musicologues transcrivent ces chants en notation musicale.
Musicologists are transcribing these songs into musical notation.

TRANSMETTRE *to pass something on, to convey, to transmit*

Inf. transmettre *Part. prés.* transmettant *Part. passé* transmis

INDICATIF

Présent

je transmets	nous transmettons
tu transmets	vous transmettez
il/elle/on transmet	ils/elles transmettent

Passé composé

j'ai transmis	nous avons transmis
tu as transmis	vous avez transmis
il/elle/on a transmis	ils/elles ont transmis

Futur simple

je transmettrai	nous transmettrons
tu transmettras	vous transmettrez
il/elle/on transmettra	ils/elles transmettront

Futur antérieur

j'aurai transmis	nous aurons transmis
tu auras transmis	vous aurez transmis
il/elle/on aura transmis	ils/elles auront transmis

Imparfait

je transmettais	nous transmettions
tu transmettais	vous transmettiez
il/elle/on transmettait	ils/elles transmettaient

Plus-que-parfait

j'avais transmis	nous avions transmis
tu avais transmis	vous aviez transmis
il/elle/on avait transmis	ils/elles avaient transmis

Passé simple

je transmis	nous transmîmes
tu transmis	vous transmîtes
il/elle/on transmit	ils/elles transmirent

Passé antérieur

j'eus transmis	nous eûmes transmis
tu eus transmis	vous eûtes transmis
il/elle/on eut transmis	ils/elles eurent transmis

SUBJONCTIF

Présent

que je transmette	que nous transmettions
que tu transmettes	que vous transmettiez
qu'il/elle/on transmette	qu'ils/elles transmettent

Imparfait

que je transmisse	que nous transmissions
que tu transmisses	que vous transmissiez
qu'il/elle/on transmît	qu'ils/elles transmissent

Passé

que j'aie transmis	que nous ayons transmis
que tu aies transmis	que vous ayez transmis
qu'il/elle/on ait transmis	qu'ils/elles aient transmis

Plus-que-parfait

que j'eusse transmis	que nous eussions transmis
que tu eusses transmis	que vous eussiez transmis
qu'il/elle/on eût transmis	qu'ils/elles eussent transmis

CONDITIONNEL

Présent

je transmettrais	nous transmettrions
tu transmettrais	vous transmettriez
il/elle/on transmettrait	ils/elles transmettraient

Passé

j'aurais transmis	nous aurions transmis
tu aurais transmis	vous auriez transmis
il/elle/on aurait transmis	ils/elles auraient transmis

IMPÉRATIF

transmets transmettons transmettez

Quand tu vois Sévérine, transmets-lui mes condoléances.
When you see Sévérine, convey to her my condolences.

Il va transmettre ses terres à ses petits-enfants.
He is going to pass on his property to his grandchildren.

Ce prof d'histoire transmet son savoir à ses étudiants.
This history professor is transmitting his knowledge to his students.

TRAVAILLER *to work*

Inf. travailler *Part. prés.* travaillant *Part. passé* travaillé

INDICATIF

Présent

je travaille	nous travaillons
tu travailles	vous travaillez
il/elle/on travaille	ils/elles travaillent

Passé composé

j'ai travaillé	nous avons travaillé
tu as travaillé	vous avez travaillé
il/elle/on a travaillé	ils/elles ont travaillé

Futur simple

je travaillerai	nous travaillerons
tu travailleras	vous travaillerez
il/elle/on travaillera	ils/elles travailleront

Futur antérieur

j'aurai travaillé	nous aurons travaillé
tu auras travaillé	vous aurez travaillé
il/elle/on aura travaillé	ils/elles auront travaillé

Imparfait

je travaillais	nous travaillions
tu travaillais	vous travailliez
il/elle/on travaillait	ils/elles travaillaient

Plus-que-parfait

j'avais travaillé	nous avions travaillé
tu avais travaillé	vous aviez travaillé
il/elle/on avait travaillé	ils/elles avaient travaillé

Passé simple

je travaillai	nous travaillâmes
tu travaillas	vous travaillâtes
il/elle/on travailla	ils/elles travaillèrent

Passé antérieur

j'eus travaillé	nous eûmes travaillé
tu eus travaillé	vous eûtes travaillé
il/elle/on eut travaillé	ils/elles eurent travaillé

SUBJONCTIF

Présent

que je travaille	que nous travaillions
que tu travailles	que vous travailliez
qu'il/elle/on travaille	qu'ils/elles travaillent

Imparfait

que je travaillasse	que nous travaillassions
que tu travaillasses	que vous travaillassiez
qu'il/elle/on travaillât	qu'ils/elles travaillassent

Passé

que j'aie travaillé	que nous ayons travaillé
que tu aies travaillé	que vous ayez travaillé
qu'il/elle/on ait travaillé	qu'ils/elles aient travaillé

Plus-que-parfait

que j'eusse travaillé	que nous eussions travaillé
que tu eusses travaillé	que vous eussiez travaillé
qu'il/elle/on eût travaillé	qu'ils/elles eussent travaillé

CONDITIONNEL

Présent

je travaillerais	nous travaillerions
tu travaillerais	vous travailleriez
il/elle/on travaillerait	ils/elles travailleraient

Passé

j'aurais travaillé	nous aurions travaillé
tu aurais travaillé	vous auriez travaillé
il/elle/on aurait travaillé	ils/elles auraient travaillé

IMPÉRATIF

travaille travaillons travaillez

Mon grand-père a travaillé en Asie pendant trente ans.
My grandfather worked in Asia for thirty years.

Le week-end prochain je travaillerai au café.
Next weekend I will work at the café.

Il est ridicule que nous travaillions pour si peu d'argent.
It's ridiculous that we work for so little money.

TRAVERSER *to cross*

Inf. traverser *Part. prés.* traversant *Part. passé* traversé

INDICATIF

Présent

je traverse	nous traversons
tu traverses	vous traversez
il/elle/on traverse	ils/elles traversent

Imparfait

je traversais	nous traversions
tu traversais	vous traversiez
il/elle/on traversait	ils/elles traversaient

Passé composé

j'ai traversé	nous avons traversé
tu as traversé	vous avez traversé
il/elle/on a traversé	ils/elles ont traversé

Plus-que-parfait

j'avais traversé	nous avions traversé
tu avais traversé	vous aviez traversé
il/elle/on avait traversé	ils/elles avaient traversé

Futur simple

je traverserai	nous traverserons
tu traverseras	vous traverserez
il/elle/on traversera	ils/elles traverseront

Passé simple

je traversai	nous traversâmes
tu traversas	vous traversâtes
il/elle/on traversa	ils/elles traversèrent

Futur antérieur

j'aurai traversé	nous aurons traversé
tu auras traversé	vous aurez traversé
il/elle/on aura traversé	ils/elles auront traversé

Passé antérieur

j'eus traversé	nous eûmes traversé
tu eus traversé	vous eûtes traversé
il/elle/on eut traversé	ils/elles eurent traversé

SUBJONCTIF

Présent

que je traverse	que nous traversions
que tu traverses	que vous traversiez
qu'il/elle/on traverse	qu'ils/elles traversent

Passé

que j'aie traversé	que nous ayons traversé
que tu aies traversé	que vous ayez traversé
qu'il/elle/on ait traversé	qu'ils/elles aient traversé

Imparfait

que je traversasse	que nous traversassions
que tu traversasses	que vous traversassiez
qu'il/elle/on traversât	qu'ils/elles traversassent

Plus-que-parfait

que j'eusse traversé	que nous eussions traversé
que tu eusses traversé	que vous eussiez traversé
qu'il/elle/on eût traversé	qu'ils/elles eussent traversé

CONDITIONNEL

Présent

je traverserais	nous traverserions
tu traverserais	vous traverseriez
il/elle/on traverserait	ils/elles traverseraient

Passé

j'aurais traversé	nous aurions traversé
tu aurais traversé	vous auriez traversé
il/elle/on aurait traversé	ils/elles auraient traversé

IMPÉRATIF

traverse traversons traversez

Pour aller à la bibliothèque, traversez la rue et tournez à gauche.
To get to the library, cross the street and turn left.

Ils traversent le Canada en train.
They are crossing Canada by train.

L'année dernière Karima et Djamila ont traversé l'Italie en moto.
Last year Karima and Djamila crossed Italy by motorbike.

TREMBLER *to tremble, to shake*

Inf. trembler *Part. prés.* tremblant *Part. passé* tremblé

INDICATIF

Présent

je tremble	nous tremblons
tu trembles	vous tremblez
il/elle/on tremble	ils/elles tremblent

Imparfait

je tremblais	nous tremblions
tu tremblais	vous trembliez
il/elle/on tremblait	ils/elles tremblaient

Passé composé

j'ai tremblé	nous avons tremblé
tu as tremblé	vous avez tremblé
il/elle/on a tremblé	ils/elles ont tremblé

Plus-que-parfait

j'avais tremblé	nous avions tremblé
tu avais tremblé	vous aviez tremblé
il/elle/on avait tremblé	ils/elles avaient tremblé

Futur simple

je tremblerai	nous tremblerons
tu trembleras	vous tremblerez
il/elle/on tremblera	ils/elles trembleront

Passé simple

je tremblai	nous tremblâmes
tu tremblas	vous tremblâtes
il/elle/on trembla	ils/elles tremblèrent

Futur antérieur

j'aurai tremblé	nous aurons tremblé
tu auras tremblé	vous aurez tremblé
il/elle/on aura tremblé	ils/elles auront tremblé

Passé antérieur

j'eus tremblé	nous eûmes tremblé
tu eus tremblé	vous eûtes tremblé
il/elle/on eut tremblé	ils/elles eurent tremblé

SUBJONCTIF

Présent

que je tremble	que nous tremblions
que tu trembles	que vous trembliez
qu'il/elle/on tremble	qu'ils/elles tremblent

Passé

que j'aie tremblé	que nous ayons tremblé
que tu aies tremblé	que vous ayez tremblé
qu'il/elle/on ait tremblé	qu'ils/elles aient tremblé

Imparfait

que je tremblasse	que nous tremblassions
que tu tremblasses	que vous tremblassiez
qu'il/elle/on tremblât	qu'ils/elles tremblassent

Plus-que-parfait

que j'eusse tremblé	que nous eussions tremblé
que tu eusses tremblé	que vous eussiez tremblé
qu'il/elle/on eût tremblé	qu'ils/elles eussent tremblé

CONDITIONNEL

Présent

je tremblerais	nous tremblerions
tu tremblerais	vous trembleriez
il/elle/on tremblerait	ils/elles trembleraient

Passé

j'aurais tremblé	nous aurions tremblé
tu aurais tremblé	vous auriez tremblé
il/elle/on aurait tremblé	ils/elles auraient tremblé

IMPÉRATIF

tremble tremblons tremblez

Les enfants tremblent à cause du débordement violent de leur maîtresse.
The kids are trembling due to the violent outburst of their teacher.

Quand on a retrouvé notre chien perdu, il tremblait comme une feuille.
When we found our lost dog, he was trembling like a leaf.

Les spectateurs ne pouvaient pas comprendre l'orateur parce que sa voix tremblait.
The audience couldn't understand the speaker because his voice was trembling.

TRICHER *to cheat*

Inf. tricher *Part. prés.* trichant *Part. passé* triché

INDICATIF

Présent

je triche	nous trichons
tu triches	vous trichez
il/elle/on triche	ils/elles trichent

Imparfait

je trichais	nous trichions
tu trichais	vous trichiez
il/elle/on trichait	ils/elles trichaient

Passé composé

j'ai triché	nous avons triché
tu as triché	vous avez triché
il/elle/on a triché	ils/elles ont triché

Plus-que-parfait

j'avais triché	nous avions triché
tu avais triché	vous aviez triché
il/elle/on avait triché	ils/elles avaient triché

Futur simple

je tricherai	nous tricherons
tu tricheras	vous tricherez
il/elle/on trichera	ils/elles tricheront

Passé simple

je trichai	nous trichâmes
tu trichas	vous trichâtes
il/elle/on tricha	ils/elles trichèrent

Futur antérieur

j'aurai triché	nous aurons triché
tu auras triché	vous aurez triché
il/elle/on aura triché	ils/elles auront triché

Passé antérieur

j'eus triché	nous eûmes triché
tu eus triché	vous eûtes triché
il/elle/on eut triché	ils/elles eurent triché

SUBJONCTIF

Présent

que je triche	que nous trichions
que tu triches	que vous trichiez
qu'il/elle/on triche	qu'ils/elles trichent

Passé

que j'aie triché	que nous ayons triché
que tu aies triché	que vous ayez triché
qu'il/elle/on ait triché	qu'ils/elles aient triché

Imparfait

que je trichasse	que nous trichassions
que tu trichasses	que vous trichassiez
qu'il/elle/on trichât	qu'ils/elles trichassent

Plus-que-parfait

que j'eusse triché	que nous eussions triché
que tu eusses triché	que vous eussiez triché
qu'il/elle/on eût triché	qu'ils/elles eussent triché

CONDITIONNEL

Présent

je tricherais	nous tricherions
tu tricherais	vous tricheriez
il/elle/on tricherait	ils/elles tricheraient

Passé

j'aurais triché	nous aurions triché
tu aurais triché	vous auriez triché
il/elle/on aurait triché	ils/elles auraient triché

IMPÉRATIF

triche trichons trichez

Trichons! Personne ne saura!
Let's cheat! No one will know!

Ne trichons pas—ce n'est pas juste.
Let's not cheat—it's not right.

L'étudiant est honnête—il ne triche pas.
The student is honest—he doesn't cheat.

T **TRICOTER** *to knit*

Inf. tricoter *Part. prés.* tricotant *Part. passé* tricoté

INDICATIF

Présent

je tricote	nous tricotons
tu tricotes	vous tricotez
il/elle/on tricote	ils/elles tricotent

Passé composé

j'ai tricoté	nous avons tricoté
tu as tricoté	vous avez tricoté
il/elle/on a tricoté	ils/elles ont tricoté

Futur simple

je tricoterai	nous tricoterons
tu tricoteras	vous tricoterez
il/elle/on tricotera	ils/elles tricoteront

Futur antérieur

j'aurai tricoté	nous aurons tricoté
tu auras tricoté	vous aurez tricoté
il/elle/on aura tricoté	ils/elles auront tricoté

Imparfait

je tricotais	nous tricotions
tu tricotais	vous tricotiez
il/elle/on tricotait	ils/elles tricotaient

Plus-que-parfait

j'avais tricoté	nous avions tricoté
tu avais tricoté	vous aviez tricoté
il/elle/on avait tricoté	ils/elles avaient tricoté

Passé simple

je tricotai	nous tricotâmes
tu tricotas	vous tricotâtes
il/elle/on tricota	ils/elles tricotèrent

Passé antérieur

j'eus tricoté	nous eûmes tricoté
tu eus tricoté	vous eûtes tricoté
il/elle/on eut tricoté	ils/elles eurent tricoté

SUBJONCTIF

Présent

que je tricote	que nous tricotions
que tu tricotes	que vous tricotiez
qu'il/elle/on tricote	qu'ils/elles tricotent

Imparfait

que je tricotasse	que nous tricotassions
que tu tricotasses	que vous tricotassiez
qu'il/elle/on tricotât	qu'ils/elles tricotassent

Passé

que j'aie tricoté	que nous ayons tricoté
que tu aies tricoté	que vous ayez tricoté
qu'il/elle/on ait tricoté	qu'ils/elles aient tricoté

Plus-que-parfait

que j'eusse tricoté	que nous eussions tricoté
que tu eusses tricoté	que vous eussiez tricoté
qu'il/elle/on eût tricoté	qu'ils/elles eussent tricoté

CONDITIONNEL

Présent

je tricoterais	nous tricoterions
tu tricoterais	vous tricoteriez
il/elle/on tricoterait	ils/elles tricoteraient

Passé

j'aurais tricoté	nous aurions tricoté
tu aurais tricoté	vous auriez tricoté
il/elle/on aurait tricoté	ils/elles auraient tricoté

IMPÉRATIF

tricote tricotons tricotez

Apprends-moi à tricoter!
Teach me to knit!

On tricote demain?
Are we knitting tomorrow?

Si elle avait su que tu étais enceinte, elle t'aurait tricoté quelque chose.
If she had known you were pregnant, she would have knitted you something.

TROMPER *to deceive, to fool; to cheat*

Inf. tromper *Part. prés.* trompant *Part. passé* trompé

INDICATIF

Présent

je trompe	nous trompons
tu trompes	vous trompez
il/elle/on trompe	ils/elles trompent

Imparfait

je trompais	nous trompions
tu trompais	vous trompiez
il/elle/on trompait	ils/elles trompaient

Passé composé

j'ai trompé	nous avons trompé
tu as trompé	vous avez trompé
il/elle/on a trompé	ils/elles ont trompé

Plus-que-parfait

j'avais trompé	nous avions trompé
tu avais trompé	vous aviez trompé
il/elle/on avait trompé	ils/elles avaient trompé

Futur simple

je tromperai	nous tromperons
tu tromperas	vous tromperez
il/elle/on trompera	ils/elles tromperont

Passé simple

je trompai	nous trompâmes
tu trompas	vous trompâtes
il/elle/on trompa	ils/elles trompèrent

Futur antérieur

j'aurai trompé	nous aurons trompé
tu auras trompé	vous aurez trompé
il/elle/on aura trompé	ils/elles auront trompé

Passé antérieur

j'eus trompé	nous eûmes trompé
tu eus trompé	vous eûtes trompé
il/elle/on eut trompé	ils/elles eurent trompé

SUBJONCTIF

Présent

que je trompe	que nous trompions
que tu trompes	que vous trompiez
qu'il/elle/on trompe	qu'ils/elles trompent

Passé

que j'aie trompé	que nous ayons trompé
que tu aies trompé	que vous ayez trompé
qu'il/elle/on ait trompé	qu'ils/elles aient trompé

Imparfait

que je trompasse	que nous trompassions
que tu trompasses	que vous trompassiez
qu'il/elle/on trompât	qu'ils/elles trompassent

Plus-que-parfait

que j'eusse trompé	que nous eussions trompé
que tu eusses trompé	que vous eussiez trompé
qu'il/elle/on eût trompé	qu'ils/elles eussent trompé

CONDITIONNEL

Présent

je tromperais	nous tromperions
tu tromperais	vous tromperiez
il/elle/on tromperait	ils/elles tromperaient

Passé

j'aurais trompé	nous aurions trompé
tu aurais trompé	vous auriez trompé
il/elle/on aurait trompé	ils/elles auraient trompé

IMPÉRATIF

trompe trompons trompez

Ce candidat a trompé tout le monde.
This candidate fooled everyone.

Ginette est naïve et donc facile à tromper.
Ginette is naïve, and thus easy to deceive.

Tu ne me tromperas pas cette fois!
You won't fool me this time!

TROUVER *to find*

Inf. trouver *Part. prés.* trouvant *Part. passé* trouvé

INDICATIF

Présent

je trouve	nous trouvons
tu trouves	vous trouvez
il/elle/on trouve	ils/elles trouvent

Passé composé

j'ai trouvé	nous avons trouvé
tu as trouvé	vous avez trouvé
il/elle/on a trouvé	ils/elles ont trouvé

Futur simple

je trouverai	nous trouverons
tu trouveras	vous trouverez
il/elle/on trouvera	ils/elles trouveront

Futur antérieur

j'aurai trouvé	nous aurons trouvé
tu auras trouvé	vous aurez trouvé
il/elle/on aura trouvé	ils/elles auront trouvé

Imparfait

je trouvais	nous trouvions
tu trouvais	vous trouviez
il/elle/on trouvait	ils/elles trouvaient

Plus-que-parfait

j'avais trouvé	nous avions trouvé
tu avais trouvé	vous aviez trouvé
il/elle/on avait trouvé	ils/elles avaient trouvé

Passé simple

je trouvai	nous trouvâmes
tu trouvas	vous trouvâtes
il/elle/on trouva	ils/elles trouvèrent

Passé antérieur

j'eus trouvé	nous eûmes trouvé
tu eus trouvé	vous eûtes trouvé
il/elle/on eut trouvé	ils/elles eurent trouvé

SUBJONCTIF

Présent

que je trouve	que nous trouvions
que tu trouves	que vous trouviez
qu'il/elle/on trouve	qu'ils/elles trouvent

Imparfait

que je trouvasse	que nous trouvassions
que tu trouvasses	que vous trouvassiez
qu'il/elle/on trouvât	qu'ils/elles trouvassent

Passé

que j'aie trouvé	que nous ayons trouvé
que tu aies trouvé	que vous ayez trouvé
qu'il/elle/on ait trouvé	qu'ils/elles aient trouvé

Plus-que-parfait

que j'eusse trouvé	que nous eussions trouvé
que tu eusses trouvé	que vous eussiez trouvé
qu'il/elle/on eût trouvé	qu'ils/elles eussent trouvé

CONDITIONNEL

Présent

je trouverais	nous trouverions
tu trouverais	vous trouveriez
il/elle/on trouverait	ils/elles trouveraient

Passé

j'aurais trouvé	nous aurions trouvé
tu aurais trouvé	vous auriez trouvé
il/elle/on aurait trouvé	ils/elles auraient trouvé

IMPÉRATIF

trouve trouvons trouvez

Où a-t-il trouvé ce bouquin?
Where did he find this book?

Il faut que vous trouviez une solution tout de suite!
You need to find a solution immediately!

Je trouve ce fromage un peu fade.
I find this cheese to be a bit bland.

SE TROUVER *to be located; to find oneself*

Inf. se trouver *Part. prés.* se trouvant *Part. passé* trouvé(e)(s)

INDICATIF

Présent

je me trouve	nous nous trouvons
tu te trouves	vous vous trouvez
il/elle/on se trouve	ils/elles se trouvent

Imparfait

je me trouvais	nous nous trouvions
tu te trouvais	vous vous trouviez
il/elle/on se trouvait	ils/elles se trouvaient

Passé composé

je me suis trouvé(e)	nous nous sommes trouvé(e)s
tu t'es trouvé(e)	vous vous êtes trouvé(e)(s)
il/elle/on s'est trouvé(e)	ils/elles se sont trouvé(e)s

Plus-que-parfait

je m'étais trouvé(e)	nous nous étions trouvé(e)s
tu t'étais trouvé(e)	vous vous étiez trouvé(e)(s)
il/elle/on s'était trouvé(e)	ils/elles s'étaient trouvé(e)s

Futur simple

je me trouverai	nous nous trouverons
tu te trouveras	vous vous trouverez
il/elle/on se trouvera	ils/elles se trouveront

Passé simple

je me trouvai	nous nous trouvâmes
tu te trouvas	vous vous trouvâtes
il/elle/on se trouva	ils/elles se trouvèrent

Futur antérieur

je me serai trouvé(e)	nous nous serons trouvé(e)s
tu te seras trouvé(e)	vous vous serez trouvé(e)(s)
il/elle/on se sera trouvé(e)	ils/elles se seront trouvé(e)s

Passé antérieur

je me fus trouvé(e)	nous nous fûmes trouvé(e)s
tu te fus trouvé(e)	vous vous fûtes trouvé(e)(s)
il/elle/on se fut trouvé(e)	ils/elles se furent trouvé(e)s

SUBJONCTIF

Présent

que je me trouve	que nous nous trouvions
que tu te trouves	que vous vous trouviez
qu'il/elle/on se trouve	qu'ils/elles se trouvent

Passé

que je me sois trouvé(e)	que nous nous soyons trouvé(e)s
que tu te sois trouvé(e)	que vous vous soyez trouvé(e)(s)
qu'il/elle/on se soit trouvé(e)	qu'ils/elles se soient trouvé(e)s

Imparfait

que je me trouvasse	que nous nous trouvassions
que tu te trouvasses	que vous vous trouvassiez
qu'il/elle/on se trouvât	qu'ils/elles se trouvassent

Plus-que-parfait

que je me fusse trouvé(e)	que nous nous fussions trouvé(e)s
que tu te fusses trouvé(e)	que vous vous fussiez trouvé(e)(s)
qu'il/elle/on se fût trouvé(e)	qu'ils/elles se fussent trouvé(e)s

CONDITIONNEL

Présent

je me trouverais	nous nous trouverions
tu te trouverais	vous vous trouveriez
il/elle/on se trouverait	ils/elles se trouveraient

Passé

je me serais trouvé(e)	nous nous serions trouvé(e)s
tu te serais trouvé(e)	vous vous seriez trouvé(e)(s)
il/elle/on se serait trouvé(e)	ils/elles se seraient trouvé(e)s

IMPÉRATIF

trouve-toi trouvons-nous trouvez-vous

Où se trouve la gare par rapport à ici?
Where is the train station located in relation to here?

Encore une fois ils se trouvent en pleine crise.
Once again they find themselves in the midst of a crisis.

Après les négociations, les deux parties se trouvaient toujours dans une impasse.
After the negotiations, the two parties still found themselves at an impasse.

TUER *to kill*

Inf. tuer *Part. prés.* tuant *Part. passé* tué

INDICATIF

Présent

je tue	nous tuons
tu tues	vous tuez
il/elle/on tue	ils/elles tuent

Imparfait

je tuais	nous tuions
tu tuais	vous tuiez
il/elle/on tuait	ils/elles tuaient

Passé composé

j'ai tué	nous avons tué
tu as tué	vous avez tué
il/elle/on a tué	ils/elles ont tué

Plus-que-parfait

j'avais tué	nous avions tué
tu avais tué	vous aviez tué
il/elle/on avait tué	ils/elles avaient tué

Futur simple

je tuerai	nous tuerons
tu tueras	vous tuerez
il/elle/on tuera	ils/elles tueront

Passé simple

je tuai	nous tuâmes
tu tuas	vous tuâtes
il/elle/on tua	ils/elles tuèrent

Futur antérieur

j'aurai tué	nous aurons tué
tu auras tué	vous aurez tué
il/elle/on aura tué	ils/elles auront tué

Passé antérieur

j'eus tué	nous eûmes tué
tu eus tué	vous eûtes tué
il/elle/on eut tué	ils/elles eurent tué

SUBJONCTIF

Présent

que je tue	que nous tuions
que tu tues	que vous tuiez
qu'il/elle/on tue	qu'ils/elles tuent

Passé

que j'aie tué	que nous ayons tué
que tu aies tué	que vous ayez tué
qu'il/elle/on ait tué	qu'ils/elles aient tué

Imparfait

que je tuasse	que nous tuassions
que tu tuasses	que vous tuassiez
qu'il/elle/on tuât	qu'ils/elles tuassent

Plus-que-parfait

que j'eusse tué	que nous eussions tué
que tu eusses tué	que vous eussiez tué
qu'il/elle/on eût tué	qu'ils/elles eussent tué

CONDITIONNEL

Présent

je tuerais	nous tuerions
tu tuerais	vous tueriez
il/elle/on tuerait	ils/elles tueraient

Passé

j'aurais tué	nous aurions tué
tu aurais tué	vous auriez tué
il/elle/on aurait tué	ils/elles auraient tué

IMPÉRATIF

tue tuons tuez

Ne grimpe pas si haut, tu vas te tuer!
Don't climb so high, you're going to kill yourself!

Elle te tuera si tu lui dis cela!
She will kill you if you tell her that!

Deux personnes se sont tuées dans une bagarre ici hier soir.
Two people killed one another in a fight here last night.

TUTOYER *to use the informal "you" (tu)*

Inf. tutoyer *Part. prés.* tutoyant *Part. passé* tutoyé

INDICATIF

Présent

je tutoie	nous tutoyons
tu tutoies	vous tutoyez
il/elle/on tutoie	ils/elles tutoient

Passé composé

j'ai tutoyé	nous avons tutoyé
tu as tutoyé	vous avez tutoyé
il/elle/on a tutoyé	ils/elles ont tutoyé

Futur simple

je tutoierai	nous tutoierons
tu tutoieras	vous tutoierez
il/elle/on tutoiera	ils/elles tutoieront

Futur antérieur

j'aurai tutoyé	nous aurons tutoyé
tu auras tutoyé	vous aurez tutoyé
il/elle/on aura tutoyé	ils/elles auront tutoyé

Imparfait

je tutoyais	nous tutoyions
tu tutoyais	vous tutoyiez
il/elle/on tutoyait	ils/elles tutoyaient

Plus-que-parfait

j'avais tutoyé	nous avions tutoyé
tu avais tutoyé	vous aviez tutoyé
il/elle/on avait tutoyé	ils/elles avaient tutoyé

Passé simple

je tutoyai	nous tutoyâmes
tu tutoyas	vous tutoyâtes
il/elle/on tutoya	ils/elles tutoyèrent

Passé antérieur

j'eus tutoyé	nous eûmes tutoyé
tu eus tutoyé	vous eûtes tutoyé
il/elle/on eut tutoyé	ils/elles eurent tutoyé

SUBJONCTIF

Présent

que je tutoie	que nous tutoyions
que tu tutoies	que vous tutoyiez
qu'il/elle/on tutoie	qu'ils/elles tutoient

Imparfait

que je tutoyasse	que nous tutoyassions
que tu tutoyasses	que vous tutoyassiez
qu'il/elle/on tutoyât	qu'ils/elles tutoyassent

Passé

que j'aie tutoyé	que nous ayons tutoyé
que tu aies tutoyé	que vous ayez tutoyé
qu'il/elle/on ait tutoyé	qu'ils/elles aient tutoyé

Plus-que-parfait

que j'eusse tutoyé	que nous eussions tutoyé
que tu eusses tutoyé	que vous eussiez tutoyé
qu'il/elle/on eût tutoyé	qu'ils/elles eussent tutoyé

CONDITIONNEL

Présent

je tutoierais	nous tutoierions
tu tutoierais	vous tutoieriez
il/elle/on tutoierait	ils/elles tutoieraient

Passé

j'aurais tutoyé	nous aurions tutoyé
tu aurais tutoyé	vous auriez tutoyé
il/elle/on aurait tutoyé	ils/elles auraient tutoyé

IMPÉRATIF

tutoie tutoyons tutoyez

On peut se tutoyer?
May we use "tu" with one another?

Ne me tutoyez pas!
Don't use "tu" with me!

Un étudiant ne doit jamais tutoyer son prof.
A student should never use "tu" with his professor.

UNIFIER *to unify, to standardize*

Inf. unifier *Part. prés.* unifiant *Part. passé* unifié

INDICATIF

Présent

j'unifie	nous unifions
tu unifies	vous unifiez
il/elle/on unifie	ils/elles unifient

Imparfait

j'unifiais	nous unifiions
tu unifiais	vous unifiiez
il/elle/on unifiait	ils/elles unifiaient

Passé composé

j'ai unifié	nous avons unifié
tu as unifié	vous avez unifié
il/elle/on a unifié	ils/elles ont unifié

Plus-que-parfait

j'avais unifié	nous avions unifié
tu avais unifié	vous aviez unifié
il/elle/on avait unifié	ils/elles avaient unifié

Futur simple

j'unifierai	nous unifierons
tu unifieras	vous unifierez
il/elle/on unifiera	ils/elles unifieront

Passé simple

j'unifiai	nous unifiâmes
tu unifias	vous unifiâtes
il/elle/on unifia	ils/elles unifièrent

Futur antérieur

j'aurai unifié	nous aurons unifié
tu auras unifié	vous aurez unifié
il/elle/on aura unifié	ils/elles auront unifié

Passé antérieur

j'eus unifié	nous eûmes unifié
tu eus unifié	vous eûtes unifié
il/elle/on eut unifié	ils/elles eurent unifié

SUBJONCTIF

Présent

que j'unifie	que nous unifiions
que tu unifies	que vous unifiiez
qu'il/elle/on unifie	qu'ils/elles unifient

Passé

que j'aie unifié	que nous ayons unifié
que tu aies unifié	que vous ayez unifié
qu'il/elle/on ait unifié	qu'ils/elles aient unifié

Imparfait

que j'unifiasse	que nous unifiassions
que tu unifiasses	que vous unifiassiez
qu'il/elle/on unifiât	qu'ils/elles unifiassent

Plus-que-parfait

que j'eusse unifié	que nous eussions unifié
que tu eusses unifié	que vous eussiez unifié
qu'il/elle/on eût unifié	qu'ils/elles eussent unifié

CONDITIONNEL

Présent

j'unifierais	nous unifierions
tu unifierais	vous unifieriez
il/elle/on unifierait	ils/elles unifieraient

Passé

j'aurais unifié	nous aurions unifié
tu aurais unifié	vous auriez unifié
il/elle/on aurait unifié	ils/elles auraient unifié

IMPÉRATIF

unifie unifions unifiez

Nous devons unifier ce système.
We should standardize this system.

Cette femme unifera notre pays.
This woman will unify our country.

J'ai trop de tâches de rousseur; je veux unifier mon teint.
I have too many freckles; I want to make my skin more even.

UNIR *to unite*

Inf. unir *Part. prés.* unissant *Part. passé* uni

INDICATIF

Présent

j'unis	nous unissons
tu unis	vous unissez
il/elle/on unit	ils/elles unissent

Passé composé

j'ai uni	nous avons uni
tu as uni	vous avez uni
il/elle/on a uni	ils/elles ont uni

Futur simple

j'unirai	nous unirons
tu uniras	vous unirez
il/elle/on unira	ils/elles uniront

Futur antérieur

j'aurai uni	nous aurons uni
tu auras uni	vous aurez uni
il/elle/on aura uni	ils/elles auront uni

Imparfait

j'unissais	nous unissions
tu unissais	vous unissiez
il/elle/on unissait	ils/elles unissaient

Plus-que-parfait

j'avais uni	nous avions uni
tu avais uni	vous aviez uni
il/elle/on avait uni	ils/elles avaient uni

Passé simple

j'unis	nous unîmes
tu unis	vous unîtes
il/elle/on unit	ils/elles unirent

Passé antérieur

j'eus uni	nous eûmes uni
tu eus uni	vous eûtes uni
il/elle/on eut uni	ils/elles eurent uni

SUBJONCTIF

Présent

que j'unisse	que nous unissions
que tu unisses	que vous unissiez
qu'il/elle/on unisse	qu'ils/elles unissent

Imparfait

que j'unisse	que nous unissions
que tu unisses	que vous unissiez
qu'il/elle/on unît	qu'ils/elles unissent

Passé

que j'aie uni	que nous ayons uni
que tu aies uni	que vous ayez uni
qu'il/elle/on ait uni	qu'ils/elles aient uni

Plus-que-parfait

que j'eusse uni	que nous eussions uni
que tu eusses uni	que vous eussiez uni
qu'il/elle/on eût uni	qu'ils/elles eussent uni

CONDITIONNEL

Présent

j'unirais	nous unirions
tu unirais	vous uniriez
il/elle/on unirait	ils/elles uniraient

Passé

j'aurais uni	nous aurions uni
tu aurais uni	vous auriez uni
il/elle/on aurait uni	ils/elles auraient uni

IMPÉRATIF

unis unissons unissez

Unissons nos forces contre elle!
Let's unite forces against her!

On va unir ce que nous avons pour subsister.
We are going to put what we have together in order to survive.

L'Internet empêche les familles de s'unir.
Television prevents families from being together.

USER *to wear out, to wear down, to use*

Inf. user *Part. prés.* usant *Part. passé* usé

INDICATIF

Présent

j'use	nous usons
tu uses	vous usez
il/elle/on use	ils/elles usent

Imparfait

j'usais	nous usions
tu usais	vous usiez
il/elle/on usait	ils/elles usaient

Passé composé

j'ai usé	nous avons usé
tu as usé	vous avez usé
il/elle/on a usé	ils/elles ont usé

Plus-que-parfait

j'avais usé	nous avions usé
tu avais usé	vous aviez usé
il/elle/on avait usé	ils/elles avaient usé

Futur simple

j'userai	nous userons
tu useras	vous userez
il/elle/on usera	ils/elles useront

Passé simple

j'usai	nous usâmes
tu usas	vous usâtes
il/elle/on usa	ils/elles usèrent

Futur antérieur

j'aurai usé	nous aurons usé
tu auras usé	vous aurez usé
il/elle/on aura usé	ils/elles auront usé

Passé antérieur

j'eus usé	nous eûmes usé
tu eus usé	vous eûtes usé
il/elle/on eut usé	ils/elles eurent usé

SUBJONCTIF

Présent

que j'use	que nous usions
que tu uses	que vous usiez
qu'il/elle/on use	qu'ils/elles usent

Passé

que j'aie usé	que nous ayons usé
que tu aies usé	que vous ayez usé
qu'il/elle/on ait usé	qu'ils/elles aient usé

Imparfait

que j'usasse	que nous usassions
que tu usasses	que vous usassiez
qu'il/elle/on usât	qu'ils/elles usassent

Plus-que-parfait

que j'eusse usé	que nous eussions usé
que tu eusses usé	que vous eussiez usé
qu'il/elle/on eût usé	qu'ils/elles eussent usé

CONDITIONNEL

Présent

j'userais	nous userions
tu userais	vous useriez
il/elle/on userait	ils/elles useraient

Passé

j'aurais usé	nous aurions usé
tu aurais usé	vous auriez usé
il/elle/on aurait usé	ils/elles auraient usé

IMPÉRATIF

use usons usez

Elle use trop ses vêtements,
She wears out her clothes too much.

Tu dois user de précautions avec cette machine.
You should use precaution with this machine.

Tu vas user ton portable si tu continues à l'utiliser 24 heures sur 24.
You're going to wear out your cell phone if you continue to use it 24 hours a day.

UTILISER *to use*

Inf. utiliser *Part. prés.* utilisant *Part. passé* utilisé

INDICATIF

Présent

j'utilise	nous utilisons
tu utilises	vous utilisez
il/elle/on utilise	ils/elles utilisent

Imparfait

j'utilisais	nous utilisions
tu utilisais	vous utilisiez
il/elle/on utilisait	ils/elles utilisaient

Passé composé

j'ai utilisé	nous avons utilisé
tu as utilisé	vous avez utilisé
il/elle/on a utilisé	ils/elles ont utilisé

Plus-que-parfait

j'avais utilisé	nous avions utilisé
tu avais utilisé	vous aviez utilisé
il/elle/on avait utilisé	ils/elles avaient utilisé

Futur simple

j'utiliserai	nous utiliserons
tu utiliseras	vous utiliserez
il/elle/on utilisera	ils/elles utiliseront

Passé simple

j'utilisai	nous utilisâmes
tu utilisas	vous utilisâtes
il/elle/on utilisa	ils/elles utilisèrent

Futur antérieur

j'aurai utilisé	nous aurons utilisé
tu auras utilisé	vous aurez utilisé
il/elle/on aura utilisé	ils/elles auront utilisé

Passé antérieur

j'eus utilisé	nous eûmes utilisé
tu eus utilisé	vous eûtes utilisé
il/elle/on eut utilisé	ils/elles eurent utilisé

SUBJONCTIF

Présent

que j'utilise	que nous utilisions
que tu utilises	que vous utilisiez
qu'il/elle/on utilise	qu'ils/elles utilisent

Passé

que j'aie utilisé	que nous ayons utilisé
que tu aies utilisé	que vous ayez utilisé
qu'il/elle/on ait utilisé	qu'ils/elles aient utilisé

Imparfait

que j'utilisasse	que nous utilisassions
que tu utilisasses	que vous utilisassiez
qu' il/elle/on utilisât	qu'ils/elles utilisassent

Plus-que-parfait

que j'eusse utilisé	que nous eussions utilisé
que tu eusses utilisé	que vous eussiez utilisé
qu' il/elle/on eût utilisé	qu'ils/elles eussent utilisé

CONDITIONNEL

Présent

j'utiliserais	nous utiliserions
tu utiliserais	vous utiliseriez
il/elle/on utiliserait	ils/elles utiliseraient

Passé

j'aurais utilisé	nous aurions utilisé
tu aurais utilisé	vous auriez utilisé
il/elle/on aurait utilisé	ils/elles auraient utilisé

IMPÉRATIF

utilise utilisons utilisez

C'est la première fois que mon fils utilise notre machine à laver.
This is the first time that my son has used our washing machine.

Utilisons notre temps à bon escient!
Let's use our time wisely!

Ce shampooing est facile à utiliser.
This shampoo is easy to use.

VAINCRE *to overcome, to defeat*

Inf. vaincre *Part. prés.* vainquant *Part. passé* vaincu

INDICATIF

Présent

je vaincs	nous vainquons
tu vaincs	vous vainquez
il/elle/on vainc	ils/elles vainquent

Imparfait

je vainquais	nous vainquions
tu vainquais	vous vainquiez
il/elle/on vainquait	ils/elles vainquaient

Passé composé

j'ai vaincu	nous avons vaincu
tu as vaincu	vous avez vaincu
il/elle/on a vaincu	ils/elles ont vaincu

Plus-que-parfait

j'avais vaincu	nous avions vaincu
tu avais vaincu	vous aviez vaincu
il/elle/on avait vaincu	ils/elles avaient vaincu

Futur simple

je vaincrai	nous vaincrons
tu vaincras	vous vaincrez
il/elle/on vaincra	ils/elles vaincront

Passé simple

je vainquis	nous vainquîmes
tu vainquis	vous vainquîtes
il/elle/on vainquit	ils/elles vainquirent

Futur antérieur

j'aurai vaincu	nous aurons vaincu
tu auras vaincu	vous aurez vaincu
il/elle/on aura vaincu	ils/elles auront vaincu

Passé antérieur

j'eus vaincu	nous eûmes vaincu
tu eus vaincu	vous eûtes vaincu
il/elle/on eut vaincu	ils/elles eurent vaincu

SUBJONCTIF

Présent

que je vainque	que nous vainquions
que tu vainques	que vous vainquiez
qu'il/elle/on vainque	qu'ils/elles vainquent

Passé

que j'aie vaincu	que nous ayons vaincu
que tu aies vaincu	que vous ayez vaincu
qu'il/elle/on ait vaincu	qu'ils/elles aient vaincu

Imparfait

que je vainquisse	que nous vainquissions
que tu vainquisses	que vous vainquissiez
qu'il/elle/on vainquît	qu'ils/elles vainquissent

Plus-que-parfait

que j'eusse vaincu	que nous eussions vaincu
que tu eusses vaincu	que vous eussiez vaincu
qu'il/elle/on eût vaincu	qu'ils/elles eussent vaincu

CONDITIONNEL

Présent

je vaincrais	nous vaincrions
tu vaincrais	vous vaincriez
il/elle/on vaincrait	ils/elles vaincraient

Passé

j'aurais vaincu	nous aurions vaincu
tu aurais vaincu	vous auriez vaincu
il/elle/on aurait vaincu	ils/elles auraient vaincu

IMPÉRATIF

vaincs vainquons vainquez

Notre équipe a vaincu les champions de la ligue.
Our team defeated the league champions.

On espère pouvoir vaincre ce problème.
We hope to be able to beat this problem.

Elle a tout essayé pour vaincre l'insomnie.
She tried everything to beat her insomnia.

VALOIR *to be worth*

Inf. valoir *Part. prés.* valant *Part. passé* valu

INDICATIF

Présent		Imparfait	
je vaux	nous valons	je valais	nous valions
tu vaux	vous valez	tu valais	vous valiez
il/elle/on vaut	ils/elles valent	il/elle/on valait	ils/elles valaient
Passé composé		**Plus-que-parfait**	
j'ai valu	nous avons valu	j'avais valu	nous avions valu
tu as valu	vous avez valu	tu avais valu	vous aviez valu
il/elle/on a valu	ils/elles ont valu	il/elle/on avait valu	ils/elles avaient valu
Futur simple		**Passé simple**	
je vaudrai	nous vaudrons	je valus	nous valûmes
tu vaudras	vous vaudrez	tu valus	vous valûtes
il/elle/on vaudra	ils/elles vaudront	il/elle/on valut	ils/elles valurent
Futur antérieur		**Passé antérieur**	
j'aurai valu	nous aurons valu	j'eus valu	nous eûmes valu
tu auras valu	vous aurez valu	tu eus valu	vous eûtes valu
il/elle/on aura valu	ils/elles auront valu	il/elle/on eut valu	ils/elles eurent valu

SUBJONCTIF

Présent		Passé	
que je vaille	que nous valions	que j'aie valu	que nous ayons valu
que tu vailles	que vous valiez	que tu aies valu	que vous ayez valu
qu'il/elle/on vaille	qu'ils/elles vaillent	qu'il/elle/on ait valu	qu'ils/elles aient valu
Imparfait		**Plus-que-parfait**	
que je valusse	que nous valussions	que j'eusse valu	que nous eussions valu
que tu valusses	que vous valussiez	que tu eusses valu	que vous eussiez valu
qu'il/elle/on valût	qu'ils/elles valussent	qu'il/elle/on eût valu	qu'ils/elles eussent valu

CONDITIONNEL

Présent		Passé	
je vaudrais	nous vaudrions	j'aurais valu	nous aurions valu
tu vaudrais	vous vaudriez	tu aurais valu	vous auriez valu
il/elle/on vaudrait	ils/elles vaudraient	il/elle/on aurait valu	ils/elles auraient valu

IMPÉRATIF

vaux valons valez

Combien vaut ces pièces d'or?
How much are these gold coins worth?

Ce jardin luxueux vaudrait le détour.
This luxurious garden would be worth a detour.

Ses paroles ne valent rien.
Her words are worth nothing.

VANTER *to extol, to praise*

Inf. vanter *Part. prés.* vantant *Part. passé* vanté

INDICATIF

Présent

je vante	nous vantons
tu vantes	vous vantez
il/elle/on vante	ils/elles vantent

Passé composé

j'ai vanté	nous avons vanté
tu as vanté	vous avez vanté
il/elle/on a vanté	ils/elles ont vanté

Futur simple

je vanterai	nous vanterons
tu vanteras	vous vanterez
il/elle/on vantera	ils/elles vanteront

Futur antérieur

j'aurai vanté	nous aurons vanté
tu auras vanté	vous aurez vanté
il/elle/on aura vanté	ils/elles auront vanté

Imparfait

je vantais	nous vantions
tu vantais	vous vantiez
il/elle/on vantait	ils/elles vantaient

Plus-que-parfait

j'avais vanté	nous avions vanté
tu avais vanté	vous aviez vanté
il/elle/on avait vanté	ils/elles avaient vanté

Passé simple

je vantai	nous vantâmes
tu vantas	vous vantâtes
il/elle/on vanta	ils/elles vantèrent

Passé antérieur

j'eus vanté	nous eûmes vanté
tu eus vanté	vous eûtes vanté
il/elle/on eut vanté	ils/elles eurent vanté

SUBJONCTIF

Présent

que je vante	que nous vantions
que tu vantes	que vous vantiez
qu'il/elle/on vante	qu'ils/elles vantent

Imparfait

que je vantasse	que nous vantassions
que tu vantasses	que vous vantassiez
qu'il/elle/on vantât	qu'ils/elles vantassent

Passé

que j'aie vanté	que nous ayons vanté
que tu aies vanté	que vous ayez vanté
qu'il/elle/on ait vanté	qu'ils/elles aient vanté

Plus-que-parfait

que j'eusse vanté	que nous eussions vanté
que tu eusses vanté	que vous eussiez vanté
qu'il/elle/on eût vanté	qu'ils/elles eussent vanté

CONDITIONNEL

Présent

je vanterais	nous vanterions
tu vanterais	vous vanteriez
il/elle/on vanterait	ils/elles vanteraient

Passé

j'aurais vanté	nous aurions vanté
tu aurais vanté	vous auriez vanté
il/elle/on aurait vanté	ils/elles auraient vanté

IMPÉRATIF

vante vantons vantez

On tient à voir ce film que tu as tant vanté.
We are interested in seeing this film that you praised so highly.

Ce site web vante la beauté naturelle de la Tunisie.
This website extols the natural beauty of Tunisia.

Le prof a vanté Sophie devant les autres étudiantes.
The professor praised Sophie in front of the other students.

VARIER *to vary*

Inf. varier *Part. prés.* variant *Part. passé* varié

INDICATIF

Présent

je varie	nous varions
tu varies	vous variez
il/elle/on varie	ils/elles varient

Imparfait

je variais	nous variions
tu variais	vous variiez
il/elle/on variait	ils/elles variaient

Passé composé

j'ai varié	nous avons varié
tu as varié	vous avez varié
il/elle/on a varié	ils/elles ont varié

Plus-que-parfait

j'avais varié	nous avions varié
tu avais varié	vous aviez varié
il/elle/on avait varié	ils/elles avaient varié

Futur simple

je varierai	nous varierons
tu varieras	vous varierez
il/elle/on variera	ils/elles varieront

Passé simple

je variai	nous variâmes
tu varias	vous variâtes
il/elle/on varia	ils/elles varièrent

Futur antérieur

j'aurai varié	nous aurons varié
tu auras varié	vous aurez varié
il/elle/on aura varié	ils/elles auront varié

Passé antérieur

j'eus varié	nous eûmes varié
tu eus varié	vous eûtes varié
il/elle/on eut varié	ils/elles eurent varié

SUBJONCTIF

Présent

que je varie	que nous variions
que tu varies	que vous variiez
qu'il/elle/on varie	qu'ils/elles varient

Passé

que j'aie varié	que nous ayons varié
que tu aies varié	que vous ayez varié
qu'il/elle/on ait varié	qu'ils/elles aient varié

Imparfait

que je variasse	que nous variassions
que tu variasses	que vous variassiez
qu'il/elle/on variât	qu'ils/elles variassent

Plus-que-parfait

que j'eusse varié	que nous eussions varié
que tu eusses varié	que vous eussiez varié
qu'il/elle/on eût varié	qu'ils/elles eussent varié

CONDITIONNEL

Présent

je varierais	nous varierions
tu varierais	vous varieriez
il/elle/on varierait	ils/elles varieraient

Passé

j'aurais varié	nous aurions varié
tu aurais varié	vous auriez varié
il/elle/on aurait varié	ils/elles auraient varié

IMPÉRATIF

varie varions variez

Les résultats varieront beaucoup.
The results will vary a lot.

On varie souvent l'alimentation de notre chat.
We often vary our cat's food.

Le taux de change n'a pas varié.
The rate of exchange didn't change.

VEILLER *to watch over; to stay up*

Inf. veiller *Part. prés.* veillant *Part. passé* veillé

INDICATIF

Présent

je veille	nous veillons
tu veilles	vous veillez
il/elle/on veille	ils/elles veillent

Imparfait

je veillais	nous veillions
tu veillais	vous veilliez
il/elle/on veillait	ils/elles veillaient

Passé composé

j'ai veillé	nous avons veillé
tu as veillé	vous avez veillé
il/elle/on a veillé	ils/elles ont veillé

Plus-que-parfait

j'avais veillé	nous avions veillé
tu avais veillé	vous aviez veillé
il/elle/on avait veillé	ils/elles avaient veillé

Futur simple

je veillerai	nous veillerons
tu veilleras	vous veillerez
il/elle/on veillera	ils/elles veilleront

Passé simple

je veillai	nous veillâmes
tu veillas	vous veillâtes
il/elle/on veilla	ils/elles veillèrent

Futur antérieur

j'aurai veillé	nous aurons veillé
tu auras veillé	vous aurez veillé
il/elle/on aura veillé	ils/elles auront veillé

Passé antérieur

j'eus veillé	nous eûmes veillé
tu eus veillé	vous eûtes veillé
il/elle/on eut veillé	ils/elles eurent veillé

SUBJONCTIF

Présent

que je veille	que nous veillions
que tu veilles	que vous veilliez
qu'il/elle/on veille	qu'ils/elles veillent

Passé

que j'aie veillé	que nous ayons veillé
que tu aies veillé	que vous ayez veillé
qu'il/elle/on ait veillé	qu'ils/elles aient veillé

Imparfait

que je veillasse	que nous veillassions
que tu veillasses	que vous veillassiez
qu'il/elle/on veillât	qu'ils/elles veillassent

Plus-que-parfait

que j'eusse veillé	que nous eussions veillé
que tu eusses veillé	que vous eussiez veillé
qu'il/elle/on eût veillé	qu'ils/elles eussent veillé

CONDITIONNEL

Présent

je veillerais	nous veillerions
tu veillerais	vous veilleriez
il/elle/on veillerait	ils/elles veilleraient

Passé

j'aurais veillé	nous aurions veillé
tu aurais veillé	vous auriez veillé
il/elle/on aurait veillé	ils/elles auraient veillé

IMPÉRATIF

veille veillons veillez

J'en ai marre de veiller sur les enfants des autres!
I'm sick of watching other people's kids!

Ce soir je veille jusqu'à trois heures du matin.
Tonight I'm staying up until 3 a.m.

Veillez à ce que personne ne touche notre voiture.
Make sure that no one touches our car.

VENDRE *to sell*

Inf. vendre *Part. prés.* vendant *Part. passé* vendu

INDICATIF

Présent		Imparfait	
je vends	nous vendons	je vendais	nous vendions
tu vends	vous vendez	tu vendais	vous vendiez
il/elle/on vend	ils/elles vendent	il/elle/on vendait	ils/elles vendaient
Passé composé		**Plus-que-parfait**	
j'ai vendu	nous avons vendu	j'avais vendu	nous avions vendu
tu as vendu	vous avez vendu	tu avais vendu	vous aviez vendu
il/elle/on a vendu	ils/elles ont vendu	il/elle/on avait vendu	ils/elles avaient vendu
Futur simple		**Passé simple**	
je vendrai	nous vendrons	je vendis	nous vendîmes
tu vendras	vous vendrez	tu vendis	vous vendîtes
il/elle/on vendra	ils/elles vendront	il/elle/on vendit	ils/elles vendirent
Futur antérieur		**Passé antérieur**	
j'aurai vendu	nous aurons vendu	j'eus vendu	nous eûmes vendu
tu auras vendu	vous aurez vendu	tu eus vendu	vous eûtes vendu
il/elle/on aura vendu	ils/elles auront vendu	il/elle/on eut vendu	ils/elles eurent vendu

SUBJONCTIF

Présent		Passé	
que je vende	que nous vendions	que j'aie vendu	que nous ayons vendu
que tu vendes	que vous vendiez	que tu aies vendu	que vous ayez vendu
qu'il/elle/on vende	qu'ils/elles vendent	qu'il/elle/on ait vendu	qu'ils/elles aient vendu
Imparfait		**Plus-que-parfait**	
que je vendisse	que nous vendissions	que j'eusse vendu	que nous eussions vendu
que tu vendisses	que vous vendissiez	que tu eusses vendu	que vous eussiez vendu
qu'il/elle/on vendît	qu'ils/elles vendissent	qu'il/elle/on eût vendu	qu'ils/elles eussent vendu

CONDITIONNEL

Présent		Passé	
je vendrais	nous vendrions	j'aurais vendu	nous aurions vendu
tu vendrais	vous vendriez	tu aurais vendu	vous auriez vendu
il/elle/on vendrait	ils/elles vendraient	il/elle/on aurait vendu	ils/elles auraient vendu

IMPÉRATIF

vends vendons vendez

Il faut que nous vendions cette maison tout de suite!
We must sell this house right away!

Pierre a vendu son enterprise à son frère.
Pierre sold his company to his brother.

Où vend-on du pain près d'ici?
Where do they sell bread nearby?

SE VENGER *to get even, to take revenge, to retaliate*

Inf. se venger *Part. prés.* se vengeant *Part. passé* vengé(e)(s)

INDICATIF

Présent

je me venge | nous nous vengeons
tu te venges | vous vous vengez
il/elle/on se venge | ils/elles se vengent

Passé composé

je me suis vengé(e) | nous nous sommes vengé(e)s
tu t'es vengé(e) | vous vous êtes vengé(e)(s)
il/elle/on s'est vengé(e) | ils/elles se sont vengé(e)s

Futur simple

je me vengerai | nous nous vengerons
tu te vengeras | vous vous vengerez
il/elle/on se vengera | ils/elles se vengeront

Futur antérieur

je me serai vengé(e) | nous nous serons vengé(e)s
tu te seras vengé(e) | vous vous serez vengé(e)(s)
il/elle/on se sera vengé(e) | ils/elles se seront vengé(e)s

Imparfait

je me vengeais | nous nous vengions
tu te vengeais | vous vous vengiez
il/elle/on se vengeait | ils/elles se vengeaient

Plus-que-parfait

je m'étais vengé(e) | nous nous étions vengé(e)s
tu t'étais vengé(e) | vous vous étiez vengé(e)(s)
il/elle/on s'était vengé(e) | ils/elles s'étaient vengé(e)s

Passé simple

je me vengeai | nous nous vengeâmes
tu te vengeas | vous vous vengeâtes
il/elle/on se vengea | ils/elles se vengèrent

Passé antérieur

je me fus vengé(e) | nous nous fûmes vengé(e)s
tu te fus vengé(e) | vous vous fûtes vengé(e)(s)
il/elle/on se fut vengé(e) | ils/elles se furent vengé(e)s

SUBJONCTIF

Présent

que je me venge | que nous nous vengions
que tu te venges | que vous vous vengiez
qu'il/elle/on se venge | qu'ils/elles se vengent

Imparfait

que je me vengeasse | que nous nous vengeassions
que tu te vengeasses | que vous vous vengeassiez
qu'il/elle/on se vengeât | qu'ils/elles se vengeassent

Passé

que je me sois vengé(e) | que nous nous soyons vengé(e)s
que tu te sois vengé(e) | que vous vous soyez vengé(e)(s)
qu'il/elle/on se soit vengé(e) | qu'ils/elles se soient vengé(e)s

Plus-que-parfait

que je me fusse vengé(e) | que nous nous fussions vengé(e)s
que tu te fusses vengé(e) | que vous vous fussiez vengé(e)(s)
qu'il/elle/on se fût vengé(e) | qu'ils/elles se fussent vengé(e)s

CONDITIONNEL

Présent

je me vengerais | nous nous vengerions
tu te vengerais | vous vous vengeriez
il/elle/on se vengerait | ils/elles se vengeraient

Passé

je me serais vengé(e) | nous nous serions vengé(e)s
tu te serais vengé(e) | vous vous seriez vengé(e)(s)
il/elle/on se serait vengé(e) | ils/elles se seraient vengé(e)s

IMPÉRATIF

venge-toi vengeons-nous vengez-vous

Venge-toi sur moi!
Take it out on me!

Tu te venges de moi, c'est ça?
You're getting even with me, is that it?

J'ai envie de me venger de mon ami!
I feel like taking revenge on my friend!

VENIR *to come*

Inf. venir *Part. prés.* venant *Part. passé* venu(e)(s)

INDICATIF

Présent

je viens	nous venons
tu viens	vous venez
il/elle/on vient	ils/elles viennent

Passé composé

je suis venu(e)	nous sommes venu(e)s
tu es venu(e)	vous êtes venu(e)(s)
il/elle/on est venu(e)	ils/elles sont venu(e)s

Futur simple

je viendrai	nous viendrons
tu viendras	vous viendrez
il/elle/on viendra	ils/elles viendront

Futur antérieur

je serai venu(e)	nous serons venu(e)s
tu seras venu(e)	vous serez venu(e)(s)
il/elle/on sera venu(e)	ils/elles seront venu(e)s

Imparfait

je venais	nous venions
tu venais	vous veniez
il/elle/on venait	ils/elles venaient

Plus-que-parfait

j'étais venu(e)	nous étions venu(e)s
tu étais venu(e)	vous étiez venu(e)(s)
il/elle/on était venu(e)	ils/elles étaient venu(e)s

Passé simple

je vins	nous vînmes
tu vins	vous vîntes
il/elle/on vint	ils/elles vinrent

Passé antérieur

je fus venu(e)	nous fûmes venu(e)s
tu fus venu(e)	vous fûtes venu(e)(s)
il/elle/on fut venu(e)	ils/elles furent venu(e)s

SUBJONCTIF

Présent

que je vienne	que nous venions
que tu viennes	que vous veniez
qu'il/elle/on vienne	qu'ils/elles viennent

Imparfait

que je vinsse	que nous vinssions
que tu vinsses	que vous vinssiez
qu'il/elle/on vînt	qu'ils/elles vinssent

Passé

que je sois venu(e)	que nous soyons venu(e)s
que tu sois venu(e)	que vous soyez venu(e)(s)
qu'il/elle/on soit venu(e)	qu'ils/elles soient venu(e)s

Plus-que-parfait

que je fusse venu(e)	que nous fussions venu(e)s
que tu fusses venu(e)	que vous fussiez venu(e)(s)
qu'il/elle/on fût venu(e)	qu'ils/elles fussent venu(e)s

CONDITIONNEL

Présent

je viendrais	nous viendrions
tu viendrais	vous viendriez
il/elle/on viendrait	ils/elles viendraient

Passé

je serais venu(e)	nous serions venu(e)s
tu serais venu(e)	vous seriez venu(e)(s)
il/elle/on serait venu(e)	ils/elles seraient venu(e)s

IMPÉRATIF

viens venons venez

Mes parents veulent que vous veniez chez eux.
My parents what you to come to their house.

Viens que je te dise un secret.
Come here so I can tell you a secret.

Je suis venu te dire que je m'en vais demain.
I have come to tell you that I'm leaving tomorrow.

VÉRIFIER *to verify, to check*

Inf. vérifier *Part. prés.* vérifiant *Part. passé* vérifié

INDICATIF

Présent

je vérifie	nous vérifions
tu vérifies	vous vérifiez
il/elle/on vérifie	ils/elles vérifient

Imparfait

je vérifiais	nous vérifiions
tu vérifiais	vous vérifiiez
il/elle/on vérifiait	ils/elles vérifiaient

Passé composé

j'ai vérifié	nous avons vérifié
tu as vérifié	vous avez vérifié
il/elle/on a vérifié	ils/elles ont vérifié

Plus-que-parfait

j'avais vérifié	nous avions vérifié
tu avais vérifié	vous aviez vérifié
il/elle/on avait vérifié	ils/elles avaient vérifié

Futur simple

je vérifierai	nous vérifierons
tu vérifieras	vous vérifierez
il/elle/on vérifiera	ils/elles vérifieront

Passé simple

je vérifiai	nous vérifiâmes
tu vérifias	vous vérifiâtes
il/elle/on vérifia	ils/elles vérifièrent

Futur antérieur

j'aurai vérifié	nous aurons vérifié
tu auras vérifié	vous aurez vérifié
il/elle/on aura vérifié	ils/elles auront vérifié

Passé antérieur

j'eus vérifié	nous eûmes vérifié
tu eus vérifié	vous eûtes vérifié
il/elle/on eut vérifié	ils/elles eurent vérifié

SUBJONCTIF

Présent

que je vérifie	que nous vérifiions
que tu vérifies	que vous vérifiiez
qu'il/elle/on vérifie	qu'ils/elles vérifient

Passé

que j'aie vérifié	que nous ayons vérifié
que tu aies vérifié	que vous ayez vérifié
qu'il/elle/on ait vérifié	qu'ils/elles aient vérifié

Imparfait

que je vérifiasse	que nous vérifiassions
que tu vérifiasses	que vous vérifiassiez
qu'il/elle/on vérifiât	qu'ils/elles vérifiassent

Plus-que-parfait

que j'eusse vérifié	que nous eussions vérifié
que tu eusses vérifié	que vous eussiez vérifié
qu'il/elle/on eût vérifié	qu'ils/elles eussent vérifié

CONDITIONNEL

Présent

je vérifierais	nous vérifierions
tu vérifierais	vous vérifieriez
il/elle/on vérifierait	ils/elles vérifieraient

Passé

j'aurais vérifié	nous aurions vérifié
tu aurais vérifié	vous auriez vérifié
il/elle/on aurait vérifié	ils/elles auraient vérifié

IMPÉRATIF

vérifie vérifions vérifiez

Pourriez-vous vérifier cela pour nous?
Could you verify that for us?

Pourquoi est-ce qu'ils n'ont pas vérifé cela avant?
Why didn't they check that before?

Les douaniers sont en train de vérifier nos bagages.
The customs agents are checking our bags.

VERSER *to pour, to deposit [money]*

Inf. verser *Part. prés.* versant *Part. passé* versé

INDICATIF

Présent

je verse	nous versons
tu verses	vous versez
il/elle/on verse	ils/elles versent

Imparfait

je versais	nous versions
tu versais	vous versiez
il/elle/on versait	ils/elles versaient

Passé composé

j'ai versé	nous avons versé
tu as versé	vous avez versé
il/elle/on a versé	ils/elles ont versé

Plus-que-parfait

j'avais versé	nous avions versé
tu avais versé	vous aviez versé
il/elle/on avait versé	ils/elles avaient versé

Futur simple

je verserai	nous verserons
tu verseras	vous verserez
il/elle/on versera	ils/elles verseront

Passé simple

je versai	nous versâmes
tu versas	vous versâtes
il/elle/on versa	ils/elles versèrent

Futur antérieur

j'aurai versé	nous aurons versé
tu auras versé	vous aurez versé
il/elle/on aura versé	ils/elles auront versé

Passé antérieur

j'eus versé	nous eûmes versé
tu eus versé	vous eûtes versé
il/elle/on eut versé	ils/elles eurent versé

SUBJONCTIF

Présent

que je verse	que nous versions
que tu verses	que vous versiez
qu'il/elle/on verse	qu'ils/elles versent

Passé

que j'aie versé	que nous ayons versé
que tu aies versé	que vous ayez versé
qu'il/elle/on ait versé	qu'ils/elles aient versé

Imparfait

que je versasse	que nous versassions
que tu versasses	que vous versassiez
qu'il/elle/on versât	qu'ils/elles versassent

Plus-que-parfait

que j'eusse versé	que nous eussions versé
que tu eusses versé	que vous eussiez versé
qu'il/elle/on eût versé	qu'ils/elles eussent versé

CONDITIONNEL

Présent

je verserais	nous verserions
tu verserais	vous verseriez
il/elle/on verserait	ils/elles verseraient

Passé

j'aurais versé	nous aurions versé
tu aurais versé	vous auriez versé
il/elle/on aurait versé	ils/elles auraient versé

IMPÉRATIF

verse versons versez

Verse-moi un verre, s'il te plaît.
Pour me a glass, please.

Beaucoup de sang a été versé pendant cette guerre civile.
A lot of blood has been spilled during this civil war.

La banque exige que je verse 500 euros sur mon compte.
The bank is requiring that I deposit 500 euroes in my account.

VIDER *to empty (out)*

Inf. vider *Part. prés.* vidant *Part. passé* vidé

INDICATIF

Présent

je vide	nous vidons
tu vides	vous videz
il/elle/on vide	ils/elles vident

Passé composé

j'ai vidé	nous avons vidé
tu as vidé	vous avez vidé
il/elle/on a vidé	ils/elles ont vidé

Futur simple

je viderai	nous viderons
tu videras	vous viderez
il/elle/on videra	ils/elles videront

Futur antérieur

j'aurai vidé	nous aurons vidé
tu auras vidé	vous aurez vidé
il/elle/on aura vidé	ils/elles auront vidé

Imparfait

je vidais	nous vidions
tu vidais	vous vidiez
il/elle/on vidait	ils/elles vidaient

Plus-que-parfait

j'avais vidé	nous avions vidé
tu avais vidé	vous aviez vidé
il/elle/on avait vidé	ils/elles avaient vidé

Passé simple

je vidai	nous vidâmes
tu vidas	vous vidâtes
il/elle/on vida	ils/elles vidèrent

Passé antérieur

j'eus vidé	nous eûmes vidé
tu eus vidé	vous eûtes vidé
il/elle/on eut vidé	ils/elles eurent vidé

SUBJONCTIF

Présent

que je vide	que nous vidions
que tu vides	que vous vidiez
qu'il/elle/on vide	qu'ils/elles vident

Imparfait

que je vidasse	que nous vidassions
que tu vidasses	que vous vidassiez
qu'il/elle/on vidât	qu'ils/elles vidassent

Passé

que j'aie vidé	que nous ayons vidé
que tu aies vidé	que vous ayez vidé
qu'il/elle/on ait vidé	qu'ils/elles aient vidé

Plus-que-parfait

que j'eusse vidé	que nous eussions vidé
que tu eusses vidé	que vous eussiez vidé
qu'il/elle/on eût vidé	qu'ils/elles eussent vidé

CONDITIONNEL

Présent

je viderais	nous viderions
tu viderais	vous videriez
il/elle/on viderait	ils/elles videraient

Passé

j'aurais vidé	nous aurions vidé
tu aurais vidé	vous auriez vidé
il/elle/on aurait vidé	ils/elles auraient vidé

IMPÉRATIF

vide vidons videz

Cette station balnéaire se vide en hiver.
This seaside resort empties out in winter.

Tu devrais vider la poubelle avant de partir en vacances.
You should empty the trash before leaving on vacation.

Il a vidé son compte en achetant des trucs sans importance.
He emptied out his account by buying silly little things.

VIRER *to fire; to transfer [money]; to turn; to take (things)*

Inf. virer *Part. prés.* virant *Part. passé* viré

INDICATIF

Présent

je vire	nous virons
tu vires	vous virez
il/elle/on vire	ils/elles virent

Imparfait

je virais	nous virions
tu virais	vous viriez
il/elle/on virait	ils/elles viraient

Passé composé

j'ai viré	nous avons viré
tu as viré	vous avez viré
il/elle/on a viré	ils/elles ont viré

Plus-que-parfait

j'avais viré	nous avions viré
tu avais viré	vous aviez viré
il/elle/on avait viré	ils/elles avaient viré

Futur simple

Je virerai	nous virerons
tu vireras	vous virerez
il/elle/on virera	ils/elles vireront

Passé simple

je virai	nous virâmes
tu viras	vous virâtes
il/elle/on vira	ils/elles virèrent

Futur antérieur

j'aurai viré	nous aurons viré
tu auras viré	vous aurez viré
il/elle/on aura viré	ils/elles auront viré

Passé antérieur

j'eus viré	nous eûmes viré
tu eus viré	vous eûtes viré
il/elle/on eut viré	ils/elles eurent viré

SUBJONCTIF

Présent

que je vire	que nous virions
que tu vires	que vous viriez
qu'il/elle/on vire	qu'ils/elles virent

Passé

que j'aie viré	que nous ayons viré
que tu aies viré	que vous ayez viré
qu'il/elle/on ait viré	qu'ils/elles aient viré

Imparfait

que je virasse	que nous virassions
que tu virasses	que vous virassiez
qu'il/elle/on virât	qu'ils/elles virassent

Plus-que-parfait

que j'eusse viré	que nous eussions viré
que tu eusses viré	que vous eussiez viré
qu'il/elle/on eût viré	qu'ils/elles eussent viré

CONDITIONNEL

Présent

je virerais	nous virerions
tu virerais	vous vireriez
il/elle/on virerait	ils/elles vireraient

Passé

j'aurais viré	nous aurions viré
tu aurais viré	vous auriez viré
il/elle/on aurait viré	ils/elles auraient viré

IMPÉRATIF

vire virons virez

Nous avons choisi de virer de bord.
We have deided to take things in another direction.

Karl est constamment en train de virer de l'argent entre ses comptes.
Karl is contantly in the process of transferring money between his accounts.

Notre patron nous a dit qu'il virerait tout le monde si notre rendement restait si bas.
Our boss told us he would fire everyone if our output stayed so low.

VIEILLIR *to age*

Inf. vieillir *Part. prés.* vieillissant *Part. passé* vieilli

INDICATIF

Présent

je vieillis	nous vieillissons
tu vieillis	vous vieillissez
il/elle/on vieillit	ils/elles vieillissent

Passé composé

j'ai vieilli	nous avons vieilli
tu as vieilli	vous avez vieilli
il/elle/on a vieilli	ils/elles ont vieilli

Futur simple

je vieillirai	nous vieillirons
tu vieilliras	vous vieillirez
il/elle/on vieillira	ils/elles vieilliront

Futur antérieur

j'aurai vieilli	nous aurons vieilli
tu auras vieilli	vous aurez vieilli
il/elle/on aura vieilli	ils/elles auront vieilli

Imparfait

je vieillissais	nous vieillissions
tu vieillissais	vous vieillissiez
il/elle/on vieillissait	ils/elles vieillissaient

Plus-que-parfait

j'avais vieilli	nous avions vieilli
tu avais vieilli	vous aviez vieilli
il/elle/on avait vieilli	ils/elles avaient vieilli

Passé simple

je vieillis	nous vieillîmes
tu vieillis	vous vieillîtes
il/elle/on vieillit	ils/elles vieillirent

Passé antérieur

j'eus vieilli	nous eûmes vieilli
tu eus vieilli	vous eûtes vieilli
il/elle/on eut vieilli	ils/elles eurent vieilli

SUBJONCTIF

Présent

que je vieillisse	que nous vieillissions
que tu vieillisses	que vous vieillissiez
qu'il/elle/on vieillisse	qu'ils/elles vieillissent

Imparfait

que je vieillisse	que nous vieillissions
que tu vieillisses	que vous vieillissiez
qu'il/elle/on vieillît	qu'ils/elles vieillissent

Passé

que j'aie vieilli	que nous ayons vieilli
que tu aies vieilli	que vous ayez vieilli
qu'il/elle/on ait vieilli	qu'ils/elles aient vieilli

Plus-que-parfait

que j'eusse vieilli	que nous eussions vieilli
que tu eusses vieilli	que vous eussiez vieilli
qu'il/elle/on eût vieilli	qu'ils/elles eussent vieilli

CONDITIONNEL

Présent

je vieillirais	nous vieillirions
tu vieillirais	vous vieilliriez
il/elle/on vieillirait	ils/elles vieilliraient

Passé

j'aurais vieilli	nous aurions vieilli
tu aurais vieilli	vous auriez vieilli
il/elle/on aurait vieilli	ils/elles auraient vieilli

IMPÉRATIF

vieillis vieillissons vieillissez

Qu'est-ce que ses problèmes l'ont vielli!
How his problems have aged him!

Je trouve que ce pantalon et cette chemise te vieillissent.
I think that these pants and this top make you look older.

Dans ce village, notre population vieillit et il y a de moins de jeunes qui restent.
In this village, our population is aging and there are fewer young people that remain.

VISER *to aim at/for*

Inf. viser *Part. prés.* visant *Part. passé* visé

INDICATIF

Présent

je vise	nous visons
tu vises	vous visez
il/elle/on vise	ils/elles visent

Imparfait

je visais	nous visions
tu visais	vous visiez
il/elle/on visait	ils/elles visaient

Passé composé

j'ai visé	nous avons visé
tu as visé	vous avez visé
il/elle/on a visé	ils/elles ont visé

Plus-que-parfait

j'avais visé	nous avions visé
tu avais visé	vous aviez visé
il/elle/on avait visé	ils/elles avaient visé

Futur simple

je viserai	nous viserons
tu viseras	vous viserez
il/elle/on visera	ils/elles viseront

Passé simple

je visai	nous visâmes
tu visas	vous visâtes
il/elle/on visa	ils/elles visèrent

Futur antérieur

j'aurai visé	nous aurons visé
tu auras visé	vous aurez visé
il/elle/on aura visé	ils/elles auront visé

Passé antérieur

j'eus visé	nous eûmes visé
tu eus visé	vous eûtes visé
il/elle/on eut visé	ils/elles eurent visé

SUBJONCTIF

Présent

que je vise	que nous visions
que tu vises	que vous visiez
qu'il/elle/on vise	qu'ils/elles visent

Passé

que j'aie visé	que nous ayons visé
que tu aies visé	que vous ayez visé
qu'il/elle/on ait visé	qu'ils/elles aient visé

Imparfait

que je visasse	que nous visassions
que tu visasses	que vous visassiez
qu'il/elle/on visât	qu'ils/elles visassent

Plus-que-parfait

que j'eusse visé	que nous eussions visé
que tu eusses visé	que vous eussiez visé
qu'il/elle/on eût visé	qu'ils/elles eussent visé

CONDITIONNEL

Présent

je viserais	nous viserions
tu viserais	vous viseriez
il/elle/on viserait	ils/elles viseraient

Passé

j'aurais visé	nous aurions visé
tu aurais visé	vous auriez visé
il/elle/on aurait visé	ils/elles auraient visé

IMPÉRATIF

vise visons visez

Mon ami Frédéric vise une carrière dans la diplomatie.
My friend Frédéric is aiming at a career in diplomacy.

Le joueur visait la première place mais il a raté son coup.
The player was aiming for first place but his attempt failed.

Elles visent à vendre leur entreprise afin d'en lancer une autre.
They are aiming to sell their business in order to start another one.

VISITER *to visit*

Inf. visiter *Part. prés.* visitant *Part. passé* visité

INDICATIF

Présent

je visite	nous visitons
tu visites	vous visitez
il/elle/on visite	ils/elles visitent

Imparfait

je visitais	nous visitions
tu visitais	vous visitiez
il/elle/on visitait	ils/elles visitaient

Passé composé

j'ai visité	nous avons visité
tu as visité	vous avez visité
il/elle/on a visité	ils/elles ont visité

Plus-que-parfait

j'avais visité	nous avions visité
tu avais visité	vous aviez visité
il/elle/on avait visité	ils/elles avaient visité

Futur simple

je visiterai	nous visiterons
tu visiteras	vous visiterez
il/elle/on visitera	ils/elles visiteront

Passé simple

je visitai	nous visitâmes
tu visitas	vous visitâtes
il/elle/on visita	ils/elles visitèrent

Futur antérieur

j'aurai visité	nous aurons visité
tu auras visité	vous aurez visité
il/elle/on aura visité	ils/elles auront visité

Passé antérieur

j'eus visité	nous eûmes visité
tu eus visité	vous eûtes visité
il/elle/on eut visité	ils/elles eurent visité

SUBJONCTIF

Présent

que je visite	que nous visitions
que tu visites	que vous visitiez
qu'il/elle/on visite	qu'ils/elles visitent

Passé

que j'aie visité	que nous ayons visité
que tu aies visité	que vous ayez visité
qu'il/elle/on ait visité	qu'ils/elles aient visité

Imparfait

que je visitasse	que nous visitassions
que tu visitasses	que vous visitassiez
qu'il/elle/on visitât	qu'ils/elles visitassent

Plus-que-parfait

que j'eusse visité	que nous eussions visité
que tu eusses visité	que vous eussiez visité
qu'il/elle/on eût visité	qu'ils/elles eussent visité

CONDITIONNEL

Présent

je visiterais	nous visiterions
tu visiterais	vous visiteriez
il/elle/on visiterait	ils/elles visiteraient

Passé

j'aurais visité	nous aurions visité
tu aurais visité	vous auriez visité
il/elle/on aurait visité	ils/elles auraient visité

IMPÉRATIF

visite visitons visitez

Je n'ai jamais visité la Grèce, mais cela m'intéresse beaucoup.
I've never visited Greece, but it interests me a lot.

Ça te dit de visiter un musée demain?
Are you interested in visiting a museum tomorrow?

Madame Deslogis visite la Dordogne chaque été pour voir des amis.
Mrs. Deslogis visits Dordogne each summer to see friends.

VIVRE *to live, to live through*

Inf. vivre *Part. prés.* vivant *Part. passé* vécu

INDICATIF

Présent

je vis	nous vivons
tu vis	vous vivez
il/elle/on vit	ils/elles vivent

Imparfait

je vivais	nous vivions
tu vivais	vous viviez
il/elle/on vivait	ils/elles vivaient

Passé composé

j'ai vécu	nous avons vécu
tu as vécu	vous avez vécu
il/elle/on a vécu	ils/elles ont vécu

Plus-que-parfait

j'avais vécu	nous avions vécu
tu avais vécu	vous aviez vécu
il/elle/on avait vécu	ils/elles avaient vécu

Futur simple

je vivrai	nous vivrons
tu vivras	vous vivrez
il/elle/on vivra	ils/elles vivront

Passé simple

je vécus	nous vécûmes
tu vécus	vous vécûtes
il/elle/on vécut	ils/elles vécurent

Futur antérieur

j'aurai vécu	nous aurons vécu
tu auras vécu	vous aurez vécu
il/elle/on aura vécu	ils/elles auront vécu

Passé antérieur

j'eus vécu	nous eûmes vécu
tu eus vécu	vous eûtes vécu
il/elle/on eut vécu	ils/elles eurent vécu

SUBJONCTIF

Présent

que je vive	que nous vivions
que tu vives	que vous viviez
qu'il/elle/on vive	qu'ils/elles vivent

Passé

que j'aie vécu	que nous ayons vécu
que tu aies vécu	que vous ayez vécu
qu'il/elle/on ait vécu	qu'ils/elles aient vécu

Imparfait

que je vécusse	que nous vécussions
que tu vécusses	que vous vécussiez
qu'il/elle/on vécût	qu'ils/elles vécussent

Plus-que-parfait

que j'eusse vécu	que nous eussions vécu
que tu eusses vécu	que vous eussiez vécu
qu'il/elle/on eût vécu	qu'ils/elles eussent vécu

CONDITIONNEL

Présent

je vivrais	nous vivrions
tu vivrais	vous vivriez
il/elle/on vivrait	ils/elles vivraient

Passé

j'aurais vécu	nous aurions vécu
tu aurais vécu	vous auriez vécu
il/elle/on aurait vécu	ils/elles auraient vécu

IMPÉRATIF

vis vivons vivez

Mes parents ont vécu une période assez difficile.
My parents went through a rather difficult time.

Si j'avais vécu pendant la guerre j'aurais eu très peur.
If I had I lived during the war I would have been very afraid.

Vive la France!
Long live France!

VOIR *to see*

Inf. voir *Part. prés.* voyant *Part. passé* vu

INDICATIF

Présent

je vois	nous voyons
tu vois	vous voyez
il/elle/on voit	ils/elles voient

Passé composé

j'ai vu	nous avons vu
tu as vu	vous avez vu
il/elle/on a vu	ils/elles ont vu

Futur simple

je verrai	nous verrons
tu verras	vous verrez
il/elle/on verra	ils/elles verront

Futur antérieur

j'aurai vu	nous aurons vu
tu auras vu	vous aurez vu
il/elle/on aura vu	ils/elles auront vu

Imparfait

je voyais	nous voyions
tu voyais	vous voyiez
il/elle/on voyait	ils/elles voyaient

Plus-que-parfait

j'avais vu	nous avions vu
tu avais vu	vous aviez vu
il/elle/on avait vu	ils/elles avaient vu

Passé simple

je vis	nous vîmes
tu vis	vous vîtes
il/elle/on vit	ils/elles virent

Passé antérieur

j'eus vu	nous eûmes vu
tu eus vu	vous eûtes vu
il/elle/on eut vu	ils/elles eurent vu

SUBJONCTIF

Présent

que je voie	que nous voyions
que tu voies	que vous voyiez
qu'il/elle/on voie	qu'ils/elles voient

Imparfait

que je visse	que nous vissions
que tu visses	que vous vissiez
qu'il/elle/on vît	qu'ils/elles vissent

Passé

que j'aie vu	que nous ayons vu
que tu aies vu	que vous ayez vu
qu'il/elle/on ait vu	qu'ils/elles aient vu

Plus-que-parfait

que j'eusse vu	que nous eussions vu
que tu eusses vu	que vous eussiez vu
qu'il/elle/on eût vu	qu'ils/elles eussent vu

CONDITIONNEL

Présent

je verrais	nous verrions
tu verrais	vous verriez
il/elle/on verrait	ils/elles verraient

Passé

j'aurais vu	nous aurions vu
tu aurais vu	vous auriez vu
il/elle/on aurait vu	ils/elles auraient vu

IMPÉRATIF

vois voyons voyez

On ne te voit jamais!
We never see you.

Il y a, voyez-vous, pas mal de problèmes politiques en ce moment.
There are, you see, quite a few political problems at this time.

Je veux vraiment voir le nouveau film de Tarantino.
I really want to see Tarantino's new film.

VOTER *to vote*

Inf. voter *Part. prés.* votant *Part. passé* voté

INDICATIF

Présent

je vote	nous votons
tu votes	vous votez
il/elle/on vote	ils/elles votent

Imparfait

je votais	nous votions
tu votais	vous votiez
il/elle/on votait	ils/elles votaient

Passé composé

j'ai voté	nous avons voté
tu as voté	vous avez voté
il/elle/on a voté	ils/elles ont voté

Plus-que-parfait

j'avais voté	nous avions voté
tu avais voté	vous aviez voté
il/elle/on avait voté	ils/elles avaient voté

Futur simple

je voterai	nous voterons
tu voteras	vous voterez
il/elle/on votera	ils/elles voteront

Passé simple

je votai	nous votâmes
tu votas	vous votâtes
il/elle/on vota	ils/elles votèrent

Futur antérieur

j'aurai voté	nous aurons voté
tu auras voté	vous aurez voté
il/elle/on aura voté	ils/elles auront voté

Passé antérieur

j'eus voté	nous eûmes voté
tu eus voté	vous eûtes voté
il/elle/on eut voté	ils/elles eurent voté

SUBJONCTIF

Présent

que je vote	que nous votions
que tu votes	que vous votiez
qu'il/elle/on vote	qu'ils/elles votent

Passé

que j'aie voté	que nous ayons voté
que tu aies voté	que vous ayez voté
qu'il/elle/on ait voté	qu'ils/elles aient voté

Imparfait

que je votasse	que nous votassions
que tu votasses	que vous votassiez
qu'il/elle/on votât	qu'ils/elles votassent

Plus-que-parfait

que j'eusse voté	que nous eussions voté
que tu eusses voté	que vous eussiez voté
qu'il/elle/on eût voté	qu'ils/elles eussent voté

CONDITIONNEL

Présent

je voterais	nous voterions
tu voterais	vous voteriez
il/elle/on voterait	ils/elles voteraient

Passé

j'aurais voté	nous aurions voté
tu aurais voté	vous auriez voté
il/elle/on aurait voté	ils/elles auraient voté

IMPÉRATIF

vote votons votez

Notre sénateur a indiqué qu'il voterait contre cette loi.
Our senator indicated that he would vote against this law.

Alors, tu votes pour qui?
So, who are you voting for?

Demain on votera le budget; espérons pour un bon résultat!
Tomorrow the budget will be voted on; let's hope for a good result.

VOULOIR *to want*

Inf. vouloir *Part. prés.* voulant *Part. passé* voulu

INDICATIF

Présent

je veux	nous voulons
tu veux	vous voulez
il/elle/on veut	ils/elles veulent

Passé composé

j'ai voulu	nous avons voulu
tu as voulu	vous avez voulu
il/elle/on a voulu	ils/elles ont voulu

Futur simple

je voudrai	nous voudrons
tu voudras	vous voudrez
il/elle/on voudra	ils/elles voudront

Futur antérieur

j'aurai voulu	nous aurons voulu
tu auras voulu	vous aurez voulu
il/elle/on aura voulu	ils/elles auront voulu

Imparfait

je voulais	nous voulions
tu voulais	vous vouliez
il/elle/on voulait	ils/elles voulaient

Plus-que-parfait

j'avais voulu	nous avions voulu
tu avais voulu	vous aviez voulu
il/elle/on avait voulu	ils/elles avaient voulu

Passé simple

je voulus	nous voulûmes
tu voulus	vous voulûtes
il/elle/on voulut	ils/elles voulurent

Passé antérieur

j'eus voulu	nous eûmes voulu
tu eus voulu	vous eûtes voulu
il/elle/on eut voulu	ils/elles eurent voulu

SUBJONCTIF

Présent

que je veuille	que nous voulions
que tu veuilles	que vous vouliez
qu'il/elle/on veuille	qu'ils/elles veuillent

Imparfait

que je voulusse	que nous voulussions
que tu voulusses	que vous voulussiez
qu'il/elle/on voulût	qu'ils/elles voulussent

Passé

que j'aie voulu	que nous ayons voulu
que tu aies voulu	que vous ayez voulu
qu'il/elle/on ait voulu	qu'ils/elles aient voulu

Plus-que-parfait

que j'eusse voulu	que nous eussions voulu
que tu eusses voulu	que vous eussiez voulu
qu'il/elle/on eût voulu	qu'ils/elles eussent voulu

CONDITIONNEL

Présent

je voudrais	nous voudrions
tu voudrais	vous voudriez
il/elle/on voudrait	ils/elles voudraient

Passé

j'aurais voulu	nous aurions voulu
tu aurais voulu	vous auriez voulu
il/elle/on aurait voulu	ils/elles auraient voulu

IMPÉRATIF

veuille veuillons veuillez

Elle voudrait du café maintenant.
She would like some coffee now.

Il n'a pas voulu leur dire la vérité.
He refused to tell them the truth.

Voulez-vous faire du crochet avec moi?
Do you want to crochet with me?

VOUVOYER *to use the formal "you" (vous)*

Inf. vouvoyer *Part. prés.* vouvoyant *Part. passé* vouvoyé

INDICATIF

Présent

je vouvoie	nous vouvoyons
tu vouvoies	vous vouvoyez
il/elle/on vouvoie	ils/elles vouvoient

Passé composé

j'ai vouvoyé	nous avons vouvoyé
tu as vouvoyé	vous avez vouvoyé
il/elle/on a vouvoyé	ils/elles ont vouvoyé

Futur simple

je vouvoierai	nous vouvoierons
tu vouvoieras	vous vouvoierez
il/elle/on vouvoiera	ils/elles vouvoieront

Futur antérieur

j'aurai vouvoyé	nous aurons vouvoyé
tu auras vouvoyé	vous aurez vouvoyé
il/elle/on aura vouvoyé	ils/elles auront vouvoyé

Imparfait

je vouvoyais	nous vouvoyions
tu vouvoyais	vous vouvoyiez
il/elle/on vouvoyait	ils/elles vouvoyaient

Plus-que-parfait

j'avais vouvoyé	nous avions vouvoyé
tu avais vouvoyé	vous aviez vouvoyé
il/elle/on avait vouvoyé	ils/elles avaient vouvoyé

Passé simple

je vouvoyai	nous vouvoyâmes
tu vouvoyas	vous vouvoyâtes
il/elle/on vouvoya	ils/elles vouvoyèrent

Passé antérieur

j'eus vouvoyé	nous eûmes vouvoyé
tu eus vouvoyé	vous eûtes vouvoyé
il/elle/on eut vouvoyé	ils/elles eurent vouvoyé

SUBJONCTIF

Présent

que je vouvoie	que nous vouvoyions
que tu vouvoies	que vous vouvoyiez
qu'il/elle/on vouvoie	qu'ils/elles vouvoient

Imparfait

que je vouvoyasse	que nous vouvoyassions
que tu vouvoyasses	que vous vouvoyassiez
qu'il/elle/on vouvoyât	qu'ils/elles vouvoyassent

Passé

que j'aie vouvoyé	que nous ayons vouvoyé
que tu aies vouvoyé	que vous ayez vouvoyé
qu'il/elle/on ait vouvoyé	qu'ils/elles aient vouvoyé

Plus-que-parfait

que j'eusse vouvoyé	que nous eussions vouvoyé
que tu eusses vouvoyé	que vous eussiez vouvoyé
qu'il/elle/on eût vouvoyé	qu'ils/elles eussent vouvoyé

CONDITIONNEL

Présent

je vouvoierais	nous vouvoierions
tu vouvoierais	vous vouvoieriez
il/elle/on vouvoierait	ils/elles vouvoieraient

Passé

j'aurais vouvoyé	nous aurions vouvoyé
tu aurais vouvoyé	vous auriez vouvoyé
il/elle/on aurait vouvoyé	ils/elles auraient vouvoyé

IMPÉRATIF

vouvoie vouvoyons vouvoyez

À ta place, j'aurais vouvoyé notre prof.
If I were you, I would have used "vous" with our teacher.

Je ne sais jamais quand il faut vouvoyer!
I never know when to use the formal "you"!

Elle vouvoie tout le monde.
She uses the formal "you" with everyone.

VOYAGER *to travel*

Inf. voyager *Part. prés.* voyageant *Part. passé* voyagé

INDICATIF

Présent		Imparfait	
je voyage	nous voyageons	je voyageais	nous voyagions
tu voyages	vous voyagez	tu voyageais	vous voyagiez
il/elle/on voyage	ils/elles voyagent	il/elle/on voyageait	ils/elles voyageaient
Passé composé		**Plus-que-parfait**	
j'ai voyagé	nous avons voyagé	j'avais voyagé	nous avions voyagé
tu as voyagé	vous avez voyagé	tu avais voyagé	vous aviez voyagé
il/elle/on a voyagé	ils/elles ont voyagé	il/elle/on avait voyagé	ils/elles avaient voyagé
Futur simple		**Passé simple**	
je voyagerai	nous voyagerons	je voyageai	nous voyageâmes
tu voyageras	vous voyagerez	tu voyageas	vous voyageâtes
il/elle/on voyagera	ils/elles voyageront	il/elle/on voyagea	ils/elles voyagèrent
Futur antérieur		**Passé antérieur**	
j'aurai voyagé	nous aurons voyagé	j'eus voyagé	nous eûmes voyagé
tu auras voyagé	vous aurez voyagé	tu eus voyagé	vous eûtes voyagé
il/elle/on aura voyagé	ils/elles auront voyagé	il/elle/on eut voyagé	ils/elles eurent voyagé

SUBJONCTIF

Présent		Passé	
que je voyage	que nous voyagions	que j'aie voyagé	que nous ayons voyagé
que tu voyages	que vous voyagiez	que tu aies voyagé	que vous ayez voyagé
qu'il/elle/on voyage	qu'ils/elles voyagent	qu'il/elle/on ait voyagé	qu'ils/elles aient voyagé
Imparfait		**Plus-que-parfait**	
que je voyageasse	que nous voyageassions	que j'eusse voyagé	que nous eussions voyagé
que tu voyageasses	que vous voyageassiez	que tu eusses voyagé	que vous eussiez voyagé
qu'il/elle/on voyageât	qu'ils/elles voyageassent	qu'il/elle/on eût voyagé	qu'ils/elles eussent voyagé

CONDITIONNEL

Présent		Passé	
je voyagerais	nous voyagerions	j'aurais voyagé	nous aurions voyagé
tu voyagerais	vous voyageriez	tu aurais voyagé	vous auriez voyagé
il/elle/on voyagerait	ils/elles voyageraient	il/elle/on aurait voyagé	ils/elles auraient voyagé

IMPÉRATIF

voyage voyageons voyagez

Avec son nouveau poste, Georges aura la possibilté de voyager.
With his new job, Georges will have the opportunity to travel.

Si j'avais plus d'argent, je voyagerais davantage.
If I had more money, I would travel more.

L'année prochaine Charles voyagera à l'étranger pour la première fois.
Next year Charles will travel abroad for the first time.

ZÉZAYER *to lisp*

Inf. zézayer *Part. prés.* zézayant *Part. passé* zézayé

INDICATIF

Présent

je zézaie / ye	nous zézayons
tu zézaies / yes	vous zézayez
il/elle/on zézaie / ye	ils/elles zézaient / yent

Imparfait

je zézayais	nous zézayions
tu zézayais	vous zézayiez
il/elle/on zézayait	ils/elles zézayaient

Passé composé

j'ai zézayé	nous avons zézayé
tu as zézayé	vous avez zézayé
il/elle/on a zézayé	ils/elles ont zézayé

Plus-que-parfait

j'avais zézayé	nous avions zézayé
tu avais zézayé	vous aviez zézayé
il/elle/on avait zézayé	ils/elles avaient zézayé

Futur simple

je zézaierai / yerai	nous zézaierons / yerons
tu zézaieras / yeras	vous zézaierez / yerez
il/elle/on zézaiera / yera	ils/elles zézaieront / yeront

Passé simple

je zézayai	nous zézayâmes
tu zézayas	vous zézayâtes
il/elle/on zézaya	ils/elles zézayèrent

Futur antérieur

j'aurai zézayé	nous aurons zézayé
tu auras zézayé	vous aurez zézayé
il/elle/on aura zézayé	ils/elles auront zézayé

Passé antérieur

j'eus zézayé	nous eûmes zézayé
tu eus zézayé	vous eûtes zézayé
il/elle/on eut zézayé	ils/elles eurent zézayé

SUBJONCTIF

Présent

que je zézaie / ye	que nous zézayions
que tu zézaies / yes	que vous zézayiez
qu'il/elle/on zézaie / ye	qu'ils/elles zézaient / yent

Passé

que j'aie zézayé	que nous ayons zézayé
que tu aies zézayé	que vous ayez zézayé
qu'il/elle/on ait zézayé	qu'ils/elles aient zézayé

Imparfait

que je zézayasse	que nous zézayassions
que tu zézayasses	que vous zézayassiez
qu'il/elle/on zézayât	qu'ils/elles zézayassent

Plus-que-parfait

que j'eusse zézayé	que nous eussions zézayé
que tu eusses zézayé	que vous eussiez zézayé
qu'il/elle/on eût zézayé	qu'ils/elleseussent zézayé

CONDITIONNEL

Présent

je zézaierais / yerais	nous zézaierions / yerions
tu zézaierais / yerais	vous zézaieriez / yeriez
il/elle/on zézaierait / yerait	ils/elles zézaieraient / yeraient

Passé

j'aurais zézayé	nous aurions zézayé
tu aurais zézayé	vous auriez zézayé
il/elle/on aurait zézayé	ils/elles auraient zézayé

IMPÉRATIF

zézaie / ye zézayons zézayez

Les personnes qui zézaient en sont parfois embarrassées.
People who lisp are sometimes embarrassed by it.

Quand tu étais enfant tu zézayais, mais tu ne le fais plus.
When you were a child you used to lisp, but you don't do it any more.

"Zézayer" et "zozoter" veulent dire la même chose: parler comme si on avait un cheveu sur la langue.
"Zézayer" and "zozoter" mean the same thing: to speak "as if you have a hair on your tongue."

QUICK REFERENCE TABLES

SUBJECT PRONOUNS

je (I)	nous (we)
tu (you—informal, singular only)	vous (you—formal and/or plural)
il/elle/on (he, it/she, it/one, we)	ils, elles (they)

Note: You will frequently hear French speakers using "on" rather than "nous" for "we."

FRENCH VERBS

There are five categories of verbs in French: -er, -re, -ir verbs, stem-changing -er verbs and irregular verbs. Conjugation in the present tense for each type of verb, lists of verbs in each category, and sample sentences for the verbs are listed below.

-*ER* VERBS

Verbs that follow the *-er* conjugation are done so by removing the *-er* from the infinitive and then adding the highlighted endings you see below

parler: to sing	
je parl**e** (I speak)	nous parl**ons** (we speak)
tu parl**es** (you speak)	vous parl**ez** (you speak)
il/elle/on parl**e** (he/she/it/we/one speak(s))	il/elles parl**ent** (they speak)

Common -er *Verbs*

aimer	écouter	présenter
chanter	étudier	regarder
chercher	habiter	rester
danser	jouer	téléphoner
demander	marcher	travailler
donner	montrer	visiter

Stem-Changing -er *Verbs*

Note that there is a subset of -er verbs that are called stem-changing or "boot" verbs, the latter name coming from the fact that when you take away the *nous* and *vous* conjugations (which have the same stem), you are left with the shape of a boot. Below is a chart showing you several common stem-changing verbs that you should be aware of:

Infinitive	**1st person singular 2nd person singular 3rd person**	**1st person plural 2nd person plural**	**Examples**
payer*	-ie, -ies, -ie, -ient	-yons, -yez	je paie, nous payons
nettoyer	-ie, -ies, -ie, -ient	-yons, -yez	tu nettoies, vous nettoyez
jeter	-tte, -ttes, -tte, -ttent	-tons, -tez	elle jette, vouz jetez
appeller	-lle, -lles, -lle, -llent	-lons, -lez	il appelle, nous appelons
célébrer	-èbre, -èbres, -èbre, -èbrent	-ébrons, ébrez	je célèbre, nous célébrons
peser	-èse, -èses, -èse, -èsent	-esons, -esez	tu pèses, vous pesez

-IR VERBS

Verbs that follow the regular *-ir* conjugation are formed by removing the *-ir* from the infinitive and then adding the highlighted endings you see below

finir: to finish	
je fini**s** (I finish)	nous fin**issons** (we finish)
tu fini**s** (you finish)	vous fin**issez** (you finish)
il/elle/on fini**t** (he/she/it/we/one finish(es))	il/elles fin**issent** (they finish)

Common -ir *Verbs*

choisir	maigrir	réfléchir
établir	mincir	réunir
grandir	obéir	réussir
grossir	réagir	vieillir

**Payer* and its derivatives have an alternate spelling in which the *y* is not changed to *i: je paye, je payerai,* and so forth.

-RE VERBS

Verbs that follow the regular *-re* conjugation are formed by removing the *-re* from the infinitive and then adding the highlighted endings you see below.

descendre: to go down	
je descend**s** (I go down)	nous descend**ons** (we go down)
tu descend**s** (you go down)	vous descend**ez** (you go down)
il/elle/on descend (he/she/it/we/one go(es) down)	il/elles descend**ent** (they go down)

Common -re *Verbs*

attendre perdre
entendre rendre
pendre répondre

IRREGULAR VERBS

The following high frequency verbs are all irregular verbs, meaning that they do not share a conjugation pattern with other verbs.

avoir: to have	
j' ai	nous avons
tu as	vous avez
il/elle/on a	ils/elles ont

faire: to do, to make	
je fais	nous faisons
tu fais	vous faites
il/elle/on fait	ils/elles font

être: to be	
je suis	nous sommes
tu es	vous êtes
il/elle/on est	ils/elles sont

aller: to go	
je vais	nous allons
tu vas	vous allez
il/elle/on va	ils/elles vont

VERB INDEX

FRENCH-*ENGLISH*

abaisser	*to pull down*
abasourdir	*to dumbfound*
abattre	*to shoot down*
abolir	*to abolish*
absoudre	*to absolve*
abstentir (s')	*to abstain*
accepter	*to accept*
acclamer	*to cheer*
acclamer	*to hail*
accompagner	*to accompany*
accorder	*to accord*
accrocher	*to hang*
accueillir	*to welcome*
accuser	*to accuse*
accuser	*to acknowledge*
acheter	*to buy*
achever	*to finish*
acquérir	*to acquire*
admettre	*to admit*
admirer	*to admire*
adorer	*to adore*
adresser	*to address*
advenir	*to happen*
affaiblir	*to weaken*
agacer	*to annoy*
agir	*to act*
s'agir	*to be a question of*
aider	*to help*
aimer	*to love*
ajouter	*to add*
aller	*to go*
s'en aller	*to leave*
aménager	*to convert*
aménager	*to equip*
amener	*to bring someone*
amuser	*to amuse*
s'amuser	*to have fun*
animer	*to lead*
animer	*to enliven*
annoncer	*to announce*
annoncer	*to forecast*
apercevoir	*to catch sight of*
s'apercevoir	*to realize*
apparaître	*to appear*
appartenir	*to belong to*
appeler	*to call*
s'appeler	*to be named*
apporter	*to bring*
apprécier	*to appreciate*
apprendre	*to learn*
approcher	*to approach*
approuver	*to approve*
arracher	*to pull out*
arranger	*to arrange*
arrêter	*to stop*
arriver	*to arrive*
assaillir	*to attack*
s' asseoir	*to sit down*
assister	*to attend*
assister	*to witness*
assurer	*to assure*
astreindre	*to force*
attaquer	*to attack*
atteindre	*to reach*

attirer. . . . . *to attract*
attraper . . . . *to catch*
augmenter . . . . . . *to raise*
augmenter . . . . . . *to increase*
avaler. . . . . *to swallow*
avancer . . . . *to move something forward*
avancer . . . . *to propose*
avoir. . . . . *to have*
baisser . . . . *to lower*
balayer. . . . . *to sweep*
bâtir . . . . *to build*
battre . . . . *to beat*
bavarder. . . . . *to chat; to gossip*
blaguer. . . . . *to joke*
blâmer . . . . *to blame*
blesser . . . . *to hurt; to wound*
se blesser. . . . . . . *to hurt oneself*
boire. . . . . *to drink*
bouger . . . . *to move*
briser . . . . *to break*
brosser . . . . *to brush*
se brosser. . . . . . . *to brush oneself*
brûler. . . . . *to burn oneself*
cacher . . . . *to hide*
se cacher . . . . *to hide oneself*
casser. . . . . *to break*
se casser . . . . *to break*
se casser . . . . *to leave (colloquial)*
causer . . . . *to cause*
causer . . . . *to chat*
céder . . . . *to give up*
célébrer . . . . *to celebrate*
cesser. . . . . *to stop*
changer . . . . *to change*
chanter. . . . . *to sing*
chercher. . . . . *to look for*
chercher. . . . . *to get*
choisir . . . . *to choose*
chuchoter. . . . . . . *to whisper*
coller . . . . *to stick*
combattre. . . . . . . *to fight*
commander . . . . . *to order*
commencer. . . . . . *to start*
comparer . . . . *to compare*
compléter. . . . . . . *to finish*
comprendre . . . . . *to understand*
compter . . . . *to count*
conduire. . . . . *to drive*
se conduire . . . . . *to behave*
confondre. . . . . . . *to confuse*
connaître . . . . *to know*
connaître . . . . *to be familiar with*
considérer . . . . . . *to consider*
consommer. . . . . . *to consume*
construire. . . . . . . *to build*
contenir . . . . *to contain*
continuer . . . . *to continue*
contrôler. . . . . *to check*
contrôler. . . . . *to control*
convaincre . . . . . . *to convince*
corriger . . . . *to correct*
coucher . . . . *to put to bed*
se coucher . . . . . . *to go to bed*
coudre . . . . *to sew*
couper . . . . *to cut*
courir. . . . . *to run*
coûter. . . . . *to cost*
craindre . . . . *to fear*
créer. . . . . *to create*
crier . . . . *to cry out*
crier . . . . *to shout*
croire . . . . *to believe*
cuire. . . . . *to cook*
danser . . . . *to dance*
décevoir. . . . . *to disappoint*
décider. . . . . *to decide*
décider. . . . . *to persuade*
décourager . . . . . . *to discourage*
découvrir . . . . *to discover*
décrire . . . . *to describe*
défaire . . . . *to undo*
déjeuner. . . . . *to have lunch*
demander. . . . . . . *to ask*
se demander. . . . . *to wonder*
déménager . . . . . . *to move*
dénoncer . . . . *to denounce*
déranger. . . . . *to bother*
descendre. . . . . . . *to take down*
descendre. . . . . . . *to bump off (colloquial)*

French	English
descendre	*to go down*
désirer	*to desire*
désobéir	*to disobey*
dessiner	*to draw*
détester	*to dislike*
détruire	*to destroy*
développer	*to develop*
devenir	*to become*
deviner	*to guess*
devoir	*to have to*
devoir	*to owe*
dîner	*to have dinner*
dire	*to say*
discuter	*to discuss*
disparaître	*to disappear*
disparaître	*to die*
divorcer	*to divorce*
donner	*to give*
dormir	*to sleep*
doubler	*to pass*
doubler	*to dub*
doubler	*to double*
douter	*to doubt*
écouter	*to listen to*
écrire	*to write*
effrayer	*to frighten*
s'égayer	*to cheer up*
élever	*to raise*
éloigner	*to move away*
s'éloigner	*to move away*
emmener	*to take someone somewhere*
empêcher	*to prevent*
emprunter	*to borrow*
emprunter	*to take*
encourager	*to encourage*
s'enfuir	*to run away*
ennuyer	*to bother*
s'ennuyer	*to get bored*
enseigner	*to teach*
s'ensuivre	*to ensue*
entendre	*to hear*
entendre	*to mean*
s'entendre	*to get along*
entreprendre	*to undertake*
entrer	*to enter*
envoyer	*to send*
épouser	*to marry*
éprouver	*to feel*
éprouver	*to experience*
espérer	*to hope*
essayer	*to try*
estimer	*to hold in high regard*
établir	*to establish*
étonner	*to surprise*
étonner	*to astonish*
s'étonner	*to be surprised*
être	*to be*
étudier	*to study*
éviter	*to avoid*
exagérer	*to exaggerate*
exclure	*to exclude*
exister	*to exist*
expliquer	*to explain*
exprimer	*to express*
s'exprimer	*to express oneself*
fabriquer	*to make*
fabuler	*to make things up*
fâcher	*to anger*
se fâcher	*to become angry*
faire	*to do*
faire	*to make*
falloir	*to be necessary*
fatiguer	*to tire*
fermer	*to close*
feuilleter	*to leaf through*
se fier	*to trust*
finir	*to finish*
fournir	*to furnish*
frapper	*to hit*
fuir	*to flee*
fumer	*to smoke*
gagner	*to win*
gagner	*to earn*
garder	*to keep*
gaspiller	*to waste*
gâter	*to ruin; to spoil*
geler	*to freeze*
gêner	*to bother*
gêner	*to embarrass*

goûter.......... *to taste*
grandir......... *to grow up*
gronder......... *to scold*
guérir.......... *to heal*
habiller........ *to dress*
s' habiller....... *to get dressed*
habiter......... *to live*
haïr........... *to hate*
hésiter......... *to hesitate*
inclure......... *to include*
indiquer........ *to indicate*
indiquer........ *to point out*
inquiéter....... *to worry*
s' inquiéter...... *to worry oneself*
inscrire......... *to write down*
s' inscrire....... *to enroll oneself*
s' inscrire....... *to register*
insister......... *to insist*
interdire........ *to ban*
intéresser....... *to interest*
s' intéresser..... *to be interested in*
interrompre..... *to interrupt*
inviter......... *to invite*
jaunir.......... *to become yellow*
jeter........... *to throw*
joindre......... *to attach*
joindre......... *to get a hold of*
jouer........... *to play*
juger........... *to judge*
jurer........... *to swear*
klaxonner....... *to honk*
laisser......... *to leave*
laver........... *to wash*
se laver........ *to wash oneself*
lever........... *to raise*
se lever........ *to get up*
lire............ *to read*
louer........... *to rent*
maigrir......... *to lose weight*
maintenir....... *to maintain*
manger......... *to eat*
manquer........ *to miss, to be missing*
marchander..... *to bargain*
marcher........ *to walk*
marcher........ *to work*
se marier....... *to marry someone*
mélanger....... *to mix*
se mêler........ *to mingle with*
se mêler........ *to meddle in*
menacer........ *to threaten*
mener.......... *to lead*
mentir......... *to lie*
mériter......... *to deserve*
mesurer........ *to measure*
mettre.......... *to put*
mettre.......... *to wear*
se mettre....... *to begin*
monter......... *to take something up*
monter......... *to go up*
se moquer...... *to mock*
mordre......... *to bite*
mouiller........ *to moisten*
mourir......... *to die*
nager.......... *to swim*
naître.......... *to be born*
naviguer........ *to sail*
naviguer........ *to navigate*
négliger........ *to neglect*
négocier........ *to negotiate*
neiger.......... *to snow*
nettoyer........ *to clean*
nier........... *to deny*
nourrir......... *to feed*
obéir........... *to obey*
obliger......... *to oblige*
s'obstiner....... *to be stubborn about*
obtenir......... *to obtain*
obtenir......... *to get*
occuper........ *to occupy*
s'occuper....... *to take care of*
offrir........... *to offer*
offrir........... *to give*
omettre......... *to omit*
oser........... *to dare*
oublier......... *to forget*
ouvrir.......... *to open*
paraître........ *to appear*
parcourir....... *to travel*
parcourir....... *to cover a distance*
parler.......... *to speak*

partager........ *to share*
participer....... *to participate*
partir.......... *to leave*
parvenir........ *to reach*
passer.......... *to pass*
passer.......... *to spend*
se passer....... *to happen*
payer.......... *to pay*
pêcher......... *to fish*
se peigner...... *to comb one's hair*
penser......... *to think*
percevoir....... *to perceive*
perdre......... *to lose*
permettre....... *to permit*
placer.......... *to place*
plaindre........ *to pity*
se plaindre...... *to complain*
plaire.......... *to please*
plaisanter....... *to joke*
planter......... *to plant*
pleurer......... *to cry*
pleuvoir........ *to rain*
porter.......... *to carry*
porter.......... *to wear*
se porter........ *to be, to go*
poser.......... *to pose*
posséder........ *to possess*
poursuivre...... *to pursue*
pousser......... *to push*
pousser......... *to grow*
pouvoir......... *to be able to*
prédire......... *to predict*
préférer........ *to prefer*
prendre........ *to take*
prétendre....... *to claim*
prêter.......... *to lend*
prévenir........ *to warn*
prévoir......... *to forecast*
prévoir......... *to predict*
produire........ *to produce*
projeter........ *to project*
promener....... *to walk*
se promener..... *to take a walk*
promettre....... *to promise*
prononcer....... *to pronounce*

proposer........ *to propose*
protéger........ *to protect*
provenir........ *to come from*
quitter......... *to leave*
quitter......... *to die*
raccommoder.... *to mend*
raccommoder.... *to reconcile*
raccompagner.... *to accompany someone back*
raconter........ *to tell*
ralentir......... *to slow down*
ranger.......... *to put away*
rappeler........ *to remind*
rappeler........ *to call back*
se rappeler...... *to remember*
rassurer........ *to reassure*
rater........... *to miss*
recevoir........ *to receive*
reconnaître...... *to recognize*
réduire......... *to reduce*
refaire......... *to redo*
réfléchir........ *to think about*
refléter......... *to reflect*
refuser......... *to refuse*
regarder........ *to watch*
regretter........ *to regret*
rejeter......... *to reject*
rejoindre....... *to meet up with*
remarquer...... *to point out*
remarquer...... *to observe*
remercier....... *to thank*
remettre........ *to hand in*
se remettre...... *to get back to*
se remettre...... *to recover*
remplacer....... *to replace*
rencontrer...... *to meet*
rendre......... *to give back*
rentrer......... *to come home*
renvoyer........ *to send back*
renvoyer........ *to return*
repérer......... *to locate*
répéter......... *to repeat*
répondre........ *to respond*
répondre........ *to answer*
reposer......... *to put something down*

reposer . . . . *to ask again*
se reposer . . . . *to take a rest*
ressembler . . . . . . *to resemble*
ressentir . . . . *to feel*
rester . . . . *to stay*
rester . . . . *to remain*
retenir . . . . *to hold back*
retenir . . . . *to retain*
retourner . . . . *to return*
réussir . . . . *to succeed*
réveiller . . . . *to awaken*
se réveiller . . . . . . *to wake up*
révéler . . . . *to reveal*
revenir . . . . *to come back*
rêver . . . . *to dream*
revoir . . . . *to see again*
rire . . . . *to laugh*
rompre . . . . *to break*
rougir . . . . *to blush*
rouler . . . . *to roll*
rouvrir . . . . *to reopen*
sacrifier . . . . *to sacrifice*
saigner . . . . *to bleed*
saisir . . . . *to seize*
salir . . . . *to dirty*
saluer . . . . *to greet*
sangloter . . . . *to sob*
satisfaire . . . . *to satisfy*
sauter . . . . *to jump*
sauver . . . . *to save*
se sauver . . . . *to escape*
savoir . . . . *to know*
savourer . . . . *to savor*
sécher . . . . *to dry*
secouer . . . . *to shake*
séduire . . . . *to captivate*
séduire . . . . *to seduce*
séjourner . . . . *to stay*
sembler . . . . *to seem*
sentir . . . . *to smell*
sentir . . . . *to feel*
se sentir . . . . *to feel*
séparer . . . . *to separate*
serrer . . . . *to grip*
serrer . . . . *to squeeze*
servir . . . . *to serve*
siffler . . . . *to whistle*
signaler . . . . *to point out*
signer . . . . *to sign*
signifier . . . . *to mean*
skier . . . . *to ski*
songer . . . . *to dream about*
songer . . . . *to think*
sonner . . . . *to ring*
sortir . . . . *to go out*
souffler . . . . *to whistle*
souffrir . . . . *to suffer*
souhaiter . . . . *to wish*
souiller . . . . *to soil*
soulager . . . . *to soothe*
soulager . . . . *to relieve*
soumettre . . . . *to submit*
sourire . . . . *to smile*
soutenir . . . . *to support*
se souvenir . . . . . . *to remember*
subir . . . . *to be subjected to*
subir . . . . *to undergo*
subvenir . . . . *to meet*
suffire . . . . *to suffice*
suggérer . . . . *to suggest*
suivre . . . . *to follow*
supplier . . . . *to beg*
supposer . . . . *to suppose*
supporter . . . . *to stand*
supporter . . . . *to tolerate*
surprendre . . . . . . *to surprise*
survivre . . . . *to survive*
susciter . . . . *to spark off*
susciter . . . . *to give rise to*
taper . . . . *to hit*
taper . . . . *to type*
taquiner . . . . *to tease*
teindre . . . . *to dye*
téléphoner . . . . . . *to phone someone*
tendre . . . . *to tighten*
tenir . . . . *to hold*
tenter . . . . *to attempt*
tenter . . . . *to tempt*
terminer . . . . *to finish*
tirer . . . . *to pull*

tomber . . . . *to fall*
tondre. . . . . *to clip*
tonifier . . . . *to tone up*
tordre . . . . *to twist*
toucher. . . . . *to touch*
toucher. . . . . *to affect*
tourner . . . . *to turn*
tourner . . . . *to shoot (a film)*
tousser . . . . *to cough*
tracasser. . . . . *to bother*
se tracasser . . . . . *to worry*
tracer . . . . *to draw*
tracer . . . . *to take off (colloquial)*
traduire . . . . *to translate*
trahir . . . . *to betray*
traiter. . . . . *to treat*
transcrire . . . . *to transcribe*
transmettre. . . . . . *to pass something on*
travailler . . . . *to work*
traverser. . . . . *to cross*
trembler . . . . *to tremble*
tricher . . . . *to cheat*
tricoter . . . . *to knit*
tromper . . . . *to deceive*
trouver . . . . *to find*
se trouver. . . . . . . *to be located*
tuer . . . . *to kill*
tutoyer . . . . *to use the informal 'you' (tu)*
unifier . . . . *to unify*
unir . . . . *to unite*
user . . . . *to wear out*
utiliser . . . . *to use*
vaincre . . . . *to overcome*
valoir . . . . *to be worth*
vanter. . . . . *to extol*
varier . . . . *to vary*
veiller. . . . . *to watch over*
vendre . . . . *to sell*
se venger . . . . *to avenge*
venir. . . . . *to come*
vérifier . . . . *to verify*
verser. . . . . *to pour*
vider. . . . . *to empty*
vieillir . . . . *to age*
virer . . . . *to turn*
virer . . . . *to fire*
viser. . . . . *to aim at*
visiter. . . . . *to visit*
vivre. . . . . *to live*
voir. . . . . *to see*
voter. . . . . *to vote*
vouloir . . . . *to want*
vouvoyer. . . . . *to use the formal 'you' (vous)*
voyager. . . . . *to travel*
zézayer. . . . . *to lisp*

VERB INDEX

ENGLISH-*FRENCH*

to abolish	*abolir*
to absolve	*absoudre*
to abstain	*abstentir (s')*
to accept	*accepter*
to accompany	*accompagner*
to accompany someone back	*raccompagner*
to accord	*accorder*
to accuse	*accuser*
to acknowledge	*accuser*
to acquire	*acquérir*
to act	*agir*
to add	*ajouter*
to address	*adresser*
to admire	*admirer*
to admit	*admettre*
to adore	*adorer*
to affect	*toucher*
to age	*vieillir*
to aim at	*viser*
to amuse	*amuser*
to anger	*fâcher*
to announce	*annoncer*
to annoy	*agacer*
to answer	*répondre*
to appear	*apparaître*
to appear	*paraître*
to appreciate	*apprécier*
to approach	*approcher*
to approve	*approuver*
to arrange	*arranger*
to arrive	*arriver*
to ask	*demander*
to ask again	*reposer*
to assure	*assurer*
to astonish	*étonner*
to attach	*joindre*
to attack	*assaillir*
to attack	*attaquer*
to attempt	*tenter*
to attend	*assister*
to attract	*attirer*
to avenge	*se venger*
to avoid	*éviter*
to awaken	*réveiller*
to ban	*interdire*
to bargain	*marchander*
to be	*être*
to be a question of	*s'agir*
to be able to	*pouvoir*
to be born	*naître*
to be familiar with	*connaître*
to be interested in	*s intéresser*
to be located	*se trouver*
to be named	*s'appeler*
to be necessary	*falloir*
to be stubborn about	*s'obstiner*
to be subjected to	*subir*
to be surprised	*s'étonner*
to be worth	*valoir*
to be, to go	*se porter*
to beat	*battre*
to become	*devenir*
to become angry	*se fâcher*

to become yellow . . . . *jaunir*
to beg. . . . . *supplier*
to begin . . . . *se mettre*
to behave . . . . *se conduire*
to believe . . . . *croire*
to belong to . . . . *appartenir*
to betray. . . . . *trahir*
to bite. . . . . *mordre*
to blame . . . . *blâmer*
to bleed . . . . *saigner*
to blush . . . . *rougir*
to borrow . . . . *emprunter*
to bother. . . . . *déranger*
to bother. . . . . *ennuyer*
to bother. . . . . *tracasser*
to bother. . . . . *gêner*
to break . . . . *briser*
to break . . . . *casser*
to break . . . . *se casser*
to break . . . . *rompre*
to bring . . . . *apporter*
to bring someone . . . . *amener*
to brush . . . . *brosser*
to brush oneself . . . . *se brosser*
to build . . . . *bâtir*
to build . . . . *construire*
to bump off . . . . *descendre*
to burn oneself. . . . . *brûler*
to buy. . . . . *acheter*
to call. . . . . *appeler*
to call back . . . . *rappeler*
to captivate . . . . *séduire*
to carry. . . . . *porter*
to catch . . . . *attraper*
to catch sight of . . . . *apercevoir*
to cause . . . . *causer*
to celebrate . . . . *célébrer*
to change . . . . *changer*
to chat . . . . *causer*
to chat; to gossip . . . . *bavarder*
to cheat . . . . *tricher*
to check . . . . *contrôler*
to cheer . . . . *acclamer*
to cheer up. . . . . *s'égayer*
to choose . . . . *choisir*
to claim . . . . *prétendre*
to clean . . . . *nettoyer*
to clip. . . . . *tondre*
to close. . . . . *fermer*
to comb one's hair . . . . *se peigner*
to come . . . . *venir*
to come back . . . . *revenir*
to come from . . . . *provenir*
to come home. . . . . *rentrer*
to compare . . . . *comparer*
to complain . . . . *se plaindre*
to confuse. . . . . *confondre*
to consider . . . . *considérer*
to consume. . . . . *consommer*
to contain . . . . *contenir*
to continue . . . . *continuer*
to control . . . . *contrôler*
to convert . . . . *aménager*
to convince. . . . . *convaincre*
to cook . . . . *cuire*
to correct . . . . *corriger*
to cost . . . . *coûter*
to cough . . . . *tousser*
to count . . . . *compter*
to cover a distance . . . . *parcourir*
to create . . . . *créer*
to cross. . . . . *traverser*
to cry . . . . *pleurer*
to cry out . . . . *crier*
to cut . . . . *couper*
to dance . . . . *danser*
to dare . . . . *oser*
to deceive. . . . . *tromper*
to decide . . . . *décider*
to denounce . . . . *dénoncer*
to deny . . . . *nier*
to describe . . . . *décrire*
to deserve. . . . . *mériter*
to desire . . . . *désirer*
to destroy . . . . *détruire*
to develop . . . . *développer*
to die . . . . *disparaître*
to die . . . . *mourir*
to die . . . . *quitter*
to dirty . . . . *salir*

English	French
to hand in	*remettre*
to hang	*accrocher*
to happen	*advenir*
to happen	*se passer*
to hate	*haïr*
to have	*avoir*
to have dinner	*dîner*
to have fun	*s'amuser*
to have lunch	*déjeuner*
to have to	*devoir*
to heal	*guérir*
to hear	*entendre*
to help	*aider*
to hesitate	*hésiter*
to hide	*cacher*
to hide oneself	*se cacher*
to hit	*frapper*
to hit	*taper*
to hold	*tenir*
to hold back	*retenir*
to hold in high regard	*estimer*
to honk	*klaxonner*
to hope	*espérer*
to hurt oneself	*se blesser*
to hurt; to wound	*blesser*
to include	*inclure*
to increase	*augmenter*
to indicate	*indiquer*
to insist	*insister*
to interest	*intéresser*
to interrupt	*interrompre*
to invite	*inviter*
to joke	*blaguer*
to joke	*plaisanter*
to judge	*juger*
to jump	*sauter*
to keep	*garder*
to kill	*tuer*
to knit	*tricoter*
to know	*connaître*
to know	*savoir*
to laugh	*rire*
to lead	*mener*
to lead	*animer*
to leaf through	*feuilleter*
to learn	*apprendre*
to leave	*s'en aller*
to leave	*laisser*
to leave	*partir*
to leave	*quitter*
to leave	*se casser*
to lend	*prêter*
to lie	*mentir*
to lisp	*zézayer*
to listen to	*écouter*
to live	*habiter*
to live	*vivre*
to loan	*prêter*
to locate	*repérer*
to look for	*chercher*
to lose	*perdre*
to lose weight	*maigrir*
to love	*aimer*
to lower	*baisser*
to maintain	*maintenir*
to make	*fabriquer*
to make	*faire*
to make things up	*fabuler*
to marry	*épouser*
to marry someone	*se marier*
to mean	*entendre*
to mean	*signifier*
to measure	*mesurer*
to meddle in	*se mêler*
to meet	*rencontrer*
to meet	*subvenir*
to meet up with	*rejoindre*
to mend	*raccommoder*
to mingle with	*se mêler*
to miss	*rater*
to miss, to be missing	*manquer*
to mix	*mélanger*
to mock	*se moquer*
to moisten	*mouiller*
to move	*bouger*
to move	*déménager*
to move away	*éloigner*
to move away	*s'éloigner*
to move something forward	*avancer*
to navigate	*naviguer*

to neglect . . . . *négliger*
to negotiate . . . . *négocier*
to obey . . . . *obéir*
to oblige . . . . *obliger*
to observe . . . . *remarquer*
to obtain . . . . *obtenir*
to occupy . . . . *occuper*
to offer . . . . *offrir*
to omit . . . . *omettre*
to open . . . . *ouvrir*
to order . . . . *commander*
to overcome . . . . *vaincre*
to owe . . . . *devoir*
to participate . . . . *participer*
to pass . . . . *doubler*
to pass . . . . *passer*
to pass something on . . . . *transmettre*
to pay . . . . *payer*
to perceive . . . . *percevoir*
to permit . . . . *permettre*
to persuade . . . . *décider*
to phone someone . . . . *téléphoner*
to pity . . . . *plaindre*
to place . . . . *placer*
to plant . . . . *planter*
to play . . . . *jouer*
to please . . . . *plaire*
to point out . . . . *indiquer*
to point out . . . . *remarquer*
to point out . . . . *signaler*
to pose . . . . *poser*
to possess . . . . *posséder*
to pour . . . . *verser*
to predict . . . . *prédire*
to predict . . . . *prévoir*
to prefer . . . . *préférer*
to prevent . . . . *empêcher*
to produce . . . . *produire*
to project . . . . *projeter*
to promise . . . . *promettre*
to pronounce . . . . *prononcer*
to propose . . . . *avancer*
to propose . . . . *proposer*
to protect . . . . *protéger*
to pull . . . . *tirer*
to pull down . . . . *abaisser*
to pull out . . . . *arracher*
to pursue . . . . *poursuivre*
to push . . . . *pousser*
to put . . . . *mettre*
to put away . . . . *ranger*
to put something down . . . . . . *reposer*
to put to bed . . . . *coucher*
to rain . . . . *pleuvoir*
to raise . . . . *augmenter*
to raise . . . . *élever*
to raise . . . . *lever*
to reach . . . . *atteindre*
to reach . . . . *parvenir*
to read . . . . *lire*
to realize . . . . *s'apercevoir*
to reassure . . . . *rassurer*
to receive . . . . *recevoir*
to recognize . . . . *reconnaître*
to reconcile . . . . *raccommoder*
to recover . . . . *se remettre*
to redo . . . . *refaire*
to reduce . . . . *réduire*
to reflect . . . . *refléter*
to refuse . . . . *refuser*
to register . . . . *s' inscrire*
to regret . . . . *regretter*
to reject . . . . *rejeter*
to relieve . . . . *soulager*
to remain . . . . *rester*
to remember . . . . *se rappeler*
to remember . . . . *se souvenir*
to remind . . . . *rappeler*
to rent . . . . *louer*
to reopen . . . . *rouvrir*
to repeat . . . . *répéter*
to replace . . . . *remplacer*
to resemble . . . . *ressembler*
to respond . . . . *répondre*
to retain . . . . *retenir*
to return . . . . *renvoyer*
to return . . . . *retourner*
to reveal . . . . *révéler*
to ring . . . . *sonner*
to roll . . . . *rouler*

English	French
to ruin; to spoil	*gâter*
to run	*courir*
to run away	*s'enfuir*
to sacrifice	*sacrifier*
to sail	*naviguer*
to satisfy	*satisfaire*
to save	*sauver*
to savor	*savourer*
to say	*dire*
to scold	*gronder*
to seduce	*séduire*
to see	*voir*
to see again	*revoir*
to seem	*sembler*
to seize	*saisir*
to sell	*vendre*
to send	*envoyer*
to send back	*renvoyer*
to separate	*séparer*
to serve	*servir*
to sew	*coudre*
to shake	*secouer*
to share	*partager*
to shoot (a film)	*tourner*
to shoot down	*abattre*
to shout	*crier*
to sign	*signer*
to sing	*chanter*
to sit down	*s'asseoir*
to ski	*skier*
to sleep	*dormir*
to slow down	*ralentir*
to smell	*sentir*
to smile	*sourire*
to smoke	*fumer*
to snow	*neiger*
to sob	*sangloter*
to soil	*souiller*
to soothe	*soulager*
to spark off	*susciter*
to speak	*parler*
to spend	*passer*
to squeeze	*serrer*
to stand	*supporter*
to start	*commencer*
to stay	*rester*
to stay	*séjourner*
to stick	*coller*
to stop	*arrêter*
to stop	*cesser*
to study	*étudier*
to submit	*soumettre*
to succeed	*réussir*
to suffer	*souffrir*
to suffice	*suffire*
to suggest	*suggérer*
to support	*soutenir*
to suppose	*supposer*
to surprise	*étonner*
to surprise	*surprendre*
to survive	*survivre*
to swallow	*avaler*
to swear	*jurer*
to sweep	*balayer*
to swim	*nager*
to take	*emprunter*
to take	*prendre*
to take a rest	*se reposer*
to take a walk	*se promener*
to take care of	*s'occuper*
to take down	*descendre*
to take off	*tracer*
to take someone somewhere	*emmener*
to take something up	*monter*
to taste	*goûter*
to teach	*enseigner*
to tease	*taquiner*
to tell	*raconter*
to tempt	*tenter*
to thank	*remercier*
to think	*penser*
to think	*songer*
to think about	*réfléchir*
to threaten	*menacer*
to throw	*jeter*
to tighten	*tendre*
to tire	*fatiguer*
to tolerate	*supporter*
to tone up	*tonifier*

to touch . . . . *toucher*
to transcribe. . . . . *transcrire*
to translate . . . . *traduire*
to travel . . . . *parcourir*
to travel . . . . *voyager*
to treat . . . . *traiter*
to tremble. . . . . *trembler*
to trust . . . . *se fier*
to try . . . . *essayer*
to turn . . . . *tourner*
to turn . . . . *virer*
to twist . . . . *tordre*
to type . . . . *taper*
to undergo . . . . *subir*
to understand. . . . . *comprendre*
to undertake. . . . . *entreprendre*
to undo. . . . . *défaire*
to unify. . . . . *unifier*
to unite. . . . . *unir*
to use . . . . *utiliser*
to use the formal "you" (vous). . . . . *vouvoyer*
to use the informal "you" (tu). . . . . *tutoyer*
to vary . . . . *varier*
to verify . . . . *vérifier*
to visit . . . . *visiter*
to vote . . . . *voter*
to wake up . . . . *se réveiller*
to walk . . . . *marcher*
to walk . . . . *promener*
to want . . . . *vouloir*
to wash. . . . . *laver*
to wash oneself. . . . . *se laver*
to waste . . . . *gaspiller*
to watch . . . . *regarder*
to watch over . . . . *veiller*
to weaken. . . . . *affaiblir*
to wear . . . . *mettre*
to wear . . . . *porter*
to wear out . . . . *user*
to welcome. . . . . *accueillir*
to whisper . . . . *chuchoter*
to whistle . . . . *siffler*
to whistle . . . . *souffler*
to win. . . . . *gagner*
to wish . . . . *souhaiter*
to witness. . . . . *assister*
to wonder . . . . *se demander*
to work. . . . . *marcher*
to work. . . . . *travailler*
to worry . . . . *inquiéter*
to worry . . . . *se tracasser*
to worry oneself . . . . *s'inquiéter*
to write. . . . . *écrire*
to write down . . . . *inscrire*